赛事遗产可持续利用专题研究报告

——以第七届世界军人运动会为例

第七届世界军人运动会
军运遗产可持续利用研究办公室 ◎ 编

中国社会科学出版社

图书在版编目（CIP）数据

赛事遗产可持续利用专题研究报告：以第七届世界军人运动会为例 ／第七届世界军人运动会军运遗产可持续利用研究办公室编 . —北京：中国社会科学出版社，2023.10

ISBN 978 - 7 - 5227 - 2294 - 8

Ⅰ.①赛… Ⅱ.①第… Ⅲ.①军事体育—运动会—文化遗产—资源利用—研究报告—武汉 Ⅳ.①G873.71

中国国家版本馆 CIP 数据核字（2023）第 132546 号

出 版 人	赵剑英	
责任编辑	李凯凯	
责任校对	刘 娟	
责任印制	王 超	

出　　版	中国社会科学出版社	
社　　址	北京鼓楼西大街甲 158 号	
邮　　编	100720	
网　　址	http://www.csspw.cn	
发 行 部	010 - 84083685	
门 市 部	010 - 84029450	
经　　销	新华书店及其他书店	

印　　刷	北京君升印刷有限公司	
装　　订	廊坊市广阳区广增装订厂	
版　　次	2023 年 10 月第 1 版	
印　　次	2023 年 10 月第 1 次印刷	

开　　本	710 × 1000　1/16	
印　　张	36	
字　　数	572 千字	
定　　价	188.00 元	

凡购买中国社会科学出版社图书，如有质量问题请与本社营销中心联系调换
电话:010 - 84083683

课题组名单

1. 武汉军运竞赛与非竞赛场馆设施可持续利用研究

组长：刘海虹　**成员：**陶秀丽、操玲姣、樊厚瑞、罗彬、袁晓彬

2. 武汉军运社会遗产与志愿活动研究

组长：董实忠　**成员：**徐艳、周春林、张轶孟、陶秀丽、夏芸芸、罗彬、熊莉

3. 武汉军运经济遗产与现代服务业提升（体育产业）发展研究

组长：姚莲芳　**成员：**操玲姣、吴昱南、赵小燕

4. 武汉军运文化遗产与城市形象提升研究

组长：谢双玉　**成员：**程绍文、冯娟、龚箭、朱媛媛、李畅、阴姣姣、李琳、王胜鹏、郭子钰、郑玮博

5. 武汉军运城市建设遗产与城市环境提升研究

组长：陶维兵　**成员：**徐晖、冯存万、赵煌、肖朝晖、邹梦瑶、彭国庆

6. 国内外主要城市赛会遗产可持续利用经验借鉴与启示

组长：湛红好　**成员：**顾晓焱、吴昱南、胡玉桃、欧阳海龙

7. 武汉军运会办赛模式研究

组长：徐达　**成员：**汪海波、张矛矛、蒋玉杰、杨越、王全祥、秦

元萍、陈佳玥

8. 武汉军运区域发展遗产研究

组长：周阳　**成员：**帅杰、李翠军、张玲玲、杨瑜娴、连旭蓓、张启迪

9. 武汉军运科创智慧遗产研究

组长：陈进　**成员：**黄红云、张玉、郑文升、杜立、樊厚瑞、熊莉、肖朝晖

10. 武汉军运军民融合遗产研究

组长：袁超越　**成员：**杨瑜娴、刘江涛、钱艳丽、邓飙、周昕、冯玥

目　录

一 武汉军运竞赛与非竞赛场馆
设施可持续利用研究

（一）引言

1. 问题的提出

近年来，随着经济与社会的不断进步，体育赛事在我国蓬勃兴起。尤其是大型体育赛事，如2008年北京奥运会、2010年广州亚运会、2014年南京青奥会等重大国际性体育赛事，因其对举办地经济、文化等的巨大影响，越来越成为推动城市发展的有力工具，并逐渐成为人民文化生活的重要组成部分。通过举办国际性大规模体育赛事，推动城市建设和功能提升，传播城市国际形象，促进城市开放水平，带动城市经济发展，已在世界范围内成为共识。

2019年10月18日至27日，第七届世界军人运动会在中国武汉成功举行。素有"军人奥运会"之称的世军会，不仅是各国军人参与进行的运动会，更是对军队、国家和当今世界发展有着独特价值的时代盛会。第七届世界军人运动会是武汉举全市之力、聚全民之智成功承办的一次大型综合性运动会，也是我国首次承办综合性国际军事体育赛事，是继北京奥运会后我国举办的又一次大规模的国际体育盛会，吸引百余国近万名运动员参赛。中共中央总书记、国家主席、中央军委主席习近平出席开幕式，并在赛后作出重要指示：第七届世界军人运动会成功举办，体现了中国气派、军人特色，实现了"办赛水平一流、参赛成绩一流"目标，向世界展示了新时代的中国形象，宣示了中国和平发展主张。湖北省及武汉市以高度的政治责任感精心组织、精益求精，广大市民以主人翁姿态热情参与、积极奉献，为军运会圆满成功作出了重要贡献。举办第七届世界军人运动会，是武汉发展史上的一个里程碑。

然而，大规模国际性体育赛事的高标准、规模性，必然要求大规模、高水准的场馆设施建设。体育场馆设施作为政府投资管理为主的公益性城市基础设施，一方面为城市民众体育健身带来了巨大便利，提升了城市的现代化水平；另一方面，场馆设施维护运营的高成本，也给政府财政带来巨大的负担。赛后的场馆可能在促进当地体育产业发展的同时给举办城市带来声誉和收入，也可能使举办城市和国家带来债务和累赘。体育场馆赛后利用是世界性难题，很多场馆运营都面临维护费用高、利用率低、可持续经营不足等困境，被称为"蒙特利尔陷阱"。由此，体育场馆设施的赛后利用和运营维护，成为所有国际性大规模体育赛事举办城市自赛事筹备期就纳入考量的重要因素。

为举办大型运动会而兴建的大型体育场馆在赛事完毕后，利用状况大致分为4种模式：第一种模式为继续用于体育活动。运动会结束后，主场馆通常都会成为主办城市的大型体育活动中心，这些体育活动主要包括：职业体育竞技活动、大学体育竞技活动、国家级运动训练活动、小区体育活动等；第二种模式为交替使用。许多主办城市在运动会期间为了节省开支，将大型展览中心和大型会议中心临时改建成为比赛场馆，并在结束之后恢复原来的功能；第三种模式为多用途使用模式。运动场馆在建设过程中预先设计多种使用功能，在运动会结束之后举办体育比赛、会议、展览、音乐会、演唱会及娱乐等多种大型活动；第四种模式为临时搭建的场馆设施，运动会结束后直接拆除。一些临时搭建的体育场馆，在结束后直接拆除。

军运会结束后，社会各界人士普遍关注场馆可持续经营的问题。如果能妥善管理，有效开发利用，将会有力地促进武汉全民健身运动、军运旅游以及国际交往等方面的发展，对武汉城市发展和城市形象意义重大。本研究拟通过国内外大型体育赛事设施后续利用的经典案例分析，对竞赛和非竞赛设施综合利用的理论和实践研究，从可持续发展理念的角度出发，探讨武汉军运会赛后设施的利用的理念、趋势与前景，存在的问题和影响因素，提出科学可行的意见建议，做好相应规划，落实相应措施，既保持对赛后场馆的维护保养，又使其成为城市经济新的增长点和亮点，以期对设施的"反复利用、综合利用、持久利用"提供中国武汉经验。

2. 相关概念的界定

大型赛事竞赛与非竞赛设施主要包括为竞赛提供的竞赛场馆设施、训练场馆设施和配套服务设施。学界对场馆设施内涵和分类没有统一的规定。采用2008年北京奥运会分类的方式，场馆分为竞赛场馆、训练场馆和非竞赛场馆三种类型。竞赛场馆是举办竞赛活动的场馆。如2008年北京奥运会共有竞赛场馆37个，承担28个竞赛项目。训练场馆是在赛会期间承担运动员训练任务的场馆。根据竞赛场馆与训练场馆的地理位置关系，可将训练场馆分为竞赛场馆附属训练场馆和独立训练场馆。非竞赛场馆是指不承担竞赛和训练任务，但提供赛事相关服务并相对独立运行的场馆。如北京奥运会非竞赛场馆包括奥运村（含运动员村、媒体村）、主新闻中心、国际转播中心、奥林匹克公共区、兴奋剂检测中心等。

第七届军运会的成功举办极大地提升武汉城市形象，促动了武汉地区社会与经济的发展，而赛后场馆的可持续利用也成了社会各界关注的问题。鉴于此，本研究对国内外相关的学术梳理及研究动态分析聚焦于场馆设施的可持续发展利用问题。

（二）国内外关于体育场馆设施可持续利用的相关研究梳理

关于大型体育赛事赛后场馆设施可持续利用研究，盛于欧元之父、诺贝尔经济奖获得者罗伯特·蒙代尔2006年在"诺贝尔奖获得者北京论坛"上，向北京奥运会提出"蒙特利尔陷阱"忠告之后。罗伯特·蒙代尔提出，北京应警惕"后奥运经济"陷入"蒙特利尔陷阱"，预防出现像亚特兰大和悉尼奥运会后那样的经济疲软。一般说来，历届奥运会的举办都可以分为筹办期、举办期和后奥运时期三个时期。在筹办期和举办期，由于奥运会场建设和相关配套的城市基础建设的拉动作用，投资会大幅上涨，经济会呈上扬的趋势。可是在奥运会举办后的3—5年内，由于旅游、投资的衰退、体育场馆的闲置、投资回落及其给地方带来的财政负担等原因，此时的经济会呈现一个低谷的状态，即"蒙特利尔陷阱"。①

1. 国外场馆设施可持续利用的相关研究

规避"蒙特利尔陷阱"，涉及大型体育设施场馆建设的投入方式、功能设置、市场开发、运营管理、场馆政策等诸多方面。国外发达国家大型体育场馆赛后利用研究比国内早许多年，其场馆的赛后利用研究成果相对较多。目前，国外大型体育场馆的赛后利用和开发研究在以上几个方面都有所涉及。

（1）关于投入方式

随着"蒙特利尔陷阱"逐渐受到赛事举办国的关注，不少奥运会举办国在办赛之初，就注意到了创新办会、采取多元举措进行场馆建设的思路。不少学者对大型体育赛事场馆建设的投入方式做了相关研究。陈剑在《奥运经济的国际经验借鉴》中指出，1984 年洛杉矶奥运会开创了奥运史上前所未有的市场化运作模式。洛杉矶奥运会场馆建设充分利用现有设施，尽量不修建新体育场馆，通过租借大学宿舍、不盖奥运村、招募志愿服务人员等，使这届奥运会获得了前所未有的经济效益，盈利2.3 亿美元。② 金睿在《伦敦奥运会场馆的赛后利用及启示》中指出，伦敦奥运会场馆的可持续发展理念主要体现在采用可循环利用材料、大量兴建临时场馆和开展大规模赛后改造等方面。在一些场馆中修建了大量的临时座位，这些座位既满足了奥运会的需要，也便于比赛结束后进行拆除。这些临时场馆使用低碳环保材料，临时场馆拆除后，建筑材料被运到英国其他地区重新投入使用。③

大型体育赛事场馆设施的投入方式，决定着办会成本和赛后利用效率。总体来看，目前的相关研究已对此有所关注，但专题研究不多，投

---

① 黄中文、陈易安：《警惕北京"后奥运经济"陷入"蒙特利尔陷阱"》，《北京房地产》2008 年第 2 期。

② 陈剑：《奥运经济的国际经验借鉴》，《亚非纵横》2008 年第 3 期。

③ 金睿：《伦敦奥运会场馆的赛后利用及启示》，《体育成人教育学刊》2008 年第 10 期。

入主体还是以行政主体为主，缺乏市场化、社会化参与等多元投入角度的深化研究，更缺乏投入方式与赛后运作的联动研究。

（2）关于市场开发

国外的体育场馆在市场开发方面已进入高速发展阶段，早在2007年，英国就有11家体育场馆连锁酒店，如希尔顿花园酒店、考文垂的理光竞技场等。酒店式体育场馆通过多样化的商业模式减轻了对举办体育活动的依赖，将单一消费群体转变为更广泛的客户群体，提高场馆的竞争力。仲维博在《我国大型体育场馆冠名的市场开发研究》中认为，德国与美国、英国在场馆冠名以及市场开发上，都是通过体育中介机构将冠名企业、大型体育场馆、媒体和广大群众联系到一起，并通过专业的市场运作使各个利益群体都能得到相关利益的满足。[①] 张大超等在《中外现代大型体育场馆管理体制的比较》中阐述发达国家的体育场馆管理思想主要呈现在非营利性、区别对待、因人而宜、因地制宜、人性化、专业化、细微化等方面，并指出体育场馆建设应注重功能多样化、竞赛场馆社会化、群众场馆服务灵活化、社区场馆便捷化。[②]

大型体育赛事场馆设施的后期市场开发，涉及运营主体、运营机制、盈利模式、市场需求、利益分配等诸多要素，基于国际上赛事场馆利用现状，赛事场馆市场开发普遍不足，目前研究还基本限于理念层面，专业化研究成果不多。

（3）关于运营管理

Bonnie L认为，体育场馆的专业化管理是场馆拓展市场的前提条件之一，而且高质量的管理也是留住客户的重要原因，同时他还提出体育场馆管理的环节主要包括市场开发、营销以及相关商业服务以及特许权服务等。[③] 迈克尔利兹通过对NBA场馆研究发现，各NBA俱乐部非常重视场馆的管理与经营，多元化的管理与经营使豪华包厢租金、停车费、场

---

① 仲维博：《我国大型体育场馆冠名的市场开发研究》，上海体育学院，2013年。

② 张大超、彭金洲、张瑞江：《中外现代大型体育场馆管理体制的比较》，《体育学刊》2004年第5期。

③ 周阳：《后"军运会"时代军运场馆持续利用研究》，《武汉社会科学》2020年第2期。

地广告等收入成为场地活动资金来源。① 刘铭忠在《美国大型体育设施的运营管理》中阐述除美国的运营管理方式外，其余国家在场馆运营管理方式也上也呈现出百家争鸣的现象，如英国采用政府内部管理、委托管理和基金会管理，法国采取市场化运作，德国采取俱乐部运营，日本采取行政机关直辖经营和外部组织委托经营等模式。②

总体来看，关于大型赛事场馆设施的运营管理的研究成果较为丰富。在运营理念上，突破政府运营传统思路，逐步向关注专业化、社会化运营转化。运营方式上，也开辟了多元化视角。但在金融与科技融合发展的时代背景下，相关研究缺乏创新性，依然显得比较滞后。

（4）关于场馆政策

雷厉在《国内外体育场馆政策及对我国体育场馆未来发展的启示》一文中，详细指出目前国外体育场馆在建设政策方面的 5 大特点，分别是国家政策的全面支持、强有力的财政拨款、优惠的税收政策、多渠道资金来源、灵活多样的建设方案。并提出体育馆使用政策的几点举措：制定开放使用规定，强调运动设施要有最大限度的使用率；在不影响教学的前提下开放学校体育设施，供群众体育之用；注重维修与保养，确保场馆最理想地使用；加强监督管理，体育行政机构监督属于任何单位的体育设施的利用率，如体育运动设施不直接用于体育运动，应向地方财政纳税等。③ 也有学者研究了大型体育场馆设施的公益性功能。金睿在《伦敦奥运会场馆的赛后利用及启示》中指出，奥运会场馆在奥运会结束后逐渐成为人们眼中奥运精神的载体，人们希望在这样的环境中体验奥运精神的真谛，进行体育活动、休闲娱乐以及社区活动。伦敦奥组委在奥运会结束后将奥林匹克公园改造成了全欧洲最大的城市公园之一，使其更多地服务于社区、居民以及游客；伦敦政府以奥运场馆建设为载体，对原本贫困落后的斯特拉特福德地区进行综合改造，创造可持续利用新社区。奥运场馆的赛后运营要与公益性相结合，不能单纯以经济利益最

---

① 《奥运历史的记忆———历届奥运会场馆回顾》，《城建档案》2008 年第 2 期，第 17—20 页。

② 刘铭忠：《美国大型体育设施的运营管理》，《体育文化导刊》2008 年第 10 期。

③ 雷厉：《国内外体育场馆政策及对我国体育场馆未来发展的启示》，《体育文史》2000 年第 5 期。

大化为最终目标，要充分考虑社会的需要，以创造更多的社会价值。实现社会价值和经济效益的双赢，才能真正实现"以人为本"的体育价值观。①

关于场馆设施的可持续利用政策研究，现有研究已充分观照了政治、经济、社会、文化等多元视角。但总体来看，文体旅融合视角、政治、经济、文化、社会、生态融合视角等，相关研究还有所欠缺。

2. 国内场馆设施发展运营状况的相关研究

近年来，场馆可持续利用成为我国学者研究的热门话题，相关文献不断涌现。学者们普遍认为，目前场馆的经营思路不断扩展，极大地满足了我国人民日益增长的体育健身需求，也取得了良好的经济效益和社会效益。但体育场馆的经营过程中仍然存在着一些矛盾和问题，对存在的问题和解决策略，我国学者进行了深入而全面的研究。

（1）关于场馆资源利用存在的问题及原因分析

范向丽、郑向敏在《大型赛赛后体育场馆的利用策略分析》中认为，国内外大型体育场馆赛后利用率低的原因主要有前期论证和规划不够；建设超标准，经营成本高；经营理念落后，商业化程度低；维修资金匮乏，赛后发展乏力；缺乏优惠政策，场馆经营负担过重。② 傅堃在《北京奥运会体育场馆的适应性改造与赛后利用》中提到了奥运场馆的建设和赛后运作的主要问题是奥运场馆建设规模不断扩大和奢侈，奥运场馆赛后利用设计不足等。③ 沈晓晓在《大型体育场馆建设及管理运营研究》中表示，中国大型体育场馆的建设和运营存在问题：场地选址布局规划不合理，大型场馆建设规模庞大，场地投资主体简单化；场馆专业管理人才匮乏，场馆运行管理机制不健全，体育产业发展水平低，体育消费市

---

① 刘迪：《南昌市普通高校体育场馆服务社会现状及对策研究》，硕士学位论文，华东交通大学，2013 年。

② 范向丽、郑向敏：《大型赛赛后体育场馆的利用策略分析》，《泉州师范学院学报》2008年第 11 期。

③ 傅堃：《北京奥运会体育场馆的适应性改造与赛后利用》，硕士学位论文，天津大学，2007 年。

场不成熟；场馆的无形资产没有得到有效开发，体育场馆闲置。[①]

（2）关于场馆多功能开发利用的研究

对于大型场馆赛后如何利用，我国学者针对不同场馆提出了不同的建议。陈元欣在《大型体育场馆余裕空间利用研究》中根据对国内长沙贺龙体育中心、北京工人体育场和上海体育场等场馆的调查和访谈，归纳它们在余裕空间的利用方面的成功做法与经验：地理位置优越，与城市公共空间融为一体；规划设计阶段充分考虑余裕空间的利用；高度重视余裕空间的利用。[②] 黄伟在《2008 年后北京奥运遗产研究——提升奥运场馆设施利用效率的策略》中通过对雅典、悉尼、亚特兰大等体育场馆设施在奥运会后的使用与利用状况进行分析，提出了创新投融资体制和场馆管理机制，在提升群众休闲体育意识和参与度的基础上将场馆面向全社会，将场馆进行多功能定位并发展体育旅游业。[③] 林显鹏在《现代奥运会体育场馆建设及赛后利用研究》提出，现代奥运场馆的使用方式主要有以下三种：第一，继续用于大型体育赛事；第二，多功能交替使用模式，将一些奥运场馆与一些大型展览活动相结合，它不仅可以组织体育赛事以外的活动，还可以避免浪费太多资源；第三，搭设一些临时场馆，在满足比赛需要的同时，节省了建设成本和避免过度铺张浪费。[④] 王雷在《奥运品牌与体育场馆设施的可持续利用》中阐述场馆在赛事结束后除借助品牌效应使体育场馆营运多样化外，还应通过品牌效应拉动旅游业开发和举办活动。[⑤]

（3）关于场馆运营模式研究

柳国庆在《第十一届全运会后山东省大型体育场馆运营管理模式研究》中认为，场馆运营方式应采用多种方式结合经营，采用经营项目多

① 沈晓晓：《大型体育场馆建设及管理运营研究》，硕士学位论文，华中师范大学，2013 年。

② 陈元欣、李国立、王健：《大型体育场馆余裕空间利用研究》，《北京体育大学学报》2014 年第 4 期。

③ 黄伟：《2008 年后北京奥运遗产研究——提升奥运场馆设施利用效率的策略》，《东方企业文化》2007 年第 11 期。

④ 林显鹏：《现代奥运会体育场馆建设及赛后利用研究》，《中国勘察设计》2007 年第 10 期。

⑤ 王雷：《奥运品牌与体育场馆设施的可持续利用》，《新闻界》2008 年第 4 期。

元化的模式。① 庄晓蓉在《"钻石"光芒乍现》中阐述了青岛体育中心赛后利用模式的多元化，认为中心在餐饮、住宿、医疗、交通、观众以及一馆多用等方面进行细致入微的准备，可提高场馆利用率。② 陈迎在《展、商复合：场馆设施长效利用的新模式》中通过对商贸结合较为成熟的场馆进行分析，指出奥运后的体育场馆可通过商贸结合方式来避免场馆闲置，使场馆成为区域发展新动力。③ 高扬在《我国大型体育场馆经营管理模式的选择》中阐述了现阶段大型体育场馆的 7 种运营管理模式，并指出场馆在模式选择中应从自身状况、服务对象、地理位置、周围城市消费水平等方面考虑。④ 刘雪松等在《基于利益相关者理论的四川高校体育场馆资源合理利用研究》中提出了整合政府、学校、公众利益人的利益诉求以达到体育场馆资源合理利用目的的利益相关整合模式。⑤ 杨金娥、陈元欣在《公共体育场馆利益相关者改革诉求研究》中提出以公共利益和群众需求为出发点，构建政府、场馆、群众和社会共同参与的场馆理事会制度模式。⑥

（4）关于场馆开放使用政策规定研究

国务院印发的《全民健身计划》（2016—2020）指出："要制定大型体育场馆对社会开放合理的收费标准，鼓励中小型体育场馆免费或低收费向社会开放。确保满足开放规定的各类企事业单位的体育场地及其配套设施能够向社会充分开放。到 2020 年要达到参加体育锻炼的人数明显增加，经常参加锻炼的人数达到 4.35 亿的目标。"⑦《上海市体育场所管理办法》提到，"公共性质的体育场所一定要积极向社会开放，这是其性

---

① 柳国庆：《第十一届全运会后山东省大型体育场馆运营管理模式研究》，硕士学位论文，曲阜师范大学，2011 年。

② 庄晓蓉、赵小兵、王勇森：《"钻石"光芒乍现》，《走向世界》2009 年第 3 期。

③ 陈迎：《"展、商"复合：场馆设施长效利用的新模式》，《投资北京》2007 年第 11 期。

④ 高扬：《我国大型体育场馆经营管理模式的选择》，《商场现代化》2008 年第 11 期。

⑤ 刘雪松、孙朝娥、李斗才：《基于利益相关者理论的四川高校体育场馆资源合理利用研究》，《成都体育学院学报》2010 年第 9 期。

⑥ 杨金娥、陈元欣：《公共体育场馆利益相关者改革诉求研究》，《体育成人教育学刊》2015 年第 8 期。

⑦ 黄伟：《2008 年后北京奥运遗产研究——提升奥运场馆设施利用效率的策略》，《东方企业文化》2007 年第 11 期。

质所决定的，而与之相对应的非公共体育场所也应积极介入服务社会的事业中，采取有条件开放的做法来服务社会大众"。[1]

综上所述，国内外学者对大型体育场馆的管理、运营及模式等进行了广泛、深入而全面的研究。在场馆赛后管理方面，发现场馆管理存在专业管理人员缺乏、管理理念落后、管理体制不健全等问题，同时提出培养或引进体育运营管理人才、所有权与经营权分离等建议；在场馆开发与利用方面，提出改变营销策略、注重市场营销、经营多元化、开发无形资产等措施；在运营模式方面，当前大型场馆主要以事业单位运营、民营化运营、事业单位企业化运营等运营模式为主，同时提出了义乌模式、商贸结合模式、集团化托管等模式。

（三）武汉军运会竞赛与非竞赛场馆设施基本情况分析

国际军事体育理事会与国际奥委会、国际大学生体育联合会并称为世界三大综合性体育组织。因此，军运会也是与奥运会、大运会齐名的全球综合性运动会。中国在先后承办了 2001 年北京大运会、2008 年北京奥运会、2011 年深圳大运会之后，2019 年在武汉成功举办了规模空前的第七届世界军人运动会。近迎军运，长远惠民，是武汉军运会场馆及其相关配套设施建设中坚持的重要原则。武汉军运会在筹备过程中已创下三项第一：第一次所有比赛全部安排在一座城市进行，第一次集中新建运动员村，竞赛项目设置数量历届第一。在场馆设施建设上，武汉市充分利用本市高校多、校内体育场馆多的优势，改、建并举。在全部 35 个场馆中，维修改造的有 17 个，新建的只有 13 个，另 5 个属临时设施，许多设施在军运会后仍具有较大的经济价值和社会价值。

1. 基本理念和思路

"办好一次会，搞活一座城"，是武汉在新时代加快"三化"大武汉、国家中心城市、新一线城市建设步伐的现实需要。武汉军运会场馆设施

---

① 金汕：《重视后奥运体育场馆的利用》，《北京社会科学》2006 年第 4 期。

建设在设计理念和建设思路上，也围绕这一办会宗旨展开。总结来说，武汉军运会场馆设施建设基本遵循以下理念和思路。

一是设施标准化。武汉第七届世界军人运动会是军运会历史上规模最大的一次军事体育盛会。根据国际军体提出的"固化办赛标准"要求，武汉军运会场馆建设面临现实标准少的难题，武汉军运会执委会"摸着石头过河"，制订出一整套流程化、标准化的场馆运行方案计划，创造了军运会场馆"新标准"。军运会场馆建设和运行设计中，功能区如何分布，甚至标识标牌怎么摆放，都有具体操作规范。每个比赛场馆都有厚厚一本本场馆建设与运行图纸，为往后军运会标准化操作提供参考。

二是布局均衡化。大型体育场馆的选址应当符合合理分散、相对集中的原则，要与城市现有交通路线相辅相成，并且尽量靠近居民区。场馆的选址还要结合城市整体发展规划和各区经济文化发展水平。武汉军运会35座场馆，根据均衡原则，分布在长江两侧的后湖、沌口、光谷、黄家湖四大区域板块，遍布在各大高校或三镇不同的居民生活集中区域。其中13处新建场馆，大多布局在群众健身需求旺盛而体育设施相对欠缺的区域，在满足军运会比赛要求的同时，兼顾赛后全民健身的功能，使城市的建设资源得到更好的利用。比如为军运会新建的五环体育中心体育场，弥补了东西湖区约60万居民却缺乏现代化体育场馆设施的空白。得益于筹办军运会，赛后基本上每个区都有了现代化体育场馆。

三是投入节约化。由于国际性体育赛事场馆规模大、投入多、赛后运营维护成本高等特点，节约办赛已成为现代体育赛事举办城市的共识。武汉军运会充分利用本市高校多、校内体育场馆多的优势，实行改、建并举。在具体场馆建设方面，主要采用原有永久建筑及附属设施设备与临时建筑设施设备相结合的方式，尽量降低成本，减少浪费和污染。

四是属地融合化。武汉军运会办赛事与建城市紧密结合。军运村的建设运管与江夏区区域城市发展齐推进，军运村秉持"绿色、生态、和谐"的设计理念和"低排放、零污染"建设原则滨湖而建，周边重点配套项目建设也同步推进，打造和谐生态与现代建筑高度融合的典范，军运村周边生活环境得到极大提升，城市经营理念得以更新和完善，城市发展驶入快车道。汉口文化体育中心"融合最先进理念、最前沿科技、最本土文化、最人性化设施"，通过修缮实现"蝶变"，做好赛后功能转换，提升区域整体服务功能，满足群众日常文化体育生活需求，提升江汉区现代服务业中心区品质，成为"武汉新地标"。

五是功能多元化。对大型综合性体育赛事而言，场馆设施建设功能多元化、赛后利用多样化，是解决比赛场馆赛后充分、合理利用的现实需要。军运会主媒体中心在设计建设时就充分考虑了后期改造的需要，比赛期间是"记者之家"，军运会结束后改造成一座集室内滑冰场、击剑馆和射箭馆于一体的现代化健身休闲场所，弥补武汉市冰上运动体育场馆设施的不足。东西湖区新建的五环体育中心，军运会时举办田径、水上救生和乒乓球比赛，赛后五环体育中心体育场作为中超球队武汉卓尔的主场。

六是场景科技化。武汉军运会是一场"军人的奥林匹克"，也是"科技的奥林匹克"。通过军运会，武汉向外界展示了自己在高科技方面的巨大实力。5G 通信技术助力观赛、场馆建设比肩奥运标准、AI 大脑实现智慧供电、无人驾驶车免费开放体验以及智慧安保系统等，一系列高科技的应用，向世界展示了中国新的风采。

七是文体旅一体化。武汉东湖以天地为场馆，以山水为赛场，公路自行车、公开水域游泳、马拉松、帆船 4 项比赛的举行，充分体现了人与自然融合、体育与自然融合、都市与自然融合的生态理念。东湖绿道规划之初便考虑到体育赛事的需要，能够承办国际级自行车及马拉松赛事，体育产业成为区域旅游收入的重要来源。武汉开发区以航空、冰雪、汽车等赛事体育项目为媒，带动旅游，形成文化，成为开发区旅游业发展的重要方向。东西湖区依托武汉五环体育中心，在北侧建设东西湖文化中心，集剧院、文化馆、阅读中心、博物馆及文化创意产业中心于一体，与五环体育中心形成南北呼应、动静结合、文体互补的格局，为武汉市民文体生活提供新选择。

八是便民共享化。通过举办武汉军运会，近三年来，武汉整治城市道路，提升城市绿化水平，城市天际线整体得到优化，地铁线网运营里程突破性发展，路成网、河成景、湖成环，整体提升市民的获得感。新建改建的体育场馆，为市民在"家门口运动"提供更多选择。遵循"近迎军运、长期惠民"的场馆建设宗旨，军运会赛后场馆设施陆续向市民优惠开放或特定时段免费开放，全民健身成为武汉新时尚，武汉"体育之城""运动之城"正在形成。

在选址、规划、设计和建设体育场馆过程中，武汉不仅考虑比赛需求，也尽可能考虑了赛后场馆的利用需求，为武汉成功举办第七届军运会打下了坚实的基础。

2. 建设和赛后利用情况

按照"满足赛事需求、方便组织运行、体现绿色生态、益于赛后利用"的原则，武汉军运会将 25 个比赛项目、2 个表演项目布局在长江两侧的后湖、沌口、光谷、黄家湖四大区域板块，共 35 处场馆设施。

（1）基本建设情况

按竞赛与非竞赛场馆设施区分，武汉军运会竞赛场馆有 33 个，分别为武汉体育馆、汉口文体中心、东西湖体育中心、武汉全民健身中心足球场、空军预警学院体育场馆、海军工程大学木兰湖校区体育场馆、空军武汉机场飞行项目场地、武汉体育中心、武汉汉南通用航空机场跳伞场地、汉阳江滩沙滩排球中心、天外天高尔夫球场、江汉大学体育馆、武汉商学院马术场、武汉商学院游泳馆、武汉商学院体育馆、蔡甸国防园射击射箭场馆、华中科技大学光谷体育馆、光谷国际网球中心、湖北省奥林匹克体育中心、武汉软件工程职业学院体育馆、驿山高尔夫球场、陆军工程大学军械士官学校体育场馆、东湖新技术开发区军事五项场地、东湖绿道马拉松及公路自行车场地、东湖帆船及公开水域场地、洪山体育馆、武汉理工大学体育馆、武汉体育学院体育馆、武汉大学大学生体育活动中心、青山江滩沙滩排球中心、武汉城市职业学院体育馆、江夏梁子湖铁人三项场地、江夏八分山等定向越野场地。非竞赛场馆设施有 2 个，分别为军运会运动员村和军运会媒体中心。

按建设情况划分，新建项目 13 个（含军运村），维修改造项目 17 个，临时设施项目 5 个。体现了节俭办会的原则。

按区域布局划分，后湖板块 7 个，沌口板块 10 个，光谷板块 14 个，黄家湖板块 4 个。体现了区域均衡原则。

按场馆归属划分，军队新建和修建 5 个，市属场馆设施 20 个，高校场馆设施 10 个。体现了军民融合、携手共建原则。

按出资情况划分，天外天高尔夫球场属民营企业现代城建所有，为唯一一个由民营企业提供的武汉军运会比赛场地。

表1-1   **军运会场馆情况一览**

序号	场馆名称	地址	承办主要赛事
后湖板块			
1	武汉体育馆	武汉市硚口区解放大道612号	跆拳道
2	汉口文体中心	武汉市江汉区新华路247号	足球
3	武汉五环体育中心	武汉市东西湖区金山大道45号	田径、乒乓球、游泳（水上救生）
4	武汉全民健身中心足球场	武汉市江岸区后湖大道95号	足球
5	空军预警学院体育场馆	武汉市江岸区黄埔大街288号	空军五项中的篮球、击剑、游泳、射击、障碍跑
6	海军工程大学木兰湖校区体育场馆	武汉市黄陂区木兰乡	海军五项
7	空军武汉机场飞行项目场地	武汉市新洲区	空军五项中的飞行
沌口板块			
8	军运会媒体中心	武汉经济技术开发区东风大道与太子湖交汇处	军运会新闻发布及赛事转播等功能
9	武汉体育中心	武汉经济技术开发区车城北路58号	武汉军运会开、闭幕式，排球（女子）、游泳、跳水等
10	武汉汉南通用航空机场跳伞场地	武汉市汉南区通用航空及卫星产业园	跳伞
11	汉阳江滩沙滩排球中心	武汉市汉阳区鹦鹉堤段汉阳沙滩	沙滩排球
12	天外天高尔夫球场	武汉经济技术开发区军山街长山村特1号	高尔夫球（男子）
13	江汉大学体育馆	武汉经济技术开发区三角湖路8号	排球（男子）
14	武汉商学院马术场	武汉经济技术开发区东风大道816号	马术、现代五项中的马术及跑射联项

序号	场馆名称	地址	承办主要赛事
15	武汉商学院游泳馆	武汉经济技术开发区东风大道816 号	现代五项中的游泳
16	武汉商学院体育馆	武汉经济技术开发区东风大道816 号	现代五项中的击剑
17	蔡甸国防园射击射箭场馆	武汉市蔡甸区爹山街老世陈村特 1 号	射击、射箭
光谷板块			
18	华中科技大学光谷体育馆	武汉市洪山区珞喻路 1037 号	篮球（女子）
19	光谷国际网球中心	武汉市东湖新技术开发区佛祖岭一路	网球
20	湖北省奥林匹克体育中心体育馆	武汉市东湖新技术开发区佛祖岭一路	体操（男子）
21	武汉软件工程职业学院体育馆	武汉市东湖新技术开发区光谷大道 117 号	摔跤
22	峥山高尔夫球场	武汉市东湖新技术开发区峥山南路 1 号	高尔夫球（女子）
23	陆军工程大学军械士官学校体育场馆	武汉市东湖新技术开发区珞瑜东路 42 号	军事五项中的障碍游泳、校内越野跑
24	东湖新技术开发区军事五项场地	武汉市东湖新技术开发区珞瑜东路 42 号	军事五项中的射击、障碍跑、投弹、校外越野跑
25	东湖绿道马拉松及公路自行车场地	东湖生态旅游风景区东湖绿道	马拉松、公路自行车
26	东湖帆船及公开水域场地	东湖生态旅游风景区东湖郭郑湖水域	帆船、游泳（公开水域）
27	洪山体育馆	武汉市武昌区体育馆路特 1 号	篮球（男子）
28	武汉理工大学体育馆	武汉市洪山区文治街 34 号	柔道
29	武汉体育学院体育馆	武汉市洪山区珞喻路 461 号	拳击
30	武汉大学大学生体育活动中心	武汉市武昌区八一路 299 号	羽毛球

续表

序号	场馆名称	地址	承办主要赛事
31	青山江滩沙滩排球中心	武汉市青山区临江大道建设八路段青山江滩	沙滩排球
黄家湖板块			
32	军运会运动员村	武汉市江夏区黄家湖东南岸	承担军运会运动员、教练员及保障团队居住餐饮
33	武汉城市职业学院体育馆	武汉市洪山区南李路83号	击剑
34	江夏梁子湖铁人三项场地	武汉市江夏区龙湾度假村	铁人三项
35	江夏八分山定向越野场地	武汉市江夏区八分山、大花山、青龙山、天子山	定向越野、空军五项中的定向越野

资料来源：根据相关公开资料整理。

（2）基本利用情况

武汉军运会的举办，场馆设施的高标准建设和修缮，以及惠民利民的场馆建设原则，激发了武汉市民参加体育健身的热情，多项重大国际赛事也落户武汉。总体来看，多数场馆设施赛后利用情况良好。

目前，军运场馆系统的赛后利用方案或规划尚未出台。但在建设或改造场馆设施之初，有关部门从空间布局、场馆功能配套、赛后利用需要等多方面进行了考虑，基本明确了各个军运场馆赛后利用的主要方向与计划。按赛后利用功能划分，可以分为五类：用于体育竞赛、旅游、文化休闲多元功能的场馆设施13个，主要用于体育比赛和全民健身的场馆5个，军事院校和高校主要用于教学、训练、比赛和文化活动的场馆15个，商业用途的场馆3个，特殊用途场馆1个。（见表1-2）

第一类是"多元开发体育场馆"，包括武汉体育中心、汉口文体中心、武汉五环体育中心、光谷国际网球中心、湖北省奥林匹克体育中心体育馆、东湖帆船及公开水域场地、东湖绿道马拉松及公路自行车场地、蔡甸国防园射击射箭场馆、青山江滩沙滩排球中心、汉阳江滩沙滩排球中心、江夏梁子湖铁人三项场地、江夏八分山等定向越野场地、军运会媒体中心等。此类场馆遵循文体旅融合发展的原则和思路，依托场馆设施多元化功能开发和利用，带动区域发展，形成集体育比赛、全民健身、文化会展、休闲娱乐于一体的体育综合体，成为区域新地标和名流聚集地。

第二类是以体育功能为主的场馆。包括武汉全民健身中心、武汉体育馆、洪山体育馆、汉口文体中心、武汉五环体育中心等。它们主要用于体育比赛和开展全民健身活动，在开发举办重大体育赛事的同时兼顾周边地区的全民健身运动。

第三类是"高校场馆"。包括华中科技大学光谷体育馆、武汉大学大学生体育活动中心、武汉理工大学体育馆、武汉体育学院体育馆、江汉大学体育馆、武汉商学院马术场、武汉商学院体育馆、武汉商学院游泳馆、武汉软件工程职业学院体育馆、武汉城市职业学院体育馆、空军预警学院体育场馆、海军工程大学木兰湖校区体育场馆及设施、陆军工程大学军械士官学校体育场馆、空军武汉机场飞行项目场地、东湖新技术开发区军事五项场地等。赛后恢复用于大学教学、训练、比赛、文艺活动等。

第四类是"商业场馆"。包括驿山高尔夫球场、天外天高尔夫球场、军运会运动员村等。驿山和天外天高尔夫球场本身已是商业化运作；军运会运动员村赛后对外销售转变为滨湖小镇和标杆性居住社区。

第五类是"特殊场馆"。即武汉汉南通用航空机场跳伞场地。赛后继续举办世界飞行者大会等各类航空赛事，打造知名的通用航空及卫星产业园。

表1－2   军运会场馆赛后利用功能分类

功能	数量	场馆名称
体育竞赛、旅游、文化休闲	13	武汉体育中心、汉口文体中心、武汉五环体育中心、光谷国际网球中心、湖北省奥林匹克体育中心体育馆、东湖帆船及公开水域场地、东湖绿道马拉松及公路自行车场地、蔡甸国防园射击射箭场馆、青山江滩沙滩排球中心、汉阳江滩沙滩排球中心、江夏梁子湖铁人三项场地、江夏八分山等定向越野场地、军运会媒体中心

续表

功能	数量	场馆名称
体育比赛、全民健身	5	武汉全民健身中心、武汉体育馆、洪山体育馆、汉口文体中心、武汉五环体育中心
教学、训练、比赛和文化活动	15	华中科技大学光谷体育馆、武汉大学大学生体育活动中心、武汉理工大学体育馆、武汉体育学院体育馆、江汉大学体育馆、武汉商学院马术场、武汉商学院体育馆、武汉商学院游泳馆、武汉软件工程职业学院体育馆、武汉城市职业学院体育馆、空军预警学院体育场馆、海军工程大学木兰湖校区体育场馆及设施、陆军工程大学军械士官学校体育场馆、空军武汉机场飞行项目场地、东湖新技术开发区军事五项场地
商业用途	3	驿山高尔夫球场、天外天高尔夫球场、军运会运动员村
特殊场馆	1	武汉汉南通用航空机场跳伞场地

资料来源：根据相关公开资料整理。

3. 存在的问题分析

结合武汉军运场馆设施赛后利用现状，从长期发展和功能设置来看，仍然存在一些问题。

（1）体育场馆功能有待完善

军运场馆在建设改造之初，首先要满足军运会"赛时"需要，以及大型运动会的功能和用途，而难以充分考虑"闲时"多功能转换要求，以致影响场馆赛后自我生存和多样化经营。军运场馆在赛后若要很好满足市民健身锻炼、休闲娱乐的需求还要进行适当改造、恢复，完善全民健身及配套功能。否则，现有一些场馆赛后除了出租场地、开放一些设施外，其余大量的场地、设施闲置，容易造成赛后利用率低、浪费较大等不良影响。另外，老场馆多功能改造困难，新建场馆多功能设计不足，难以实现"一馆顶几馆用"。一些体育场馆提供的服务和配套还比较落后，比如运动员休息室空间狭小、设备简陋，为媒体记者和观众提供服务的咖啡厅、餐厅等几乎都没有，不利于赛后开发利用。

（2）运营收入来源单一，优惠政策不足

大型公共体育场馆的投资回收期长，有些甚至长期亏损，需要政府拨款维持。这主要是由于体育场馆及其附属配套设施运营收入的来源较为单一，过于依赖物业租赁收入，政府给予的扶持和优惠政策不足。首先，在场馆的建设投入上大多数都是政府投资兴建的，投资结构单一，缺乏社会资金的参与。其次，在场馆的经营收入上，虽然大多数按照以体为主、多种经营的方针，但真正意义上的体育赛事、体育活动和体育培训的收入所占收入比例明显偏低，来源于其他非体育项目尤其是物业租赁的收入比例过高。随着政府对大型体育场馆的拨款逐年减少，大部分场馆将面临经营困境。再次，主要面对竞技体育项目的中大型场馆与主要面向大众消费的体育娱乐休闲项目之间存在一些差异，现阶段居民的体育消费仍以实物消费为主，多数人还没有形成体育场馆的消费能力，客观上造成了体育场馆的顾客群不够广泛。最后，公共体育场馆具有公益性特征，为满足群众健身需求一般采取优惠票价，但与一般商业企业类似的各种税费支出，如营业税、所得税、房产税、教育附加费、治安费、防疫检测费、门前三包费、物价管理费、绿化费等给大型体育场馆的经营带来了较重负担，缺乏明确的扶持和倾斜政策。

（3）经营管理人才和专业技术人员严重不足

专门经营管理人才的匮乏很可能制约赛后场馆经营管理水平。在我国无论是综合性大学还是体育类院校，体育场馆经营管理还只是一门课程，而没有体育场馆经营管理专业，体育场馆经营管理人才缺口很大。中大型体育场馆的持续管理将面临着高素质综合性专业人才缺乏的难题，尤其是缺乏懂经营、善管理、精法律、通体育的复合型人才。由于现有中大型体育场馆在运营中盈利者很少，经济状况不容乐观，所以很难吸引优秀的经营管理人才。经营管理者如果摆脱不了传统行政管理的束缚，缺乏现代营销手段，将直接影响军运场馆的后续运营和服务质量。

（4）经营管理体制难以适应赛后市场化运作的需要

大中型体育场馆普遍存在经营不活、管理不善的现象，主要表现在经营观念陈旧、经营方式落后、市场开发无力、内部机制运转不灵、管理水平低下、创新意识不足等方面。造成这些现象的根本原因在于其经营管理体制十分落后。经营承包责任制、全额管理、差额管理、委托经营、租赁制等各种经营管理体制五花八门，多种体制并存虽是改革的结果，但仍带有浓厚的行政管理色彩。大中型体育场馆现行的经营管理体制不利于体育场馆的自主经营、自负盈亏和自我发展，难以适应赛后市场化可持续运作的需要。积极探索现代体育场馆经营管理的新模式，根本问题是要解决体育场馆的产权归属和政策法规问题，需要推动大型体育场馆"所有权属于国有，经营权属于公司"的分离改革，引入社会资本和现代公司化运营机制等盘活大型场馆资源，提高运营效益，使得公共体育场馆的社会效益与经济效益能够兼顾。

（四）国内外体育场馆设施赛后
可持续利用经验借鉴

随着赛事经济的发展，越来越多的大型体育赛事举办城市注重在场馆设施赛后可持续利用方面进行规划探索，产生了一些经典案例，积累了不少可资借鉴的经验。

1. 国外场馆设施可持续利用成功经验

"蒙特利尔陷阱"常见于社会公益型的现代奥运场馆中，一般规模较大，投资额较高，政府投资主导，并在赛后负责经营管理，日常维护费用入不敷出。例如，1976 年蒙特利尔主体育馆、1980 年莫斯科市体育场馆、1998 年长野冬奥会场馆、2004 年雅典奥运场馆等。混合投资型和营利型的奥运场馆，一般采用公司化管理，自负盈亏，效益相对较好。例如，1984 年洛杉矶奥运场馆、1992 年巴塞罗那奥运场馆、1996 年美国亚特兰大奥运主赛场（赛后成为该市"勇敢者"棒球队的主场）等。现代奥运会场馆建设规模日趋扩大，赛后利用难度也越来越大，场馆运营长期亏损，引起了大型赛事或活动举办国对大型场馆赛后可持续利用的高度关注。

（1）1984 洛杉矶奥运会

1984 年洛杉矶奥运会商业运作模式取得了巨大成功，使奥运会运行机制发生了重大转变，奥运会的经济价值备受瞩目，"奥运经济"的概念初现端倪。洛杉矶奥运会是运作模式商业化的转折点，在奥运史上具有里程碑意义。彼得·尤伯罗斯作为洛杉矶奥组委主席，开创了奥运史上前所未有的市场化运作模式。奥运场馆的建设和可持续发展也正是这种市场化运作模式和独特的管理办法取得了一定的经验。其主要做法：一是努力压缩支出。洛杉矶奥运会没有大兴土木，尽量减少大型固定体育场馆的建设，尽可能修建临时场馆。组委会仅仅新建了一个游泳馆和一个自行车场，比赛场馆大多是租来的，运动员就住在大学的学生宿舍。奥运会结束后，这些场馆没有遇到丝毫困难，就恢复了原先的经营状态。充分利用现有设施，尽量不修建新体育场馆；租借大学宿舍，不盖奥运村；招募志愿服务人员；等等。结果这届奥运会获得了前所未有的经济效益，盈利 2.3 亿美元。二是将体育场馆运营管理与职业体育赛事相结合。奥运前，洛杉矶并没有新建主体育场，而是把一个 1920 年建造的场馆选来作为田径和开闭幕式的主场，直到今天，这个场馆仍然是 NBA 洛杉矶湖人队的主场。①

（2）1988 年汉城奥运会

汉城为举办本届奥运会共修建了竞赛场馆 34 座，以及各项辅助训练场地。奥林匹克公园占地 56500 平方米，除主会场外，园内还设有自行车、举重、击剑、体操、游泳及网球共 6 个场馆，而且完成了公园绿化的目标，开发了供民众休闲娱乐的功能。各个场馆均采用现代化与标准化的设计，并且符合多功能的要求，许多场馆可随时提供相关的竞赛与训练条件，游泳池冬天可用温水，配合空调可不受气候的影响。奥运村和记者村都是公寓式的建筑，会后可以出售。另外还修了一个直达市中心的交通系统，使之成为交通方便、环境幽雅的新区。② 比赛所用场地中，有 13 个是新建场馆，21 个是在原有场馆基础上改造而成的。汉城通过合理的赛前规划，充分利用了原有设施和场地，扩建或改造场馆，并改善基础设施，在赛后也没有出现严重的场馆利用问题。奥运会结束后，这些场馆或被适度利用，或被修缮，现在已成为运动和文化联合活动中心。奥运村有 86 座公寓，3962 个单元，都成功转卖给公众。汉城奥运会开创了官办奥运会盈利的先河。在这届奥运会上，韩国政府拨巨款用于资助奥运会的筹备工作，其中 55% 用于竞赛场地等硬件工程，45% 用于

① 林显鹏：《现代奥运会体育场馆建设及赛后利用研究》，《北京体育大学学报》2005 年第 11 期。

② 赵光：《2008 年奥运会场馆建设规划及后期的利用》，《南京体育学院学报》2003 年第 1 期。

美化城市等软件建设，加上一些间接投资，汉城奥运会的投资总额约为30亿美元。伴随着巨大的投资，奥运会对汉城及韩国经济起飞产生了巨大推动作用。这届奥运会盈利2亿美元，韩国三星、LG等一大批企业借奥运之机纷纷亮相，出色的表现赢得了各国关注，从而带动了韩国企业走向世界。[①]

汉城的场馆赛后利用和管理经验主要包括以下三个方面：

第一，政府专门成立办公室精心管理奥运场馆。在管理办公室的精心运营下，这些奥运场馆为汉城市民提供着各种各样的服务。

第二，体育赛事仍举行，各种场馆各尽其用。奥运场馆仍然经常举行相关体育赛事。综合运动场内的健身体育馆每天都人头攒动；综合运动场的室内游泳馆除了有标准泳池、跳水池和水球池，还专门为学生建了一个练习池，在那里经常举行各种级别的比赛。奥林匹克公园则经常作为各种长跑活动的起点和终点，很多市民周末在公园的草地上打羽毛球、放风筝。公园内的自行车馆每周五到周日都会举行自行车比赛。此外，综合运动场的陈列馆也逐步发展成为外国游客了解奥运会历史和韩国参与奥运会情况的窗口，游客可以到陈列馆参观。

第三，积极开发场馆的"副业"，举办各种社会活动。管理办公室不仅向市民团体出租场地举行社会文化活动，同时对普通参观者开放。例如，综合运动场内的游泳馆在没有比赛时就举办各种各样的培训班，内容涉及健身、瑜伽、羽毛球、芭蕾舞和韩国传统舞蹈等，主要的授课对象是儿童和婚后辞职在家的女性。奥林匹克主体育场还卖票对参观者开放，也经常出租给市民团体举行宗教、文化活动。奥林匹克公园现在已经变成具有文化气息的综合性公园，那里的草坪上展示着来自世界60多个国家约200余件雕塑作品，其中不乏优秀之作，成为附近居民周末休闲场所。

（3）1992年巴塞罗那奥运会

巴塞罗那奥运会被公认为奥运史上的成功运作典范。巴塞罗那奥运会的成功，不仅在于奥运会本身，更重要的是通过举办奥运会，带动城市改造，给城市的持续发展注入了活力，并带来了长期的影响。场馆的

---

① 赵青平：《奥运场馆的后奥运经营探索》，《北京投资》2008年第3期。

可持续利用取得了一些宝贵经验。首先，巴塞罗那蒙锥克体育场，作为第二十五届奥运会的主场馆，通过举行各种庆典活动、成立奥林匹克博物馆等吸引大量的游客参观，使其成为巴塞罗那旅游的亮点。① 其次，提高赛后场馆利用率的另一有效的方法就是改变原有的观念，充分利用场馆的现有功能和设备，并结合市场的需求对场馆进行适当的改造使之实现体育赛事、商业、文化、娱乐、旅游等多种功能，充分考虑场馆的改造利用，实现多功能化。巴塞罗那奥运场馆的赛后营运就是一个典型。在 1989—2003 年，巴塞罗那的奥运场馆共举办了 4100 余场活动，包括 38% 的体育赛事活动（如世界杯比赛等）、24% 的音乐会、11% 的婚礼等家庭活动，其他类活动（如展销会、产品发布会、宗教活动、公司活动以及政治活动等）占场馆利用率的 27%。因此，赛后该体育场馆的运营和维护费用完全依靠自身经营获得，而不需要任何政府的拨款和补贴。②

　　（4）2000 年悉尼奥运会

　　悉尼奥运会被国际奥委会前主席萨马兰奇称赞为主办了"历史上最成功一届奥运会"，也被认为是奥运史上最赚钱的一届奥运会。澳大利亚地区经济分析中心的调查报告显示，悉尼奥运会盈利甚丰。仅从 1997 年至 2000 年，国际奥委会和悉尼奥组委就获得了 26 亿美元的收入。奥运会为澳大利亚直接带来了 65 亿澳元的经济活动。其中，悉尼所属的新南威尔士州就占了 51 亿澳元。政府为了这个体育盛宴，不惜重金打造世界一流的体育场馆。同时在场馆设计和建设上也非常注意节约。一是悉尼奥运会组委会在建造主体育场和相关场馆时选择的是沼泽地、废旧的场地，节约了搬迁等相关费用，建造的体育场馆数量也不到奥运会所需比赛场馆的一半，而临时修建的沙滩排球场也最大限度地减少了相关费用。二是"废物"的回收利用。这是悉尼奥运工程建设的一大亮点。其中，2000 年奥运会主会场建设使用了 22 万立方米其他建筑拆除时留下的废料，国际射击中心 90% 的建设木材都来自废物回收再利用。整个悉尼奥

　　① 陈小虎：《全民健身国家战略视角下高校体育场馆对社会开放的困境与优化策略——以湖南省株洲市为例》，《新丝路（下旬）》2016 年第 11 期。

　　② 徐长红、吕赞：《大型赛事后体育场馆的可持续利用问题研究》，《运动》2010 年第 5 期。

运村的建设废物利用率达到94%，并且最终避免了77%的废物进入掩埋式垃圾处理场。三是场馆设计简洁，少用材料。悉尼的大多数场馆设计非常简洁，尽量少用材料，而且设计非常灵活，以便改变其用途时容易拆卸而不造成浪费。永久性建筑及构件大多考虑寿命要长，尽量减少维修和维护；临时性建筑则考虑能满足使用要求即可，不过多使用高档材料。

悉尼奥林匹克公园在建设阶段就被定位为一个世界独一无二的集体育、休闲娱乐、文化、商贸、科教于一体的大型活动中心。具体的目标包括：第一，使公园成为"澳大利亚体育第一基地"，成为一个综合性世界独特的体育产业模式；第二，一个杰出的教育与培训中心；第三，促进科技发展，将其作为经济发展引擎，提高城市竞争力和公园社区居民的生活质量；第四，成为国家的健康、娱乐和康乐中心；第五，一个地区性文化、艺术、食品和娱乐中心。2002年，悉尼奥林匹克公园举办过1759次各种活动。2003—2004年度，悉尼奥林匹克公园组织了38个项目的体育比赛，其中有400万名观众到奥林匹克公园观看比赛，比上年增加77%。每周3000人到高尔夫训练场参加娱乐健身活动，每周1600人到网球中心打网球。公园举办过南半球规模最大的悉尼复活节展。奥林匹克公园每年吸引550万名游客，这一数量与大堡礁游客数量大体相同。显然奥运会场馆在运营中必须积极吸引和承接各类大型体育、文化、商贸、娱乐活动，使奥运会场馆区域成为多功能的大型活动中心，这是奥运会场馆运营管理能否成功的关键环节。

通过转变经营思路，不断拓展商业功能，加大会展、体育房地产业和体育场馆商业功能的开发。借用体育场馆提供的良好的硬件环境，以体育文化传播为主题来发展体育主题房地产，以体育为龙头带动周围相关的房地产或者物业、商业的增值，使得场馆走上"盈利"的道路。2000年奥运会之后，悉尼奥林匹克公园的经营一直存在困难。2003年以后，场馆的商业类的活动越来越多，会议和展览等活动成为场馆主要的利润来源。因此，政府将奥林匹克公园重新定位为"会展中心"，并在2004年进行了新一轮的建设活动，其中包括投资4.7亿澳元的中心塔楼。经营思路的转变，使场馆的利用和收益情况发生了很大的变化，体育场馆附近的旅馆平均入住率也从之前的30%达到70%。悉尼奥运公园有近

5 千米的海岸线，配套交通设施如通往市中心的快速列车和渡船。根据政府规划，悉尼奥运场地向新型城市社区转变。目前，悉尼奥运村每周吸引 1000 位移民在此安家落户。2004 年年底，悉尼奥运村的房子经过改造升级，不仅价格上涨，出售率也达到了 70% 左右。由于奥运村地区的环保建设，悉尼奥运中心区住宅迅速发展，吸引了大量居民入住，奥运村已经由一个只有数千人的小区发展成为 6 万户居民的小城镇，成为目前悉尼最适合居住的地区之一。

综上所述，国外大型体育运动会场馆赛后的经营内容呈现多元化趋势，场馆以组织大型活动为核心，采取多元化运营模式。根据现代奥运会场馆的运营经验和规律，奥运会结束以后，奥运会场馆的运营主要以组织大型体育、文化、商贸、政治、宗教活动为主。奥运会筹备工作，尽可能体现节俭的原则。在场馆可持续运营方面具体以下经验值得借鉴。

一是遵循节俭办会原则。尽量利用已有的体育场馆，是不少城市避免在赛后遭遇场馆利用问题的有效措施。1984 年洛杉矶奥运会没有大兴土木，比赛场馆大多是租来的，奥运会结束后，这些场馆就恢复了原先的经营状态。1988 年汉城奥运会比赛所用场地中，有 13 个是新建场馆，21 个是在原有场馆基础上改造而成的。奥运会结束后，这些场馆或被适度利用，或被修缮，成为运动和文化联合活动中心。①

二是充分利用场馆开展体育赛事。奥运会后，积极承接和引入多种、多级别的体育赛事，充分利用场馆资源，将职业联赛和中小型的体育赛事引入场馆运营中，是奥运场馆赛后成功运营的重要方法之一。② 汉城奥运场馆赛后也是各尽其用，经常举行各种级别的比赛。奥林匹克公园内的自行车馆每周五到周日都会举行自行车比赛。③

三是采用多元化经营模式。奥运会后将不少场馆按需要适当进行改造，用于举办文化、旅游和会展等其他活动，取得较好效果。汉城奥运场馆向市民团体出租场地举行社会文化活动；综合运动场内的游泳馆在

---

① 刘学谦、冯云辉：《广州亚运会综合性场馆群赛后运营战略地图的构建》，《体育学刊》2013 年第 6 期。

② 王琳：《奥运场馆赛后利用的典范》，《中国报道》2015 年第 12 期。

③ 窦淑慧、陈宪、钟华、于向：《长三角地区体育场馆设施资源开发利用研究》，《扬州教育学院学报》2007 年第 9 期。

没有比赛的时候就举办各种各样的培训班，内容涉及健身、瑜伽、羽毛球、芭蕾舞等；奥林匹克主体育场还卖票对参观者开放，也经常出租给市民团体举行宗教、文化活动。汉城奥林匹克公园现在已经变成具有文化气息的综合性公园，成为附近居民周末休闲场所。伦敦奥组委在各个场馆的设计、规划、赛后功能性改造方面都体现出可持续发展的理念，在赛后积极扩大场馆的使用价值，与赛事、训练、文化及公益活动相结合，充分发挥奥运场馆赛后的多元化功能，形成多元化的体育产业区。[①] 可以看出，国外大型体育场馆已经向产权结构多元化、经营管理企业化方向转变，这也是我国大型体育场馆赛后利用的努力方向。

四是采取集团化、专业化经营管理方式。对比赛场馆赛后的商业化运营以及奥运村的廉租房改造等，形成了商业和公益相结合的奥运遗产管理应用方式。[②] 汉城奥运场馆运营是政府的行政机构进行管理，巴塞罗那是委托政府下属公司经营，[③] 一般公司化经营的效益表现较好。专门的管理团队和专业管理人才对场馆实行综合开发利用和管理运营，可以合理配置体育场馆资源，根据实际情况充分开发各场馆的自身优势，实现场馆利用效益最大化。

2. 国内场馆设施可持续利用经验

近年来，举办大型体育赛事，成为国内城市经营城市形象、提升城市发展品质、推进城市国际化发展的重要举措。国内一线城市北上广深纷纷举办奥运会、亚运会、大运会、世博会等国际顶级赛事或活动来提升城市知名度和影响力，而武汉、南京、杭州、厦门、成都等新一线城市也积极举办军运会、青奥会、G20 峰会、大运会等国际大型赛事或活动，提升城市的国际影响力。多数城市在大型赛事和活动筹备期即注重场馆设施后续可持续利用问题，从场馆空间布局、场馆建设、场馆功能配套以及赛后需要、管理模式等多方面进行大量研究探索，有不少经验

① 窦淑慧、陈宪、钟华、于向：《长三角地区体育场馆设施资源开发利用研究》，《扬州教育学院学报》2007 年第 9 期。

② 《聚焦北京奥运场馆赛后利用》，《华中建筑》2008 年第 9 期。

③ 郑华：《论"后奥运时代"我国比赛场馆设施经营战略》，《商场现代化》2008 年第 9 期。

可资借鉴。2017年2月24日习近平总书记视察五棵松体育场时指出："场馆规划、设计、施工要注意借鉴国外先进经验，一些场馆要反复利用、综合利用、持久利用。"为我国大型场馆的开发与利用指明了方向。

（1）北京奥运会

北京奥运场馆的建设和运营主要是由北京市国有资产经营有限责任公司（简称"北京国资公司"）负责。公司制订了系统的赛后利用方案，并在规划设计阶段为场馆赛后可持续运营预留了合理空间。赛后北京国资公司依托奥运资源，积极推动"鸟巢""水立方"两个奥运场馆及一个文化集团（北奥集团）三大核心文体板块专业团队为奥运场馆量身打造具有较高品牌价值的赛演活动，构建集场馆运营、体育赛事、文化演出、广告会展于一体的文化创意产业链，探索奥运场馆赛后运营的"中国模式"。

首先，在体育设施的空间分布上，北京奥运会场馆采用集中与分散相结合的分布模式，更有利于赛后利用。北京2008年奥运会场馆分为一个中心区（奥林匹克公园）和三个分区（大学区、西部社区和北部风景旅游区）。奥林匹克公园赛后成为北京最大的综合社区，集体育、商贸、办公、博览、休闲等功能于一体，与邻近的中关村科技园互助互补，形成城市新区。国家体育场与国家游泳中心成为城市新地标和中央活动区，奥运村赛后成为高档居住区。大学区的场馆赛后恢复教学、训练、比赛、文艺活动等原有功能，并作为地区性和全市性体育设施的补充。西部社区的五棵松体育文化中心赛后成为周边居民体育健身和休闲娱乐的场所，其他场馆成为专业队伍的训练场地。北部风景旅游区的赛马场、水上公园等设施，与周围的会议中心、度假村等设施互相呼应，形成具有体育休闲特色的风景旅游区，发展郊区旅游业。[①]

其次，"鸟巢""水立方"、五棵松体育馆、国家会议中心等成为奥运场馆赛后利用的典范。国家体育场"鸟巢"在赛后从旅游参观、大型活动、商业开发以及社会公益四个方面进行了探索，相继开展各类大型国际体育赛事，大力引进各类顶级文化演出活动，支持青少年赛事和公益

---

① 秦文明：《高校体育设施社会化与管理研究》，硕士学位论文，合肥工业大学，2006年。

活动，培育"鸟巢欢乐冰雪季"、《鸟巢·吸引》等自主品牌项目，走出了一条中国特色的市场化、多元化场馆运营之路。目前，"鸟巢"实现年营业收入超过2亿元，已连续数年盈利，并在2017年荣获全国企业管理创新成果一等奖，成为首个获此殊荣的体育场馆。国家游泳中心"水立方"赛后形成旅游参观、大型活动、市场开发、游泳健身、公益事业多业融合的发展格局，不仅成为高端赛事、庆典晚会、真人SHOW、品牌发布的首选地，也是各类文艺演出、艺术展览展示的最佳场所。目前，"水立方"拥有一千多种特许商品，建立了网上商城，推出了"炫彩水立方"App应用，在探索"互联网＋大型场馆"模式上走在前列。水立方经过改造后，叠加"冰立方"功能，成为世界首个"冰水交融"的奥运场馆。五棵松体育馆赛后成为北京篮球圣地，每年举行国内外一线艺人演唱会、职业体育赛事、大型颁奖礼等活动上百场，场馆利用率达到70%以上。国家会议中心是奥运工程最大的单体建筑，赛后改造成为全亚洲最大的会议中心。从2009年开业到2020年，国家会议中心累计接待会议、展览、活动共计9000余场，接待总人数超过3500万人，为北京拉动收入近500亿元。通过APEC领导人会议周、"一带一路"国际合作高峰论坛、国际刑警组织大会、中非合作论坛北京峰会、亚洲文明对话大会、京交会等活动以及为G20杭州峰会、厦门金砖国家领导人会晤、上海合作组织青岛峰会、中国北京世界园艺博览会等一个个重大活动提供服务保障，国家会议中心成为"北京服务""中国服务"的代表，实力领跑国内会展场馆。这些奥运场馆无论硬件设施还是运营管理，都堪称奥运场馆赛后利用的典范。

最后，2022北京冬奥会场馆赛后利用也积极借鉴之前的成功经验。根据北京冬奥组委会规划，在北京赛区新建的单板大跳台场地，选址于首钢园区遗址内，观众席为可拆卸设计，在非冬季可将单板大跳台改为滑草等户外运动场地，又因东临永定河，赛后将改造为风景园区对游客开放；五棵松体育中心作为2022年冬奥会冰球比赛场地，实现在6小时内，由冰球场地转换为篮球场地，在赛后将有能力举办大型的冰球和篮球赛事；延庆赛区新建的高山滑雪场地及奥运村在赛后计划转型为山地旅游滑雪景区，奥运村将作为景区酒店对游客提供餐饮住宿服务；张家口赛区依据规划，将结合在赛区内新发现的太子城遗址，在赛后转型为冰雪小镇，开发建设四季越野等项目基地。①

（2）上海世博会

2010 年上海世博会是第一次在发展中国家举办的全球最高级别的展览会。历届世博会基本留下了一些标志性建筑和场馆，如著名的巴黎埃菲尔铁塔、西雅图完美太空针等地标。如何利用好后世博时代的世博场馆，是决定世博会后续效益的重要因素。世博会后场馆的功能转换以及设施的再利用方式多种多样，或开发成会展中心、商务中心，或建成科技园区、文化产业中心，或建成世博公园、生态公园、科技公园等。例如，大阪、塞维利亚、里斯本、汉诺威等城市成功举办世博会后，各自形成了著名的经济、科技、商务、会展中心（园区），后续效应十分明显。

上海世博会后，公布了《世博会地区结构规划》，标志着世博园区后续利用建设将全面展开。上海市成立了世博园区后续发展领导小组，作为世博园区后续开发的决策和协调结构，成立了市属国企——上海世博发展（集团）有限公司，具体负责实施世博园区的开发建设和管理。目前，上海世博园区已经成为促进上海城市功能转型和中心城区功能深化提升的重要功能载体，成为大型企业的全球或地区性总部集聚地、文化创意基地、国际文化交流中心和国际性旅游会展目的地以及国际机构的汇聚地。5.28 平方千米的世博园区初步形成了"五区一带"的功能结构，即依托原浦西企业馆区的文化博览区、整体保留的城市最佳实践区、依托世博村地块的国际社区、知名企业总部聚集的会展商务区、预留战略空间的后滩拓展区，以及依托滨江绿地和休闲公共服务设施形成的滨江生态休闲景观带，融文化博览创意、总部商务、高端会展、旅游休闲和生态人居为一体的标志性公共活动中心，富有活力和吸引力的世界级新地标的功能定位不断清晰。②

具体来看，上海世博会永久保留场馆（包括一轴四馆"世博轴、中

---

① 雷厉：《国内外体育场馆政策及对我国体育场馆未来发展启示》，《体育文史》2003 年第 3 期。

② 马向阳：《高校体育场馆对外开放现状及改进对策——以山东大学为例》，《当代体育科技》2016 年第 26 期。

国馆、主题馆、世博文化中心及世博中心")以及城市最佳实践区(UB-PA)的后续可持续利用效应已经显现。世博轴被改造成了综合性商业中心——世博源购物中心。中国馆被改建为中华艺术宫,成为上海美术馆永久的展示场地和综合性艺术博物馆。主题馆被改建成了上海世博展览馆,承接不同规模的各类专业展会。世博文化中心冠名为上海梅赛德斯——奔驰演艺中心,既可以举办冰球赛、滑冰比赛、篮球赛、演出等,又汇集了购物、娱乐、餐饮、休闲等功能,成为上海世博会场馆后续利用的样板。世博中心成为上海国际性会议和活动中心,每年的上海市两会会议都在此举办。城市最佳实践区(UBPA)是上海世博会的亮点项目,汇集了几十个最具代表性的可持续发展城市建设案例,会后成立了公司专门负责开发和运营。目前,UBPA已经成为上海文化时尚、设计展示的中心,吸引了很多企业和机构入驻。其中,由旧发电厂改造成的上海当代艺术博览馆成为中国最具国际影响力的当代艺术双年展——上海双年展的主场馆,高达156米,世界最大的烟囱温度计成为上海的新地标。此外,2012年以来"世博旅游"成为上海地区旅游新热点,整个世博园区成为上海旅游目的地。

(3)广州亚运会

2010年广州亚运场馆共70个,其中12个为新建场馆,58个为维修改造场馆,布局呈现多中心、多功能的空间格局,以广东奥林匹克体育中心、天河体育中心、亚运城、大学城体育中心等场馆群为中心,同时辐射到广州市各区、县级市以及周边城市。广州亚运会场馆建设和亚运村投资共约52.77亿元,其中新建场馆投资约17.59亿元、改扩建场馆投入约14.76亿元,全部由政府投入,亚运村则通过社会融资约20.42亿元解决。[①]

广州市委、市政府对亚运场馆赛后利用问题高度重视,市领导多次作出指示,要求通过用好亚运遗产,造福于广州百姓。为此,各有关部门赛前及早启动亚运场馆赛后利用规划,分别从场馆空间布局、场馆功能配套以及赛后需要、管理模式等多方面进行大量研究。例如:亚组委场馆器材部委托华南理工大学编制了《亚运会场馆赛后利用专题研究》;

---

① 侯干才、周龙、韦棠文、刘志锋:《高校体育场馆对外开放的问题与对策——以河池市为例》,《广西教育》2017年第23期。

广州市体育局制订了工作实施方案，编制了《亚运会比赛场馆全民健身场地设施规划》，并出台了《广州亚运场馆赛后利用总体方案》。广州将亚运场馆分为三类：综合性场馆群，作为重要的地标性建筑、广州的城市名片、市民休闲娱乐的胜地，其赛后利用定位为引入高端文体资源，打造广州市综合竞赛表演平台、休闲娱乐平台、体育文化传播平台，力争体现场馆的功能多样化；大型场馆，可用于专业性体育竞赛和大型群体活动的场馆，赛后重点开发大中型文体活动，打造区域性文体活动中心，其中部分场馆打造市民旅游休闲胜地；中小型场馆，以开展全民健身活动为主，在赛后着力开展全民健身活动，保证开放时间、提高服务水平、保障市民基本体育权利。根据亚运场馆赛后利用的分类和功能定位，各场馆按照"一场一馆一方案"的原则，开展后续工作。

广州推进亚运场馆赛后利用，在体育惠民方面成效十分明显。一方面，亚运场馆赛后利用原则更加明晰；另一方面，亚运场馆惠民服务水平明显提升。21 个市属体育场馆按照"一场一馆一方案"的要求，设置了一些免费或优惠时段，增设了优惠开放项目，向市民提供健身服务。市、区（县级市）两级亚运场馆免费参观、免费服务项目开放时间、免费进场活动人数大幅增加。尤其是黄埔体育中心、海珠体育中心、广东奥林匹克中心等中心城区场馆门庭若市，分布于南沙、萝岗等远城区的个别新建场馆，由于尚处于过渡期和培育期，位置较为偏远，周边人口较少，交通等配套不完善，利用率偏低，甚至闲置。

（4）G20 杭州峰会

2016 年 10 月 G20 杭州峰会，落实了"西湖风光、江南韵味、中国气派、世界大同"的理念，向世界展示了中国精神、中国力量，在二十国集团进程中留下了深刻的中国印记，同时也通过浙江、杭州向全世界展示中国方案、中国道路的鲜活样本。后 G20 时代，浙江省、杭州市积极放大峰会综合效应，把筹办 G20 杭州峰会的好经验转化为推动经济社会发展的长效机制，最大化利用峰会场馆。

在场馆设施方面，G20 峰会主会场、B20 峰会主会场、中外领导人驻地以及杭州萧山国际机场、相关活动场地的改造提升都是在原有基础上提升和完善。G20 峰会直接推动了杭州旅游业和会展业的发展。峰会后的主会场——杭州国际博览中心向社会开放"G20 体验馆"，门票售价虽然高达 150 元，但来参观的民众络绎不绝，原地原貌地欣赏 G20 峰会。杭州国际博览中心占地面积 19 万平方米，总建筑面积 85 万平方米，是集以会议、展览、餐饮、旅游、酒店、商业、写字楼等多元业态于一体的综合体。峰会后，这个杭州市面积最大的会展综合体被移交给专业机构运营，成为杭州会展场馆的新地标，给杭州会展业带来巨大机遇。西博会（休博会）、中国国际丝绸博览会暨中国国际女装展览会、中国杭州国际汽车博览会、华夏家博会、中国浙江商务服务交易博览会等一系列大型专业性展会相继召开。杭州市也明确了放大 G20 效应，打造国际会展之都、赛事之城的高端定位。

位于杭州钱江新城的 B20 峰会主场馆杭州国际会议中心及夜间的城市灯光秀、音乐喷泉也吸引众多游客前往，体验现代化的杭州城的青春动感活力。位于萧山区钱江世纪城的杭州国际博览中心，与位于钱江新城的杭州国际会议中心隔江遥相呼应，共同构成了杭州城市新中心和杭州中央商务区的城市地标，成为杭州由"西湖时代"迈向"钱塘江时代"的完美见证。

综上所述，以大型赛事场馆的品牌效应打造城市地标，积极引进国内外各种级别赛事、会展和商业活动，国内办赛理念和思路越来越多元化，场馆的可持续利用经验也日益丰富。

一是依托主体场馆设施群打造城市地标。通过大型赛事或活动提升城市国际形象和城市影响力，是多数城市的办会初衷。为此，主体场馆设施的地标功能成为国内城市办赛场馆设施建设和运营的重要考量。北京奥运会场馆设施主要分布在城市北部和西部四个区域内，包括一个中心区（奥林匹克公园）和三个分区（大学区、西部社区和北部风景旅游区）。其中，奥林匹克公园内新建的国家体育场、国家体育馆、国家游泳中心和国家网球中心等，形成规模宏大、造型新颖、科技含量高的国家级体育设施群，赛后集体育、商贸、办公、博览、休闲于一体，成为北京最大的综合社区。北京奥林匹克公园及其内部的鸟巢、水立方，成为北京城市建设的重要地标。[1] 广州亚运场馆广东奥林匹克体育中心、天

---

[1] 田云平、徐冰：《辽宁省高校体育场馆社会共享的困境与优化策略》，《才智》2018 年第 28 期。

河体育中心、亚运城、大学城体育中心等馆群，作为广州重要的地标性建筑、城市名片，融合体育、文化、旅游多种功能，提升城市服务品质。①

二是主体场馆变身"城市客厅"。北京奥运会后，作为奥运工程最大的单体建筑国家会议中心成功转型，改造为设计合理、功能完备、配套齐全、服务优异的大型会议展览中心，成为奥运场馆赛后利用的典范。改造后的国家会议中心成为世界高水准的大型会展设施，2014年成功承办亚太经合组织（APEC）领导人会议。② G20峰会主会场——杭州国际博览中心被改造成杭州市面积最大的会展综合体，承办了一系列国际展览会，助推杭州打造会展之都、赛事之城。③ 上海世博园区实现功能转型，成为大型企业的全球或地区性总部集聚地、文化创意基地、国际文化交流中心、国际性旅游会展目的地以及国际机构的汇聚地。④

三是场馆设施功能多元化开发。北京国家体育场"鸟巢"除了举办大型国际体育赛事，另一大用途是文艺演出。通过改造，"鸟巢"还开发了酒店、餐饮、超市、俱乐部、精品卖场等业态，建成一站式文体中心。国家游泳中心"水立方"赛后改造，除了保有竞赛功能，还着力打造水上乐园、旅游参观、大型活动、市场开发、游泳健身、公益事业多业融合的发展格局。⑤ G20杭州峰会的主会场——杭州国际博览中心会后被打造成集会议、展览、餐饮、旅游、酒店、商业、写字楼等多元业态为一体的综合体。⑥ 广州亚运会综合性场馆群赛后利用定位为引入高端文体资

① 黄大志、潘宏波、梁然：《高校体育场馆面向社会开放风险管理策略》，《湖北体育科技》2018年第10期。

② 徐立功、唐春凤：《对上海高校体育场馆有偿开放的理论初探》，《吉林体育学院学报》2007年第4期。

③ 郭文革、刘卫锋：《中国高校体育场馆设施面向社会开放现状研究》，《周口师范学院学报》2004年第5期。

④ 彭立群：《对新疆高校体育场馆面向社会开放的调查研究》，《北京体育大学学报》2005年第1期。

⑤ 刘迪：《南昌市普通高校体育场馆服务社会现状及对策研究》，硕士学位论文，华东交通大学，2013年。

⑥ 张潇予：《河南省高校体育场馆对社会开放的现状研究》，硕士学位论文，河南大学，2015年。

源，力争体现场馆的功能多样化，打造区域性文体活动中心。①

四是实行专业化公司运营模式。北京奥运场馆的建设和运营主要是由北京国资公司负责。2003 年，中国中信集团联合体中标成为"鸟巢"项目法人合作方，与北京国资公司共同组建国家体育场有限公司，负责国家体育场的融资、建设、管理、运营、维护等工作。北京五棵松文化体育中心与 NBA 中国及美国安舒茨娱乐公司（AEG）建立战略伙伴关系，AEG 作为北京奥林匹克篮球馆的专业营运公司，全面负责场馆的活动经营。② 上海世博会后，成立了市属国企——上海世博发展（集团）有限公司，具体负责实施世博园区的开发建设和管理。G20 杭州峰会主会场——杭州国际博览中心改造后被移交给专业机构运营，成为杭州会展场馆的新地标。③

五是兼具公益性和市场开发。大型赛事或活动场馆设施为了提高赛后利用效率交由专业公司经营，但由于政府的支持，在其中投入了大量的补贴，因此这些场馆设施仍具有公益性质，经营中要体现利民原则。北京国家体育场"鸟巢"履行社会公益，在营运中支持青少年赛事和公益活动。广州亚运会场馆中，21 个市属体育场馆按照"一场一馆一方案"的要求，设置了一些免费或优惠时段，增设了优惠开放项目，向市民提供健身服务。

（五）武汉军运体育场馆设施赛后
可持续利用的原则与途径

1. 利用原则

（1）坚持社会化管理市场化运作的原则

所谓社会化管理市场化运作，是指应将大部分体育场所由行政事业

---

① 吴飞：《北京高校体育场馆合作联盟的可行性研究》，硕士学位论文，首都体育学院，2014 年。

② 李高峰、郝力宁：《中日美大众体育场地设施管理的比较研究》，《体育成人教刊》2006 年第 3 期。

③ 闻华、陈洪：《日本、中国体育设施建设与发展措施比较》，《山东体育学院学报》2006 年第 6 期。

单位改造为独立核算、自负盈亏的企业，同时鼓励民营企业、私人甚至国外资本进入投资体育场所，另由体育管理部门承担监督指导、协调总体布局、避免恶性竞争的责任。市场化的主推模式为：政府购买服务模式、政府和社会资本合作（PPP）模式。政府购买服务模式虽然能够引入社会资本参与建设运营体育场馆，但较短期限的政府购买服务合同使社会资本缺乏对原有场地和设施的投资意愿。这种模式不适合需要提升改造、引入更多体育项目的综合体育场馆，仅适合已完成提升改造又无须引入新项目的小型场馆。相较之下，政府和社会资本合作模式（PPP）更适用于综合性的中大型体育场馆。因 PPP 合作期多为 10—30 年，较长的合作期留给了社会资本较多的自主空间，既可以促使社会资本提升改造原有场地设施，又可以鼓励社会资本引入新的体育项目、培育新的体育市场。充分发挥其专业优势进行资源整合、提高场馆的使用效率和服务质量。

（2）社会效益与经济效益有机结合

体育竞赛场馆从性质上讲，是体育部门下属的事业单位，承担着大量的社会职能，大型体育场馆经营，应兼顾社会效益和经济效益两方面，并且应将社会效益放在首位。当大型体育活动结束后，对场馆要实行持续经营，适时转换经营目标，在确保其社会效益的前提下，努力提高经济效益。让体育场馆既能满足比赛需求，又在赛后可以被改造成综合化、多样化的活动场所，举办大型体育、文化、商贸、政治等活动。

（3）统一管理与分散经营有机结合

统一调配资源，避免资源浪费与重复建设。对大型体育场馆采取统一经营管理，有利于从宏观上对大型体育场馆进行统筹规划，有利于在各场馆间进行合理的规划、协调与沟通，进而有利于从整体上把握体育场馆的经营布局、经营规模，以及经营价格等。最终消除竞争调节的时间滞后所产生的浪费，从根本上解决目前出现的机构臃肿、设备重购、设施重建、经营状况低下等问题。分散经营，以调动各场馆积极性。大型体育赛会后，政府财政只给予少数的补贴经费，这对于规模巨大的大型体育场馆只是杯水车薪。仅靠政府的补贴还远远不能满足大型场馆的养护经费之需，资金缺口很大。为了弥补经费不足，各场馆的干部职工要开动脑筋想办法，充分利用场馆的地理优势，举办形式多样的比赛活动，获得部分收益。同时，要利用场馆的节余空间，通过出租部分场地，取得稳定的租金收入，从而保证养护经费的需求。

2. 利用途径

（1）安排体育比赛活动

大型体育场馆是为大型体育活动而修建的，它的主要功能当然是开展体育活动和体育竞赛。积极发挥各协会功能，申请承办高水平的国内外赛事，体现大型体育场馆的功能定位和不可替代性，尤其是向世界展示军运场馆、展示武汉社会经济发展的成果，在更高的层面体现国际化体育文化中心的各项功能。

（2）面向大众开展体育训练及健身休闲运动

提供体育培训功能。大型体育场馆就是人们心中专业体育运动的代名词，当然也是得到健康的地方。一些有能力的体育场馆已经开始开展各种体育运动培训、训练，包括足球、篮球、羽毛球、乒乓球、舞蹈、体操等多项群众受欢迎的体育活动。

提供全民健身和休闲的服务功能。各场馆具备体育休闲项目所需的大部分场地设施。自行车、攀岩、轮滑、滑板、山地自行车等项目都是大学生特别喜爱的。在竞技体育赛事之外，可以拓展经营成为极限主题体育公园，逐步形成等级会员制，对大学生进行有偿开放。

建设专业训练和大学生业余培训基地。建立各级训练基地，争取国家、省市体育管理部门的认可，设置多个项目的国家各级训练基地。以此为契机，创立运动俱乐部或与其他俱乐部合作，开发各类赛事及培训市场。

（3）组织文艺演出

大型体育场馆使用面积都比较大，赛后没有大型体育赛事的时候，可以用来组织演唱会、文艺杂技表演、大型会议和商务会展等大型活动。不少新建的体育场馆在建筑时就已经考虑了组织此类活动的设施，如设置电影放映室、银幕升降装置、移动座椅看台、商务包厢、贵宾会议室、餐饮用房、配套商业服务设施等。设计师的这些考虑以及管理者的商业运作不仅丰富了群众的体育文化生活，而且为经济和社会的协调发展起到了重要的作用。

举办大型文化休闲活动。可尝试与政府部门及各社团合作举办公益活动，同时宣传自身体育文化精品品牌。与境外大学生机构合作，联合举办文化体育的交流活动。

（4）举行会展活动

承接以体育博览为主体的会展。定期举办大学生体育博览会、体育嘉年华、专业体育器材、体育服装展等。向体育知名品牌招商、引进赛事，特别是引进大学生喜爱赛事和体育用品。

（5）发展体育旅游

体育旅游作为旅游市场的一种新产品，是旅游业与体育产业交叉渗透产生的一个新领域。随着体育消费逐渐成为一种新兴的产业，假日体育消费也将是一项潜力巨大的、大有可为的产业，在促进体育场馆的充分利用的同时，必将直接或间接带动相应的产业发展。

（6）开展餐饮及休闲娱乐服务

随着对场馆利用的不断研究，人们意识到要在赛事结束后靠自己的力量留住人群、留住消费者，对增加体育场馆效益是非常有益的。在体育场馆周围预留空地，管理者利用可利用的一切资源和场地大力开展人们感兴趣的体育娱乐项目、休闲购物及餐饮服务，主要是利用广场建设娱乐性活动场地、招商引资建设商场、娱乐中心、餐厅、酒店等。

（7）无形资产的商业开发

大型体育赛事能充分展现城市独特的魅力，具有相当的知名度、广泛的接受度和巨大的美誉度，与其密切相关的场馆无形资产开发也具有相当大的潜力。通过依法开发、使用和保护场馆无形资产，把充分开发利用场馆冠名权、广告发布权、电视转播和豪华包厢所蕴含的巨大商业价值，也是场馆重要的创收渠道。

（六）武汉军运会场馆赛后需求预测分析

习近平总书记强调："发展体育事业不仅是实现中国梦的重要内容，还能为中华民族伟大复兴提供凝心聚气的强大精神力量。"[1] 2020 年党的

---

[1] 《习近平春节前夕在北京看望慰问基层干部群众　向广大干部群众致以美好的新春祝福　祝各族人民幸福安康祝伟大祖国繁荣吉祥》，《人民日报》2019 年 2 月 2 日。

十九届五中全会强调要建设体育强国，随着国家政策的大力支持，全民健身上升为国家战略，体育场馆的需求也会随之增加。

场馆的需求与行业发展规律、地方经济社会发展水平、人口、交通等因素密切相关。应该充分考虑以下几个指标：第一，地区人均生产总值，是场馆对外经营的经济基础；第二，地区第三产业生产总值，第三产业生产总值可以代表该地区的服务业发展情况，是场馆发展配套产业的重要基础；第三，交通运输能力，是场馆相关产业发展的保障条件。有较强的体育产业基础和市场潜力的一线城市的体育场馆，良好的产业基础和巨大的市场潜力，势必会吸引一大批专业体育人才和企业，可以让市场决定体育场馆发展，将体育场馆运营管理的主动权交由市场。中等体育产业基础和市场潜力的场馆，可以鼓励政府和市场的共同参与，灵活选择资源管理运营模式。基础、潜力较弱的区域采用政府事业单位经营管理模式，通过行政控制与公共财政支持等方式主导体育场馆资源、人文资源开发，保证场馆正常运营，满足人们健身需要。

体育场馆赛后需求大体上可以分为三类：一是居民的休闲健身需求和体育竞技表演及体育训练组成的体育产业对体育场馆设施的需求；二是演唱会、音乐会、居民文化活动等组成的文化产业对场馆设施的需求；三是会展业对体育场馆的需求。另外可能还有其他一些零散的商业或社会需求。在"体育+"产业快速融合的背景下，体育产业将与"互联网+""AL+""物联网"快速融合，以全民健身、体育产业等为基本架构，整合教育、医疗、金融、旅游、文化等"体育+"资源，构建一种全新、高级的体育生态系统，也不断拓展对场馆的需求。

1. 健身休闲业需求预测分析

2019年9月，国务院办公厅发布《关于促进全民健身和体育消费 推动体育产业高质量发展的意见》，提出实施全民健身行动，努力打造百姓身边的健身组织和"15分钟健圈"。发展大众休闲体育业，倡导的是健康的生活方式，它与丰富多彩而又健康有益的体育活动方式结合在一起，既可以满足人们对休闲的需求，促进人们的身心健康，又有利于激发城乡居民参加体育健身活动的积极性，促进大众休闲体育消费增长，实现社会效益和经济效益的双赢。

总的说来，人口数量及素质、居民收入和消费水平、城市化水平、居民健身休闲意识、社会体育环境以及体育场馆供需状况是影响体育场馆赛后健身娱乐业需求的主要因素。2019年年末武汉市常住人口达到1121.20万人，比上年年末增加13.1万人，预计到2025年常住人口将达到1380万人。随着政府对教育投入的加大，人口素质也将会进一步提高。2019年，全市经济总量达到16223.21亿元；按常住人口计算的人均GDP由2015年的104132元跃升到145545元，按平均汇率折合为2.11万美元。2019年，全市居民人均可支配收入46010元，比上年增长9.2%。城镇居民人均可支配收入51706元，增长9.2%；人均消费支出30863元，比上年增长9.0%。在15个副省级城市中，武汉的人均可支配收入和人均消费支出都排前列；2019年常住人口城镇化率达到80.49%，比上年年末提高0.2个百分点。

当前，武汉在健身休闲体育方面存在两大短板：

一是社区体育场馆不足。这其中蕴含着巨大的商机，向公众开放场馆既满足了民众的体育需求，也解决了场馆的闲置问题。

二是中小学校特别是中心城区学校场馆空间有限。加大军运会场馆对社会开放，特别是对中小学生的开放，对场馆可持续发展提供了较大的拓展空间。

经济的发展和生活水平的提高使武汉市居民的休闲、健身意识普遍增强，更加重视体育的参与性，军运会的举办将使社会体育环境进一步优化，居民的健身意识进一步强化，加之原有场馆供给不足，军运会场馆赛后健身娱乐业需求形势十分乐观。当然，在军运场馆面向公众开放的过程中，项目的合理定价是实现场馆最大程度利用的关键，也是维持场馆可持续发展的基础。

2. 竞赛表演业需求预测分析

体育场馆需求状况很大程度上取决于当地竞赛表演业的兴衰，而一个地区竞赛表演业的发展与国内竞赛表演市场整体情况和该地区体育赛事申办能力有关。体育赛事申办能力又受该地区形象及知名度、体育设施及相关配套设施和基础设施建设、赛事运作能力、体育赛事需求等因素的影响。20世纪90年代我国竞赛表演市场开始兴起，由于内外部各种因素的影响和制约，在发展过程中存在许多有待解决的问题，如市场整体规模小，市场主体不规范，行政化干预过多，无形资产的开发程度低，中介机构滞后等。

改革开放 40 多年，经济建设取得巨大成就，武汉城市面貌焕然一新，国际知名度不断提高。体育消费需求从传统的体育制造用品初次消费转向娱乐性消费、观赏性消费；年轻消费群体、女性群体对于新型体育运动的消费需求增强，如马拉松、雪上运动、户外运动等。

近几年，围绕军运会，武汉市高度重视城市形象建设，积极打造"天更蓝、水更清、行更畅、居更宜"的大都市形象。但是，相关调查也表明，武汉的国际知名度还远不及北京、上海、香港、纽约等国际大都市。借助于军运会等大型赛事机遇，武汉市建成了一批国内先进的大型体育场馆设施。2016—2017 年，武汉市全面启动了包括军运场馆、重点建设、交通畅通、青山绿地、蓝天碧水、市容改善、人文景观、设施配套八大工程的军运城市基础设施与环境建设工程，一个"武汉，每天不一样"呼之欲出。

通过举办军运会，武汉的办赛能力得到大幅度提升。经济保持中高速增长将为维护人民健康奠定坚实基础，消费结构升级将为发展体育服务创造广阔空间，科技创新将为提高健康水平提供有力支撑，各方面制度更加成熟更加定型将为体育领域可持续发展构建强大保障。由于经济实力雄厚，武汉市民关注体育竞赛的热情很高，竞赛市场在国内处于上升水平，武汉的体育观赏消费需求非常旺盛。军运会将为武汉的竞赛表演业带来新的机遇，为更多的大型赛事落户武汉创造优越的条件，军运会后武汉的竞赛表演业前景十分可观，尤其是在举办国际赛事方面，国内赛事的个别项目也有望有所突破。

3. 文化娱乐业需求预测分析

体育场馆赛后承担的文化娱乐功能不容忽视，如香港体育馆"红馆"就成为香港主要的文化娱乐活动场所，在 2004 年举行的 187 项活动中，有近 80% 属于文化娱乐活动，特别是演唱会和音乐会。"红馆"的经营模式对武汉军运会场馆的赛后利用很有借鉴意义。

武汉作为中部地区的文化中心，一方面有着优秀的文化资源和文艺团体，另一方面有着庞大的文化需求群体，发展文化产业具有得天独厚的优势。全市文博系统依托武汉丰富的历史文化资源，将全市自然景观、历史人文景观和红色文化景点与红色旅游、休闲旅游结合起来，实现文化旅游双赢。"十三五"以来共新推出剧（节）31 个，21 个项目获得国家艺术基金资助 1100 万元。"十三五"期间，市直文艺院团积极参与第十届中国国际园林博览会相关文化活动，在园博园露天舞台、汉口里广东会馆戏台、国际园林艺术馆（园林剧场、儿童剧场）等地筹备组织了近 460 余场种类丰富的文化活动，促进了文化与会展、旅游融合。成功举办第五、第六届琴台音乐节，首次尝试"一城两江三镇四岸二十地"全覆盖演出，正稳步向比肩北京音乐节、上海音乐节的中国三大音乐节迈进。积极打造"博物馆小镇"，利用博物馆集聚效应推进文化与旅游结合。军运会赛事期间运动员村文化活动更是精彩纷呈，每天安排一场演出、组织一系列非遗展示。

武汉的演出市场呈现以下特点：一是来自世界各国和全国各地的文艺演出都将武汉作为重要目的地之一；二是武汉演出团体大力开辟演出市场，使演出辐射到各行各业；三是演出内容更为丰富多彩，适合更多不同欣赏阶层，具有广泛的群众性；四是价格定位与全国大中城市比较还是中等偏低；五是进行了管理体制的创新和改革，走市场化道路。

军运会场馆的投入使用可以为武汉提供功能齐全、设施先进的演出场馆。军运会后演出市场的演出种类、场次、规模、质量都将更上一层楼，这将很好地分流赛后庞大的场馆设施的使用。

4. "文旅＋体育"融合发展需求预测分析

近几年来，武汉市委、市政府提出"一轴串三城"（即长江主轴和历史之城、当代之城、未来之城）的发展战略构想，出台了全域旅游大发展三年行动计划，着力打造"五色旅游"，力争使旅游业成为赶超发展的战略性支柱产业。武汉作为副省级城市代表，作为长江旅游带发展的重要节点城市，先后试点建设全国旅游标准化示范城市、国家智慧旅游试点城市、国家级旅游业改革创新先行区、国家旅游休闲示范城市。同时，"国家旅游商品研发中心武汉联合研发基地"和"国家旅游标准化推广基地"纷纷落户武汉。黄陂区被确定为首批国家全域旅游示范区。中国旅游研究院在汉设立分院。武汉市编制的《研学旅行服务规范》上升为国家行业旅游标准。武汉被评为全国十佳智慧旅游城市。武汉市荣膺了首批中国旅游休闲示范城市,获评了全国旅游厕所革命先进市。

在武汉市委市政府的坚强领导下,坚持以国家级旅游业改革创新先行区建设为抓手,全市旅游工作创新发展,推进有序,整体向上,旅游经济运行良好,市场秩序井然,旅客满意度稳步提升。2016 年,全年接待游客人数 2.33 亿人次,实现旅游总收入 2498 亿元,同比分别增长 12.4% 和 13.8%,分居副省级城市第一位和第三位。其中,旅游接待人数较十一五末实现翻番,较 2006 年增长近 10 倍。据《旅游业分类》、《旅游经济核算》标准测算,武汉旅游对全市 GDP 的贡献率为 8.6%,对地方财政的贡献率达 10.8%。2017 年,旅游业总收入达到 2800 亿元,同比增长 12%。2018 年国内旅游收入首次超过 3000 亿元,增长 12.6%。到 2019 年武汉全年旅游总人数 31898.31 万人,比上年增长 10.8%;旅游总收入 3570.79 亿元,增长 12.9%。

由于文旅机构融合时间不长,武汉文旅发展还存在一些亟待解决的困难与问题:一是旅游管理体制和机制不够优化。二是城市旅游公共服务能力有待加强。城市建设规划欠缺从"大旅游""全域旅游"角度来统筹交通规划以及城市景观的塑造,导致城市旅游交通不顺、城市景观与旅游氛围不协调、旅游公共服务体系建设相对滞后等问题。三是历史文化旅游资源有待充分挖掘,核心吸引不强,缺乏宣传力度,缺乏打造世界级旅游产品。四是市场开放度不高,入境旅游有待提高。

军运会后武汉市无论是基础设施环境、城市品质、国际影响力都得到了大幅度提升,展现一个更干净、更清爽、更有序的大武汉。为迎接军运会召开,武汉通过实施"八大优化行动",持续推进城市国际化进程。到 2019 年,武汉公路网、铁路网、航空网络和航道网建设全面铺开,综合交通运输网络密度由创建初期的 282.5 千米/百平方千米提升至创建期末的 288.1 千米/百平方千米,综合运输设施供给能力增强。

军运会让文化旅游与体育深度融合得到了完美展现。主媒体中心聚集着 4000 余名海内外记者,每日轮番开展的布艺堆绣、京剧脸谱、武汉折纸、泥塑、汉绣、中国剪纸等十余个非物质文化遗产项目体验活动，受到媒体热捧。武汉还将针灸、推拿、拔罐等中医特色项目带入军运村，在军运村内设置"汉字造梦"等各类体验店，吸引来德国、韩国、巴西、美国等70多个国家的运动员现场观摩中国书法。"办好一次会，搞活一座城"，这次国际军事体育盛会的成功举办，给武汉留下了宝贵的有形和无形的经济遗产，必将对城市文旅体的发展产生全面深刻而深远的影响。

5. 会展业需求预测分析

近年来，随着武汉市经济社会的快速发展，政府对会展业更加重视，推动出台《市人民政府关于建设全国重要会展中心的意见》（武政规〔2014〕2号）和《市人民政府关于印发武汉市会展业发展专项资金管理暂行办法的通知》（武政规〔2014〕4号）。设立武汉市会展业发展专项资金2000万元，用于鼓励、扶持我市会展业发展。同时，市政府另行确定支持的重点会展项目和超过2000万元总体规模的会展项目，采取一事一报的办法，以动态满足会展业发展的需要。在良好的经济、政策环境支持下，武汉市会展经济持续保持高速增长态势，会展规模明显扩大，展会档次也显著提升。

展览会议节事活动稳步增长，展会品质稳步提升。2015年，武汉市举办各类展会节事活动823场，同比增长16.2%。2016年，武汉市举办各类展会节事活动723场，比2105年略有下降。但品牌展会活动比2015年多一场。2012—2016年，全市累计举办展览、会议及节事活动3393场。共举办3万平方米以上展览71场，其中，5万—10万平方米展览21场，10万平方米以上展览24场。2017年，全年展会数量741场，品牌展会数量10个，分别比2016年增加18场和1个。展会国际化水准不断提升，机博会、光博会、农机展、首届世界飞行者大赛等均成功举办。武汉市已拥有机博会、光博会、食博会、农博会、国际汽车展、华中车展暨楚天车展、刊博会、汉交会、华创会、茶博会及食材节等一批较有影响力的本地品牌展会。品牌效应逐步显现，武汉市再次获评中国会展名城"金海豚"奖。

表 1 – 3   2016—2019 武汉市会展业规模和品牌情况

序号	指标名称	2016 年	2017 年	2018 年	2019 年
1	全年展会数量（场）	723	741	765	—
2	品牌展会数量（个）	9	10	18	18

经验表明，很多奥运会主办城市都成为国家级和地区级的会展中心。国际博览会联盟（UFI）曾发表报告认为，一个城市或地区如果基础设施相对完备、人均收入在世界中等水平以上、服务业在 GDP 中的比重超过制造业且过半、行业协会的力量相对较强，那么会展经济就会在该城市或该地区得以强势增长，并发挥积极作用。如果用以上条件作为参照，那么目前武汉除行业协会自律机制还没有充分发挥外，其他条件均已具备。展望未来，武汉市经济社会发展与城市建设和管理水平将全面提升，武汉也提出了建成国际会展中心城市目标，这将进一步整合武汉展览资源，加快国际化步伐。

武汉市已具备了会展业发展的得天独厚的优势，同时，军运会将直接引发大量的会展需求。军运会后，军运会场馆设施将缓解武汉会展业设施不足的状况，会展业将进一步成为武汉重要的服务行业之一。

虽然突如其来的新冠肺炎疫情对武汉的健身娱乐、竞赛表演业、文旅产业、会展等产业造成巨大的冲击，给军运场馆的可持续利用的预测分析带来了较大的不确定性。但在转危为机的拼搏中，英雄的武汉人正在奋力谱写新的篇章。首先，由于前期武汉立足节俭办赛、简约办会，在全市均衡布局、统筹建设 35 处个场馆设施，维修改造和临时搭建占 60% 以上，赛时满足比赛需求，赛后向公众开放，体现了 "近迎军运、长期惠民"。这些理念的执行使军运会大大避免了后军运时代的场馆闲置、投资下滑的 "低谷效应"。其次，我国正处在社会矛盾转化的新阶段，中国社会主要矛盾已经是人民日益增长的美好生活需要和不平衡不充分的发展之间的矛盾。这一阶段人民对健康休闲、文化旅游、体育娱乐的需求会不断增长，对精神生活的追求会不断增长，这种增长是趋势性的，方向不会改变。最后，新冠肺炎疫情有可能进一步唤醒大众的健身意识，重塑公众生活方式，人们对强身健体的消费需求会带来行业新动能。

（七）相关对策建议

军运场馆的赛后可持续利用，要以彰显军运城市特色、共享军运盛会成果为主线，以增强军运场馆持续服务社会功能为目标，立足场馆实际、着眼综合利用，积极探索军运场馆赛后利用方式，着力打造国际赛事名城，不断拓展场馆功能，围绕军运场馆构建文旅新地标，转变和创新经营管理体制，建设全市体育服务平台，为建设"三化武汉"和国家中心城市作贡献。具体建议如下。

1. 打造国际赛事名城，推动形成"以赛养馆，以赛养队"的格局

利用军运场馆，构建国家队、校队各级训练基地，大力引进高端赛事，自主开发精品赛事，支持校际体育赛事发展，推动形成"以赛养馆，以赛养队"的格局。

（1）大力引进高水平国际国内赛事

军运场馆硬件条件一流，具备承办国际顶级赛事的条件，应大力引进以奥运会、篮球世界杯、军运会、亚运会、大运会、F1、网球巡回赛为代表的众多高水平赛事，还有国内的中超足球联赛、CBA 篮球联赛以及全运会等综合性运动会。加快武汉国际赛事名城建设，出台具体支持政策和行动方案，加大对办赛主体的支持力度，进一步提升办赛专业化水平；建立重大赛事联动协调机制，一旦经认定的国际、国内重大体育赛事申办成功以后，联动协调机制立即响应，由市政府牵头协调相关部门，动员宣传、文化、财政、城建、公安、旅游、体育等多部门参与，在保障赛事活动圆满成功的基础上，齐心协力提高赛事活动的影响力。

（2）大力发展品牌赛事

赛后军运场馆利用需要进一步加强引进品牌赛事或和自主开发精品赛事，各场馆错位竞争，聚力打造新的城市体育文化名片。大力推介号称武汉"五马"的"汉马"武汉马拉松、"水马"武汉水上马拉松、"赛马"武汉国际赛马节、"天马"世界飞行者大会、"铁马"中国汽摩运动大会品牌。认真谋划东湖自行车、马拉松、公开水域游泳、帆船场地后期利用，其中绿道赛道永久保留，帆船基地作为中国帆船帆板运动协会中部地区训练基地和青少年帆船培训基地。以赛会友，以赛树名，在国际体育赛事交流中提升"世界东湖"的国际形象，实现体育、旅游、文化融合发展。乘着军运会的东风，发挥"山水赛场"优势，东湖既要打造永不落幕的世界级体育运动中心，又要成为全民共享的"天然竞技场"。

（3）大力支持校际体育赛事发展

结合武汉大学之城建设，创新开发每年一度或每两年一度的国际大学生体育节，将武汉打造成中国及世界大学生文化体育活动中心。保证优越的场馆设施、训练条件的充分利用，达到"以赛养馆，以赛养队"的格局。

2. 拓展军运场馆功能，推进场馆复合多元利用

充分考虑场馆的改造利用，改变原有的观念，充分利用场馆的现有功能和设备，并结合市场的需求对场馆进行适当的改造使之实现体育赛事、商业、文化、娱乐、旅游等多种功能。以军运会留下的平台资源为基础，整合政府、企业的资源力量，大力发展体育表演业、健身娱乐业、体育广告业、体育经纪人业、体育金融业等体育文化产业，促进场馆多元复合利用。

（1）拓展商业功能，提升会事水平

会展、赛事、体育房地产业在体育场馆商业功能开发方面有两个途径：一是可以大型场馆进行本区域内大型会展赛事活动；二是可以借用体育场馆提供的良好的硬件环境，以体育文化传播为主题来发展体育主题房地产，以体育为龙头带动周围相关的房地产或者物业、商业的增值。赛后体育场馆周边的房地产业的发展情况能与城市的改造和新功能区建设相为辅助和配套，使赛后体育场馆区形成新的住宅和商务中心，从而带动房地产业的发展。重点依托武汉体育中心激活沌口片区发展活力，依托汉口文体中心激活西北湖片区发展活力，依托五环体育中心激活东西湖片区发展活力，依托光谷国际网球中心和省奥体中心激活大光谷片区发展活力。推动"以商养馆"的产业运作模式，全面提升体育场馆功能。

（2）拓展娱乐功能，提升经济效益

承办大型庆典、节事、大型演唱会、音乐会等文艺活动是开发军运场馆娱乐功能的直接方式。体育经营者可以通过向市民出租场地，举办大型的集会如婚礼庆典仪式等获得场地租金收入，也可以利用节假日举办大型节日庆典晚会、选秀活动、擂台赛等社会文化活动来获得门票收入并提高场馆的利用率。军运会后，可根据场馆的实际情况，策划举办适于场馆举办的各类国际、国内专业演唱会、音乐节等活动。以全民健身为基础，赛演活动为特色，产业导入为延伸，发挥资源优势，开拓体育竞赛表演市场。充分利用武汉时尚之都的城市优势，积极开发时尚娱乐，引进国际性体育舞蹈大赛、全国性体育服装模特大赛、各类影视明星音乐会、演唱会、见面会、动漫创意、动漫网娱公园等，将武汉打造成中国时尚文化娱乐中心。积极打造环"五环"文体空间，融入剧场、电影院、文化馆功能、档案服务、图书阅览、创意办公、培训、展览、创意市集、创意办公、书店、咖啡、餐厅等文化元素，将其建设成为一个极具活力和凝聚力的文化中心。

（3）拓展培训功能，提升职业水平

赛后体育场馆管理者应该充分利用赛后场馆的体育设施设备，创办体育俱乐部、学习班、体育爱好者协会等，在没有赛事期间，可以通过俱乐部、学习班或各种体育协会的形式将社区居民组织起来，聘请专门的指导人员进行辅导、陪练，或通过定期举办中小型体育赛事来开发居民竞技体育消费市场。一方面满足社区居民的体育消费需求、丰富其业余体育生活，另一方面又可以通过向居民征收会费、培训费、场地费获得相应的收入，从而同时达到经济效益和社会效益的目的。

（4）拓展旅游功能，提升多元需要

借举办军运会的大好时机，努力提高自身的知名度，激活和促进武汉的体育产业化，并进一步开发武汉市的体育旅游业发展，以保证赛后经济可持续发展、赛后场馆可持续利用。重点依托东湖绿道、东湖帆船基地发展马拉松、公路自行车、帆船、龙舟等精品赛事，形成世界级城中湖和旅游目的地；依托青山和汉阳江滩沙滩排球中心发展沙滩排球赛事，丰富长江主轴旅游功能；依托国防园射击射箭场馆发展射击、射箭等赛事，开发九真山风景区和亮点区块；依托江夏梁子湖铁人三项场地带动梁子湖风景区旅游开发，依托大花山户外运动中心带动江夏旅游休闲产业发展。

（5）拓展文教功能，提升社会效益

场馆文化可以通过多种形式进行展示，如体育艺术雕塑等建筑小品、历史照片墙、体育奖杯陈列区、体育名人堂、荣誉走廊、体育影片展映室等，还可借助互联网技术搭建场馆线上展示平台，打造三维立体展示系统，结合在地传统民俗民风，为民众展示动人的体育文化故事。同时，可以根据周边消费者需求，改扩建场馆，建立多媒体公共图书馆、科普场馆等文化教育场馆，开发教育功能，满足人民日益增长的文化需求。

3. 围绕军运场馆构建文旅地标，推进文体旅深度融合

军运会新建、改建的体育场馆基本上已成为标志性建筑，有着良好的品牌开发价值，打造军运文旅专线游。充分利用"四大板块"的城市地标，加快推进"商体结合"营销组合模式，拓展企业参与体育场馆的运营渠道，推动形成"文化＋娱乐＋体育"融合创新发展新格局。

（1）围绕汉口文体中心，打造后湖板块文旅体融合新地标

汉口文体中心是武汉二环线内唯一一个大型综合性体育场馆，而且处于十分繁华的西北湖地区，地理位置十分优越。深化汉口文化体育中心的赛后利用，打造"一场三馆""一圈四中心"的"江汉样本"，推动项目的引进与落地（"一场三馆"指集体育场和文化馆、图书馆、博物馆为一体的功能布局；"一圈四中心"指中国汉绣圈、非遗保护中心、艺术培训中心、全民阅读中心和全民健身中心）建立多元化的复合功能。充分运用"体育＋互联网"，打造微信、微博、微视频、客户端，让体育文化内容网络化、数字化。全面实现文化惠民、体育惠民。赛后要围绕汉口文体中心开展一批集会展、培训、全民阅读、健身于一体的民生项目，规划好场馆、绿道和文体公园等活动场地，带动整个西北湖片区成为引领中心城区的体育文化娱乐新地标，满足周边市民文体休闲需求。

（2）围绕"世界东湖"品牌，打造光谷板块"体育休闲＋文旅"新地标

东湖生态旅游风景区军运会期间承接了自行车、帆船、公开水域游泳、马拉松4项重点赛事，秉承绿色发展理念，遵循生态标准优先，打造世界级最美山水赛场，建设世界艺术文化中心，成为享誉世界国际会客厅。赛后应既要大力谋划东湖自行车、马拉松、公开水域游泳、帆船

场地后期利用，升级发展家帆赛、龙舟赛、大学生马拉松等，推动桨板、皮划艇、赛艇、摩托艇、滑水等水上项目，又可以策划垂钓、趣味越野等休闲项目，发挥"山水赛场"优势，东湖既要打造永不落幕的世界级体育运动中心，又要成为全民共享的"天然竞技场"，成为城市观光、体育休闲水上名片。

（3）围绕武汉体育中心，打造沌口板块"运动＋文旅"新地标

武汉开发区是第七届世界军运会竞赛项目最全、场馆设施最多、关注程度最高的区域，赛后要围绕武汉体育中心和军运会主媒体中心打造多功能现代化大型体育主题公园，成为武汉开发区乃至大汉阳地区的新地标。赛后将主体育场改造成为具有大型体育赛事、文艺演出、国际会务会展等多功能的华中地区首屈一指的综合性场馆。军运会主媒体中心，比赛期间是"记者之家"，军运会结束后将改造成一座集室内滑冰场、击剑馆和射箭馆于一体的现代化健身休闲场所，弥补武汉市冰上运动体育场馆设施不足的短板。在中心周边资源开发方面，将以商圈的建立为目标，以完善的交通配套为保障，构建以体育中心为基点向外持续扩展的集休闲、购物、娱乐于一体的社区综合体，加快城市副中心战略的实现。促进国际文体发展公司发展，衔接通用航空、汽车后市场、旅游等产业。大力推动武汉经济技术开发区汽车后市场、体育休闲娱乐业的发展，促进城区的转型升级。

（4）围绕户外特色场馆，打造黄家湖板块"健身休闲＋文旅"新地标

充分利用江夏区户外特色场馆的功能，积极探索将体育旅游纳入旅游度假区等国家和行业标准。实施体育旅游精品示范工程，打造一批有影响力的体育旅游精品线路、精品赛事和示范基地。将登山、徒步、越野跑等体育运动项目作为发展森林旅游的重要方向。江夏梁子湖铁人三项场地可以带动梁子湖风景区的旅游开发，江夏八分山等定向越野场地在赛后形成大花山户外运动中心，带动江夏的旅游休闲产业和全民健身需求。大花山户外运动中心是军运会定向越野项目委员会临时办公地点，赛后将改造成乒乓球馆、羽毛球馆和游泳馆，成为江夏区一个地标性运动场馆，与江夏 33 千米环山绿道及 5 大公园一起形成"市民体育健身圈"，除了承接体育赛事外，还能够满足周边市民的休闲与健身需求。

4. 转变和创新经营管理体制，盘活现有资源，提供优质体育服务

大量事实证明，大型体育场馆能否卓有成效地开展赛后经营利用，与其是否采取适当措施以加强内部管理有着直接关系。协调好军运会场馆的公益性与经营性，从体制上解开束缚，理顺军运会场馆的归属，建立权责明确、职能清晰、利益分明的经营管理组织，达到充分整合资源，利用资源的复合场馆开发的目标。

（1）不断完善承包责任制和租赁制

承包责任制和租赁制都是加强国有体育场馆内部经营管理的有效方法，但是也容易造成国有资产流失，需要不断加以完善。根据国家鼓励政府投资体育场馆应委托第三方企业运营的政策要求，针对公共体育场地和政府资助建设的体育场地设施，建议通过政府购买公共服务等方式，引入专业社会力量管理，盘活现有体育场地资源，根据市民需求，提供优质体育服务。

（2）实行体育场馆的市场化运作、企业化管理

引进社会化的投融资机构，对场馆实行项目管理，在场馆的经营管理上引进专业的体育管理公司，利用其丰富科学的体育经营、管理经验、制度，通过商业化运作，一方面扩大场馆的创收范围，提高场馆的利用价值；另一方面有利于实现政企分开，责权利分明。鼓励场馆运营管理实体通过品牌输出、管理输出、资本输出等形式实现规模化、专业化运营。增强大型体育场馆复合经营能力，拓展服务领域，延伸配套服务，实现最佳运营效益。各协会主办的体育赛事活动资源、培训项目等，符合条件的都要通过公开方式交由市场主体承办。鼓励将赛事活动承办权、场馆运营权等通过产权交易平台公开交易。

（3）大力引进、培育高层次的体育管理人才

加强场馆经营人才的培养力度，积极鼓励创建体育场馆运营管理专业，在条件成熟的高校设置体育场馆运营管理研究生专业或专业方向，注重人才培养的针对性和实践性，打造掌握体育场馆运营管理基本理论与技能、了解国际体育产业运作规则与规范的高级应用型人才。

（4）充分挖掘和利用军运场馆的无形资产

体育场馆的无形资产包括冠名权、豪华包厢、场地广告、特许经营

权等。无形资产开发应注意以下几点：一是出台相应的扶持政策；二是设置行业标准，避免出现非法无序开发现象；三是引进专业开发人才、组建专业管理实体；四是采取多种运作模式相结合的方式，将单独开发、合作开发、委托开发3种模式自由组合、优势互补。对于举办过军运会比赛的体育场馆，应该说具有很强的象征意义，因此，在军运场馆的赛后利用过程中，不能降低场馆自身原有的含金量，需要充分挖掘和利用这些场馆的无形资产，让其持续升值。例如，在利用体育中心承办各项赛事时，可对各赛事和活动的会徽、会标、冠名权及各协会、俱乐部自身标志、运动队名称的价值等这些体育产业的无形资产加以重视和开发，通过市场化运作进行有效的营销，真正实现其价值。

（5）为赛后场馆利用经营提供更大的政策支持

根据《国务院关于加快发展体育产业，促进体育消费的若干意见》（国发〔2014〕46号）："各级政府要将全民健身经费纳入财政预算，并保持与国民经济增长相适应。要加大投入，安排投资支持体育设施建设。要安排一定比例体育彩票公益金等财政资金，通过政府购买服务等多种方式，积极支持群众健身消费"，加大政策执行效力，突破政策在地方无法推行的困境，做好各方利益协调补偿工作，建立试点场馆，由点及面，分批加强监管帮扶力度，形成良好的政策运行体系。鼓励公共体育设施免费或低收费开放，引导经营主体提供公益性群众体育健身服务。进一步研究鼓励群众健身消费的优惠政策。对公共体育服务行业给予税收、用水、用电、用地等相关政策扶持，广泛利用消费券等形式提高市民观赏性体育消费和参与性体育消费的整体水平，降低体育消费成本，培养体育消费热点。系统梳理现行公共体育场馆缴纳的业税、城建税、教育费附加税（含地方）、房产税、土地使用税、防洪税、企业所得税等税费，对公共体育场馆缴纳税费制定优惠政策，最大程度上减轻体育场馆营运税费负担。

5. 建设全市体育服务平台，推进体育场馆开放惠民

建立场馆战略联盟，对军运会场馆设施进行有效整合，充分利用场馆优势，合理配置场馆资源，通过市场运作，使其自身拥有造血功能和融资能力，节约政府投入。

（1）引进智能运维系统，建立全市公共体育服务平台

加快推进武汉市场馆进行智能化改造，全面实现网上预订、付费、在线报名、活动预告等服务功能，根据建设智慧城市以及"互联网＋公共服务"的要求，建设集场地查询、预定、活动发布、赛事预告、参赛报名、同城"约战"等功能于一体的全市公共体育服务平台，便于市民知晓、参与各类体育活动，提高活动的参与人次，以实现体育场馆的充分利用。

（2）建立体育场馆公共服务评价标准，定期发布评价结果

建议由武汉市体育局等部门牵头，研制、出台武汉市体育场地公共服务评级标准，将体育场地每年应举行的体育活动次数、接待健身人次、开放时间、举办公益培训次数、服务满意度等指标纳入体育场地公共服务评价标准，由第三方机构定期对全市公益性体育场地供给公共服务情况进行评价，定期发布评价结果，奖优罚劣，促使场地运营管理单位提升综合利用效率，促进公共体育服务供给，提升群众的获得感和幸福感。

（3）加快推动军运场馆惠民开放试点示范

大力推动高校场馆资源的惠民开放，针对高校体育场地亦可借鉴上海、长沙等地学校体育场馆委托社会力量管理的成功经验，引入专业社会力量托管全市学校体育场地，由专业社会机构负责学校体育场地的对外开放工作，解决学校体育场地对外开放中的安全和人手不足问题，盘活学校体育场地资源。制订军运场馆免费或低收费开放工作方案，在武汉全民健身中心、武汉体育馆、洪山体育馆等重点军运场馆进行惠民开放试点示范，取得经验后向全市其他体育场馆推广应用。全面落实公共体育场馆开放要求，推进惠民开放体育场馆由军运场馆向大中小学、企事业单位各级各类体院场馆延伸，提升公共体育服务水平。

（4）营造体育消费氛围，激发市民文体消费热情

民众是场馆综合功能服务的最终对象，场馆所在地区的体育人口密度、人均文体消费能力以及所在地区的体育文化氛围等因素都与场馆综合效益的实现紧密相关，因而，场馆应因地制宜的提供文体服务、激发周边民众的体育消费意愿从而使场馆获得永续经营的动力。同时，应积极构建消费者的监督反馈机制，了解民众切实需求，发挥民众的监督作用，从而保障场馆服务质量。举办各层次全民健身运动会，吸引更多市

民能够参加体育比赛和体育锻炼。增加场馆服务内容，充分调动周边民众的体育参与热情。同时，把握资源稀缺性原则，打造特色体育文化服务项目，做到人无我有，人有我优，积极传播健身休闲的运动理念和文化价值，不断提升服务质量，培育在地文体消费市场。

二 武汉军运社会遗产与志愿活动研究

第七届世界军人运动会在武汉成功举办，向世界展示了新时代的中国形象。军运会从申办、筹办到圆满举办，留下了宝贵的社会遗产，从高质量文明城市建设、志愿服务、社会风险治理、开放包容城市建设等方面，全面提升了城市治理水平和城市品质，生动体现了中国特色社会主义制度下"集中力量办大事"的显著优势，为践行"人人有责、人人尽责、人人享有"的治理理念，推进超大城市治理现代化，铺垫了深厚的社会基础。

（一）武汉军运会社会遗产研究概述

1. 研究背景及意义

2019 年，第七届世界军人运动会在武汉胜利召开，这是世界军人运动会历史上规模最大、参赛人员最多、影响力最广的一次运动会，也是继北京奥运会后中国举办的规模最大的国际体育盛会。大型赛事和城市之间是一种"共生"关系。军运会从申办、筹备到最后成功举办，不仅对武汉的政治、经济、文化、社会、环境、城市发展等各方面产生了积极且重大影响，而且留下了众多的、丰富的遗产。

较之于经济遗产、体育遗产等有形、具有较高的、可见的回报率的遗产而言，大型赛事社会遗产由于其多数属于意识层面，无形、隐形，当前无论是理论界还是实务界，对社会遗产的关注普遍不足、重视不够，社会遗产常常处于被忽视的境地。武汉军运会社会遗产自然也不例外。值得注意的是，社会遗产虽然是无形的、隐形的，但是其影响及作用却是深远的、长久的。它高度契合于一个城市的社会建设，是城市社会建设的一个重要支点，对推进城市社会治理体系和治理能力现代化有着"随风潜入夜、润物细无声"的作用。因此，以武汉军运会社会遗产为主题进行研究，厘清军运会社会遗产的内涵和外延，盘点和梳理军运会社会遗产的类型和种类，剖析军运社会遗产的价值，分析如何进一步保存及开发利用社会遗产，并提出建设性的对策建议，具有重要的理论意义和现实意义。

2. 国内外研究现状

文献调查发现，国内外学界有关大型赛事遗产的研究主要聚焦在大型赛事遗产的概念界定、价值认知、传承保护和开发利用等主题。

（1）关于大型赛事遗产的内涵研究

关于大型赛事遗产的内涵，目前国内外学界尚没有明确的界定。学界往往以举例的形式对"大型赛事遗产进行界定，比较普遍的共识是：在大型赛事实践中，逐步形成的具有普遍价值的物质财富和精神财富的总和，包括有形遗产和无形遗产"。在具体遗产类型上，我国学者提出了文化遗产[1]、精神遗产[2]、效益遗产[3]、健康遗产[4]、文献遗产[5]、体育遗产[6]、经济遗产[7]、社会遗产[8]、环境遗产[9]等概念。在国外，Ritchie J 认

---

[1] 罗时铭：《20 世纪 80 年代后的奥运文化遗产素描》，《南京体育学院学报》（社会科学版）2010 年第 24 卷第 6 期。

[2] 翁慧婷等：《北京奥运精神遗产的质性研究——基于吉祥物的相关材料》，《沈阳体育学院学报》2011 年第 30 卷第 2 期。

[3] 彭延春：《后奥运时代北京奥运遗产旅游的开发策略》，《体育与科学》2011 年第 32 卷第 1 期。

[4] 刘民等：《2008 年奥运会健康遗产评价指标体系的建立研究课题概述》，《首都公共卫生》2007 年第 3 期。

[5] 徐拥军：《北京奥运会文献遗产的保护与传承》，《中国档案》2008 年第 1 期。

[6] 农若雯等：《试论 2022 冬奥会体育遗产对群众体育公共服务供给的积极影响》，《2016 年全国体育社会科学年会论文集》2016 年。

[7] 白宇飞、冯珺：《北京 2022 年冬奥会和冬残奥会经济遗产研究：理论诠释与经验证据》，《北京体育大学学报》2022 年第 45 卷第 5 期。

[8] 孙葆丽：《温哥华冬奥会遗产工作研究及启示》，《北京体育大学学报》2017 年第 40 卷第 10 期。

[9] 郭振、乔凤杰：《北京绿色奥运遗产及其困境与继承》，《武汉体育学院学报》2016 年第 50 卷第 8 期。

为大型赛事遗产包括经济、社会、物理、文化、技术、心理遗产。Poynter G. 将大型赛事遗产分为有形和无形两类，其中有形遗产包括体育遗产、社区再生、环境/生活质量、劳动力市场、志愿者组织、生活成本增加；无形遗产包括奥运会相关工作岗位的消失、知识/技能和志愿者精神的保留、地区自豪感/形象/品牌、国家自豪感/形象/品牌以及结构性"替代效应"。Clark G. 认为包括旅游经济、交通和城市基础设施、文化基础设施、体育基础设施、有形遗产、城市形象、商业兴趣、管理和活动战略发展。① 可见，随着人们认识的不断深化，大型赛事遗产种类外延化，从体育遗产扩展到了社会、经济、文化、制度、国家形象、环境和可持续发展等方面。但在具体遗产种类的研究上，目前学界研究并不平衡，对部分类型的奥运遗产关注严重不足，具体表现在主要侧重于对体育、经济等具有较高的、可见的回报率的有形遗产的研究，而对文化、社会等无形、隐性的，但是深远的、长久的无形遗产的研究不够重视。

（2）关于大型赛事遗产的价值认知

关于大型赛事遗产的价值，我国学者主要是从正面、积极层面进行阐述的。有的学者在个体层面和社会层面阐述大型赛事遗产的价值，即促进个体的全面发展、促进社会进步和促进世界和平的基本价值取向。② 有的学者认识到大型赛事遗产的有形价值和无形价值，认为无形遗产具有流变性、独特性和创新性，应将对无形遗产的保护、开发与有形遗产结合起来，推动无形遗产有形化。③ 国外学者则认为大型赛事遗产的影响是多方面的，既有正面影响，也有负面影响。Chappelet J.④ 和 Toohey K.⑤ 等学者列举了大型赛事遗产正面影响的例子，从有形遗产，如商业网络扩张和体育基础设施，到无形遗产，如城市建设、全球声誉的提升、

---

① 徐拥军等：《国内外奥运遗产研究述评》，《兰台世界》2020 年第 1 期。

② 孙葆丽：《奥林匹克运动人文价值的历史流变》，北京体育大学，2005 年。

③ 邵玉辉：《2008 年北京奥运会无形遗产保护和开发研究》，北京体育大学，2011 年。

④ CHAPPELET J. , "Olympic environmental concerns as a legacy of the Winter Games", *The International Journal of the History of Sport*, Vol. 25, No. 14, 2008, pp. 1884 – 1902.

⑤ TOOHEY K. , "The Sydney Olympics: Striving for legacies-Overcoming short-term disappointments and long-term deficiencies", *The International Journal of the History of Sport*, Vol. 25, No. 14, 2008, pp. 1953 – 1971.

知识文化的传播、政府改革等。Preuss H. [①]、Gratton C. & Preuss H. [②] 和 Mangan J. A. [③] 等学者认为，大型赛事遗产同样可能会出现负面影响，如产生建筑债务、机会成本高、基础设施浪费、短期挤出效应、房租上涨以及不公平的迁移和再分配等后果。

（3）关于大型赛事遗产的传承保护与开发利用

对大型赛事遗产的传承保护和开发利用是节约社会成本、服务社会大众、实现可持续发展的必然选择。国内学界主要关注大型赛事遗产的商业、人文、公益等价值开发。在商业价值开发上，主要是通过将大型赛事遗产与旅游开发、房地产开发等相结合、创新场馆运营模式、推动无形资产商业化等形式，推动大型赛事遗产经济效益最大化。[④] 在人文价值开发上，主要是关注大型赛事所展现和创造出的以人为本的核心价值理念以及全民健身、休闲文化、倡导积极健康的生活方式等。[⑤] 在公益价值开发上，主要关注利用大型赛事遗产重塑城市形象[⑥]、完善基础体育设施[⑦]以及提升公众参与感[⑧]等。在国外，学界对大型赛事遗产的保护利用理念贯穿于全过程，认为对大型赛事遗产的建设及管理提前制订计划非常重要，做好大型赛事后遗产继承和设施利用需要建立系统、全面的规划，且鼓励多主体积极参与大型赛事遗产的保护与利用。[⑨]

可见，当前学界有关大型赛事遗产研究有"重有形遗产、轻无形遗

---

① PREUSS H. , "The Conceptualisation and Measurement of Mega Sport Event Legacies", *Journal of Sport & Tourism*, Vol. 12, No. 34, 2007, pp. 207 – 227.

② GRATTON C. , PREUSS H. , "Maximizing olympic impacts by building up legacies", *The International Journal of the History of Sport*, Vol. 25, No. 14, 2008, pp. 1922 – 1938.

③ MANGAN J. A. , "Prologue: Guarantees of global goodwill: Post-olympic legacies-Too many limping White Elephants?" *The In-ternational Journal of the History of Sport*, Vol. 25, No. 14, 2008, pp. 1869 – 1883.

④ 马亚璇：《1972 年以来夏季奥运会场馆赛后开发与利用研究》，北京体育大学，2010 年。

⑤ 王广进：《论面临休闲时代的奥运会》，华南师范大学，2006 年。

⑥ 师博等：《大型体育赛事助推城市高质量发展的效应研究》，《西安体育学院学报》2021 年第 38 卷第 2 期。

⑦ 金睿：《伦敦奥运会场馆的赛后利用及启示》，《体育成人教育学刊》2018 年第 34 卷第 5 期。

⑧ 李佳宝等：《论冬奥背景下体育志愿服务与青少年社会参与》，《中国青年研究》2018 年第 2 期。

⑨ 徐拥军等：《国内外奥运遗产研究述评》，《兰台世界》2020 年第 1 期。

产"之倾向：在遗产类型上，主要集中在体育、经济、场馆利用、旅游等有形遗产研究，对无形遗产，尤其是社会遗产如何保存、开发、利用的研究还相当滞后和薄弱；在遗产传承保护和开发利用上，有形遗产的开发利用程度要好于无形遗产的开发利用程度，且在有形遗产开发利用中，更加侧重于经济遗产的开发利用。此外，在主体上，依然是主要由政府主导，社会力量参与不足。

3. 武汉军运会社会遗产概念界定

如前所述，当前我国对大型赛事遗产中的社会遗产关注严重不足，对社会遗产如何保存、开发、利用的研究还相当滞后和薄弱。而大型赛事社会遗产，对于一个城市社会思想的转变、城市精神的塑造、文明程度的提升、志愿服务精神的弘扬，社会包容性、安全性乃至社会共同体的建设等方面作用是不言而喻的。鉴于当前社会遗产概念界定并不明确，本研究将以国际奥委会对奥运遗产、社会遗产界定精神为基础，立足武汉实际，充分借鉴其他大型赛事关于社会遗产界定的经验，对军运会社会遗产的内涵和外延进行界定。

（1）大型赛事社会遗产

根据国际奥委会有关文件，奥运社会遗产主要指对人和社会的积极促进作用，包括举办国家当地文化传播、奥林匹克价值观的弘扬、社会包容度的提高、对弱势群体的关注以及志愿服务精神的弘扬等。《2022 年北京冬奥会和冬残奥会遗产战略计划》指出，北京冬奥会将努力创造体育、经济、社会、文化、环境、城市发展和区域发展 7 个方面的丰厚遗产。其中，社会遗产包括推广健康生活方式、推动健康中国建设、提升志愿服务水平、建设包容性社会。有的学者认为杭州亚运会所创造的社会遗产主要包括了健康生活的推广、国际交流的开放、社会思想的转变、志愿服务的提升及包容性社会的建设五个方面。①

（2）武汉军运会社会遗产之界定

大型赛事遗产的定义和内涵并不是一成不变的，是一个不断调整和

---

① 潘诗帆：《2022 年杭州亚运会的社会遗产展望》，《当代体育科技》2020 年第 10 卷第 10 期。

充实的发展过程。国际奥委会指出，奥运遗产的精髓在于实现"奥林匹克运动之愿景和城市愿景……的交集"所产生的结果。城市的愿景不同，大型赛事遗产的内容也将不尽相同。因此，基于武汉"城市的愿景"，立足武汉实际，在充分借鉴其他大型赛事关于社会遗产界定经验的基础上，我们认为，武汉军运会社会遗产是指在武汉军运会实践过程中所产生的精神层面的理念、信念、追求等对市民所带来的价值总和，以及所产生的改善社会精神面貌、促进社会和谐有序积极发展的价值总和。这种价值总和体现在市民精神层次的变化上和整个社会安全性、凝聚力、包容性等的变化上。比如，因为军运会，市民的社会参与意识增强，市民交流合作意识增强、更加注重团队的合作，城市精神得以有效塑造，城市形象得以大幅改善，城市美誉大大提高，志愿服务精神大大弘扬，社会安定有序，整个社会凝聚力增强等，都在军运会社会遗产的范畴之内。

4. 武汉军运会社会遗产研究思路

社会遗产虽然多属于意识层面，但可以通过丰富的活动和各类实践，把这些意识化的社会遗产落实到具体层面，使得意识化的社会遗产得以永久存在。武汉市高度重视对军运会社会遗产的继承保护与开发利用，积极推进载体创新，高度注重实践养成，将意识层面的内容注入具体活动中，使得意识化的社会遗产得以继承、开发和利用。

（1）研究武汉军运会的平安建设社会遗产

现代社会是风险社会，我们都生活在文明的火山上。为确保军运会有序进行，有效防范赛事风险，维持安全团结有序的社会秩序，武汉以举办军运会为契机，构建上下贯通的高效城市安全和社会风险防控治理体系，打造风险治理链条闭环管理系统，实行城市安全和风险防控社会化动员，打造城市智慧安保体系，为武汉超大城市治理现代化留下了丰富的社会遗产。本研究将对武汉军运会的平安建设社会遗产进行总结提炼。

（2）研究武汉军运会的文明办会社会遗产

武汉将"办赛事与建城市相结合""以筹办军运会为契机，塑造精致武汉新形象"，将举办军运会与文明城市建设统一起来，整体谋划、一体推进，通过"迎军运讲文明树新风""喜迎军运会　打造新环境　当好东道主——高水平建设全国文明城市"、迎军运"四个百万"活动等系列主题实践活动，推动了市民文明素养和社会文明程度大幅提升，推进了城市面貌脱胎换骨，市民获得感幸福感大幅增强。本研究将对武汉军运会的文明办会社会遗产进行深化研究。

（3）研究武汉军运会的志愿服务社会遗产

军运会期间，武汉强化志愿服务运行管理体系建设，共有 25 万名赛事志愿者直接参与会务服务，近百万名社区志愿者参与城市安保服务，170 万名志愿者登记注册，大力弘扬了志愿服务精神，营造了浓厚的志愿文化氛围，志愿服务深入人心。目前武汉全市登记注册志愿者，占全市人口的 1/7，社区人人参与志愿服务，志愿精神深植于市民文化，武汉成为名副其实的"志愿者之城"。本研究将对武汉军运会的志愿服务社会遗产开展全面研究。

（4）研究武汉军运会的开放包容社会遗产

武汉军运会是 109 个国家 9308 名军人、42 国的防长和军队领导人、上千名外国武官和随行记者参会的盛会。武汉军运会开放包容的办会理念和办赛风格，受到国际友人的盛赞。国际军事体育理事会主席赫尔维·皮奇里洛认为，本届军运会充分展现了"中国人民对和平的理解，还有团结、友谊这些理念，都通过军运会的成功举办传递给了全世界"。"本届军运会所传递的这些理念，使各国参赛代表团都对中国产生很好的印象，这都是无形的遗产。"本研究将对武汉军运会的开放包容社会遗产进行研究。

（二）武汉军运会平安建设社会遗产研究

伴随重大体育赛事、国际会展活动在世界各大城市举办，重大体育赛事和活动的风险管理也受到理论界和实务界的高度关注，确保赛事和活动安全成为举办方筹备工作的重要内容。军运会是与奥运会、大运会齐名的全球综合性运动会，这是中国第一次承办综合性国际军事赛事，也是继北京奥运会后，中国举办的又一次大规模的国际体育盛会。而2019 年 10 月在武汉举办的第七届军人运动会在筹备过程中已创下三项第一：第一次所有比赛全部安排在一座城市进行，第一次集中新建运动员村，竞赛项目设置数量历届第一；109 个国家的近万名运动员参赛，设置 27 个大项、329 个项目，堪比"奥运标准"的比赛、住宿、接待条件，在江夏建造的运动动员村容纳 1.1 万人居住，成为军运会历史上规模空前的世界军事体育赛事。同时，武汉军运会举办期间，25 万名志愿者参与会务服务，为军运会提供志愿服务；近百万武汉市民走进志愿者队伍，为军运会保驾护航。大规模的参赛队伍和服务队伍，对城市的安全保障和赛事的高效运转带来了严峻挑战，提出了更高的要求。实践证明，武汉军运会在城市安全和社会风险防控体系建设方面交出了一份圆满答卷。总结武汉军运会举办期间的城市安全和风险防范治理经验，可以为今后重大赛事活动举办及城市治理现代化提供有益的借鉴和启示。

1. 大型体育赛事风险管理内涵及国内外实践经验

自 2008 年北京举办奥运会开始，我国举办国际赛事逐年增多。据有关统计，2013 年我国举办国际体育赛事 373 项，日均体育赛事 1.02 项；同年，我国举办的全国性比赛多达 677 项，平均每天有 1.85 项体育赛事。① 大型国际体育赛事往往时间跨度长、参与人员多、举办成本高、综合性强；而国际性的赛会，还往往承载着扩大主办运动项目影响力、吸引更多公众普遍参与的重任。这种大规模、长时间、高强度、复杂化的大型赛事活动，本身会催生很多不安全因素。因此，对于赛事承办方来说，赛事安全是大型体育赛事成功举办的前提和标志。伴随我国大型体育赛事的增多，涉及赛事风险和安全治理的研究也逐渐增多，赛事活动的风险研究和治理成为赛会筹备的重要内容。

（1）大型体育赛事风险管理内涵

关于大型体育赛事风险的内涵界定。由于大型体育赛事项目、规模、参赛群体、举办形式等各有不同，面临的赛事风险点也有所差别。有学者尝试对赛事风险进行界定认为，大型体育赛事由于涉及面广、影响因素多，在组织和筹办过程中会面临许多不确定性因素或事件，可能导致赛事不能顺利举办、不能达到预期的经济社会目标、举办过程中可能发

---

① 史悦红：《我国大型体育赛事风险管理的研究》，《广州体育学院学报》2016 年第 36 卷第 1 期。

生人员伤亡等，所有的这些不确定性因素或事件就是大型体育赛事的风险。[1] 一般研究把大型体育赛事风险分为外部风险和内部风险。外部风险包括恐怖主义、群体性事件、极端个人事件等；内部风险包括参会运动员的主体风险、安保各部门间的协同风险、安保指挥系统内部的协调风险等。

关于大型体育赛事风险类型。综合外部风险和内部风险，具体来看，大型体育赛事风险大致包括三大类型方面：一是社会安全风险，主要来自主办城市的社会安全治理和重大突发事件的预警和防范方面；二是参赛者的主体风险，包括参赛运动员的人身意外伤害风险等；三是赛事运转风险，包括食品安全风险、比赛场馆安全风险、赛事安保风险等。

关于大型体育赛事风险的特征。根据有关研究来看，大型体育赛事风险具有突发性、广泛性、负面影响大的特点。[2] 一是大型体育赛事风险往往具有突发性特征，即赛前难以预见。二是赛事风险点涉及面广，防不胜防，比如历史赛会期间发生的交通事故、运动员意外猝死等。三是体育赛事风险负面影响大，风险事件一旦发生，经媒体传播往往产生"放大效应"。尤其是在现代的网络媒体时代，风险事件负面影响被放大后广泛传播，给举办地和主办方造成很大的负面影响。

（2）大型体育赛事风险规避和治理的国内外实践经验

大型体育赛事风险突发性强、复杂程度高、风险负面影响大。近年来，由于政治经济社会诸多因素影响，国内外大型体育赛事突发事件频发。2008年北京奥运会期间出现售票系统瘫痪；2010年广州亚运会期间几位自行车国际裁判在从深圳机场前往赛场的路上发生交通事故；2014年7月巴西世界杯举办期间，多个城市爆发小规模的骚乱和打砸抢烧事件；2014年俄罗斯索契举办第22届冬奥会和第11届冬残奥会期间，恐怖分子多次扬言要袭击索契冬奥会会场，并策划了一系列爆炸事件。如何有效地预防和控制大型体育活动事故的发生，规避大型体育活动的风

---

① 刘东波：《我国承办大型体育赛事风险管理机制研究》，博士学位论文，东北师范大学，2010年。

② 史悦红：《我国大型体育赛事风险管理的研究》，《广州体育学院学报》2016年第36卷第1期。

险，已成为世界各国政府高度重视的问题。各大国际性体育赛事举办城市在赛事安全风险管理方面都进行了一些探索。

一是建立大型体育赛事活动风险评估和预警系统。树立正确的赛事活动风险管理意识，构建大型体育赛事风险预警机制，是一种战略性的成本管理。通过赛前风险评估和预测，制订完善的风险应对预案，可以实现有效的赛事风险管理。大型体育赛事活动风险预警机制的构建包括组建赛事风险管理机构、制定赛事风险管理制度、建立赛事风险信息网络、制定赛事风险防范与处理措施，等等。在雅典奥运会筹备期间，中欧数字奥运战略框架合作项目组通过评估把大型体育赛事风险分为市场风险、自然灾害风险、运作策略风险和操作风险四个部分，并有针对性地提出了解决方案。2008 年北京奥运会奥组委委托北京大学国家关系学院完成的《北京奥运会政治风险评估报告》①，指出"台独""藏独""疆独"以及国际反恐局势带来的政治风险，针对这些危险因素，北京奥组委和中国政府积极采取风险控制措施进行应对，有力防范了奥运会期间潜在的政治和社会安全风险。

二是完善大型体育赛事活动风险管理法律法规建设。美国为了成功举办大型体育赛事活动，需要在活动前拟订大型体育赛事活动的风险计划，其中包括制定保证美国公众和知名人士安全的措施等。在英国，为了遏制球场暴力事件的发生，出台了一系列的法律，其中严禁在足球赛场附近出售酒类物品，严禁醉汉入场观战等。俄罗斯 2012 年 8 月签署了加强奥运期间安保措施的法律，文件规定奥运期间在索契设立禁区和控制区，限制交通车辆驶入赛区，加强奥运场馆的安全保卫。2007 年 9 中国国务院颁布的《大型群众性活动安全管理条例》，对大型群众性活动的范围、承办者、场所管理者的安全责任和公安机关的职责，安全许可的条件、程序、时限，安全管理措施以及法律责任等做了明确的规定。一些地方也相继出台地方性大型活动公共安全管理法规或措施。2005 年 11 月北京市出台施行《北京市大型社会活动安全管理条例》，在全国范围内首次将大型活动安全管理纳入法制化建设的轨道。2014 年南京青奥会在

---

① 陈毅清、张祥山：《从北京奥运会看我国大型体育赛事的风险管理》，《中国西部科技》2011 年第 17 期。

安保具体措施上进行规范化，制定《青奥会安保执勤手册》《青奥会人员证件手册》《青奥会安检执勤手册》等培训教材，分阶段、分科目开展全警培训；制定《场馆安保通用设施标准》，安保设施需求贯穿场馆建设全过程；保证安保执行措施与大型国际体育赛事的安保水准相衔接并保持延续性，防止在赛事期间由于安保措施执行的差异性带来运行风险。

三是强化风险治理部门高效协同。大型国际体育赛事一般都会成立专门的组委会，下设各种职能部门，部门间的协同运作十分重要。不同职能部门在沟通不足的情况下，可能导致协同负面效应，产生赛事运营风险。2013 年南京亚青会，组委会综保部承担的是交通职能，在没有与安保部协商的情况下，自行研究赛事交通组织方案，完成后直接报亚奥理事会，造成许多线路不符合南京道路实际，产生赛事运转风险。赛事风险协同治理，需要全员参与风险管理。加强对赛事筹办全体人员的风险管理培训和教育，使全体办赛人员具有基本的赛事风险知识和技能，构建全员参与的赛事风险管理体系，从而使风险管理效益达到最大化。

四是培养体育赛事风险管理人才。大型体育赛事活动风险日益复杂化，赛事风险管理涉及赛事风险识别、评估、风险预案制定、规避执行和防控等，需要专业风险管理者进行管理，确保风险管理有序开展。

五是加强风险治理社会化动员。由于现代风险的高度复杂性、广泛影响性和严重危害性，风险治理不可能仅仅依赖单一主体，而需要在政府、企业、社会组织等之间建立起风险治理模式，加强政府与社会的合作、公共机构与私人领域的合作，动员一切社会力量共同去应对可能发生的风险。2008 年北京奥运会第一次正式性、规模性、全程性地招募和使用社会上的安保志愿者，这些安保志愿者主要由在校大学生组成。此后相继举办的 2010 年广州亚运会、2011 年深圳大运会、2013 年南京亚青会、2014 年南京青奥会等同样招募和使用大批安保志愿者，取得了非常好的效果。

六是提升智慧化水平助力风险治理。随着科技的发展，大型体育赛事安保智慧化运用得到加强。2011 年深圳举办的世界大运会上，由中国航天科工集团公司研制的电子车证系统运用于大运会的开闭幕中心场馆、主要竞赛场馆、大运村及周边场区、深圳大运会主干道的智能交通管理，保证了大运会相关活动的路网通行环境。

2. 武汉军运会平安建设实践

2019 年 10 月成功举办的武汉军运会，充分借鉴国内外大型体育赛事风险治理经验，同时充分发挥中国特色社会主义制度优势，形成了具有自身特色的城市安全和社会风险防控机制，为赛事的成功举办提供了制度保障。

（1）构建上下贯通的高效城市安全和社会风险防控治理体系

武汉军运会召开之前，武汉市启动"迎大庆、保军运"战时机制，组建由市委市政府主要领导、中央军委领导等组成的赛时联合指挥部。强化顶层设计，理顺体制机制，明确责任链条，完善报备制度，确保赛时指挥体系高效顺畅运转；强化风险防控，加强基础设施保障，确保全市社会平稳可控；强化赛时机构模块化运行，增强主动对接意识；加强横向联动，抓好纵向落实，实施闭环管理。市、区、街分层级建立临战机制，精心组织，全员发动。区级高站位布局、高规格布防、高强度布置，包片分区严守城市安全防线。如江汉区临战机制启动以来，全员奋战，24 小时在岗值守。指挥部 32 名正副指挥长包 4 大片区、14 个分区，一日一交账、一日一通报、一日一调度，为全市平安稳定工作贡献了力量。在社会基层面，充分发动警察、城管等基层防控力量。万余名城管人员走街串巷防隐患护平安；街头用警治安护卫，风险防控。严字当头，压实责任，实现横向到边、纵向到底、全面覆盖、不留盲区的城市风险防控治理格局。

（2）打造风险治理链条闭环管理系统

现代化风险治理的本质是实现源头治理、系统治理。党的十九届四中全会提出："构建系统完备、科学规范、运行有效的制度体系，加强系统治理、依法治理、综合治理、源头治理，把我国制度优势更好转化为国家治理效能。"实现社会治理现代化，要切实"树立上游思维，强化全要素协作配合，形成从源头到末梢的完整治理链条"。武汉军运会是一项大规模国际性体育赛事，有近万名运动员参赛，25 万多名志愿者参与会务服务。源头风险来自食品、医疗、交通诸等多方面。武汉军运会针对赛事举办的主要源头风险，实现了食品、医疗、交通风险的全链条管理。

一是食品和公共卫生安全风险治理。从田间地头到餐桌实现全链条管理，同时，还固化54种反兴奋剂检测种类，确定了8家资质合格的检测机构，确保供会食品的检测项目统一、检测方法统一、安全标准统一，以最严标准，严防食品源头兴奋剂事件发生。在全市40处重点区域（比赛场馆、游泳池、大型酒店）安装了24小时在线水质监测设备，实时保障生活饮用水安全；使用无人机等科技装备，实施病媒生物的消杀和密度监测控制。对1000余名监管干部、600余名接待酒店管理人员开展了军运会食品安全突发事件应急处置的培训及考核，提高工作人员的风险意识与防控能力。

二是医疗救援保障。构建由120辆救护车、2架直升机、6艘医疗船组成的"水、陆、空"立体急救救援体系，形成现场医疗急救、急救转运、门急诊救治、住院治疗无缝连接的医疗保障体系。建立了完备的医疗卫生保障团队，专家顾问组21名来自军地的国内顶尖医疗卫生专家，44家定点医院选拔出的2094名医疗保障人员，武汉市选拔出的144名公卫保障人员、137名卫监保障人员，征集的122名医疗志愿者和11名语言志愿者，承担具体医疗卫生保障工作。医疗救援资源在赛后都成为城市"军运红利"。经过多方筹措的120台救护车，不仅在赛中组建了与城市急救体系并行的赛会急救系统，不与市民争急救资源，赛后还补充到城市急救体系特别是新城区急救网络中。赛中在全市大型体育场所、高等院校安置了170台全自动除颤仪，作为"救命神器"，首次大量进入城市公共场所，并在赛后持续为市民释放"军运红利"。

三是着力环境综合整治。完成67000余项环境综合整治清单，保证赛时环境"最佳状态、最优环境、最美景观"。在迎军运会环境综合整治提升工作中，围绕221条线路，20个示范片区，铁路沿线、工地边、水体边，以及交通枢纽、比赛场馆、接待酒店等146处重要点位，明确内容下任务，明确环境综合整治任务清单。以最高标准、最快速度、最大力度、最优作风，对全市"场站边、线路边、工地边、铁路边、江湖边"（"五边"）实施环境综合整治提升，实现道路洁化、立面美化、景观亮化、水体净化、生态绿化，推动城市蝶变，展现最现代、最生态、最亮丽的大武汉，以最佳状态、最好环境保障军运会圆满举办，天蓝、地绿、水清、景美的城市环境逐渐形成。

四是完善交通保障。成立赛时军运会交通运行中心，建立了241人的保障团队，制订"1 + 13"分类交通保障方案体系，实现安全、优质、快捷、舒适的交通运输组织保障服务。打通城市脉络，实现路网结构优化升级。从赛事组织需要出发，对武汉市现有路网情况开展了大摸排，最终从超过6000千米的道路中梳理出1000多千米共221条重点线路，为赛事交通的组织运行提供了科学参考。启用"军运会专用道"，形成赛时专项保障力量，打造城市公共交通相辅相成、相互补充的立体综合交通保障体系，全力做好赛事交通保障。

（3）实行军运会城市安全和风险防控社会化动员

"建设人人有责、人人尽责、人人享有的社会治理共同体"，是党的十九届四中全会提出的实现社会治理现代化的行动指引。武汉军运会在赛事期间城市安全和社会风险防控方面，充分动员社会力量，"坚持专群结合、群防群治"，取得了很好的风险治理效果。

上万名党员群众为军运会保驾护航。2019 年 10 月 18 日，军运会在武汉体育中心开幕。武汉开发区 1.3 万余名党员群众参与平安稳定保障工作。负责核心区域的 2000 多名党员干部，从清晨值守到次日凌晨，确保开闭幕式取得圆满成功。比赛期间武汉开发区向全区党员发出"军运先锋，党员行动"倡议书，号召全区党员积极主动全力投入军运会志愿服务。该区组建了 453 个志愿服务队，开展军运会交通保障、清洁家园、安全隐患排查等活动。

近百万社区志愿者服务军运会。社区人人参与服务军运会，体现了城市强大的动员能力和市民强烈的家园意识和城市的文明程度。据武汉市民政局统计，全市登记注册志愿者达 170 万人，占全市人口的 1/7。为了迎接第七届世界军人运动会，除了 23 万余名赛会和城市志愿者，近百万名社区志愿者集结，积极响应政府发出的"与军运同行，争做最美社区志愿者"的号召，以主人翁的姿态，迎接数十万中外来宾，成为本次军运会的一大亮点。社区志愿者在小区门口站岗，给人指路、走街串巷检查社区安全；提醒过往的行人注意交通安全，提醒餐饮小店注意用电用气安全；提醒大家注意文明形象，不要乱扔乱晒。15202 名"应急救护"志愿者、60172 名"清洁家园"志愿者等，活跃在 31 类 4000 多个服务点位。有的社区联合辖区企业组建志愿者联盟，成立环境卫生、医疗引导、民俗文化讲解等志愿服务队走上街头服务。武汉军运会通过全民动员，市民广泛参与，打造"人人尽责、人人享有"的城市安全和风险防控治理共同体。

（4）打造军运会城市智慧安保体系

军运会是对武汉城市安保体系和基础设施建设的一场"大考"。武汉军运会充分利用现代化信息技术，打造智慧化城市安保体系。

一是场馆建设智慧化。武汉军运会将5G应用到军运会智慧安保总体建设方案中。在武汉体育中心的主媒体中心，现代化的最新网络通信和直播保障设备一应俱全。在5G驱动下，一些重要赛事采用4K高清制作播出技术，大大提高军运会的"颜值"。在军运会场馆较为集中的武汉经济技术开发区，警务人员借助大数据、物联网和高速移动通信网络，实现对人流和车流实时监测、事件预警，通过AR实景地图，随时掌握现场情况，突发事件的应对能力和响应速度得到提升。

二是构建"智慧警务"平台。武汉市依托新技术建设400个智慧平安小区，在全市构建更加立体的综合防控体系。警方通过"智慧警务"平台，将武汉水、陆、空纳入防控圈。军运会智慧安保系统分为"感、传、知、用"四层，前端采集的数据通过高速通信网络回传至智慧平台，与各类数据库进行比对后实时反馈，为前方人员提供参考。

三是打造智慧交通。武汉交警大数据显示，在军运会期间，最多时有多达800余辆通勤车奔走于各区场馆之间，运动员、注册媒体记者、国际官员等核心人员的参赛或参会的误点率为零，运行十分畅通。"交通零延时"得益于赛会的精心组织、科学调度和智能化控制。武汉军运会从赛事组织需要出发，对武汉市现有路网情况开展了大摸排，最终从超过6000千米的道路中梳理出1000多千米共221条重点线路，为赛事交通的组织运行提供了科学参考。武汉城市交通组织能力全面提升，畅达无阻的交通立体网络，将长久为市民出行营造优质便捷的条件。

四是确保网络安全。在面对军运会这样世界级赛事时，网络安全绝对是重中之重。为此，武汉军运会指挥部信息技术处不断加强防御，不仅赛前在公安部门的指导下，聘请专业公司完成了场馆的网络安全等级保护三级评定，还与网安学院攻防实验室联合，对场馆整个网络进行了网络安全攻防演练，确保了网络安全防御系统的强劲实力。

3. 武汉军运会平安建设经验的启示

2019 年 11 月 7 日，习近平总书记对第七届世界军人运动会成功举办作出重要指示。习近平总书记强调，湖北省及武汉市以高度的政治责任感精心组织、精益求精，广大市民以主人翁姿态热情参与、积极奉献，为军运会圆满成功作出了重要贡献。可以说，武汉军运会城市安全和社会风险防控体系建设，是武汉市市域社会治理现代化的成功实践，为武汉超大城市治理现代化留下了丰富的社会遗产。

（1）坚持党的领导，集中力量办大事

坚持党的集中统一领导，坚持上下一盘棋，调动各方面积极性，集中力量办大事的，是我国国家制度和国家治理体系的显著优势。武汉军运会从筹备期开始，启动战时机制，组建由市委市政府主要领导、中央军委领导等组成的赛时联合指挥部，强化顶层设计，理顺体制机制，明确责任链条，确保赛时指挥体系高效顺畅运转。武汉军运会战时机制整合全市指挥系统，调动全市办赛资源要素，协同全链条职能部门，动员全市参与治理力量，充分体现了中国特色社会主义制度下集中力量办大事的制度优势。

（2）确立系统治理理念和机制

完善城市治理体系和城乡基层治理体系，树立"全周期管理"意识，努力探索超大城市现代化治理新路子。以"全周期管理"理念审视，实现超大城市治理现代化，就是要在城市治理层面，更加注重"系统治理、依法治理、综合治理、源头治理"。武汉军运会在城市安全和风险防控治理上，高站位布局、高规格布防、高强度布置，在食品和公共卫生安全、参赛主体安全、交通安全、社会治安安全与防范、网络安全等方面，紧抓源头，协同布防，系统布局，为超大城市"系统治理、依法治理、综合治理、源头治理"积累了丰富的实践经验，提供了可操作性启示借鉴。

（3）营造城市治理社会化参与的浓郁氛围

武汉军运会举办期间，25 万名赛事志愿者直接参与会务服务，近百名社区志愿者参与城市安保服务，170 万名志愿者登记注册，营造了浓厚的社会参与城市治理的志愿文化氛围，打造了超大城市治理现代化的自治基础。广大市民充分参与、切身体验城市治理活动，切实实践"建设人人有责、人人尽责、人人享有的社会治理共同体",大大提升超大城市现代化治理社会化水平,为城市实现市域治理现代化提供了较好的社会基础。

(4)打造城市市域治理现代化的科技支撑

党的十九届四中全会提出"必须加强和创新社会治理,完善党委领导、政府负责、民主协商、社会协同、公众参与、法治保障、科技支撑的社会治理体系"。2020年4月,习近平总书记考察杭州"城市大脑"时指出:"运用大数据、云计算、区块链、人工智能等前沿技术推动城市管理手段、管理模式、管理理念创新","是推动城市治理体系和治理能力现代化的必由之路"。[①] 推进超大城市治理现代化,离不开科技支撑。武汉军运会信息化技术的广泛应用,智慧安保体系的打造,智慧警务平台的建设,智慧交通的体验,网络安全技术的运用和实战,都成为智慧城市建设的科技遗产,必将助力武汉超大城市治理现代化科技支撑的全面提升。

(三)武汉军运会文明办会社会遗产研究

"一场盛会改变一座城市",举办重大会事、赛事是打开城市工作新局面的引爆器。武汉紧紧抓住举办第七届世界军人运动会契机,深入贯彻落实习近平总书记关于"办好一次会、搞活一座城"的重要指示精神结合,严格按照湖北省委武汉市委"办赛事与建城市相结合""以筹办军运会为契机,塑造精致武汉新形象"的要求,将举办军运会与文明城市建设统一起来,整体谋划、一体推进,塑造文明、和谐、智慧、整洁的城市形象,推动城市面貌、城市品质、城市文明提档升级。

1. 武汉军运会文明办会的做法及成效

为以良好的精神风貌和文明形象迎接军运会,武汉将文明城市建设与筹备服务军运会有机融合,对标盛会组织开展迎军运系列主题活动,以核心价值观为引领锤炼城市"精气神",强化督导不断完善长效机制,

---

① 胡坚波:《关于城市大脑未来形态的思考》,《人民论坛·学术前沿》2021年第9期。

为军运会的成功举办塑造了文明、和谐、智慧、整洁的城市形象，城市面貌脱胎换骨，功能品质系统提升，市民文明素质及全社会文明程度明显提高，群众获得感幸福感大幅增强。

（1）对标盛会，讲文明树新风

为更好地筹备和服务军运会，武汉对标盛会，讲文明树新风，组织开展了"迎军运讲文明树新风""喜迎军运会 打造新环境 当好东道主——高水平建设全国文明城市"、迎军运"四个百万"活动等系列主题实践活动，推动市民文明素养和社会文明程度大幅提升，推进城市功能品质提档升级，实现城市环境整体提升，为军运会胜利举办营造了良好的环境。

组织开展"迎军运讲文明树新风"活动，展示武汉高质量发展、文明和谐的良好形象。印发《关于深入开展"迎军运讲文明树新风"主题活动的实施方案》，召开推进会，实施文明礼仪宣传、公民道德培育、志愿服务、窗口优质服务、优化公共环境秩序、文明旅游、净化社会文化环境、军运会普及宣传八大行动，为武汉军运会胜利举办打造良好环境。开展武汉军运会东道主文明公约征集和宣传活动，发动企事业单位职工、道德模范、社区居民、在汉高校学生、外籍人士等各类人群，参与创作武汉军运会东道主文明公约作品，征集稿件约2000篇，推出《武汉军运会东道主文明公约》，开展现场发布、媒体刊播、电子大屏、地铁电视、社区宣传栏等多种方式传播，发动市民参与，凝聚思想共识。会同军运会执委会新闻宣传部，制定发布《致市民朋友的一封信》、军运会应知应会内容，提高市民群众知晓率、参与度，形成人人关注浓厚氛围。在市属媒体开设《喜迎军运会 打造新环境 当好东道主——高水平建设全国文明城市》专栏，刊播武汉军运会知识和筹备情况，展示武汉高质量发展、文明和谐的良好形象。

组织开展"喜迎军运会 打造新环境 当好东道主——高水平建设全国文明城市"活动，提升知晓率、参与率和满意率。一是营造喜迎军运会的浓厚氛围。通过公益广告、电子显示屏等宣传平台普及军运会知识，在全市范围内持续造浓氛围、造大声势，提高军运会知晓率、参与率和社会影响力。二是实施文明行为提升行动。不断走进机关、企业、社区、校园、军营，宣传文明礼仪知识。在全市发布文明观赛倡议，发放宣传折页、致全体市民一封公开信，普及公共礼仪、赛场礼仪；加大对行人和各类非机动车驾驶人违章行为惩戒力度，全面推行文明排队、礼让斑马线活动，打造良好交通秩序。三是广泛开展志愿服务活动。组建"军运文明志愿啦啦队"，引导观众文明观看赛事，劝导损害公物、乱扔垃圾、赛场吸烟等不文明行为，维护赛场环境；组织评选"志愿军运、星耀江城"志愿者形象大使，开展"寻找最美军运志愿家庭"活动。四是抓好环境整治。全面推进"厕所革命"、市容环境作业市场化，提升窗口服务环境，让军运会重点保障线路成为"山水风景线"。

组织开展迎军运"四个百万"活动，塑造文明、和谐、智慧、美丽的城市形象。一是开展"百万市民"讲礼仪活动。倡导践行"武汉军运会东道主文明公约"，教育引导市民知礼仪、重礼节。组建"社区小喇叭"宣传队，"小喇叭"循环播放文明礼仪知识。主编发放《武汉市民文明手册》10万余册，从文明礼仪、优质服务、优质观赛等方面普及礼仪规范。运用新媒体矩阵推出"新时代文明武汉人"等栏目，线上线下联动宣传营造全民学礼仪氛围。二是开展"百万家庭洁家园"活动。开展"千家文明单位美化社区"活动，连续18个周末组织千余家市级文明单位结对社区开展迎军运环境整治行动，促进社区环境明显改善。开展寻找"最美家庭活动"，坚持每月推出2户"最美军运家庭"。倡导全市家庭开展"文明晾晒""最美阳台""四不一倡"文明创建活动，号召居民群众自觉把军运会当作自家的喜事、大事来参与。三是开展"百万志愿者展风采"活动。在全国志愿信息系统注册志愿者总人数超155万人，占全市常住人口的14%。招募、培训5万名赛会志愿者和20万城市志愿者。深化"志愿者之城"建设，依托"军运志愿服务岗""军运志愿驿站"广泛开展文明引导、文化展示、信息咨询等志愿服活动，营造全民服务军运氛围，志愿服务成为新时代武汉市民追求的一种生活方式，志愿文化成为武汉城市文明的底色。四是开展"百万职工做贡献"活动。组织召开窗口行业广大职工恪守职业道德，立足岗位，开展"微笑服务""双语服务""诚信服务"，争做军运会文明服务标兵。开展争创"军运会优质服务窗口"活动，优化环境，提升品质，促进窗口行业文明服务、规范服务、高效服务，充分展示国际化大武汉形象。

（2）培育践行，锤炼城市"精气神"

武汉军运文明城市建设中，始终把培育和践行社会主义核心价值观作为凝魂聚气、强基固本的基础工程，把社会主义核心价值观贯穿到文明城市建设全过程，充分发挥文明城市建设在培育和践行社会主义核心价值观的排头兵作用，努力让市民更有道德，城市更有内涵，社会更有文化。

用主流价值凝聚精神力量。把社会主义核心价值观纳入各级中心组学习计划，融入各级党员干部教育培训内容，通过经典导读、专题辅导、专题论坛等方式，涵养党员干部的党性素质、道德品行。贯穿到学校教育、家庭教育、社会教育的各个环节、各个方面，推动进教材、进课堂、进学生头脑，增强未成年人对核心价值观的认知认同。组建市委宣讲团和百姓宣讲团，向广大基层群众普及社会主义核心价值观，通过巡回宣讲在全市实现全覆盖。开展"日行一善""礼让斑马线""留住最美文明瞬间""全城志愿者在行动"等系列宣传教育实践活动，为军运会营造出浓厚的社会宣传氛围，广泛凝聚武汉新时代发展精神力量。

用优秀文化强化价值自信。武汉城市历史悠久、人文底蕴深厚。武汉充分发挥独有的城市文化优势，使核心价值观与武汉地脉文脉和市民心理情感有机融合，建设主题公园（广场），推出红色电子护照，持续办好"我们的节日""经典诵读进校园""经典戏曲进校园"社区文艺巡演等品牌活动，把优秀文化基因根植于社会沃土、市民头脑，引导广大市民群众在潜移默化中修身心、正品行。

用典型人物引领社会风尚。组织开展道德模范、时代楷模、最美人物、身边好人学习宣传活动，《一城好人》电视专栏每晚八分钟讲述武汉好人故事，网上展馆集中展示武汉好人形象。评选表彰武汉市功勋市民、模范市民、文明市民、优秀（最美）志愿者等，武汉市全国道德模范增至15位，数量居全国同类城市首位，充分彰显武汉"一城好人，道德高地"良好形象。做好典型示范文章，文天祥、信义兄弟、马旭夫妇、"生命阳光"公益救护队、"市民园长"志愿者团队等优秀志愿服务个人（集体）率先垂范报名军运会城市志愿者，引领带动一大批热心志愿服务的社会各界人士积极报名，市民对军运会志愿服务认同感和参与度显著增强，"让志愿服务成为一种时尚"成为武汉人的新生活方式。

（3）督导问责，完善长效机制

为保证迎军运各项主题活动落实到位，为军运会打造营造良好环境，武汉强化督导问责，督促相关责任单位制订工作方案，做到目标量化、措施具体、责任到人，有计划、有步骤推进。

实施"负面清单"管理。利用"政务云"等"互联网＋"手段，开辟网络管理窗口，开通群众投诉举报、建言献策、问题分析转办、办理反馈和评价、考核排名等功能，列出市容环境、交通管理、社会治安、公共设施、园林绿化、网络文明等13类100个群众关切的重点领域、突出问题，逐一设置责任单位，明确了每个问题的责任单位和处置时限，推进文明城市常态化建设及城市精细化治理。"负面清单"管理，充分尊重市民群众文明城市建设的主体地位，畅通了市民群众投诉渠道，激发了市民群众的创建活力。市民群众通过负面清单系统提供的微信等渠道，对不文明行为进行"随手拍"投诉，促进问题整改落实。

不断完善机制。建立动态绩效管理考核机制，组织第三方调查机构对城区、街道、重点窗口单位和"三站一场"交通窗口文明程度指数进行暗访测评、排名，并公布排行榜，让排名末位的单位"坐不住"。健全志愿服务信息化制度，规范志愿者登记注册、服务记录、兑换服务等工作。建立志愿服务激励机制，将志愿服务时长纳入积分入户公益指标。实施市级文明城区、文明单位动态管理末位淘汰制。建立诚信"红黑名单"每月发布制度，深化覆盖全社会的征信系统建设。

强化动态考评。对各责任单位落实主题活动情况进行动态考评，并纳入年度文明城市建设绩效考核、季度绩效考核通报及文明单位、文明城区、文明街道（乡镇）、文明社区（村）考评。对主题活动落实不到位、效果不明显的，约谈相关单位责任人，从严监督问责，强化考核评价。

2. 武汉军运会文明办会经验及启示

武汉在军运文明城市建设中，注重借势借力、创新载体、为民惠民、凝心聚力、常态长效，将文明城市建设与举办军运会有机融合，形成文明城市建设与举办军运会互联互通、互利共赢的良好局面，进一步推进武汉文明城市建设高质量发展取得新成效。

（1）借势借力，以赛事促建以赛事促变

北京奥运会、上海世博会、济南全运会、西安园艺博览会、广州亚运会、G20 杭州峰会、青岛上海峰会等实践证明：城市发展要借"势"，重大会事赛事将会对一座城市的城市面貌、人文素质、经济社会发展带来巨大的推动和促进效应。办赛事本身也是在建城市，其长远目标在于进一步推动城市环境、综合治理的提档升级，进而促进本地经济社会文化的全面发展。第七届世界军人运动会在武汉举办，对武汉而言，就是一个"势"，是推进武汉城市形象、城市品质提档升级，进一步推进城市治理体系和治理能力现代化的重要契机。

武汉借势借力，一方面，以举办军运会促高质量高标准建设。围绕"办赛事与建城市相结合"的要求，将文明城市建设有机融入城市中心工作，推动各级各部门以提升为民创建能力、城市治理能力为突破口，让文明城市建设向更深层次、更广范围、更高水平迈进。如在军运会环境综合整治方面，武汉市按照细致、精致、极致、卓越的要求，全市部署发动、全面对标一流、全域整治提升，将环境整治提升延伸到城市每一条街巷、每一个社区、每一处村落，实现了全程覆盖、全域提升，着力提升城市的功能和品质。

另一方面，以举办军运会促进为民惠民靠民建设。聚焦城市管理、社区治理、环境整治、车辆停泊、社会诚信等群众密切关注的民生问题发力，将办赛事作为补齐民生短板、增进民生福祉的过程，将文明城市建设办成"民心工程"，大大增强市民群众的获得感幸福感。5 万名赛会志愿者、20 万名城市志愿者活跃在城市需要的每一个角落，踊跃参与文明城市建设，积极播撒文明种子，志愿服务已然成为武汉市民生活的"新风尚"和城市文明的"风景线"。

最后，以举办军运会促文明城市创建能力和水平提升。文明城市建设是一项系统工程，涉及面广、线长，需要政府部门与市民群众之间、同一层级之间、上下级之间多方协调、整体联动，形成合力。"四个百万"活动等迎军运系列主题活动将文明城市建设与举办军运会有机融合，有效协调整合市、区、部门、单位、志愿者、媒体等力量，充分调动市民群众积极性，文明城市建设能力和水平进一步提升。

（2）创新载体，充分激发文明城市建设活力

"社会生活的本质是实践的。"精神文明的观念只有通过实践才能实现内化、固化、转化。武汉以筹备和服务军运会为契机，不断创新载体，创造性开展"迎军运讲文明树新风"、迎军运"四个百万"活动等主题实践活动，推动文明城市建设从"应试创建"向"能力创建"转变、从"宏观指导"向"精准施策"转变、从"党政主导"向"全民共建"转化，充分激发文明城市建设活力，推动文明城市建设纵深发展。

一是推动"应试创建"向"能力创建"转变。迎军运"四个百万"活动等将文明城市建设与中心工作紧密结合，涵养市民文明素养，进行城市环境综合整治，推动志愿服务成为城市文明的"风景线"，不断提升服务品质，在围绕大局、服务中心工作中不断提升为民创建能力和城市治理能力。文明城市建设不再是迎"迎国检"时的运动式创建，而是融城市中心工作的一部分，融为城市治理的一部分，文明真正成为城市各方面发展的底色和动力，推动城市经济建设、政治建设、文化建设、社会建设、生态文明建设全面发展。

二是推动"宏观指导"向"精准施策"转变。在迎军运文明城市建设上，武汉始终坚持问题导向，扭住短板、短点、堵点，精准靶向发力，注重以项目管理的方式推进文明城市建设工作，使得道德观念、文明理念、法治观念等无形要求化虚为实，看得见、摸得着。如迎军运"四个百万"活动针对市民文明素质提升、城市环境整治等共列出 100 项重点项目；"喜迎军运会 打造新环境 当好东道主——高水平建设全国文明城市"在环境整治上将重点放在全面推进"厕所革命"、市容环境作业市场化，提升窗口服务环境上。通过聚焦重点难点，精准查找存在的问题和短板，精准对接群众的需求与呼声，制定出具有战略性、针对性、实效性的精准策略，从而起到"四两拨千斤"的作用。

三是推动"党政主导"向"全民共建"转变。城市是我家，建设靠大家，武汉军运文明城市建设注重把全民参与作为文明城市建设工作持续深入开展的源头活水和不竭动力。通过迎军运"四个百万"，百万市民、百万家庭、百万志愿者、百万职工以形式各异、丰富多彩的精神文明创建活动，参与到文明城市建设的各个环节、各个领域。"千家文明单位美化社区"，通过千余家文明单位与社区结对每个周末定期开展的美化

社区活动，将文明城市建设深入社区、直面群众，充分调动全民创城的积极性。据不完全统计，全市文明单位参与社区结对共建活动达 10 余万人次。5 万名赛会志愿者、20 万名城市志愿者更是活跃在城市需要的每一个角落，推动志愿服务成为武汉市民生活的"新风尚"和城市文明的"风景线"。全民共建充分尊重了市民群众在文明城市建设的主体地位，最大限度地调动了市民群众参与文明城市建设的积极性，使文明城市建设工作赢得广泛的社会基础，获得持续发展的生命力。

（3）为民惠民，积极践行文明城市建设宗旨

民生问题是城市文明的基石。武汉在迎军运文明城市建设中，始终坚持以人民为中心的发展思想，立足创建为民、创建惠民、创建靠民，最大限度地改善民生，不断解决市民群众最关心、最直接、最现实的利益问题，使得市民群众得到最大实惠，巩固了文明城市建设的成果，丰富了文明城市建设的内涵。

一是始终从群众需求出发推进文明城市建设，注重实现好维护好发展好群众的根本利益。在迎军运文明城市建设中，武汉始终坚持问题导向，以承办军运会为契机，聚焦城市管理、社区治理、环境整治、车辆停泊等市民群众密切关注的重点民生问题发力，广泛深入开展"迎军运、讲文明、树新风""喜迎军运会　打造新环境　当好东道主——高水平建设全国文明城市"、迎军运"四个百万"活动等群众性创建活动，对城市环境全方位整治，大力提升城市的功能和品质，取得了良好的效果。

二是把顺应群众对优良秩序、优质服务等方面的新期待贯穿于文明城市建设全过程，让群众深切感受到文明城市建设带来的好处。聚焦群众普遍关心的文明交通、文明旅游、优质服务等问题，武汉市交通运输局、市交管局等单位持续开展文明交通行动，通过"日行一善""礼让斑马线""文明使用共享单车""交通文明畅通提升行动"等主题实践活动，为军运会营造良好的交通环境；武汉市文旅局主办"迎军运文明旅游为武汉加分"市民文旅大讲堂，建立了我市首个文旅融合、面向市民"零距离"推广文明旅游知识、促进文明素养养成的平台；武汉市文明办、市卫生健康委召开全市卫健系统迎军运"百万职工做贡献"活动现场推进会，号召广大职工立足本职岗位，优化服务环境，提升服务品质，为全社会提供热情、优质、高效服务。

　　三是发挥群众在文明城市建设中的主体作用，引导群众在自觉参与中提高文明素质。武汉积极探索群众参与机制，通过组织各种群众性创建活动，搭建群众便于参与、乐于参与的平台，将文明城市建设的重心放在宣传群众、组织群众、引导群众、教育群众上，充分调动了群众的主人翁意识，推动文明城市建设从"靠政府"到"靠大家"，群众行动从"要我干"变成"我要干"，形成全民参与、共建共享的格局。同时，还强化文明城市"负面清单"管理，积极搭建网络管理平台，畅通群众投诉渠道，走文明创建网上群众路线，引导市民通过互联网参与城市治理。

　　（4）凝心聚力，有效构筑文明城市建设合力

　　一是强化培育践行，为文明城市建设立心铸魂。社会主义核心价值观是当代中国精神的集中体现，是凝聚中国力量的思想道德基础。武汉文明城市建设强化价值引领，多措并举推动社会主义核心价值观落地生根，为城市发展凝聚向上力量。社会主义核心价值观成为武汉文明城市建设的指示牌。一方面，价值引领构筑道德高地。武汉坚持把社会主义核心价值观建设贯穿文明城市建设全过程，常态化开展公益广告宣传，建设社会主义核心价值观主题公园（广场），使核心价值观与武汉地脉文脉和市民心理情感有机融合，广泛凝聚武汉新时代发展精神力量。同时，充分彰显"一城好人，道德高地"力量，常态化开展道德模范、时代楷模、中国好人学习宣传，以榜样感召人，以典型引领人，在耳濡目染中将文明风尚内化于心、外化于行。另一方面，崇德向善注重日常熏陶。经典导读、专题辅导、专题论坛、百姓宣讲等，将社会主义核心价值观融入各级中心组学习计划、各级党员干部教育培训内容，贯穿到学校教育、家庭教育、社会教育的各个环节、各个方面，普及广大基层群众之中，推动社会主义核心价值观走进群众、走进生活，成为市民群众日常生活中不可或缺的一部分。在武汉，社会主义核心价值观走出了一条大众化、生活化的道路。

　　二是注重协调联动，为文明城市建设聚合力量。文明城市建设点多、线长、面广，是一项复杂的系统工程，需要全市上下整体联动、形成合力。武汉坚持高位推动、项目推动、督导推动，有效整合各方面力量，形成文明城市建设合力。坚持高位推动。武汉站在建设现代化、国际化、生态化大武汉和国家中心城市的高度，将军运文明城市建设纳入全市工

作大局，与城市经济、政治、文化、社会、生态文明和党的建设工作统筹推进，与城市改革发展稳定大局同向同行。建立"一把手"负总责的组织领导体制，将全市所有市级领导对口联系到各城区、各战线，督促指导。坚持纵到底、横到边，构建纵横结合的工作网络，全市形成主要领导亲自抓、分管领导一线抓、全员上阵共同抓的工作格局。坚持项目推动。为更好地筹备和服务军运会，塑造文明和谐智慧整洁的城乡形象，武汉策划推出"迎军运讲文明树新风"等系列主题实践活动，将工作任务细化为具体项目，分解到各成员单位，建立组织领导、分级负责、条块结合、测评讲评、考核奖惩系列机制，保障文明城市建设工作"一盘棋"。坚持督导推动。武汉结合文明城市建设"负面清单"网络管理、第三方分类测评，对各责任单位落实主题活动情况进行动态考评，并纳入相关评比考核。对主题活动落实不到位、效果不明显的，约谈相关单位责任人，从严监督问责，确保迎军运主题活动落到实处。

（5）长效常态，不断推进文明城市建设制度化规范化

一是强化顶层设计。武汉市在军运文明城市建设中，始终坚持贯彻中央、省市委重大战略部署和重要精神，做到方向不偏、聚焦不散。结合城市未来发展定位，制定出台《关于深入开展"迎军运讲文明树新风"主题活动的实施方案》（武文明〔2018〕14 号），《关于在全市广泛开展"四个百万"活动，为成功举办军运会塑造文明和谐智慧整洁城市形象的通知》（武文明〔2019〕1 号）等文件，以此为抓手，推动全市上下思想认识再统一、工作任务再聚焦、执行落实再加力。

二是强化制度保障。武汉市先后出台了《武汉市文明行为促进条例》《武汉市志愿服务条例》等法规，为文明行为立法，为志愿者"撑腰"。健全各行各业规章制度，完善市民公约、乡规民约、学生守则等行为准则，使"文明"要求成为人们日常生活的基本遵循。

三是强化机制完善。武汉市制发了《关于文明城市建设长效机制的实施意见》，建立了动态绩效管理考核机制，每双月对各城区、37 个重点窗口行业测评排名，召开讲评会，每月对 167 个街道、"三站一场"（火车站、汽车客运站、地铁轻轨站和机场）测评排名，在媒体上公布测评结果。建立志愿服务注册、褒奖激励系列制度，实施市级文明城区、文明单位动态管理末位淘汰制。实施城市荣誉制度。建立诚信"红黑名单"

每月发布制度，深化覆盖全社会的征信系统建设。各种机制的完善，有力推动了武汉文明城市建设的深入发展。

3. 武汉军运会文明办会中存在的不足

（1）常态化建设存在不足，持续推进仍不到位

文明城市建设是一个长期、渐进的过程，需要坚持长效机制，常态化推进，需要久久为功，润物无声。但部分单位"一把手"认识不到位，没有把文明城市建设工作扛在肩上，甚至当软性任务和额外负担。有些单位存在"一阵风""突击式"倾向，时紧时松，没有形成扎实有力的长效机制，问题反弹现象时有发生。

（2）教育引导存在短板，文明养成仍有差距

群众参与还不充分，创建活动形式单一，部分市民公共意识淡薄，乱扔杂物、乱停车辆、乱穿马路、损坏公共设施等现象依然存在。不文明现象同样表现网络空间，一些网民随意发表不当言论影响武汉形象。

（3）社会宣传存在短板，整体氛围仍显不足

社会宣传虽然形成一定的声势，但老旧社区、公共广场、建筑工地、主次干道、商业大街等依然存在公益广告数量不足、内容不全、分布不均、层次不高、效果不佳等问题，特别是社会主义核心价值观、关心关爱未成年人等"讲文明树新风"公益宣传数量少，宣传力度还不够，重点公共场所覆盖不够。

（4）市容管理存在短板，城市形象有待提升

部分社区小区、背街小巷、公共广场、公交路线、商业大街、农贸市场、城乡接合部等公共场所，主要存在垃圾未及时清运，占道经营，流动商贩，路面坑洼，垃圾桶破损无分类标志，公共绿化带损坏、杂乱，楼道堵塞、墙面污损，乱贴小广告，公厕有明显异味或脏乱差现象。

（5）交通整治还不到位，文明出行仍待加强

交通乱象仍然存在，主次干道机动车（共享单车）乱停乱放，占道经营；主干道、主要交通路口行人非机动车机动车闯红灯、非机动车机动车逆行、机动车不主动礼让行人和非机动车、行人车辆混行乱穿马路和乱翻栏杆等现象依然存在。公交站点排队候车、礼让乘车还不到位，交通文明的行动自觉远未形成。

（6）群众知晓率、参与率、满意度有待进一步提升

文明城市建设，市民群众是主角。但由于宣传发动还不够到位，一些市民群众在思想上还存在模糊认识，认为开展文明创建活动是党委政府的事，与自己没有多大关系，存在"干部干、群众看"的现象，对文明城市建设工作的知晓度、参与率不高，市民群众主体作用未充分发挥出来。同时，有效的激励机制尚未建立，市民群众的建设热情和主人翁意识尚待进一步激发，创建靠民的良好格局有待形成。志愿服务工作体制机制不顺畅、品牌不多，制约了文明城市建设的深入开展。

4. 基于武汉军运会文明办会社会遗产的思考

文明城市建设是深入学习贯彻习近平新时代中国特色社会主义思想的重要实践，是落实"举旗帜、聚民心、育新人、兴文化、展形象"使命任务的有力载体，是推进城市治理体系和治理能力现代化的重要内容，是不断满足人民群众对美好生活向往的有效途径。武汉军运文明城市建设虽然取得了一定的成效，但在常态化建设、教育引导、市容管理等方面还存在不足，与建设现代化、国际化、生态化大武汉和国家中心城市、满足人民群众日益增长的美好生活需要以及城市治理体系和治理能力现代化的要求还存在一定的差距，建议从以下几个方面再加力度，再下功夫。

（1）强化领导，在夯实"一把手"工程上再下功夫

进一步加强文明城市建设组织领导，把文明城市建设工作纳入全市工作大局，作为党政"一把手"工程，构建党委统一领导、党政齐抓共管、文明委组织协调、有关部门各负其责、全社会积极参与的领导体制与工作机制。各级各部门按照"谁主管、谁负责"的原则，结合工作实际和需要，在经费安排、人员配置、政策措施等方面给予有力保障，做到有钱办事、有人做事、有政策管事，切实做好职责范围内的工作，形成文明城市建设合力。

（2）培育践行，在城市立心铸魂上再下功夫

始终把培育和践行社会主义核心价值观贯穿于文明城市建设全过程，充分发挥文明城市在培育和践行社会主义核心价值观中的排头兵作用，让市民更有道德、城市更有内涵、社会更有文化。继续深化推广普及社

会主义核心价值观，充分运用各级各类媒体、社会媒介和阵地，加大社会主义核心价值观公益广告宣传，使社会主义核心价值观人人皆知、入脑入心，让社会主义核心价值观引领文明风尚、汇聚社会正能量，成为城市一抹亮丽的风景线。创造性开展"铸魂立德""文明实践"等工程，把理想信念教育和思想道德建设放在更加突出的位置，把举旗帜、聚民心、育新人、兴文化、展形象作为文明城市建设的重要使命任务，通过文明交通、文明旅游、文明餐桌、绿色生活、垃圾分类等文明提升活动，深化对市民的宣传、教育、引导、管理，促进市民文明素养和社会文明程度整体提升。

（3）改革创新，在创新理念和手段上再下功夫

时代在发展、形势在变化，文明城市建设也要不断改革创新、始终保持生机活力，更好服务新时代、助力新征程。创新工作载体，抓实抓好《新时代公民道德建设实施纲要》贯彻落实，提高全社会道德水平，促进全面建成小康社会。深化新时代文明实践中心试点工作，推动基层宣传思想工作和精神文明建设改革创新，探索出新时代文明实践中心建设的武汉经验。聚焦群众普遍关切、社会反响强烈的环境脏乱差、诚信缺失、志愿服务品牌少等突出问题，强弱项、补短板，在不断解决问题中巩固提升建设水平。采取有力措施，推动工作内容、工作机制、管理模式、考评办法等方面的改革创新，推动文明城市建设再上新台阶。注重宣传方式创新，运用微播、微视、微博、微信、微电影等各类微平台，以新媒体传播优势扩大文明城市建设知晓度和参与度。推动精神文明建设向新经济组织和社会组织延伸，关注社会特殊群众的工作生活状态，不断扩大文明城市建设的覆盖面和影响力。

（4）为民惠民靠民，在提升满意水平上再下功夫

文明城市建设最重要的指标，是民生；最重要的标准，是民意；最终的评判者，是生活在城市中的每一位市民群众。坚持以人民为中心的发展思想，把文明城市建设重心放在社区、村镇、企业、学校，把工作做到群众身边，多办群众关心、基层需要、社会关注的好事实事，把人民满意作为最高目标。坚持问题导向，抓住群众最关心、反映最强烈的突出问题，注重源头治理，开展集中治理，根除城市治理中的顽症，让城市治理像"绣花一样精细"，让群众有更多的获得感。精心设计群众认

可、乐于参与、易见成效的活动载体，把服务群众与引导群众参与结合起来，不断提高文明城市建设工作的吸引力和感召力，使文明城市建设拥有更广泛的群众基础。

（5）攻坚克难，在提升市民素养上再下功夫

市民素养是文明城市的核心和灵魂，也是文明城市建设的难点。文明城市建设，要把提升市民素养作为根本的出发点和落脚点。强化教育引导，深化社会主义核心价值观的培育践行，实施市民道德建设和实施市民素质提升专项行动，着力培育"知荣辱，讲正气，作奉献，促和谐"的良好社会风气。抓好市民的引导工作，增强文明意识，提高文明素养，从我做起、从今天做起、从点滴做起，引导市民从细微处提升自身素养。深化群众性文明养成活动，深入开展文明秩序、文明交通、文明餐桌、文明旅游、文明校园和文明网络等专项行动，让文明成为这座城市的价值取向，让文明成为市民共同的价值遵循。加大管理督导，全面落实《武汉市文明行为促进办法》，对不文明行为加强惩戒制裁，鞭挞丑恶，形成社会高压态势，引导广大市民树立以遵法守序为荣、失德缺德可耻的正确观念，营造全社会讲道德、尊道德、守道德的良好风气，促进文明行为的养成，做文明有礼武汉人。创新宣传方式，适应新媒体传播特点，善于运用网络传播规律和"三微一端"创意表达，充分运用网站专题、移动终端推送、网上创意征集等新技术手段，把文明素养体现到网络宣传、网络文化、网络服务中，让规范公共行为、开展志愿服务、摒弃顽症陋习等在网络空间叫响、传开。

（6）久久为功，在确保常态长效上再下功夫

坚持重在建设、注重实效、久久为功，做实做好文明城市建设工作。深入贯彻落实《关于文明城市建设长效机制的实施意见》，进一步完善领导体制，建立健全包括目标考核、动态管理、责任追究、群众监督在内的常态化工作机制，始终保持创建工作常态化长效化，坚决防止形式主义、搞花架子劳民伤财现象。积极推动各文明委成员单位积极主动作为，落实建设任务，形成工作合力。坚持不懈组织开展文明程度指数、群众满意度测评排名，用好测评结果，对排名靠后的督促相关单位直面问题，倒逼整改，确保成效。进一步把文明城市建设纳入经济社会发展总体规划，建立激励机制，把文明城市创建与年度绩效奖励挂钩，激励广大干

部投身文明城市建设工作。

（四）武汉军运会志愿服务社会遗产研究

军运会举办期间，军运会志愿者用微笑和服务向数十万中外来宾展示荆楚风采，为军运会保驾护航；组建社区志愿者服务队伍，提供"清洁家园"、站岗指路、社区安全、交通指引、医疗引导、民俗文化讲解等志愿服务，近百万武汉市民走进志愿者队伍，参与军运会志愿服务。在城市主要交通枢纽、商业中心、旅游景区、广场公园等场所，设置"军运志愿驿站"，为来自100多个国家的近万名参赛者提供指引服务。目前武汉全市登记注册志愿者达170万人，占全市人口的1/7。社区人人参与服务军运会，军运会志愿精神深植于市民文化，后军运时代的武汉成为名副其实的"志愿者之城"。下文着重研究和总结直接服务于赛事赛场的志愿服务体系。

2017年7月，第七届世界军人运动会执行委员会（以下简称"武汉军运会执委会"）志愿者部成立以来，始终秉承"让志愿服务成为一种时尚"的工作理念，围绕"四个一流"的工作目标，以"国际视野、奥运标准、军队作风、工匠精神"，坚持"广泛招募、严格选拔、系统培训、有序调配、科学管理、规范考核"的工作原则，着力打造一支组织化、规范化、专业化、国际化的志愿者队伍，紧扣志愿者工作的各个关键环节，精心策划、周密部署、细致工作，顺利完成了前期各项筹备工作和军运期间各项志愿服务任务。

1. 武汉军运会志愿服务的主要成效

赛事运行期间，2.6万名赛会志愿者直接服务于开闭幕式、抵离服务、礼宾接待、语言服务、交通引导、医疗卫生、观众服务、竞赛组织、场馆运行、军运村运行、媒体服务、文化活动、特许商品推广等业务领域，全面参与军运会各项组织运行工作，成为军运会上最亮丽的风景线。据统计，2019年10月16日至27日，共实到志愿者107186人次，社会志愿者到岗1866人，到岗率99.5%，累计接待服务人数达到722451人次，服务运动员27612人次。

广大志愿者默默无闻地坚守岗位、无怨无悔地全心付出，向海内外来宾充分展示了湖北武汉人民的文明素养，充分展现了中国新时代青年的精神风貌，为军运会成功举办做出了积极贡献。国际军体联主席赫尔维·皮奇里洛上校在赛会期间三次看望志愿者，为志愿者点赞并写感谢信。赛会结束后他又率国际军体官员专程到志愿者管理中心表示感谢并与中心工作人员合影留念。国际军体联秘书长科伊塔在接受中央电视台采访时表示，军运会上的年轻志愿者们展现了中国形象，更体现了年轻人服务国家、热爱国家的精神。国务院副总理孙春兰在闭幕式致辞中盛赞军运会志愿者，杨剑、周先旺等执委会领导也都对志愿者工作给予了充分肯定。广大志愿者通过热情、周到、细致、文明的服务，以最美微笑递出武汉"名片"。

比赛期间，中央电视台、人民日报、新华社、学习强国、中国青年报、湖北日报、长江日报、武汉电视台、武汉军运会官方平台等相关报道总计 5305 条，其中客户端 2585 条、微博 1154 条、网站 479 条、微信 495 条、新闻报刊 425 条、论坛视频 167 条，军运会志愿者"小水杉"一度成为全网焦点。

2. 武汉军运会志愿服务体系建设

（1）重沟通协调，抓机制建设，推动志愿服务统筹化

把建立合理高效的工作机制作为一项重要的基础性工作首先抓好抓实。2018 年 5 月，时任湖北省副省长陈安丽召开全省军运会志愿者工作专题会议，逐一与 34 所在汉高校校领导面对面协商志愿者工作，与军运会执委会办公室（军队）、省教育厅、团省委、武汉警备区、市委宣传部、市文明办、市教育局、团市委等职能部门建立固定联系渠道，形成密切沟通机制。实地调研 52 个竞赛场馆，面向 64 个派出部门的志愿者负责人和 38 个竞委会的志愿者主管及工作人员，全面讲解赛时志愿者运行管理机制、风险防控、岗位设置、人员管理、流程管理等业务技能，集中举办专题培训 8 场，推动派出部门和使用部门面对面建立工作联系机制。建立赛会志愿者工作与城市志愿者工作的联动协调机制，有效整合了赛会运行和城市保障的各方力量。

（2）重广泛来源，抓严格选拔，推动志愿者队伍多样化

军运会是一个规模堪比奥运会的国际体育盛会，志愿者招募工作需要坚持选拔性与参与性的统一。从 2018 年开始，分两个批次，面向社会采取公开招募、自愿报名、择优录取的原则，从 9.02 万名全球报名者中遴选出近 2.6 万名志愿者，分别来自武汉地区高校（含军校）、在汉央企、知名志愿服务团体、社会个人、海外华侨、国际留学生以及北京冬奥组委志愿服务人员等群体。按照服务领域和时间段，将军运会志愿者分为"志愿者形象大使、骨干志愿者、专业志愿者、赛会志愿者、城市志愿者"五大类，分别在赛会筹备和赛时运行阶段承担不同的志愿服务任务。特别是军地联动评选出的 20 名志愿者形象大使引领示范作用显著，其中军方 10 名形象大使名单由习近平总书记亲自签批；骨干志愿者和专业志愿者在执委会各部门筹办工作中发挥了重要作用，受到各方好评。

（3）重军运特色，抓多轮培训，推动志愿服务专业化

通过开展通用培训、专业培训、岗前实训、行动演练等多个环节，切实提高志愿者服务水平，在融入了更多军运元素的基础上，实现了多项国内大型赛会志愿者培训首创。一是在精心设计的 12 门课程中开展全员军事队列训练，让新时代志愿者军味十足，树立知军爱军拥军强军意识；二是通过公开招投标选择具有国际大型赛会培训经验的机构完整承接培训任务，为赛会志愿者提供线下线上的专业化培训。三是聘请独立第三方评估机构对培训过程予以监督，赛时进行志愿服务绩效评估，开国内大型体育赛会志愿者培训监督之先河。为了提高赛会志愿者服务的专业化水平，在完成志愿者 50 万小时通用培训后，指导各用人部门科学设置岗位，合理进行人岗匹配，制定专业培训政策，现场督导培训过程，严格岗前实训要求。指导单项竞赛委员会按照正赛要求，组织管理志愿服务，保证测试赛的正常运行。调配 1 万多名赛会志愿者参加武汉马拉松、武汉网球公开赛、全国军营开放日、中国国际友好城市大会等赛会，让志愿者在实战中进行行动演练，获得实战服务经验，增长服务自信，巩固培训成果，提高专业水平。

（4）重规范管理，抓制度建设，推动志愿服务标准化

流畅运行和规范管理是赛时志愿服务工作的重中之重。一是成功构

建规范统一的赛时志愿服务运行管理体系，制定涵盖招募、培训、注册、调配、保障、信息、应急、激励、文化、宣传等业务领域的 32 个指导性和规范性文件，编制志愿者服务及观众服务领域的 35 个通用政策与程序、19 个管理工具包。二是志愿服务运行管理信息化。开发赛事志愿服务管理平台和"志愿者之家"在线平台两个 APP，分别面向志愿者管理者和全体志愿者进行远程实时管理调控。赛时可以通过两个平台实时追踪志愿者的交通保障、到岗人数、后勤保障、岗位运行的信息，及时发现风险苗头，进行力量调配，处理投诉纠纷，传达动态信息。这在国内大型赛会志愿者管理中是首次运用。三是完善志愿者保障体系。在国内大型体育赛会志愿者服务中，率先提供志愿者的社会公众保险、学业保障，有效解决了学生志愿者的后顾之忧，志愿者上岗率高达 99%。四是成立督导队伍，现场指导、检查志愿服务开展情况，掌握第一手信息和资料，及时解决问题、总结经验，赛时共计赴场馆现场督导 235 人次，全部覆盖 38 个单竞和 34 所高校。同时委派中心工作人员到有重点任务的军运村、主媒体大楼、三站一场等非竞赛场馆一线驻点督导。五是专门制订《第七届世界军人运动会赛时志愿服务应急处置运行方案》，应急预案（志愿者、观众服务）37 个、风险条目 14 条。赛时志愿者管理中心共处置了突发事件 15 起，其中Ⅱ级突发事件 1 起，Ⅲ级突发事件 14 起。

（5）重价值引领，抓文化建设，推动志愿服务人文化

提高价值认同，做好人文关怀，是提振士气、凝聚军心，做好军运会志愿服务工作的重要手段。一是创新弘扬志愿文化建设。首次组建赛会志愿者自己的宣传团队，用青年一代自己的语言和视角，通过视频、海报、漫画、摄影等形式宣传志愿者的精彩瞬间，组织开展第七届世界军人运动会志愿者风采摄影展，精心制作"致谢志愿者"专题视频在闭幕式上播放，《第七届世界军人运动会志愿者行为规范》《奔跑吧，小水杉》等在各个单竞场馆，地铁站点，各类网站，微博、微信、视频 App 等线上线下广泛传播传播正能量。二是共同构建志愿者精神家园。广泛征集军运会志愿者口号和昵称，举办千名志愿者誓师大会，设计开发富有军运特色的志愿者徽章，深受志愿者和国际军体代表团的欢迎，成为军运会的"抢手货"，同时原创各类志愿者文创产品，志愿文化在军运赛场上"百花齐放，各显千秋"。四是为进一步增强广大志愿者的归属感和

融入感。指导每个单项竞委会都建立了"志愿者之家"，通过服务、文化展示等活动，充分向国际军体大家庭和国际媒体宣传军运文化、城市文化、志愿文化、校园文化。据统计，在 2019 年 10 月 16 日至 27 日，志愿者之家开放时长 3796 小时，志愿者 155071 人次前来休息。五是提供志愿者服务支持热线。在国内举办的大型国际体育赛会中，首次由心理和志愿服务专家每天向志愿者提供 10 小时的电话热线支持服务，及时处理志愿者遇到的心理和服务问题。该电话热线共接 175 个来电，事实上成为执委会的对外服务热线，回答解决了 168 次外国代表团成员、媒体记者和市民观众的求助、投诉事宜。

3. 武汉军运会志愿服务体系建设经验及启示

（1）赛会志愿者队伍建设必须要高度重视组织化、规范化和专业化

组织化是前提，规范化是基础，专业化是标准。如何在短时间内将招募的数万名情况各异的志愿者组织起来，形成具有战斗力的专业化工作团队，是赛会志愿者工作的一个巨大挑战。武汉军运会根据"支部建在连上"的军队党建原则，将青年教师、学生党员、优秀团员及入党积极分子等优秀志愿者选拔作为骨干力量，担任班组长，开展志愿者领袖培训，打造赛会志愿者的关键少数团队，形成中坚力量和指挥体系，在较短时间内完成了各志愿者团队的组织化工作，为后续工作创造了前提条件。规范化是志愿者团队是做好培训管理的基础。行为规范化、培训规范化、管理规范化是打造志愿者团队战斗力的基础性工作。在志愿者队伍建设过程中始终将其与组织化建设融为一体，成为组织化力量发挥作用的主要途径。规范化组织建设成果的检验标准是奥运会赛会志愿者服务的专业化水准要求。在国际军体没有相关规范导则的情况下，以奥运标准来设计和要求军运会赛会志愿者规范化管理运行的所有方面和环节，尤其突出行为规范管理和培训质量监控，确保武汉军运会具有一流的国际综合性体育赛会志愿者服务。

（2）赛会志愿服务运行管理必须以全面有效的保障体系来防控重大风险

安全是底线，舆情是重点，后勤是基础，信息是关键。研究表明，在大型赛会志愿服务运行管理中，90% 以上的系统性风险来源于保障体

系方面的问题。志愿者的人身安全保障和负面舆情管控是武汉军运会赛会志愿服务运行管理必须确保的两个底线，也是构建赛会志愿者通用保障体系的重中之重。武汉军运会按照"应保尽保、标准适度"的原则，在证件、服装、保险、餐饮、交通、学业、补贴等方面，为赛会志愿者提供范围和标准明确的安全及后勤保障，最大限度地降低赛会志愿者服务的系统性风险。在实际操作中，做好风险管控、应急处置和后勤保障工作的关键在于及时掌握真实准确的动态信息，高效流畅地调配志愿者力量。通过研发两套赛会志愿者运行管理平台和开通两部志愿者服务支持热线，全程实时动态地监控赛时阶段志愿者出校、到岗、服务、离岗和返校的所有环节，及时发现并有效处置多起突发紧急情况，适时强化保障工作要求，现场处理相关工作问题，确保了赛会志愿者工作零事故、零投诉、零舆情。

（3）赛会志愿服务需要注重用特色鲜明的文化建设来激发士气和热情

志愿者追求的主要是精神回报和社会价值，文化建设在志愿服务建设中具有很重要的作用。武汉军运会是进入新时代以来我国首次承办的国际综合性赛事，也是我国首次承办的综合性国际军事体育赛会，具有特殊的政治意义和时代内涵。武汉军运会突出军事军队特色，结合志愿文化、校园文化，打造"军味"十足的武汉军运会志愿者文化，设计LOGO、徽章、昵称和口号形成独特的文化符号元素；组建志愿者自己的团队，制作视频、漫画、微博、歌曲在校园里和志愿者中广泛流传；建设各具特色、功能齐全的志愿者之家来满足志愿者的工作、休息和交流需求；颁布评优文件并开展志愿服务之星评选活动给志愿者持续的激励；国家和地方主流媒体的持续关注和深度报道对志愿者的信心和决心给予有力支撑。特别是评选军地志愿者形象大使、省领导召开志愿者招募专题会议和誓师大会、开展志愿者军训等活动，极大地激发了志愿者知军爱军拥军强军的意愿和投身军运会志愿服务的热情。赛时，国际军体主席、执委会领导和志愿者管理中心人员对志愿者的慰问看望、集体过生日活动，又在志愿服务疲劳期大大提振了志愿者的士气。浓郁的军运会志愿者文化成为"小水杉"们的黏合剂，不论学校来源、不论服务岗位、不论民族性别，大家都能团结一心，斗志昂扬，对军运会志愿服务具有很高的参与度和荣誉感。成功的文化建设对武汉军运会志愿者服务广受赞誉具有特殊的贡献。

（4）赛会志愿服务必须要建立权责清晰相互支持的工作机制

根据军运会办赛的整体组织架构，从军运会志愿者组织工作的实际需要出发，在筹备之初，搭建起以执委会为核心，志愿者来源单位、志愿者使用部门、志愿者团队为基础的健全科学、职责清晰、分工协作的两级组织网络体系，上下联动，形成声势。做好军运会志愿者工作关键靠制度，志愿者及观众服务领域的一系列规范性文件发挥了根本性作用，既理顺了军运会志愿服务关联各方的关系，又明确了各自责任，有力保证了军运会志愿服务各项工作科学、规范、公开、有序地向前推进。

4. 基于武汉军运会志愿服务社会遗产的思考

武汉军运会在志愿服务体系建设方面积累了丰富的经验，留下了丰厚的社会遗产。但回顾前期的工作，志愿服务工作在以下方面还有进一步提升的空间：

（1）社会化动员力度有待进一步加强

军运会赛会志愿者主要来源于武汉地区 33 所高校，其中军事院校 3 所。2.6 万名赛会志愿者中来自社会报名仅 300 名左右，大多志愿者都来源于组织化动员的方式，由执委会联系武汉地区各个高校，沟通协商招募而来。志愿者招募组织化动员优势明显，如进一步加强社会化动员力度，招募更多社会人参与军运会志愿服务，积极调动社会力量，整合更多社会资源支持参与军运会，对提升城市功能品质，激发城市发展活力，凝聚城市文明共识能起到更大的促进作用。

（2）品牌化志愿文化有待进一步加强

打造文化志愿服务品牌是推动志愿者工作开展的动力。在军运会筹备过程中，创新打造的志愿者服务热线，志愿者原创歌曲及 MV，志愿者抖音小视频等在广大志愿者中宣传传播不够，未形成声势，"小水杉"在志愿者及广大青年志愿者中的文化普及还有待进一步深入和加强。

（3）制度化体系建设有待进一步加强

武汉军运会完成了一套科学、高效的志愿服务运行管理体系建设，但因执委会为临时机构，大部分工作人员已回到原来的工作岗位，如何将这一套运行管理体制形成制度保留下来，并有效地运用到全市各大综合性体育赛事志愿服务中去，将志愿服务领域的"军运遗产"切实转化为指导全市志愿服务工作的行动指南还将是一项系统性的工程，有待进一步推进。

为更好地继承武汉军运会志愿服务社会遗产，进一步传承志愿精神，建议赛后做好以下工作：

一是做好武汉军运会志愿服务成果保留工作。以军运会执委会志愿者部为依托，收集军运会期间各类文书、电子、图片、视频档案，撰写大事记、地方志，深入总结、大力推广志愿服务中形成的先进经验、工作亮点等各类精神文化成果，继续开展军运会志愿者风采摄影展进高校巡回展，加强志愿者工作理论研究，出版军运会志愿者工作研究专著。召开表彰大会，加大宣传力度，对军运会志愿服务参与群体进行激励。以各类共青团组织和志愿组织为依托，加强志愿者骨干人才队伍和志愿服务类组织的建设，让广大志愿者成为推动社会发展的生力军。

二是提高全社会对志愿服务的认识。志愿服务的对象是社会生活的各个方面，公众的理解和配合是志愿活动得以成长的前提条件。通过本次军运会，全社会的志愿服务热情被广泛地动员起来了。下一步要继续坚持群众路线，充分调动全社会的积极性，取得群众认同，邀请社会名人担任志愿者形象大使，利用大众传媒进行广泛宣传，从而发动社会各界共同参与其中。

三是打造专业的志愿者队伍。本次军运会上，得益于执委会志愿者部前期明确的招募标准和较高的培训要求，专业高效的志愿服务为各国代表团留下了深刻的印象，也培养了一批志愿服务专业骨干人才。打造专业的志愿者队伍，以高校、共青团组织、市文明办等单位为依托，充分总结军运会经验，广泛吸纳军运会志愿服务专业骨干人才，结合志愿服务实际，以面向团体与面向个人相结合的形式招募志愿者；围绕志愿者基本技能，开展满足志愿服务综合素质要求的通用培训；合理安排具有学科背景的专业志愿者，加强志愿者其他专业知识的培训；加强人才队伍建设，开展志愿者骨干队伍的集中系统培训。

四是深入完善志愿者保障激励机制。给予志愿者适当的激励，可以使志愿者保持持续的服务热情和激发其更大的工作潜能。在本次军运会中，执委会志愿者部首次在国内大型体育赛事中提供了志愿者的社会公众保险，首次由心理和志愿服务专家每天向志愿者提供 10 小时的电话热线支持服务，极大完善了志愿者保障激励机制，取得了良好的效果。因此在志愿精神的传承中，应当更加注意对志愿者保障激励机制的完善，既要满足志愿者被尊重和自我实现的精神需要，建立全国统一的志愿者登记、管理系统，构建志愿者共同精神家园，为志愿者设计形象识别标志、提供在岗培训、发放荣誉证书和开具志愿者工作经历证明，也要切实保障志愿者的物质需求，为志愿者提供交通、餐饮、服装、保险等人身财产性保障。

五是建立志愿服务监督反馈制度。由于部分志愿服务特别是大型赛事志愿服务存在一次性的特点，因此志愿者在活动期间和多动结束后普遍存在着迷茫的心理，从而影响志愿服务的质量，也影响其继续服务的积极性。本次军运会期间，执委会志愿者部聘请独立第三方评估机构武汉中南社会调查研究所对培训过程予以监督，赛时进行志愿服务绩效评估，开国内大型体育赛会志愿者培训监督之先河。2019 年 10 月 16 日至 27 日，武汉中南社会调查研究所人员在赛会期间开展志愿服务满意度调查，反馈的测评综合得分为 96.33 分，充分说明经过培训的赛会志愿者表现优异，达到了非常高的水准。对志愿者所参与的志愿活动进行有效反馈和评价，有助于志愿者进行自我肯定，从而坚定其志愿服务精神，为长期性、持续性志愿活动打下基础。

六是开展形式多样的志愿服务活动。作为近年来规模最大的志愿服务活动，军运会广泛地调动了全社会的志愿服务热情，有关部门应及时把握志愿服务的浪潮，在传统的社区服务、交通引导和大型活动等志愿服务项目之外，结合社会实际需求积极创新，开展形式多样的志愿服务活动，从而进一步推动志愿服务活动规范化、长效化发展。

七是进一步发挥志愿精神对城市文明建设的助推作用。办好一场比赛，温暖一座城市。坚持"办赛事"与"建城市"相结合，让城市既有面子又有"里子"。军运会期间，20 名志愿者形象大使、2.6 万名赛会志愿者和 21 万名城市志愿者，在白云黄鹤的故乡，在竞赛场馆、在城市接头，广泛传播志愿精神，凝聚志愿力量，充分展示武汉志愿者风采，圆满完成军运会志愿服务任务，积极推动武汉市"志愿者之城"建设。一是弘扬中华优秀传统文化，深入践行社会主义核心价值观，提升了全社会道德素养。中华民族有着悠久的乐善好施、济危扶困的慈善、志愿、奉献传统，而践行社会主义核心价值是当代中华民族的精神支柱、行动向导，对丰富人民的精神世界、建设民族精神家园，具有基础性、决定性作用。军运会志愿者在服务过程中，凭借军运会这一令人瞩目的平台，无私奉献，不辞辛劳，扎实工作，通过自身的行动示范志愿精神，使更多的人走近志愿者，认可志愿服务，引领着社会践行奉献的精神，将自己的个人价值与他人价值结合在一起，使社会大众能够及时端正自己的思想，增强志愿服务的自觉性与自为性，丰富精神生活，满足精神发展需求，进而提升自我思想素质，提升全社会道德素养，使全社会形成向上向善的力量。二是促进青年的健康成长。青年代表着希望，代表着未来，本届军运会2.6万名赛会志愿者主要由18岁至25岁的青年组成，培育青年的志愿服务精神有利于培养其独立人格意识和公共责任意识，提升其人格境界，将青年打造成把个人的荣誉、命运与社会、国家结合在一起的高品质现代公民，从而在全社会发挥志愿模范作用。三是助推武汉市的国际化水平的提高。目前，公益精神的倡导也在全世界范围内发展成一种趋势，越来越多的国家政府重视其突出的社会效益。本次军运会共有100多个国家的运动员、教练员、随行官员来到武汉，"小水杉"的服务给其留下了深刻的印象，志愿者是行走的城市名片，他们是中国故事的讲述者，是城市形象的代言人。他们的热心帮助、亲切问候、温暖笑容会让更多的人记住这座城市的"人"，感受到这座城市的"温度"，对这座城市留存一份情感，和这座城市结一段善缘。在后军运时代，弘扬志愿服务精神有利于顺应世界的发展趋势，通过志愿服务使武汉融入国际公益精神高涨的潮流中去，从而提高武汉的国际化水平。

（五）武汉军运会开放包容社会遗产研究

奥运会、世界大学生运动会和世界军人运动会，被公认为当今世界三大综合性赛会。能成功举办一次世界性综合运动会，常常被看成一个城市的"成年礼"。不同肤色、不同种族、不同语言、不同信仰、不同国度的人们，在这些赛会中找到了人类共有的追求和梦想，并共同丰富了人类的精神家园。

武汉军运会以举办世界体育盛会、喜迎世界八方来客为契机，展示城市优美景观，推介城市历史文化，以文体融合的最佳演绎，释放城市独特魅力。以军事元素、武汉底蕴和高新科技为特色的武汉军运会开幕式和闭幕式，融合军事体育理念、中华和武汉地方历史文化、美学创意、高新科技于一体，通过文化和科技的深度融合创新，带给观众耳目一新的艺术享受。武汉以军运会为契机，全面提升城市国际化水平。

武汉借助第七届世界军人运动会的舞台，彰显了"传递友谊、共筑和平"的办会宗旨，促进了军民有机融合，为100多个国家的代表、嘉宾和江城市民，献上一台台、一场场精彩的文化体育旅游活动，让世界领略了和平崛起的中国魅力，看到了一个更加真实、更加可爱的武汉，充分展示了武汉和平友好、开放包容的崭新城市形象，体现了中国"各美其美，美人之美，美美与共，天下大同"世界发展理念。

1. 开放办会，扩大参与

（1）面向全国开放征集军运会会徽、吉祥物和口号

秉承"绿色、共享、开放、廉洁"的办赛理念和"共享友谊、同筑和平"的赛会主题，第七届世界军人运动会执委会面向全国公开征集武汉军运会会徽、吉祥物和口号。2017年7月至9月，执委会面向全国开展征集工作，得到全国28个省、自治区、直辖市，部队单位以及俄罗斯、叙利亚、哈萨克斯坦、南非、津巴布韦等国家的外国留学生的积极响应。武汉军运会会徽、吉祥物和口号的开放征集活动，让更多的国内外人士参与进来，一方面取得了较好的社会宣传效果，扩大了军运会的社会影响力；另一方面也扩大了武汉军运会的社会参与度和世界知晓度。

（2）办好一次会，搞活一座城

武汉军运会首次采取"国家支持、军地联合、军方主导、地方承办、社会参与"的办赛模式，充分发挥社会主义集中力量办大事的制度优势，动员最广泛的资源、凝聚最磅礴的力量，形成聚力办赛会的合力。同时武汉军运会借办会契机，全域提升城市功能品质。遵循开放办会思路，武汉利用军运会的筹办均衡发展城市场馆设施。武汉军运会35个比赛场

馆，新建13个、改造22个，分汉口、沌口、光谷、黄家湖等几个大板块推进建设。场馆有的在中心城区，相当一部分在新城区。这样筹划场馆分布，着眼于解决武汉各区的体育场馆分布不均衡问题，尤其使蔡甸、黄陂这些新城区，改变了设施偏少、许多市民没法就近健身的问题。得益于筹办军运会，基本上每个区都有了现代化体育场馆。按照"不超规格、不超标准"的要求，军运会的所有场馆建设从一开始就考虑到了赛后利用的难题，35个场馆中有半数是利用现有设施改造而成，且场馆多分布在社区和高校附近，赛后便是现成的教学设施、群众体育场所。军运会结束后，大部分场馆面向社会开放，用于市民健身。

（3）规模最大，影响力广

武汉军运会是军运会历史上规模影响力最大的赛事。来自109个国家的9300余名军体健儿参加比赛，42个国家的防长以及军队总长参加军运会开幕式，是世界军人运动会历史上规模最大、参赛人员最多、影响力最广的一次运动会。一次大型的国际赛事活动就是一场高水平的主场外交。通过举办本届军运会，武汉全方位展示了武汉的发展成就、城市形象和文化底蕴，提高了城市的知名度和影响力，让武汉更好地走向世界，也让世界更好地了解武汉，极大地提升了武汉的国际化程度。

2. 彰显和平，共享共赢

体育传友谊，薪火耀和平。"共享友谊、同筑和平"是武汉军运会的赛会主题。军运会开幕式文艺表演从茫茫九派到滔滔黄河，从张骞凿空到路路相连，从"止戈为武"到"一带一路"，此画如梦如幻，此景亦梦亦真。由万余名军民共同演绎的"和平的薪火"文艺表演，深刻诠释了"止戈为武"的和平理念，描绘了"美美与共"的和平愿景，传播了"共享共赢"的和平主张，凝聚了"推动构建人类命运共同体"的和平力量。

"和平的薪火"拉开了第七届世界军人运动会的大幕。一场融合了武汉特色和军事元素的开幕式，将精美的中华文化和军人荣光呈现给全世界。为海内外嘉宾带来了一场精神文化盛宴。赛场上下，场馆内外，和平的军运文化、全民共享的文化活动以及焕然一新的城市形象都为军运会增光添彩。武汉早已与军运会结下不解之缘。汉字中武汉的"武"字，从篆体来看是由"止"和"戈"两部分组成,意为制止战争。在第七届世界军人运动会开幕式上,精彩绝伦的文艺表演呈现出中国威武之师、文明之师、和平之师的新形象,展示了中国古代军事文化的深厚底蕴以及对世界军事的影响与贡献,传递"止戈为武"的中国传统"和"文化的思想,和平是贯穿始终的主题,表达了中华儿女追求和平的愿望。"创军人荣耀,筑世界和平"是武汉军运会的口号,道出了东道主中国和世界各国军人运动员"共享友谊、同筑和平"的共同心声。会徽由一条彩带和7颗星组成,寓意世界各国军人齐聚江城武汉,共聚和平盛会。灵感来自中华鲟的吉祥物兵兵,张开双臂、迈步向前,展现新时代的中国更加开放包容、热情好客的姿态。整体外观为三角造型的火炬"和平荣光"走过神州大地,代表了"和平、发展、友谊"。

中国军队加入国际军体理事会的40多年里,足迹遍布五大洲,取得了举世瞩目的成绩,在国际军体各项比赛中夺得了3000多枚奖牌,在国际军体比赛世界纪录簿上写下了一长串中国人的名字。我军健儿用奋斗和拼搏,捍卫着八一军旗,展示了威武之师、文明之师、胜利之师的良好形象,加深了中国军人与世界各国军人的友谊与团结。与有着一百多年历史的现代奥运会相比,世界军人运动会还显得很年轻。年轻意味着不足,当然也意味着希望、成长和活力,充满着极大的发展空间。世界军人运动会是为纪念反法西斯战争胜利而诞生,因传播友谊而发展,因共筑和平而荣耀。当今世界,弱肉强食、丛林法则不是人类共存之道;穷兵黩武、强权独霸不是人类发展之策。世界各国军人只有少在战场上相见、多在和平场合交流,才能使我们这个并不太平的世界走出"安全困境",享受安宁与和平、发展与进步。世界军人运动会只有短短10天时间,在历史长河中只是一瞬。本届军运会留给我们的不仅仅是35处场馆、133枚金牌、7项世界纪录和46项赛会纪录,更有丰厚的精神和文化财富。世界各国军人在赛场上充分展示了拼搏奋斗、勇创佳绩的奥林匹克精神,用体育的阳光穿透战争阴霾,用友谊的桥梁促进文明沟通,用心灵的交融凝聚和平力量,向世人展示了追求和平的意志和信念。本届军运会充分展现了"体育传友谊"的军体精神,中国人民对和平的理解,还有团结、友谊这些理念,都通过军运会的成功举办传递给了全世界。

3. 多元融合，包容发展

（1）军体融合，包容和平

在和平年代，包括奥运会在内的各类赛会活动，其实已经超越了体育本身的功能——既是军事的也是政治的，既是经济的又是文化的。在人类社会滚滚向前的发展进程中，它们成为社会发展和人类文明进步的重要标志，在世界各国人民的交往、团结中，发挥了不可替代的作用。

体育强则中国强，国运兴则体育兴。我们举办世界性的大型综合运动会，变得越来越频繁，也越来越得心应手，其中蕴含的意义不言而喻。军事与体育有着密不可分的天然联系。体育从她诞生的那天起，就与军人结下了不解之缘。古代的希腊经常发生战争，各城邦都需要通过体育运动来训练体魄强壮的士兵。公元前776年，第一次古代奥运会，便在古希腊的宙斯神庙前揭开帷幕。古代奥运会的比赛项目，一开始就有浓郁的军事特点。这不仅表现在摔跤、拳击、战车等项目的设置上，而且参加运动会的选手，也基本上是暂时放下武器的士兵。从古代奥运会演变发展而来的现代奥运会，依然难以褪去军事色彩。时代在发展，体育也更加紧密地融合到德育、智育、美育之中，成为培育人的基础性工程。对于"能打仗、打胜仗"的军队而言，军事体育训练成为军队战斗力建设的重要组成部分，具有强健官兵体魄、凝聚军心士气、展示军人形象、促进军队交往的功能作用，越来越受到各国重视。

作为一贯倡导和平的国家，中国不仅是世界军人运动会顺利召开的主要推动者、重要贡献者，也是世界军人运动会的积极参与者。筹办第七届世界军人运动会之初，中国武汉就提出了"办赛水平一流、参赛成绩一流"的目标。在赛会组织上对标奥运，树立了中国标准、武汉速度、历史典范，为军运会做了许多开创性的工作，展现了中国气派、军事特色、荆楚神韵，全面兑现了向国际社会作出的庄重承诺。世界军人运动会，是世界军事体育发展的一个"地标"。2019年的金秋，中国对军事体育文化建设所作出的卓越贡献，清楚地镌刻在了这个"地标"上：赛事规模最大、竞技水平最高、项目设置最多；第一次集中兴建运动员村，第一次在一个城市举办所有赛事，第一次走出军营实现军民联合办赛。

（2）文体融合，释放魅力

自军运会开幕前，各种形式多样、富有创意的文化活动献上一道道体育精神与荆楚文化完美结合的文化大餐，让各方宾客共同感受武汉、感受军运。继本届赛事开幕式后，以"友谊的纽带"为主题的闭幕式演出中，荆楚文化元素再次惊艳亮相。当晚文艺表演分为《我们相聚在一起》《美丽武汉欢迎你》两个篇章。具有荆楚特色的虎座鸟架鼓、编钟、古琴等民族乐器交织合鸣，讲述"高山流水觅知音"的动人故事；《诗经》、楚玉、杖头木偶等元素融入礼仪表演，彰显礼仪之邦风采。早在两千多年前，荆楚大地就产生了"止戈为武"思想。本届军运会，109个国家9000余名军人相聚湖北"共享友谊、同筑和平"，这与"止戈为武"的思想不谋而合。

综观本届军运会，从开幕式"和平的薪火"到闭幕式"友谊的纽带"，从场馆装饰到景观设计，从住宿饮食到文化展览，荆楚文化与军运理念的融合随处可见。出土于湖北的"国宝"曾侯乙编钟，亮相频次最高。在开闭幕式进场环节，109名引导员所穿的"编钟裙"，是以曾侯乙编钟为灵感设计而来。古铜色的半身裙形似编钟，正面刻有篆书"和平"两字，裙摆可变换六种颜色。开闭幕式主题歌和背景音乐同样包含编钟元素。本届军运会开闭幕式导演团队音乐总监舒楠介绍说，开闭幕式使用了埙、古筝、古琴、编钟等传统乐器，"其中最值得一提的是编钟，每次响起我都会产生向古代文明致敬的欣慰感"。军运会颁奖仪式音乐，采用非物质文化遗产湖北监利民歌《啰啰咚》的旋律为主要元素，也特别融入编钟、编磬乐器，旋律整体结构紧密、个性张扬、刚柔相济，在恢弘大气中展现东方神韵。此外，军运会奖牌上的黄鹤楼视觉元素、军运会主媒体中心大楼镂空造型的外立面装饰和内墙面上两横两竖纹样、赛会官方制服上的田猎纹样、军运村的景观设计等，也处处彰显着浓郁的荆楚特色。

（3）军旅文体融合，包容发展

武汉世界军人运动会不仅展现出武汉不断提升的城市综合实力和对外影响力，更向全世界展示了武汉全新的城市旅游名片。武汉一直是华中地区热度最高的旅游目的地之一，其九省通衢的地理位置、深厚的历史底蕴、地道的美食和独具魅力的民俗风情，不断吸引外地游客造访。与武汉相关的旅游高频词汇有"热干面""黄鹤楼""长江""昙华林"……从美食、人文、自然景观再到网红景点，游客关注点覆盖面之广，体现出武汉丰富、多元的旅游资源。

文化旅游因文化而集聚人气，因旅游而熏陶气质。文化是旅游的灵魂，文化资源是旅游的核心资源。文化与旅游不分家，文旅融合既不能理解为文化与旅游的简单连接或简单相加，也不能理解为文化和旅游的全体合并，而是一场文化旅游供给侧结构性改革，建构旅游者主体与文化旅游客体间的互动关系。通过改革实现文旅的有机融合，实现旅游业高质量发展。文化与旅游的深度融合可以丰富旅游内容，提升旅游文化内涵，让旅游不再是"到此一游"式的"打卡"，而成为一场深度融合的文化体验。旅游是文化的载体，在旅游中注入文化之魂，就是让文化说话，让民族文化、地域文化、城市文化等生动呈现出来，以旅彰文。文化与旅游的关系并不必然是融合关系，在发展阶段和功能性质上都存在差异性，在看到文旅互补性的同时不忽视二者在特殊阶段的差异性。文旅融合要解决好"融什么""为谁融""怎么融"的问题，以及怎样实现旅游消费市场与旅游投资要素市场双向互动、良性循环。这就需要以赛事资源为核心发展体育旅游，以产品创新为核心升级文化旅游，以业态融合为纽带融通文化与体育，以产业生态为核心促进文体融合。走以文化为内涵的文旅融合之路，实现浅层旅游向深层旅游转变，实现粗放旅游向集约旅游转变。

军运主题灯光秀在武汉精彩上演，长江、汉江两岸近千栋建筑物成为灯光的海洋，活力四射、富有激情的视觉盛宴吸引了众多目光，军运会的吉祥物"兵兵"出现在楼宇之间，向世界人民伸出开放包容的双臂。长江灯光秀在点亮夜空的同时，也成为武汉的新名片，通过高科技和人文的融合，向世界传播武汉独特的城市魅力。武汉借助第七届世界军人运动会这个大舞台，走出军营，走入璀璨的荆楚文化。《武汉军运会东道主文明公约》成为武汉人共同做出的文明承诺。"道路洁化、立面美化、景观亮化、水体净化、生态绿化"，一系列综合整治让武汉城市面貌焕然一新。走在街头，立刻就能感受到城市环境的巨大变化，道路更平整、环境更整洁、视野更明亮、交通更安全、出行更便捷。为了让国内外游客感受城市美丽的夜景，武汉对"两江四岸"的沿线900多栋楼宇实施景观照明提升工程。龟山、蛇山首次从内到外渗透出金碧辉煌的光芒，龟山电视塔通体透亮、光影流动，平添华丽的羽翼。在飞机场、火车站及周边的区域，以"开门迎宾"的模式用灯光和动感画面，直观展示武汉市热情好客的风格和地域文化特色。打造"描金东湖""水墨沙湖""古韵琴台""和平之心""西北湖客厅""生态金银湖"等各具特色的亮点片区，对25座互通立交实施景观照明，在重点道路构建景观灯光长廊，流光溢彩的江城，彰显城市文化。

文旅融合是一种依托传统旅游业进行的"旅游＋"产业模式创新。文化提升了旅游的内涵和深度，旅游是文化传承、创新与传播的载体，利用创意连接文化和旅游，利用市场连接文化旅游供给和文化旅游需求，实现了文旅的"乘法效益"。但是，文化与旅游的融合要承认差异，尊重行业主体特质，实现文化旅游的"有限融合"。通过资源融合、技术融合、市场融合和功能融合实现文化与旅游间的联动，实现融合模式的多元化、融合领域的宽广化、融合手段的创新化，将文化资源优势、旅游资源优势转化为发展优势。文旅融合的图景正向纵深铺展，我们需要共同绘制文旅融合的"工笔画"，推动军运体育文化与旅游资源、旅游服务在更广范围、更深层次、更高水平上实现融合发展，提供高质量的文化旅游产品和服务，满足人民群众多元化、多层次的需求服务。

特别值得一提的是，武汉军运会期间，中国移动在武汉建成开通1560余个5G基站，其中军运会涉及的35个场馆开通5G基站486个，实现军运会场馆设施和重点区域全覆盖。军运会赛事实现5G全景高清直播，完美地传递运动的魅力与精彩，给观众更加逼真的全场景视觉体验。武汉军运会4项赛事如帆船、公路自行车、公开水域游泳和马拉松等在东湖举行，基地项目建筑与周围的自然景观互为映衬，相得益彰，形成了一道道亮丽的风景线，给参赛运动员和世界观众留下美好印象。武汉军运会的圆满举办，成功打造了军事体育和文化交流的重要平台，全面提升了武汉国际化城市形象。

三 武汉军运经济遗产与现代服务业提升（体育产业）发展研究报告

一次大型赛事的举办总会对举办城市产生一定的影响，如何合理、有效地利用这些影响是"赛事遗产"研究的重要内容。2019 年 10 月，第七届世界军人运动会在武汉举行。对这次军运会所形成的珍贵遗产进行系统的整理和总结，并将它们加以科学的保护和开发，是此次军运会举办的重要意义之一，也是武汉城市发展的一项重要而紧迫的任务。

第七届军运会召开之际，正是武汉经济由高速增长阶段转向高质量发展的关键时期，也是武汉深入实施新旧动能转换的关键时期。军运会提升了武汉的国际竞争力、国际影响力、国际成长力、国际吸引力和国际支撑力，我们对军运会经济遗产进行梳理和分析，并发挥其对武汉现代服务业高质量发展的作用，将有利于武汉在"十四五"时期加快经济结构调整，增强内生增长动力，快速提升新经济体量，从而继续呈现质量效益持续改善的积极局面。

"办好一次会，搞活一座城"，武汉如何借力军运会，放大军运会经济遗产效应，促进现代服务业高质量发展，这是本研究的主题。本研究以"军运遗产""军运经济遗产"等基本概念的界定入手，借鉴国内外城市开发和利用大型赛事尤其是奥运会经济遗产的经验，分析"武汉军运经济遗产"的内容和价值，提出武汉体育产业及现代服务业高质量发展的思路和对策措施，并提出及时实施军运经济遗产策略相关措施，从而构建了比较完整的武汉军运经济遗产的保护和开发体系。

（一）引言

1. 研究综述

奥林匹克运动会是现代赛事的典型代表，其商业化程度和市场运作水平影响着其他赛事，奥运会遗产的情况能够反映出现代赛事遗产的情况。鉴于此，我们对国内外相关研究的学术史梳理及研究动态分析聚焦于奥运遗产相关研究。

（1）奥运遗产相关研究

①对"奥运遗产"内涵的界定

奥林匹克运动组织对"奥运遗产"的界定。学界普遍认为，"遗产"一词首次在奥林匹克组织文件中正式出现是在澳大利亚墨尔本于1956年申报奥运会举办权时提交的报告中，这份报告催生了用"遗产"衡量举办权合法性的话题。1987年，第1次以"奥运遗产"为议题的国际性研讨会在韩国首尔举办。此后，"奥运遗产"开始作为一个重要议题进入奥林匹克运动研究领域。2002年，奥委会在洛桑举办了一次主题为"奥林匹克运动遗产：1984—2000"的国际研讨会，会上对"奥运遗产"进行了分类，共归纳为文化、经济、环境、形象等14大类别，由此，"奥运遗产"的涵盖范围得以扩大。2008年，伦敦将"奥运遗产"定义为"奥运会留下的痕迹"，并将"奥运遗产"分为5类，其长期发展目标覆盖了旅游、教育、可持续性、体育及商业和城市建设等方面。2017年12月奥委会发布的《遗产战略计划》认为："奥运遗产是一种愿景的产物。它涵盖了通过举办奥运会所产生的那些对人、城市和奥林匹克运动具有长期效益的有形遗产和无形遗产。"[①]

学术研究领域对"奥运遗产"的界定。从现在的学术界对奥运遗产的研究成果来看，其内涵丰富、外延宽泛。学术界对其界定各有侧重，董进霞[②]、孔繁敏[③]从整体的角度对奥运遗产做了界定，并且强调遗产积

---

① 徐拥军、闫静：《"奥运遗产"的内涵演变、理性认知与现实意义》，《首都体育学院学报》2019年第5期。

② 董进霞：《北京奥运会遗产展望：不同洲际奥运会举办国家的比较研究》，《体育科学》2016年第7期。

③ 孔繁敏：《人文奥运遗产与"人文北京"建设》，《北京联合大学学报》2019年第7期。

累的过程。彭永捷①强调具有历史价值和未来价值的奥林匹克物质财富和精神财富，强调了遗产对未来的影响。徐拥军则认为"奥运遗产"经历了由"物质遗产"向"多元遗产"的内涵演变，现有对"奥运遗产"的界定主要体现出多维度和多样化的特征。②

②"奥运遗产"效应的研究

国外对于奥运遗产的研究主要围绕着奥运会对举办国历史、政治、经济、文化、教育、哲学、伦理等各种社会问题展开，对奥林匹克现象和存在的问题有着较为深刻的研究。国外学者对奥运遗产的阐述更注重讨论其正负两方面的效应。澳大利亚学者 Cashman 指出奥运遗产对于举办城的发展市有着不可替代的推动力，这种推动力将在后奥运时期十年甚至更长时间都将发挥积极作用。③ 而 Gratton 认为，负面的奥运遗产更应当受到重视，包括奥运基础建设带来庞大债务杠杆、其他公共目标被舍弃、基础设施在奥运会后无法得到有效利用和针对性开发。

国内有关北京奥运会遗产的理论研究成果在数量上相对比较丰富。何振梁从北京奥运会对我国经济社会的影响宏观评价了奥运会的积极影响。④ 任海、罗湘林从中国社会的发展走向和所处的国际政治环境讨论了北京奥运会对中国政治可能产生的影响。⑤ 林显鹏、虞重干通过阐述现代奥运会的财政资助模式，分析了奥运会对主办城市的直接、间接及总体经济影响。⑥ 谢经良、刘强德从文化的视角审视了东西方文化这一伟大的碰撞与交融，认为北京奥运会将为中国更好地走向世界提供良机。⑦

---

① 彭永捷：《试论"人文奥运"理念的内涵》，《北京社会科学》2002 年第 4 期。

② 徐拥军、闫静：《"奥运遗产"的内涵演变、理性认知与现实意义》，《首都体育学院学报》2019 年第 5 期。

③ CASHMANR, *The bitter-sweet awakening, the legacy of the Sydney 2000 olympic games*, Sydney: Walla Press, 2005, p. 56.

④ 何振梁：《奥林匹克的人文精神》，《图书馆杂志》2008 年第 6 期。

⑤ 任海、罗湘林：《论 2008 年奥运会对中国政治的影响》，《体育与科学》2005 年第 2 期。

⑥ 林显鹏、虞重干：《现代奥运会对主办城市经济发展的影响及其规律研究》，《上海体育学院学报》2006 年第 2 期。

⑦ 谢经良、刘强德：《北京 2008 年奥运会对中国传统文化的影响》，《体育文化导刊》2004 年第 1 期。

（2）奥运经济遗产研究

①奥运经济遗产的界定和分类

美国学者对亚特兰大奥运会的研究主要通过直接经济影响、间接经济影响、派生性经济影响和总体经济影响等指标来预测奥运会的经济影响。澳大利亚学者从经济活动和经济福利两个维度来研究悉尼奥运会的经济影响。邵玉辉指出北京奥运会经济遗产指的是在申办、筹备和举办北京奥运会期间以及结束之后的各种经济实践所产生的积极影响以及相关经验等，并将奥运经济遗产划分财政上的盈余、结构性遗产、形象性遗产和区位优势四部分。谭琳认为北京奥运会对北京市乃至全国经济的拉动分为直接与间接两个方面，直接收入主要通过出售奥运会电视转播权，与国际奥委会的合作伙伴合作、组委会赞助商、奥林匹克印章、纪念币邮票以及门票的销售等获得，间接影响主要体现在改善投资环境、树立品牌形象、扩大就业人口和促进旅游等相关产业的发展四个方面。[①]

②奥运经济遗产效应

奥运会促进主办城市经济增长这一观点得到不少学者认同，包括提高自身在世界的知名度和关注度，对于地方经济政策的形成有积极影响，极大缩短城市在基础设施方面的投资周期，对宏观经济形势变化带来的包括经济危机在内的外部消极影响有着良好的缓解作用等。但有学者认为，奥运会与城市经济增长关系并不密切，甚至会给主办城市的经济带来负面效应，如可能会成为举办国的行政和财政负担，各项城市基础服务的物价上涨等。

③奥运经济遗产对城市产业发展的影响

大型赛事与城市产业的互动一直是学者研究的重点。Brunet 认为大型赛事结束后，对于城市会展、商贸产业以及城市经济增长有重要的促进作用。Mccartney 认为大型体育赛事的举办有助于增进观众对举办地的认识，并吸引大量游客，从而促进主办城市旅游业的发展。综合各位学者的研究，大部分学者认为大型赛事对城市产业经济的影响集中于城市会展、商贸、旅游、信息技术、交通、通信等相关产业，有助于改变主办城市的产业结构。

---

① 谭琳：《对北京奥运遗产的多维透视》，硕士学位论文，南京师范大学，2008 年。

国内外学者对奥运遗产的研究为我们深入研究军人运动会遗产开拓了一个新的视野，在一定程度上为我们做好武汉军运会经济遗产的研究和实践工作奠定了理论基础。同时军运会与其他大型赛事相比，有其自己的特色，因而我们在进行研究时，必须主要依靠自己的力量，明确自己的思路，充分结合现实环境来进行分析。

2. 相关概念的理解

（1）对军运遗产的理解

世界军人运动会，简称"军运会"，是国际军事体育理事会主办的大型综合性运动会，自 1995 年开始每 4 年举行一次，是和平时期各国军队展示实力形象、增进友好交流、扩大国际影响的重要平台，被誉为"军人奥运会"。目前对于大型赛事遗产的研究主要集中于"奥运遗产"。为此，对于军运经济遗产的理解，我们将借鉴"奥运遗产"的概念界定。

遗产（legacy）一词产生较早，最初的本义是父母遗留给子女的物件。此时的遗产只局限在有形的物质层面上，没有向其他层次延伸。随着学科的不断发展和人类物质文明的繁荣和精神文明的丰富，20 世纪 70 年代后期遗产由单一层面开始向多层次拓展、由有形的实物向无形的事物发展，此时遗产的内涵也不断扩展。伴随现代社会的发展，遗产的概念更是从封闭走向开放。学界普遍认为，"遗产"一词首次在奥林匹克组织文件中正式出现是在澳大利亚墨尔本于 1956 年申报奥运会举办权时提交的报告中，这份报告催生了用"遗产"衡量举办权合法性的话题。在对以往的"奥运遗产"各种观点进行综合分析的基础上，2017 年国际奥委会发布的《遗产战略计划》认为，"奥运遗产是一种愿景的产物。它涵盖了通过举办奥运会所产生的那些对人、城市和奥林匹克运动具有长期效益的有形遗产和无形遗产"。战略计划中将"奥运遗产"的范围界定为 7 个方面：有组织的体育运动的发展，通过体育运动促进社会建设，人的技能、网络与创新，文化产品与创意产品开发，城市发展，环境改善，经济发展。战略计划中还提出了一个重要的观点，即"奥运遗产"伴随着举办城市奥运会的全生命周期。自此，国际上对"奥运遗产"形成了较为一致的概念。可以看出，对"奥运遗产"的认识过程随着实践发展逐渐深化，"奥运遗产"涉及范围逐渐宽泛，包括经济、环境、国家形象、文化、体育、政治、可持续性等方面。

目前，学者们对"奥运遗产"的分类有不同的划分标准和维度，从而有不同的类别。有遵循国家通用对于文化遗产类型的划分标准，将奥运遗产分为有形遗产和无形遗产的；有依据奥运遗产形式分为物质遗产和非物质遗产的；有学者将其归纳为物质遗产、制度遗产和精神遗产三部分；有学者把奥运遗产从三个角度进行了划分，包括有形遗产和无形遗产、国内遗产和国际遗产、体育遗产和超体育遗产。

我们借鉴"奥运遗产"的界定，将军运遗产界定为通过军运会的承办对东道城市和国家具有普遍价值的物质财富和精神财富的总和，包括在体育参与、社会进步、环境保护、城市建设、经济发展等方面产生积极且持续的影响。对于军运遗产的分类，从内容上看，分为政治遗产、经济遗产、制度遗产、文献遗产、文化遗产、社会遗产等；从形态上看，分为有形遗产和无形遗产两大类。

（2）对军运经济遗产的理解

军运经济遗产是军运遗产的主要构成部分，是衡量军运遗产不可或缺的，主要是指因军运会所产生的直接关联或间接相关的经济财富。直接关联的经济财富主要是指赛事所带来的直接财富，比如餐饮、住宿、交通、通信等消费，以及出售电视转播权、组委会赞助商、印章、纪念币邮票以及门票的销售等获得；间接相关经济财富主要体现在改善投资环境、树立品牌形象、扩大就业人口和促进旅游等相关产业的发展等方面。

按照军运经济遗产存在形态可以分为有形遗产和无形遗产两大类。有形遗产主要是指具有实质性的存在形态，能够被人们通过感知系统清楚感知、衡量的军运遗产。比如，因赛事兴建的场馆设施、周边附属设施、城市环境道路等基础设施的改善等，或者是用来发展体育的捐赠基金。无形遗产是不具有实质性存在形态，间接被感知系统感知或衡量的赛事遗产。比如，军运会所形成的举办经验、教育、就业以及精神、知识、意识等。军运经济无形遗产跟有形遗产是不可分割的，二者之间不存在绝对明晰的界限。无形遗产往往以有形遗产为载体，通过有形遗产的作用发挥影响力。有形遗产也不能完全剥离于无形遗产单独存在，二者密不可分。

（3）军运经济的特征

军运经济有其特殊之处，其遗产价值既有一般大型赛事的特征，也有军人运动会独特的内涵和底蕴。军运经济呈现以下四个基本特征：

第一，阶段性。军运经济具有明显的阶段性和周期性特征。从成功申办到筹办，再到正式举办以及举办结束后各种经济效应的延伸，形成一个完整的军运会经济周期。一般分为三个阶段，各阶段呈现不同的经济发展特点。前军运会阶段，即军运会筹备期，以场馆建设及相关设施投资增长的拉动为主。军运会举办阶段，以军运会的举办而增加的各项消费带动为主，如旅游、商贸、电信、交通、传媒等方面消费增势强劲。后军运阶段，即军运会后的一段时间内，一方面由于举办城市功能提升、城市影响力增加而带动相关企业投资和产业发展，另一方面受需求减少的制约，可能产生房地产闲置、旅游业不景气等低谷效应。在筹办军运会期间如果能处理好可持续发展问题，即可避免低谷效应问题的出现。

第二，非均衡性。举办军运会将从总体上拉动举办城市经济的增长，但并不是所有产业及行业都能直接受益，其对产业及行业发展的影响具有明显的非均衡性特征。从一般规律看，对第一产业中绿色食品生产行业较强的带动性；对第二产业中的部分行业的拉动作用明显，如建筑业、钢材制造业以及通信设备制造业等；对第三产业的影响全面而深刻，特别是促进文化、体育、旅游、会展等新兴行业的快速成长，推动房地产业升温，加快商贸流通、交通运输等传统行业的发展。深入分析并发掘机遇中存在的潜力，有可能创造一个容量巨大的机遇，最大限度发挥军运效应的作用，争取更大的发展空间。

第三，稀缺性。这种稀缺性不是指绝对数量上的含义，而是指相对于人们的需求来说，军运资源是稀缺的。对军运会标志等以营利为目的的商业使用受到严格的限制。军运会的会徽、吉祥物等具有产权，对这些标志的使用受到严格限制。其次，军运会本身具有稀缺性。军运会自1995年开始每4年举行一次，是和平时期各国军队展示实力形象、增进友好交流、扩大国际影响的重要平台。因为军运会具有稀缺性，所以它具有一定的经济价值，这就需要研究如何组织军运会，如何有效地利用军运会的资源获得经济收益和其他收益。

第四，融合性。军运会在创办之初，就蕴含了丰富的思想、文化、道德理念，旨在以体育运动提高人们的精神境界，增强各国军人之间的团结、友谊与共筑和平的责任感和使命感。在世界经济出现全球化趋势的情况下，军运会的作用和意义已远远超出体育的范畴，体现了体育与文化、体育与经济，以及文化与经济的相互融合；体现了文化、科技、信息乃至军事等要素的相互融合。因此，各举办国都极力以军人运动为背景，努力推动民族文化与世界文化的交流与融合，赋予军运会经济、文化和科技的发展内涵，借举办军运会之势提升其在国际上的地位。

（二）国际国内奥运经济遗产分析

奥运会在一个国家城市的成功召开，不仅能给举办国家和城市带来直接和间接的收益，也能为举办城市树立良好的国际形象从而带来深远的国际影响，对城市发展起到多方面的推动的作用。

1. 国外部分城市奥运经济遗产分析

（1）1988 年汉城（首尔）奥运会

1988 年夏季奥运会在汉城（首尔）举办。韩国通过举办这届奥运会，完成了从发展中国家向新兴工业国家的转变，1985—1990 年，韩国人均国内生产总值从 2300 美元增加到 6300 美元，进入了中等发达国家行列。

①直接收益

奥运期间，韩国通过转播收入、旅游、门票、周边产品等，产生的直接经济效益 3414 亿韩元。

②通过基础设施投入拉动内需

筹备期间扩建了金浦国际机场，修建了光州到大邱的高速公路，拓宽了汉城（首尔）市内道路，增建了地铁，改善城市环境、下水道设施，扩充并改善了电话通信、电子交换以及电视转播网等通信设施，为实现高度产业化建设打下了坚实的基础。

③通过提升软实力提高商品国际竞争力

韩国通过奥运营销活动，在国际市场上提高了商品的信赖度，最大限度地让国内产业参与了相关经济活动，为进一步扩大贸易出口业务打下了基础。并通过一系列文化活动及广告、公关等沟通形式，改善了韩国的国际形象,为旅游业和对外经济合作创造了条件。

④场馆综合利用

奥运会后韩国政府非常重视场馆利用问题,1990年2月,汉城(首尔)成立了专门管理各主要体育场馆的"汉城(首尔)市运动设施管理办公室",该机构负责对汉城(首尔)主要体育场馆的宣传介绍,受理在体育场馆内举办非体育性活动的申请并进行安排等工作。场馆的主要收入来源有赛事的经营收入、参观旅游的门票收入、市民社会文化活动的场地租用费用,此外管理办公室还在体育场馆内举办各类学习班作为副业。每年投入800万美元维护的奥林匹克公园,已经成为运动和文化联合中心,是城市居民娱乐休闲的重要场所。

(2)1992年巴塞罗那奥运会

通过举办奥运会,巴塞罗那从一个普通的中等城市,成为欧洲第七大城市,是地中海地区重要的旅游、商务和交通中心。更主要的是,给城市的持续发展注入动力和活力,新兴产业和支柱产业得到了发展,提高了城市的吸引力和知名度,城市功能进一步增强,生态环境得到改善。

①直接效益与间接效益

通过举办奥运会,巴塞罗那获得了98亿美元的直接效益和162亿美元的间接效益。据估算,1987年至1992年6月,仅仅由于奥运因素的影响,巴塞罗那GDP年均多增长1.8个百分点。同时,这五年间巴塞罗那的引致需求为166亿美元,加上94.48亿美元的直接需求,共产生了264.48亿美元的需求。

②培育支柱产业通过基础设施投入拉动内需

奥运会前,巴塞罗那企业规模小,没有明显的支柱产业,行业结构缺乏自己的特点,通过举办奥运会,在体育产业发展的同时,旅游、电子、通信、港口等行业都获得了长足的进步。通过长达7年的城市开发和各类设施建设,特别是对沿海地区实施的道路改造、铁路改造、工厂搬迁、海滩改造等措施,将数千米长的海滩向市民开放,成为旅游休闲胜地,为未来的经济发展奠定了坚实的基础。

③场馆综合利用

巴塞罗那奥运会共新建了15个体育场,翻新了10个体育场,其中很多是临时性设施,赛后场馆设施相对较少,并且在建设时就考虑赛后居民活动的需求问题，利用率较高。1992 年，巴塞罗那就开始筹建珀摩西奥公司，用来管理所有的场馆设施和蒙图帝克公园，经营方式灵活。1989 年以后，场馆的运营和维护费用就可以不靠任何市政府的补贴，自身运营解决，承办了各种体育赛事、音乐会以及家庭和社会活动等。

（3）2012 年伦敦奥运会

在伦敦举办奥运会之前，英国经济已经陷入了长达三十年的低迷期，同时受 2008 年经济危机的影响，经济复兴计划严重受挫。奥运会的举办，为英国经济注入了一针强心剂，在奥运年前后，英国经济尤其是伦敦经济，有了明显的起色。

①通过基础设施投入拉动内需

2012 年伦敦夏季奥运会产生了 52 亿美元的直接收益。但是奥运赛事对英国经济最直接的影响主要是 2007 年至 2012 年，65 亿英镑运用于基础建设的 ODA（官方开发援助），在 2008 年获得了将近 82 亿英镑的毛利润，并且提供了 17.7 万多个就业岗位。其中，纯毛利润达到 75 亿英镑。ODA 所作的贡献不仅使伦敦市、英格兰东南部和东部地区受益，也使整个英国从中受益。伦敦奥运会让英国国内的中小企业也有不小的受益。受益的这些企业主要集中在零售业、旅游、体育休闲，以及创意和高科技企业。从 ODA 合同区域分布数据来看，54% 的合同由伦敦和东南部企业获得。

②通过提升软实力提高商品国际竞争力

奥运也为英国出口贸易带来了一个新的契机，最主要的是让英国企业有了展示自身的机会，为打开国际出口市场以及签订国际合约提供了便利条件。对英国企业来说，将自己和伦敦奥运会联系在一起更有利于企业品牌国际认知度的提高。

③后奥运经济时代

2014 年 7 月 23 日，英国政府公布的一份报告称，英国从 2012 年伦敦奥运会得到的后续经济收益已经超过 140 亿英镑（约合 240 亿美元）。伦敦奥运会使英国公司有机会获得一些主要体育赛事的合同。受奥运带动，2013 年来英海外游客增长 6%，超三千万人次，消费增长 13%，达 210 亿英镑（约合 360 亿美元）。同时，伦敦市政府斥资在东伦敦建设奥林匹克公园。在伦敦奥运会之后，伦敦遗产开发公司（LLDC）制订了一项计划，将前奥林匹克新闻和广播中心周围的区域和建筑物转变为一个创新中心，就是现在的 Here East。Here East 园区经过四年的改造，2016 年 10 月正式启幕。Here East 凝聚了一个创新生态系统，是公认的伦敦最成功的创新社区之一，带动了整个区域的经济发展。

2. 北京奥运会经济遗产分析

（1）直接经济收入

2008 年夏，第二十九届夏季奥林匹克运动会在北京成功召开，对中国的经济社会发展产生了深刻的影响。根据《北京奥运会财务收支和奥运场馆建设项目跟踪审计结果》，截至 2009 年 3 月 15 日，北京奥组委计算的奥运会（含残奥会）直接收入为 213.63 亿元，支出 202.06 亿元，收支节余超过 10 亿元。

（2）产生经验性遗产

北京是首次举办奥运会，应对这样的大型活动对政府和职能部门都是第一次，这成为奥运会后重要的经验性遗产。通过运作奥运会，北京从中获得大型活动市场化运作的经验，以及组织类似大型活动的经验，而且这种经验不只局限于北京市，而是辐射到全国的其他城市。从企业层面来说，奥运会是全球的体育盛会，这使得许多企业不仅将眼光放在国内市场，也关注国外市场，不仅看重当前的消费群体，也会在很多消费领域产生新的消费需求。因此，在一定程度上扩大消费市场，同时对于国内企业增强国际竞争力来说也是一个良好的契机。此外，由于奥运会有许多大型企业参与，因此在奥运会筹备和召开期间会吸引许多商界人士前来考察，还有许多国家的政府官员前来参加相关活动，通过与这些人士的接触，有可能产生一些新的经济贸易关系。北京奥运会后，北京地区外经贸进出口总值取得了跨越式发展，见表 3－1。

表 3－1　　　　　　　　**北京地区外经贸进出口总值**　　　　（单位：亿美元）

年度	2008	2009	2010	2011	2012	2013	2014
金额	2716.9	2147.9	3016.6	3895.8	4081.1	4299.4	4155.4

（3）促进城市建设

通过奥运会的举办，北京市的现代化水平快速提升，为北京建设国际化大都市奠定了坚实的基础。城乡面貌焕然一新，市民生活舒适度明显改善。基础设施投资力度加大，为推动北京经济长远发展打下坚实基础。2002—2007 年，北京全市基础设施投资累计达到 4014.7 亿元，年均增长 18.3%，相当于 1996—2001 年投资总额的 2.3 倍。

以防治大气污染、保护饮用水、防治煤烟型污染、防治机动车排气污染、防治城市地区扬尘污染、防治工业污染等为重点的环境污染防治，以及以造林绿化、合理利用水资源、建设生态农业、建设首都绿色生态屏障、推进城市绿化美化、防沙治沙防治水土流失、整治城市环境等为重点的生态环境建设，成果斐然，北京市空气环境质量连续 9 年得到明显改善，奥运会和残奥会期间，空气质量达到了 10 年来历史最高水平，全面兑现了"绿色奥运"的空气质量承诺。

同时，以城市道路、城市公共交通、城际交通、民航设施、信息通信基础设施、信息应用系统、关键信息技术研发及产业化等为重点的交通信息建设成效显著，如轨道交通通车里程新增 146 千米，城市综合交通体系更加完善。

（4）提升城市形象

通过举办体育赛事可积极推动城市文化和城市形象的提升。一般而言，体育赛事的举办，特别是一些大型国际体育赛事的成功举办可以从多方面推动体育文化的深化和发展，而且还会影响到市民对体育赛事的观念，大型体育赛事的成功举办还可以召集全体市民广泛参与。从政府官员到普通市民，都会在赛事举办期间努力改善自身形象，提高自身素质，推动城市精神文明的建设，抛弃陈规陋习、不良行为习惯，呈现文明、欣欣向荣的城市形象。

北京奥运会的成功举办，对提升中国与北京的国际形象具有重要的意义，良好的主办地形象是奥运会最重要的遗产之一。北京奥运的举办向全世界塑造了北京改革创新和全方位开放的新形象。北京以奥运项目为载体，加大改革力度，扩大对内对外开放，实行公平准入、公平竞争；完善政策法规体系，加强知识产权保护力度，培养和使用高素质人才，学习和借鉴国际先进经营理念和管理经验；在政府工作中，坚持开放、

公正、高效、廉洁，增强务实精神，提高办事效率，通过奥运会的筹备
工作和项目运作推动了体制创新、机制创新、管理创新。北京成功在世
界面前树立了高效、勤政、廉洁的政府形象。正面的政府形象对于整个
城市的形象起着主导作用，只有拥有了正面的政府形象的举办城市才会
拥有较为正面的城市形象。可见，顺利举办大型体育赛事可以在一定程
度上提升举办城市形象。

（5）推动产业升级发展

北京奥运会的成功举办，大大加快了北京市产业结构调整的进度，
"绿色奥运、科技奥运、人文奥运"三大理念深入人心，助推北京经济发
展方式发生重要转变，产业结构调整升级步伐显著加快，"三、二、一"
的产业格局和服务主导型经济特征不断巩固，生产性服务业、文化创意
产业等高端产业发展态势良好，中关村科技园区、北京经济技术开发区、
CBD 商务中心区、临空经济区、奥林匹克中心区和金融街六大高端产业
功能区集聚引领作用显著增强。如表 3-2 所见，从 2005 年第三产业占国
民生产总值占比突破 70% 开始，到 2016 年第三产业占国民生产总值占比
突破 80%，北京仅仅用了 12 年。

表 3-2　　　　北京市第三产业占国民生产总值比重　　　（单位:%）

年度	第三产业占国民生产总值比重	年度	第三产业占国民生产总值比重
2005	70.14	2011	76.62
2006	72.27	2012	66.06
2007	73.85	2013	77.61
2008	75.83	2014	78.02
2009	76.06	2015	79.73
2010	75.69	2016	80.23

北京市的体育产业也实现了跨越式的增长，奥运会申办成功促进国
民的体育意识增强，并推动了体育产业体系的完善。2008 年，北京市体
育产业在奥运会的影响下，实现增加值 154.0 亿元，按现价计算，比
2007 年增长 75.8%；实现增加值占 GDP 的比重达到 1.39%，达到历史最
高水平。2008 年，北京市体育产业从业人员达到 10.2 万人，实现总收入

579.8亿元，分别比2007年增长7.4%和67.4%。健身休闲娱乐成为北京市体育产业发展的重要领域。2008年，北京市专门从事健身休闲行业的法人单位已达800家。奥运会还提升了北京市民参与体育健身的热情，体育健身消费支出有较大增长。2008年，北京市城镇居民人均健身活动支出55.74元，比2007年增加7.24元，增长14.9%。

奥运会对北京旅游业具有巨大的推动作用，奥运会召开期间，大量游客涌入北京，这些游客的体验对后续的旅游者形成影响，从而推动了北京的旅游市场的兴起，同时也促进北京提升旅游形象、吸引旅游客源和创造旅游环境。

3. 相关启示

奥运会能够对主办城市的经济发展产生巨大的影响，是促进城市现代化和城市营销的重要平台。现代奥运会之所以能够对主办城市的经济发展产生巨大的影响，最根本的原因是奥运会能够给主办城市带来巨大的投资需求。注入主办城市的投资通过投入产出链及乘数效应促使主办城市经济总量的增加。现代奥运会能给主办城市带来长期的经济影响，影响的时限约为12年，奥运经济产生的乘数效应具有明显的后发性特征。通过对国际国内城市举办奥运会及其经济遗产的分析，可以得到以下启示。

第一，必须把赛事举办与城市发展目标结合起来，让赛会发挥助推城市发展的作用，需要找准城市发展过程中面临的问题，使筹办赛会的需求与城市发展的需求精准对接，将赛会相关规划融入城市发展规划之中，使遗产得到有效利用，也使主办城市在资金、技术、平台等方面获得更多优势资源。利用赛会带来的积极影响推动城市复兴是一项时间长、涉及面广的复杂工程，需要建立高效、长效的可持续组织机制。

第二，通过大手笔的基础设施建设投资，以污染治理、生态环境改造、交通与通信系统的升级等为重点。城市建设能提升城市形象，并能拉动内需，为提升城市竞争力、城市经济腾飞和建设国际化都市奠定坚实基础。

第三，全面优化体育服务业发展环境，促进体育产业的发展，积极推进业态融合，拓展多元化经营，推动体育服务业与相关服务业融合发展，如体旅融合、体教融合、体医融合、体育与养老服务融合、体育与文化创意和设计服务融合、体育与教育培训融合等，促进体育旅游、体育传媒、体育会展、体育广告、体育影视等相关业态的发展。跨界整合、融合发展已成为体育产业供给侧改革的新路径，多业融合、全域联动成为主要趋势。随着奥运会的举办，群众参与体育积极性增加，必将带动体育健身活动的蓬勃发展。无论是比赛场馆、健身中心所需的各种设施、体育器材用品，还是体育经纪人、活动的冠名权、赞助商等都存在市场机会。要进一步加强体育与其他业态的合作，引入专业的第三方机构，培育有品牌竞争力的实体，在机构改革和监督管理方法上找突破口，为业态融合扫清壁垒，实现多业态的联动效应。

第四，大型赛事的举办会给相关产业带来众多的机会。奥运会直接带动了各举办城市体育、旅游、文化等产业的发展，商贸物流、通信、健康、广告传媒、会展、创意设计等诸多相关产业都将在奥运经济的推动下获得新的增长点，形成"连锁效应"。从奥运会举办城市经验看，举办城市和国际奥委会都非常重视奥运设施的长期利用。从机场、火车站、城市道路、电信系统、新闻中心这些大型基础设施到比赛场馆、奥运村及其他辅助设施等中小型建设项目，对于相关产业的发展来说具有重要价值，将推动举办城市的产业结构优化升级。

（三）武汉军运经济遗产的内容及价值分析

1. 武汉军运经济遗产的内容

2019 年 10 月，第七届世界军人运动会在武汉举行。我们将第七届世界军人运动会形成的经济遗产称为"武汉军运经济遗产"。明确武汉军运经济遗产的内容是发挥其价值作用和实施开发策略的前提。军运经济遗产是一个整体概念，包括军运会在举办过程中所遗留下来的有形遗产和无形遗产。

（1）有形遗产

①经济收入

大型赛事举行前后都会有来自各地的游客，他们的到来给举办国和城市经济增长，比如餐饮、住宿、景点门票、交通方面，这些旅游支出会让商家获得更多的收益。第七届世界军人运动会在武汉举办，据马蜂窝旅游网大数据显示，得益于军运会，武汉 10 月 15 日至 21 日的旅游热度同比去年上涨近 20%，热度排名从"十一"期间的第 15 位快速上升至第 9 位。[①] 黄鹤楼、东湖、户部巷等知名景点、景区的热度也随之上涨。除此之外，通过出售电视转播权、组委会赞助商、印章、纪念币邮票以及门票销售等均可获得收益。首先，各国运动员、运动员陪同人员、志愿者、观众等在赛会中的消费行为都会为主办城市带来直接的经济效益。其次，在武汉军运会中，官方赞助商和供应商数量高达几百个，赞助商和供应商为赛会提供资金、技术、服务、人员、物资等以换取广告及促销优先权和营销权，这从侧面增加了赛会的经济收入，同时拉动了城市经济投资。

②场馆设施

为举办军运会，武汉改造建设了 35 处体育场馆，分别位于后湖、光谷、黄家湖、沌口等几个大板块。其中，改造的 22 个老旧体育场馆面貌焕然一新；13 处新建场馆大多布局在群众健身需求旺盛而体育设施相对欠缺的区域。军运会后这些场馆设施的开发和利用为周边武汉市民的体育活动奠定了坚实的基础。场馆建设还应用了一系列高科技，例如空气灯光智能控制，球馆的屋顶"会呼吸"、照明"会切换"、风速"会调节"，等等。新建军运会主媒体中心运用了 5G、4K/8K、VR 和云端存储、人脸识别、语音识别等新技术，创下了多个历史第一。

③城市基础设施

在军运会筹备期间，武汉市推动市政设施升级。2015—2019 年，武汉公路网、铁路网、航空网络和航道网建设全面铺开，综合交通运输网络密度由创建初期的 282.5 千米/百平方千米提升至创建期末的 288.1 千米/百平方千米，综合运输设施供给能力增强。2017—2019 年，武汉共整治提升 1300 多千米道路，地铁线网运营里程突破 330 千米，机场、港口、道路、轨道交通、环线加放射的城市快速路系统，公共客运交通枢纽场站及其智能指挥调度系统，优化公共线网布局等交通方面条件有了突破

---

① 马蜂窝大数据：《军动会拉动武汉旅游热度上涨，展现城市新名片》，2019 年 10 月 24 日，http：//baijiahao. baidu. com/s？id＝1648253256810087663&wfr＝sprder&for＝pc。

性的改善。武汉建成并开通 3700 多个 5G 基站，实现了军运会 35 处场馆设施和重点区域全覆盖，相关信息基础设施的升级与扩容大大提高武汉城市信息化水平。

④城市环境

为迎接军运会召开，武汉推动城市环境综合整治提升。落实共抓长江大保护，优化调整长江汉江岸线资源，长江灯光秀成为城市新亮点。整治提升示范片区 20 个、重点道路 221 条、老旧建筑 3.4 万栋、户外广告招牌 6 万多块，拆除违建 182.8 万平方米，建筑立面更加整洁，城市天际线更加清爽。对机场、车站、城市主干道、轨道交通、旅游景点等公共场所多语路名牌和导示牌进行整改规范和查漏补新，现代化大都市风貌日渐彰显。突出水质提升，着力改善生态环境，长江汉江武汉段保持Ⅱ类水质，东湖水质稳定在Ⅲ类至Ⅳ类之间，新增海绵城市 40 平方千米。城乡污水治理、垃圾处理能力进一步提高。拓展绿色公共空间，建成各类公园 45 个，新建绿道 303 千米，新增绿地 650 万平方米，打造花田花海 600 万平方米。到 2019 年实现了武汉"天蓝水绿景美"的承诺。

（2）无形遗产

①形象性遗产

彰显中国一以贯之的和平发展理念和勇于承担国际责任的大国担当。中国主动申办、积极承办军运会，为世界各国军人展示形象、增进友谊搭建平台，充分体现了作为国际军体成员国的责任担当，向世界表明了爱好和平、追求和平、维护和平的坚定信念，再次用实际行动兑现了"坚持和平发展道路，奉行互利共赢的开放战略"的庄严承诺。

武汉军运会成为世界深入了解中国改革开放成就和社会经济发展的一扇窗口。借助军运会这个平台，展示中国改革开放四十年来取得的伟大成就，让世界更加了解中国。本届军运会上一系列高科技的应用，向世界展示了中国新的风采。军运村中安排的特色文艺演出、武汉剪纸和广州玉雕等非遗文化展示，让八方来客感受到中国文化的魅力。这次军运会选择在中部城市武汉举办，成为向全世界推介中国发展成果的名片，让世界人民认识到了新的中国城市形象。

展示了武汉开放、民主和有活力的城市形象。第七届军运会对标奥运，树立了中国标准、武汉速度、历史典范，展现了中国气派、军事特色和荆楚神韵，展示了城市经济、科技、文化的发展，以及武汉市民喜悦、和谐的氛围。境外媒体被精彩纷呈的军运会开闭幕式所震撼、为无可挑剔的赛事组织所折服、更为细致周到的媒体服务所感动。军运会的成功举办塑造了武汉城市形象，更多的国家和人民借助于军运会更加深入地了解中国，了解武汉。

②经验性遗产

提供军运会武汉经验和标准，推动世界军事体育的发展。第七届军运会实现几个首次：首次集中建设军运村；首次走出军营办赛，由军地共同承办；首次实现在同一个城市举办所有比赛项目；首次为各个代表团提供全方位的志愿服务；首次建立立体救援模式。武汉军运会打造了国际军体赛事的中国标准，将军运会推向新的历史高度，让国际军体在以后有更好的参照标准和经验，也将让全世界的军队领导人认识到体育对军事准备、维和行动及全球军队交流的重要性。

服务标准经验。如何办好军运会，可借鉴参考的标准不多。武汉在筹备军运会之始，便确立了"细致、精致、极致、卓越"的工作标准。按照国际军体提出的"固化办赛标准"要求，武汉军运会执委会制定出一整套标准化方案。武汉还遵循国际惯例，制定了《媒体服务指南》《媒体服务中心通用政策及程序》等各类服务手册，形成规范完整的制度体系，并创新设置了机场地铁7×24小时通关一站式服务。此次军运接待服务工作给武汉市酒店服务行业带来了锻炼机会，也留下了宝贵经验。为打造军运一流酒店服务，武汉市文化和旅游局牵头编制了《第七届世界军人运动会官方接待酒店服务工作标准》。①

志愿者工作的组织管理经验。志愿者是保障赛事顺利进行的重要环节。对于军运村高校志愿者专门设有志愿者管理委员会，在此基础之上又分别下设志愿者大队、中队、小队，以不同高校划分为大队，以班次划分为中队，以工作岗位和工作地点划分为小队，层层分工，有效规避管理缺陷导致的工作失误，大大提高了工作效率。军运村志愿者仅占军运会志愿者极少一部分，以小见大，可见整个赛事的运行管理是环环相

---

① 　中共武汉市委宣传部对外宣传处：《在世界军运史上留下中国印记——武汉借"军运会"向世界讲好中国故事案例》，《对外传播》2020 年第 3 期。

扣，疏而不漏。军运会所形成的系统高效的志愿者招募、选拔、培训、管理和激励机制，不仅为今后举办大型国际活动提供了宝贵经验，同时也推动了志愿服务事业的健康快速发展。

安全服务保障经验。首先是医疗保障"武汉模式"。在军运会期间构建了由 120 辆救护车、2 架直升机、6 艘医疗船组成的"水、陆、空"立体急救救援体系，形成现场医疗急救、急救转运、门急诊救治、住院治疗无缝衔接的医疗保障体系，这是在国内大型综合性赛事中首次建立立体救援模式。其次是食品安全从田间地头到餐桌实现了全链条管理。固化 54 种反兴奋剂检测种类，确定了 8 家资质合格的检测机构，确保供会食品的检测项目统一、检测方法统一、安全标准统一，以最严标准，严防食品源头兴奋剂事件发生。再次是枪支弹药的安全保障。61 个境外参赛代表团需要携带千余支枪支、数十万发子弹入境，涉及 8 个口岸。海关会同边检部门联合设立枪弹申报中心，实现集中申报、集中查验、集中放行，最大限度实现了枪弹的快速通关。

③思想性遗产

"小水杉"志愿者精神。"小水杉"是对武汉军运会志愿者的昵称。在军运村，在比赛场馆，在武汉市各大交通要道，共有 23 万名军运志愿者，用细心、周到的服务，以专业、热情、年轻、自信的姿态，为各国嘉宾和运动员提供细致的服务。在武汉军运会 23 万多名志愿者中，有 2.6 万名赛会志愿者，主要服务于语言、场馆运行、应急处置、竞赛支持等 13 个大的志愿领域。通过志愿者的服务，向世界展示新时代中国青年的阳光、自信、智慧、创新的形象。而志愿者们所传达的以"奉献、友爱、互助、进步"为主要内容的志愿精神更是向社会传播了满满的正能量，对于武汉志愿者组织的发展意义重大。

武汉市民主人翁精神及认同感。国家与城市的发展离不开每位公民的贡献与参与，市民通过参与和融入获得极大的认同感与使命感，对城市发展有非常积极的引导作用。本次军运会切实展现了"武汉，每天不一样"的城市宣言以及同心协力办大事的社会风气，武汉市每一位市民的积极配合参与是必不可少的环节。在 10 天的赛事中，武汉市民的整体精神风貌也为军运会增光添彩。这次赛会不仅增强了武汉市民对于自己城市发展的信心，更体现出了市民对家乡的认同感和归属感。

军运会传递运动健康的理念，激发人们对于体育的热情。在筹办和组织军运会期间，武汉通过组织全民健身运动会等形式多样的体育活动提升公众和谐发展身体、心理和意志的意识。军运会的举办让一些相对冷门的运动项目走进大众视野，马术、击剑、摔跤等项目越来越受欢迎，水上救生和铁人三项等项目也开始受到关注。军运会的举办激发了市民多元化的潜在消费需求，增强了大众体育锻炼意识，展现出武汉的体育消费升级和体育文化升级，对武汉体育消费市场具有明显的推动效应，促进了体育产业发展。

2. 武汉军运经济遗产的价值

（1）城市综合竞争力提升

第七届军运会的成功举办，使武汉的城市环境、交通运输、电子通信等基础设施等得到了极大改观，促进城市经济、科技、文化的发展，改善城市形象、提高城市知名度，增强经贸合作与交流，拉动城市建设，改善投资环境，推动城市经济发展与国际接轨，进而带动城市经济的协调发展，提高武汉作为国家中心城市的地位，提高城市的综合竞争力。

①经济实力增强

军运会筹办时期正是武汉经济由高速增长转向高质量发展的关键时期，武汉经济在这一时期保持了较快的增长，这是在我国坚定不移地稳增长、调结构、转方式，面对错综复杂、不断加大的经济下行压力的环境下取得的，军运经济在其中发挥了重要拉动作用。2016—2019 年，武汉经济保持了近 8% 的增长速度，比全国 2016—2019 年的平均增速高出近 1.23 个百分点。2019 年，全市经济总量达到 16223.21 亿元；按常住人口计算的人均 GDP 由 2015 年的 104132 元跃升到 145545 元，按平均汇率折合为 2.11 万美元。与此同时，武汉投资上百亿元，修建、改建体育场馆，扩建延伸地铁等交通设施，在军运会因素带动下，武汉市投资快速增长，公共投资通过投资乘数的作用扩大城市基础建设，提高整个城市的投资水平，从而带动经济增长和扩大就业。消费结构持续优化，经济增长模式逐步向消费主导型转变，消费拉动作用不断增强，对外贸易和入境旅游更加活跃。武汉市经济实力快速发展，名列全国副省级城市第四，全国副省级以上城市第八，为城市进一步的发展奠定了更坚实的基础。

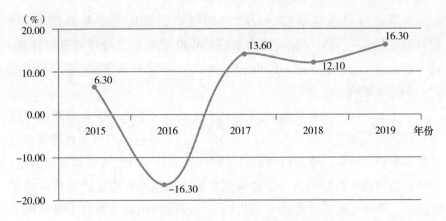

图3-1　2015—2019年工业投资增速

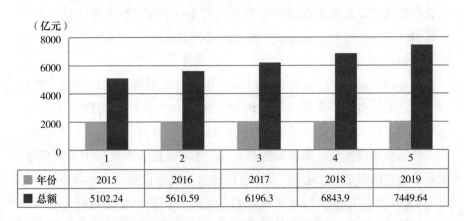

年份	2015	2016	2017	2018	2019
总额	5102.24	5610.59	6196.3	6843.9	7449.64

图3-2　武汉市2015—2019年社会消费品零售总额

②营商环境改善

一座城市重大赛事的办赛环境，也就是这座城市的营商环境。军运会促进了城市基础设施的改善和城市环境综合治理水平提升，以及城市文明程度和全体市民的文明素养提升，成为展现武汉城市形象的平台。军运会的举办为提高武汉政府和职能部门执政水平提供了一个良好的契机，各部门协调能力和协作理念提升，工作精细化、规范化水平提升，审批和服务水平提升，并且在军运会筹办过程中积累了各方面经验、标准，加速了适应现代化市场经济要求的步伐，加快推进了全市治理体系和治理能力现代化。军运会的成功举办，使武汉成为国际上极富吸引力的投资和业务拓展目的地。一项由独立第三方机构万博新经济研究院发布的最新评价报告《后疫情时代中国城市营商环境指数评价报告》(2020) 发布,① 对中国经济实力最强的 100 个城市营商环境进行评价,武汉继上海、北京、深圳、广州、杭州之后,营商环境指数排名第六。

③国际影响力增加

一次大型的国际赛事活动就是一场高水平的主场外交。为迎接军运会召开,武汉通过实施"八大优化行动",持续推进城市国际化进程。通过举办本届军运会,全方位展示武汉的发展成就、城市形象和文化底蕴,提高城市知名度和影响力,让武汉更好地走向世界,也让世界更好地了解武汉。举办军运会使武汉在相当长的一段时间内成为全球主要媒体追踪报道的一个热点,且这种效应在军运会举办期间会达到峰值。承办军运会会使武汉在整体上获得一个开放、民主和有活力的形象,这种形象对吸引外资以及国内企业拓展海外市场都有实际意义。

④创新能力提高

在本届军运会上,高科技元素随处可见。军运会的场馆设施、军运村建设、安保系统、医保系统、传媒系统等各方面都应用到了大数据、物联网和高速移动通信网络等领域的新科技、新材料。作为 5G 时代举办的一场国际体育盛会,武汉军运会在 5G 技术应用方面进行了大量探索,所有场馆全部覆盖 5G 网络,赛事电视转播、成绩信息、主媒体中心等都应用了 5G 传播技术,彰显科技魅力。东风公司提供智慧出行、智慧物流、智慧清洁应用解决方案的最新力作在军运会期间投入示范运行。军运会赛时联合指挥部大厅内"最强大脑"系统,清晰显示着各场馆信息、人员信息、视频监控等实时画面,远程实时呈现城市交通、气象、地理、环保、媒体等不同主题的"多图"运行状态监测界面。以 5G 技术为代表,武汉"芯屏端网"万亿级产业集群将加速崛起,四大国家级产业基地建设顺利,新技术、新应用、新产品不断应用,新旧动能转换加速进行。

⑤企业实力增强

在军运会筹备建设及举办过程中,一批企业凭借先进的科学技术、

① 2020 年 6 月,万博新经济研究院联合中国战略文化促进会、中国连锁经营协会、中国经济传媒协会和第一财经研究院,在线发布《后疫情时代中国城市营商环境指数评价报告》。

优质的产品与服务，向世界展示了雄厚的技术和经济实力，同时借助军运营销迅速提升了企业品牌价值，推进自身由产品经营向品牌经营的跃升。在本次武汉军运会中，官方赞助商和供应商数量高达几百个，赞助商和供应商为赛会提供资金、技术、服务、人员、物资等以换取广告及促销优先权和营销权。一些民营企业参与道路设施、场馆建设、配电设施、建筑立面整治、园林景观绿化等工程建设，以及文化休闲、餐饮、安保、保洁等相关配套服务，一些体育用品企业和服务企业也借助军运会来展示企业和产品。企业的参与证明了企业实力，擦亮了企业品牌，锻炼了员工队伍。

⑥军民融合深化

本次军运会打造了军民融合的"武汉样本"。一是形成了军地融合、分级管理、整体联动的工作机制，启动了一次以武汉为平台的军民融合实践。执委会办公室（军队）和武汉执委会（地方）实际上是一家，执委会成立以来，所有节点性工作都是军地双方一起筹划和实施的。在赛事医疗卫生安全保障等各方面，实现军地高度融合，以联勤保障部队为中心建立参赛办赛保障无缝对接，以中部战区总医院为主建立大型活动和军事比赛项目保障协同，组建省、市和军方一体化的传染病防控和卫生应急队伍。二是推动了军民技术和产业的融合。军运会是军民融合发展的有利契机，按照"市场导向、企业主体、利益共享"原则，积极探索军民融合发展的新模式，推动了协同创新、联合公关、成果转化和产业发展。武汉目前已有光电子信息产业、通用航空及卫星产业、国家网络安全人才与创新、武汉国家航天产业四大军民融合产业基地。

（2）产业结构优化升级

从经济结构调整来看，前期军运会投资拉动的是第二产业，同时对第三产业也有一定的拉动，后期军运需求拉动的产业是二三产业并重，这会促进第三产业中某些服务行业的发展和一些公关服务业的需求增加。对武汉来说，军运经济为其优化产业结构、发展特色产业和优势产业提供了重大历史机遇。军运会直接带动了体育、旅游、文化等产业的发展，商贸物流、信息通信、广告传媒、会展、创意设计等诸多相关产业都将在奥运经济的推动下获得新的增长点，形成"连锁效应"。

①体育产业

以筹办第七届世界军人运动会为契机，武汉市通过办品牌赛事、增体育设施、强运动服务，使体育产业获得十分重要的推动力。

第一，承办军运会的过程是一个不断提高国民体育意识，引导大众体育消费的过程。承办军运会将使体育在相当长的一段时间内成为社会关注的焦点和热点，而这种关注对提升国民体育意识，引导和激发大众的体育消费行为将发挥重要作用。

第二，承办军运会可以为所有体育企业拓展业务提供资源和机会。健身娱乐企业可以借承办东风引导和刺激消费，拓展服务人群和服务领域；竞赛表演企业和体育中介企业可以借承办的影响力运作一系列国际和国内的商业赛事；体育用品企业则可以借承办军运会这一强势品牌开展营销，开拓国内外体育用品市场。体育旅游、体育媒体、体育保险等行业也会因承办获得必要的发展机会。

第三，承办军运会本身就是一个刺激体育产业发展的巨大需求，上千亿元的投资将极大改善体育产业的基本物质条件，提高整个产业的资金和技术密集程度，从而为体育产业的持续发展奠定坚实的基础。

②旅游产业

第一，军运会向全世界展示了武汉城市旅游名片。在军运会期间比赛之余，各国来宾"组团"体验武汉夜经济，长江沿岸成为各国友人争相拍照的打卡"旅游胜地"。数据显示，在军运会期间，黄鹤楼共接待各国政要、运动员、裁判员、媒体记者4400余人次。一场体育盛会，在奉献一场场精彩赛事的同时，也带来了1100余万名外地游客畅游武汉，促进了武汉旅游业大发展。

第二，军运会为武汉的宾馆、旅行社、饭店、饮食、旅游交通以及景区景点等众多行业提供了新的发展契机，同时也对武汉旅游业行业提出了更高的要求，对赛事进行精心的策划和组织，促使旅游相关行业与赛事的深度合作，从而提高旅游的营销、管理和服务水平，推动旅游业的创新升级。

第三，体育与旅游的融合也为旅游产业的创新转型提供了新的方向。体育健身休闲活动、体育赛事活动和体育场馆等三大体育本体产业资源都可被旅游业所使用，并可作为旅游资源开发形成有吸引力的产品进行营销。

③文化产业

军运会从多方面直接或间接推动武汉文化产品的生产、文化设施的建设和文化资源的积累,从而推动武汉文化产业发展。

第一,军运会借助其自身优势,以文化载体的身份拉动了文化产品的生产,包括军运会的会徽、吉祥物、印章、纪念币邮票等。

第二,军运会借助自身举办优势,以中心辐射的方式促进了文化设施的建设。武汉军运会非常重视体育场馆的专业功能与社会综合功能相结合,比如汉口文化体育中心赛后成为体育竞技、文化体验和旅游休闲融为一体的"江汉样本"——"一场三馆":体育场,图书馆、文化馆、博物馆。

第三,军运会以存旧融新的方式促进了文化资源的积累。军运会开幕式的文艺表演展示了中国古代军事文化的深厚底蕴。军运村里的非遗文化展示了精巧的传统文化技艺。武汉军运会特许商品设计整合了中国元素、武汉元素和军事元素,具有代表性的产品有穿唐装的"兵兵"娃娃,以"越王勾践剑"为设计灵感及"汉阳造"步枪为造型的纪念"金笔"展示武汉与中国特色历史和军事文化。

④健康产业

军运会给武汉市卫生健康系统留下一笔笔宝贵财富,有力促进武汉健康产业发展。

第一,留下了一个互联互通、协同高效、管理严谨的组织体系。赛时组建了医疗保障调度中心,负责军运会医疗保障政策的组织实施、军地医疗力量调度、公共卫生保障、药品保障、疾病防控、卫生应急、病媒生物防制、健康教育、口岸出入境检验检疫等工作。部门之间互联互通、协同高效,这是一次以往少有、影响深远的合作。

第二,形成了一套具备国际水平、平战结合、武汉特色的保障标准。在《第七届世界军人运动会医疗卫生保障总体方案》框架下,以其为一级方案,确定了以医疗保障、急救运转、血液保障、突发公共事件医疗卫生救援等为二级方案,形成现场医疗急救、急救转运、门急诊救治、住院治疗无缝连接的医疗保障体系。

第三,打造急救转运保障"武汉模式"。武汉军运会在军运会历史上率先使用救护车、医疗船、医疗急救直升机，完成"陆、水、空"立体医疗急救转运保障。

⑤商贸物流业

军运会的举办使得交通基础设施大幅度改善，武汉"大口岸、大通关"国际化水平提升。抵离中心创造大型国际赛事口岸保障"武汉经验"，实现通关联合查验和竞赛场馆前置查验新模式，构建"1+3+4"城市口岸部门"一张网"抵离保障工作机制，"1+3+4"抵离站点发挥全流线机制作用，互相配合，互通信息，真正构建了军运会纵横衔接、全面覆盖、协同作战的抵离服务全国一张网。创新赛会物流运行规范与标准，总结物流新技术与新能源应用成果，促进与提升赛事物流服务水平，培养赛事物流管理人才队伍，商贸物流业的体质发展取得突破。

⑥信息通信业

军运会在大力推进城市信息化、建设"芯屏端网"的同时，率先试用5G通信技术，建设通信基础设施和网络协同，营造良好的信息化环境，提供优质的信息服务。在武汉体育中心的主媒体中心，现代化的最新网络通信和直播保障设备一应俱全。作为全国5G通信试点城市，武汉对场馆、室外区域、赛事途经干道、交通枢纽以及重要商圈进行网络优化。军运会所有场馆均已完成5G网络覆盖，5G成为军运会转播的专用信道。高速通信技术助力观赛、场馆建设比肩奥运标准、AI大脑实现智慧供电、无人驾驶车免费开放体验以及智慧安保系统等。

⑦传媒产业

在数字经济、网络空间、5G、人工智能的背景下，传媒产业将变得更加复杂，并迎来新的风口期。武汉军运会执委会首场例行新闻发布会——"与军运同行"文体活动总体安排新闻发布会，网络点击量突破40万人次，好评率超过90%。军运会倒计时1天专题新闻发布会网上点击量超过3000万人次，新华网、微博、微信、客户端通过11种语言向全球宣传推介，累计覆盖全球2亿人次。制作播出倒计时100天宣传片、军运会纪录片《和平荣耀》、宣传片《和平笑脸》《吹响集结号》、赛事回顾、志愿者风采等各类宣传片录入军运会多语种官网资料库中。武汉汉字造梦、火凤凰等传媒产业在这次大考中锻炼了实力，学习了经验。

⑧会展业

从历史上看，大型赛事对主办城市会展业发展有其影响，一般赛事的前一年和结束后的一年吸引的国外代表人数较多，相应地是主办城市会展业的黄金时期。军运会的举办将从以下三个方面推动武汉会展业的发展。

第一，筹办军运会工作大批各层次的人才，包括军运会的志愿者、传播的辅助工作人员与服务人员等，这些参加过国际顶级盛会筹备工作的人员，由于其难得的经历，将成为会展业发展的高素质后备人才。

第二，军运会的召开使武汉的国际影响力增加，会展活动必将随之增加，而国外著名品牌会展也会积极介入。借此机会，会展业可以提升品牌质量，加大品牌宣传，也可以通过与国外的合作来提升会展品牌。

第三，军运会为会展业发展提供基础设施，主要是解决会展场馆瓶颈问题和改善城市交通条件。军运会体育场馆的后期利用会对展馆的短缺有一定缓解作用。

⑨创意设计业

2017 年，武汉入选全球创意城市网络"设计之都"，为武汉创意设计产业发展搭建了国际化平台。在军运会上，武汉的创意设计也大显身手，两江四岸的灯光秀，开幕式、闭幕式等无不展现武汉的创意设计之美。会徽、吉祥物、军人运动会官方运动制服、礼仪小姐制服等设计都体现出武汉设计产业的高水准。重点地区公共空间环境、公共基础设施以及城市景观和城市标识系统优化也都凸显出"设计之都"的优势和特色。一大批文化创意企业也参与到军运会的创意设计领域中。例如语言信息服务企业传神语联参与设计制作军运会吉祥物"兵兵"动漫宣传片。

大型体育赛事举办也可能给城市带来负面影响，场馆建设，赛事投资会对城市财政预算形成压力。将办赛事与建城市结合起来，让军运会成果造福市民，避免让场馆成为"一次性工程"，是本届军运会场馆建设秉持的理念之一。武汉秉持"绿色、共享、开放、廉洁"办赛理念，高标准高质量推进筹办工作。立足节俭办赛、简约办会，在全市均衡布局、统筹建设 35 处、54 个场馆设施，维修改造和临时搭建占 60%以上，赛时满足比赛需求，赛后向公众开放，体现了"近迎军运、长期惠民"。这些理念的执行使军运会大大避免了后军运时代的场馆闲置、投资下滑的

"低谷效应"。诚然，一场突如其来的疫情使得武汉被军运点燃的经济发展势头遭受重创，但武汉这座英雄的城市，背靠强大的国家，在这个"百年未有之大变局"的时代，假以时日，必定转危为机，展现应有的辉煌。得出这种判断主要基于以下理由：一是武汉处于加快经济结构调速转型时期。以新产业、新业态、新商业模式为代表的"三新经济"正在加速成长。军运会为武汉留下的经济遗产有利于武汉的经济结构转型。疫情不是阻碍转型，而是迫使经济不得不加速转型。危机就变成了动力。二是5G的布局带动互联网经济在国内蓬勃发展。5G的布局不仅为我国产业的转型起到推动和助力作用，而且加速了中国互联网企业体量的增长和在世界的崛起。这次军运会武汉5G的全覆盖，使得武汉在这一方面有较大的优势。三是疫情将进一步唤醒大众的健身意识，重塑公众生活方式，人们对强身健体的消费需求会带来行业新动能。四是改革开放发展到了扩大内需打造超级市场是必然趋势的时代。武汉处于内陆中心，是发展国内市场强大的动力。

（四）军运经济遗产促进现代服务业发展的路径模式

1. 产业融合、体育产业与现代服务业发展

产业融合作为一种经济现象，最早源于数字技术的出现而导致的信息行业之间的相互交叉。20世纪70年代，通信技术的发展和信息处理技术的革新推动了通信、邮政、广播和报刊等传媒间的相互融合，产业融合发展的趋势初见端倪。20世纪90年代以来，产业融合冲击并变更着传统的产业结构，影响到个人、家庭、企业以至国家等各个层面。

2003年，经济学家厉无畏提出：产业融合是一个动态的发展过程，是各个产业或者是相同产业的不同行业之间互相合作，相互渗透，最终诞生的新产业。好比学科之间的交流融合，产业融合最终也会得到一个新的概念。产业融合表现为产业之间相互交融，打破产业的限制框架，促进新产业的诞生。从目前已经发生的产业融合现象来看，产业融合主要集中于服务业。

2011年出版的《中国体育及相关产业统计》一书中对体育产业定义

进行阐述：体育产业是指经营体育产品，开展体育活动的组织以及部门的总和，其主要目的是为民众观看体育比赛，参与体育活动提供支持。体育产业不仅是制造体育用品，还包括服务业，又可以分为健身娱乐业、体育比赛表演业、体育培训业、体育产品销售业和体育中介业。随着经济的发展、社会的进步，现代体育产业的内涵和外延已经远远超出体育本体产业的范围。体育产业是集体育健身、体育竞赛和体育表演、体育中介、体育用品、体育服务、体育文化旅游、体育传媒等多种相关产业为一体的复合型产业，是最容易发生产业融合的领域之一。

服务业的产业融合是指服务业产业内部行业间的边界模糊化，出现兼具多个行业特征的新型服务业业态的过程。这种融合主要表现为不同服务行业间的相互渗透和交叉，从而使得融合后的产业兼具原有服务业的特征。体育产业则是现代经济中蕴藏巨大商机并逐渐成为国民经济发展中的支柱性产业，而体育服务业又在体育产业中占主导地位，是辐射、渗透到包括第一、第二产业在内的方方面面领域里的现代服务业的重要组成部分。体育产业化发展刺激内需、促进消费，拉动经济增长，带动、调节、衍生现代服务业的外延和内涵。体育产业与相关产业融合发展，是新时期体育产业发展的"新常态"。体育产业与其他相关产业的边界逐渐融合，业务上相互渗透，不断促进新业态的产生。

2. 军运经济遗产与现代服务业的互动作用机理

大型赛事对承办地区经济发展的影响突出表现在拉动该地区服务业的迅速发展方面。军运会要求举办城市在交通、邮电、通信、旅馆、餐饮等方面提供一流的硬件和优质的服务，同时还对银行、保险、医院、中介机构和文化设施有相当高的要求。武汉成功举办军运会必然会加快现代服务业发展。军运会经济遗产与现代服务业的互动作用机理，包括产业互动与产业融合两个层次。

在产业互动层面，一方面，由于体育产业是关联带动作用强的集成产业，体育产业具有极强的产业关联性，在促进交通旅游、酒店餐饮、纺织服装、建筑房屋、金融保险、信息传媒、社会福利等现代服务业发展方面具有明显的拉动作用，有利于城市现代服务业综合服务功能的增强。大型比赛期间，运动员和大批游客的云集及运动会所采用的现代化技术设备促进了信息技术、建筑、工业、服务业、商业、交通、旅游、通信、传媒出版等行业的发展。武汉军运会的举办可以整合各种现代服务业资源成为体育服务产品，同时发挥"示范效应"，然后带动金融、商贸、会议展览、物流、信息和旅游等现代服务业的发展；另一方面，现代服务业与军运会两者在客源上的共通性和业务活动上的互补性，现代服务业也就成为军运会成功举办的核心支援产业，这两个方面构成了军运会与现代服务业之间的产业互动。

在产业融合层面，从理论上讲，现代服务业是一个产业族群的概念，他们不但为其他产业部门提供不同的服务活动，其内部不同的产业之间也有服务关系，有着产业族群的组织特征，其内部结构能够通过自我升级不断优化，形成规模效应、集聚效应，形成相互间的互动共生和竞争，最终形成适应国际大都市发展需要的多层次的服务产业融合体系。

两者之间的互动规律，客观上就使两者之间产生了深入的、有机的产业联系，表现在经济运行过程中就是产业融合，产业融合的理想形式就是形成现代服务产业（包含体育服务业）族群。产业族群在形式上要求大型体育赛事与现代服务业在空间上融合，即形成互补型（或者垂直型）的都市现代服务业聚集区，同时还要求在企业组织形式、政府政策层面、智力资本方面有更深的融合。体育产业本身作为现代服务业的一个重要内容，与其他产业融合形成了许多新的现代服务行业，包括体育旅游、体育经纪、体育保险、体育传媒、体育建筑和电子竞技运动等产业。

以北京的实践来看，在北京奥运会的带动下，北京的体育产业在与其他产业的不断融合中发展前进。北京三大奥运场馆的赛后利用，以体育外围产业——体育场馆服务业为核心，向体育本体产业、体育外围产业、体育中介产业多领域渗透发展，业务内容囊括了体育赛事、体育旅游、商业推广、文化演艺、文化创意产业、会议会展等内容。这一过程以场馆服务为"结点"，催生了兼具多个行业特征的新型服务业业态，具有服务业内部"结合型融合"的特征。从三大场馆赛后利用来看，由"奥运场馆的品牌价值"派生出来的"经济价值"是所有企业共同追求的价值连接点。围绕这一价值连接点，企业分别从事公关、策划、创意、组织运营、服务等各类活动，形成了企业价值链的相互交织，这一交织过程具有明显的产业融合特征。横向来讲，奥运产业的发展带动了许多相关城市文化产业的繁荣，首先是体育文化产业，奥林匹克文化营造了体育发展的整体氛围，场馆等硬件设施的修建更为其发展作好了坚实的铺垫，一些运动产业就此迎来了发展的春天。旅游业、服务业、电子通信、体育产品等许多产业在奥运期间获得了发展，在后奥运时代更成为北京城市文化的重要组成部分，各种资源在市场机制下实现优化与整合，体现了文化产业在城市内部空间集聚的发展趋势。纵向方面，奥运的举办和奥运产品的生产、理念的传播都需要各种社会产业部门的参与和协作，从而也为这些部门带来了广泛的就业机会和发展前景，如环保技术开发与服务、能源开发、建筑建材、多媒体等。奥运产业为北京经济市场带来了巨大商机，带动了上行制造产业与下行销售服务产业的繁荣。奥运会后的场馆利用充分反映了北京体育产业融合的趋势。

3. 发挥军运经济遗产效应促进武汉现代服务业发展的基本路径

总体来说，发挥军运经济遗产效应促进武汉现代服务业发展的基本路径是：在军运背景下，推动体育产业在武汉取得繁荣发展，促进体育＋产业发展，并带动着武汉城市的产业链条和社会结构朝向更加成熟和高端的方向迈进，从而实现现代服务业的提升发展。在这个过程中，军运会充当着"城市变化的催化剂"，形成以点带面，从局部到整体，从外到内，逐步扩展，带动整个服务业结构优化和创新发展。

具体来说，发挥军运经济遗产效应促进武汉现代服务业发展的基本路径分三步走。

第一，积极发展体育产业。结合当今世界发达城市的发展趋势，把发展体育产业作为城市产业发展的一个重要组成部分。武汉市需要全力发挥好此次军运会的宣传效益，打造好城市的体育品牌，以类似"赛事名城"这样独具特色的体育文化元素融入城市中，加强赛事规划指导，积极培育与打造品牌赛事，以提高城市形象，增强城市的影响力和综合竞争力。将更多可利用的人财物资源分配到体育服务业中，带动体育旅游、体育用品制造等新兴体育产业，使体育产业能成为促进武汉经济增长的新动力。

第二，探索"体育＋"产业发展。推动体育产业与相关产业融合发展模式，以促进体育产业在融合发展模式中取得更好的成就。政府需要通过此次军运会所带来的世界性目光，去发现并引进国外先进的智能运动产品，用于提高武汉市体育用品产业的科技含量。围绕"体育＋"，做好教育、旅游、金融、文化、科技等多业态与体育产业的融合发展，推动体育与健康服务、体育文化创意服务、广告、传媒等融合，促进体育传媒、体育广告、体育会展等相关业态的发展，以体育设施为载体，打造城市体育服务综合体，推动体育与住宅、休闲、商业综合开发。

第三，围绕体育产业、"体育＋"产业，推动全市现代服务业高质量发展。以军运会为契机，调整经济结构，不断开发新的经济增长点，以体育产业发展为点，围绕"体育＋"发展相关业态，从而带动全市现代服务业转型升级发展。促进体育产业与相关产业融合发展、体育产业与经济社会协调发展，推动发展模式进一步转向创新驱动，进一步提升自主创新能力，推动"军运科技"产业化，推动信息、科技、商务、会展等为代表的生产性服务业和文化创意产业发展。

需要说明的是，这三个步骤并不一定有先后顺序，而是可以同步推进，并且是相辅相成、相互促进的。

（五）军运经济遗产促进现代服务业
提升发展的重点领域

1. 健全体育产业体系，推动体育产业发展

江城武汉，体育文化底蕴深厚。这里走出了陈静、伏明霞、李娜，奥运冠军、世界冠军数不胜数；近些年连续举办女足世界杯、全国城市运动会、跳水世界杯、世界飞行者大会、中国汽摩大会、武汉国际马拉松、武汉国际赛马节、WTA 武汉网球公开赛、世界体育舞蹈大奖赛等国内外大型体育赛事活动；目前已有 6 个项目入选国家体育产业示范基地、国家体育产业示范单位、国家体育产业示范项目等。预计体育产业产值在武汉市 GDP 中所占比例将逐年增加，武汉体育消费总规模位于全国副省级城市前列。第七届世界军人运动会在武汉的成功举办，使武汉发展体育产业获得十分重要的推动力。我们应该抓住机遇，促进体育产业结构的改善，健全体育产业体系，基本上形成以竞赛表演、健身休闲为引

领,体育场馆服务、体育培训、体育传媒、体育用品制造和贸易等共同发展的体育产业体系。

(1) 赛事服务

着力完善赛事管理服务机制。制定体育赛事活动办赛指南、参赛指引,明确举办基本条件、标准、规则和各相关主管部门的责任。建立跨部门的体育赛事活动综合服务机制或例会制度。开发体育赛事活动安全许可预受理系统,为赛事活动承办方申请许可提供便利,改进商业性体育赛事活动的安全管理措施。

加快武汉国际赛事之都建设。着力发展现有职业联赛,重点发展足球、篮球、排球、乒乓球、羽毛球等市场化程度高的职业体育赛事和马拉松、自行车、山地户外、武术等市场基础好的群众性体育赛事活动。积极推动国际汽联 F4 中国锦标赛暨中国方程式大奖赛、CECC 中国电动汽车场地锦标赛、国际摩联花式越野摩托世界巡回赛引入武汉。丰富赛事活动供给,打造赛事活动品牌,将体育赛事与汽车、通用航空等特色产业相结合,着力培育武汉网球公开赛、武汉马拉松、武汉水上马拉松、武汉国际赛马节、世界飞行者大会、中国汽摩运动大会等一批体育赛事品牌。支持举办各级各类体育赛事,支持校际体育赛事发展,探索商业化运营模式。发展体育经纪人队伍,挖掘体育明星市场价值。

积极开发体育产业训练基地。加快建设运动队运动员接待等辅助服务设施和商业设施的配套,满足不同单项运动赛事尤其是职业体育赛事以及接待运动队运动员冬训的基本需要。依托优越的体育场馆设施、优美的自然环境和得天独厚的气候条件,整合体育场馆设施、科研攻关、运动营养、运动损伤康复和理疗等机构,提高基地硬件设施水平,积极开发国家体育产业基地的训练服务业平台,推动形成一批运转良好、带动能力强的国家体育产业示范基地、示范单位和示范项目,支持培育建设东湖帆船比赛基地、航空运动基地、国家击剑培训基地等。

(2) 健身休闲

普及日常健身。推广适合公众广泛参与的健身休闲项目,加快发展足球、篮球、排球、乒乓球、羽毛球、网球、游泳、徒步、路跑、骑行、棋牌、台球、钓鱼、体育舞蹈、广场舞等普及性广、关注度高、市场空间大的运动项目,保障公共服务供给,引导多方参与。根据中、高档体育消费者的体育消费特点，设置新兴运动动感区、时尚体育休闲区、体育科技体验区、体育文化活动区，规划设置大众化健身广场，成片设置大众化网球、篮球、轮滑等项目区域。

发展户外运动。推广登山、攀岩、徒步、露营、拓展等山地户外运动项目。在武汉经济开发区、江夏区、黄陂区等有条件的地方制定专项规划，引导发展户外营地、徒步骑行服务站、汽车露营营地、航空飞行营地等设施。依托东湖水域资源，实施水上运动精品赛事提升计划，推动公共船艇码头建设和俱乐部发展，积极发展帆船、赛艇、皮划艇、摩托艇、潜水、滑水、漂流等水上健身休闲项目，推动形成东湖水上运动产业集聚区。积极发展汽车摩托车运动，推动汽车露营营地和中小型赛车场建设，利用武汉自然人文特色资源，举办拉力赛、越野赛、集结赛等赛事，组织家庭露营、青少年营地、主题自驾等活动。积极发展航空运动，整合航空资源，推动航空飞行营地和俱乐部发展，推广运动飞机、热气球、滑翔、飞机跳伞、轻小型无人驾驶航空器、航空模型等航空运动项目，构建以大众消费为核心的航空体育产品和服务供给体系。

推动"互联网＋健身休闲"。鼓励开发以移动互联网、大数据、云计算技术为支撑的健身休闲服务，推动传统健身休闲企业由销售导向向服务导向转变，提升场馆预定、健身指导、运动分析、体质监测、交流互动、赛事参与等综合服务水平。积极推动健身休闲在线平台企业发展壮大，整合上下游企业资源，形成健身休闲产业新生态圈。

发展特色运动。推动极限运动、电子竞技、击剑、马术、高尔夫等时尚运动项目健康发展，培育相关专业培训市场。发展武术、龙舟、舞龙舞狮等民族民间健身休闲项目，传承推广民族传统体育项目，加强体育类非物质文化遗产的保护和发展。加强对相关体育创意活动的扶持，鼓励举办以时尚运动为主题的群众性活动。

（3）体育场馆服务

拓宽服务领域。以举办体育赛事、表演活动和大型活动的服务为主，发挥其主体功能，拓展市场、大力引进体育赛事，自主创新、积极开展特色品牌活动。支持体育场馆利用自身资源实行多元化经营，在发展体育赛事与群体活动外经营体育会展、体育旅游、体育商贸、康体休闲等服务。打造新的开发模式，逐渐形成以观赏型竞技体育产品为主，大众健身公益服务、全民参与型消费、体育专项培训为辅，酒吧休闲、体育实物产品、软产品、电子竞技、媒体广告、连锁餐饮、房屋租赁、车辆保管等为衍生产品的多层次、多元化的开发模式。

鼓励成立体育场馆联盟。共同制定相关规范，使大型体育场馆开展体育赛事和演出活动变得更加规范与标准化。加强场馆之间的经验交流与业务培训，达到合作共享的共识。鼓励场馆联盟推出联盟通用卡或是套票的方式，使得市民根据现实情况灵活选择联盟内任意场馆进行活动，同时也享受到场馆联盟带来的综合性服务或者是消费项目。

规划建设体育综合体。建议适当调整部分场馆功能，兼顾赛时和赛后运营需要，场馆的各种功能用房可在保留竞赛功能的前提下，赛后改造为体育培训、办公等空间，实现场馆空间的充分利用。依托现有场馆，适度拓展体育服务功能，完善配套服务设施，适度引入商业、餐饮、休闲、办公等多元业态，为市民提供以体育为主的一站式综合服务，实现场馆赛后的良性运营，避免部分军运场馆赛后闲置。

(4) 体育用品制造和贸易

打造高端体育用品研发中心。武汉在电子信息、生物医药与医疗器械、新功能材料等高科技产业方面具有优势，可以依托本土具有较强自主研发生产能力的知名研究机构、高等院校和品牌企业，引入国家体育总局科研所、装备中心、运动医学研究所、相关的运动项目管理中心以及其他行业的科研机构等单位进行实质性合作，充分发挥研发集群效应，加大体育用品的研发力度，提升高新技术在体育用品业的融合和嫁接能力。

建设高端体育用品商务服务中心。充分利用军运会产生的影响力优势，依托高成长性企业和配套服务机构集聚的优势，通过横向联合，逐步形成若干虚实结合的实体化核心功能区，着力引进国内外知名品牌企业入驻，大力建设具有"孵化器"和"加速器"功能的高端体育用品研发中心和商务服务中心（包括体育高科技体验、高新技术产品展示、高新技术成果交易等），特别是国际知名品牌企业亚太区（或中国区）总部、研发总部及国内知名品牌企业的研发总部、营销总部的入驻，形成具有特色的体育产业总部经济。通过与国家体育总局装备中心等单位的实质性合作，建设永久性的国家级体育用品检测中心。充分利用武汉物流集散中心的优势，创新运营管理模式，以分散和实体相结合的若干核心功能区为基础和重点，构建体育用品研发、检测和物流产业链。

支持体育用品制造业创新发展。推动智能制造、大数据、人工智能等新兴技术在体育制造领域应用。鼓励体育企业与高校、科研院所联合创建体育用品研发制造中心。鼓励企业加强自主研发设计能力，不断提升建造品质，以满足大众体育旅游消费需求为主导，以冰雪运动、山地户外、水上运动、汽车摩托车运动、航空运动等户外运动为重点，着力开发市场需求大、适应性强的体育旅游、健身休闲器材装备。鼓励发展邮轮、游艇、房车等配套材料、设备及零部件制造，形成较为完善的配套产业体系。

2. 实施"体育+"行动，促进融合发展

以全民健身、体育产业等为基本架构，整合教育、医疗、金融、旅游、文化等"体育+"资源，丰富体育产业内容，推动体育与养老服务、文化创意、设计服务、教育培训等融合，促进体育旅游、体育传媒、体育会展、体育广告等相关业态的发展，构建一种全新、高级的体育生态系统。

（1）推进体文融合发展

壮大体文融合产业链条。以军运会留下的平台资源为基础，整合政府、企业的资源力量，大力发展体育表演业、健身娱乐业、体育广告业、体育经纪人业、体育金融业等体育文化产业，促进体育文化产业链条朝向更加成熟和高端的方向迈进。利用举办军运会的影响力，积极引入国际文化体育活动。引导大型体育场馆的功能向文艺演出、会议、展览等方面延伸。充分利用武汉时尚之都的城市优势，积极开发时尚娱乐，引进国际性体育舞蹈大赛、全国性体育服装模特大赛、各类影视明星音乐会、演唱会、见面会、动漫创意、动漫网娱公园等，将武汉打造成中国时尚文化娱乐中心。

创新体文融合模式。推动利用户外综艺节目的模式，对传统体育赛事模式进行创新。充分运用"体育+互联网"，打造微信、微博、微视频、客户端，让体育文化内容网络化、数字化。

打造体文融合的特色品牌。深化汉口文化体育中心的赛后利用，打

造"一场三馆""一圈四中心"的"江汉样本",推动项目的引进与落地。促进国际文体发展公司发展,衔接通用航空、汽车后市场、旅游等产业。大力推动武汉经济技术开发区汽车后市场、体育休闲娱乐业的发展,促进城区的转型升级。结合武汉大学之城建设,创新开发每年一度或每两年一度的国际大学生体育节,将武汉打造成中国及世界大学生文化体育活动中心。积极打造环"五环"文体空间,融入剧场、电影院、文化馆功能、档案服务、图书阅览、创意办公、培训、展览、创意市集、创意办公、书店、咖啡、餐厅等文化元素,建设成为一个极具活力和凝聚力的文化中心。

(2)鼓励体旅融合发展

规范和引导体育旅游示范区建设。探索将体育旅游纳入旅游度假区等国家和行业标准。实施体育旅游精品示范工程,打造一批有影响力的体育旅游精品线路、精品赛事和示范基地。将登山、徒步、越野跑等体育运动项目作为发展森林旅游的重要方向。

打造"世界东湖"品牌。东湖风景区秉承绿色发展理念,遵循生态标准优先,打造世界级最美山水赛场,建设世界艺术文化中心,成为享誉世界国际会客厅。认真谋划东湖自行车、马拉松、公开水域游泳、帆船场地后期利用,升级发展家帆赛、龙舟赛、大学生马拉松等,推动桨板、皮划艇、赛艇、摩托艇、滑水等水上项目。发挥"山水赛场"优势,东湖既要打造永不落幕的世界级体育运动中心,又要成为全民共享的"天然竞技场"。

发展"一带一路旅行家推广联盟"。借助军运会的影响力,充分发挥武汉地方特色文化旅游资源优势,发展壮大体育文化、旅游休闲、会议展览等业态,促进体育、文化、旅游深度融合发展,建立"一带一路旅行家推广联盟"向世界推荐武汉。推出"一带一路旅行家深行武汉""武汉IP走进一带一路""武汉百团行走一带一路"等主题活动,构建起武汉和世界之间文明交流互鉴的桥梁,为城市的国际形象传播赋能。

(3)促进体医康养融合发展

大力发展运动医学和康复医学。加强体育运动指导,推广"运动处方",发挥体育锻炼在疾病防治以及健康促进等方面的积极作用。大力发展运动医学和康复医学，积极研发运动康复技术，鼓励社会资本开办康体、体质测定和运动康复等各类机构。发挥中医药在运动康复等方面的特色作用，提倡开展健身咨询和调理等服务。设置面向大众的集体质检测、运动处方、健身指导和培训、营养指导、运动损伤和理疗保健于一体的综合性康体城。发挥同济医院、医疗技术交易中心的引领作用，着力发展医学研究、高端医疗、健康金融等业态，加速医学成果转化，提升同济健康城聚集力。

将体育产业发展核心指标纳入全国卫生城市评选体系。鼓励医院培养和引进运动康复师，开展运动促进健康指导，推动形成体医融合的疾病管理和健康服务模式。完善国民体质监测指标体系，将相关指标纳入居民健康体检推荐范围。为不同人群提供有针对性的运动健身方案或运动指导服务，推广科学健身，提升健身效果。加强针对老年群体的非医疗健康干预，普及健身知识，组织开展健身活动。

积极推动健身康养线上发展。鼓励开发以移动互联网、大数据、云计算技术为支撑的健身休闲服务，推动传统健身休闲企业由销售导向向服务导向转变，提升场馆预定、健身指导、运动分析、体质监测、交流互动、赛事参与等综合服务水平。积极推动健身康养在线平台企业发展壮大，整合上下游企业资源，形成健身康养产业新生态圈。

（4）加快体教融合发展

通过政府购买服务等方式，引进专业教练员、退役运动员、体育培训机构等为学校体育课外训练和竞赛提供指导。鼓励将体育基地、运动营地等纳入青少年研学基地。大力探索大中小一体化的、实施"小学兴趣化、初中多样化、高中专项化、大学个性化"的体育课程改革。完善学校体育教学、训练和竞赛体系，支持学校与体育部门建立运动员共同培养机制。以游泳、田径等项目为试点，将教育部门主办的符合要求的赛事纳入运动员技术等级评定体系。加强普通高校高水平运动队建设，将其纳入国家竞技体育后备人才培养体系。

（5）推动体商融合发展

建设体育主题商业中心。被"体育消费需求"裹挟前行的商业中心，不再满足于传统运动项目和单一健身场馆，而是更多聚焦运动业态的布局，不断挖掘和落地多元化、娱乐化、创意化的运动内容，例如：攀岩、蹦床、马术、射箭、真枪射击、卡丁车、悬漂等。消费者对运动场所的需求日益增强，直接助推商业中心纷纷"抢鲜"运动经济。鼓励商业中心全方位、整板块地引进体育内容，推动体育主题成为商业中心的时尚标签，将体育主题商业中心建设成为城市的时尚地标。

打造城市体育服务综合体。顺应时代发展的要求，把全民健身活动引入到商业体中，尝试通过体商结合的方式，扩大体育运动和市民百姓的接触面，形成一种跨界融合的新型业态。以集合式"体育公园"的形态，与购物中心混搭，最大化发挥运动业态强体验性带来的"吸客"功能。打造"体育公园＋购物中心"的新商业模式，带动起"运动休闲＋家庭娱乐"的生活新风。以运动为切入口，链接一切可以链接的资源，用不同的模块拉长运动之外的消费需求链条。以体育设施为载体，推动体育与住宅、休闲、商业综合开发。

3. 开发新的经济增长点，促进现代服务业高质量发展

现代服务业是拉动经济发展和就业的重要力量，但也是当前武汉发展中的一个短板。武汉要抢抓现代服务业创新发展风口，谋划实施"现代服务业倍增计划"，力争到"十四五"末实现现代服务业增加值倍增发展，努力打造国内现代服务业高地。大型体育赛事对城市服务业的高质量发展起着重要的推动作用，除了推动体育产业与文化、旅游等相关产业的融合发展，也会促进商贸流通加快、交通运输增长，同时将促进信息通讯、汽车服务、创意设计、会展等新兴产业的快速增长。

（1）商贸物流业

围绕建设国家商贸物流中心，出台更大力度政策，直指物流领域"简政、减税、降费"；利用现代信息技术手段来提升便利化水平，推动建设物流供需信息平台；加强武汉天河机场国际货运软硬件建设，积极对接顺丰国际物流枢纽项目，突破性建设武汉国际航空物流港；完善多式联运基础设施，规划建设一批国际、国内多式联运枢纽；通过龙头企业推动供应链资源集聚和共享，打造连接采购、制造、分销、零售和服务的紧密型供应链。大力培育新型贸易主体，拓展贸易开放新领域。围绕疫情防控期间出现的线上贸易形式，大力发展贸易新业态新模式，推动实体商业转型升级。

（2）信息通信业

围绕产业链关键环节，加强基础技术攻关，超前布局前沿技术研究和发展，构建核心技术体系。大力推动新业态发展。打造数字经济产业聚集区，抢占经济发展制高点。鼓励平台型企业、平台型产业发展，加快培育新业态和新模式，形成"平台、数据、应用、服务、安全"协同发展的格局。深入推进应用创新和融合发展。加速软件与各行业领域的融合应用，发展关键应用软件、行业解决方案和集成应用平台，强化应用创新和商业模式创新，提升服务型制造水平。

（3）汽车服务业

推动武汉由"造车之城"渐成"赛车之城"，以自动驾驶、赛车运动等为代表，推动汽车产业抢占"下一代汽车"风口，加快打造万亿世界级产业集群。重点围绕武汉智能网联汽车测试场，发挥其集聚产业效应，以"铁马"赛事为媒，推动铭泰体育赛事运营、大唐高鸿车联网研发中心、康明斯燃油系统大马力业务研发及技术中心、三真车联总部等积极发展涵盖汽车运动、车联网、智能物流、汽车零部件、汽车后市场等产业。把握中国汽车产业外资股比放开、新能源汽车生产资质审批重启、5G 通信技术迎来商用等重大机遇，集聚和培育一批有强大研发能力、能够引领下一代汽车发展的知名企业。围绕汽车"电动化、智能化、网联化、共享化"发展趋势，全面布局下一代汽车产业链，大力发展汽车后市场及服务业。成立汽车服务业发展促进会，推动汽车服务市场平台建设，引导企业共同走向规模化、品牌化、规范化共创共赢。

（4）传媒产业

促进以赛事转播为核心资源，链接体育产业和传媒业，形成体育赛事、体育项目、体育品牌、体育营销、体育人物和关联广告传播矩阵。借助新媒体开发优质体育内容产能，通过整体传播与碎片化传播，吸引大众关注，降低大众参与体育的门槛，从多个层面、多个视角激发人们对体育的兴趣，提升体育赛事、体育产业对公众的影响。适应体验经济和新时代消费文化需求，利用互联网平台和社交媒体平台，通过媒体融合、电子商务、赛事运营、节目内容生产、衍生品开发、体育营销等对赛事 IP 进行全方位开发，提升品牌价值，带动体育消费和文化消费。加强媒体从业者业务能力及职业道德培养、注重人文关怀，加强传媒业的公信力，推动传媒业正向发展。推动主流媒体在巩固发展传统业务的基础上，重点加快数字化、网络化、移动化转型步伐，通过传统媒体与新兴媒体无缝对接、同步壮大，保证主流思想舆论不断巩固。把握发展机遇，科学整合产业内容，以内容制作为基准点，对内容提出严格的要求，推出原创作品。在生产内容的过程中，鼓励对业务边界进行扩张，通过设置增值服务，提高传媒产业的经济效益。大力推动"互联网＋""新闻＋服务""新闻＋政务"等模式创新，推动单一信息服务向综合服务转型。

（5）会展业

利用大型体育场馆宽敞的空间环境和优越的配套设施，积极发展会议会展，促进场馆多元化经营。定期举办各种专业论坛，进一步发展机博会、光博会、食博会、农博会、国际汽车展、华中车展暨楚天车展、刊博会、汉交会、华创会、茶博会及食材节等一批较有影响力的本地品牌展会。打造全国性或国际性体育会议中心，如中国体育产业高峰论坛、财富体育论坛、中国体育营销金牌榜颁奖会、体育用品企业总裁沙龙等高端专业体育论坛基地。建设专业品牌体育服装、体育旅游、高端体育器材设备展览基地，同时争取国家体育总局的支持，将中国国际体育用品博览会落户武汉。打造国际体育旅游博览会、高科技体育器材设备展等专业品牌展和其他综合性展览，形成固定展和流动展、体育展和综合展相结合新的专业化体育展览中心。利用体育场馆的巨大空间举办固定展览。借鉴国内大型体育场馆经营模式，吸引国内外品牌体育用品企业入驻体育场馆，打造体育用品名牌（精品）一条街，变成永不落幕的体育用品展览会。举办体育文化长廊和各种主题的体育文化展览，如奥林匹克文化、军运会及大运会发展史、各类体育艺术展等主题的文化展览。

（6）创意设计业

充分发挥政府、设计企业、高校研究院所、协会组织的作用，突出打造"武汉设计日"品牌，展示武汉设计的创新力，扩大武汉设计的引领力。推动创意设计在工程、时尚、文创、包装、动漫、教育、公共艺术等行业的充分运用。加大创意设计项目落地，依托企业核心竞争力，政企合作打造高端产业链，提升产业的集聚效应。以大数据为支撑，以交互设计为手段，聚焦工业设计、时尚设计、建筑设计、广告设计、平面与多媒体设计等重点领域，发展创意和设计新业态，发挥创意与设计产业在经济转型升级中的引领和支撑作用。

（六）相关措施建议

1. 加快打造国际赛事之都，推动体育产业发展

（1）进一步实施机构改革和职能转变

建议组建武汉市体育产业集团，整合资源引进高水平赛事。借鉴南京、成都、杭州等地建设全球体育城市的成功做法，尽快整合全市体育资源和重要市场主体，成立市级体育产业集团，将市体育局现有场馆以及市体发投等赛事资源进行整合，加大支持力度，扩大规模，提升产业集团专业化运营水平，力争借助产业集团的专业化运作引进更多高水平体育赛事，助力国际赛事之都建设。

建立重大赛事联动协调机制，协调全市力量提升赛事影响力。近年来，武汉市先后举办了一系列国际重大体育赛事活动，如世界飞行者大会、武汉网球公开赛、世界杯跳水赛等赛事，但由于相关部门重视程度不够，资源尤其是媒体宣传资源整合有限，完全依赖于相关赛事承办单位如武汉体育中心来协调相关政府资源，难度过大，这也使得上述赛事资源的影响力未能充分发挥出来，对于提升武汉市国际影响力的作用有限。因此，建议由市政府建立重大赛事联动协调机制，一旦经认定的国际、国内重大体育赛事申办成功以后，立即响应联动协调机制，由市政府牵头协调相关部门，动员宣传、文化、财政、城建、公安、旅游、体育等多部门参与，在保障赛事活动圆满成功的基础上，齐心协力提高赛事活动的影响力。

优化体育行政部门机构设置，增强体育产业工作力量。目前，武汉市体育局尚未成立专司体育产业工作的处室和机构，相应的体育产业工作职能主要是由经济处承担，人手严重不足，而兄弟城市在体育产业工作方面，均成立了专门的产业处，有多人专门负责该项工作。从湖北省内的情况来看，省体育局专门成立了体育产业指导中心，宜昌市成立了体育产业工作办公室，均有5—8人专门从事体育产业工作，而武汉市从事体育产业工作的人仅有兼职一人，工作力量亟须加强。

（2）创新体育场馆运营机制

积极推进场馆管理体制改革和运营机制创新，引入和运用现代企业制度，激发场馆活力。推行场馆设计、建设、运营管理一体化模式，将赛事功能需要与赛后综合利用有机结合。鼓励场馆运营管理实体通过品牌输出、管理输出、资本输出等形式实现规模化、专业化运营。增强大型体育场馆复合经营能力，拓展服务领域，延伸配套服务，实现最佳运营效益。

建立市场运营机制。成立场馆运营公司或引入专业运营机构，对大型场馆的经营性业务进行开发和运营。鼓励场馆经营者通过依托现有场馆资源成立独立的体育场馆运营法人机构，增加现有场馆服务机构数量，扩大体育场馆服务业主体规模。鼓励场馆与教育系统、学校开展合作，开展青少年康体活动。将体育场馆与互联网、智能设备相结合，打造智慧科技场馆。

加大对场馆运营方企业的关心和支持力度，该补贴的予以补贴，吸引优秀的管理方企业和管理人才入驻；与场馆运营单位签订 ROT 协议，通过政府补贴，企业市场化发展，协同并举，加快体育场馆发展速度，使其更快成为城市名片。

根据国家鼓励政府投资体育场馆应委托第三方企业运营的政策要求，针对公共体育场地和政府资助建设的体育场地设施，建议通过政府购买公共服务等方式，引入专业社会力量管理，盘活现有体育场地资源，根据市民需求，提供优质体育服务。针对学校体育场地亦可借鉴上海、长沙等地学校体育场馆委托社会力量管理的成功经验，引入专业社会力量托管我市学校体育场地，由专业社会机构负责学校体育场地的对外开放工作，解决学校体育场地对外开放中的安全和人手不足问题，盘活学校体育场地资源。

（3）鼓励社会力量参与

推动体育社会组织发展。体育社会组织符合直接登记条件的，可直接向民政部门依法办理登记。重点扶持一批运行良好、积极作为的基层体育组织。推进体育类社会团体、基金会、民办非企业单位等社会组织发展，支持其加强自身建设，健全内部治理结构，增强服务功能。对在城乡社区开展健身休闲活动的社区社会组织，降低准入门槛，加强分类指导和业务指导。鼓励各类社会组织承接政府公共体育服务职能。发挥体育社会组织在营造氛围、组织活动、服务消费者等方面的积极作用。

创新武汉全民健身运动会办赛模式，通过招投标的方式选择有资质的单位负责组织运营，同时整合资源，加大力度引入社会力量办赛，把各体育单项协会和社会团体紧密地拧成一股绳，共同参与到武汉全民健身运动事业中来。

设立重大体育赛事专项资金，支持社会力量引进重大赛事。建议政府可出台国际体育赛事活动资助办法，鼓励社会力量将更多的国际体育赛事活动争取落户武汉，政府可根据其影响力、海外参赛人次等给予一定的奖励。

（4）引导体育企业做强做精

加强品牌建设，支持企业创建和培育自主品牌，提升健身休闲器材装备的附加值和软实力。鼓励具有自主品牌、创新能力和竞争实力的健身休闲骨干企业做大做强，通过管理输出、连锁经营等方式，进一步提升核心竞争力，延伸产业链和利润链，支持具备条件的企业"走出去"，培育一批具有国际竞争力和影响力的领军企业集团。支持当代明诚体育集团等体育产业集团在汉发展，推动建设集运动、培训、休闲、娱乐、亲子、购物等功能于一体，以职业竞技、全民健身等体育内容为核心，集聚文娱产业孵化、配套商业等各类文体产业集群，打造武汉城市体育文化产业中心。

扶持一批具有市场潜力的中小企业。扶持体育培训、策划、咨询、经纪、营销等企业发展。支持企业实现垂直、细分、专业发展，鼓励中小微健身休闲企业、运动俱乐部向"专精特新"方向发展，强化特色经营、特色产品和特色服务。

研究建立体育产业资源交易平台，创新市场运行机制，推进赛事举办权、赛事转播权、运动员转会权、无形资产开发等具备交易条件的资源公平、公正、公开流转。支持华体集团华中区域总部建设顶级赛事资源和 IP 项目的汇聚和交易中心。

2. 促进体育与其他产业融合，推动现代服务业发展

（1）加快建设城市中央体育区

将城市规划、体育发展规划与现代服务业规划结合起来，在多个层

面规划、建设带有（或突出）体育赛事服务功能的现代服务业集聚区。进一步建设武汉体育中心、武汉五环体育中心、光谷体育中心等城市中央体育区，将这些区域建设成为大型体育赛事与城市现代服务业相融合的产业集聚区。在集聚区发展信息传输、计算机服务和软件业、商贸业、物流与递送业、金融保险业、场馆租赁和体育商务服务业、信息咨询服务业、广告会展业、科研技术服务业、宾馆酒店业、设计创意等现代服务业，不断提升城市中央体育区的综合功能，为大型体育赛事的成功举办提供核心支撑。积极培育一批综合性的现代服务集团，一种是以体育赛事为核心业务同时也适度发展其他服务业务的综合性服务集团，如上海东亚体育集团有限公司原是以场馆运营和体育赛事为核心业务的体育集团，前些年就开始发展体育文化、宾馆酒店、房产开发、商务贸易等现代服务业务，开始向综合性的现代服务集团转型；一种是以其他服务业为核心业务兼有体育赛事服务业的服务集团。多种业务的融合可以更好地发挥产业集团的服务功能，有利于大型体育赛事的顺利开展和现代服务业的发展。

（2）加快培育兼具体育与其他服务知识的复合型人才

加快培育既懂体育又懂管理咨询与策划的人才，既懂赛事运作又懂会议展览策划人才，既懂场馆规划又懂城市规划的人才。对此，一方面要面向国际引进一批精通体育经济与现代服务管理的高级人才，另一方面也要依托本地资源，培养复合型的现代服务业人才，如在高校体育经济、体育产业管理等专业方向除开设常规课程外，还应增加营销、电子商务会展等有关现代服务业的课程，以适应体育管理与现代服务业相融合的发展趋势。一方面要加强现代服务的咨询培训机构的建设，促进体育科研机构与现代服务业机构的融合，另一方面，现代服务产业与教育科研机构要紧密融合，实现产业知识的外溢与转移，实现"产研融合"。

（3）以军运会为契机拓展武汉经济发展空间

筹备军运会期间，武汉市政府投入巨资用于基础设施建设和环境建设，使城市市容市貌得到了极大的改善，为城市的经济发展提供了良好的外部环境和机遇。武汉市应借助军运会成功举办提升武汉在全球范围内的影响力，加快融入国际经济文化建设的步伐，延续近年来在军运会带动下促进城市建设、旅游发展等方面的良好发展势头，积极创造条件、进一步完善城市的经济发展运行机制和相关设施建设，加快会展业、文化创意、体育娱乐与健身、教育培训等现代服务产业，以全新、特色的国际形象参与国内外的发展竞争，使城市走向生态化、特色化、国际化。

3. 实施军运经济遗产策略，优化政策支持环境

（1）及时实施赛后军运经济遗产策略

军运经济遗产策略的作用在于产生积极的持久的影响，策略实施的延迟可能会造成信息和形象上的切断，从而错失延续军运会积极影响的机会。军运经济遗产价值在一定程度上取决于相关遗产策略的科学性和实施的有效性。武汉应充分重视军运经济遗产，促进其开发和利用相结合，充分开发军运经济遗产的价值。军运会的举办形成了良好的城市品牌形象，会后及时总结品牌形象的实际影响，着手评估军运经济遗产的价值，这种价值取决于相关遗产策略的科学性和实施的有效性。关注军运经济遗产与相关行业以及行业之间的密切关系，促使相关部门形成利益共同体，通过集中指导，统一行动，制定规划，共同开发和利用赛事经济遗产，向旅游、投资、会展、国际贸易等领域延伸，将军运经济遗产的效应充分发挥出来。

（2）创造和谐的协作机制和政策环境

统筹全市服务业发展战略、规划和政策，创造和谐的外部环境促进产业融合发展。对体育产业融合发展加强规划引导和部门协调，统筹制定相关产业与体育产业扶持政策。积极推动建立现代服务业联盟以及物流协会、航运协会、旅游协会等新兴行业协会。大力吸引国际知名服务企业入驻，放宽外资持股比例和业务品种的限制，凡鼓励和允许外资进入的服务产业，国内投资者应享受同等待遇。出台政策促进体育消费，充分发挥体育产业融合作用，满足人民群众多样化体育需求、保障和改善民生、培育新的经济增长点。设立现代服务业发展引导资金，支持重点服务业建设项目，引导风险投资基金进入体育和其他现代服务业领域。

四　武汉军运文化遗产与城市形象提升研究

（一）绪论

1. 研究目的与意义

（1）研究背景与目的

第七届世界军人运动会（简称"武汉军运会"），于 2019 年 10 月 18 日至 27 日在中国武汉举行，是世界军人运动会历史上规模最大、参赛人员最多、影响力最广的一次运动会，也是继北京奥运会后中国举办的又一次大规模的国际体育盛会，为武汉这座城市留下了丰富的文化遗产。军运会结束后，对军运文化遗产的保护及利用，特别是如何利用好军运文化遗产，塑造武汉良好的城市形象是当前亟待研究与亟须解决的问题。在政策层面，近年来国家及各省市出台了一系列关于文化遗产的政策文件，包括《国家"十三五"时期文化发展改革规划纲要》、《文化部"十三五"时期文化发展改革规划》（2017）、《国务院关于加强文化遗产保护的通知》、《国务院办公厅关于加强我国非物质文化遗产保护工作的意见》等，表明各级政府当前对文化遗产资源保护及合理开发利用的重视。同时，武汉市《文化发展"十三五"规划（2016—2020 年）》特别强调"打造城市名片，开展城市营销，系统组织推介活动，全方位展示武汉魅力"的城市形象塑造和提升愿景。在实践层面，世界各国在重大体育赛事建筑物及场馆、吉祥物、纪念品、奖牌、精神文化、办赛模式、政府管理行为等文化遗产的利用方面均留下了丰富的实践经验，值得我们借鉴。在利用大型赛事文化遗产对城市形象进行塑造方面，北京市将奥运会的"人文奥运"理念与北京市发展相结合，提出"人文北京"理念，促进了北京城市形象的提升；青岛利用北京奥运会的契机，打造"帆船之都"的城市形象；潍坊借助潍坊国际风筝节的举办，确立起"风筝之都"的形象和地位；澳大利亚在奥运后将自己宣传成"超白金级的旅游目的地"，悉尼的"绿色奥运会"为悉尼乃至澳大利亚塑造了可持续发展的积极形象；巴塞罗那借奥运会的举办改造城市形象，形成了"巴塞罗那效应"。

因此，为了充分利用和发挥举办军运会留下的物质、非物质文化遗产的作用和效应，有必要对武汉军运会文化遗产进行全面盘点与梳理，对其历史、科学、文化价值进行科学评价，使其在塑造与提升武汉城市形象等方面发挥更大的作用，从而促进武汉经济、社会与环境的全面、高质发展。

为了回答武汉军运文化遗产"有什么""怎么样""会怎样""怎么做"四大科学问题，以大型事件遗产理论（MELT）、行动者网络理论（ANT）、顾客感知价值理论（CPV）等为指导，综合运用多种方法，梳理和盘点武汉军运会文化遗产的存量和类型，分析和评价其功能与价值，调查和预测其塑造和提升武汉城市形象的效应，提出保存和利用武汉军运文化遗产的对策。

（2）研究意义和价值

①学术重要性与必要性

城市形象是城市文化的凝聚与显现，城市文化是城市形象产生的根源。已有研究在重大体育赛事文化遗产的概念界定、类型划分、价值评价方面的理论探讨和理论贡献尚存在不足，以实证和案例研究为主，忽视基本概念界定与理论探讨、大型事件文化遗产及其影响研究不足，且存在泛化倾向、偏重城市形象的传播研究，文化遗产的城市形象提升效应研究不足。因此，本研究将明晰军运文化遗产的概念，确定军运文化遗产类型划分的依据以及价值评价的依据及体系，为大型体育赛事文化遗产的概念界定、类型划分、价值评价等理论研究作出贡献，尤其尝试建立大型体育赛事文化遗产价值评价的中国话语体系。

②现实重要性与必要性

城市的发展是动态的，城市的形象塑造不可能一蹴而就、一成不变。

"十三五"时期，国家顶层设计连续赋能武汉，使武汉城市形象再塑工程具有了新的内涵与意义。《武汉市文化发展"十三五"规划（2016—2020年)》强调，"十三五"时期武汉市文化建设面临诸多挑战，市民文明素质和城市文明程度与建设国家中心城市、复兴大武汉的要求还不相适应，具有国际影响力的文化品牌还不多，这既是武汉城市形象再塑的机遇，也是挑战。本研究全面梳理和盘点军运文化遗产，评价其价值，分析其提升城市形象的效应，提出武汉城市形象提升的对策，将有助于发挥城市形象在促进城市软实力、增强城市凝聚力、提升城市影响力、提高城市竞争力、实现城市发展力等方面的重要作用，助推武汉城市综合实力的提升。

2. 研究目标与内容

（1）研究目标

梳理武汉军运文化遗产的存量和类型，评价其功能和价值，分析武汉市军运文化遗产提升城市形象的效应，提出保存和利用武汉军运文化遗产的对策，以最大限度地发挥武汉军运文化遗产的积极影响和作用，提升武汉的城市形象。

（2）研究内容

①梳理（有什么?）——武汉军运文化遗产的存量与类型

第一，武汉军运文化遗产的概念界定。比较分析已有研究对"文化遗产""体育文化遗产""大型赛事文化遗产"等相关概念界定的异同，结合世界军人运动会的特点，以大型事件遗产理论为指导（MELT），厘清军运文化遗产的内涵和外延，明确其所指，从而明确其所包含的范围，作为后续研究的基础。

第二，武汉军运文化遗产的存量盘点。通过实地调研、访谈记录、报纸、互联网新闻报道及微博、微信等网络社区，收集武汉军运会的照片、叙述、文本资料，通过内容分析、语篇分析等质性研究方法对其进行分析和判别，盘点武汉军运文化遗产的赋存。

第三，武汉军运文化遗产的类型划分。借鉴 Preuss[①] 的"遗产立方体"、Dickson 等[②]的"遗产雷达"、Dawson 和 Jöns[③] 的"遗产环"等大型赛事遗产分类思路和方法，提出适宜于武汉军运文化遗产的分类体系及判别依据，以此为指导，对前述盘点的武汉军运文化遗产进行类型划分，并分析每类文化遗产的主要特征。

第四，武汉军运文化遗产的可视化表达。利用 GIS 技术，建立武汉军运文化遗产的空间信息数据库，输出系列专题地图，对武汉军运文化遗产的空间分布、类型和主要特征进行可视化表达。

②评价（怎么样？）——武汉军运文化遗产的功能与价值

第一，武汉军运文化遗产的功能解读与评价指标体系。以文化遗产相关理论为指导，借鉴北京奥运会、伦敦奥运会等的实践经验，分类解读武汉市军运文化遗产的可能功能，以此为依据，构建武汉市文化遗产价值评价的指标体系。

第二，武汉军运文化遗产的价值剖析与指标权重体系。基于"功能—价值"分析，深入剖析各类军运文化遗产在军事、政治、历史、科学、文化方面的可能价值，结合运用德尔菲法和层次分析法（AHP）确定军运文化遗产价值评价指标体系的权重。

第三，武汉军运文化遗产的价值量化与价值等级体系。运用专家咨询法给主要军运文化遗产单项的各类价值打分，而后采用均方差法、加权求和法确定单项遗产价值的综合得分，以量化得分划分对应等级，为武汉军运文化遗产的分类、分级差异化利用和保护奠定基础。

③效应（会怎样？）——武汉军运文化遗产的城市形象提升效应

第一，武汉军运文化遗产影响城市形象的维度判别。在明确界定城市形象维度的基础上，结合武汉军运文化遗产的类型和价值，判断军运

① SOLBERG H. A. , PREUSS H. , "Major sport events and long-term tourism impacts", *Journal of Sport Management*, Vol. 21, No. 2, 2007, pp. 213 –234.

② Dickson T. J. , Benson A. M. , Blackman D. A. "Developing a framework for evaluating Olympic and Paralympic legacies", *Journal of Sport & Tourism*, Vol. 16, No. 4, 2011, pp. 285 –302.

③ Dawson J. , Jöns H. "Unravelling legacy: a triadic actor – network theory approach to understanding the outcomes of mega events", *Journal of Sport Tourism*, Vol. 22, No. 7, 2018, pp. 1 –23.

文化遗产可能在哪些方面作用于武汉城市形象。

第二，基于居民感知的武汉军运文化遗产城市形象提升效应调查与分析。以地方依恋等理论为指导，从居民感知的视角出发，具体化军运文化遗产提升城市形象的维度和指标，以此为依据，编制针对居民的调查问卷，对武汉市不同区域、不同类型居民进行问卷调查，利用因子分析方法检验构建的评价维度的合理性，而后用通过检验的维度来评价居民的总体及各维度感知水平，反映军运文化遗产带来的城市形象提升的总体及各维度效应，并运用方差分析法比较分析不同群体的感知差异。

第三，基于游客感知的武汉军运文化遗产城市形象提升效应调查与分析。以顾客感知价值理论（Customer Perceived Value，CPV）为指导，从游客感知的视角出发，具体化军运文化遗产提升城市形象的维度和指标，以此为依据，编制针对外来游客的调查问卷，对来自不同地方的游客进行问卷调查，利用因子分析方法检验构建的评价维度的合理性，而后用通过检验的维度来评价游客的总体及各维度感知水平，反映军运文化遗产带来的城市形象提升的总体及各维度效应，并运用方差分析法比较分析不同群体的感知差异。

第四，武汉军运文化遗产城市形象提升的综合效应分析。运用模糊评价法，综合居民和游客的总体及各维度感知水平，作为武汉军运文化遗产城市形象提升的综合效应。

④对策（怎么做？）——武汉军运文化遗产的保存和利用

第一，利用军运文化遗产提升城市视觉形象的对策。综合居民及外来游客在城市视觉形象方面的感知情况，结合不同类型的武汉军运物质文化遗产的功能价值及其对城市视觉形象的提升效应情况，提出武汉城市视觉形象的提升对策。

第二，利用军运文化遗产提升城市行为形象的对策。综合居民及外来游客在城市行为形象方面的感知情况，结合不同类型的武汉军运非物质文化遗产的功能价值，及其对武汉城市行为形象的提升效应情况，提出武汉城市行为形象的提升对策。

第三，利用军运文化遗产提升城市理念形象的对策。综合居民及外来游客在城市精神形象方面的感知情况，结合不同类型的武汉军运精神文化遗产的功能价值，及对城市理念形象的提升效应情况，提出武汉城市理念形象的提升对策。

（3）研究重点

①武汉军运文化遗产的概念界定与类型甄别

当前学界缺乏对军运文化遗产概念的清晰界定，因此，究竟什么样的物质和精神文化可以被界定为军运文化遗产，是本研究首先要解决的关键问题；同时，如何利用海量的文本及照片、实地考察资料甄别武汉军运文化遗产的类型，也是本研究需解决的重点问题。

②武汉军运文化遗产的功能解读与价值评价

不同类型军运文化遗产的功能主要有哪些？不同功能的军运文化遗产的价值如何？如何构建指标体系并确定指标权重，来实现对武汉军运文化遗产价值的评价？是本研究的又一难点问题。

③武汉军运文化遗产城市形象提升效应的测度

如何基于顾客感知价值理论设计调研问卷，确定测度武汉市军运文化遗产形象提升的感知因子，最终实现对武汉市军运文化遗产城市形象提升效应的综合测度，并识别不同主体的感知差异，也是本研究需要解决的关键问题。

3. 研究方法与思路

（1）研究思路

本研究注重基础研究与应用研究相结合，以环环相扣、紧密相连的"前期准备—基础盘点—价值评价—效应分析—对策研究"为逻辑主线，针对武汉军运文化遗产开展"梳理—评价—效应—对策"四个方面和层次的研究，通过梳理盘点存量和类型，通过评价剖析功能和价值，通过感知测度效应，通过效应测度发现问题，最终通过问题透视探讨对策建议（见图4-1）。

（2）研究方法

①内容分析法

质性研究法注重对事物本质的微观探析，内容分析是重要的质性研究方法，是一种基于定性研究的量化分析方法，通过从原文或有意义的素材中，将抽离出来的使用"情境"，做出可再现的和有效推断的研究技

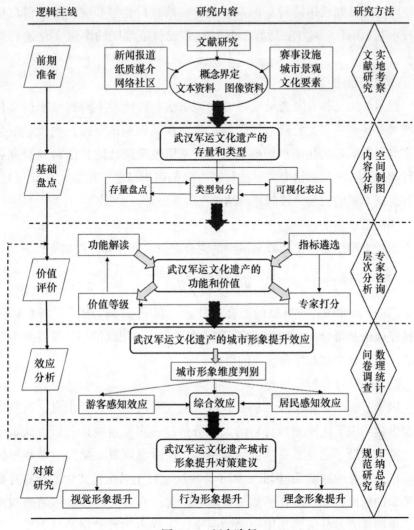

图 4-1　研究路径

术。本研究将此方法运用于武汉军运会新闻报道、游记评论等文本资料的分析。

②层次分析法

层次分析法是将决策问题的相关元素分解成若干层次，构建一个有序的层次结构模型，以此进行定性和定量分析相结合的一种决策方法。这为多目标、多准则或无结构特性的复杂决策问题提供了简便的决策方法，所需定量数据信息比较少，其主要包括建立层次结构模型、构建判断矩阵、计算判断矩阵特征向量、进行一致性检验等步骤，最后得出指标权重[1]。因此，该方法适宜于对具有多元价值维度的军运文化遗产的评价。

③德尔菲法

德尔菲法又称专家意见法或专家调查法，将针对不同类型军运文化遗产具有什么、多大的价值等问题，咨询相关领域的专家，收集、汇总专家对各类军运文化遗产价值的意见，采用数理统计的方法对专家意见进行整理并再次反馈给专家，进行新一轮的咨询与意见汇总，如此反复，最终得到专家们较为一致的评价结果[2]。

④加权求和法

加权求和法常用于计算某事物的综合得分，其计算公式如下：

$$\mu = \sum_{i=1}^{n} w_i P_i$$

式中，μ 为被评价对象的综合得分，w_i 和 P_i 分别为第 i 个评价因子单排序权值及得分，n 为评价因子数。本研究将运用此模型计算各类型军运文化遗产各维度及综合价值的得分。

⑤数理统计分析

因子分析法是利用降维思维，从研究变量内部相关性出发，试图用最少个数的因子反映原始资料的大部分信息的多变量统计分析方法。变量的减少有助于建立更简洁的结构模型，同时也克服了赋权主观和原始指标信息重叠的缺陷[3]；因此，因子分析法适宜于对军运文化遗产提升城市形象的居民感知、游客感知变量降维，并计算各方面及整体的感知水平。单因素方差分析法是用于检验两个以上样本均数差别的显著性，或一个变量不同水平是否对某观察变量造成显著差异的统计方法[4]，适宜于

① 赵文力、刘湘辉、鲍丙飞等：《长株潭城市群县域生态安全评估研究》，《经济地理》2019 年第 8 期，第 200—206 页。

② 叶托、胡税根：《政府购买社会服务的绩效评估指标体系研究——基于德尔菲法和层次分析法的应用》，《广东行政学院学报》2015 年第 2 期，第 5—13、45 页。

③ 顾雪松、迟国泰、程鹤：《基于聚类 – 因子分析的科技评价指标体系构建》，《科学学研究》2010 年第 4 期，第 508—514 页。

④ 阿荣高娃、孙根年、乔少辉等：《内蒙古 A 级景区客流量估算模型——5 个单因素方差分析与多元回归建模》，《干旱区资源与环境》2019 年第 12 期，第 193—200 页。

比较分析不同居民或游客群体对军运文化遗产提升城市形象效应的感知差异。

（二）武汉军运文化遗产的存量 及空间重构效应

1. 武汉军运文化遗产的概念界定

关于大型活动文化遗产的研究，主要注重的是大型活动所带来的文化遗产的两个方面，即物质层面与精神文化层面，物质层面包括大型活动后所留下的建筑等实体遗存，精神文化层面则包括大型活动所传承的精神遗产以及象征性的标识等。大型活动文化遗产相关研究中似乎有所疏漏，如赛前为了大型赛事顺利开展的教育活动与知识普及活动等提及较少，此类应属于精神层面文化遗产；赛后相关项目的下放以及由于比赛引起的居民观念上和理念上的变化应当也纳入考虑；以及整个赛事举办过程中值得为人称道和具有一定推广价值的做法等，也应当纳入大型赛事文化遗产中。

基于此，将军运文化遗产定义为：在军运会实践发展过程中，逐步形成的具有普遍价值的物质文化与非物质文化遗产（表4-1）。物质文化遗产主要指与军运会直接相关的有形资产，又可细分为建筑文化、城市景观文化和交通建设文化等；其中，建筑文化遗产包括军运会场馆、军运村、演播厅等；景观文化遗产包括环境综合整治、城市绿化、升级改造等；交通建设文化遗产则主要包括交通体系构建的升级及其环线贯通等。非物质遗产包括精神文化遗产和制度文化遗产两大类；其中，精神文化遗产指军运会筹备和举办过程中对接触者的价值观念、思维方式、道德情操等方面产生的潜移默化的影响，涉及面广，涵盖教育、文化、民生等；制度文化遗产则主要指军运会筹备和举办过程中，对军运会顺利举办有所裨益且对未来大型赛事活动举办有一定借鉴作用的制度和理念等。

2. 武汉军运会文化遗产的分类盘点

表 4 – 1　　　　　　　　军运会文化遗产分类表

总类	大类	分支	内涵
军运会文化遗产	物质文化遗产	建筑文化	主要指军运会相关的场馆、住所以及相关建筑
		城市景观文化	主要指为军运会顺利举办所实行的城市景观提升措施，主要包括环境的综合整治与升级改造
		交通建设文化	主要指为保障军运会顺利举办所实行的道路交通修缮项目
	非物质文化遗产	精神文化	主要指军运会筹备和举办过程中对接触者产生的价值观念、思维方式、道德情操等方面产生的潜移默化的影响
		制度文化	主要指军运会筹备和举办过程中，对军运会顺利举办有所裨益且对未来大型赛事活动举办有一定借鉴作用的制度和理念

（1）建筑文化遗产盘点

建筑文化遗产指军运会举办过程中涉及使用的相关场所，包括用于开闭幕式和相关比赛的场馆、供参赛代表团集中食宿的军运村以及用于军运会节目播报的主媒体中心央视演播厅（见图 4 – 2）。

a.武汉市军运村　　　　　　　　　　b.武汉市体育中心

图 4 – 2　武汉军运会建筑文化遗产示例

军运会比赛场馆总计 35 个，分布于后湖、沌口、光谷、黄家湖四大板块（见图 4 – 3），各自承担不同的比赛项目，其场馆座位从数千到上万不等。从场馆的后续利用来看，主要有三类：一是赛后继续承担大型国内外体育赛事，同时承担商业演出、全民健身、休闲旅游等多种功能；二是赛后既可承办专业体育赛事，同时面向社会开放，用于全民健身运动；三是赛后成为军运会博物馆，作为军运会举办的见证者（见表4 - 2）。

图例

●军运会场馆及指控中心 ——地铁 ——都市高速路 ——公交

0   20 km

图4-3 武汉军运会建筑文化遗产空间分布

军运村则作为供军运会参赛代表团队集中食宿的场所，其配备了村委会和志愿者服务中心等，以更好地服务参赛人员。而军运村的后续利用，则主要在于作为居民小区对外出售，村委会、志愿者服务中心等功能场所将分别作为黄家湖区域配套的小学、中学教学楼，医疗中心将改为小区配套的幼儿园。

主媒体中心央视演播厅位于武汉市体育中心，用于军运会节目播报，后续开发中两个演播厅的置景将交由业主方武汉体育中心改造后作为军运痕迹保留，另外两个演播厅置景将整体移至江汉大学、湖北水利水电职业技术学院作为高校科研、教学使用。军运会执委会指挥中心则位于江岸区后湖大道，经改造后已于 2018 年 9 月入驻办公，后期将作为军运会执委会办公、会议、新闻发布等使用，赛后作为军运会博物馆继续利用。

表 4 – 2　　　　　　　武汉军运会建筑文化遗产类型及特征

类型	选址	场馆名称	场馆用途	后续开发
军运会场馆	后湖板块	武汉体育馆	跆拳道	像武汉体育中心、汉口文体中心、武汉五环体育中心等 9 处场馆将继续承担大型国内外体育赛事，同时承担商业演出、全民健身、休闲旅游等多种功能。像武汉全民健身中心足球场、洪山体育馆等，既可承办专业体育赛事，同时面向社会开放，用于全民健身运动。像现在的军运会指挥大楼，比赛结束后将成为军运会博物馆
		汉口文体中心	足球	
		东西湖体育中心	足球、乒乓球和游泳	
		武汉全民健身中心足球场	足球	
		空军预警学院体育场馆	游泳、篮球、射击、击剑、障碍跑等项目	
		海军工程大学木兰湖校区体育场馆	海军五项	
		空军武汉机场飞行项目场	空军五项的飞行项目	
	沌口板块	军运会媒体中心	冰上运动	
		武汉体育中心	开闭幕式及田径、排球（女子）、游泳、跳水等项目	
		武汉汉南通用航空机场跳伞场地	跳伞项目	
		汉阳江滩沙滩排球中心	沙滩排球	
		天外天高尔夫球场	高尔夫（男子）	
		江汉大学体育馆	排球（男子）	
		武汉商学院马术场	马术和现代五项中的马术、跑射联项	
		武汉商学院游泳馆	现代五项的游泳项目	
		武汉商学院体育馆	现代五项的击剑项目	
		蔡甸国防园射击射箭场馆	25/50 米手步枪射击、飞碟射击、射箭	

续表

类型	选址	场馆名称	场馆用途	后续开发
军运会场馆	光谷板块	华中科技大学光谷体育馆	篮球（女子）	像武汉体育中心、汉口文体中心、武汉五环体育中心等9处场馆将继续承担大型国内外体育赛事，同时承担商业演出、全民健身、休闲旅游等多种功能。像武汉全民健身中心足球场、洪山体育馆等，既可承办专业体育赛事，同时面向社会开放，用于全民健身运动。像现在的军运会指挥大楼，比赛结束后将成为军运会博物馆
		光谷国际网球中心	网球	
		湖北省奥林匹克体育中心	体操（男子）	
		武软工程职业学院体育馆	摔跤	
		驿山高尔夫球场	高尔夫	
		陆军工程大学军械士官学校体育场馆	军事五项中的障碍游泳、校内越野跑项目	
		东湖新技术开发区军事五项场地	军事五项的射击、障碍跑、投弹、校外越野跑及300米步枪等	
		东湖绿道马拉松及公路自行车场地	马拉松和公路自行车	
		东湖帆船及公开水域场地	船及游泳（公开水域）	
		洪山体育馆	篮球（男子）	
		武汉理工大学体育馆	柔道	
		武汉体育学院体育馆	拳击	
		武大大学生体育活动中心	羽毛球	
		青山江滩沙滩排球中心	沙滩排球	
	黄家湖板块	军运会运动员村	运动员、教练员及保障团队的居住餐饮	
		武汉城市职业学院体育馆	击剑	
		江夏梁子湖铁人三项场	铁人三项	
		江夏八分山等定向越野场	定向越野	
军运村	武汉市江夏区黄家湖东南岸		供参赛代表团集中食宿	军运村运动员公寓赛后将作为居民小区对外出售。运行区的村委会、志愿者服务中心等场所将分别作为黄家湖区域配套的小学、中学教学楼，升旗广场、文室外化广场则分别作为学校运动场；医疗中心将改为小区配套的幼儿园

类型	选址	场馆名称	场馆用途	后续开发
央视演播厅	位于武汉市体育中心		用于军运会节目播报	两个演播厅的置景将改造后作为军运痕迹保留，另外两个演播厅置景将整体移至江汉大学、湖北水利水电职业技术学院作为高校科研、教学使用

（2）景观文化遗产盘点

城市景观文化遗产指为保障军运会的顺利举办，武汉市内采取相关措施对城市环境进行整改和提升后所塑造的城市景观，可分为环境综合整治及市域升级改造，总计15项（见表4-3、图4-4）。

环境综合整治主要涉及江滩堤岸、各区及街道整治、公交站点和加油站环境升级等，共计9项。主要措施有完善相关配套设施建设、多单位协作、动员居民，完成所在区域内的环境整治。一方面对外展现武汉良好的城市形象以及武汉市民热情好客的东道主形象；另一方面则通过环境整治有效促进了区域环境质量的改善，提升武汉市市容和居民生活环境。

市域升级改造则主要涉及路面整治、建筑外立面提升、城市夜景及绿化水平提升等，共计6项。主要措施有基础设施改造改建、路面与建筑立面整治、市区内大范围种植树木等。一方面通过城市绿化与夜景的提升，增强了武汉的城市魅力，在军运会期间对外展现了武汉良好的城市形象；另一方面借此机会对武汉市域内的建筑立面进行整治，不仅是对武汉市天际线的再塑，也对武汉市区域性地标建筑的再塑具有重要意义（见图4-5）。

表4-3 **武汉军运会景观文化遗产类型及特征**

项目名称	位置	措施	影响
青山江滩立体综合整治	青山江滩	经营性码头清零、配套设施建设	打造成为亲水景观休闲城市广场
黄家湖军运会建设	黄家湖	基础设施改造建设：军运村医疗中心将成为幼儿园，"村委会"将成为黄家湖小学，后勤服务中心将变成黄家湖中学	湿地公园
"和平之心"	青山区和平大道、建设四路、工业路等	立面整治与景观亮化	青山新地标
城市绿化	武汉市整体范围内	植树绿化	新种了16万株大树，延伸道路绿化里程800多千米，人均公园绿地面积达9.61平方米，实现"500米见绿、1000米见园"
南湖人工蕉海	茶山刘公交站旁南湖	布设了水缸，缸里栽种	美人蕉花海，美化环境
夜间灯光建设（军运会景观照明提升工程）	武汉长江主轴大道	设置高光源LED路灯；"东湖宾馆—体育中心"线路景观照明按照世界一流标准进行设计和打造；道路洁面换装	夜景提升
园林养护工作	武汉市全域	市园林和林业局对绿化植被进行了精细化养护管理，对设计、施工、监理全程跟踪控制，每天分派近2000名养护人员坚守一线	绿化水平的大幅度提升

项目名称	位置	措施	影响
茶港社区沿街立面整治和升级改造	武昌区水果湖街茶港社区东三路	请省书法家协会书法家义务为商户们手书牌匾；广告"清零"；道路路面、建筑立面改造升级	提高了城市建设标准和品质
黄陂区前山街环境综合整治	黄陂区前川街道	坚持问题导向，抓动员聚合力；抓重点明责任；抓整治见成效；抓督查促赶超	落实黄陂区关于军运会综合环境整治工作要求
首义路街召开"七军会"环综整治誓师大会	武昌区首义路街	着力实施窗口环境整治攻坚战；狠抓五子（清渣子、管车子、整牌子、取摊子、控棚子）综合治理	确保军运会期间对外展示武汉市良好的城市形象
花山街环境综合整治	东湖高新区花山街道花城家园棠园社区	清理"僵尸车"；小广告集中清理	营造"迎接军运会、打造新环境、当好东道主"氛围，确保环境优美、整洁
硚口区环境综合整治	硚口区	拆违建、加快建设施工收尾、迅速完成新任务、坚决整改问题	实现城市环境综合整治提升工作的全面胜利
洪山区环境综合整治	洪山区	以"清洁家园迎军运"行动为载体，不同单位肩负不同责任，共同促进洪山区环境综合整治工作	促进洪山区环境综合整治
加油站环境整治	武汉市	开展军运会"靓化工程"，仅用3个月就完成83座加油站121个项目的全方位环境整治，实现加油站全面升级	最大限度确保加油站资源供应；确保军运会用油车辆"快进快出"
木兰乡环境整治	武汉市黄陂区	道路新建与维修、景观亮化、招牌广告、水体提质、场馆建设	木兰乡环境综合整治提升

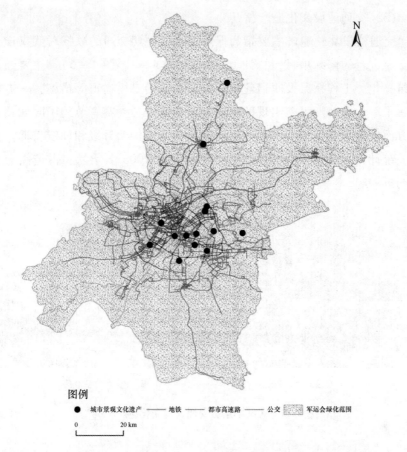

图例

● 城市景观文化遗产 —— 地铁 —— 都市高速路 —— 公交 军运会绿化范围

0   20 km

图4-4 武汉军运会城市景观文化遗产空间分布

a. 青山江滩立体综合整治

b. 军运会景观照明提升工程

图4-5 武汉军运会景观文化遗产示例

（3）交通建设文化遗产盘点

交通建设文化遗产主要指为保障军运会时期交通的顺畅对武汉市公共交通进行的修缮项目，总计10项（见表4-4、图4-6）。主要通过建筑亮化、工程桥梁及匝道建设、设立军运会专用通道等措施，一方面缓解了军运会时期可能出现的交通拥堵现象，为参赛者节约了时间；另一方面借此机会实现了武汉市交通网络体系的构架升级和环线贯通。据相关统计，武汉市中心城区整治提升道路达1000多千米，占道路总里程的近一半。

a. 二七长江大桥临江大道匝道工程   b. 欢乐大道整治提升

图4-6　武汉军运交通建设文化遗产示例

表4-4　　　　　　　　**武汉军运会交通建设文化遗产类型及特征**

地点/工程名	措施	影响
红钢城大街周边环境提升EPC工程	道路两侧50米范围内建筑立面整治71栋，建筑亮化30余栋，高架桥亮化约3千米以及绿化工程	特色景观大道、沿线景观的整治提升
二七长江大桥临江大道匝道工程	工程桥梁建设	缓解过江压力；进一步加强青山沿江地区与汉口的交通联系，为军运会青山沙排中心和各场馆之间的联系提供便利
姑嫂树路立交匝道	匝道建设	三环线右转上姑嫂树高架的一条重要上桥通道

续表

地点/工程名	措施	影响
欢乐大道提升整治	道路及附属设施施工、交通和公共服务设施的改造提升等	军运会重点保障线路之一，项目的实施将提升武汉市对外整体形象
军运村板块	地铁线的优先开通	地铁8号线三期先于二期通车，黄家湖大道等形成30分钟交通路网
黄家湖大道提升改造项目	交通体系架构升级	黄家湖在原有交通架构之上，升级为"两横、四纵、双轨"体系。黄家湖大道，沿线串联规划中的地铁小镇及军运村，湖岸的武汉学院，直到项目南侧规划中的高端装备制造研发基地，为产学研及居住打通交通大动脉
军运会专用通道	全市设置了30条194千米军运会专用道，与交通管理体系相配合	运动员、注册媒体记者、国际官员等核心保障人员参赛或参会误点率为0
蔡甸区	全力推进对一条重点保障线路、四条基础保障线路和铁路沿线、沿江沿湖岸线和九真山景区2平方千米亮点区块的提升	交通完善、生态良好、配套完善、适宜居住的新城区打造
杨泗港长江大桥	2019年10月杨泗港长江大桥通车，汉阳四新到武昌十分钟过江	四环线成功贯通
地铁交通选择多元化	2018年武汉地铁7号线一期、11号线东段、纸坊线开通；2019年地铁2号线南延线、蔡甸线、8号线三期开通	城市交通体系的进一步完善

（4）精神文化遗产

军运会精神文化遗产主要指军运会筹办和举办过程中对接触者（主

要指居民和志愿者等）在价值观念、思维习惯、生活方式和道德情操等方面产生的具有一定持续性的影响，涉及范围较广，涵盖教育、纪念、演艺、礼仪、民生、城市与居民形象等诸多方面（见表4-5）。

a."我的军运我的家"系列活动　　　　　b.军运会奖牌

图4-7　武汉军运会精神文化遗产示例

教育文化遗产主要涉及武汉市以社区和学校等为单位，开展以军运会为主题的宣传和教育活动，旨在营造良好的军运氛围、增长居民与军运会有关的知识、提升武汉市民的主人翁意识。主要活动形式包括"我的军运我的家"系列活动、四个"百万"活动、"认识军运会"主题教育活动等（见图4-7）。推行面较广，几乎涉及武汉市所有地域。对于武汉市民的影响主要在于增长了其知识，提升了其主人翁意识，促使武汉市民积极主动地投身于军运会相关活动的开展，表现了良好的东道主形象。

纪念文化遗产主要包括有形的纪念品（军运会邮票、奖杯、吉祥物、会徽、特色文创产品等）以及无形的纪录（中国的参赛纪录以及武汉市军运会的举办纪录等）。有形的纪念品主要以军运会元素和武汉市特色文化元素为设计基础，实现了两者的有机结合，借助军运会契机向世界展现中国文化和武汉文化；无形的纪录则在于中国队在世界军人运动会赛场比赛成绩的历史性突破，包括7项世界纪录和47项军运会纪录，以及武汉市军运会举办实现的"四个首次"（首次走出军营办赛；首次集中建设军运村；首次在一个城市举办所有比赛项目；首次为各个代表团提供全方位的志愿服务），这些纪录无一不展示了中国的大国形象和武汉的城市力量。

演艺文化遗产主要包括军运会举办过程中所编制的乐曲和节目等，如军运会颁奖音乐、主题曲和开幕式表演节目等。这些节目的编制不仅融入了湖北特色地方元素，也表达了中华文化的博大精深以及中华民族反对战争、爱好和平的大国形象。

礼仪文化遗产主要体现在两大方面。一方面在于军运会举办过程中的相关仪式和礼仪，如火炬传递仪式与颁奖仪式、开幕式与闭幕式礼仪等，这些仪式不仅是军运会的重要宣传与推广活动，更展示了中国文化和荆楚文化，向世界表明中国止戈为武的和平理念与大国担当；另一方面则在于文明观赛礼仪、接待礼仪，真正实现了用中国礼仪向世界问好，体现出武汉市民的良好素质与优秀的东道主风貌。

民生文化遗产主要体现于对未来武汉市居民生活将会有所裨益的诸多方面。一方面在于借军运会之机新技术的运用，包括5G和大数据、智能垃圾分类箱、军运会酒店的智能化服务前台等，这些新技术在军运会结束后有望逐渐在武汉市得到推广，对武汉市居民的生活质量将会有一定的提升作用；另一方面在于军运会对武汉市居民生活方式的改变，主要体现在武汉市居民素质的提升（比赛时的礼仪以及面对外国人时的热情友好）、全民健身风潮带来的身体素质提升（军运会场馆在赛后将向社会开放或者用于学校教育教学从而引发的居民健身风潮）以及奉献服务精神的提升（共有2.6万名赛事志愿者、21.2万名城市志愿者，武汉每7人中就有1名注册志愿者）。

形象文化遗产主要表现在三个方面：一是中国的大国气派，与世界和平发展，办赛水平一流、参赛成绩一流；二是中国军人的形象，中国强军，军民融合；三是武汉市的城市形象，大武汉很美丽，热情武汉喜迎八方来客。此外武汉规划展示馆计划开辟军运会专区；武汉市档案馆已收集归档军运会文件材料253卷27428件，并且还在不断增加，这都是武汉市军运符号形象的具体载体。

表4-5 武汉军运会精神文化遗产类型及特征

小类	具体案例	意义
教育文化	青山江滩"我的军运我的家"系列活动	借军运会之机，弘扬社区文化，促进邻里团结
	"百万市民讲礼仪""百万家庭洁家园""百万职工做贡献"等系列活动	促进武汉市民将"文明交通、文明出行、文明旅游、文明餐桌"内化为个人行动习惯
	武昌区检察院开展系列活动	武昌区检察院开展了"清洁家园"、观看文艺演出等，强化干警们责任担当和主人翁意识，营造浓厚的"全城迎军运"氛围
	江岸区劳动街道"当好东道主——清洁家园迎军运百团大战"	增强市民东道主意识与主人公责任感，改善社区环境状况，掀起了"当好东道主、喜迎军运会"新高潮
	洪山区实验幼儿园积极开展"认识军运会"主题教育活动	通过视频、图片，孩子们了解了军运会的基本常识，知道了本届军运会举办的时间、地点和口号，认识了本届军运会会徽和吉祥物。通过开展"军运会"主题教育活动，不仅可以让孩子们了解武汉历史，了解世界军运会，以实际行动积极参与和支持军运会。全体实幼人将以主人翁的责任感，从自身做起，从现在做起，从每件小事做起，展示武汉风采，传播文明形象
	江汉大学教育学院开展2018年新生军运会宣传讲解活动	介绍了军运会知识，通过一些宣传视频来加深同学们的印象，同时用知识竞赛的形势巩固同学们对军运会知识的掌握。借军运会所传达的精神，呼吁同学们以认真积极的态度对待军训
	游戏《兵兵突击》	该款以军运会吉祥物"兵兵"命名的官方新闻游戏，通过虚拟军运会火炬传递、交互式竞技，让公众在线了解和参与军运会

续表

小类	具体案例	意义
纪念文化	军运会邮票	以军运会主要运动项目作为纪念品设计的源起
	军运会纪念币	具有纪念意义，设计上汲取较多的武汉元素，宣传了武汉
	军运会吉祥物	以被誉为"水中大熊猫"和"水中活化石"的中国一级重点野生保护动物中华鲟为原型设计。其阳光、自信的笑容和张开双臂、迈步向前的造型象征着新时代的中国愿以更加开放包容、热情好客的姿态共享友谊、同筑和平
	军运会奖牌	凸显军事特色，融入中国文化元素，尤其是武汉市的文化元素
	军运会奖杯	兼具和平和拼搏向上的寓意
	军运会会徽	突出了命运共同体理念，表现了中国与世界和平发展，相互促进的美好意愿
	军运会纪录	中国队在世界军人运动会赛场比赛成绩历史性突破；7项世界纪录、47项军运会纪录
	军运圣火	象征着和平、发展和友谊
	和合火炬塔	象征着军运会的薪火相传，生生不息
	军运会期刊《戎耀》	军运会的直接记录
	武汉军运会的举办记录	首次走出军营办赛，首次集中建设军运村，首次在一个城市举办所有比赛项目，首次为各个代表团提供全方位的志愿服务
	特色文创产品	军运会专用地图（江城明珠豪生酒店）、印着兵兵头像的欢迎卡（武汉万科君澜酒店）、冬瓜雕刻的曾侯乙编钟（翠柳村客舍）
	军运会火炬——和平荣光	火炬名为"和平荣光"，传递主题是"共享友谊、同筑和平"，口号是"创军人荣耀、筑世界和平"。"和平荣光"成为大武汉迎接"军运时刻"的最佳注解
演艺文化	军运会颁奖音乐	采用了非物质文化遗产监利民歌的旋律为主要元素，融入编钟编磬因素

续表

小类	具体案例	意义
演艺文化	军运会主题曲	主题歌《和平的薪火》，诠释反战主题；《力拔山兮》体现英雄气概和运动激情；《四海之内皆兄弟》讲述兄弟战友情怀；《热血青春》充满青春活力；《军旗如画》军队主题鲜明、气势恢宏；《美丽江城欢迎你》是军地合作歌曲，"荆楚"特色鲜明，表达东道主热情好客之意；《拥抱这世界》男女对唱，展现大爱和友谊的价值观念；《让生命怒放》旋律节奏热情奔放，突出军队特色；《在和平的旗帜下》是军乐进行曲风格的合唱歌曲，突出军人气势
	开幕式表演节目	"泱泱华夏，生生不息"；"路路相连，美美与共"
礼仪文化	火炬传递与颁奖仪式	重要的宣传和推广活动，凸显军运特色与大国风采
	开幕式与闭幕式礼仪	开幕式利用高科技技术手段向世界展示中华文化，军队保护国家、民族与文明，才能让和平的薪火世代相传；闭幕式延续止戈为武的理念，以及荆楚文化与世界文化的融合
	颁奖礼仪	融入湖北省地方传统民乐
	文明观赛礼仪	体操比赛时保持的绝对安静，防止干扰参赛选手
	接待礼仪	对一线服务与管理人员培训达 2000 人次；用中国礼仪向世界问好
民生文化	新技术运用	5G 和大数据的运用
	市民素质风貌	观赛风貌（体操比赛时保持安静）；对待外国人时的热情好客
民生文化	全民健身风潮	武汉新建、改建和临时搭建 35 处、共计 54 个场馆设施，赛后将面向社会开放或用于学校体育教学，成为全民健身、市民活动的场地。目前，武汉的体育健身场地达 2.2 万个，军运会虽然已经结束，但体育运动的热情早已播撒在武汉的大街小巷，运动已成为这里的常态

小类	具体案例	意义
民生文化	智能垃圾分类	智能垃圾分类箱具备物联网功能，配套设有"分类之家"线上 App，点击"附近分类点"，就能找到最近的垃圾桶。该智能垃圾分类箱还能进行人脸识别、自动称重、温度监测、散热、满溢报警、GPS 定位、实时监控等。按键或扫码，投递口自动打开，按分类扔垃圾，可自动积分且兑换商品，商品可送货上门
	志愿服务	2.6 万名赛事志愿者、21.2 万名城市志愿者，志愿服务贯穿军运会全程；武汉市在全国志愿信息系统注册志愿者总人数已超 155 万人，占全市常住人口的 14%，相当于 7 个人中就有 1 名志愿者；并且发动志愿者参与环境整治等事务
	军运会酒店智能化服务	金盾舒悦酒店大厅"智能前台"与机器人服务
形象文化	中国气派	与世界和平发展，办赛水平一流、参赛成绩一流
	军人特色	展现中国军人风貌；军民融合
	武汉形象	武汉坚持"办赛事"与"建城市"相统一，"大武汉，很美丽"武汉市在全球五大洲的 15 座友城的市长通过文字和视频致信
	军运符号形象	武汉规划展示馆计划开辟军运会专区；武汉市档案馆已收集归档军运会文件材料 253 卷 27428 件，并且还在不断增加

（5）制度文化遗产

军运会制度文化遗产主要指在军运会举办筹备和过程中，对军运会顺利举办有所裨益且对未来大型赛事活动举办有一定借鉴作用的制度和理念，不仅对军运会的顺利举办起到了重要作用，更对未来我国举办大型赛事具有一定的借鉴作用。军运会制度文化遗产包括理念和具体制度方面（见表 4 - 6）。

理念主要包括运营理念、运营模式和建设精神。运营理念主要与武汉城市建设理念相结合，贯彻执行"每天不一样"的城市建设理念，按照办赛事与建城市相结合的理念，坚持"全面提升、重点保障"的思路，对城市全域进行提升整治，并采取借鉴办赛措施，注重城市发展与军运

a. 军运会税收保障制度　　　　　　　　b. 军运会公平保障制度

图4-8　武汉军运会制度文化遗产示例

会发展有机结合，对配置的相关设施在会后二次利用，实现"零浪费"。运营模式方面，武汉市军运会采取军地联合承办的模式，整合军地力量和资源，形成了"国家支持、军地联合、军方主导、地方承办、社会参与"的办赛格局，实现了集中力量办大事，更有效率。建设精神方面着重突出"三个精神"——受命而动、听令而行，特别能吃苦，特别能攻坚，特别能战斗的军人精神；爱岗敬业、精益求精的工匠精神和艰苦奋斗、甘于奉献的劳模精神。军运会的运营理念对我国其他城市未来大型赛事的举办具有一定的借鉴价值，为其他城市将城市发展与赛事有机结合，将城市精神与赛事精神统一提供了样板。

具体制度涉及医疗保障、公平保障、安全保障、交通保障、消费环境保障、作风保障和税收保障等方面，力求全方位保障军运会的顺利召开（见图4-8）。如军运会医疗保障制度打造的立体救援模式，实现现场医疗急救、急救转运、门急诊救治、住院治疗无缝连接，为国内首创；军运会公平保障制度下严格的药品检测，最大限度保证赛事的公平进行；为了保证军运会赛事期间的安全，实行了主会场24小时不间断消防巡逻，同时运用物联网技术对交通流实行实时监测和预警，并且提升安保强度，设置专用线路保障军运会期间交通安全；为了保障军运会期间参会人员出行，武汉市采取了地铁精细化服务，不仅将3号线和6号线直接服务于开幕式，并且在地铁站实行微笑服务和志愿者服务，有效提升了参会人员对武汉的好感；为了保障军运会时期消费环境安全，武汉市通过建立相关组织机构，明确岗位职责和工作要求，并制定了《军运会接待酒店服务质量应急处置办法》；为了保障军运会期间的城市环境整治成效，选取 13 位来自不同单位和部门的成员组成作风巡查小组，重点聚焦楼宇环境立面整治、私搭乱建取缔、街道秩序维护、黑臭水体治理、市容环境升级等工作，进一步推动城市综合环境改善和城市文明提升；在军运会税收方面，采取十大措施，确保军运会赛事期间，所有符合范围的非居民企业和个人享受到最惠协定待遇，降低纳税人负担。这为国内将来大型赛事的举办提供了借鉴案例，以推动赛事的顺利进行。

表 4-6　　　　　　　　武汉军运会制度文化遗产类型及特征

小类	具体案例	意义
运营模式	采取军地联合承办模式，充分发挥军民融合优势，整合军地力量资源，成立组委会、执委会两级日常办赛机构，组建 1 办 11 部 1 委的赛时运行指挥体系。形成了"国家支持、军地联合、军方主导、地方承办、社会参与"的办赛格局	集中力量办大事，更具有效率；量力而行、节俭办赛、赛用结合、惠民服务
运营理念	贯彻执行"每天不一样"的城市建设理念。按照办赛事与建城市相结合的理念，坚持"全面提升、重点保障"的思路，对全市"场站边、线路边、工地边、铁路边、江湖边"全面、全域实施环境综合整治提升工作，实现"道路洁化、立面美化、景观亮化、水体净化、生态绿化"；节俭办赛措施	将城市发展与军运会发展有机结合；零浪费，军运村配置的大量家具、卧具，会后也将被住宿运营服务商再次利用，不会出现任何浪费
建设精神	军人精神、工匠精神、劳模精神	军人精神：受命而动、听令而行，发扬特别能吃苦、特别能攻坚、特别能战斗的军人作风；工匠精神：爱岗敬业、精益求精，在追求高起点高标准高质量的工程建设中体现工匠本色；劳模精神：艰苦奋斗、甘于奉献，在紧锣密鼓的筹备工作中展现苦干实干巧干的劳模风采

小类	具体案例	意义
医疗保障制度	立体救援模式	120辆救护车、2架直升机、6艘医疗船组成的"水、陆、空"立体急救救援体系,实现现场医疗急救、急救转运、门急诊救治、住院治疗无缝连接,是国内大型综合性赛事中首次建立立体救援模式
公平保障制度	严格的药品检测	固化54种反兴奋剂检测种类,确定了8家资质合格的检测机构,确保供会食品检测项目统一、方法统一、安全标准统一,以最严标准,严防食品源头兴奋剂事件发生
安全保障制度	主会场24小时不间断消防巡逻;武汉开发区(汉南区)公安分局运用先进的物联网、智联网科技,通过AR实景地图,实现对人流和车流实时监测、事件预警;机场公安局全面提升安保等级,在军运会前,按照"纵向到底、横向到边、全面覆盖、不留死角"的原则,全面排查安全隐患。专门配备了排爆机器人、视频指挥车等反恐防暴特种装备器材,确保要员保障有力,人流出入安全	确保军运会的顺利开展,对大型赛事具有一定的借鉴意义
地铁精细化服务	3号、6号线直接服务于参加开幕式活动的观众;全体员工持续开展英语口语和手语服务培训;地铁微笑服务;5000人的军运会志愿者团队;"红杉志愿者"接待并推荐武汉景点	有效提升参会人员对武汉的印象,具有一定的推广意义文化展示区随处可见

小类	具体案例	意义
消费环境保障制度	建立组织机构，明确了岗位职责和工作要求，日日一报表，每周一例会；制定《军运会接待酒店服务质量应急处置办法》	维护军运会期间的消费环境
作风保障制度	选取 13 位来自不同单位和部门的成员组成作风巡查小组，重点聚焦楼宇环境立面整治、私搭乱建取缔、街道秩序维护、黑臭水体治理、市容环境升级等工作，查找薄弱环节，积极履职尽责；通过巡查发现问题、督促解决问题，并对其中发现的作风问题严肃查处	通过专项巡查工作，进一步推动城市综合环境改善和城市文明提升
税收保障制度	全面落实武汉军运会执行委员会税收优惠；全面落实军运会参赛人员税收优惠；全面落实军运会服务单位税收优惠；全面落实军运会参与企业减税降费系列政策；确保军运会参与企业社保费负担实质性下降；开辟税收服务军运会快速通道；设立 12366 纳税服务军运会咨询专席；组建军运会"双语"志愿者服务队；提供军运会"全链条"办税套餐；提供非居民纳税人协定待遇"一站式"办理	举办军运会的强力支撑，确保军运会赛事期间，所有符合范围的非居民企业和个人享受到最惠协定待遇，降低纳税人负担

3. 武汉军运会的体育文化空间重构效应研究

（1）研究目的与意义

21 世纪的体育产业作为"朝阳产业"的代表，随着经济发展和人民生活质量提高，发展潜力也与日俱增。2014 年，国务院发布《关于加快发展体育产业促进体育消费的若干意见》，其中指出"发展体育事业和产业是提高中华民族身体素质和健康水平的必然要求"，而体育产业发展的主要任务之一就是"营造健身氛围、鼓励日常健身活动、推动场馆设施的开放以及加强体育文化的宣传"。2016 年，国务院印发的《全民健身计划（2016—2020 年）》也提出来明确的目标，即"到 2020 年，群众体育健身意识普遍增强，参与体育锻炼的人数明显增加"。可见，发展体育产业的重要目的在于通过发展体育产业以实现群众健康生活方式的转变，而体育场馆建设对于体育产业发展而言至关重要。体育场馆的建设往往受政策指向和赛事举办影响较大，一般而言较大规模的体育场馆建设与修缮等都离不开大型赛事举办的推动。第七届世界军人运动会的举办，即大大推动了武汉市体育场馆的建设。

军运会作为规模仅次于奥运会的大型国际体育赛事，是和平时期各国军队展示实力形象、增进友好交流、扩大国际影响的重要平台。据悉，武汉军运会总投资约 1400 亿元，其中有超过百亿直接用于体育场馆的建设①。如此巨大的投资，不仅仅着眼于军运会的举办，更应当注重其对武汉市体育产业发展和武汉市居民体育生活的影响。这些场馆的建设，包括与场馆建设相配套的赛事精神与文化的宣传，是否会从物质与精神层面推动武汉市居民健康生活方式的转变、对武汉市体育产业发展有何影响，均有待于进一步探究。

体育文化空间是城市发展的产物，也是参与城市发展、塑造城市品格的重要力量②。广义上而言，体育文化空间泛指体育文化从产生到发展都离不开的具体的自然环境与人文环境；狭义上则指在特定时间内举行的各种体育文化活动及仪式的特定场所③，其中最为典型的代表就是体育场馆。随着城市建设的不断发展以及居民体育认知的不断变化，体育文化空间也在发生变化，无论是物质层面还是精神层面都有演化成全新结构的趋势，即发生重构现象④。文化空间重构，就是对城市或区域文化空间的体系结构进行重新构建，既包括实体空间的重构，也包括思想文化

---

① 荆楚网：《举办军运会 武汉将投资百亿建设 29 个场馆》，2017 年 7 月，武汉本地宝（http://wh.bendibao.com/news/201776/87359.shtm）。

② 倪京帅：《近代上海体育文化的空间记忆与社会表达》，《体育文化导刊》2019 年第 3 期，第 105—110 页。

③ 倪京帅：《公共领域视角下近代上海体育文化的空间建构与文化转型》，《首都体育学院学报》2019 年第 2 期，第 149—152 页。

④ 马慧娟：《北京会馆的文化空间重构研究》，硕士学位论文，首都师范大学，2014 年。

内涵的重构，既有彻底的革命性的整体重构，也有微调整的非革命性的局部重构①；城市空间重构表现为城市空间增量的拓展和存量的更新与重组②。综上所述，本研究认为体育文化空间重构涉及两方面：一是对城市或区域的体育文化空间的增量与存量进行更新与重组，二是对城市或区域的体育文化空间产生的思想文化内涵进行重塑。军运会从承办之初到赛事结束，武汉市在比赛场馆及相关设施、赛事文化、赛事宣传等各个方面做了大量工作，这些工作是否影响武汉市体育文化空间重构、在哪些方面起到影响作用、影响作用有多大，这些问题都值得深入研究与探讨。

总的来说，学界目前关于大型体育赛事对举办城市的影响研究仍停留在宏观尺度，对于城市体育文化空间重构的研究相对缺乏；研究方法偏重于定性分析而缺乏相关定量方法的应用。基于此，本研究从社会文化地理学视角，以大型体育赛事举办地的体育文化空间重构为切入点，以武汉市军运会综合运动场馆为研究对象，探讨军运会对武汉市体育文化空间重构的影响，探究武汉市体育文化空间的重构趋势，以期弥补相关微观尺度研究的不足，并为后军运时代武汉市体育发展提供一定的建议与参考。

（2）研究区域与方法

①研究区域概况与数据来源

武汉市体育产业发展虽然具有产业体系基本成型、体育资产存量较大、政府主导下体育产业发展较为迅速等优势③，但也存在诸如体育无形资产的开发力度偏弱、现有公共体育设施无法完全满足居民体育健身需求、居民体育意识薄弱、参与体育活动较少等不足④。武汉市承办军运

---

① 张宝秀、张妙弟、李欣雅：《北京中轴线的文化空间格局及其重构》，《北京联合大学学报》（人文社会科学版）2015 年第 2 期，第 17—23、51 页。

② 刁琳琳：《中国城市空间重构对经济增长的效应机制分析》，《中国人口·资源与环境》2010 年第 5 期，第 91—98 页。

③ 陈林祥、冯佳、张菊萍：《武汉市体育产业统计调查与对策研究》，《武汉体育学院学报》2006 年第 12 期，第 36—39 页。

④ 穆熙、许华、刘秒：《关于发展武汉市体育产业的若干思考》，《统计与决策》2004 年第 10 期，第 111—112 页；贲丽丽：《论武汉市体育产业的形势和对策》，《湖北经济学院学报》（人文社会科学版）2006 年第 1 期，第 58—59 页。

会使其体育场馆设施等得到了一定程度的提升，也使其居民对体育活动的了解程度与参与兴趣有了极大提高，如何落实后军运会时期武汉市体育文化空间重构，不仅是军运会这一盛事的延续与继承，也会对武汉市体育产业发展起到推动与促进作用，更对全国其他城市体育产业发展具有一定的借鉴意义。

图4-9 武汉市综合体育馆分布

数据获取自 2018 年武汉市高德地图 POI 数据（Point of Interest，即兴趣点）以及第七届世界军人运动会官方网站，排除临时建设的运动场馆后，总计筛选得到综合性体育馆 87 个（含军运会体育馆 16 个，图 4-9），属性值包括名称、地址及经纬度坐标等，并通过军运会官网以及微信、微博等公共信息平台对各综合体育馆的信息进行补充。

②研究方法

A. 核密度估计

运用核密度估计法揭示武汉市综合体育馆及军运会体育馆的空间分布特征。核密度估计能够根据输入的要素计算点要素在整个区域内的数据集聚情况，反映的是一个核对周边的影响强度[①]，其计算公式为：

$$f(x) = \frac{1}{nh} \sum_{i=1}^{n} k\left(\frac{x - X_i}{h}\right)$$

式中，$k\left(\dfrac{x - X_i}{h}\right)$ 为核函数，n 表示体育馆个数，h 为带宽且大于 0，$x - X_i$ 表示估值点 x 到样本点 X_i 的距离，其数值越大则说明样本点的分布越密集。

B. 重心分析及标准差椭圆

采用重心分析方法探究运动场馆的空间分布均衡性。地理学中的重心指的是某一区域内某种属性值的平衡点。假设某一地区由 n 个次级地区 i 组成，则该地区某一属性的重心就可依据下述公式测算[②]：

$$\overline{X} = \sum_{i=1}^{n} P_i X_i / \sum_{i=1}^{n} \qquad \overline{Y} = \sum_{i=1}^{n} P_i Y_i / \sum_{i=1}^{n}$$

公式中，$\overline{X}$、$\overline{Y}$ 分别表示特定区域内某特定的属性重心的经纬度；X_i、Y_i 表示第 i 个次级区域重心的经纬度；P_i 表示第 i 个次级区域某特定属性的取值，当 P_i 表示区域面积时，其坐标为研究区域几何重心。此外，研究也将进一步采用标准差椭圆对武汉市综合体育馆空间分布方向性进行分析。

C. 质性分析

以军运会官网相关报道，尤其是与军运会综合体育馆相关报道为主，以及微博微信等公共信息平台相关信息为基础材料，提取其中与综合体育馆建设投资、使用强度以及周边人群生活方式转变相关信息，对以综合体育馆这一主体为核心的体育文化空间展开研究。

（3）研究结果与分析

①军运会凸显了武汉体育文化空间的方向性

如图 4 - 10 所示，武汉市综合体育馆分布在洪山区和武昌区交界处最为集中，并以此为核心向外扩散。除此核心区域外，在黄陂区、蔡甸区和东西湖区等地均存在零散点状分布。

---

① 王新越、侯娟娟：《山东省乡村休闲旅游地的空间分布特征及影响因素》，《地理科学》2016 年第 11 期，第 1706—1714 页。

② 李秀彬：《地区发展均衡性的可视化测度》，《地理科学》1999 年第 3 期，第 63—66 页。

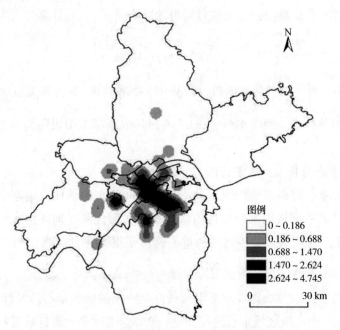

图 4 – 10　武汉市综合体育馆空间分布的核密度分析

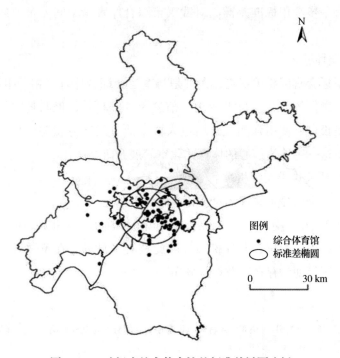

图 4 – 11　武汉市综合体育馆的标准差椭圆分析

　　如图 4 - 11 所示，综合体育馆呈现微弱的西北—东南向空间分布格局，其重心坐标为 114.317°E，30.529°N，大致处于武昌火车站附近，这可能是由于武昌火车站附近存在较多的体育企业，如武汉华腾启明星体育文化发展有限公司、武汉纳特体育发展有限公司等，在一定程度上对武汉市综合体育馆的建设起到了推动作用。另一方面，武昌区与洪山区高校分布相对密集，而综合体育馆是高校建设所必备的场馆之一，较大程度上左右了综合体育馆的分布格局。

　　如图 4 - 12 所示，军运会体育馆空间分布与综合体育馆空间分布呈现出一定的相似性，但是也存在差异，具体表现在虽然武昌区与洪山区交界处依然保持高密度，但是其向西北和东南方向均分别延伸出两个高密度区，分别位于江汉区、江岸区和硚口区交界处及洪山区与江夏区交界处，其团块分布相对综合体育馆空间更为紧密，且零散的点状分布相对较少。

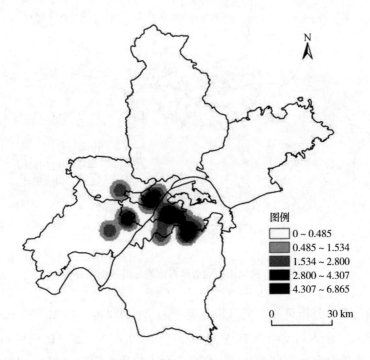

图 4 - 12　武汉市军运会体育馆核空间分布的密度分析

如图 4 - 13 所示，军运会体育馆呈现较为明显的西北—东南分布方向，其重心坐标为 114. 297°E，30. 521°N，大致位于二环线与武金堤公路交叉口处，其分布轴线方向与二环线具有较高的一致性，西北—东南方向上得到了一定延伸。这主要是由于近年来武汉城市交通建设的不断完善，尤其是为迎接军运会召开所修建的地铁 7 号线、8 号线 2 期以及 2 号线南延线等，实现了军运会主要功能区的全覆盖，在一定程度上也影响了军运会体育馆的选址。

图 4 - 13   武汉市军运会体育馆的标准差椭圆分析

通过重心分析可知，武汉市几何重心坐标为 114. 343°E，30. 624°N，2017 年武汉市人口重心坐标为 114. 324°E，30. 6°N。通过比较可知，军运会体育馆分布重心离武汉市几何重心和人口重心距离分别为 12. 241 千米和 9. 133 千米，较武汉市综合体育馆离几何重心（10. 823 千米）和人口重心（7.9千米）更远，向西南方向移动了2.115千米，表明军运会体育馆较武汉市综合体育馆更不均衡，整体向武汉市西南方向偏移。

由标准差椭圆分析结果对比可知，武汉市综合体育馆空间分布更倾向于集中分布于主城区，且其方位角为99.35°（北偏东方向），接近于正东—正西向分布；而军运会体育馆空间分布则具有更强的方向性特征，呈现西北—东南向，方位角为103.99°（北偏东方向）；这主要是由于军运会体育馆的选址需要更多考虑可达性，与武汉市近年来的交通基础设施建设相统一。

总体而言，军运会体育场馆的空间分布比武汉市综合体育场馆具有更强的方向性特征，整体向武汉市西南方向偏移，呈现较明显的西北—东南向分布。这不仅是军运会运动场馆建设选址与武汉市近年来交通基础设施建设相统一的结果，也为武汉市体育产业发展提供了一定的方向性建议。

②军运会拓展了武汉体育文化空间范围，打破了使用壁垒

综合运动场馆作为城市体育文化空间的主要载体，其建设状况与城市体育文化空间的演化息息相关。武汉军运会总计投资约100亿元直接用于运动场馆的建设，极大程度提升了武汉市体育设施条件，实现了武汉市体育文化空间的要素拓展。

军运会综合体育馆可以分为两大类：一是已有的城市或者高校体育馆维修改造后用于军运会的，如武汉体育馆、汉口文体中心等，在原有设施的基础上进行修缮与改造，并通过扩建地下停车场、营造民生项目专区等方式扩大场馆容量，为居民提供了体育健身的场所；二是根据军运会赛事举办需要，择地新建的体育运动场馆，如东西湖体育中心、海军工程大学木兰湖校区体育馆等，不仅借军运会之机修建了较为完善的体育运动场馆，弥补了区域公共体育运动设施的不足，也以军运会运动场馆建设为契机，对周边区域进行了环境整治、房屋拆除、园林绿化等，如黄陂区在修建海军工程大学木兰湖校区体育场馆及设施的过程中，完成了4249户拆迁、54.31万平方米立面整治以及679.77万平方米的园林绿化，改善了体育文化空间软环境。因此，可以说，军运会的筹办，促进了武汉市体育硬件设施水平的提升，实现了武汉市体育文化空间的拓展。

另一方面，与传统体育场馆相比，武汉市军运会综合体育馆在功能上更侧重于多元化使用以及多主体参与，使场馆超越了单纯体育运动的用途，使其转化为多种功能齐具的体育文化空间，使得体育文化空间的意义得到深化。另外，除武汉体育馆、东西湖体育中心等秉承赛后继续对社会开放之外，其余场馆在赛后均会承担一定的"特殊"任务，如空军预警学院体育场馆和海军工程大学木兰湖校区体育场馆等在军运会后将会用于部队教学训练，江汉大学体育馆、武汉商学院体育馆、武汉软件工程职业学院体育馆等高校体育馆在赛后将会在承担教学任务的同时面向社会开放。可以说，军运会的举办在一定程度上为这些场馆打下了深深的"军运烙印"，而不同类型的场馆也借由军运会的机会完成了一定程度的转型：传统体育馆如武汉体育馆等，通过承办军运会相关比赛提升了知名度，在一定程度上扩大了使用主体的范围；部分军事院校的体育馆在赛后投入部队教学训练，是军运会某种意义上的延伸；高校体育馆通过军运会打破了使用壁垒，使原本主要服务于本校师生的体育馆等设施得以惠及周边居民，成为周边居民体育健身的首选场所。

③军运会促进了武汉体育文化空间从要素提升到人的传承的转变

体育场馆与基础设施的改建与新建只是军运会对武汉市体育文化空间重构的一方面，更重要的应当着眼于人的传承。虽然军运会赛事举办依赖的主要载体是体育场馆，但军运会的宣传活动以及军运会氛围等对周边居民的影响更广泛和深远。如武汉市为迎接军运会来临所举办的"四个百万"活动，分别从文明礼仪、环境卫生和志愿服务等方面全方位为军运会保驾护航，增强了居民的主人翁意识，使居民成为武汉城市形象行走的样板；另一方面军运会的宣传活动反哺居民，在提升居民个人素质的同时，也增强了居民对体育活动的认知水平及参与意愿，从居民层面实现了军运会的传承。同时，以军运会为契机在武汉市开展的各项健身活动都在潜移默化地影响着居民的生活方式。近年来武汉市以筹办军运会为契机，举办了诸如"汉马"、水上马拉松等体育赛事，目前武汉市每年申办和承办国际性、洲际性、全国性体育大赛超过 15 项，各种全民健身活动达千余项次；军运会所带来的居民生活方式转变显而易见，全民健身已经成为武汉市居民生活的新风尚。

武汉军运会结束后，新建和修建的综合性体育馆都将面向社会开放或用于学校体育教学，成为全民健身、市民活动的场地。如五环体育中心作为军运会最大新建场馆，在一定程度上解决了武汉市临空港经济开发区长期缺乏大型体育场馆的问题；军运会结束后五环体育中心已成为一个以体育比赛、全民健身、体育公园、商业运营为主，以文化娱乐、表演展示为辅的城市综合体育活动中心，对武汉市西北区域体育文化空间的塑造起到核心带动作用。目前，武汉的体育健身场地达2.2万个，硬件设施已较为充足，而军运会的举办极大地提升了居民对体育活动的认知水平与参与程度，使体育健身活动逐渐成为居民生活的日常，并以军运会综合体育馆等核心建筑为体育文化空间载体，逐步引导武汉市体育文化空间重构及拓展。

（4）小结与讨论

①小结

本研究通过定性与定量分析相结合的方法，以武汉市综合体育馆为研究对象，分析了对军运会对武汉市体育文化空间重构的影响，发现军运会对武汉市体育文化空间重构的影响主要体现在以下三个方面：

第一，凸显了武汉市体育文化空间的方向性。相较于军运会前的场馆布局，军运会相关运动场馆的空间分布呈现较明显的偏西北—东南向走向，在一定程度上为武汉市后军运时期的体育产业布局与发展提供了空间延伸方向。

第二，拓展了武汉市体育文化空间的使用主体，一方面，军运会的直接投资促进了体育场馆的新建与修缮，实现了场馆要素的完善与拓展，为武汉市体育文化空间使用主体的拓展奠定了坚实的物质基础；另一方面，军运会的宣传提升了相关场馆知名度，打破了原有场馆的使用壁垒，提升了其使用主体的广泛性，进而使得体育文化空间功能具有多元化发展趋势。

第三，加强了武汉市体育文化空间的文化性。依托以各大场馆为核心的军运会相关宣传和带动作用，一定程度上实现了军运会精神在武汉市居民日常生活中的传承，推动了武汉市居民生活方式向全民健身生活的转变，实现了以军运会体育场馆为核心的武汉市体育文化空间的延伸，使得体育场馆超越了单纯的体育运动场所功能。

②讨论

军运会运动场馆作为军运会的主要载体，在后军运时代武汉市体育文化空间重构过程中起到重要作用，场馆的西北—东南向分布也在一定程度上为后军运时代武汉市体育产业发展指明了方向。而场馆本身作为军运会这一重要体育赛事的见证者，同时又是武汉市体育文化空间的主要载体之一，在未来武汉市体育文化空间发展的过程中将会扮演重要角色，其场馆所具备的"军运烙印"也将会起到重要作用。

本研究基于体育场馆的视角探讨后军运会时代武汉市体育文化空间重构趋势，体育场馆是城市体育文化空间的重要载体但并非全部，基于不同载体视角下对相关问题的研究是否会有所差异，有待后续继续研究。此外，大型事件对城市的影响具有一定的滞后性和长期性，因此后续研究可以从更长的时间尺度上予以把握，可能能够得到更为真实和准确的结果。

（三）武汉军运文化遗产的价值及其评价

体育赛事遗产价值分析和评价随着奥运会等耗资巨大、影响深远的大型体育赛事的举办而不断得到学界及赛事举办国、管理组织的关注和重视。20 世纪 50 年代，"奥运遗产"的概念出现，用来反映奥运赛事活动对举办国或举办城市带来的各种积极影响。"二战"结束以来，历届现代奥运会都给举办国家和地区留下了丰富的奥运遗产，带来了可观的遗产价值，比如洛杉矶奥运会带来的巨大经济价值；巴塞罗那奥运会对当地城市形象、基础设施、旅游发展的提升和促进；北京奥运会在提升北京国际化水平、优化城市环境、推广大众体育等方面所具有的价值①；事实上，随着奥林匹克运动在社会各个领域的不断延伸以及奥运遗产对举办国社会的积极影响，国际社会、国际奥委会（IOC）和学界越来越重视奥运遗产研究。2003 年 IOC 墨西哥全会把奥运遗产写进了《奥林匹克宪章》。在此之后，IOC 小组于 2007 年召开了"关注遗产论坛"，2014 年通

---

① 罗时铭：《20 世纪 80 年代后的奥运文化遗产素描》，《南京体育学院学报》（社会科学版）2010 年第 6 期，第 15—18 页。

过了《奥林匹克2020议程》，对"奥运遗产"的价值、留存可持续性使用进行了探讨和分析。2018年，IOC发布了全新的奥运遗产框架——《遗产战略方针》，明确指出了未来各届奥运会需要完成的4项遗产工作目标：将奥运遗产包含在整个奥运周期内，记录、分析和共享奥运遗产，鼓励奥运遗产庆典，搭建战略性伙伴关系①。

随着大型体育赛事在全球的举办及规模、影响日益加大，学者日益关注大型体育赛事文化遗产的研究，其研究对象包括奥运文化遗产、亚运会遗产、世界杯等体育赛事遗产的特征、价值类型、传承保护及利用等。目前已有学者对军运会的时代价值、军运会建筑的价值、军运会对武汉社会经济发展以及对住宅价格的影响进行了探讨，但还鲜有对军运文化遗产的价值进行评价的相关研究。

1. 军运文化遗产价值构成的理论探讨

价值是客体固有的某些属性或功能，是指客体能够满足主体需要的效益关系。从价值功能属性出发价值分为使用价值（包括直接使用价值和间接使用价值）和非使用价值（包括存在价值、选择价值和遗存价值）；从价值的内容出发，价值可分为政治、经济、社会、科技、历史文化、环境价值等。

在学界，围绕奥运会及大型体育赛事遗产价值的研究不断增加。国内研究起步于21世纪初，随着北京奥运会的举办，我国学者开始研究大型体育赛事特别是奥运会遗产的价值分类和评价。此后，人们对大型体育赛事遗产价值的认识逐渐趋于一致。

首先，在遗产价值的认知上，我国学者孙葆丽②认为，奥运遗产的价值表现在个体、国内社会和国际社会三个层面上，表现为促进个体的全面发展、促进社会进步和促进世界和平的基本价值取向；李慧琳③则认

① 胡孝乾、陈姝姝、Jamie Kenyon、邓雪梅：《国际奥委会〈遗产战略方针〉框架下的奥运遗产愿景与治理》，《上海体育学院学报》2019年第1期，第36—42页。

② 孙葆丽：《奥林匹克运动人文价值的历史流变》，硕士学位论文，北京体育大学，2005年。

③ 李慧林、王润斌：《论北京奥运会遗产及其可持续发展》，《体育文化导刊》2007年第6期，第45—47页。

为，北京奥运会遗产具有经济、政治、历史文化以及教育价值；王成[1]构建了包括历时性基本价值、共时性基本价值以及现实价值在内的北京奥运会文化遗产价值体系。

其次，在遗产价值的评价上，我国学者以对北京奥运遗产价值的研究最为系统和丰富，奥运遗产价值评价的对象和内容涵盖了文化、经济、社会、国家形象提升、政治、旅游发展、历史人文价值等各个方面；而对于南京青奥会遗产，学者们的关注点集中在其对青少年的教育价值、体育发展价值以及观念重塑价值。

纵观国内外有关研究，大型体育赛事遗产的价值主要集中于政治、经济、文化、社会、环境、教育、旅游、形象提升等方面。

军运会文化遗产是文化遗产的一种形式，既具有文化遗产所具有的历史、观赏、科教、社会、政治价值等，也具有独特的体育、政治价值等。

结合武汉军运会的特点及其作为体育赛事的共性，厘定武汉军运文化遗产价值体系包括以下几个方面：

（1）环境提升价值

环境提升价值是军运文化遗产特别是一些景观文化遗产最主要的价值之一。为举办武汉军运会，武汉市实施的一些环境综合整治项目本身具有提升大气、水体、土壤质量的功能价值，如南湖人工蕉海景观、黄家湖湿地公园全域园林养护工程、绿化植被的精细化养护管理、茶港社区沿街立面整治和升级改造、青山江滩立体综合整治、和平大道立面整治与景观亮化、黄陂区前山街环境综合整治工程、杨泗港长江大桥、二七长江大桥临江大道匝道工程等。这些为军动会而建的环境改造项目和环境整治工程，对武汉市具有重要的环境提升价值。

（2）政治价值

武汉军运会遗产的政治价值包括向外界展现中国积极正面的国家形象和军队形象，增强我国、我军与外国、外军之间的体育交流，推动世界和平；同时，武汉军运会推行的军地合作共办模式，可以增强居民对

军运会精神的理解和对国家、民族、文化的自信心和自豪感，有助于推动军队与地方合作，提升军民感情和军地协作水平。

（3）社会价值

武汉军运会文化遗产的社会价值包括增强社会凝聚力、提升居民自豪感、促进城市及国家对外开放程度、提升城市软实力、弘扬志愿服务精神等方面的作用和潜力。

（4）文化教育价值

无论是物质文化遗产还是非物质文化遗产，其中蕴含的精神、思想往往能够给现代人带来多种多样的教育意义；有些文化遗产本身就具有很好的教育功能和价值。

武汉军运会的举办在全社会形成了一种"共享友谊、同筑和平""团结、合作、奉献、友爱""绿色、开放、志愿、平安""争先、竞优"等精神氛围，传播了军运会精神、理念、思想价值，提高了市民文明素养水平等。

（5）体育运动价值

武汉军运会留下许多体育运动场馆和运动设施包括分布于武汉各高校的现代化体育运动场馆、分布于武汉市各区的体育馆和运动场等，这些设施对于促进武汉市城市运动和体育教育及产业发展具有重要价值。同时，武汉军运会促进了全民、专业体育运动发展和体育教育发展等。

（6）技术价值

武汉军运会使用了许多具有时代水平的 5G 智能技术，应用于垃圾智能分类、酒店智能服务、无人驾驶微服务、安防、远程救护及视频展示等。整体促进了武汉城市智能化管理和服务水平。

（7）经济价值

武汉军运会文化遗产的经济价值包括提升场馆与相关设施的使用价值，比如军运比赛场馆的商业化利用效用等，提升军运文化遗产区域的房地产价值等方面，能够反映军运会文化遗产对地区的经济效应和潜力。

（8）城市形象提升价值

武汉军运会文化遗产的城市形象提升价值包括提升武汉城市形象、

媒体宣传扩大城市知名度、让世界更多地了解武汉，让更多的人愿意来武汉旅游、投资、兴业、发展等。

（9）旅游发展价值

武汉军运会文化遗产如城市亮化工程、江滩整治工程等景观文化遗产，增加了一些新生旅游资源，能够包括提升旅游娱乐价值、增强城市会展与节事旅游价值、提升城市旅游吸引力等。

（10）居民休闲游憩价值

武汉军运会举办带来的园林绿化空间增加和环境改善，为居民提供了休闲游憩的空间、机会与途径，丰富了本地居民的闲暇生活。

2. 基于专家视角的武汉军运会文化遗产价值评价[①]

（1）指标体系的构建

以前述所提出的军运文化遗产价值构成为指导，参考我国对于奥运文化遗产价值评估时构建的指标体系，并结合武汉军运会文化遗产实际情况，初步构建了武汉军运会文化遗产价值评价指标体系（见表4-7）。该评价指标体系由2个层次构成，其中，评价目标层为武汉军运会文化遗产价值；评价因子层包含环境提升价值、政治价值、社会价值、文化教育价值、体育运动价值、技术价值、经济价值、城市形象提升价值、旅游发展价值和居民休闲游憩价值10个评价因子。

表4-7　　　　　　　武汉军运文化遗产价值类型及内涵

价值构成	价值内涵
环境提升价值	提升空气、水体等自然环境质量，改善人居环境、卫生、交通、治安环境等
政治价值	促进世界和平、推动军地合作、提升国家形象及军人形象、形成的可借鉴的标准和模式
社会价值	提升武汉人的凝聚力、自豪感和幸福感、在全社会形成志愿服务风尚、促进和谐社会的建设

---

① 本部分主要内容已在《华中师范大学学报（自然科学版）》第56卷第1期发表。

价值构成	价值内涵
文化教育价值	提高市民的文明素养水平、传播武汉文化和军运精神、强化国防教育和爱国主义教育
体育运动价值	促进武汉群众体育、竞技体育、体育产业、体育事业的发展，助力建设体育强省
技术价值	使5G、4K、VR等先进技术应用到城市管理与服务之中
经济价值	门票、纪念品销售获得经济收益、场馆与相关设施的赛后利用、提升相关区域房地产价值等
城市形象提升价值	提升武汉城市形象、通过媒体宣传扩大城市知名度、让世界认识武汉
旅游价值	提升武汉市的旅游吸引力、增强城市会展与节事旅游价值
居民休闲游憩价值	赛后场地面向大众开放，丰富居民游憩活动、拓展其休闲游憩空间

需要说明的是，武汉军运会文化遗产价值评价应该是对不同类型军运文化遗产每种价值的评价，是评价对象与价值类型的高度结合。脱离具体的军运文化遗产类型评价军运文化遗产价值是没有意义的。

（2）评价过程与方法

①专家打分：确定指标得分

运用修正版的专家打分法，如前所述先通过文献梳理出最初的武汉军运会文化遗产价值评价指标，然后运用匿名问卷来收集专家的判断。

由于武汉军运文化遗产类型丰富、种类多样，且每一类军运文化遗产的具体单项遗产的价值大小可能各不相同，故选取每类军运文化遗产中典型性的军运文化遗产项目，邀请专家对其各价值类型进行评价打分。2020年1月至4月，研究团队以腾讯问卷及邮件等方式，共征集了来自省内外专家学者的30份评价数据表，并据此计算各指标的权重及每一具体指标的均分。所选取的专家均是对武汉、文化遗产及旅游、大型体育赛事遗产研究领域的专家学者，对军运文化遗产有着深刻的认识与理解。

②均方差法：确定指标权重

由于每个指标的重要程度是不同的，因此需要确定各指标的权重。为了避免人为因素带来的偏差，本研究采用均方差法来确定指标权重。

均方差法是一种利用所反映的客观信息确定权重的客观赋权法。均方差确定权重的方法是基于"差异驱动"的基本原理[①]：若 G_j 指标对所有决策方案而言均无差别，则 G_j 指标对方案决策与排序不起作用，将这样的评价指标的权系数设为 0；反之，若 G_j 指标能使所有决策方案的属性值有较大差异，则它对方案的决策与排序将起重要作用，应给予较大权重。也就是说，在多指标决策与排序的情况下，各指标相对权重系数的大小取决于在该指标下各方案属性值的相对离散程度，若各方案在该指标下属性值的离散程度越大，该指标的权系数也越大，反之，该指标的权系数应越小；若该指标下各方案的属性值离散程度为 0（即属性值全相等），则该指标的权系数为 0。均方差可以反映该随机变量的离散程度可用来求得多指标决策的权系数，以各评价指标为随机变量 G_j，各方案 A_i 在该指标下的无量纲化的属性值为该随机变量的取值，均方差法权重值计算公式如下：

$$S_j = \sqrt{\frac{1}{n} \sum_{i=1}^{n} (X_{ij} - \overline{X}_j)^2} \quad j = 1, 2, \cdots, n$$

式中，S_j 表示第 j 项指标下的均方差，n 表示打分专家的总人数，X_{ij} 表示第 i 个专家对第 j 个指标的实际打分值，$\overline{X}_j$ 表示不同专家对第 j 个指标打分的平均值。则各指标的权重值由 S_j 进行归一化处理，可得第 j 项指标的权重值 ω_j：

$$\omega_j = \frac{S_j}{\sum_{i=1}^{n} S_j}$$

根据均方差法，分别计算可得各评价指标的权重（见表 4-8）。

---

① 王明涛：《多指标综合运用中权数确定的离差，均方差决策方法》，《中国软科学》1999年第 8 期，第 40—43 页；郭亚军：《综合评价理论、方法及应用》，科学出版社 2007 年版，第 67—74 页。

表4-8　　　　　　　武汉军运会文化遗产价值评价指标体系

价值构成	权重（%）
环境提升价值	9.20
政治价值	10.59
社会价值	11.48
文化教育价值	10.63
体育运动价值	9.21
技术价值	8.87
经济价值	9.20
城市形象提升价值	11.48
旅游发展价值	10.05
居民休闲游憩价值	9.27

③加权求和法综合评价

根据各指标层权重及专家打分数据结果获得的各类军运文化遗产价值评分结果，采用加权求和法对每类军运遗产的每一价值、总价值及武汉军运遗产总价值进行评价。计算公式如下：

$$A = \sum_{j=1}^{m} \bar{X}_j \, \omega_j$$

式中，A 为军运文化遗产某单体价值的综合得分；$\bar{X}_j$ 为不同专家给该单体第 j 个评价指标打分的平均值；ω_j 为第 j 个评价指标的权重值；m 为评价指标总数 10。A 的取值范围为 0~10。为了方便描述，借鉴已有研究，将遗产价值得分划分为不同等级：0~3 分为低价值，3~5 分为一般价值，5~6 分为较高价值，6~8.5 分为很高价值，8.5~10 分为极高价值。并进一步分为三个等级：得分小于 5 分的为一般级遗产；得 5~6 分的为优良级遗产；得分等于大于 6 分的为特品级遗产。

（3）评价结果与分析

①代表性单体的评价结果

根据前述武汉军运文化遗产价值评价方法和步骤，计算各类军运文化遗产代表性单体价值的综合得分，得到评价结果（表4-9）。如表4-

9 所示，44 个代表性单体价值的平均综合得分为 5.74，具有较高价值，标准差为 0.53，很小，表明这些代表性单体之间的价值差异不大。

表 4 – 9　　　　　武汉军运文化遗产代表性单体价值评估结果

遗产类别	评价项目	综合得分
建筑文化遗产	（1）武汉体育中心	6.75
	（2）军运会媒体中心	5.85
	（3）军运会运动员村	6.16
	（4）武汉商学院马术馆	5.82
	（5）驿山高尔夫球场等	5.72
城市景观文化遗产	（1）江滩景观	6.84
	（2）园林绿化景观	6.46
	（3）新的小区和沿街景观	6.35
	（4）夜间灯光景观	6.56
交通建设遗产	（1）武汉城市主干道	6.40
	（2）杨泗港长江大桥	6.23
	（3）地铁 8 号线三期	6.32
教育文化遗产	（1）"百万市民讲礼仪"	5.93
	（2）"认识军运会"	5.28
	（3）军运会办赛经验及文献资料	5.52
	（4）宣传片"兵兵有礼"和"致敬"	5.68
纪念文化遗产	（1）军运会邮票	5.31
	（2）军运会吉祥物	5.48
	（3）军运会期刊《戎耀》	4.65
	（4）军运会奖牌、火炬	5.05
	（5）官方游戏《兵兵突击》	4.40
演艺文化遗产	（1）军运会颁奖音乐	4.98
	（2）军运会主题曲	5.17
	（3）开幕式表演节目	5.93
礼仪文化遗产	（1）开闭幕式礼仪	5.47
	（2）火炬传递仪式	5.56
	（3）文明观赛礼仪	5.15
	（4）颁奖仪式	4.95

续表

遗产类别	评价项目	综合得分
民生文化遗产	（1）智能垃圾分类	6.21
	（2）智能化酒店服务	5.95
	（3）5G 和大数据	6.32
	（4）全民健身风潮	5.93
形象文化遗产	（1）武汉市民形象	5.72
	（2）武汉社会文化形象	5.86
	（3）武汉媒介形象	5.47
	（4）武汉政府形象	5.52
	（5）武汉自然环境形象	5.99
	（6）武汉经济形象	5.80
	（7）中国国家形象	6.13
	（8）军运会符号形象	5.46
制度文化遗产	（1）军地合作、全城参与模式	5.68
	（2）军运会安全保障制度	5.57
	（3）志愿组织和服务制度	5.64
	（4）地铁精细化管理制度	5.47
平均值		5.74
标准差		0.53

首先，江滩景观（6.84）、武汉体育中心（6.75）、夜间灯光景观（6.56）、园林绿林景观（6.46）、武汉城市主干道（6.40）等 12 个代表性单体的价值综合得分大于 6.00，具有很高价值，属于特品级遗产。这些代表性单体多为较大型、且能给市民带来实际好处的实体及活动或做法，如 5G 和大数据（6.32）、智能垃圾分类（6.21）等；它们应该是军运文化遗产保护和开发利用的重点对象，尤其城市景观文化遗产和交通建设遗产的单体全部具有很高价值，实用性强，感知度高，因此，不仅是武汉军运文化遗产保护和开发的重点对象，而且是同类赛事举办时应重点建设的内容。

其次，28 项军运文化遗产单体属于优良级，分属于建筑（3 项）、教育（4 项）、纪念（3 项）、演艺（2 项）、礼仪（3 项）、民生（2 项）、形象（7 项）、制度（4 项）文化遗产。教育、制度文化遗产的全部单体以及多数形象、纪念和演艺文化遗产的单体都只是优良级；这可能主要是因为这些遗产多为抽象的、无形的非物质文化遗产，如军运会办赛经验及文献资料，虽然是武汉军运会留下的珍贵遗产，能够为我国乃至世界大型体育赛事提供借鉴意义和宝贵经验，但是它们不能像城市景观文化遗产那样，让居民真切感受到，不能在军运会之后也发挥实实在在的价值，给居民提供便利，为武汉整体形象增光添彩。同时，对军运会主题曲、火炬传递仪式等，进行物质保护和现实利用也具有一定难度，只能以音视频资料进行保存，并通过娱乐化方式加以利用，存在较大局限。军运会媒体中心、武汉商学院马术馆及驿山高尔夫球场虽是有形的物质文化遗产，但它们地处城市边缘，也不是普及型的体育运动，可持续利用门槛较高，障碍较大，因此，它们的价值也不高。

最后，官方游戏《兵兵突击》（4.40）、军运会期刊《戎耀》（4.65）、颁奖仪式（4.95）、军运会颁奖音乐（4.98）的综合得分都小于 5.00，只是一般级遗产。这是因为，这些代表性单体多为纪念、演艺、礼仪等软性文化遗产，吸引范围较窄，吸引力较弱，普通居民很难领会和欣赏颁奖音乐、颁奖仪式所蕴含的深层次含义；《戎耀》和《兵兵突击》也没有展现出很强的吸引力，并且《戎耀》杂志只在军运会期间出版，2019 年 10 月 29 日就停刊了，因此，它们的价值都有限。

②各类文化遗产的评价结果

计算各类文化遗产单体综合得分的平均值，得到各类军运文化遗产的价值评价结果（图 4 - 14）。如图 4 - 14 所示，城市景观文化遗产的平均得分最高，为 6.53 分；其次分别是交通建设遗产（6.29）、民生文化遗产（6.07）和建筑文化遗产（6.05），都具有很高价值；制度（5.53）、教育（5.53）、形象（5.38）、演艺（5.29）、礼仪（5.21）文化遗产的平均得分处于中等，具有较高价值；而纪念文化遗产的平均得分最低，只有 4.91，只具有一般价值。

进一步分析各类文化遗产的价值构成发现，不同类型文化遗产的价值表现不同（表 4 - 10）。军运建筑文化遗产具有很高的体育运动价值（6.81）、形象提升价值（6.65）、经济价值（6.21）和社会价值

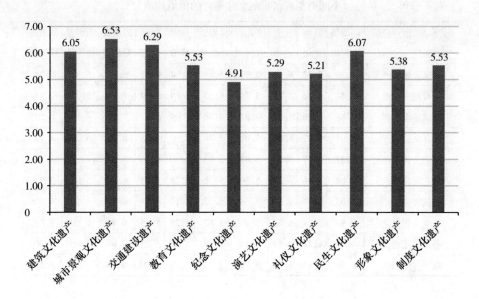

图 4 - 14 不同类型武汉军运文化遗产的价值得分

(6.13)，其他价值也都较高，而环境提升价值（5.53）相对较低。城市景观文化遗产具有很高的形象提升价值（7.64）、环境提升价值（7.44）、休闲游憩价值（7.43）、旅游发展价值（7.21）和社会价值（7.12），而其体育运动价值（5.17）相对较低。交通建设遗产具有很高的形象提升价值（7.17）和社会价值（7.09），而体育运动价值（4.86）最低。民生文化遗产具有很高的形象提升价值（6.98）、社会价值（6.72）、技术价值（6.25）、文化教育价值（6.09）、旅游发展价值（6.09）和休闲游憩价值（6.04），而体育运动价值（4.87）一般。

而教育、演艺、礼仪、形象和制度文化遗产的总体价值虽然只是较高，但其社会价值、文化教育价值、政治价值以及形象提升价值都超过6.00，甚至达到 7.00 以上，很高，而其他方面的价值都只是较高或一般。纪念文化遗产 10 个方面的价值都只是一般或较高，其中社会价值（5.88）、文化教育价值（5.87）、形象提升价值（5.84）、政治价值（5.57）和体育运动价值（5.03）较高。

表4-10　　　　　　　不同类型武汉军运文化遗产的价值构成

遗产类型 ＼ 遗产价值	环境提升价值	政治价值	社会价值	文化教育价值	体育运动价值	技术价值	经济价值	形象提升价值	旅游发展价值	休闲游憩价值
建筑文化遗产	5.53	5.72	**6.13**	5.93	**6.81**	5.94	6.21	**6.65**	5.87	5.74
城市景观文化遗产	7.44	5.66	7.12	5.74	5.17	5.89	5.99	7.64	7.21	7.43
交通建设遗产	6.88	6.26	7.09	4.92	4.86	6.09	6.52	7.17	6.88	6.29
教育文化遗产	4.94	**6.17**	**6.80**	**7.01**	5.28	4.60	4.28	**6.23**	5.25	4.73
纪念文化遗产	3.57	5.57	5.88	5.87	5.03	4.30	4.44	5.84	4.89	3.71
演艺文化遗产	3.82	**6.06**	**6.38**	**6.30**	5.30	4.58	4.58	**6.23**	5.03	3.94
礼仪文化遗产	4.45	**6.17**	**6.32**	**6.38**	5.32	4.10	4.14	**6.03**	4.90	4.30
民生文化遗产	5.98	5.74	6.09	5.64	4.87	6.25	5.95	**6.98**	6.09	6.04
形象文化遗产	5.40	**6.42**	**6.52**	**6.18**	4.77	4.35	5.33	**6.60**	5.85	5.40
制度文化遗产	4.63	**6.42**	**6.78**	**5.81**	5.13	4.70	4.99	**6.16**	5.39	5.29

③各种价值维度的评价结果

计算10类文化遗产各种价值维度得分的平均值，得到不同价值维度的评价结果（图4-15）。如图4-15所示，武汉军运文化遗产的社会价值和形象提升价值平均得分最高，分别达到6.57和6.55；说明举办军运会增强了武汉的凝聚力、自豪感、知名度，让武汉在国内外广为人知，提高了武汉的对外开放程度和城市软实力，提升了武汉的志愿服务精神。同时，武汉军运文化遗产社会价值的最大贡献者是城市景观文化遗产和交通建设遗产（表4-10）。因此，在后续军运文化遗产的保护开发中，应重点关注其社会价值和形象提升价值的发挥。

其次，政治价值和文化教育价值的平均得分较高，都为6.02；说明军运会的举办不仅促进了军地合作、公众参与，展现了较强的文化自信，同时也传播了军运会的精神、理念、思想价值等，提高了市民的文明素养水平。因此，在后续遗产的保护开发中，应更加注重发挥它们的教育功能，加强军地合作，促进公众参与，增强文化自信。

最后，环境提升价值、体育运动价值、技术价值、经济价值、旅游发展价值和休闲游憩价值的平均得分都小于6.00，相对较低；表明武汉军运会在改善武汉的居住、卫生、交通等环境质量、促进全民体育运动、

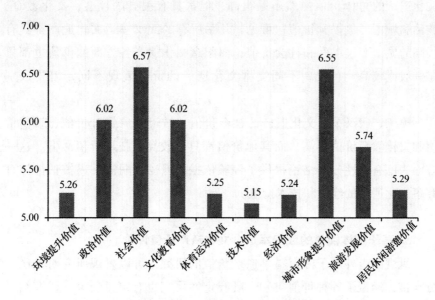

图 4 - 15 武汉军运文化遗产各种价值维度的平均得分

信息技术发展等方面的作用不够强；因此，这是今后类似赛事应加强的方面。

（4）小结

本研究通过借鉴已有研究成果，结合武汉军运文化遗产实际，构建了一套包含环境提升价值、政治价值、社会价值、文化教育价值、体育运动价值、技术价值、经济价值、城市形象提升价值、旅游发展价值和居民休闲游憩价值10个评价指标（维度）的武汉军运文化遗产评价指标体系，运用专家打分法、均方差法、加权求和法，对武汉军运文化遗产的价值进行了评价和分析。主要结论包括：

第一，江滩立体综合整治、武汉体育中心、城市景观照明提升、全市园林绿化养护、城市主干道提升整治等12个代表性单体为特品级文化遗产，不仅是武汉军运文化遗产保护和开发的重点对象，而且是同类赛事举办时应重点建设的内容。

第二，武汉各类军运文化遗产中，城市景观、交通建设、民生和建筑文化遗产具有很高的价值，虽然它们的价值表现不同，但都具有很高的城市形象提升和社会价值；武汉军运教育、演艺、礼仪、形象和制度文化遗产的总体价值虽然不是很高，但都具有很高的社会、文化教育、政治和城市形象提升价值；可见，几乎所有的武汉军运文化遗产都具有很高的城市形象提升和社会价值；而纪念文化遗产各方面的价值也都只是一般或较高。可见，不同类型文化遗产的价值表现不同，需要区别对待。

第三，武汉军运文化遗产的社会价值、城市形象提升价值、政治价值和文化教育价值很高，而其他价值都只是较高，技术价值最低。这一方面为已有定性分析结论提供了经验依据，但也表明需要谨慎估计体育赛事文化遗产的经济和技术价值。

3. 基于媒体视角的武汉军运会文化遗产价值评价

纵观国内外对于体育赛事遗产价值的研究，可以发现研究对象已十分丰富，涵盖了各种价值类别，既有定性研究也有定量研究，研究结果的科学性不断增强。但主要存在两方面的问题：一是对于赛事遗产各项价值的整体评价较为缺乏，现有研究成果过多地集中于对某一类价值进行评价分析，不利于对遗产价值进行整体把握；二是缺少基于媒体视角对遗产价值进行评价的研究成果。实际上，新闻媒体对于大型赛事的各类报道，涵盖从宏观到微观的各个层面，是盘点以及评价其遗产价值非常重要的文献来源。

因此，本研究以武汉媒体对军运会的各类报道文字资料作为原始数据资料，通过文本分析和内容分析，对武汉军运会文化遗产价值进行评价研究，明确其各种价值的大小，为其可持续利用提供指导依据。

（1）数据来源与研究方法

①数据的采集及预处理

首先通过爬虫程序抓取数据。综合比较了报刊影响力、所属地区、可获得性等多项因素后，选择《湖北日报》《楚天都市报》这两家在武汉市乃至湖北省具有广泛影响力的地方报刊，以"军运会"为关键词进行检索。选择 2018 年 10 月 18 日军运会倒计时一周年为起始时间，检索出军运会赛前阶段（2018 年 10 月 18 日到 2019 年 10 月 17 日）、比赛阶段（2019 年 10 月 18 日到 27 日）以及赛后阶段（2019 年 10 月 28 日到 2020年 1 月 18 日）的各类报道，共获得样本 2889 篇，其中《楚天都市报》

1335 篇,《湖北日报》1554 篇。

在获得初始数据后,通过人工筛选控制数据质量。剔除与军运会文化遗产无关的赛事信息报道、军运事件报道、通知公告等,最后筛选出报道 1225 篇,其中《楚天都市报》592 篇,《湖北日报》733 篇。

②研究方法

借助武汉大学 ROST 虚拟学习团队开发的 ROST Content Mining 6.0 软件将武汉军运会文化遗产的网络文本转化为高频词,运用词频分析与语义网络分析功能对军运文化遗产价值进行系统分析。

(2) 武汉军运会文化遗产价值的总体表达

①高频特征词分析

首先利用 ROST CM6 对文本文档的内容进行分词,对分词有误的词进行修正后进行词频分析。汇总意思相近的高频词,如将"军运会""军人运动会""世界军运会"统一用"军运会"表示,将"扮靓""美化""美颜"统一用"美化"来表示,等等。将与军运会无关的高频词如"我们""这些""人们"等过滤掉,再次进行词频分析。最后在词频统计的基础上按词频的大小进行人工统计,对词频有误的高频词进行修正,得到频次排名前 100 的高频词 (表 4 – 11)。

如表 4 – 11 所示,在排名前 100 的高频词中,名词、动词以及形容词分别占 57%、38%、5%。动词中,出现了"建设""提升""整治""推进""升级"等具有积极情感色彩的词汇。通过对原文的判读,笔者将它们统一归并为价值提升类词汇,虽然该类词汇不具有具体指代性,无法对军运文化遗产体系中的各类价值进行评价,但能够证明举办军运会为武汉这座城市带来了全方位的积极影响,这正是新闻媒体话语中武汉军运会文化遗产的价值所在。

此外,武汉军运会带给武汉的影响——军运文化遗产类型及功能作用——也可以通过高频词中的名词一窥全貌。在前 100 个高频词中,城市、建设、建筑、场馆、工程、生态、设施、安全、智慧、技术、行动、旅游、管理、景观、体育、环境、道路、标准、和平、军人、网络、基础、创新、精神、产业、酒店、绿化、志愿服务、服务等词,这些词汇不仅充分地概括了武汉军运文化遗产的类型,还深刻地反映了武汉军运会给武汉在城市建筑、交通、景观、环境、体育、旅游、经济、文化、政治、社会等方面带来的影响，也充分揭示了军运会文化遗产的政治、经济、社会、文化、体育、技术、旅游等方面的价值和功能。

表 4 - 11　　　　武汉军运会媒体话语高频词统计（排名前100）

特征词	词频	特征词	词频	特征词	词频	特征词	词频	特征词	词频
军运会	12683	国际	1211	生态	859	智慧	656	主题	537
武汉	10303	世界	1205	重点	856	全面	650	特色	535
服务	3442	开展	1198	设施	847	行动	630	培训	531
城市	3260	完成	1184	居民	833	技术	629	盛会	526
建设	2629	工程	1114	安全	819	设计	629	旅游	524
场馆	2054	改造	1094	举办	815	军人	621	启动	523
提升	2013	成为	1075	国家	805	开发区	612	升级	521
志愿者	1889	湖北	1061	管理	801	参与	612	地铁	516
比赛	1719	体育	1028	重要	801	建筑	599	宣传	505
整治	1682	综合	1019	景观	776	展示	590	观众	504
保障	1626	社区	1018	文化	764	安保	583	网络	502
活动	1590	提供	1001	施工	760	质量	583	建成	495
运动员	1555	长江	1000	全国	760	系统	574	创新	495
环境	1528	道路	1000	标准	745	参加	574	形成	492
大道	1523	打造	973	企业	742	举行	568	基础	481
中国	1506	推进	939	要求	722	和平	565	精神	471
文明	1453	交通	919	公园	714	开幕式	565	产业	470
发展	1426	实现	908	确保	705	生活	557	酒店	468
赛事	1389	光谷	886	第一	685	周边	547	实施	467
东湖	1249	志愿服务	874	绿化	677	功能	540	赛场	464

②社会网络和语义网络分析

为了更加直观地反映高频词之间的关联，采用 Netdraw 工具，绘制高频词的语义网络图，探究网络文本中各关键词之间的关联性，词汇连线越多，其关系越紧密，借此可研究新闻媒体对军运文化遗产价值的关注点。

由图 4 - 16 可以看出，"武汉""军运会"处于第一核心位置，"建设""提升""整治""环境""城市"位于第二核心位置。

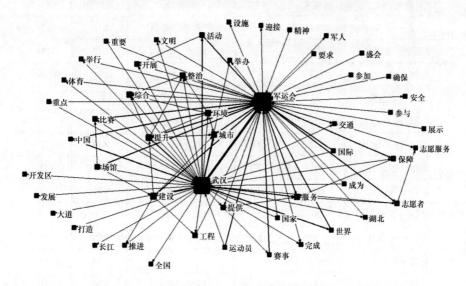

图 4 – 16 武汉军运会新闻文本社会网络和语义网络分析

通过表 4 – 12 可以看出,在排名前 40 的高频词连接强度当中,"武汉—建设""武汉—提升""武汉—发展"的连接强度分别为 804、634、478,表明媒体的报道普遍聚焦于举办军运会对武汉市各方面发展所做的贡献;"武汉—环境""环境—整治""环境—提升"的连接强度分别为 546、502、474,表明在武汉市各方面的发展中,媒体对武汉所采取的各类旨在提升环境质量的措施较为关注。

表 4 – 12   武汉军运会媒体话语高频词连接强度

高频词	连接度	排名	高频词	连接度	排名
武汉—军运会	2880	1	国际—军运会	579	21
武汉—城市	1275	2	武汉—世界	574	22
军运会—服务	1030	3	武汉—活动	567	23
军运会—城市	977	4	场馆—武汉	555	24
场馆—军运会	913	5	国际—武汉	546	25
武汉—建设	804	6	武汉—环境	546	26

高频词	连接度	排名	高频词	连接度	排名
武汉—服务	761	7	军运会—举办	519	27
军运会—志愿者	722	8	武汉—交通	519	28
比赛—军运会	713	9	环境—整治	502	29
建设—军运会	711	10	军运会—开展	492	30
运动员—军运会	708	11	武汉—开发区	488	31
军运会—保障	702	12	提供—服务	482	32
赛事—军运会	701	13	体育—军运会	482	33
活动—军运会	696	14	提升—城市	481	34
中国—军运会	651	15	军运会—提供	480	35
军运会—提升	647	16	武汉—发展	478	36
环境—军运会	639	17	提升—整治	475	37
武汉—提升	634	18	环境—提升	474	38
武汉—中国	591	19	军运会—文明	474	39
世界—军运会	583	20	武汉—赛事	453	40

（3）武汉军运会文化遗产价值的分类分析

为了进一步探讨新闻媒体对军运文化遗产所具各项价值的评价，首先人工判读筛选后的新闻报道，结合各价值类别的内涵，筛选出能够指代每类价值的特征词。最终共选定 40 个特征词，平均每类价值 3—5 个，以此构建军运会文化遗产价值特征词库，选择结果以及参考依据见表 4 - 13 至表 4 - 22；据此分析媒体报道体现出的武汉军运文化遗产的 10 类价值。

①环境提升价值

根据环境提升价值的内涵，通过对文本的人工判读，最终筛选出"整治""改造""绿化""亮化""美化""干净"六个词作为武汉军运会文化遗产环境提升价值的特征词（表 4 - 13）。通过词频统计可以看出，6 个特征词的词频均较高，其中"整治""改造"的词频最为突出，分别为 1682、1094。可见，武汉市因举办军运会所采取的一系列大规模环境整治和改造行动给武汉带来的影响最为人知，也最容易被公众包括媒体感知，反映了武汉军运文化遗产的环境提升、景观质量提升价值很高。

表 4-13 武汉军运会环境提升价值特征词

特征词（词频）	参考点举例
整治（1682）	展示城市魅力，迎接世界军运会。综合整治城市环境，建筑立面整治是重点
改造（1094）	黄鹤楼公园为迎军运会共改造、新增 30 余处小景，总面积约 4600 平方米，是公园建成 33 年来首次大规模景观改造及提升
绿化（677）	铁路沿线，屋顶绿化难度较大，在军运会环境保障与提升中，张军与他的团队，进行清杂、土地平整、立面美化、沿线绿化上实现了飞跃，硬是啃下了京广铁路 5 千米铁路沿线绿化"硬骨头"
亮化（220）	完成重点线路景观亮化建设。武汉大道、二环线、解放大道等道路夜景更亮丽，完成黎黄陂路、滨江商务区、江汉路步行街景观亮化升级建设，呈现精致、优雅的夜间景观新特色
美化（226）	为建筑立面美化，街道社区一起啃硬骨头，拆除了几十年的历史违建。一些党员不但主动拆除自家的，还动员邻居拆违，为居民群众作出榜样

②政治价值

根据政治价值的内涵，通过对文本的人工判读，最终选取"和平""友谊""复兴""中国气派""主场外交""武汉标准"6 个词作为武汉军运会文化遗产政治价值的特征词（表 4-14）。通过词频统计可以看出，"和平""友谊"的词频最高，分别为 565 和 347。说明武汉军运会的政治价值首先体现为对世界和平的宣扬倡导，也再次向世界证明中国永远走的是和平发展道路。另外，世界各国军人以运动员的身份同台竞技，和平竞争，通过参加军运会的各项赛事，可以有效增进双方的沟通和交流，彼此间收获友谊，这也是武汉军运会也是世界军人运动会非常宝贵的政治价值。

表4-14   武汉军运会政治价值特征词

特征词（词频）	参考点举例
和平（565）	武汉军运会，势必成为世界了解中国和平发展理念的又一扇窗口
友谊（347）	军运会主要是让国际军体的成员国参与其中，通过比赛，促进各国军人之间的友谊
复兴（34）	届时，这座古老而年轻的城市，将以全新的形象、昂扬的精神，迈向城市复兴的新征程
中国气派（31）	6000万荆楚儿女精心筹办、热情参与，为世界奉献了一届国际水准、中国气派、精彩纷呈、非凡卓越的国际军事体育盛会
武汉标准（9）	由于军运会"资历"尚浅，办赛规范标准缺乏，国际军体官员提出希望制定"武汉标准"，为以后提供参考

③社会价值

根据社会价值的内涵，通过对文本的人工判读，最终选择"文明""和谐""参与""获得感/幸福感""自豪""惠民/利民"6个词作为武汉军运会文化遗产社会价值的特征词（表4-15）。通过词频统计可见，"文明""参与"的词频最高，分别为1453和612。可见，军运会带来的社会价值主要体现在武汉各界通过开展讲文明系列活动，在全社会掀起了崇尚文明的风气；动员全体武汉人民参与到军运会的各项工作中，为军运会成功举办贡献一份力量。

表4-15   武汉军运会社会价值特征词

特征词（词频）	参考点举例
文明（1453）	迎接军运会，江汉区开展了"四大文明行动"，引导大家争做文明市民
参与（612）	10万建设大军昼夜奋战，5万志愿者踏实培训，吉祥物"兵兵"随处可见……这座城里的每一分子，都在用自己的方式热情参与
和谐（153）	时下，为营造昂扬向上、文明和谐的社会环境，武汉开发区各企业、社区居民，在党员干部和志愿服务队带领下，正以一个个实际行动，迎接军运会到来

特征词（词频）	参考点举例
获得感/幸福感 （150）	200 棵树，不仅扮靓了军运会迎宾道路，也给予市民实实在在的获得感、幸福感
自豪（110）	军运会是武汉的大事，老百姓的喜事，也是国家的盛事。作为一名武汉人，感到无比光荣和自豪

④文化教育价值

根据文化教育的内涵，通过对文本的人工判读，最终选择"礼仪""军事文化""武汉文化""国防教育""爱国主义"6 个词作为武汉军运会文化遗产文化教育价值的特征词（表 4 - 16）。通过词频统计可见，"礼仪"的词频最高，为 222。由此可见，武汉市各界为了迎接军运会的到来广泛开展礼仪培训，这是军运会给武汉市带来的直接影响，对武汉市民具有很大的教育意义。此外，军运会对武汉文化、军事文化的传播，对全民国防教育、爱国主义教育的推广也做出了一定贡献。

表 4 - 16　　　　　武汉军运会文化教育价值特征词

特征词（词频）	参考点举例
礼仪（222）	武汉东湖绿道接待车队青年文明号为迎接军运会期间观光游览高峰期，组织青年员工提升业务知识、演习紧急救援、学习服务礼仪、践行服务承诺、提升接待质量
武汉文化（45）	为让道路既有"颜值"又有"气质"，沿线景观节点同步建设了多组高品质的雕塑艺术品，凝聚了世界著名大师的心血，传达了他们对武汉军运会、中国文化的敬意，也展现了武汉文化历史记忆
军事文化（30）	这是各国军人公平竞技的和平聚会，这是各国军事文化交流互鉴的国际盛会，必将在世界军事体育史上留下浓墨重彩的一笔
国防教育（22）	让场馆成为举办赛事、教学培训、综合会议、文艺演出、国防教育等一体化的多功能综合性文体活动场所
爱国主义（22）	这次观赛，让女儿受到了一次生动的爱国主义教育，切身感受到祖国的强大和身为中国人的自豪

⑤体育运动价值

根据体育运动价值的内涵，通过对文本的人工判读，最终选定"全民健身""群众体育""体育产业""体育强省""体育事业"5个词作为武汉军运会文化遗产的特征词（表4-17）。通过词频统计可见，"全民健身"的词频最高，为100。这说明，武汉军运会为武汉推进全民健身创造了氛围，提供了体育健身场所，军运会对于武汉市建设体育强省是一个很好的机遇。

表4-17　　　　　　　　　武汉军运会体育运动价值

特征词（词频）	参考点举例
全民健身（100）	军运会之后，基地将开展众多水上项目培训，承接大型帆船赛事活动，包括全民健身水上项目的推广普及
群众体育（27）	以军运会为契机推进群众体育工作
体育产业（25）	今年的军运会，法国预计将派出多达400余人的代表团来汉参加，他也盼望借军运会的契机，能和武汉在体育产业方面开展更多的合作
体育强省（15）	大力支持湖北申办更多国内国际大型体育赛事，助推湖北建设体育强省
体育事业（16）	发展体育事业是提升一座城市国际化程度的重要途径，从经济发展水平和体育事业发展成就来讲，武汉具备成为世界体育之都的基础和条件

⑥技术价值

根据技术价值的内涵，通过对文本的人工判读，最终选定"5G""智慧""智能""科技""大数据"5个词作为武汉军运会文化遗产技术价值的特征词（表4-18）。通过词频统计可知，"5G""智慧"的词频最高，分别为1184和656。本届军运会一个非常显著的特点就是各种高科技的广泛使用，科技感十足，5G技术就是其中的代表。有了5G技术的助力，智慧交通、智慧安保、智慧医疗等相继在本届军运会上出现和使用，对武汉智慧城市的建设具有积极的推动作用，使武汉军运遗产的科学技术价值凸显。

表4－18　　　　　　　　　　武汉军运会技术价值特征词

特征词（词频）	参考点举例
5G（1184）	推动5G信息基础设施全面覆盖军运会主要场馆及活动场所，推广运用人脸识别、虹膜识别等安检技术，用好无人机等智能装备设备，打造全天候、立体化安防体系
智慧（656）	在明年军运会开幕前，汉阳将建成35个智慧平安小区，做到保障路段沿线全覆盖，为军运会护航
智能（370）	智能汽车服务军运会新能源车让天更蓝
科技（341）	场馆外，高科技应用也是举不胜举：景观路面铺设会"呼吸"的海绵城市材料，场馆配套动力站屋顶采用种植屋面技术，绿化工程采取循环使用水雨水收集等
大数据（72）	该系统能观察对接26个相关部门，可根据天气状况、周边交通、观众流量、志愿者分配、食品医疗等信息在后台进行大数据分析，掌握赛前赛后各项工作进展，提前感知判断

⑦经济价值

根据经济价值的内涵，通过对文本的人工判读，最终选定"赛后利用""纪念品""夜经济""商品房"4个词作为武汉军运会文化遗产经济价值的特征词（表4－19）。通过词频统计可知，"赛后利用"一词出现了58次，词频最高，说明武汉军运会带来的诸多经济影响会持续到赛后，并肯定了其赛后利用价值。武汉军运会最大的经济价值不是靠门票和纪念品销售所获得的收益，而是为了办赛改造和新建的众多场馆赛后向公众开放后所带来的经济收入。

表4－19　　　　　　　　　　武汉军运会经济价值特征词

特征词（词频）	参考点举例
赛后利用（58）	35座场馆分布全城，无论改造或新建，都结合了地域特点和城市生态，更是兼顾赛后利用
纪念品（12）	第七届世界军运会倒计时一周年之际，为满足广大消费者和军事、体育爱好者对武汉军运会纪念品的消费需求，武汉首家军运会特许零售店开业

特征词（词频）	参考点举例
夜经济（5）	因为一场军运会盛事，"夜色江城"被世界聚焦。展望未来，璀璨的夜景将促进武汉夜经济可持续发展，展现出美丽、安全、宜居、宜游的城市形象，为武汉打造新的增长亮点
商品房（6）	世界军运会史上首次集中兴建的军运会村，有30栋、2000余套公寓供运动员和工作人员入住，属商品房开发项目，赛后面向社会出售

⑧城市形象提升价值

根据城市形象提升价值的内涵，通过对文本进行人工判读，最终选定"新形象""城市面貌""微笑服务""知名度""好客""武汉欢迎你"6个词作为武汉军运会文化遗产城市形象提升价值特征词（表4-20）。通过词频统计可知，"新形象""城市面貌"的词频最高，分别为192和73。这说明，武汉军运会的举办提升或者更新了武汉城市形象，对武汉城市形象提升做出了比较高的贡献，尤其表现为武汉城市面貌因军运会变得焕然一新，向中国乃至全世界展现了一个全新的形象。

表4-20　　　　　　武汉军运会城市形象提升价值特征词

特征词（词频）	参考点举例
新形象（192）	借助军运会的筹办，这两年武汉城市面貌发生了翻天覆地的变化，城市品质不断提升，特别是基础设施的建设和投入，对市民文明素养等各个方面的影响非常显著，塑造了"精致武汉"的新形象
城市面貌（73）	坚持以人民为中心，不断提升民生福祉，推动武汉城市面貌脱胎换骨，加速走向世界舞台
微笑服务（31）	综合整治，全面提升，用"微笑服务"迎接南来北往的嘉宾和朋友
知名度（25）	举办军运会，武汉的城市美誉度、知名度得到进一步提升，营商环境不断优化，拉动招商引资增长幅度和引进大企业速度
好客（30）	赛时，八方来客不仅感受到武汉的热情好客，也领略到武汉的文明有礼

⑨旅游发展价值

根据旅游发展价值的含义，通过对文本的人工判读，最终选定了"打卡""城市名片" 2 个词作为武汉军运会文化遗产旅游发展价值的特征词（表 4 – 21）。可以看出，武汉军运会的举办对武汉城市旅游发展具有积极的提升和促进作用。武汉军运文化遗产的旅游价值主要体现在：武汉的一些主要景点因国际军人运动员的到来频繁见诸媒体，城市知名度提升，一些知名的特色旅游景区景点因此吸引了众多因军运会而来到武汉的运动员、游客，成为社会公认的旅游打卡地。

表 4 – 21 武汉军运会旅游发展价值特征词

特征词（词频）	参考点举例
打卡（67）	军运会期间，武汉三镇迎来"国际潮"，汉正街、黄鹤楼、户部巷、东湖、楚河汉街等地成为八方宾客的"打卡地"，让世界认识了武汉，也更加了解了中国
城市名片（4）	东湖水域开阔，是武汉亮丽的城市名片。军运会期间，东湖将承接自行车、帆船、公开水域游泳、马拉松四项赛事
军运会旅游（1）	率先打造"来武汉，过周末"、军运会旅游等具有武汉特色的旅游产品；提升导游职业素质，不断提高服务质量和终身服务能力

⑩居民休闲游憩价值

根据居民休闲游憩价值的内涵，通过对文本的人工判读，最终选定了"休闲""向市民开放" 2 个词作为武汉军运会文化遗产居民休闲游憩价值的特征词（表 4 – 22）。可以看出，因为军运会的举办，武汉不仅环境质量和景观质量显著提升，许多军运场馆、因军运举办而兴建的景观工程设施成为武汉市民休闲游憩的好资源和好去处，体现出其休闲游憩价值。

表 4 - 22　　　　　　　武汉军运会居民休闲游憩价值

特征词（词频）	参考点举例
休闲（165）	这个街头游园，过去是商业门面，拆除后，还绿于民，除了种梅花，还种桂花、樟树、灌木和草皮，成为市民休闲之处
向市民开放（38）	今后还可以高校为主体承办品牌赛事，提升场馆利用价值。同时，该校场馆未来还计划对公众开放，造福周边群众
市民乐园（1）	军运会场馆将成市民乐园

（4）武汉军运文化遗产价值的比较分析

利用构建的特征词库，对各类价值所对应的特征词进行词频分析，再取平均数，用以指代该类价值的媒体关注度，同时也作为价值高低的评判标准。将各类价值之间进行横向比较，并按照赛前阶段、比赛阶段、赛后阶段做纵向比较。

①横向比较分析

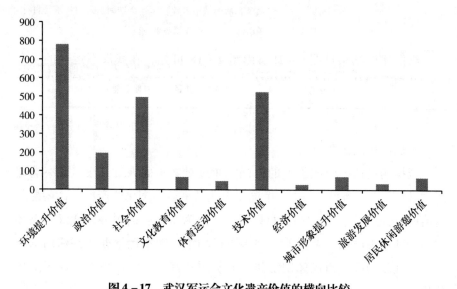

图 4 - 17　武汉军运会文化遗产价值的横向比较

横向比较结果见图 4 - 17。如图 4 - 17 所示，在武汉军运会文化遗产价值体系当中，词频平均数排名前四的价值类别依次为环境提升价值、技术价值、社会价值、政治价值，这四类属于高媒体关注价值；而文化教育价值、体育运动价值、经济价值、城市形象提升价值、旅游发展价值、居民休闲游憩价值的词频平均数较低，且与前四名存在明显差距，表明它们获得的媒体关注度较低。

究其原因，举办军运会所带来的环境提升价值、社会价值以及技术价值大都是物质的、有形的，或者是较易为公众所感知到的。比如各类整治工程的开展、高科技的广泛应用、全民参与建设的军运氛围都能够以较快的速度被大众即时感知，自然会引起媒体较高的关注，表现为较高的武汉军运遗产价值。而军运会对武汉市国民经济发展、旅游发展以及群众性体育产业发展所做的贡献相对来说则需要一定时间后，方可被大众感知。

研究也发现，武汉军运文化遗产的某些价值存在一定的交叉关系，比如城市形象提升价值、居民休闲游憩价值、旅游发展价值与环境提升价值存在交集，而后者所涵盖的范围要高于前三类价值，因此很大程度上将前三者的媒体关注度所掩盖，导致这三类价值的关注度无法得到提高。

②纵向比较分析

纵向比较结果见图 4-18。由图 4-18 可知，在武汉军运会的三个不同阶段，媒体对于各类价值的关注度会随时间推移发生此起彼伏的变化，尤其四类高媒体关注价值最为明显：在赛前阶段，环境提升价值是最受媒体关注的价值类别，其次是技术价值和社会价值，这和横向比较的结果相一致；到了比赛阶段，政治价值一跃成为最受媒体关注的价值类别，技术价值的关注度同样获得了提升，从第三上升到了第二，而环境提升价值的关注度则降至第四位，与赛前阶段相比下降明显；在赛后阶段，技术价值获得的媒体关注度继续上升，成为关注度第一的价值，其次是政治价值，表明其媒体关注度依然较高，而环境提升价值的关注度则未能回升至赛前水平。

造成这种变化的可能原因一是由于政府所采取的各类旨在提升环境的整治措施在正式比赛开始前已经全部完成，全体武汉人已经充分地体验到了价值所在，在赛后阶段便成为家喻户晓的赛事遗产，媒体的关注

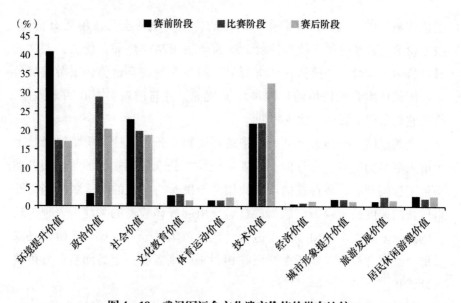

图4-18　武汉军运会文化遗产价值的纵向比较

度自然会下降；二是由于在比赛及赛后阶段，军运遗产在政治上的影响才能从官方宣传变成现实效应，媒体关注度就随之上升；三是军运会所采用的新技术由于其特殊性，从赛前阶段的试用、到比赛阶段的正式运用、再到赛后阶段的向全社会普及使用，一直都受到媒体的高度关注。

4. 小结与讨论

本部分主要分析识别出武汉军运文化遗产的不同价值，并据此建立军运文化遗产价值评价指标体系，分别使用专家打分及加权求和法以及基于媒体文本的内容分析法对武汉军运遗产的价值进行了评价，并对不同类型军运文化遗产、不同价值的大小进行了横向对比和赛前、赛事中和赛后的纵向比较。

总的来看，武汉军运会文化遗产因为其遗产类型不同，评价对象和视角不同，评价时间不同，其遗产价值大小也有所不同，但评价结果大同小异。整体来看，武汉军运文化遗产具有很高的环境提升价值、社会价值；具有较高的政治价值和文化教育价值；而其体育运动价值、经济价值、旅游发展和居民休闲游憩价值则相对较低。但专家和媒体在武汉军运文化遗产的形象提升价值和技术价值上则存在分歧。相较于业内专家，媒体界更多关注军运会文化遗产的技术价值和居民休闲游憩价值，而学界则对其城市形象提升价值和旅游发展价值评价更高。

对于媒体界来说，军运会文化遗产价值集中体现在环境提升价值、社会价值以及技术价值三个方面。究其原因，主要是因为这三类价值能够在较短的时间内产生现实效应，具有较高的感知度，比如城市环境质量的提升、各类社会效应的产生以及各项新技术的使用都能够以较快的速度被大众所感知，自然会就获得较高的媒体关注度，成为媒体眼中最为重要的价值类别。而媒体对军运会经济价值、旅游发展价值、文化教育价值、体育运动价值的认可较低，可能是因为部分价值的发挥尚需要时间来实现，有些价值甚至无法测度和感知，因而关注度不够。但是，针对军运会各类文化遗产是否被妥善保护、是否得到了有效利用，媒体需要发挥应有的监督作用，发现问题及时曝光，才能得到相关部门的重视。只有拥有媒体监督这样的保障力量，才能使军运文化遗产的各类价值对武汉未来的发展产生长期效用。

对学界和业界专家来说，除了容易感知的环境提升这种有形的价值以外，他们更能够从整体上把握和认识军运会对武汉市的作用和影响，包括一些无法感知和量化的影响，如对城市形象的提升价值、文化教育价值、旅游和休闲游憩价值等。这些价值虽然难以触及和测量，但它们对武汉市未来的城市发展和社会进步影响更为深远。所以，有必要因事就势，因势借力，盘活用好武汉军运非物质文化遗产，实现遗产价值的最大化，助力武汉发展。

（五）武汉军运文化遗产的城市形象提升效应

1. 基于居民感知视角的武汉军运文化遗产的城市形象提升效应

（1）研究背景与目的

"形象"一般被认为是一种态度构念，由个体对知识（信念）、情感和对一个对象或目的地的整体印象的心理表征构成[①]。因此，城市形象常

---

① Baloglu S. , McCleary KW. , "A model of destination image formation", *Annals of Tourism Research*, Vol. 26, No. 4, 1999, pp. 868 – 897.

被定义为多数居民对一座城市的共同心理图像①，是通过大众传媒、个人经历、人际传播、记忆以及环境等因素的共同作用形成的②。形象不仅是对环境的物理特征的感知（认知形象），也是对环境情感质量的评价（情感形象），更包含复合成分（总体形象）③，其中，认知形象感知和情感形象评价共同构成了一个地方的总体形象。与此同时，情感形象评价依赖于对对象的认知评价，情感反应是认知反应的一种功能。因此，城市形象分析应该从认知形象、情感形象和总体形象三方面展开。

城市的发展是动态的，城市形象的塑造不可能一蹴而就、一成不变。大型体育赛事对举办地城市形象的影响长期而深远，因此，其在城市形象建设方面的作用日益受到重视④，出现了较多利用大型体育赛事塑造、提升城市形象的成功案例。如：北京市将奥运会的"人文奥运"理念与北京市发展相结合，提出"人文北京"理念，促进了北京城市形象的提升；青岛利用北京奥运会的契机，打造"帆船之都"的城市形象；澳大利亚在奥运后将自己宣传成"超白金级的旅游目的地"，悉尼的"绿色奥运会"为悉尼乃至澳大利亚塑造了可持续发展的积极形象。军运会为武汉带来怎样的形象变化，武汉如何抓住契机塑造和提升城市形象，值得研究。居民是城市形象塑造的参与者，城市形象改变的见证者，更是城市形象提升的长远受益者。正如国外学者强调，经由国际大型事件（Mega-events）推进城市形象建设的最基本目标群体（Primary targets）应该是本地居民⑤。因此，居民关于大型事件对城市形象的提升效应有关键的话语权，应作为重点调查对象。

从国内外的相关研究来看，国外对大型赛事研究的兴趣始于 20 世纪末，整体来看，关于体育赛事对城市形象影响的研究很多，为开展进一

---

① ［美］凯文·林奇：《城市形态》，林庆怡、陈朝晖等译，华夏出版社 2001 年版。

② 刘佩：《〈纽约时报〉涉及深圳报道中的意识形态与"深圳形象"的建构——以〈纽约时报〉30 年涉深报道（1980—2010 年）为例》，《中国出版》2013 年第 1 期，第 62—65 页。

③ Hanyu, K., "The affective meaning of Tokyo: verbal and nonverbal approaches", *Journal Of Environmental Psychology*, Vol. 13, No. 2, 1993, pp. 161 – 172.

④ 陶卫宁、高志洋：《广州亚运会城市形象效应的居民感知及满意度——基于 IPA 法的研究》，《北京体育大学学报》2014 年第 3 期，第 41—46 页。

⑤ Smith A. , "Reimaging the city: the value of sport initiatives", *Annals of Tourism Research*, Vol. 32, No. 1, 2005, pp. 217 – 236.

步研究奠定了很好的基础，但已有研究仍存在一些不足：第一，虽然学者已经意识到居民感知对城市形象研究的重要性，但相关研究却多关注旅游者的感知，而忽视了居民的感知；第二，已有研究已经注意到了不同群体的感知差异，却未注意到事件不同阶段的感知差异，而只关注了体育赛事某个或某两个阶段的感知及其比较，少有进行全过程的研究，虽然已有研究认识到，需要纵向评价大型事件举办的影响，需要重点深入研究赛事不同阶段对城市形象影响的差异；第三，已有研究多采用问卷调查数据，运用结构方程、方差分析、多元回归分析等定量方法，而利用不带研究者主观建构色彩的网络文本数据、运用内容分析和扎根理论进行的质性研究相对较少，未能更好地把握居民的真实感知；第四，已有研究聚焦于奥运会、亚运会、世界杯、国际马拉松等，少有涉及军人运动会对城市形象的影响，而事件类型不同，很有可能对城市形象产生不一样的影响。

因此，本研究以比较分析事前、事中、事后的感知差异和变化为切入点，利用新浪微博数据，结合运用文本分析法和扎根理论，系统全面地分析居民对武汉认知形象、情感形象、总体形象的感知及其变化，来反映军运会对武汉城市形象的影响，为最大限度地发挥军运会对武汉城市形象的积极作用提出对策建议。

（2）数据来源与研究方法

①数据来源

选择武汉居民在新浪微博上发表的博文作为文本数据。为此，于2020年3月22日使用PyCharm开发工具，采集微博中关于军运会的文本；而后，剔除外地游客、媒体以及信息来源不明的人发表的博文，仅保留武汉市居民发表的博文；结果共获得有效微博268篇，时间覆盖2019年9月1日至2020年1月20日。其中，事前（即2019年9月1日至2019年10月17日）有效微博74篇，事中（即2019年10月18日至2019年10月27日）58篇，事后（即2019年10月28日至2020年1月20日）136篇。

②研究方法

内容分析法是对文本内容进行客观、系统、量化分析的一种科学研究方法。利用内容分析法，可以从文本内容中得出有效推论[①]，从而推断居民对军运会影响的整体和心理感知[②]。为此，利用 ROST CM6 软件，对爬取的微博博文进行词频分析，揭示居民的认知形象及其在武汉军运会事前、事中、事后的变化。

扎根理论的主要步骤是进行资料的编码，即通过开放编码、主轴编码和选择性编码三步提炼出文本描述事实或现象背后的实质，适宜于进行微观研究[③]。本研究采用扎根编码对居民的情感态度进行分析，得出居民对军运会影响的正面、负面情感态度及其时间变化。

（3）认知形象感知分析

删除博文中与研究无关（如微博名、类别等）的内容后，利用 ROST CM6 软件分别对所有博文以及事前、事中和事后的博文进行词频分析，分别筛选出排名前 20 的高频词（见表 4 – 23），来分析居民的总体认知形象及不同阶段的认知形象变化。进一步分析居民微博的内容发现，这些词主要反映居民对武汉的城市景观、城市面貌、卫生环境、公共基础设施、体育基础设施、城市管理、比赛氛围、城市文化 8 个方面形象的认知，因此，通过这 8 个方面词频频次和频率来反映居民对军运会影响下武汉认知形象的感知度及其变化。

①总体认知形象感知

如表 4 – 23 所示，从总体高频名词来看，居民对比赛氛围的感知度最高，包含"志愿者""比赛""开幕式""吉祥物"等 7 个高频词，频次合计 141，频率为 40.52%；其次，对城市景观的感知度较高，包含"灯光秀""长江""夜景"等 5 个高频词，频次合计 49，频率 14.08%；再次，是对体育基础设施的感知度，包含"场馆""体育中心"和"军运村"3 个高频词，频次为 42，频率为 12.07%；对城市管理的感知度也较高，包括"小吃摊"和"交通"，频次为 34，频率为

① Krippendorff K. H. , "Content analysis: An introduction to its methodology", *Thousand Oaks*: *Sage Publications*, 2003.

② Choi S. , Lehto X. Y. , Morrison A. M. , "Destination image representation on the web: Content analysis of Macau travel related websites", *Tourism Management*, Vol. 28, No. 1, 2007, pp. 118 – 129.

③ 宋炳华、马耀峰、高楠等：《基于网络文本的 TDI 感知探究——平遥古城实证分析》，《干旱区资源与环境》2016 年第 3 期，第 202—208 页。

9.77%；而对城市文化、卫生环境、面貌和公共基础设施的感知度都不高，高频词频次都不足 30。因此，总体上，居民对军运会影响下武汉认知形象的感知集中于比赛氛围、城市景观、体育基础设施、城市管理四个方面。

表 4-23　　　　　　　　　研究各阶段高频名词统计

维度	总体高频名词 （频次）	事前高频名词 （频次）	事中高频名词 （频次）	事后高频名词 （频次）
城市景观	灯光秀（18）、夜景（14）、长江（9）、建筑（4）、江滩（4）	灯光秀（18）、长江（9）、夜景（4）、建筑（4）、江滩（4）	夜景（4）	夜景（6）
城市面貌	大武汉（13）、江城（7）	大武汉（13）、江城（4）	江城（3）	
卫生环境	空气（12）、环境（5）、雾霾（5）	空气（3）		空气（9）、环境（5）、雾霾（5）
公共基础设施	公交（10）、公厕（4）、马路（3）	公交（6）、公厕（4）、马路（3）		公交（4）
体育基础设施	场馆（18）、体育中心（14）、军运村（10）		体育中心（7）、军运村（3）	场馆（18）、军运村（7）、体育中心（7）
城市管理	小吃摊（22）、交通（12）	小吃摊（5）		小吃摊（17）、交通（12）
比赛氛围	志愿者（41）、比赛（36）、开幕式（30）、吉祥物（14）、运动员（8）、现场（6）、赛场（6）	吉祥物（6）、比赛（5）	开幕式（30）、志愿者（18）、比赛（12）、运动员（8）、吉祥物（8）、现场（6）、赛场（6）	志愿者（23）、比赛（19）
城市文化	精神（14）、文化（6）、体育（3）		精神（8）、体育（3）	精神（6）、文化（6）

②不同阶段的认知形象感知

A. 事前认知形象感知集中在城市景观、面貌、公共基础设施和比赛氛围

从事前高频名词（频次合计88）来看，居民对城市景观的感知度度最高，包含"灯光秀"和"长江"等5个高频词，频次合计39，频率44.32%；其次，对城市面貌的感知较高，包含"大武汉"和"江城"这2个高频词，频次合计17，频率为19.32%；再次，对公共基础设施的感知也较高，包含"公交""公路""马路"3个高频词，频次合计13，频率为14.78%；对比赛氛围的感知度也比较高，包含"吉祥物""比赛"2个高频词，频次合计11，频率为12.5%；而对其他方面的感知度都很低，尤其对体育基础设施和城市文化的感知为0。

B. 事中认知形象感知集中在比赛氛围、城市文化和体育基础设施

从事中高频名词（频次合计116）来看，居民主要感知了武汉三个方面的认知形象：一是比赛氛围，包含"开幕式""志愿者""比赛"等7个高频词，频次合计88，频率为75.86%；二是城市文化，包含"精神"和"体育"2个高频词，频次合计11，频率为9.48%，反映了军运会所带来的拼搏竞技、志愿奉献等精神文化元素；三是体育基础设施，包含"体育中心"和"军运村"2个高频词，频次合计10，频率为8.62%；而对其他方面的感知度都很低，尤其对卫生环境、公共基础设施和城市管理方面未有感知。

C. 事后认知形象感知集中于比赛氛围、体育基础设施、城市管理和卫生环境

从事后高频名词（频次合计144）来看，居民主要感知了武汉四个方面的认知形象：一是比赛氛围，包含"志愿者"和"比赛"这2个高频词，频次合计42，频率为29.17%，反映军运会的优秀志愿者对促进社会文明和谐的正面作用以及军运会比赛对社区、单位等开展健身运动、比赛活动的积极影响；二是体育基础设施，包含"场馆""体育中心""军运村"这3个高频词，频次合计32，频率为22.22%，反映了居民对场馆后续使用以及向市民开放的关心；三是城市管理，包含"小吃摊"和"交通"这2个高频词，频次合计29，频率为20.14%，说明某些城市管理举措只在军运会期间实施，尤其一些惠民举措只短暂推行于军运会举

办期间，例如，有居民在微博中写道"做完实验路过天桥，军运会结束，心心念念的小吃摊终于出来了"；武汉市地铁票价在军运会过后重新恢复到赛前的较高价位；四是卫生环境，包含"空气"这个事前就有的高频词，还新增了"环境""雾霾"这 2 个高频词，频次合计 19，频率为13.19%；表明军运会过后，城市管理和环境问题重新引起居民重视。而事后，居民对城景观、公共基础设施和面貌的感知度都很低，但值得注意的是，此阶段居民对城市文化（"精神""文化"）的感知虽然不高，频次合计只有 12，频率也只有 8.33%，但这是事中出现的城市文化的延续，表明了军运会对城市文化的影响。

对比军运会事前、中和后的高频词，可以发现，武汉居民对城市认知形象的感知由事前多关注与自身生活密切相关的城市景观、面貌、公共基础设施转向赛中关注比赛氛围、城市文化和体育基础设施，而事后，回到了对与生活密切相关的城市管理和卫生环境的关注，此外，还表现出对比赛氛围、体育基础设施和城市文化的持续关注。

（4）情感形象感知分析

①总体情感态度

对博文中带有情感色彩的词语进行人工判读，共提取 190 条（占70.90%）正面情感评价和78 条（29.10%）负面情感评价；可见，居民对军运会的正面感知大于负面感知，比较认可军运会对城市形象的提升作用。为了进一步反映居民的正、负情感评价集中在哪些方面，分别对正面和负面情感评价涉及的因素经过三级编码进行概念化（见表4-24、表4-25）。

A. 正面情感评价集中于城市景观、城市面貌以及居民形象

如表4-24 所示，三级编码的结果，正面情感评价涉及 7 个核心类属、24 个二级子类。在正面情感评价的 7 大核心类属中，城市环境形象和社会形象分别有 71 条和 42 条，分别占正面情感评价的 37.37% 和22.10%，占比较大；其次，基础设施形象和城市管理形象词条较多，分别有 29 条、23 条，分别占正面情感评价的 15.26% 和 12.10%；而媒介形象、文化形象和城市经济形象的词条都较少，占比都不足 10%。进一步分析，正面情感评价最多的城市环境形象中，城市景观、城市面貌和卫生环境分别有 32 条（16.84%）、22 条（11.58%）、13 条（6.84%），占比较高，而且，居民主要认可灯光秀、夜景等城市亮化举措，认为军

运会使武汉城市面貌焕然一新，城市环境变好、变美。社会形象中，居民和志愿者形象分别有 30 条（15.79%）和 12 条（6.32%），主要体现在自信、自豪感和荣誉感的增强方面。这表明居民认可军运会对武汉城市环境形象和社会形象的提升作用，特别是对城市景观、城市面貌和居民形象的改善。

表 4 - 24 居民正面情感评价因素的逐级编码

一级编码 （开放式）	二级编码 （关联式）	三级编码 （核心式）
灯光秀很好看（14）、夜景漂亮（11）、交通绿化及景观亮丽（5）、楚河汉街更美了（1）、军运村很美（1）	城市景观（32）	城市环境形象 （71） （37.37%）
城市面目一新（6）、越来越美（6）、融入军运元素（2）、融入科技元素（1）、倾国倾城大武汉（2）、精致（1）、气氛热闹（2）、越来越好（1）、亮丽活力（1）	城市面貌（22）	
绿化覆盖率高城市宜居（2）、生活服务便利化（2）	宜居程度（4）	
干净（5）、环境变好（2）、水碧绿（1）、空气变好（3）、维护到位（2）	卫生环境（13）	
小吃摊出现了（8）、农贸市场开门了（1）、小吃街停开（2）	商贩管理（11）	城市管理形象 （23） （12.10%）
交通管理到位（5）、办事效率高（1）、交通限行（1）、地铁折扣（1）、	交通管理（8）	
治安良好（1）、安检严格（1）	治安管理（2）	
工程建设效率低（1）	工程建设（1）	
警察很辛苦、为人民服务（1）	警察形象（1）	
场馆可以投入使用（8）、场馆可以观赏游览（6）	场馆使用（14）	基础设施形象 （29） （15.26%）
灯火通明（2）、城市闪亮（1）	城市亮化（3）	
休闲设施得到修缮（4）、公厕得到改善（1）、基础设施优化（1）	公共设施（6）	
公交车停车场提档升级（1）、机场进步大（1）、军运会专用线向市民开放（2）、水泥路变宽敞大道（1）	交通设施（5）	
军运会特批信道，不缺网络（1）	通信设施（1）	

一级编码 （开放式）	二级编码 （关联式）	三级编码 （核心式）
武汉市民更加自信（1）、武汉市民自豪感增加（18）、居民支持配合（1）、居民热情激动（4）、重视军运精神发扬（2）、重视军事爱国教育（2）、居民有素质（2）	居民形象（30）	社会形象 （42） （22.10%）
志愿者的荣誉感（9）、无私奉献（2）、倡导文明（1）	志愿者形象（12）	
军运会会徽、吉祥物宣传（2）、城市宣传标语更新（1）、武汉新名号"早餐之都"（1）、牛奶军运会包装（3）、品牌传播棒（1）、军运会宣传标牌好（1）	城市宣传（9）	媒介形象 （17） （8.95%）
军运会的璀璨荣光（1）、提升城市的正面影响力（1）	美誉度（2）	
知名度响亮世界（5）、聚焦武汉（1）	知名度（6）	
军会设计彰显武汉文化（2）、武汉文化媲美军人气质（1）	城市文化底蕴（3）	文化形象 （4） （2.11%）
军运会主题美术展（1）	城市文化展示（1）	
房价不涨了（1）	房价（1）	城市经济形象 （4） （2.11%）
物美价廉（1）、军运会打折（1）	物价（2）	
价格亲民（1）	军运票价（1）	

注：编码括号内的数字表示出现的次数，一级编码第二个括号内的数字表示该类所占比例。

B. 负面情感评价集中于交通管理、工程建设以及卫生环境

如表4－25所示，三级编码的结果，负面情感评价有6个核心类属、16个二级子类。在负面情感评价的6大核心类属中，城市管理形象和城市环境形象分别有30条和20条，分别占负面情感评价的38.46%和34.61%，占比较大；其次是媒介形象，有9条，占11.54%；而城市经济形象、基础设施形象、社会形象词条较少，均不足10%。进一步分析，负面情感评价最多的城市管理形象中，交通形象和工程建设分别有12条（15.38%）和10条（12.82%），占比较高，居民主要不满意军运会期间封路、交通管制带来的出行不便，军运会后交通出现拥堵、车辆秩序变乱等现象以及施工时间过长、事后对建筑修缮不完善等方面。城市环境形象中，卫生环境有14条（17.95%），成为不满意的主要来

源。媒介形象中，知名度有 7 条（8.97%），部分居民认为军运会并没有很好地提升武汉的知名度；这一定程度上印证了 Ritchie 和 Aitken[①] 的部分结论，即自豪感和知名度的提升对于居民而言或许比经济效益更为重要。

表 4 – 25 居民负面情感评价因素的逐级编码

一级编码（开放式）	二级编码（关联式）	三级编码（核心式）
灯光秀没有了（2）、绿化维护不到位（1）	城市景观（3）	城市环境形象（27）（34.61%）
城市水平低（1）、冷清（1）、做作（1）、建筑翻新突兀（1）	城市面貌（4）	
噪音大（1）、总停水（1）、大型宠物禁养（1）、封路不便（1）、快递受到影响（1）、军运村交通、环境差（1）	宜居程度（6）	
出现雾霾（5）、空气质量特别差（7）、废气污水排放（2）	卫生环境（14）	
管理不到位（4）、军运会封路限行造成不便（5）、交通拥堵（2）、公交车服务态度不好（1）	交通管理（12）	城市管理形象（30）（38.46%）
军运会后管理不到位（1）	治安管理（1）	
施工效率低（5）、施工质量差（5）	工程建设（10）	
小摊小贩没有了（5）、小摊出现了（1）	商贩管理（6）	
安排不当（1）	军运安排（1）	
房价不涨（1）、房价可能会涨（2）	房价（3）	城市经济形象（3）（3.85%）
场馆面向市民的使用率低（3）、场馆太远（1）	场馆使用（4）	基础设施形象（5）（6.41%）
网速太慢（1）	网络设施（1）	
没有提高（3）、提高有限（4）	知名度（7）	媒介形象（9）（11.54%）
不到位（2）	城市宣传（2）	
军运会造成工作时间过长（3）	社会工作（3）	社会形象（4）（5.13%）
不文明现象（1）	居民形象（1）	

注：编码括号内的数字表示出现的次数，一级编码第二个括号内的数字表示该类所占比例。

---

① Ritchie J. R. B., Aitken C. E., "Assessing the impacts of the 1988 Olympic Winter Games: the research program and initial results", *Journal of Travel Research*, Vol. 22, No. 3, 1984, pp. 17–25.

②不同阶段的情感态度

A. 事前居民正面情感评价聚焦于城市景观和面貌，负面情感评价集中于交通管理

事前，居民的正面情感评价有 60 条（81.10%），负面情感评价有 14 条（18.90%）。如图 4-19 所示，事前，居民正面情感评价最多的是城市环境形象，有 34 条，频率为 56.67%，且主要体现在城市景观和城市面貌两个方面，分别有 20 条（33.33%）和 10 条（16.67%），尤其认可其中的灯光秀设计、夜景等城市景观优化，以及城市越来越美、融入军运元素的城市新面貌；表明政府、社会各界对城市建筑的修缮、道路的优化、景观的打造、水体的治理都获得了居民的好评。居民正面情感评价较多的是基础设施形象和社会形象，均有 8 条（13.33%），前者主要体现在城市亮化和休闲设施的修缮升级，提升了居民的幸福感，后者主要体现在居民的热情好客和强烈的自豪感。

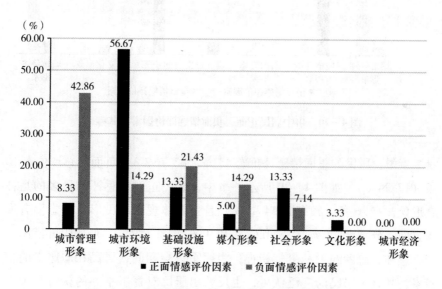

图 4-19　事前居民正面、负情感评价因素及其频率

事前，居民负面情感评价最多的是城市管理形象，有 6 条，频率为 42.86%，且集中于交通管理的不到位、交通服务的不热情和交通限行带来的不便利以及禁止商贩出摊带来的就餐困难等对个人的影响，这一方

面说明城市管理举措还需要更为人性化和科学化，另一方面也表明部分城市管理具有一定的时效性，仅是事中和事后短时间内的临时措施，很难对城市形象产生长效影响；居民负面情感评价较多的是基础设施形象，有3条（21.43%），主要集中于场馆的距离太远和市民使用率低等问题。

B. 事中居民正面情感评价聚焦于居民和志愿者，负面情感评价聚焦于交通管理

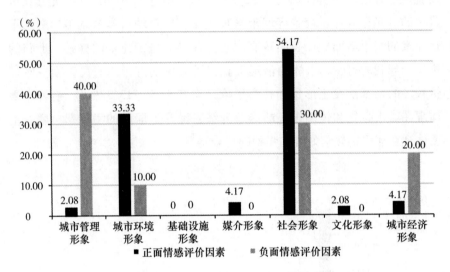

图4-20 事中居民正面、负面情感评价因素及其频率

事中，居民的正面情感评价有48条（82.76%），负面情感评价有10条（17.24%）。如图4-20所示，事中，居民正面情感评价最多的是社会形象，有26条，频率为54.17%，且主要体现在居民形象和志愿者形象方面，分别有17条（35.42%）和9条（18.75%），尤其认可市民的荣誉感和志愿者的无私奉献精神；表明军运会期间，居民和志愿者的积极参与得到了居民的广泛认可，也反映出居民对赛事举办的认可与大力支持。正面情感评价较多的是城市环境形象，有16条（33.33%），主要体现为对城市景观和城市面貌的认可。

居民的负面情感评价与事前一样集中在城市管理形象，有9条，频率为40%，但仅体现在交通限行带来的不便方面；负面情感评价较多的是社会形象，有3条（30.00%），主要体现在军运会带来的工作时长增

加方面，这对军运会期间对社会形象的正面情感评价可能有一定的抵消作用，反映出大型赛事举办的前期筹备工作有待提升，人员安排与调度需要优化。

C. 事后居民正面情感评价聚焦于城市面貌、景观和场馆使用，负面情感评价聚焦于卫生环境和交通、商贩管理

事后，居民感知的正面情感评价有 82 条（60.29%），负面情感评价有 54 条（39.71%）。如图 4-21 所示，事后，居民对城市环境和基础设施的正面情感评价都较多，均有 21 条（25.61%），主要认可城市环境中的城市面貌（7 条）和景观（6 条）以及基础设施中的场馆使用，认可场馆的投入使用和观赏游览；其次，对城市管理的正面情感评价也较多，有 17 条（20.73%），且主要体现为认可商贩（9 条）和交通（5 条）管理。

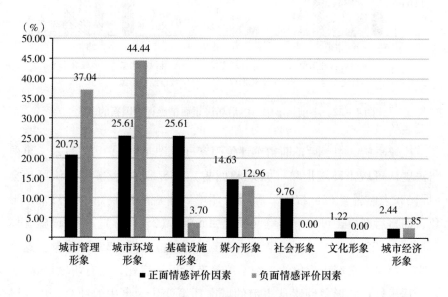

图 4-21 事后居民正负情感评价因素集中情况

居民对城市环境和管理的负面情感评价也较多，分别有 24 条（44.44%）和 20 条（37.04%）。在城市环境方面，主要是对空气质量（7 条）、雾霾（5 条）和废水（2 条）等卫生环境的不满；在城市管理方面，主要是对施工效率（5 条）和质量（5 条）等工程建设的不满，其次

是对交通（5 条）和商贩（4 条）的负面情绪。可见，这两个方面的负面
情感评价多于正面情感评价，一方面可能因为事后居民更多地关注城市
环境和管理，另一方面也表明军运会结束后城市环境治理和管理力度有
所下降，致使居民感受到落差。

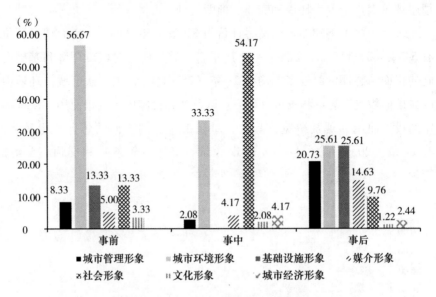

图 4 - 22　事前、事中、事后居民正面情感评价因素的对比

比较事前、中、后正面情感评价因素（见图 4 - 22）可以发现，事前
居民更认可城市环境形象（景观和面貌）（56.67%），事中更认可社会
（居民和志愿者）（54.17%）和城市环境（景观和面貌）（33.33%）形
象，而事后则更认可城市环境（景观和面貌）（25.16%）、基础设施（体
育场馆）（25.16%）和城市管理（商贩和交通）（20.73%）形象。这表
明军运会对武汉城市形象的影响不仅具有阶段性变化，还有阶段性延续：
最受居民好评的形象因素从事前的城市环境变化为事中的社会，再回到
事后的城市环境，经历了一个从"物"到"人"再到"物"的变化过
程，同时，城市管理和基础设施形象的好评都经历了一个从较多到很少
再到相对很多的变化过程，表明场馆等基础设施的赛后使用得到居民的
关注与认可；在此过程中，城市环境（景观和面貌）是一个延续性的形
象要素，一直都受到最多或较多关注和好评，反映出军运会对武汉城市

景观和面貌的改进成效。

比较事前、中、后居民负面情感评价因素（见图 4 - 23）可以发现，事前和事中居民都对城市管理（交通管理）诟病最多，频率分别达到 42.86% 和 40.00% ，所幸事后其频率下降为 33.33% ，退居第二。事后居民负面情感评价最多的是城市环境（44.44%），这可能是因为军运会举办前居民没有太多关注环境破坏[①]，也表明居民不仅关注赛事给城市、社区带来的利益，更关注赛事对其生活质量的切实提高[②]。另外，居民对城市社会和经济形象的负面情感评价都在事中达到最高，而事前、事后都很少甚至完全没有。

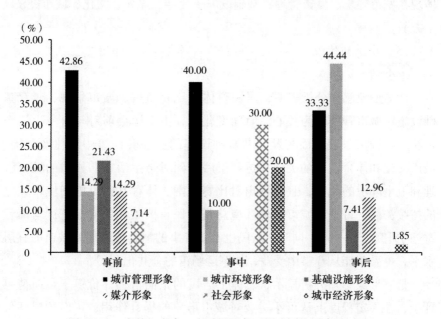

图 4 - 23 事前、事中、事后居民负面情感评价因素的对比

将图 4 - 22、图 4 - 23 结合起来看，总体上，事中居民更容易产生正面评价，而事后更容易产生负面评价。一方面，这可能因为事中的氛围

① Ritchie J. R. B. , Aitken C. E. , "Assessing the impacts of the 1988 Olympic Winter Games: the research program and initial results", *Journal of Travel Research*, Vol. 22 , No. 3 , 1984 , pp. 17 - 25.

② Deccio C. , Baloglu S. , "Nonhost community resident reactions to the 2002 Winter Olympics: the spillover impacts", *Journal of Travel Research*, Vol. 41 , No. 1 , 2002 , pp. 46 - 56.

给居民带来强烈的作为东道主的自我存在感[①]和认同感，而事后随着赛事的结束，相关管理与活动的取消，居民会产生一定的感知落差；也可能因为居民自身的热情和积极性随时间的推移而降低[②]，在事前、中、后呈现倒"U"型态势；另一方面，这也一定程度上表明军运会对城市形象的提升作用具有时效性，随着时间的推移而降低。

③总体形象分析

由以上分析可知，事前、事中和事后居民所感受到的城市形象各有侧重，说明军运会的举办对武汉城市形象的影响具有一定的阶段差异性。通过高频词分析和扎根理论分析，可知，军运会对城市形象的影响主要体现在城市环境、城市管理、基础设施、社会、媒介、文化、城市经济7个方面。

（5）小结与建议

①小结

认知形象感知分析表明，居民整体对比赛氛围、城市景观、体育基础设施、城市管理较为关心。时间变化上，由军运会前对与自身生活密切相关的城市景观、面貌及公共基础设施的关注转向事中对比赛氛围、城市文化和体育设施的关注，再到事后回到对与生活密切相关的城市管理和卫生环境的关注，且表现出对比赛氛围、体育基础设施和城市文化的持续关注。可见，城市居住环境总是居民首要关注的对象，这与谭毅菁[③]的研究结论一致；同时，居民也希望赛事的举办能够提升城市的宜居水平，更希望能从赛事中受益，如军运场馆的公共化利用。

情感形象感知分析显示，总体上居民的正面情感评价多于负面情感评价，在一定程度上认可军运会对城市形象的提升作用；正面情感评价集中于城市景观、面貌和居民形象，且由事前的城市环境形象转向事中

---

① 罗秋菊：《居民对 2010 年广州亚运会影响的感知变化研究——基于事件举办前视角》，《地理科学》2010 年第 5 期，第 693—701 页。

② 许春晓、柴晓敏、付淑礼：《城市居民对重大事件的感知变化研究：2006 杭世界休闲博览会期间的纵向研究》，《旅游学刊》2007 年第 11 期，第 89—94 页；Kim H. J., Gursoy D., Lee S. B., "The impact of the 2002 World Cup on South Korea: comparisons of pre-and post-games", *Tourism management*, Vol. 27, No. 1, 2006, pp. 86–96。

③ 谭毅菁、傅云新：《大型节事活动后居民感知态度研究——以广州 2010 年亚运会为例》，《北京第二外国语学院学报》2012 年第 3 期，第 64—71 页。

的社会形象，事后再回到城市环境和基础设施形象；正面情感态度随着事前、事中、事后的变化，呈现倒"U"形态势。一方面，说明军运会对城市形象的影响既有正面也有负面，有一定的提升作用，但作用强度和持续时长都随时间推移而变化，仍需强化和维系；另一方面，印证了 Hsu 等[1]的观点，即居民的积极态度会随着时间的变化而变化。

居民的负面情感评价集中于交通管理、工程建设以及卫生环境，对与军运会相关的城市管理和环境变化多有不满；而且负面情感评价因素由事前、事中的城市管理形象，转向事后的城市环境形象和城市管理形象。而且，居民对城市管理（主要是交通管理和工程建设）形象的负面情感评价（38.46%）远高于正面情感评价（12.10%），表明军运会的举办不仅未能充分发挥对城市管理形象的提升作用，反而给居民的正常生活带来了不便，引起了居民的不满。

总体而言，军运会对城市社会形象和基础设施形象的提升效果相对较好，而对城市卫生环境形象和宜居程度的提升有限，且具有较强的时效性；这与何步文[2]和李超等[3]的研究结论相符，即大型赛事的成功举办会对城市环境、市政基础设施建设带来正向提升作用，借助赛事改善城市景观和面貌也是各个城市竞相举办赛事的初衷之一；也在一定程度上印证了 Deccio 和 Baloglu[4]的观点，大型活动可能会成为引起人们对自然环境关注的催化剂，从而有助于保护原本被忽视的自然景观和当地遗产。另外，军运会对城市的媒体形象、经济形象和文化形象的影响都很弱。

②建议

第一，做好大型赛事前期的信息公示与提前预警。交通管制和工程

---

① Hsu L. C., Ma S. C., Chang C. H., "Resident reactions to staging tour deTaiwan 2012: Comparison of pre-and post-event", *South African Journal for Research in Sport Physical Education & Recreation*, Vol. 36, No. 1, 2014, pp. 67 – 84.

② 何步文：《重大事件与城市形象塑造研究——以兰州国际马拉松为例》，《甘肃社会科学》2013 年第 4 期，第 221—225 页。

③ 李超、吴志敏、付贵阳：《大型体育赛事对河北省城市形象影响研究》，《广州体育学院学报》2019 年第 2 期，第 68—70、128 页。

④ Deccio C., Baloglu S., "Nonhost community resident reactions to the 2002. Winter Olympics: the spillover impacts", *Journal of Travel Research*, Vol. 41, No. 1, 2002, pp. 46 – 56.

建设是大型活动举办会带来的普遍问题，也是居民可能感知到的关键成本，因此，政府应提前了解当地居民对交通管制与工程建设的担忧与意见，规避居民意见集中的地方，做好前期规划，并通过媒介渠道做好居民的安抚工作，以获得支持与理解。此外，在赛事举办期间，应提前通知交通流量、限行信息，并鼓励广大居民使用公共交通，在保障赛事运输的前提下，为本地居民开通相应的专用道，兼顾二者的需求，提升城市管理形象水平。

第二，武汉应提高宜居水平，恰当融入军运元素。如前所述，居民对城市卫生环境和宜居程度的关注是自始而终的，城市环境形象的持续提升是其他城市形象改善的基础，在赛前对城市环境的优化是成功举办赛事的必要条件，赛后对环境的持续关注与改善，是提高居民对未来赛事举办支持度的关键。因此，对城市环境的治理应以赛事为契机，大力推进，让居民切实感受到城市宜居水平的提高。此外，城市景观建设应继续挖掘军运元素，使军运会持久融入武汉城市环境形象中。

第三，推进军运会体育基础设施的市民化利用。已有研究表明，居民认为大型活动最显著的好处之一是为活动创建并在活动后由当地人使用的持久设施[1]，本研究也显示居民对体育场馆设施可以投入使用和观赏游览颇多好评。因此，武汉应做好军运场馆的保护与对外开放，满足大众健身与体育训练的需求，让更多居民记住军运会，成为军运会的切实受益者，提升城市基础设施形象。

2. 基于居民感知差异比较的武汉军运文化遗产城市形象效应

（1）研究背景与目的

城市形象能够表征城市活力并反映城市韧性。武汉军运会作为大规模的国际体育盛会，武汉居民是否认可其对城市形象的提升作用，居民感知是否存在内部差异，军运会对城市形象的作用表征了怎样的城市活力和城市韧性水平，值得深入研究。

活力和韧性反映了城市发展的能力与潜力，建设活力空间和韧性空

---

① Mihalk B. J., Simonetta L., "Resident perceptions of the 1996 summer Olympic Games-year Ⅱ", *Festival Management and EventTourism*, No. 5, 1998, pp. 9 – 19.

间已成为城市可持续发展的重要途径之一①。城市活力作为城市发展的内生力，是经济、社会、文化、环境等多方面的综合体现②，存在显性及隐性的不同表征形式。其中，城市显性活力是城市对外形象的重要表征，是大众可直接感知和观察到的活力，与市井生活和节事活动密切相关③。而城市韧性作为经济、人口、土地、市场等多重要素共同协调、优化组合的形式，被认为是城市系统适应不确定性的能力，受到城市活力的显著促进或阻碍作用。由此可见，城市活力由城市形象所表征，并关联到城市韧性的表达。

以城市大型赛事为代表的节事活动，是城市活力的"调节器"和"展示窗口"④，其所塑造的城市形象承载着个人及群体经历、大众传媒、人际传播、记忆及环境等多方面内容⑤，可视作城市显性活力的关键表征。而节事活动结束后可能面临长期未知的城市变化及其所带来的冲击和调整，又为城市空间的变化、适应和改变能力提出新的要求和思考，促使韧性空间的理念在节事活动的研究中得到进一步延展⑥。因此，以城市大型赛事为切入点解读城市形象，从而表征城市活力并反映城市韧性，有助于更全面地阐释大型赛事对城市形象的建构过程，同时为提高城市活力水平、建设韧性城市提供一定的参考。

2019 年举办的武汉军运会，作为武汉市近年来举办的极具代表性的大型国际体育赛事，不仅是城市节事活动影响下的活力空间研究的典型代表，同时也是节事活动后再造的重要场所。作为事件的见证者、参与者和事件影响的直接作用群体，武汉居民关于军运会对城市形象提升效

①　白立敏、修春亮、冯兴华等：《中国城市韧性综合评估及其时空分异特征》，《世界地理研究》2019 年第 6 期，第 77—87 页。

②　毛炜圣、钟业喜：《长江中游城市群城市活力水平空间格局及影响因素》，《世界地理研究》2020 年第 1 期，第 86—95 页。

③　王建国：《包容共享、显隐互鉴、宜居可期——城市活力的历史图景和当代营造》，《城市规划》2019 年第 12 期，第 9—16 页。

④　叶南客、李程骅、周蜀秦：《基于"大事件"驱动的城市国际化战略研究》，《南京社会科学》2011 年第 10 期，第 1—8 页。

⑤　Hanyu K. "The affective meaning of Tokyo: verbal and nonverbal approaches", *Journal of Environmental Psychology*, Vol. 13, No. 2, 1993, pp. 161 – 172.

⑥　王璐、孙润中：《基于韧性的节事设施再利用与空间耦合研究》，《现代城市研究》2020 年第 4 期，第 97—102 页。

应的感知情况及态度分异，能够回答在此背景下，该赛事的举办能否实现"以会促建、以会促变，把办赛事与建城市统一起来，抓好环境综合整治，显著提升武汉城市形象，让城市既有'面子'更有'里子'?"[1]，且未来武汉的城市建设是否能以军运会建构的城市形象为契机进行升级和重塑，以提升城市活力和韧性。

因此，本节从居民感知视角出发，利用问卷调查收集的数据，并结合居民的微博博文，探索城市形象提升效应的感知维度、感知水平、内部差异、居民类型，并总结各类居民群体构成的人口特征，有助于掌握不同人口特征居民的诉求异同，以此表征城市活力并反映城市韧性水平。通过评价军运会对武汉城市形象的提升效应，释放军运会效应以提升城市活力，为打造韧性城市建言献策。

（2）数据来源与研究方法

①数据来源

调查问卷设计了两部分内容。第一部分是居民关于军运会对武汉城市形象影响的感知，共由关于市民形象、文化形象、媒介形象、社会形象、环境形象、基础设施形象、体育形象、经济和旅游形象等方面的 37 个题项（表 4 - 26），这些题项都借鉴于已有文献[2]，并突出了体育赛事本身的特点。采用 5 点李克特量表询问被调查居民的感知，根据统计分析需要，给选项"非常同意"赋值 5，以此类推给选项"完全不同意"赋值 1。第二部分是样本基本信息，包括性别、年龄、文化程度、职业、自己或家人有无参与军运筹备或志愿工作等。

正式发放问卷前，进行了预调研，根据反馈情况，进一步完善了问卷。本次调查利用问卷星平台进行线上发放。正式问卷调查从 2020 年 4 月 30 日开始，分两批完成，完成时间为 5 月 18 日。最后，共回有效问卷 382 份有效率为 65.64%。

---

① 戴光全、保继刚：《'99 世博会对昆明城市形象的影响研究》，《人文地理》2006 年第 21 卷第 1 期，第 29 - 33 页。

② 陶卫宁、高志洋：《广州亚运会城市形象效应的居民感知及满意度——基于 IPA 法的研究》，《北京体育大学学报》2014 年第 37 卷第 3 期，第 41—46 页。

表 4 - 26　　武汉居民对军运会城市形象提升效应感知的调查题项

调查题项	调查题项
关于居民形象提升效应的题项	关于城市环境形象提升效应的题项
R1 武汉市民更加热情友好了	H1 武汉城市卫生得到了显著改善
R2 武汉市民更注重文明礼貌了	H2 武汉水体整治得更干净了
R3 武汉居民的文化自豪感增强了	H3 武汉的园林绿化变得更加丰富美观了
R4 武汉市民的健身积极性提升了	H4 武汉的城市建筑风貌更和谐有特色了
R5 武汉市民的城市荣誉感更强了	H5 社区街道更整洁了，更适合居住生活了
关于城市文化形象提升效应的题项	关于体育形象提升效应的题项
C1 开幕式表演让更多的人了解了荆楚文化	P1 武汉市公共体育设施的管理维护得更好了
C2 更好体现武汉敢为人先追求卓越的城市精神	P2 武汉市的体育场馆增加了
C3 更好地营造了武汉市的文创氛围	P3 武汉市的公共体育设施更多了
C4 武汉已很好地把军运文化融入到城市文化中	P4 武汉市的惠民体育活动更丰富了
关于媒介形象提升效应的题项	关于社会形象提升效应的题项
M1 武汉在全国的知名度提高了	S1 武汉市的社会治安变得更好了
M2 武汉市的媒体形象更加正面积极了	S2 街边小商贩摆摊设点的现象更少了
M3 军运会宣传标语营造强烈的军运会举办氛围	S3 武汉市志愿服务氛围变得更好了
	S4 我对武汉市的高校有了更多的了解
	S5 原场馆资源得到充分利用，做到了赛用结合
关于旅游形象提升效应的题项	关于经济形象提升效应的题项
T1 让更多的人到武汉旅游了	E1 提升了武汉市的经济发展水平
T2 让武汉有更多旅游景点了（如军运场馆）	E2 武汉市服务业水平更高了
T3 武汉市餐饮、宾馆、酒店等接待设施更齐全了	E3 让武汉市的物价变得更高了
T4 武汉市旅游景点的知名度更高了	E4 提高了武汉市的房价水平
关于基础设施形象提升效应的题项	
I1 武汉市城市道路设计更合理了	
I2 武汉市内公共交通出行更便捷了	
I3 武汉的夜间亮化做得更好了	

如表 4 - 27 所示，有效样本居民的男、女比例基本相当；以 26—40 岁的中年人（占 47.64%）为主；受教育程度以大专/本科居多（59.95%）；职业多元，以企事业单位为主（68.06%）；大多数被试居民和亲友未参与军运会筹备和志愿工作（72.25%）。

表 4 - 27　　　　　　　　　有效样本的基本特征

基本信息	分类	人数（人）	百分比（%）	基本信息	分类	人数（人）	百分比（%）
性别	男	198	51.83	职业	公务员	12	3.14
	女	184	48.17		事业单位人员	106	27.75
年龄	18 岁及以下	3	0.79		企业人员	154	40.31
	19—25 岁	91	23.82		军人	0	0.00
	26—40 岁	182	47.64		个体/自由职业	27	7.07
	41—60 岁	104	27.23		农民	1	0.26
	61 岁及以上	2	0.52		学生	68	17.80
文化程度	初中及以下	1	0.26		退休	4	1.05
	高中/中职	22	5.76	有无参与筹备/志愿工作	其他	10	2.62
	大专/本科	229	59.95		有	106	27.75
	硕士及以上	130	34.03		无	276	72.25

②研究方法

第一，军运会对城市形象影响的感知维度探索。运用 SPSS23.0 对居民感知部分的题项进行探索性因子分析。首先，采用 Cronbach'α 检验量表的信度；其次，利用 KMO 值和 Bartlett 球形检验可行性；最后，采用主成分分析法提取公因子，根据每个公因子所解释的题项进行命名，确定感知的维度，并采用均值法评价各维度的总体感知水平。

第二，居民内部感知差异的分析方法。采用独立样本 t 检验和方差检验，比较性别、年龄、职业、学历、是否参与 5 个方面居民关于军运会对城市形象提升效应各个维度及其题项的感知差异。

第三，居民感知聚类的分析方法。基于感知情况对居民进行层次聚类分析，根据类与类之间的距离（组内平均联接法）和相似程度（欧氏距离）进行合并，而后根据各类的感知特征对其命名。

（3）研究结果与分析

①居民感知的维度

对问卷的 37 个题项进行 Cronbach'α 检验，结果为 0.957，表明问卷具有很好的一致性，可信度高。KMO 取样测度和 Bartlett 球形检验的值分别为 0.914 和 4142.675，KMO 值大于 0.800，同时，Bartlett 球形检验值在 0.000 水平上显著，表明题项都具有很强的相关性，适合进行因子分析。

因子分析结果如表 4-28 所示，剔除公因子方差小于 0.5 以及同时在两个公因子上载荷值大于 0.4 的题项，最终保留 22 个题项，共提取了 5 个特征值大于 1 的公因子，累积解释方差 65.014%，达到了社会科学要求（60%）。公因子 F1 解释了 R3（居民文化自豪感增强）、R5（居民城市荣誉感更强）、R1（居民更加热情友好）、R2（居民更加文明礼貌）、R4（居民健身积极性提升）5 个反映居民形象提升的题项（见表 4-28），因此，将其命名为"居民形象提升感知"；同理，F2 反映的是社会形象和环境形象提升的方面，将其命名为"宜居形象提升感知"；F3 反映的是基础设施形象和体育形象，将其命名为"体育和基础设施形象提升感知"；F4 反映的是旅游形象和经济形象，但大部分题项是关于旅游形象提升的，故命名为"旅游形象提升感知"；F5 反映的是经济形象中的消费成本部分，故命名为"消费成本提升感知"。

表 4-28　　军运会对武汉城市形象提升效应感知的因子分析结果

	F1 居民形象提升感知	F2 宜居形象提升感知	F3 体育和基础设施形象提升感知	F4 旅游形象提升感知	F5 消费成本形象提升感知
R3 居民文化自豪感增强	0.832				
R5 居民城市荣誉感更强	0.815				
R1 居民更加热情友好	0.810				
R2 居民更加文明礼貌	0.794				
R4 居民健身积极性提升	0.676				

	F1 居民形象提升感知	F2 宜居形象提升感知	F3 体育和基础设施形象提升感知	F4 旅游形象提升感知	F5 消费成本形象提升感知
H1 城市卫生得到显著改善		0.759			
S2 小商贩摆摊设点更少		0.745			
H5 社区、街道更整洁		0.720			
S1 社会治安变得更好		0.592			
H4 城市建筑风貌更加和谐有特色		0.576			
H3 园林绿化更加丰富美观		0.571			
P2 体育场馆增加了			0.729		
P3 公共体育设施更多了			0.724		
B2 公共交通出行更便捷			0.711		
B1 道路设计更合理			0.665		
P4 惠民体育活动更丰富			0.545		
T1 让更多人到武汉旅游				0.809	
T2 让武汉有更多旅游景点				0.729	
T4 旅游景点知名度更高了				0.696	
E1 提升经济发展水平				0.662	
E3 物价变得更高了					0.870
E4 房价水平					.836
特征值	8.302	2.244	1.402	1.235	1.120
解释的方差	16.661	15.562	13.365	12.204	7.222
累积解释的方差	16.661	32.223	45.588	57.792	65.014
最小值	1	1	1	1	1
最大值	5	5	5	5	5
平均值	4.056	4.086	3.890	4.016	3.611
标准差	0.7681	0.6136	0.6556	0.7283	0.8717

注：提取方法：主成分分析法；旋转方法：凯撒正态化最大方差法。a. 旋转在 6 次迭代后已收敛。

②居民感知的总体水平

计算 5 个感知维度题项的平均值以及各个题项的平均值，而后对其进行基本描述统计，得到武汉样本居民对城市形象提升各维度感知的总体水平。按照李克特量表等级评分平均值在 1.0—2.4 表示反对、2.5—3.4 表示中立、3.5—5.0 表示赞成的一般标准来判断各维度感知的总体水平。

A. 居民整体认可军运会对武汉城市形象的提升作用

如表 4 - 28 所示，5 个感知维度的得分均大于 3.5，前 4 个维度是正面影响，表明居民认可军运会对居民形象、宜居形象、体育和基础设施形象、旅游形象的改善和提升。F5 是消费成本形象提升的感知，得分为 3.61，表明军运会的召开确实带来了物价上涨的现象，且对部分地段的楼盘产生影响，使得房价上涨。前四个正面影响的维度平均分（4.01）大于 F5（3.61）的得分，说明军运会的正面提升效应大于负面效应。

B. 居民最认可宜居和居民形象提升效应

居民对武汉宜居形象提升的认可度最高（4.09），尤其体现在 H3 园林绿化更加丰富（4.29）和 H1 城市卫生显著改善（4.19），表明军运会举办确实改善了城市的居住环境；其次，对居民形象提升效应的认可度较高（4.06），具体来看，居民主要认可军运会举办带来的 R5 居民城市荣誉感（4.27）和 R3 文化自豪感（4.24）提升。正如有居民在博文中写道 "……汇演太有中国风了，展示了几千年来中国的变化，……以及现代中国的富强，中国发展的很快，人们的生活也走了很大的变化。简直被感动哭了！" "买了小国旗，坐在观众台上，看着女排，很是激动，激动武汉走出去了，激动中国文化，中国精神走到世界" "……中国武汉开幕式真的太太太太震撼了……"；表明军运会的举办成功展示了中国传统文化、武汉地方文化以及技术的先进程度，增强了居民的荣誉感、自豪感以及文化自信和认同。另外，居民对 R4 健身积极性提升（3.76）的认可度相对较低，但也符合了赞成的一般水平。

C. 居民同样认为军运会使消费成本增加

消费成本增加感知的得分为 3.61，虽相较于其他正面维度的得分较低，但也略大于赞成的一般标准，表明军运会确实带来了房价上涨（3.55）和物价上涨（3.67）的问题。房价上涨利弊各有，对于已有固定房产的居民而言，其资产得到升值，属于正面提升。但如果实际未上涨，居民的感知即为负向，如有居民博文写道"武汉之前本地房涨大 V 都在说武汉军运会之后房价要暴涨，结果呢？没有涨"。而对于有计划买房的居民群体而言则是负面影响，如"军运会结束后武汉房价绝对有猛回升趋势，来自贫民窟女孩的仰望"。而物价上涨则属于双因素理论中的保健因素，物价不上涨，不会使居民产生额外的认可，但是物价上涨就会导致居民产生负面情感①，政府应采取一定的公共管理和宏观调控。

D. 体育与基础设施形象提升的认可度相对较低

体育与基础设施形象提升感知的得分为 3.89，只略高于消费成本增加感知。居民认为军运会对道路设计合理性 B1（3.76）和惠民体育活动更丰富 P4（3.83）的提升作用并不明显，且军运会期间的道路管理具有暂时性，未能产生长期影响。同时，体育赛事对提升居民体育素质、体育参与积极性、增加体育活动空间等无形利益还需得到重视。有居民的博文写道"军运会过后的场馆，门可罗雀，能向普通市民开放吗？""在军运会的场地打球，还是应该发发微博的"，也体现出居民对军运场馆的惠民使用以及增加惠民体育活动抱有较高期待。

③居民感知的内部差异

从性别、年龄、学历、职业、有无参与筹备/志愿服务 5 个方面，对居民感知的各个维度进行独立样本 t 检验或方差分析，判断居民感知的内部差异，得到如下结果：

A. 女性对居民和旅游形象提升效应的感知显著高于男性

女性在 5 个维度上的感知水平均高于男性，但是独立样本 t 检验的结果显示（见表 4 - 29），仅有居民形象（- 2.042，$Sig.$ = 0.042）和旅游形象（- 2.404，$Sig.$ = 0.017）的差异在 95% 的水平上是显著的。居民形象的具体差异主要来自 $R1$（居民更加热情友好）（- 1.817，$Sig.$ = 0.071）和 $R5$（居民文化自豪感增强）（- 2.158，$Sig.$ = 0.032）；旅游形象的显著差异主要来自 $T2$（让武汉有了更多的旅游景点）（- 2.918，$Sig.$ = 0.004）。

① 许忠伟、曾玉文：《经济欠发达地区居民对 2022 年冬奥会的感知及支持度研究——以张家口市居民为例》，《旅游导刊》2019 年第 6 期，第 48—63 页。

表4-29　　　　　　　性别对居民城市形象提升感知的 t 检验结果

维度	男性	女性	均值方程的 t 检验		结论
			t	Sig.（双侧）	
F1	3.98	4.14	-2.042	0.042	显著
F2	4.06	4.11	-0.740	0.460	不显著
F3	3.86	3.93	-1.051	0.294	不显著
F4	3.93	4.11	-2.404	0.017	显著
F5	3.58	3.65	-0.825	0.410	不显著

注：表中的 t 检验值是根据方差齐性结果进行判断后选择的；表中 F1 等维度的代码含义与表2同。

B. 年轻居民更认可军运会对旅游形象提升的作用

方差分析的结果显示（见表4-30），不同年龄的居民对旅游形象提升效应的感知在99%的显著水平上存在差异（3.470，Sig. = 0.008），显著差异主要来自19—25岁和41—60岁的居民，后者的感知水平明显低于前者，说明这个年龄段的居民相对不那么认可军运会对旅游形象提升的作用。

表4-30　　　　　　年龄对居民城市形象提升感知的方差分析结果

维度	18 岁以下	19—25 岁	26—40 岁	41—60 岁	60 岁以上	方差分析		结论
						F 值	Sig.（双侧）	
F1	4.00	4.17	4.07	3.93	4.10	1.271	0.281	不显著
F2	3.56	4.05	4.11	4.10	3.92	0.738	0.567	不显著
F3	3.93	3.87	3.86	3.95	3.90	0.297	0.880	不显著
F4	3.75	4.21	4.03	3.83	4.00	3.470	0.008	显著
F5	3.67	3.60	3.61	3.62	4.00	0.107	0.980	不显著

C. 本专科学历居民更认可军运会对居民和旅游形象提升的作用

因为第一类初中以下的学历程度只有1个样本，不符合方差分析，故将该类剔除，进行其余项的分析。方差分析的结果显示（见表4-31），不同学历的居民对居民形象（6.087，Sig. = 0.003）和旅游形象（4.515，

Sig. = 0.012）提升的感知在99%和95%的显著水平上存在差异，显著差异主要来自本科/大专和研究生以上的居民，前者的感知水平明显高于后者，说明高学历可能对城市形象提升作用的要求更高。

表4-31　　　　学历对居民城市形象提升感知的方差分析结果

维度	高中/中职	大专/本科	研究生及以上	方差分析		结论
				F 值	Sig.（双侧）	
F1	4.15	4.15	3.88	6.087	0.003	显著
F2	4.17	4.09	4.06	0.338	0.714	不显著
F3	4.06	3.89	3.86	0.828	0.438	不显著
F4	4.21	4.08	3.87	4.515	0.012	显著
F5	3.69	3.67	3.49	1.902	0.151	不显著

D. 不同职业居民对旅游形象提升的感知存在显著差异

因为农民只有1个样本，不符合方差分析，故将该类剔除，进行其余项的分析。方差分析的结果显示（见表4-32），不同职业居民对旅游形象（2.107，Sig. = 0.052）的感知在90%的显著水平上存在差异，但两两比较的结果都不显著。说明整体而言，职业并不影响居民关于城市形象提升的感知。

表4-32　　　　职业对居民城市形象提升感知的方差分析结果

维度	公务员	事业单位职员	企业人员	个体/自由职业	学生	退休	其他	方差分析		结论
								F 值	Sig.（双侧）	
F1	3.92	3.94	4.12	4.01	4.13	4.467	4.02	0.922	0.479	不显著
F2	3.96	4.07	4.09	4.04	4.12	4.17	4.17	0.191	0.979	不显著
F3	3.73	3.91	3.88	3.89	3.89	3.87	3.96	0.146	0.990	不显著
F4	3.56	3.91	4.03	4.00	4.20	4.33	4.23	2.107	0.052	显著
F5	3.79	3.54	3.67	3.50	3.63	4.00	3.90	0.555	0.766	不显著

E. 参与者对居民、体育与基础设施、旅游形象提升效应的感知显著高于非参与者

在前 4 个正向维度上，自己或家人参与了军运会筹备或志愿工作的居民，感知水平更高，而在消费成本提升这一维度上，参与居民的感知水平相对较低。独立样本 t 检验的结果显示（见表 4 – 33），有参与的居民对居民形象（2.679，*Sig.* = 0.008）、体育和基础设施形象（2.404，*Sig.* = 0.017）、旅游形象提升（3.752，*Sig.* = 0.000）的感知在 99%、95%、99.9% 的水平上显著高于无参与的居民。说明，有参与的居民能够更真切地感受到军运会带来的城市形象变化。

表 4 – 33　　有无参与筹办/志愿活动对居民城市形象提升感知的方差分析结果

维度	有参与	无参与	均值方程的 t 检验		结论
			t	*Sig.*（双侧）	
F1	4.22	3.99	2.679	0.008	显著
F2	4.16	4.07	1.494	0.136	不显著
F3	4.02	3.84	2.404	0.017	显著
F4	4.24	3.93	3.752	0.000	显著
F5	3.60	3.61	−0.038	0.967	不显著

④基于城市形象感知的居民分类

以居民对城市形象提升感知的 5 个维度为变量进行聚类分析，聚类范围设为 3—5 类，通过比较，五类更有解释力和合理性。分别计算五种类型居民对城市形象提升效应感知的平均值，得到表 4 – 34，据此分析各类居民的特征。

表 4 – 34　　不同类型居民对城市形象提升感知的均值

	乐观支持者	消极反对者	中立观望者	理性支持者	矛盾支持者
居民形象提升感知	4.38	1.50	3.32	4.30	1.83
宜居形象提升感知	4.38	1.96	3.36	4.16	4.26

续表

	乐观支持者	消极反对者	中立观望者	理性支持者	矛盾支持者
体育和基础设施形象提升感知	4.24	1.35	3.24	3.88	4.29
旅游形象提升感知	4.37	2.00	3.02	4.15	4.04
消费成本形象提升感知	4.44	2.88	3.30	3.08	3.85
F 值	184.686	75.272	72.159	86.398	98.884
Sig.	0.000	0.000	0.000	0.000	0.000

A. 类型 I "乐观支持者"：人数较多，多为中高学历的中青年女性

类型 I 居民对 5 个维度城市形象提升效应的认可度均最高（高于 4.20，表 4-34），故将此类居民命名为"乐观支持者"。该类居民有 132 人，占样本总数的 34.56%。主要为具有中高学历的（81 人，占该类居民总数的 61.36%）中青年（62 人，46.97%）女性（83 人，62.88%），多未直接或间接参与军运会志愿活动（90 人，68.18%）；这类人群往往更为包容，更容易感知到积极影响①。但同时，他们对消费成本增加的感知水平也最高（4.44），这与他们多处在安家置业的阶段，对物价、房价很敏感有关；另外，虽无参与者整体居多，但横向比较，该类居民参与军运志愿服务的人数在五类居民中第二多（42 人，占有参与居民的 39.6%），这也是该类居民感知积极的原因之一。

B. 类型 II "消极反对者"：人数最少，全为无参与者

类型 II 居民对城市形象提升效应各维度的感知水平都很低，多低于 2.00（表 4-34），表现出强烈的反对态度，既不认为军运会带来了物价上涨等负面影响，也不认可其他 4 个正向维度的提升作用，因而将其命名为"消极反对者"，相当于已有研究的"仇恨者"②。该类居民仅 4 人，

---

① Ritchie B. W., Shipway R., Cleeve B. "Resident perceptions of mega – sporting events: a non – host city perspective of the 2012 London Olympic Games", *Journal of Sport & Tourism*, Vol. 14, No. 2, 2009, pp. 143 – 167.

② Fredline E., Faulkner B. "Host community reactions: a cluster analysis", *Annals of Tourism Research*, Vol. 27, No. 3, 2000, pp. 763 – 784. Chen F. Y., Tian L. C. "Comparative study on residents´perceptions of follow – up impacts of the 2008 Olympics", *Tourism Management*, Vol. 51, 2015, pp. 263 – 281.

只占样本总数的 1.05%；以男性（3 人，75%）、中青年（3 人，75%）、研究生学历者（3 人，75%）居多，并且全部为无参与者。可以说，这类居民是前述分析所发现的感知水平低的人群的集聚。

C. 类型 Ⅲ "中立观望者"：人数较少，多为未参与的男性群体

类型 Ⅲ 居民对各维度的感知水平维持在 3.00—3.40 分（表 4-34），表现出完全的中立态度，没有明显反对或支持的维度，命名为 "中立观望者"。该类居民有 62 人（16.23%），多为未参与军运志愿服务（52人，83.87%）的男性（40 人，64.52%），他们往往较为理性[1]，又因多未参与军运相关工作，容易忽视赛事发展给其个人或社会整体带来的影响[2]，表现为严谨的观望和无明显的态度。

D. 类型 Ⅳ "理性支持者"：人数最多，多为中高学历的有参与群体

类型 Ⅳ 居民很赞成军运会对居民、宜居、旅游形象的提升作用，但对体育和基础设施形象提升效应只为一般赞成，而对消费成本增加保持中立，说明这类居民不太认可军运会的负面影响，对每个维度的感知都有明确判断，故将其命名为 "理性支持者"，类似于已有研究的 "耐受者"[3]。这类居民有 171 人（44.76%），人数最多。其中，大专/本科学历（110 人，64.33%）较多；有参与居民（51 人，占有参与总数的48.11%），在五类中最多，表明他们可能有更积极的看法和更深刻的认识。他们中的女性群体积极包容，男性群体理性睿智，能够反观自己的生活现实，清晰地判断事物发展的利弊[4]。

E. 类型 Ⅴ "矛盾支持者"：人数很少，多为高学历的中青年和中年男性

类型 Ⅴ 居民很赞成军运会对宜居、体育与基础设施、旅游形象提升的作用，却反对居民形象提升的作用，并且赞成消费成本增加这一负面影响，表现出 "既爱又恨、好恶交织" 的矛盾心理，故将其命名为 "矛

---

① 郭进辉、孙玉军：《武夷山自然保护区社区居民对生态旅游影响感知分析》，《西北林学院学报》2009 年第 2 期，第 185—189 页。

② 张文、何桂培：《我国旅游目的地居民对旅游影响感知的实证调查与分析》，《旅游学刊》2008 年第 2 期，第 72—79 页

③ Zhou Y., AP J. "Residents´ perceptions towards the impacts of the Beijing 2008 Olympic Games", *Journal of Travel Research*, Vol. 48, No. 1, 2009, pp. 78—91.

④ 张文、何桂培：《我国旅游目的地居民对旅游影响感知的实证调查与分析》，《旅游学刊》2008 年第 2 期，第 72—79 页。

盾支持者",类似于已有研究所发现的"现实主义者"①。这类居民数量也很少,只有13人(3.40%)。其中,男性(10人,76.92%)、中青年和中年(各6人,共占总人数的92.3%)、研究生(7人,53.85%)、事业单位人员(6人,46.15%)、无参与居民(10人,76.92%)较多。他们看待问题更为深入准确②,社会与家庭经济压力较高③,更关注物质化影响,又因家庭关系结构、社区依附和地方依恋④,呈现矛盾的积极心态。

(3)主要结论

第一,大型赛事对举办地城市形象的提升效应可从居民形象、宜居形象、体育和基础设施形象、旅游形象、消费成本形象5个维度进行测度。弥补了已有研究仅停留在具体指标分析和仅把城市形象作为赛事影响的单一维度分析的不足,是对罗秋菊⑤提出的"创造经济契机,强化城市形象,促进场馆建设"维度的细化和发展,其中居民形象与体育和基础设施形象的测度是本文的重要贡献之一,突出了赛事举办的直接作用群体和赛事本身的特点。通过对城市形象的细分,能够更好地反观赛事举办对城市活力的作用情况,以及由此反映的韧性城市建设的提升空间。

第二,军运会提升了武汉的宜居、居民和旅游形象,创造了生态、社区和经济活力,进一步印证了环境改善和提升社区自豪感和凝聚力是大型体育赛事的重要利益的结论。侧面反映"追求卓越,敢为人先"的武汉精神及"武汉每天不一样"城市形象宣传的落实。但军运会对体育与基础设施形象的提升作用有限,侧面反应居民对城市基础设施活力的潜在要求较高,武汉市基础设施韧性仍有提升空间。

---

① Fredline E. , Faulkner B. "Host community reactions: a cluster analysis", *Annals of Tourism Research*, Vol. 27, No. 3, 2000, pp. 763 – 784.

② 张文、何桂培:《我国旅游目的地居民对旅游影响感知的实证调查与分析》,《旅游学刊》2008年第2期,第72—79页。

③ 尹华光、赵丽霞、彭小舟等:《张家界非物质文化遗产旅游居民感知差异分析》,《经济地理》2012年第5期,第160—164页。

④ 梁旺兵、魏欣:《基于旅游影响感知的民族地区居民聚类研究——以甘南藏族自治州为例》,《西北民族大学学报(哲学社会科学版)》2017年第3期,第70—76页。

⑤ 罗秋菊:《居民对2010年广州亚运会影响的感知变化研究——基于事件举办前视角》,《地理科学》2010年第5期,第693—701页。

第三，居民对军运会城市形象提升效应感知存在内部差异，体现在空间（事件）参与与否、性别、年龄及学历的差异上。按照社会表征理论的解释框架，感知差异受到直接经验有无及社会价值观差异的影响。

第四，居民感知类别有："乐观者支持者""消极反对者""中立观望者""理性支持者""矛盾支持者"五类；其中，"理性支持者"和"乐观支持者"最多，占样本居民的近八成。体育和基础设施形象、消费成本形象是影响居民分类的争议因素；这说明，一方面，军运文化遗产的活化利用反映了城市基础设施的韧性发展状况，并与后期赛事举办的居民支持度和城市形象认同度密切相关，而交通可达性与体育空间形态的开放性是军运文化遗产再利用的关键①，有必要了解体育空间潜在使用人群的根本诉求，增加空间的使用率，同时完善公交和步行系统以促进体育设施的可达性，进而提升城市基础设施活力与韧性；另一方面，经济水平是城市韧性调控的原动力②，赛事举办会带来生活成本的增加、加剧城市社会空间分异③，但同时也会产生技术进步效应，作用于城市经济的长期发展④，赛事结束后期应致力于发挥赛事的经济正效应以消解负效应，并提升城市的经济韧性。

3. 基于游客感知视角的武汉军运文化遗产的城市形象提升效应

（1）研究背景与目的

为了兑现"给世界一个最赞的军运会"这一承诺，武汉市政府在军运会筹办期间不仅以高标准完成了军运村和各比赛场馆的建设工作，还将"办赛事"与"建城市"统一起来，以会促建、以会促变，进行全市区的环境综合整治提升工作。总体来看，军运会的筹备过程：对内，激活城市潜力，优化城市功能，增强城市自信；对外，彰显城市特色，传

---

① 王璐、孙润中：《基于韧性的节事设施再利用与空间耦合研究》，《现代城市研究》2020年第4期，第97—102页。

② 徐圆、张林玲：《中国城市的经济韧性及由来：产业结构多样化视角》，《财贸经济》2019年第7期，第110—126页。

③ 孔莹晖、贺灿飞、林初升：《重大事件对城市投融资的影响研究——基于中国城市面板数据的实证分析》，《北京大学学报（自然科学版）》2018年第2期，第451—458页。

④ 毛丰付、郑芳、朱书琦：《重大体育赛事对城市经济发展的影响——基于中国70个大中城市面板数据分析》，《上海体育学院学报》2020年第5期，第24—36页。

播城市文化，提升城市形象。在军运会结束后，从游客感知的视角来衡量这一大型体育赛事对武汉的城市形象带来了怎样的影响，是后军运时代武汉市制定城市发展战略的重要参考依据，也能为未来将要承办大型体育赛事的城市提供宝贵经验。

整体来看，已有研究比较全面地研究了大型赛事对城市形象的影响，为进一步开展研究奠定了良好基础，但已有研究还存在以下不足：第一，在研究阶段上，现有研究多针对大型赛事举办前或举办后的某个阶段进行研究，对大型赛事举办前与举办期间的对比研究尚不深入；第二，在研究对象上，已有研究多是从居民感知的视角研究大型赛事对城市形象的影响，虽有学者注意到从游客感知角度探究城市的旅游形象[①]，但旅游形象只是城市形象的一方面，基于游客感知视角大型赛事对城市形象的提升研究还需加强。

因此本节通过确定城市形象的游客感知维度，并基于携程旅游、去哪儿等旅游网站上的游记及评论，利用网络文本分析法和扎根理论法，从游客感知角度回答"军运会前及期间武汉的认知形象和情感形象发生了怎样的改变？造成这些改变的原因有哪些？"两个问题，并在此基础上提出城市形象的提升策略；以期在通过游客视角检验军运会是否提升武汉城市形象的同时，为今后举办大型赛事城市应如何从游客角度入手提升城市形象提供参考。

（2）研究设计

①城市形象的游客感知维度

Baloglu 和 McCleary[②] 提出认知、情感可以作为旅游目的地感知分析的两个重要层面，Alcaniz[③] 等也指出认知和情感是游客评价一个旅游目的地的两个重要维度。因此，本节结合高频词分析和情感分析，从认知和

---

① 罗秋菊、杨云露：《游客对 2010 年广州亚运会影响城市旅游形象的感知研究——基于事件举办前视角》，《热带地理》2010 年第 5 期，第 558—563、569 页。

② Baloglu S., McCleary KW. U. S., "International pleasure travelers' image of four Mediterranean destinations: a comparison of visitors and non-visitors", *Journal of Travel Research*, Vol. 38, No. 2, 1999, pp. 144 – 152.

③ Alcaniz E. B., Garcia I. S., Blas S. S., "The functionl psychological continuum in the cognitive image of a destination: a confimatory analysis", *Tourism management*, Vol. 30, No. 5, 2009, pp. 715 – 723.

情感两个层面，对武汉的城市形象感知进行剖析。

②样本选取

使用 PyCharm 开发工具，在携程旅游、去哪儿和途牛三个用户量多且具有 UCG 特质的网站上以"武汉"为关键词，分别采集 2018 年 9—11 月以及 2019 年 9—11 月的游记以及评论文本。剔除与研究主题无关或相关性低的游记后，得到 2018 年 9—11 月（军运会前）的有效游记 102 篇，2019 年 1—11 月（军运会举办期间）的有效游记 124 篇。

③研究方法

第一，内容分析法。采用 ROST CM6 内容挖掘系统软件对网络游记文本进行词频分析等操作，以实现文本内容的挖掘和分析。

第二，扎根理论法。在对军运会举办前和举办期间的情感感知因素进行分析时，从游客游记中分别提取正面和负面情感，判断情感来源，通过三级编码尝试分析出游客对武汉城市形象感知的正面和负面情感形象来源。

第三，数据处理及分析。首先，为保证数据的有效性和研究结果的科学性，需要对数据进行预处理。分别对军运会前和军运会举办期间的每一篇游记文本进行人工浏览及删选，剔除旅游目的地非武汉类、广告类、科普类等游记内容，并将保留的游记保存为".txt"的文本格式。将文本文件导入 ROST CM6 软件中进行文本处理，选择软件中"文本处理"下的"一般性处理"，删除重复内容和文件空行。

本节选用的数据分析包括词频分析（中文）和情感分析。词频分析是将经过预处理过的游记文本输入 ROST CM6 软件中，使用分词功能将文本分成词汇，根据分词结果，将不合适分词的词语整理为新词并编辑到分词自定义词表。再次分词，将分词后的文本导入，使用"词频分析（中文）"功能进行词频统计，合并词意相近的高频词并剔除与研究目的关联性小的词，最后分别提取出前 20 个高频词进行认知形象分析。情感分析即将经过预处理的游记文本导入 ROST CM6 软件中，先把文本打散为一句一行，再选择"功能性分析—情感分析"，得到情感分析结果对武汉的总体情感形象进行分析。

其次，在 NVIVO 10 软件中新建一个项目，在"材料来源—内部材料"界面中将经过 ROST CM6 软件进行情感分析处理后得到的正面情感结果和负面情感结果文档导入软件中，进行人工判读，对选定内容新建节点进行一级编码工作。完成所有一级编码后，再在节点中进行二级编码、三级编码工作，最后将三级节点导出至表格中，进行节点数量统计和三级编码的比例计算。

（3）游客的认知形象感知及其变化

分别对军运会前和军运会期间的游记文本进行高频词分析，取出现频次排名前 20 的词语分析武汉的认知形象。

由于军运会前及军运会期间采集的样本数量不一致，此处借鉴赵渺希和刘欢的标准值换算公式①，对高频词频次进行标准化处理，标准化公式为：

$$N' = N_j / MAX（N_j）\times 100$$

其中，N' 为高频词频次的标准化得分，N_j 为高频词 j 出现的频次，$MAX（N_j）$ 为高频词 j 所在数据源中所得频次的最大值。高频词出现频次和标准化得分如表 4 – 35 所示。

表4 – 35 游客游记文本高频词频次统计

军运会前	频次	标准化得分	军运会期间	频次	标准化得分
武汉	1198	100	武汉	1053	100
建筑	262	21.87	黄鹤楼	269	25.55
黄鹤楼	248	20.70	东湖	235	22.32
美食	222	18.53	美食	194	18.42
酒店	211	17.61	酒店	163	15.48
武汉大学	198	16.53	建筑	159	15.10
户部巷	180	15.03	博物馆	156	14.81
长江	166	13.86	武汉大学	137	13.01
武昌	157	13.11	长江	132	12.54
汉口	144	12.02	公交	132	12.54
东湖	143	11.94	户部巷	130	12.35

① 赵渺希、刘欢：《上海市中心城空间意象的媒介表征》，《人文理》2012 年第 5 期，第 36—41、82 页。

军运会前	频次	标准化得分	军运会期间	频次	标准化得分
历史	135	11.27	汉口	129	12.25
小吃	126	10.52	文化	122	11.59
中国	125	10.43	中国	120	11.40
樱花	124	10.35	历史	101	9.59
博物馆	123	10.27	长江大桥	96	9.12
文化	90	7.51	江滩	90	8.55
特色	87	7.26	小吃	86	8.17
剧场	87	7.26	江汉路	79	7.50
免费	84	7.01	武昌	78	7.41

①军运会前的认知形象感知

从整体来看，军运会前的认知形象可以分为四个维度，分别是旅游吸引物、旅游接待设施、城市地理区位和城市印象，各维度高频词和标准化总得分如表4-36所示。旅游吸引物的得分最高，为149.58分，说明游客对武汉最关注的是丰富的旅游吸引物资源。其次，城市地理区位在游客群体中的认知程度较高，游客不仅关注武汉内部旅游资源丰富的武昌和汉口两地，还感知到武汉与中国的紧密联系。城市印象和旅游接待设施的认知度略低，从城市印象中可看出游客对武汉的评价较积极。此外，根据表4-36，军运会前游客来汉旅游认知最强烈的前五个要素分别是旅游目的地武汉、武汉的特色建筑、黄鹤楼景区、各种美食和酒店。

表4-36　　　　　　　　军运会前游客的武汉认知形象

认知维度	高频词	总得分
旅游吸引物	建筑、黄鹤楼、美食、武汉大学、户部巷、长江、东湖、小吃、樱花、博物馆	149.58
城市设施	酒店、剧场	24.87
城市地理区位	武汉、武昌、汉口、中国	135.56
城市印象	历史、文化、特色、免费	33.31

②军运会期间的认知形象感知

军运会举办期间的认知形象可分为旅游吸引物、城市基础和接待设施、城市地理区位和城市印象四个维度。由表4-37可知，旅游吸引物总得分最高，达167.43分；表明军运会期间游客的关注点主要集中于旅游吸引物方面。其次城市地理区位的认知度也较高。在城市基础设施和接待设施上，游客对满足住宿需求的酒店和满足出行需要的公交有较强感知。游客对武汉的城市印象是偏于人文底蕴方面的文化和历史。此外，根据表4-37，军运会期间游客来汉旅游认知最强烈的前五个要素分别是目的地武汉、黄鹤楼和东湖景区、美食以及酒店。

表4-37　　　　　　　　　　军运会期间游客的武汉认知形象

认知维度	高频词	总得分
旅游吸引物	黄鹤楼、东湖、美食、建筑、博物馆、武汉大学、长江户部巷、长江大桥、江滩、小吃、江汉路	167.43
城市设施	酒店、公交	28.02
城市地理区位	武汉、汉口、中国、武昌	131.05
城市印象	文化、历史	21.18

③军运会前一期间的认知形象感知比较

A. 感知维度比较

将军运会前和军运会期间高频词各个认知维度的标准化总得分绘制成柱形图，得到图4-24。由图可知，在军运会期间游客对旅游吸引物的认知强度明显高于军运会举办前，这可能是由于军运会的举办带动了游客的赴汉旅游热情，使武汉原本丰富的旅游资源得到游客的广泛体验游玩。在城市设施维度中，举办军运会时游客的认知程度略高于军运会前，原因可能是武汉市政府在筹办军运会过程中，大力改善武汉的基础设施等城市硬件，让游客对武汉的城市设施认知更深。此外，在城市地理区位和城市印象维度，游客在举办军运会时对其认知和未举办相比稍低一些。

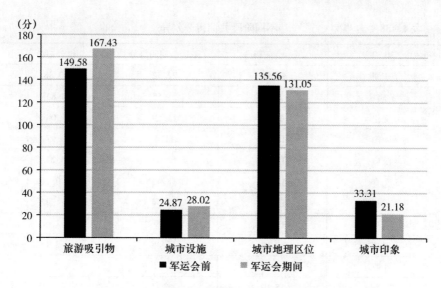

图 4 – 24　军运会前—期间游客认知维度感知比较

B. 感知水平比较

在表 4 – 35 的两组高频词组中，共有 14 个相同的高频词，将这 14 个共有词汇的军运会前得分和军运会期间得分进行比较，并求出得分差值，得到表 4 – 38。从表 4 – 38 中，可清楚地分辨出在举办军运会期间得到游客更强烈感知的认知要素，进而确定军运会对武汉认知形象的提升体现在哪些认知要素上。从表 4 – 38 可看出，提升最明显的认知要素是东湖，东湖在军运会期间承担帆船、公路自行车、公开水域游泳和马拉松 4 项赛事，并且军运会火炬传递仪式也在东湖绿道中心展开。军运会的举办增加了东湖的曝光度，使其被更多游客知晓。黄鹤楼和文化也得到较大幅度的提升，黄鹤楼作为武汉的地标建筑，军运会的举办使其知名度更广；本届军运会的举办不仅向世界展示了中华文化、荆楚文化，还弘扬了军运文化，武汉的文化底蕴越发厚重。军运会期间游客在武汉感受到中国的程度加深，说明武汉通过军运会这一名片增强国内知名度的同时也向世界宣传了中国。汉口的认知度略有提升的原因可能是为筹办军运会修缮的汉口文体中心承办了足球比赛。此外，建筑和武昌的认知强度下降幅度略大，武汉大学、户部巷、小吃、酒店等也略有下降。

表4-38 不同阶段共词得分差异

共词	军运会前得分	军运会期间得分	得分差值
东湖	11.94	22.32	10.38
黄鹤楼	20.7	25.55	4.85
文化	7.51	11.59	4.08
中国	10.43	11.4	0.97
汉口	12.02	12.25	0.23
美食	18.53	18.42	-0.11
长江	13.86	12.54	-1.32
历史	11.27	9.59	-1.68
酒店	17.61	15.48	-2.13
小吃	10.52	8.17	-2.35
户部巷	15.03	12.35	-2.68
武汉大学	16.53	13.01	-3.52
武昌	13.11	7.41	-5.7
建筑	21.87	15.1	-6.77

注：得分差异=军运会期间得分-军运会前得分。

（4）游客的情感形象感知及其变化

①军运会前的情感形象感知

将军运会前的游记文本打散为一句一行后，共得到7349条待分析的句子，情感形象分析如表4-39所示。由表4-39可看出，在军运会举办前，游客对武汉的情感感知以积极情绪为主，其中积极情绪占比45.75%，中级情绪占比42.72%，消极情绪占比11.53%。

表4-39 军运会前游客的情感形象分析

情绪类型	数量（条）	百分比（%）
积极情绪	3362	45.75
中级情绪	3140	42.72
消极情绪	847	11.53
其中，积极情绪分段统计结果如下：		
一般（0~10）	1970	26.81

情绪类型	数量（条）	百分比（%）
中度（10～20）	849	11.55
高度（20以上）	543	7.39
其中，消极情绪分段统计结果如下：		
一般（－10～0）	668	9.09
中度（－20～－10）	163	2.22
高度（－20以下）	16	0.22

在游记文本中，游客对武汉的积极情绪占比最多，消极情绪占比最小，可知游客在武汉旅行后对武汉的正面感知大于负面感知。在积极情绪分段中，一般积极情绪最多，高度积极情绪只占7.39%，说明游客对武汉形象整体满意，但满意程度不高。在消极情绪分段中，一般消极情绪最多，中度和高度消极情绪较少，表明游客对武汉虽有负面感知，但感知水平不强烈。此外，中级情绪占比达42.72%，接近积极情绪占比，表明对武汉呈现中立感知的游客比重较大，也进一步印证了军运会前游客对武汉形象的满意度水平不高。

②军运会期间的情感形象感知

将军运会举办期间的游记文本打散后共得到5909条待分析的句子，情感分析结果如表4－40所示。由表4－40中可见，军运会举办期间，游客对武汉形象的情感感知以积极情绪为主且占比达一半以上，为52.55%；中级情绪占比为34.46%；消极情绪占比为13%。

游客在军运会举办期间来汉旅游后，对武汉城市形象的积极感知远大于消极感知，表明游客对武汉的情感评价以积极正面为主。积极情绪分段中，一般积极情绪占比高于中度和高度积极情绪；消极情绪分段中，一般消极情绪占比最多，高度消极数量只有30条，说明游客对武汉城市形象的满意度水平极高或极低的情况都较少。此外，仍有较多游客在实地感知武汉后，持中立态度。

表4-40　　　　　　　　军运会举办期间游客的情感形象分析

情绪类型	数量（条）	百分比（%）
积极情绪	3105	52.55
中级情绪	2036	34.46
消极情绪	768	13
其中，积极情绪分段统计结果如下：		
一般（0~10）	1628	27.55
中度（10~20）	871	14.74
高度（20以上）	606	10.26
其中，消极情绪分段统计结果如下：		
一般（-10~0）	594	10.05
中度（-20~-10）	144	2.44
高度（-20以下）	30	0.51

③军运会前—期间的情感形象比较

从军运前—期间游客情感形象感知比较（图4-25）来看，军运会举办期间游客对武汉形象的情感评价比军运会举办前更加正面。具体来看，较军运会前，在军运会举办期间游客对武汉的积极情绪有小幅提升，其中中度和高度积极情绪提升明显，提升幅度约有3%；中级情绪占比减少幅度最大，下降约8%。值得注意的是游客的消极情绪增加了1.5%，一般消极情绪增加较多，中度和高度消极情绪增幅不明显。

（5）小结

从认知、情感作为旅游目的地感知的两个层面，结合高频词分析和情感分析，对武汉的城市形象感知进行了剖析。军运会前，游客对武汉旅游目的地的认知形象感知集中于四个维度，分别是旅游吸引物、旅游接待设施、城市地理区位和城市印象，游客最关注的是丰富的旅游吸引物资源；军运会举办期间的认知形象集中于旅游吸引物、城市基础和接待设施、城市地理区位和城市印象四个维度，游客的关注点也主要集中于旅游吸引物方面。

情感形象分析表明，在军运会举办前，游客对武汉的情感感知以积极情绪为主，具有中立感知的游客比重较大，印证了军运会前游客对武

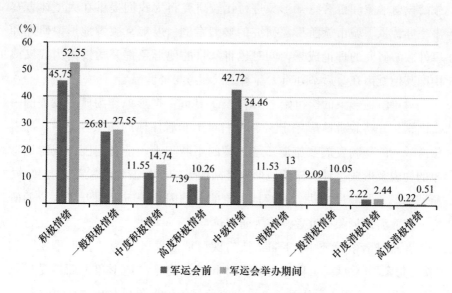

图 4 – 25 军运会前—期间游客情感形象感知比较

汉形象的满意度水平不高；游客在军运会举办期间来武汉旅游后，对武汉城市形象的积极感知远大于消极感知，对武汉的情感评价以积极正面为主。

认知与情感形象感知的整体形象既有共性又有差异。总体而言，武汉不仅作为中国中部重要枢纽城市，亦是历史文化名城、环境优美的现代化城市，更作为特色鲜明的临江城市、发展迅速的旅游城市，有多重感知形象。

4. 武汉军运官方投射形象与游客感知形象的比较研究

（1）研究背景与目的

武汉市政府对军运会高度重视，成立竞赛委员会、建军运村、出台各类临时性措施等，全力将军运会办成"世界水平、中国特色、精彩纷呈、非凡卓越"的国际体育盛会，同时，围绕军运会展开了大量的宣传报道和旅游营销推广，以提升城市旅游形象。军运会期间，武汉通过官方媒体宣传和游客感知究竟传递和反映了怎样的城市旅游形象？官方的投射形象和游客的感知形象存在怎样的关联和差异？对军运会期间武汉旅游投射形象和游客感知形象进行比较研究将为我们提供在大型体育赛事举办背景下城市旅游形象研究的典型案例，以丰富旅游地形象研究和事件旅游研究的理论成果，同时也将从目的地形象提升的视角为武汉或中国其他城市在今后举办重大赛事提供参考与经验借鉴。

对旅游地形象的探讨始于 1971 年，Hunt[1] 把形象作为旅游发展的一个因素，并将旅游地形象定义为人们对于非居住地的印象。此后，随着旅游活动的蓬勃发展和旅游市场规模的不断扩大，学者们围绕旅游地形象的构成及形成过程、旅游地形象带来的影响、旅游地形象策划与传播，旅游地形象的测量方法、旅游地形象的影响因素等方面展开了大量的研究，使旅游地形象研究逐渐成为研究热点。

在现有诸多研究中，Kotler 认为旅游地形象可分为"投射形象"和"接受形象"[2]，投射形象是官方设计并宣传的旅游地形象，而接受形象即感知形象。国内不少学者也提出旅游目的地形象可从供求角度进行划分；从供给层面是旅游地希望旅游者获得并形成的印象，即发射性目的地形象；从需求层面是旅游地的客观形象在旅游者心中的主观反映，即接受性目的地形象。

总体来看，关于旅游地形象的研究成果较为丰富，在研究方法上主要是非结构法，如访谈、开放式问卷和网络文本分析等，为本研究提供了重要借鉴和参考，但现有研究多以单一类型文本为分析对象，多种类型文本结合的比较研究较少。另外，虽然学者们对大型赛事旅游及其影响有一定程度的关注，但针对大型体育赛事举办背景下的城市旅游形象研究非常缺乏。基于此，本研究以军运会这一国际性重大赛事在武汉市举办为背景，借助内容分析法对军运会期间的武汉旅游的投射形象和游客感知形象之间关联和差异进行比较分析，以从理论和实践层面丰富赛事活动举办背景下的城市旅游形象研究。

（2）研究设计

①旅游地形象及其组成

---

[1] Hunt J. D. , "Image As a Factor in Tourism Development", Colorado State University, 1971.

[2] Kotler P. , Barich H. , "A Framework for Marketing Image Management", *Sloan Management Review*, Vol. 32, No. 2, 1991, pp. 94 – 104.

旅游地形象是游客通过各种传播媒介及实地经历所产生的对旅游目的地相关要素的印象和态度①。为更好地对旅游地形象进行测量，需要对旅游地形象的构成要素进行确定。Gartner 认为旅游地形象应包括认知、情感和意动三个部分②；在 Gartner 的研究基础上，Baloglu 和 McCleary③、Beerli 和 Martín④ 提出旅游地形象应包含认知形象、情感形象和整体形象三个部分。

A. 认知形象

认知形象是指形象主体对目的地各种属性的信念和知识⑤。通过总结有关文献，大部分学者都将旅游资源（旅游吸引物或旅游景点）视为组成认知形象的一部分，其次是旅游设施（包括公共基础设施和旅游接待设施），另外还有旅游环境、地方氛围等。结合搜集到的游记、微博和新闻网络文本内容，武汉旅游认知形象主要涉及旅游吸引物、旅游基础设施、城市基础设施和城市印象四个方面，为进一步分析军运会召开对武汉市城市旅游形象的影响，本研究增加了军运会这一维度，故从军运会、旅游吸引物、旅游基础设施、城市基础设施和城市印象五个维度来比较分析武汉旅游的投射形象和感知形象。

B. 情感形象

情感形象是对目的地各种属性的情感反映⑥，表达了旅游者对旅游目的地的主观感受。这种情感反映可以通过文本中描述情绪和心情的形容词以及表达态度的动词表现出来。情感形象一般包括正面评价（积

①　文春艳、李立华、徐伟、张清兵：《旅游目的地形象研究综述》，《地理与地理信息科学》2009 年第 6 期，第 105—109 页。

②　Gartner W. C., Uysal M., Fesenmaier D. R., "Image formation process", *Communication and Channel Systems inTourism Marketing*, Vol. 2, No. 2/3, 1993, pp. 191 –215.

③　Baloglu S., McCleary KW. U. S., "International pleasure travelers' image of four Mediterranean destinations: a comparison of visitors and non-visitors", *Journal of Travel Research*, Vol. 38, No. 2, 1999, pp. 144 – 152.

④　Beerli A., Martín J. D., "Factors influencing destination image", *Annals of Tourism Research*, Vol. 31, No. 3, 2004, pp. 657 – 681.

⑤　张宏梅、陆林、蔡利平、黄琢玮：《旅游目的地形象结构与游客行为意图——基于潜在消费者的本土化验证研究》，《旅游科学》2011 年第 1 期，第 35—45 页。

⑥　张春晖、白凯、马耀峰、宋炳华：《入境游客视角下中国旅游形象的景区代言》，《地理研究》2013 年第 5 期，第 924—941 页。

极评价）、中性评价和负面评价（消极评价）三方面。

C. 整体形象

整体形象作为某个特定的目的地界定的重要概念[①]，一般通过语义网络分析来体现。语义网络分析，即采用词频共现网络图分析，能够对数量庞大的评论、游记数据进行关键信息的提取、关联分析和可视化处理，真实地反映城市的整体形象[②]。

基于此，本研究将通过认知形象、情感形象和整体形象三个方面对武汉的投射与感知形象进行比较研究。

②研究方法

采用内容分析法和扎根理论对游客感知与官方宣传视角下的武汉市旅游形象进行对比分析。通过运用 ROST CM6 软件，对网络信息源进行分词、词频统计、共现、社会网络关系与语义、情感倾向等分析，进而从游客感知和官方宣传两个方面对武汉市旅游形象进行对比分析。其中，在对情感形象分析中，运用扎根理论对两类文本情感分析产生的积极和消极情绪进行归纳编码、范畴归纳，从而对比分析主要情绪来源。

③数据获取及处理

投射形象主要通过官方宣传文本来体现，感知形象主要以游客在线评论和网络游记等文本来体现。其中，官方宣传文本的搜索源包括"新浪微博"平台中政府官方账号与新闻账号发布的微博以及《长江日报》刊登的相关报道，以"武汉"及"军运会"为关键词对 2019 年9—12 月的网络文本进行搜索，经过筛选，最终获得 339 篇有效文本，其中，微博 278 条，新闻 61 条。游客在线评论和网络游记的搜索源主要来自"携程""途牛""同程""马蜂窝""驴妈妈""穷游"和"去哪儿"等旅游网络平台以及"新浪微博"平台，同样以"武汉"及"军运会"为关键词搜索同时期的相关文本，经过筛选，获得 173 篇有效文本，其中微博 74 条，网络游记 99 篇。

---

① Echtner C. M., Ritchie R. B., "The measurement of destination image: An empirical assessment", *Journal of Travel Research*, Vol. 31, No. 4, 1993, pp. 3–13.

② 徐菲菲、剌利青、Ye Feng：《基于网络数据文本分析的目的地形象维度分异研究——以南京为例》，《资源科学》2018 年第 7 期，第 1483—1493 页。

在对获得的文本数据进行预处理的基础上，通过 ROST CM6 软件对网络文本进行词频和语义网络分析。其中，词频分析使用 ROST CM6 软件的分词功能将文本分成词汇，提取前 30 个高频名词来分析军运会期间武汉的认知形象。语义网络分析使用社会网络和语义网络生成工具，经过提取高频词、过滤无意义词、提取行特征、构建网络、构建矩阵等操作后，绘制出共现网络图。

（3）投射和感知的认知形象比较

①官方以武汉为核心主推军运会，而游客感知则更多元

将官方宣传文本中出现的前 30 位高频名词归入认知形象各维度进行分析，得到投射认知形象的维度表（表 4 - 41）。

表 4 - 41　　　　　　　　投射形象高频词认知维度划分表

维度		词汇（频数）
一级维度	二级维度	
旅游吸引物	军运会	军运会（1253）媒体（301）军人（256）新闻（241）赛事（228）场馆（120）运动员（112）志愿者（106）政府部门（91）开幕式（91）市民（78）体育（76）技术（67）学院（66）精神（63）军运村（61）企业（53）措施（53）代表团（51）体育中心（49）军体（46）
	其他	文化（70）
旅游设施	旅游基础设施	酒店（48）
	城市基础设施	交通（167）道路（143）车辆（89）汽车（50）
城市印象	—	武汉（1106）中国（228）湖北（160）

由表 4 - 41 可知，在旅游吸引物方面，"军运会"一词共出现 1253 次，而对于其他旅游吸引物的报道较少，仅对文化方面宣传较多，反映了政府部门对军运会的宣传力度大、重视程度高。在城市印象维度中，"武汉"和"中国"分别出现 1106 次和 258 次，位列第二、四位，充分说明官方媒体通过军运会着力向世界推介武汉，宣传中国。旅游基础设施和城市基础设施方面，官方媒体主要宣传了武汉内外交通便捷、酒店住宿等旅游服务设施完备。总体来看，武汉的投射形象反映在认知层

面上主要表现为对军运会的认知。

将游客感知文本中出现的前30位高频名词归入认知形象各维度进行分析，得到认知形象的认知维度划分表（表4－42）。

表4－42　　　　　　　游客感知形象高频词认知维度划分表

维　度		词汇（频数）
一级维度	二级维度	
旅游吸引物	军运会	军运会（132）
	其他	黄鹤楼（295）东湖（274）建筑（204）户部巷（184）长江（171）长江大桥（165）博物馆（156）文化（153）美食（126）大余湾（119）历史（119）木兰（114）小吃（114）欢乐谷（95）江滩（88）步行街（76）公园（73）玛雅海滩水公园（72）表演（72）味道（71）武汉大学（70）广场（69）
旅游设施	旅游基础设施	酒店（217）
	城市基础设施	公交（83）交通（77）
城市印象	—	武汉（1333）汉口（123）中国（98）湖北（72）

根据表4－42，在旅游吸引物方面，武汉的游客对军运会有也有较强认知；但游客对旅游吸引物的感知更为多元，在其他旅游吸引物认知中排前五位的分别是黄鹤楼、东湖、武汉的建筑、户部巷和长江，也有武汉的美食小吃、历史文化等。在旅游基础设施中，游客的关注点在酒店住宿上；在城市基础设施中，公交最受关注，游客对武汉的交通方面有较深认知；对于城市整体印象，除武汉和湖北等表明地方性的词汇外，汉口相对被提及更多。总体来看，武汉的感知形象反映在认知层面上主要表现为对旅游吸引物的认知。

②官方和游客在三个维度上均有共性认知

共有词汇能够体现武汉官方宣传投射的旅游地认知形象与游客实地感知形象的共性，也反映游客对官方宣传信息中认同的部分。忽略高频词出现频数，整理武汉投射和感知两组高频词中的共有词汇，得到相同词汇7个（表4－43）。

表4－43 官方投射形象和游客感知形象共词表

维度		词汇	投射形象频数/次	感知形象频数/次
一级维度	二级维度			
旅游吸引物	军运会	军运会	1253	132
	其他	文化	70	153
旅游设施	旅游基础设施	酒店	48	217
	城市基础设施	交通	167	77
城市印象	—	武汉	1106	1333
		中国	228	98
		湖北	160	72

如表4－43所示，武汉市在军运会期间的投射和感知形象在三个维度上均有共性认知。在城市印象维度，投射形象和感知形象的重合度最高，这可能是由于城市印象是较客观的感知范畴，但投射形象对武汉的城市印象认知程度明显高于感知形象。在其他维度上，官方媒体的投射和游客的感知均有一定程度的重合；但程度上存在明显差异，其中，官方媒体提及"军运会"（1253次）、"交通"（167次）的次数显著高于游客自媒体提及的次数（分别只有132次、77次），进一步表明政府对军运会的重视程度高，宣传力度大，但受众接受程度并不理想；而游客自媒体提及"酒店"（217次）、"文化"（153次）的次数显著高于官方媒体（分别只有48次、70次），体现出游客对于自身利益密切相关的内容的高度关注。

（4）投射和感知的情感形象比较

①总体情感形象比较

通过ROST CM6软件对官方宣传文本和游客感知文本进行情感分析，分别得到两类形象的情感分析表，整合后得到表4－44。如表4－44所示，投射形象与感知形象均以积极情绪为主，其中投射形象积极情绪占比59.43%，多于感知形象中积极情绪占比50.89%。二者中性情绪占比基本持平，分别为37.35%与38.28%。投射形象中消极情绪占比（3.22%）明显低于感知形象中消极情绪占比（10.83%）。

另外，据分段统计结果（表4－44），投射形象与感知形象在一般与中度积极情绪上占比相差不大，但在高度积极情绪上，前者的占比（26.70%）明显多于后者（14.23%），因此投射形象更强烈地传播积极情绪；消极情绪分段统计结果差异更大，投射形象三种程度负面情绪均低于感知形象，且无高度消极情绪出现。

可见，投射形象与感知形象均以积极情绪为主，投射形象中的消极情绪明显低于感知形象。

表4-44   投射形象与感知形象的情感分析结果对比表

情绪分类	官方宣传文本/%	游客感知文本/%
积极情绪	59.43	50.89
中级情绪	37.35	38.28
消极情绪	3.22	10.83
其中，积极情绪分段统计结果如下：		
一般（0~10）	20.12	23.30
中度（10~20）	14.01	13.36
高度（20以上）	26.70	14.23
其中，消极情绪分段统计结果如下：		
一般（-10~0）	5.29	8.60
中度（-20~-10）	0.96	1.59
高度（-20以下）	0	0.27

②投射形象与感知形象中积极情绪的来源及比较

为进一步分析和比较投射形象与感知形象中积极情绪的来源，在利用 ROST CM6 软件对文本进行情感分析的基础上，对文中带有积极情感色彩的词语进行人工判读，从官方宣传文本中提取到282条积极情绪词条，从游客感知文本中提取到398条积极情绪词条；而后分别进行编码和概念化分析，得到投射形象和感知形象的积极情绪来源编码表（表4-45）。

第一，投射形象中的积极情绪主要来源于军运会办赛效果、服务、场馆及设施。由表4-45可知，积极情绪来源于军运会、其他旅游吸引物、旅游基础设施、城市基础设施和城市印象5方面的正面评价，其中办赛效果、军运会服务、军运会场馆及设施三者为最主要来源，占总积极情绪比重过半。

表 4－45　　　　　　　　投射形象积极情绪来源编码

一级编码	二级编码	三级编码
军运会影响下惠民体育活动丰富（9），军运会体育设施赛用结合好（5），地铁票价优惠（2），新建一批地铁规划好（2），军运村房屋改建造福社会（1）	惠民措施（19）（7.82%）	军运会（163）（67.08%）
军运会赛事服务水平高（19），军运会志愿者服务良好（10），军运筹备工作顺利（8），赛事宣传报道精彩（7），军运会期间交通保障良好（4），市民生活服务保障良好（2）	军运会服务（50）（20.58%）	
军运会颁奖物资设计优秀（12），高科技应用提高赛事质量（5），军运会场馆令人满意（4），军运赛事媒体宣传方式优化（2），军运会网络通信流畅（2），军运会环保措施到位（1）	军运会场馆及设施（26）（10.70%）	
军运会效果好，远超预期（12），军运会精神值得传扬（9），军运会开幕式壮观（8），参赛者对武汉办赛印象很好（7），军运会对武汉城市影响及国际形象传播具有正面效应（7），专家对办赛水平认可（7），军运会让中外友谊更佳（4），军运会闭幕圆满（6），军运会为武汉吸引更多游客的喜爱（3），军运会提高国人自豪感（3），军运会规模盛大（1），中国参赛成果丰厚（1）	办赛效果（68）（27.98%）	
东湖山水宜人（3），长江美景惊艳（4），自然环境优越（3）	自然旅游资源（10）（4.12%）	其他旅游吸引物（22）（9.05%）
长江灯光秀丰富优美（3），江滩演出精彩（3），武汉美术馆作品精彩（2），国际马拉松比赛举办精彩（2），武汉传统文化优秀（2）	人文旅游资源（12）（4.94%）	
武汉美食具有特色（3），武汉美食知名度提高（3）	餐饮美食（6）（2.47%）	旅游基础设施（8）（3.29%）
武汉酒店接待质量获国际认可（2）	住宿条件（2）（0.82%）	

一级编码	二级编码	三级编码
地铁绿色出行增多（4），公共交通服务优化（3），停车场方便好找（3）	交通条件（7） （2.88%）	城市基础设施 （30） （12.35%）
车运输更安全稳定（2），公交文明（1），交通保障好（3）	交通优化（6） （2.47%）	
城市信息化水平提升（4），通讯优化（4）	通讯设施（8） （3.48%）	
数字航道建设成效好（3），无人车示范运营效果好（3），智慧武汉建设成效好（3）	科技应用（9） （3.70%）	
城市管理运作精细化（3），武汉城市整体功能品质优化（3）	城市管理（6） （2.47%）	城市印象 （20） （8.23%）
临空港美化（4），城市环境综合整治效果好（1），市容市貌整洁（1）	市容市貌（6） （2.47%）	
军运会促进武汉建设新一线城市成效好（2），军运会对武汉知名度提升具有持续影响（2），世界人民对武汉及赛事热爱（2），世界杯赛事落户武汉喜人（2）	知名度（8） （3.29%）	

办赛效果的正面评价主要体现在军运会办赛效果好，成果丰厚，吸引了更多游客的关注与喜爱，并获参赛者、专家对武汉军运会办赛的一致认可，促进了中外友谊发展，对武汉城市影响及国际形象传播亦具有正面效应，军运精神也得到充分肯定。军运会服务的正面评价主要体现在筹备工作顺利、赛事服务水平高、军运期间交通保障良好、赛事宣传报道精彩等方面。军运会场馆及设施的正面评价主要源于军运会场馆令人满意、媒体宣传方式优化、网络通讯环境改善以及高科技设施的应用带来的赛事质量提高等，此外，颁奖物资的设置及办赛环保措施也带来了正面评价。

第二，感知形象中的积极情绪主要来源于武汉的餐饮美食和人文旅游资源。由表4-46可知，感知形象的积极情绪主要来源于游客对武汉的人文旅游资源和餐饮美食的正面感知，这两方面的积极情绪占感知形象积极情绪的半数以上。

表4-46 感知形象积极情绪来源编码

一级编码	二级编码	三级编码
军运会安检令人满意（2）军运会消防安保工作达到预期（2）	军运会服务（4）（1.01%）	军运会（20）（5.03%）
军运会赛事精彩（5）开幕式壮观（3）军运会激发运动热情（2）军运会使来汉游客增多（2）军运会使人感受到武汉的强大（2）政府对军运会宣传到位（1）军事项目更丰富（1）	办赛效果（16）（4.02%）	
博物馆馆藏丰富有特色（17）武汉夜景美（15）灯光秀美丽震撼（14）编钟表演精彩（14）建筑有特色（13）武汉大学景色美（12）长江大桥壮观、夜景美（10）欢乐谷休闲娱乐丰富（10）汉秀表演唯美震撼（9）黄鹤楼景色美（8）昙华林文艺氛围好（4）杂技表演精彩（2）汉阳造有艺术魅力（2）汉秀剧场华丽（2）	人文旅游资源（132）（33.17%）	其他旅游吸引物（166）（41.71%）
东湖环境优美（24）江景迷人（7）木兰山风光好（3）	自然旅游资源（34）（8.54%）	
美食味道可口（74）美食种类丰富（12）用餐环境好（3）	餐饮美食（89）（22.36%）	旅游基础设施（125）（31.41%）
酒店干净舒适（8）酒店设施配置齐全（7）酒店布置精美（5）酒店餐厅早餐丰富（3）酒店性价比高（3）前台服务热情（2）主题酒店吸引人（2）	住宿条件（30）（7.54%）	
服务人员服务周到（4）景区讲解员讲解细致（2）	景区服务（6）（1.51%）	
交通便利（13）道路现代美丽（2）交通工具现代化（1）	交通条件（16）（4.02%）	城市基础设施（18）（4.52%）
现代科技融入景区效果好（2）	科技应用（2）（0.50%）	
市容市貌整洁（16）城市绿化好（10）空气质量好（3）满城桂花香（1）	市容市貌（30）（7.54%）	城市印象（69）（17.34%）
文化氛围浓厚（13）武汉都市有活力有爱（2）	城市氛围（15）（3.77%）	
景区门票优惠（11）物价便宜（6）	物价水平（17）（4.27%）	
市民亲切热情（5）市民素质高（2）	市民形象（7）（1.76%）	

人文旅游资源的正面感知主要是来自于武汉的博物馆、夜景、灯光秀、编钟、建筑、武汉大学、长江大桥、欢乐谷、汉秀、黄鹤楼等旅游景点和要素。餐饮美食的正面评价主要体现在美食味道可口、美食种类丰富、用餐环境好三方面。此外，东湖、木兰山等自然旅游资源、酒店代表的住宿条件和城市市容市貌也在感知形象的积极情绪中有较大比重。整体来看，军运会在感知形象积极情绪中的占比为 4.94%，说明游客在军运会举办期间对军运会虽有一定的正面感知，但感知程度较低。

第三，投射形象和感知形象积极情绪来源的比较。投射形象的积极情感主要来源于军运会，军运会召开期间，官方媒体从军运会办赛效果、服务、设施、惠民措施、办赛氛围、高校支持等全方位对军运进行了正面宣传和报道，虽对武汉其他方面也有所涉及，但涉及面不广、程度不深。从游客感知来看，虽然对军运会服务和办赛效果也有一定积极评价，但更多的关注点还在于武汉餐饮美食和人文旅游资源，对军运会的积极感知并不强烈。

③投射形象与感知形象中消极情绪来源及比较

同上，对文中带有消极情感色彩的词语进行人工判读，从官方宣传文本中提取到 22 条消极情绪词条，从游客感知文本中提取到 47 条消极情绪词条；而后分别进行编码和概念化分析，得到投射形象和感知形象的消极情绪来源编码表（表 4 - 47 和表 4 - 48）。

表 4 - 47　　　　　　　投射形象消极情绪来源编码

一级编码	二级编码	三级编码
军运筹备工作压力大（1）	军运筹备工作（1）（7.69%）	军运会（2）（15.38%）
原有媒体技术效果不佳（1）	军运会设施（1）（7.69%）	
建筑垃圾堆积（1）	垃圾处理（1）（7.69%）	城市基础设施（11）（84.62%）
市容改造工程带来不便（2）	市容改造（2）（15.38%）	
输电治安压力大（2）	输电治安（2）（15.38%）	
火情防控压力大（1）	火情防控（1）（7.69%）	
交通事故（1）交通管控措施严厉（4）	交通治理（5）（38.46%）	

第一，投射形象的消极情绪主要来源于军运会举办给城市基础设施维护带来的压力。消极情绪在官方宣传文本的情感分析结果中比重很低。根据表4-47，消极情绪主要来自于筹备和举办军运会给城市基础设施带来多方面压力。军运会的举办对城市旅游形象提升有积极影响，但同时也会对城市基础设施的建设和管理带来诸多压力，例如，军运会筹备和举办过程中市容改造施工、建筑垃圾堆积、输电治安、火情防控、交通治理等。

表4-48　　　　　　　　　　感知形象消极情绪来源编码

一级编码	二级编码	三级编码
景区可游性不强（2）娱乐项目恐怖（2）表演质量差（1）灯光秀效果不好（1）人文景观无趣（1）	旅游体验（7）（14.90%）	其他旅游吸引物（18）（38.30%）
游客过多（5）排队时间长（3）景区嘈杂（1）景点难找（1）消息传递不畅（1）	景区管理水平（11）（23.40%）	
食物不合口味（8）餐厅服务人员态度差（2）外卖商家欺诈（1）食物性价比不高（1）	餐饮服务质量（12）（25.53%）	旅游基础设施（15）（31.91%）
酒店设施差（1）酒店停车不便（2）	住宿条件（3）（6.38%）	
公交司机开车太快（2）地铁网络不完善（1）道路崎岖不平，出行困难（1）	交通出行（4）（8.51%）	城市基础设施（4）（8.51%）
气候寒冷（5）降温太快（1）天气差（4）	气候条件（10）（21.28%）	城市印象（10）（21.28%）

第二，感知形象中的消极情绪主要来源于餐饮服务质量、景区管理水平和气候条件。根据表4-48，游客的消极情绪主要来自餐饮服务质量、景区管理水平和气候条件3个方面。具体来看，食物不合口味、餐厅服务人员态度差是游客对餐饮服务质量方面的消极评价；在景区管理水平方面，景区游客过多、排队时间长是游客主要的负面感知；游客对

武汉气候条件的负面感知也较多，武汉气候寒冷、天气差等恶劣的气候状况是游客消极情绪较集中的方面。此外，还存在景区可游性不强等旅游体验方面、酒店停车不便等住宿条件方面以及公交司机开车太快等交通出行方面的负面评价。

第三，投射形象和感知形象负面评价来源的比较。投射形象的消极情绪来源于军运会筹办对城市基础设施维护带来的压力，感知形象的负面评价主要和旅游体验相关。比较来看，武汉市作为军运会主办方，官方媒体的宣传报道更关注军运会本身及军运会对城市基础设施带来的压力，而游客的主要关注点在旅游活动本身，而且从现有评价来看，游客对军运会的相关活动并没有任何负面情绪，一定程度上也说明军运会的举办是比较成功的。

（5）武汉整体形象的比较分析

①投射的整体形象

由图4-26可知，地名词"武汉"和"中国"是官方宣传共现网络的两大核心节点，其他众多高频词围绕这两个核心词展开，其中"武汉"共现频率最高。此外，如表4-49所示，形成了7个主要共线集群：集群1以"中国"为核心词，反映了武汉军运会举办对中国国家形象、文化的宣传；集群2以"服务"为核心词，反映了军运会期间武汉市的一系列服务性举措，如：为了保障网络安全、交通安全、社会治安等，加强了安检与通信保障措施，限行、专用道等特殊措施也有所实施；集群3以"军人"为核心词，体现了在军运会期间，官方宣传主要围绕军运会展开，充分传递出"共享友谊、同筑和平"的军运会精神，同时还突出了军运场馆的改造和利用；集群4以"保障"为核心词，体现了军运会期间，政府各部门在场馆、医疗、服务、交通、安全等条件的保障方面所做的努力和工作；集群5以"交通"为核心词，集中反映了军运期间交通方面的管理措施，如：出台了一系列临时交通管理措施，设立军运会专用道等，严格管制出行车辆等；集群7以"场馆"为核心词，反映了场馆在军运会期间的重要性。

可见，从政府宣传的投射形象来看，都是围绕军运会展开的。

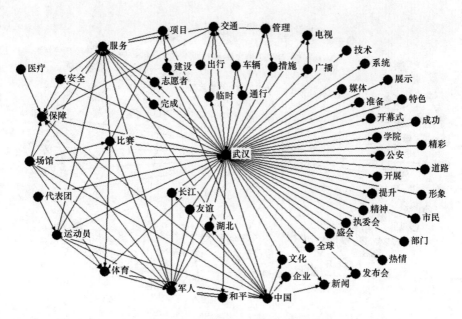

图4-26 官方宣传文本语义网络分析

表4-49 官方宣传文本语义网络分析高频词集群

集群	核心词	组成词
集群1	中国	武汉、长江、体育、军人、运动员、新闻、企业、文化、建设、服务、保障、和平
集群2	服务	中国、武汉、军人、运动员、志愿者、场馆、比赛、项目、交通、完成、保障、安全
集群3	军人	湖北、武汉、长江、体育、比赛、场馆、运动员、服务、保障、友谊
集群4	保障	中国、武汉、军人、场馆、医疗、服务、交通、安全
集群5	交通	武汉、车辆、出行、服务、保障、管理、临时
集群6	运动员	中国、武汉、体育、军人、比赛、代表团、服务
集群7	场馆	中国、武汉、体育、军人、比赛、服务、保障

②感知的整体形象

如图4-27所示，地名词"武汉"是游客感知文本共现网络中绝对

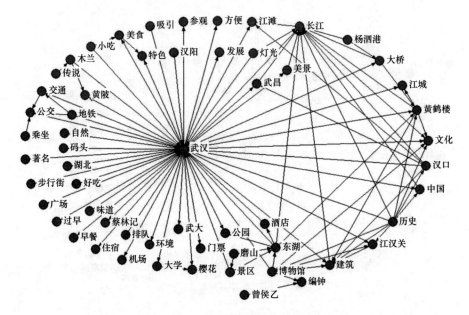

图 4 - 27　游客感知文本语义网络分析

的核心词汇，几乎所有词汇都直接或间接与武汉相关联，其作为核心节点，不仅是游客的直接感知对象，也连接着其他 8 大共线集群（表 4 - 50）：集群 1 以"长江"为核心词，反映了武汉丰富的旅游资源与独特的区位条件，武汉作为长江中游重要枢纽城市，位于长江与汉江的交汇点，其城市文化与长江文化息息相关，长江不仅为武汉带来独特大气的自然景观，也赋予其悠远深厚的人文底蕴；集群 2 以"历史"为核心词，是一系列当地知名建筑、景点名词的共现，体现了武汉悠久的历史，表明历史和建筑是武汉旅游形象的重要组成部分；集群 3 以"东湖"为核心词，是对主要旅游线路的体现，反映了武汉当地景点的连通性以及游客视角下对武汉的景点认知情况；集群 4 以"黄鹤楼"为核心词，反映了黄鹤楼作为武汉的标志性建筑和旅游产品的地位及其所体现的长江、江城、历史和文化特色等；集群 5 以"建筑"为核心词，体现了武汉尤其汉口的江汉关等欧式建筑的独特风貌，及其反映的武汉历史；集群 6 以"博物馆"为核心词，反映武汉市博物馆对游客的巨大吸引力，多数游客在游记中将"武汉博物馆""博物馆的编钟""曾侯乙"视为必游景点，充分体现了武汉历史文化弘扬在外；集群 7 以 "汉口" 为核心词，反映了汉口是武汉城市的典型地点集群，反映出武汉三镇的独特城市格局，以及汉口集大型江滩公园、濒临长江、拥有被誉为 "万国建筑博物馆" 的欧式建筑及其所反映的武汉历史。集群 8 以 "文化" 为核心词，主要反映出游客对武汉、长江、黄鹤楼、博物馆、历史等方面文化的关注。

可见，从游客的感知形象来看，都是围绕武汉的旅游吸引物展开的。

表 4 – 50　　　　游客感知文本语义网络分析高频词集群表

集群	核心词	组成词
集群 1	长江	江滩、美景、灯光、公园、江城、黄鹤楼、长江大桥、文化、汉口、建筑、东湖、中国、历史
集群 2	历史	中国、武汉、汉口、江汉关、长江、黄鹤楼、博物馆、建筑、文化
集群 3	东湖	武汉、长江、黄鹤楼、博物馆、磨山、景区、公园、酒店
集群 4	黄鹤楼	武汉、长江、江城、东湖、大桥、建筑、历史、文化
集群 5	建筑	武汉、长江、汉口、江汉关、黄鹤楼、博物馆、历史
集群 6	博物馆	武汉、江汉关、编钟、东湖、建筑、文化、历史
集群 7	汉口	武汉、武昌、江滩、长江、建筑、历史
集群 8	文化	武汉、长江、黄鹤楼、博物馆、历史

③差异和共性分析

第一，投射形象与感知形象虽未有明显共有集群，但出现共有共线词。如前所述以及表 4 – 49、4 – 50 所示，投射形象 7 大集群与感知形象的 8 大集群内容各不相同，说明游客与官方在军运会期间对武汉的关注点存在较大差异，大部分整体形象要素未出现重合，仅存在 "武汉" "长江" "文化" 和 "中国" 4 个共有共现词， "武汉" 是投射形象和感知形象共现网络中绝对的核心词汇，几乎所有词汇都直接或间接与武汉相关联； "中国" 则反映在两者形象中武汉都能够作为全国知名城市被提及。 "长江" 和 "文化" 虽然为共有词，但在两者形象中的侧重点不同：投射形象中是突出武汉作为长江中游特大城市的定位，感知形象则把长江作为旅游吸引物；游客关注的 "文化" 主要是具有文化内涵的武汉旅游吸引物，如博物馆、黄鹤楼等，官方宣传则侧重于宏观层次的中华文化、武汉文化。故二者整体形象存在一定程度的重合，但有较大差异。

第二，投射形象以军运会为主要要素，感知形象以历史文化旅游为主要要素。在投射形象的语义网络中，集群多围绕"军运会"事件展开，整体形象主要体现在军运会军人、运动员、场馆等代表性人与物以及军运期间的保障、服务、交通措施等。而感知形象的语义网络中，集群多围绕历史文化旅游展开，整体形象主要体现在武汉代表性地标、旅游吸引物与历史文化元素上，是游客在进行旅游活动过程中直观感知的事物，也是游客感知视角下能代表武汉旅游整体形象的重要组分。

第三，感知视角下集群多、感知具体全面，投射视角下集群少、宣传面集中。就形成的集群数量与内部共现词数来看，呈现出游客感知视角下集群多、官方宣传视角下集群少，游客感知方面广、官方宣传方面集中的特点，反映出官方力求将武汉整体形象打造为能够圆满承办大型赛事、办事协调能力强、发展迅速、城市基础设施完善的历史文化名城形象，而游客感知更具体、全面，突出武汉旅游景点、自然风光、人文底蕴等直接感知到的方面；这也反映出官方宣传总体形象与游客感知总体形象在内容上存在较大差异。

（6）小结与建议

①小结

本节以军运会举办背景下的武汉为例，采用内容分析法和扎根理论，理清了武汉旅游形象的主要内容，探讨了军运会举办背景下武汉投射形象和游客感知形象的一致性与差异性，进而提出针对性的措施服务于武汉的旅游地形象建设与宣传，亦为今后其他城市在举办大型赛事活动中提升目的地形象提供参考与经验借鉴。得到的结论如下：

第一，军运会举办背景下武汉市投射和感知的认知形象主要体现在旅游吸引物、旅游设施、城市印象三个维度。投射形象侧重于旅游吸引物中的军运会维度，除文化外，对其他旅游吸引物并未进行重点宣传；而游客感知则更多元，除对军运会有一定程度的反映外，对武汉市其他各类旅游吸引物也有感知，体现出多元化的特点。两者对旅游设施都表现出重视，且关注角度一致，集中于交通、住宿方面；在城市印象维度中都体现了城市区位特征，但游客更为微观。总体上看，官方和游客在三个维度上均有共性认知。

第二，投射和感知的情感形象均以积极情绪为主，其中投射形象的积极程度更高，这与政治力量对重大事件的意义会进行形塑的观点一致①。投射形象中的积极情绪主要来源于军运会办赛效果、服务、场馆及设施的正面宣传，感知形象中的积极情绪主要来源于武汉的餐饮美食和人文旅游资源等正面感知和描述；投射形象中的消极情绪主要来源于军运会举办给城市基础设施带来的压力，感知形象的消极情绪主要来源于景区管理水平、餐饮服务质量和气候条件不佳等旅游体验。此外，游客尚未对军运会表现负面情绪，说明军运会的举办较为成功。

第三，投射和感知的整体形象共现网络丰富，集群较多，但二者未出现共有集群，仅出现"武汉""长江""文化""中国"4个共有共现词。投射整体形象以军运会为主要要素，感知整体形象以历史文化旅游为主要要素，二者反映出的整体形象差异较大，未能很好地达到投射带动感知的宣传效果，故游客实际感知与官方宣传主基调差异较大，这可能是因为宣传主体与旅游主体传递、感知方式不同造成的②。

第四，总体而言，军运会赛事举办背景下武汉旅游形象十分丰富，武汉市不仅作为区位地位重要的中国中部枢纽城市，更作为特色鲜明的临江城市、历史文化名城为人们所知，但除汉口外的城市其他片区尚未得到很好的宣传与感知。

②建议

第一，旅游吸引物和旅游基础设施与配置是武汉感知形象的重要维度，因此今后武汉旅游形象塑造和宣传应突出这两个层次，以丰富、特色、富有文化内涵的旅游吸引物和便利、完善的旅游基础设施与旅游配置，在游客直接体验层次提升满意度，传播良好武汉旅游名片。针对军运会这一游客感知较弱的维度，武汉市应利用官方宣传带动效应展开对应宣传，将军运文化与武汉文化融合、传扬，抓住赛事事件效期，吸引

① Larson M and Wikstrm E. , "Organizing Events: Managing Conflict and Consensus in a Political Market Square", *Event Management*, Vol. 7, No. 1, 2001, pp. 51 – 65.

② 苗红，马金涛，张欢：《基于网络文本分析的嘉峪关市游客感知形象研究》，《西北师范大学学报（自然科学版）》2014 年第 2 期，第 99—104 页。

国内外游客。

第二，重大体育赛事的举办是游客对旅游地产生积极情感的重要来源，因此今后武汉市应充分发挥丰富办赛经验、完备基础设施、国际口碑等优势，积极承办大型赛事，延续城市知名度。此外，针对餐饮服务质量、景区管理水平、气候条件这三大游客负面情感来源，应通过改善餐饮服务和景区管理、开发各类天气条件下适宜游玩的旅游产品以弥补旅游淡季、加大服务业规范力度等措施予以优化解决，从而在游客网络评价与游记中树立良好形象，利用口碑效应推动武汉旅游的发展。

第三，针对整体形象中投射形象较窄深、感知形象全面但直接的特点，应在今后承办大型赛事时注意拓宽宣传面，注重游客体验视角，迎合游客感知方面展开宣传引导。游客对武汉作为现代体育竞赛之都的感知与官方宣传程度相比目前尚不深，应抓住军运会引导"全民健身"的宣传契机，多加开展活动与宣传，加强武汉"现代体育竞赛之都"的形象建设，突出武汉承办国际大型综合性体育赛事的能力，吸引更多赛事活动来武汉开展，带动城市经济、文化、市民素质协同发展。

（六）武汉军运文化遗产的保存和利用

1. 武汉军运文化遗产保存和管理的对策建议

根据前述对武汉军运文化遗产类型的盘点、空间分布格局的分析以及分别从专家视角、媒体视角对武汉军运文化遗产价值的评价结果，提出武汉军运文化遗产分级、分类、分价值保存和管理的对策建议。

（1）分层开发与利用不同级别的军运文化遗产

首先，应重点推进特品级军运文化遗产的开发，如合理向市民开放武汉体育中心等运动场馆，积极利用已有场馆申报国内外重要体育赛事，发挥其在"全民健身"热潮中的体育运动价值、社会价值、休闲游憩价值等；有效维护江滩景观、夜间灯光景观、园林绿化景观、新的小区和沿街立面景观的建设成果，让其更好、更长久地发挥作用和效益，而且要继续加强建设，进一步提升武汉城市形象；扩大智能垃圾分类、5G和大数据的适用范围，加大推广力度，让更多市民共享军运文化遗产带来的生活改善。其次，应因地制宜地利用优良级军运文化遗产，如利用武汉商学院马术馆、驿山高尔夫球场这些处于城市边缘且应用门槛较高的军运文化遗产，推出体验课程等，吸引有需求且有支付能力的市民、游客前往参观、学习、游玩。最后，要深度挖掘一般级军运文化遗产的内涵，剖析其内在价值，如对于已经停刊的军运会期刊《戎耀》，需保护和利用其内容，借其展现武汉精神与魅力。

（2）分类开发与利用不同类型的军运文化遗产

运用新媒体手段宣传军运文化遗产，发扬军运精神，让军运精神渗透到武汉城市形象中去，增强武汉的凝聚力、自豪感、对外开放程度和城市软实力。通过宣传、教育等特殊方式，深入挖掘军运会的教育、演艺、礼仪、形象和制度文化遗产的价值，通过形象、生动、市民喜闻乐见的形式活化利用和传承军运会非物质文化遗产。

（3）不同价值军运文化遗产的管理建议

整体来看，武汉军运文化遗产的社会价值和城市形象提升价值最高，说明举办军运会增强了武汉的凝聚力、自豪感、知名度，让国内外更多人知道武汉这座城市，同时举办大型体育赛事也提高了武汉的对外开放程度，提升了武汉市的城市软实力，也让武汉的志愿服务精神得到提升。在军运文化遗产后续的保护开发过程中，也可以着重关注其社会价值和城市形象提升价值，发挥现有优势，进一步提升军运文化遗产的价值。其次，武汉军运文化遗产的政治价值和文化教育价值较高，说明军运文化遗产不仅促进了军地合作、公众参与，展现了较强的文化自信，同时军运文化遗产也传播了军运会的精神、理念、思想价值等，提高了市民的文明素养水平，对武汉人文素养的提高具有促进作用。在遗产后续的保护开发中，可以更加关注它们的政治价值和文化教育价值，发挥其教育的功能，加强军地合作，促进公众参与，提高文化自信。最后，武汉军运文化遗产的环境提升价值、体育运动价值、技术价值、经济价值和居民休闲游憩价值得分较低，其中又以技术价值得分最低，平均分仅有5.15。说明武汉军运文化遗产虽然在一定程度上改善了武汉的居住、卫生、交通等环境质量，促进了全民体育运动的发展，提升了相关区域的使用价值、房地产价值，增强了旅游娱乐价值，但是总体来看提升的幅度并不是很大；特别是军运文化遗产的技术价值，在军运会期间，军运文化遗产提升了城市的 5G 信息技术水平、提升了城市接待服务智能水平，但是在军运会之后没有把这些遗产的价值更进一步的保护与开发，导致军运文化遗产的这些价值没有得到很好的展现。

（4）加快建设武汉世界军人运动会博物馆

利用现代信息技术，采用虚实结合、内外兼顾、展示与体验兼有的形式，生动展现武汉军运会在场馆建设、赛事组织、志愿服务、后勤保障、开幕盛典、安全保障等方面所取得的显著成绩，全方位展示军运会从筹办到闭幕的历程与暖心故事，真实再现军运过程中的高光时刻和美好瞬间，使其成为武汉市的又一张亮丽名片，填补武汉市体育类专题博物馆的空白，打造武汉军运文化遗产保护和利用的重要载体，进一步宣传城市形象、传播和平友谊、彰显文化魅力。

2. 武汉军运文化遗产开发和利用的对策建议

（1）利用军运文化遗产提升城市理念形象的对策

综合居民及外来游客在城市精神形象方面的感知情况，结合不同类型的武汉军运精神文化遗产的功能价值及对城市理念形象的提升效应情况，提出武汉城市理念形象的提升对策。

①发扬"运动精神"，提高居民健康理念

通过军运会对武汉城市形象提升效应感知的研究发现，居民整体认可军运会对武汉城市形象的提升作用，特别是在"宜居形象"方面。然而相比军运会带来的城市荣誉感和文化自豪感而言，居民健身积极性提升的感知相对较低。在城市形象的认知方面，对城市"运动精神"的感知也较少。军运会的运动理念和健康理念也是军运文化遗产的重要组成部分，结合物质文化遗产（如场馆等），体育精神的平民化推广和军运会体育运动设施的市民化利用，能使军运文化遗产让更多的人受益，提升城市基础设施形象的同时，深化城市的理念形象。具体包括：

第一，利用军运"余温"，积极构建"体育强市"形象。努力响应两会提出的"趁势释放军运会效应"，促进体育设施的便民化利用，完善军运场馆的配套服务设施。增加惠民体育活动，加强城市口袋体育公园的建设，突出人本主义城市发展理念，满足市民的日常休闲、锻炼。与此同时，总结办会经验，积极争取体育赛事举办机会。将军运会的空间活化作为新时代武汉"体育形象""健康形象"重塑和升级的窗口。

第二，着力提升市民的安全与健康，以提升城市韧性。保障市民安全与健康是城市发展的基础，城市基础设施是人与城市环境系统韧性提升的关键因素。新时代更应增加对市民健康的关注，满足市民因身体认知觉醒而出现的大众健身热潮。应着力活化军运文化遗产，提升城市基础设施及生态环境韧性。努力宣传军运精神，增加市民对防疫、健康、应对公共危机的认识以及对疫后城市生活变化的适应力，提升个体的身心健康，进而提升城市韧性。

②传承"军运基因"，融入城市文化内核

军运会的举办，凝结了众多的军运精神文化遗产，军运精神的传承与发扬是军运会文化遗产保护与传承的内核，是"军运基因"的延续。"创军人荣耀、筑世界和平""大武汉，很美丽""军民融合""共享友谊、同筑和平"等军运精神文化遗产在赛后需要得到进一步的传承与发扬，促进军运核心价值与城市文化交融。借助军运会，立足武汉城市文化与城市精神本底，进一步提炼城市精神，寻找赛事与城市形象提升的文化连接点，重塑城市发展的主题、文化、精神，使武汉的城市形象得到进一步的丰富，最终实现城市形象的整体提升。

针对军运会前与期间情感感知整体形象中游客对武汉的情感评价以积极正面为主，一般积极情绪占比高于中度和高度积极情绪的特点，应在今后承办大型赛事时注意拓宽宣传面，注重游客体验视角，迎合游客情感感知方面展开宣传引导。游客对武汉的情感感知目前尚有很多可以改善的地方，应抓住军运会引导"全民健身"的宣传契机，多加开展活动与宣传，加强武汉的城市形象建设，吸引更多游客来武汉旅游，带动城市发展从而提升游客的情感形象感知水平。

③延续"文化命脉"，丰富城市形象发展

武汉军运文化遗产的文化教育价值很高，军运文化遗产不仅促进了军地合作、公众参与，展现了较强的文化自信，同时军运文化遗产也传播了军运会的精神、理念、思想价值等，提高了市民的文明素养水平，对武汉人文素养的提高具有促进作用。在城市后续的发展中，可以更加关注军运遗产背后"文化命脉"的继续深入挖掘，发挥其传承优秀文化、提升城市形象的功能。从军运文化的一脉相承中寻找城市理念形象的发展前景，基于武汉城市文化以及城市精神丰富武汉城市形象提升的路径。

（2）利用军运文化遗产提升城市视觉形象的对策

综合居民及外来游客在城市视觉形象方面的感知情况，结合不同类型的武汉军运物质文化遗产的功能价值及其对城市视觉形象的提升效应情况，提出武汉城市视觉形象的提升对策。

①留住"军运色彩"，描绘自然视觉符号

军运会期间，"集攒江城绿，共享军运蓝"成为武汉的一道靓丽风景，"一江清水向东流"更是成为湖北污染防治攻坚战的宣言。市民出行以绿色出行、低碳出行为主。城市生态环境通过齐心协力的治理与维护，使得武汉在军运会期间惊艳亮相于世界舞台。天更蓝、水更清、路更宽、城更美是市民、游客、志愿者们对武汉的共同印象。这种宝贵的"蓝""绿"色彩，是军运会留下的珍贵文化遗产，既包含物质的美丽环境塑造成果，也包含非物质的环境保护与管理制度和经验，更是广大人民群众保护环境、爱护环境的精神文化遗产。因此在军运会后，应努力让"军运蓝"成为"武汉蓝"，"军运绿"成为"江城绿"，描绘属于武汉的自然色彩属性和视觉形象符号。

②深化"军运烙印"，延展体育文化空间

军运会丰富的物质文化遗产，特别是实体场馆遗存为城市体育文化空间打上了深深的"军运烙印"。军运会体育场馆选址与建设，基本上沿武汉市西北—东南方向分布，通过改建与新建综合性体育运动场馆实现了武汉市体育文化空间的拓展，在提升体育硬件水平的同时，改善了体育文化空间的软环境，助推了武汉市体育文化产业的拓展。未来应做好对赛后场馆的维护和二次打造，丰富体育文化空间功能，创新对场馆管理和运行机制，发挥赛事的长期效应，吸引更多国际国内赛事和文化体育项目落户武汉，促进城市体育产业高质量发展。具体包括：

第一，推进军运会体育基础设施的市民化利用。本研究显示居民期待并赞许体育场馆等军运文化遗产投入使用。因此，武汉应做好军运场馆的保护与对外开放，满足大众健身、体育训练、参观游览的需求，让更多居民记住军运会，成为军运会的切实受益者，提升城市基础设施形象。此外，应进一步宣传军运文化，让军运精神等无形文化遗产彰显并传承，提升武汉的文化形象。

第二，提升市民空间参与活力，构建共同话语空间。负责赛事筹备和举办的政府部门应积极与武汉市民进行双向沟通，把握各类居民特征，了解不同市民对大型体育赛事举办的期望和担忧，尽力解决负面影响和相关问题，以发挥赛事的长期积极影响，减少"消极反对者"的占比，努力将"中立观望者"变成"积极支持者"；尤其要发挥女性、空间参与者以及其他"意见领袖"的"智囊团"作用，以提升赛事举办的支持度、参与度与满意度。

第三，武汉市应继续保持对投射与感知视角下积极情绪的强有力宣传，并充分发挥办赛经验、完善配套服务、利用场馆设施，积极承办大型赛事，持续提升城市知名度。在筹办大型赛事期间，应加强统筹规划能力，在完善城市基础设施建设的同时，降低大型赛事承办对城市居民的影响，增强办赛能力。并通过改善餐饮服务质量、规范和提高景区管理水平、开发适宜恶劣天气条件的旅游产品等措施提高游客满意度，优化城市旅游形象，拓展旅游市场空间范围，吸引更多潜在游客。

第四，由于投射与感知的整体形象差异较大，今后武汉市在承办大型赛事时应注意拓宽宣传面，除了宣传赛事本身，也要注重结合重大赛事的宣传，积极推广武汉市旅游的其他方面。针对官方宣传和游客关注的整体形象集群，进行有针对性的整合营销，进而提高武汉旅游形象的认可度和美誉度，从而提高整体旅游形象的游客满意度。

（3）利用军运文化遗产提升城市行为形象的对策

综合居民及外来游客在城市行为形象方面的感知情况，结合不同类型的武汉军运非物质文化遗产的功能价值，及其对武汉城市行为形象的提升效应情况，提出武汉城市行为形象的提升对策。

①激发"军运动力"，带动主客积极行为

城市居民是城市的主人，居民行为是城市行为形象的主体，游客是城市生活的参与者和分享者，游客感知是城市行为形象表征的一面镜子。通过研究充分认识到赛事的举办及赛事文化的宣传和传播对于城市行为形象的重要影响。军运会在筹备和举办过程中对接触者产生的价值观念、思维方式、道德情操以及管理和理念等方面留下的精神和制度等非物质文化遗产，对于潜移默化提高居民行为水准从而提升城市行为形象具有重要意义和价值。除了赛前和赛中的官方与媒体宣传，赛后更应该发挥军运会的文化特色，将积极的行为和情绪感染力固化到居民日常行为和城市生活的方方面面。具体包括：

第一，加强旅游吸引物和旅游基础设施的建设与配置。因为这是武汉认知感知和情感感知形象的重要维度，因此今后武汉旅游形象塑造和宣传应突出这两个维度。以丰富、特色、富有军运文化内涵的旅游吸引物和便利、完善的旅游基础设施与旅游配置，在游客直接体验层次提升满意度，传播良好武汉旅游名片。针对军运会带来的文化遗产以及运动精神，武汉市应利用官方宣传带动效应展开对应宣传，将军运文化与武汉文化融合、传扬，传承运动精神，吸引国内外游客。

第二，强化武汉优越地理区位和良好城市印象的宣传。因为这是游客对旅游地产生认知的重要来源，因此今后武汉市在旅游宣传过程中应充分突出武汉的地理区位特点以及城市印象特征。此外，通过改善军运文化遗产景观效果与景点质量、美化军运文化遗产景点环境、注重军运文化遗产旅游环境容量、开发各类天气条件下适宜游玩的军运会旅游产品以优化解决现存问题，从而在游客网络评价与游记文本中树立良好形象，利用口碑效应推动武汉旅游的发展。

第三，今后武汉市应以富有文化内涵的旅游吸引物及便利、完善的旅游设施为宣传重点，突出城市重要区位地位，吸引更多游客到来。此外，官方宣传应迎合游客多元化感知的需求，对游客感知较强的旅游吸引物层面予以更多宣传。针对军运会这一游客感知较弱的维度，政府应设法将军运文化与武汉文化融合，开发传统旅游产品和特色军运产品相结合的旅游产品结构体系，加强后军运时期的武汉旅游营销工作，继续维持军运会的举办对武汉作为城市旅游目的地的宣传效应，打造和巩固武汉作为"现代体育竞赛之都"的城市名片。

②鼓励"多元共创"，提升综合行为形象

城市行为形象体现了人们的素质、修养和文化水平，具体到某个地区来说，可以体现这个地区的竞争力和发展力。在赛后阶段，针对军运会文化遗产的保护和利用，居民应秉承一贯的"路路相连、美美与共"的精神，发挥个人风格和高尚道德，将军运办赛东道主精神进一步发扬，同时继续参与到日常的体育锻炼和休闲活动中去，积极投身于体育项目和体育产业建设、投身于赛后文化遗产的保护和传承中去；企业应进一步保障赛后相关设施和产品的规范运营和销售，严控质量，建立规范的企业行为形象；政府应进一步制定成熟完善的文化遗产管理和利用措施，继续进行武汉和军运文化遗产的相关宣传，展现良好的政府行为形象。

③促进"自主管理"，发挥军运内在精神

城市行为形象赛后提升更蕴含了军运内在精神，利用军运"余温"，积极构建疫后"体育强市"形象。努力响应两会提出的"趁势释放军运会效应"，促进体育设施的便民化利用，完善军运场馆的配套服务设施。提升市民空间参与活力，构建共同话语空间。负责管理的政府部门应积极与武汉市民进行双向沟通，把握各类居民特征，了解不同市民对武汉城市形象的期望和担忧，努力促进居民自主管理能力，以发挥赛事的长期积极影响，发挥军运精神的内在力量，努力将政府主导变成政府引领带动结合居民自主管理。

尤其要做好大型赛事前期的信息公示与提前预警。交通管制和工程建设是大型活动举办会带来的普遍问题，也是居民可能感知到的关键成本，因此，政府应提前了解当地居民对交通管制与工程建设的担忧与意见，规避居民意见集中的地方，做好前期规划，并通过媒介渠道做好居民的安抚工作，以获得支持与理解。此外，在赛事举办期间，应提前告知交通流量、限行信息，并鼓励广大居民使用公共交通，在保障赛事运输的前提下，为本地居民开通相应的专用道，兼顾二者的需求，提升城市管理形象水平。

五 武汉军运城市建设遗产与
城市环境提升研究

（一）大型体育赛事城市建设遗产与
城市环境提升研究综述

筹备和举办大型体育赛事，对城市发展影响巨大。近年来，大型体育赛事举办对城市发展的促进作用越来越明显，从而引起各城市对赛事申办权的激烈竞争。特别是大型赛事不断深化的办赛理念，越来越深入地影响着主办城市的城市治理观念。

国际奥委会因应全球可持续发展理念日渐深入人心的发展趋势，逐渐把推进城市的可持续发展作为奥运会重要的发展目标。在奥林匹克运动诞生之初，其宗旨是倡导和平，随着全球可持续发展理念的深入人心，作为拥有以自然环境为载体的诸多运动项目的奥运会，其办赛宗旨和发展目标逐渐趋向多元，既关注办赛水平也关注赛后城市发展。1999 年国际奥委会通过了《奥林匹克运动 21 世纪议程》，正式将实施可持续发展战略纳入奥林匹克运动的千年计划。在此背景下，奥委会积极探索可持续发展之路，并重视赛事遗产的利用工作。以 2000 年为界，"城市发展已经成为奥运（体育赛事）规划的主导因素"。2014 年年底，国际奥委会通过了《奥林匹克 2020 议程》，提出将可持续融入奥运会的各方面和奥林匹克运动的日常运行，可持续利用已成为衡量奥运会成功与否的重要指标之一。

受奥运办赛理念变化的影响，我国各城市举办体育赛事的思路逐渐由"体育赛事负载的国家政治任务转向为地方或者城市治理的工具"①。这种转变，为我国热衷于举办体育赛事的城市提供了思考，也为学术研究提供了新的热点，以此为契机，探讨大型赛事遗产赛后开发、利用的相关研究纷纷出现，并在其展开过程中与城市管理者的实践探索形成了良好互动。从研究主要内容来看，重点围绕赛后场馆利用、志愿服务可持续利用、国外城市赛事遗产再利用的经验等方面展开。从研究对象来看，主要围绕北京奥运会、冬奥会、南京青奥会、广州亚运会等大型赛事。从热门城市来看，重点探讨以上海为代表的大型赛事举办集中地城市发展与赛事之间的关系。从实践视野来看，部分学者还积极关注和研究了国外多个赛事的办赛经验。多视角的研究推动了大型赛事赛后城市遗产研究走向深入。

体育赛事城市建设遗产利用问题也在一定程度上引起了理论界的关注。筹备和举办大型体育赛事，给城市建设带来的影响尤其明显。大型赛事城建遗产的内涵与外延是什么，赛后城市建设遗产的意义与价值何在，如何促进这些遗产的可持续利用以持续提升城市发展环境，也由此成为大型赛事遗产研究中的主要关注点，并相应产生了一些研究成果。

1. 大型赛事城市建设遗产的内涵与外延

大型体育赛事的城市建设遗产有哪些具体内容，是研究城市建设遗产可持续利用的首要问题。但是，目前关于赛事城建遗产的研究较为薄弱，并未形成一个被广泛接受的关于城建遗产的学术概念。当然，由于体育赛事城建遗产利用问题在一定程度上引起了理论界和实践部门的关注，因此在相关研究和实践探索中，仍可见到关于城建遗产范围和内容的若干表述。

在 2002 年瑞士洛桑召开的奥林匹克运动会遗产研讨会上，国际奥林匹克委员会把奥运遗产归纳为六大类：城市及环境遗产、运动遗产、经济及旅游遗产、政策遗产、文化及社会交往遗产、教育和档案遗产。② 由

---

① 谢劲：《大型体育赛事与城市发展》，商务出版社 2018 年版，第 59 页。

② Olympic Games Study Commission. *Interim Report to the* 114*th IOC Session*, Mexico, November 2002.

于分类依据的原因，其中并未直接对城市建设遗产进行界定，但赛事城建遗产的相关内容实际散见于其他遗产之中。

国内理论界也未能从概念上对"城市建设遗产"的内涵与外延予以明确界定，但仍不乏关于城建遗产的论述。从具体论述看，赛事城建遗产包括了基础设施和体育场馆、交通体系改革及路网规划、自然景观和文化设施及文化软环境建设、政策和制度遗产四个方面。

关于赛事遗产的分类，学界对城建遗产一般未曾直接列出，但在内容上大多包含了其相关内容。如，韦拥军认为赛事遗产主要体现在社会、体育与环境三个方面。社会遗产方面主要包含社会振兴、教育和文化、劳动技能三大部分。体育遗产主要包含参与、竞技、商业三大部分。而环境遗产主要保护美化、绿化两大主要内容[1]。事实上，大型赛事所产生政治影响和文献资料客观上也是遗产的一部分。有的学者就注意了这一方面的情况。毕耕安分析了上海网球大师杯赛赛后遗产利用情况，认为上海市政府对大型赛事遗产开发利用主要体现在赛事场馆及其设施、赛事经济遗产、文献资料遗产、政治遗产、社会遗产等几大方面[2]。王兴一分析了赛事遗产概念的流变，认为赛事遗产的内涵"应以国际奥委会的体育、社会、环境、城市和经济五个方面为核心"[3]。大型赛事所创造的制度和标准体系能够为后来赛事提供借鉴，因而也是一大遗产。史维以上海世游赛为例，研究在大型赛事遗产开发利用中作用，认为赛事遗产主要包含了政治遗产、经济遗产、文化遗产、社会遗产、环境遗产、场馆设施遗产、经验与制度遗产、文献资料遗产、信息与教育遗产 9 大类[4]。其中关于经验与制度遗产的概括，强调了大型赛事所创造的制度和标准体系的遗产价值。在内容上，这些经验与制度遗产一定会包含赛事管理、交通组织、城市治理等方面的实践探索和制度成果。

---

① 韦拥军：《大型体育赛事遗产的开发与对策研究》，《延安大学学报》2010 年第 4 期。
② 毕耕安：《上海市对大型赛事遗产开发利用研究——以网球大师杯大赛为例》，硕士学位论文，上海体育学院，2011 年。
③ 王兴一：《我国大型体育赛事遗产"活化"策略研究》，《技术经济与管理研究》2019 年第 12 期。
④ 史维：《政府在大型赛事遗产开发利用中的作用研究——以上海世游赛为例》，硕士学位论文，上海体育学院，2013 年。

从具体论述看，几乎所有的研究者都认为，交通等基础设施和体育场馆是非常重要的赛事建设遗产。交通等基础设施和体育场馆作为举办体育赛事的必备条件，建设投资巨大，赛后利用问题广受关注，因此自然成为赛后城市建设遗产的最重要内容之一。如付晓辉认为"鸟巢""水立方"、国家体育馆、五棵松体育馆等场馆是北京奥运重要的建设遗产。[①]齐震明确把基础设施作为奥运遗产的六大评估指标之一，认为奥运遗产中基础设施包括奥运竞赛和训练的体育场馆，同时主办城市的一般基础设施，如机场、公路、电信、酒店、住房（运动员、媒体和官员）、娱乐设施、集市、公园等，也属于赛事的城市建设遗产。[②]俞丽萍等人基于对奥运场馆的反思，如何在赛事结束后对已有的不同性质、不同条件、不同规模的体育场馆进行合理有效的利用，是处理赛后遗产的一个重要的考量内容。[③]

朱小地认为奥运给北京带来诸多建设成果，如体育场馆，交通网络，环境治理，信息化建设，气、热、水、电等设施的改造，历史名城保护。[④]路明重点关注基础设施建设、交通体系改革、路网规划等城市建设方面。[⑤]张弘、李谦则将北京奥运会交通组织规划及交通组织运行经验作为办赛重要启示，实际可以理解为属于赛事的城市建设遗产。[⑥]付晓辉认为，北京城市建设和城市管理的理念、规划和定位，在奥运后都有大的促进和发展。[⑦]实际上，这些都是筹办奥运会的结果，应当归入城市建设遗产的范畴。

也有研究者认识到文化设施和文化软环境建设在体育赛事城市建设

① 高晓东、芦垚、杨乔乔：《奥运遗产如何重塑城市——专访北京奥运城市发展促进会秘书长付晓辉》，《瞭望东方周刊》2018 年第 31 期。

② 齐震：《奥运遗产评估指标初探》，《体育科技文献通报》2019 年第 4 期。

③ 俞丽萍、李焰强、曾大：《大型赛事后体育场馆的可持续利用与发展——基于奥运场馆的反思》，《成都体育学院学报》2012 年第 6 期。

④ 朱小地：《北京奥林匹克中心区赛后利用对北京城市建设的影响》，《世界建筑》2013 年第 8 期。

⑤ 路明：《大型体育赛事对城市交通基础设施规划的影响》，《综合运输》2016 年第 3 期。

⑥ 张弘、李谦：《北京奥运会交通运行组织与管理的经验分析》，《综合运输》2017 年第 1 期。

⑦ 高晓东、芦垚、杨乔乔：《奥运遗产如何重塑城市——专访北京奥运城市发展促进会秘书长付晓辉》，《瞭望东方周刊》2018 年第 31 期。

遗产中的应有地位。如付晓辉认为，北京奥运会筹办期间加强对历史文化遗址的保护，完成了明城墙、永定门城楼南中轴线等一批重要文物、景观的修复工程，使古都魅力进一步显现。① 从研究成果看，当前城建遗产中文化软环境研究主要集中在城市品牌、文化品牌和志愿服务文化等几个方面。如，陈燕妮从城市品牌角度研究体育赛事城市建设遗产，认为大型赛事的举办，是体育竞赛产业的一大部分，是实现城市品牌与文化建设战略目标的助推器② 。胡茂森在考察了第七届世界军人运动会对湖北省高校田径文化的影响后，提出赛事布局在高校的体育场馆会对高校学生等特定群体带来影响，认为军运会中有40%的场馆都选择在高校中，因此必然会对举办地的高校文化氛围产生影响。他从田径理念文化、田径视觉文化、田径行为文化、田径环境文化四个方面深入分析了军运会给高校田径文化带来的深刻变化，认为军运会使得田径理念文化深入人心，更有利于湖北省高校田径文化的发展。③ 还有学者从志愿服务文化方面研究赛事城市建设遗产。如，曾勇认为大型体育赛事中的大学生志愿服务文化将对社会产生重要的作用，从而让更多的人能够产生参加志愿事业的兴趣，推进志愿事业的发展。④ 商执娜等人以广州亚运会为例，认为大型体育赛事中所产生的志愿服务文化对构建城市社会志愿服务体系产生积极的作用，不仅传播了社会志愿服务精神，培养专业化、数量多的志愿服务队伍，丰富城市社会志愿服务活动的内容，还有助于不同社会支持要素之间的沟通。⑤

总体上看，理论界对赛事城市建设遗产的内涵与外延的界定，关注的视角和研究的对象呈现冷热不均的特点，相关研究更多集中在与体育

① 高晓东、芦垚、杨乔乔：《奥运遗产如何重塑城市——专访北京奥运城市发展促进会秘书长付晓辉》，《瞭望东方周刊》2018年第31期。

② 陈燕妮：《大型体育赛事对举办城市品牌营销的影响研究》，硕士学位论文，首都体育学院，2019年。

③ 胡茂森：《第七届世界军人运动会对湖北省高校田径文化的影响研究》，硕士学位论文，武汉体育学院，2020年。

④ 曾勇：《高校大型体育赛事中大学生志愿者管理研究》，硕士学位论文，湘潭大学，2011年。

⑤ 商执娜、李爽、王蕾、阿拉木斯：《略论大型赛事对构建城市社会志愿服务体系的作用》，《当代体育科技》2013年第14期。

赛事直接相关的城市交通设施建设、体育场馆建设等方面，而较少关注与体育赛事不直接相关的文化设施建设、软质景观规划设计建造、城市建设与管理制度规范制定等方面。这一情况表明，关于大型体育赛事城市建设遗产的"软性"内容研究还有较大的挖掘空间。而且，更为重要的是，体育赛事城市建设遗产并未成为一个被广泛接受的学术概念，因而关于其内涵与外延的研究是相当初步的。

2. 大型赛事城市建设遗产的意义与价值

举办一场大型赛事，对于举办城市而言，是对城市治理的一次全面大考和功能的深度整合，其影响非常深远。理论界对大型体育赛事城市建设遗产的赛后价值总体持积极正面评价，同时也意识到其可能带来的负面影响。

从正面评价来看，其关注重点集中在促进城市更新和空间优化，提高城市基础设施水平，提升文化软实力，改善人民生活等方面。部分学者注意到了大型体育赛事对城市更新和空间优化方面的作用。如，曹亚东在研究西方国家的经验时，认为体育赛事"成为旧城改造和新城建设的催化剂，是城市功能整合、规划布局调整的重要契机"[1]，同时，在社会文化和经济发展等方面推动着城市的发展。朱小地认为，"在北京奥运会结束的第一个 5 年里，随着社会大环境和使用需求的变化，北京奥林匹克中心区从规划、城市空间结构、土地利用情况到建筑功能、运营都发生了不同程度的改变，使奥运遗产成为推动北京城市建设的持续力量"[2]，其积极作用包括：带动发展了城市新的功能中心，完善城市职能和空间结构，优化人文发展环境，提高城市基础设施水平。也有学者更加强调大型体育赛事的举办对提升文化软环境的影响。如，刘东锋认为举办大型体育赛事"有效地提升主办国的文化软实力"[3]。刘一、林明祥等人研究了排球赛事对海南城市发展的影响，认为举办排球赛事在文化

---

① 曹亚东：《体育产业经营管理》，西安交通大学出版社 2015 年版，第 111 页。
② 朱小地：《北京奥林匹克中心区赛后利用对北京城市建设的影响》，《世界建筑》2013 年第 8 期。
③ 刘东锋：《大型体育赛事对主办国国家文化软实力影响的作用机制研究》，《首都体育学院学报》2020 年第 3 期。

方面对海南城市发展产生了积极的作用，"有利于海南排球文化的传承与发展"，同时也为"海南省的全民健身创造了有利的条件"①。因此，加大对大型赛事城市建设遗产的研究，对于推进城市更新和赛后遗产的可持续利用具有重大的理论和现实意义。

从负面影响来看，其关注点主要集中于市场化利用不足、经济收益低、基础设施利用率低等方面。如，朱小地在肯定奥运城建遗产积极作用的同时，认为"也存在着诸多需要反思的问题"，这些问题包括：城市功能结构尚需完善，土地使用效率较低，城市肌理断裂，奥运遗产的体育市场化利用不足等。② 胡刚、陈清等认为，厦门马拉松赛事的举办给城市绿化、人民生活和体育品牌都带来了积极影响，但也造成赛后交通基础设施利用率低和基础设施利用率低等问题。因此，应对交通情况和投资建设进行合理规划。③ 李学东、白银龙对 2008 年以来我国举办的不同类型的大型综合体育赛事的经济效益进行了分析，研究发现因赛后遗产处理不当，除 2008 年北京奥运会外，我国举办的其他赛事"在经济收益上基本处于赔本状态"④。秦会兵、刘远海认为在看到大型体育赛事给城市带来的积极影响外，也应注意到"环境的污染，巨大的交通治安压力"⑤ 等问题，因此要正确处理大型体育赛事和城市发展之间的辩证关系。

另有观点认为，赛事城建遗产是否具有意义与价值，必须满足一定前提条件。如，林显鹏认为赛后城市建设遗产价值的发挥取决于赛后场馆资源开发和利用的水平。如果能正确的开发，则会给城市体育产业和旅游产业发展提供动力，反之"使主办城市背负沉重的财政负担"⑥。

---

① 刘一、林明祥：《排球赛事对海南城市发展的影响研究》，《当代体育科技》2019 年第 30 期。

② 朱小地：《北京奥林匹克中心区赛后利用对北京城市建设的影响》，《世界建筑》2013 年第 8 期。

③ 胡刚、陈清：《马拉松赛事对城市发展的影响研究——以厦门马拉松赛为例》，《体育科技文献通报》2020 年第 2 期。

④ 李学东、白银龙：《我国大型综合体育赛事经济效益分析》，《体育文化导刊》2015 年第 5 期。

⑤ 秦会兵、刘远海：《大型体育赛事对举办城市发展的影响研究》，《体育科技文献通报》2020 年第 2 期。

⑥ 林显鹏：《2008 年北京奥运会场馆建设及赛后利用研究》，《科学决策月刊》2007 年第 8 期。

综上所述，理论界对赛后城市建设遗产的意义与价值的判断，更多集中在其对城市经济发展、财政负担、城市面貌等的影响方面，较少关注到城市建设遗产与城市环境提升之间的关系。而实际上，大型体育赛事对城市环境的影响是非常明显的。在赛事筹备阶段，各城市以满足赛事需求为导向，调整城市规划布局、加快旧城改造和新城建设，优化城市交通、加快城市基础设施建设，完善城市功能、加快各项配套设施建设，改善城市环境、集中开展城市生态环境整治，在短期内实现对城市老旧设施的改造、城市生态环境的改善、轨道交通建设、大型体育场馆建设等，实现赛事筹备与城市建设有效结合，深刻塑造了城市软硬质环境。赛后，因赛事举办而形成的这些城建遗产，仍然具有重要价值，其中道路、公园等并不直接用于赛事举办的基础设施自然融入城市运行体系，体育场馆等虽然面临着后续运营风险和城市办赛债务的清偿压力，但仍将在优化城市环境和提升城市品质方面具有继续发挥作用的可能性。在理论上，我们不能简单地否定城建遗产的价值或夸大城建遗产的风险。在实践上，我们也不能忽视城建遗产赛后利用经典案例的可复制性或可推广性。因此，理性的做法是，在对城建遗产赛后利用进行理论思考的基础上，结合具体市情，积极探索赛后利用的可行途径，从而促进大型体育赛事与城市可持续发展的良性互动。

3. 大型赛事城市建设遗产与城市环境提升

赛事服务城市发展，为筹备赛事而投资建设的城市道路交通、文化体育场馆等公共设施，进行的城市环境综合治理和城市更新改造活动，以及在筹备和举办赛事过程中创设、完善的赛事管理、交通组织、城市治理等方面的政策和制度成果，均属于赛事城建遗产。这些遗产对赛后城市环境提升是否能够发挥作用，如何发挥作用，这是很多研究者关注的重要问题。具体而言，包括对城市硬环境、城市文化环境、城市生态环境、城市生活环境等方面的研究。

（1）赛后城市建设遗产与城市硬环境

由于大型赛事中基础设施建设对城市面貌的改变最为直接和直观，学界对赛事城市建设遗产与城市硬环境优化的研究相对更为集中，其中交通设施建设与体育场馆建设的赛后可持续利用是主要的研究领域。

第一，道路交通建设遗产对城市硬环境的影响。

总体上，研究者对道路交通建设在提升城市硬环境方面的作用持积极评价。如，路明以北京奥运会、广州亚运会等大型体育赛事案例分析了大型体育赛事在基础设施建设、交通体系改革、路网规划等方面对城市产生的影响，认为主办城市重在"减少交通基础设施的额外支出，制定科学交通规划"①。李蜜分析了北京奥运会等赛事对交通发展的影响，意识到大型运动对于主办城市来说，不仅"推进城市交通基础设施建设和交通现代化进程，而且有效促进市公共交通秩序整治和公共交通快速发展"②。褚占才认为大型国际性体育赛事对加快城市交通基础设施建设和改善交通运行状况具有重要的意义。因此，做好大型赛事的城市交通管理，需要从"组织、技术和规划三个基本层面着手"③。

张弘、李谦分析总结了北京奥运会交通组织规划及交通组织运行经验启示，认为北京市从交通目标制定、交通需求分析、交通管理与服务及环境保护等方面制订了周密的组织及规划方案，同时制定了赛时交通运行模式、场馆交通运行模式、开闭幕式交通运行模式等多种交通运行模式，并带来了倡导绿色环保出行方式，优化智能交通体系及信息服务启示。④ 曹宇、杨薇在奥运背景下考察了交通建设。他们认为开放社区是城市未来的发展方向，在促进城市微循环，缓解城市交通拥堵方面具有重要的作用。因此，应"在城市发展红线内如何有效利用公共空间提升城市道路运载力是改善其交通状况的关键"⑤。实际上，张弘、曹宇等人的研究除了强调交通设施建设对城市硬环境的促进作用，也论述了其对保障市民安全出行、便利市民生活等方面的积极作用，实际上注意到赛事城市建设遗产对提升城市安全环境和生活环境的重要作用。

第二，体育场馆建设遗产对城市硬环境的影响。

---

① 路明：《大型体育赛事对城市交通基础设施规划的影响》，《综合运输》2016 年第 3 期。

② 李蜜：《举办大型体育赛事对推进城市交通发展的战略意义》，《综合运输》2016 年第 4 期。

③ 褚占才：《大型体育赛事的交通管理对策》，《综合运输》2016 年第 12 期。

④ 张弘、李谦：《北京奥运会交通运行组织与管理的经验分析》，《综合运输》2017 年第 1 期。

⑤ 曹宇、杨薇：《奥运背景下社区开放模式与城市发展之探索性研究——基于某奥运主办城市建设的调查》，《开封教育学院学报》2018 年第 1 期。

通常情况下，为了保证大型赛事顺利开展，主办城市需要建设和改造大量的场馆，这些体量巨大的场馆直接改变了城市面貌，提升了城市硬环境。在这一点上，理论界的认识是高度一致的。

同时，有学者认识到大型体育场馆建设对城市空间的优化起到了重要作用，因而对城市硬环境的积极影响不容忽视。如，杨效勇等对大型体育场馆空间布局影响下城市发展的内在逻辑进行研究，发现大型体育场馆"在城市规划引导下进行合理布局，能够更好地与旧城改造、新城建设结合，推动城市发展规划落到实处"①。王春雷认为重大事件中选址规划、土地利用、基础设施建设、场馆建筑与大型项目、后续开发六大因素影响着城市空间结构，其作用方式表现为"对城市空间结构规划进行战略性调整，推动城市核心区的极化与边缘区的扩展，依托产业布局调整优化城市空间结构"② 等方式。一些研究者介绍了国外再利用大型赛事城建遗产、优化城市区块发展的成功经验。如，王兴一分析伦敦奥运会通过长远规划实现东伦敦持续复兴，东京奥组委通过奥运会实现地域、时间、领域等方面的"扩展与延伸"等国际成功案例，③ 为研究利用赛事遗产优化城市硬环境提供了新的思路。

但是，大型赛事场馆投资和占地面积大，管理费用高。因此赛事体育场馆建设遗产对城市硬环境的影响，人们往往因为其利用效率不同而认识不一。如，李宇彤通过分析北京奥运会场馆赛后管理情况，发现由于过分强调公益属性而带来较大的财政压力、赛后利用不均衡、缺少活力等一系列问题。④ 有鉴于此，他认为因充分发挥民间组织和市场的力量，将过于集中的体育赛事资源进行合理分流，同时将部分奥运场馆打造成专业的训练场供民间体育组织使用，以提高赛后场馆的可持续利用率。周志波等人总结了 2014 年索契冬奥会赛后的发展模式，认为应警惕

① 杨效勇、乔玉、张瑶、高晓波：《大型体育场馆空间布局对城市发展的影响》，《体育学刊》2019 年第 4 期。

② 王春雷：《重大事件对城市空间结构的影响：研究进展与管理对策》，《人文地理》2012 年第 5 期。

③ 王兴一：《我国大型体育赛事遗产"活化"策略研究》，《技术经济与管理研究》2019 年第 12 期。

④ 李宇彤：《后奥运时代赛事场馆有效利用研究》，《时代经贸》2020 年第 1 期。

其赛后发展所面临的场馆使用功能零散、场馆可持续运营负担增加、奥林匹克公园休闲职能丧失等问题，借鉴索契政府推行的可步行城市、建设城市轴线和多样化的社区等措施，以实现城市可持续的复兴规划。[①]

（2）赛事城市建设遗产与城市文化环境

赛事城市建设遗产，既包括直接服务于城市文化体育活动而投资建设的文化体育等社会性基础设施，也包括文化赋能的城市公共设施。它们展示着地域文化特色，并在赛后成为"文化＋体育"的城市文化景观，或直接服务于市民文化体育生活，从而构成为城市文化环境的一部分。目前可见的一些研究成果中，已直接或间接地注意到赛后城市建设遗产对优化城市文化环境的积极作用。

利用赛事城市建设遗产便利市民文化生活。如，程明凯以2014年南京青奥会为考察对象，分析了南京青奥精神遗产保护与传承困境。他认为新闻媒体在宣传上偏好建设工程，而对青奥精神层面宣传不够，因而建议加强南京传统文化与奥林匹克文化的融合，"在奥运村、青奥场馆、住宿饮食、公共设施等方面体现中国的传统文化"[②]。黑迪以奥运赛事文化活动为考察对象，分析了奥运会对主办城市文化的影响。他认为奥运会提供了文化交流的平台、提升了主办地文化活动的品质，促进了文化产品输出和设施建设。为避免奥林匹克关注度下滑带来的低谷效应，他认为应考虑将中国文化与冬奥文化相结合，把发展思路拓展到文化演出附加产品的开发上。同时，扩大文化的对外交流，"将文化演出产品及配套资源推向世界"[③]。宋候琴、赵平花以2019年第二届全国青年运动会为例，认为二青会场馆与音乐厅、博物馆、影剧院等场所在功能上存在共性，因此"可以在保证原有结构体系的基础上对场馆注入新项目"[④]。

利用赛事城市建设遗产满足市民体育消费需求。如，唐荣丽以深圳

① ［苏］加加林·弗拉基米尔·根纳季耶维奇、［苏］舒斌·伊戈尔·鲁比莫维奇、周志波：《2014年索契冬奥会的建设特点与赛后发展模式》，《建筑学报》2019年第1期。

② 程明凯：《南京青奥遗产的保护与传承研究》，硕士学位论文，南京师范大学，2015年。

③ 黑迪：《奥运赛事文化活动对2022年冬奥会的启示和可持续发展研究》，硕士学位论文，北京体育大学，2019年。

④ 宋候琴、赵平花：《奥运会赛后场馆利用的成功经验对二青会的启示研究》，《体育科技文献通报》2020年第4期。

大运中心场馆为考察对象，建议从充分利用场地设施、合理规划商业业态出发，"与中航、精英、好家庭等全国各大著名的健身会所进行合作"，逐步实现多元化经营。同时，"积极申办篮球、足球、羽毛球项目大型赛事"①，并加大对大运中心的改造力度，以便满足全民健身的需求，适当提高弹性设计场地的功能，提高场地利用率。

利用赛事城市建设遗产丰富城市旅游发展环境。如，张峰、张晓莉以冬奥会张家口奥运场馆为研究对象，提出通过"开放开发滑雪场和张家口奥运村，以发展冰雪产业和冰雪旅游业"②，从而利用奥运赛后社会影响力和完备设施，充分发掘其旅游资源。邹新娴进一步提出，"细分市场和目标客户群体，促进北京冬奥会场馆赛后利用与市场需求和消费人群更好对接"③，使赛后城市建设遗产顺利转化为主办城市有效旅游资源，成为城市环境提升的加分项。

（3）赛事城市建设遗产与城市生态环境

关于赛事城市建设与城市生态环境的关系，理论界的关注点主要集中在场馆建设的绿色环保、赛后绿色产业的发展和环保意识的普及三个方面，相关研究成果较多。

场馆建设的绿色环保化。如，王月、孙葆丽以冬奥会为考察对象，认为环境目标是"北京冬奥会遗产发展的基础"，因此在奥运遗产规划时，要"充分考虑有形遗产与环境之间的关系，包含场馆选址、场馆建设、场馆后期开发过程中所带来的环境影响"④，实现绿色遗产。冯雅男等学者注意到场馆对周边环境的影响，强调场馆"应采用绿色、低碳的建设标准"，"使用节能、节水等环保材料"⑤。

赛后绿色产业的发展。如，冯雅男、孙葆丽等学者认为践行后奥运时代"绿色奥运"的理念，还应体现在产业发展上，北京、张家口等办

① 唐荣丽：《深圳大运中心场馆赛后利用研究》，硕士学位论文，北京体育大学，2012年。

② 张峰、张晓莉：《后奥运时代张家口奥运场馆可持续利用策略》，《科技风》2020年第4期。

③ 邹新娴：《法国冬奥会场馆的赛后利用模式研究》，《体育学研究》2019年第1期。

④ 王月、孙葆丽：《可持续发展视阈下北京2022年冬奥会遗产探析》，《北京体育大学学报》2019年第1期。

⑤ 冯雅男、孙葆丽：《冬季奥运会可持续发展研究及对北京2022年冬奥会的启示》，《沈阳体育学院学报》2017年第5期。

赛城市应"大力发展绿色产业及可再生能源产业",推动城市功能的提升。① 文沫霏介绍了温哥华冬奥会引进 LEED（绿色建筑认证体系），使用氢气作为公共交通驱动，场馆利用热循环系统减少能量损失等做法，②认为其引入科技手段、改善城市生态环境的做法值得借鉴。

赛后城市环保意识的普及。如，程明凯考察了 2014 年南京青奥会后期城市空气状况，发现空气质量问题反弹比较突出，因此他认为政府应加强环境意识教育，借助媒体、民间团体等广泛宣传，鼓励青少年实践参与。③ 袁书营在研究 2008 年北京奥运会有形遗产利用现状时，发现北京为实现绿色奥运目标，在能源、废弃物管理、交通、宣传教育、环境保护和环境管理等方面都留下了丰富的遗产。针对奥运环保成果现有的开发利用情况，他建议加大媒体宣传和环保成果的推广，并在不同区域设立环保示范区，"通过示范区良好的试验效果进而带动环保成果在社会中的普及"④。

（4）赛事城市建设遗产与城市生活环境

赛事筹备过程中留下的大量文化体育设施和功能提升的道路交通等基础设施，在赛后具有从服务赛事转为服务市民的必要性和可能性。关于赛事城市建设与城市生活环境的关系，理论界亦有一些值得注意的研究成果。主要观点包括以下一些方面：

利用赛事城建遗产优化市民生活环境。一些研究成果介绍了国外经验。如邹新娴系统考察了法国 1992 年冬奥会场馆（地）赛后运营模式，对其将赛后场馆"定位于提供公共体育服务的综合性平台"⑤，并按照这一定位采取改造成民众活动室等多种措施的经验充分肯定，建议北京冬奥会予以借鉴。蔡嘉欣等人考察了墨尔本全球体育城市建设的经验。墨尔本将体育场馆看作城市发展平台，将赛事场地打造成休闲性公共运动

① 冯雅男、孙葆丽：《冬季奥运会可持续发展研究及对北京 2022 年冬奥会的启示》，《沈阳体育学院学报》2017 年第 5 期。

② 文沫霏：《浅谈 2008 年奥运文化遗产对 2022 年冬奥会筹办的启示》，《科技资讯》2019 年第 8 期。

③ 程明凯：《南京青奥遗产的保护与传承研究》，硕士学位论文，南京师范大学，2015 年。

④ 袁书营：《2008 年北京奥运会有形遗产利用现状研究》，硕士学位论文，北京体育大学，2012 年。

⑤ 邹新娴：《法国冬奥会场馆的赛后利用模式研究》，《体育学研究》2019 年第 1 期。

空间，"体育基础设施越来越多地被用于城市再造和'废弃'地区再生"①。她们认为应借鉴墨尔本利用体育基础设施推动"宜居城市"建设的经验，完善体育设施建设，实现全民健身场地设施全覆盖，更好利用赛后遗产资源实现对市民的更好服务。

利用赛事城建遗产促进公共服务均等化。杨效勇等人认为大型体育场馆的空间布局应该将"城市居民的需求和大型体育赛事的举办要求"②结合起来考虑。赵家亮以奥运与城市空间作用机制的分析为基础，认为北京奥运在城市北部建设的奥林匹克公园，形成了"新的城市公共活动中心"，"北京城区的公共服务设施分布更趋于合理"③。

4. 研究思路与框架

综上所述，赛事城市建设遗产的研究总体不足，诸如赛事城市建设遗产的内涵与外延等并未引起足够重视，赛事城市建设遗产与城市环境提升的研究更是处于较为薄弱的状况。虽然理论界对其中的一些内容，如道路交通、体育场馆建设对城市硬环境的提升，对生态环境的改善等，进行了较为集中的研究，形成一些研究成果。但总体上未能形成关于赛事城市建设遗产与城市环境提升的研究框架。本研究旨在以现有研究成果为基础，分析、吸收、借鉴国内外办赛经验和赛事遗产可持续利用做法，以武汉军运会为研究样本，以管理学、历史学、文化学、政治学、社会学等学科方法，探索建立赛事城市建设遗产与城市环境提升的研究框架及其概念体系，以推动这一薄弱研究领域的理论进步。同时，基于军运会的实证研究，提出持续利用军运城市建设遗产，进一步提升武汉城市环境的若干政策建议，以发挥服务决策、服务社会、服务市场的作用，体现本研究的实践价值。

本研究的技术路线是，通过梳理现有大型赛事城市建设遗产与城市

---

① 蔡嘉欣、徐开娟、黄海燕：《墨尔本全球体育城市建设经验及其对上海的启示》，《体育科研》2018 年第 6 期。

② 杨效勇、乔玉、张瑶、高晓波：《大型体育场馆空间布局对城市发展的影响》，《体育学刊》2019 年第 4 期。

③ 赵家亮：《北京奥运会空间效应研究》，《河南工业大学学报》（社会科学版）2010 年第 4 期。

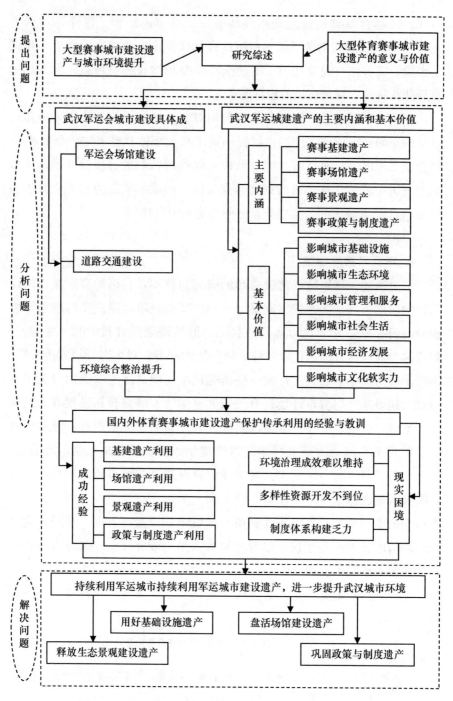

图 5 - 1 武汉军运城市建设遗产与城市环境提升研究技术路线图

环境提升的相关研究成果，提出问题，明确研究重点和方向，总结提炼武汉军运会推进城市建设、优化城市环境的具体成果，军运城市建设遗产的主要内涵和基本价值，并在借鉴国内外体育赛事城市建设遗产保护传承利用的经验与教训的基础上，提出持续利用军运城市建设遗产、进一步提升武汉城市环境的政策建议。

在内容上，本研究报告共有四部分，分别是"大型体育赛事城市建设遗产与城市环境提升研究综述""武汉军运城市建设遗产的主要内涵和基本价值""国内外体育赛事城市建设遗产保护传承利用的经验与教训""持续利用军运城市建设遗产进一步提升武汉城市环境的政策建议"。其中，武汉军运城市建设遗产的主要内涵、基本价值及其后续利用是研究重点和难点，也是本报告的创新之处，在一定程度上弥补了大型体育赛事城市建设遗产理论研究中的不足。

（二）武汉军运城市建设遗产的主要内涵和基本价值

武汉市于 2015 年 5 月成功申办、2019 年 10 月 18 日至 27 日成功举办了第七届世界军人运动会。这是中国第一次承办综合性国际军事体育赛事，也是继北京奥运会后中国举办的规模最大的国际体育盛会。武汉军运会在军运会历史上第一次在一个城市安排所有比赛项目，第一次集中新建运动员村，是比赛项目设置数量最多的一届军运会。武汉军运会作为世界性的大型综合性体育赛事，其成功举办对武汉市甚至国家的发展产生巨大的推动作用，武汉在统筹军运会与城市建设方面所采取的一系列举措对后军运时代武汉城市发展包括城市环境提升产生积极影响。习近平总书记对第七届世界军人运动会成功举办作出重要指示强调，第七届世界军人运动会成功举办，体现了中国气派、军人特色，实现了"办赛水平一流、参赛成绩一流"目标。因举办军运会而实施的城市建设项目、城市管理政策和制度更新、城市交通体系变革与优化、城市环境整治与美化等城市建设方面的物质和精神成果，在赛后即构成赛事城建遗产并体现出其相应价值。那么，武汉军运城市建设有哪些具体成果，军运城市建设遗产的具体内容有哪些，其基本价值又体现在哪些方面，这是研究军运城市建设遗产与城市环境提升关系必须厘清的关键问题。

1. 武汉军运城市建设的具体成果

从成功申办到成功举办，武汉市抓住筹备第七届世界军人运动会这一大型国际体育赛事的重要契机，秉承"办好一次会，搞活一座城"的理念，坚持把"办赛事"和"建城市"统一起来，既考虑满足军运会赛时的要求，又考虑城市的可持续发展，按照细致、精致、极致、卓越的要求大力推进城市各项建设。承办军运会，倒逼武汉以更国际化视野、更高标准来重新审视城市建设、城市形象、城市管理水平。为保障军运会顺利举办，同时借助高水平国际赛事，打造有世界影响力的亮点城市，武汉市以大气力全域整治提升城市综合环境，加快道路交通等城市基础性设施建设和文化体育场馆场地等社会性设施建设，一大批城市快速路网、桥隧地铁等交通基础设施和大型文化体育场馆场地投入使用，城市通达性和精细化管理水平不断提升，城市文化环境、生活环境不断优化，武汉市变得更干净、更整洁、更有序、更安全、更有范，拓展提升了武汉城市品质和功能，彰显了武汉城市魅力，扩大了武汉的国际知名度和影响力。

（1）军运会场馆建设

赛事场馆是办赛中的核心建设项目。作为军运会历史上所有比赛项目均在一座城市举办的承办城市，武汉市集中新建和改造了所有竞赛项目所需的全部比赛场地场馆，城市建设的强度和任务远远超过了其他承办城市。2017 年，研究制订了《武汉军运会比赛场馆及配套设施建设总体规划方案》及 2017—2019 年实施计划，2017 年 2 月启动场馆建设，2019 年 5 月底场馆建设完工。按照"满足赛事需求，方便组织运行，体现绿色生态，益于赛后利用"的原则，第七届世界军人运动会场馆新建13 个、改造 17 个、临建 5 个。这些场馆主要是沿长江主轴线，分布在南北两侧，根据均衡原则，35 个场馆覆盖武汉三镇四个片区。①

第一，坚持均衡原则进行统筹。

① 刘功虎、黄师师：《办好一次会，搞活一座城：武汉以筹备军运会推动城市发展》，《人民日报》2018 年 10 月 22 日第 13 版。

新建的 13 处场馆大部分位于群众健身需求旺盛、体育设施相对欠缺的区域，赛时满足比赛要求，赛后向社会公众开放。军运会筹办前，武汉各区的体育场馆分布不太均衡，尤其蔡甸、黄陂这些新城区，公共体育设施偏少，许多市民没法就近健身。得益于筹办军运会，一些新场馆落子新城区，基本上每个区都有了现代化体育场馆，一定程度上破除了发展不平衡不充分的短板，带动了区域发展。例如，作为本届军运会最大新建场馆，武汉五环体育中心的建设，充分弥补了武汉东西湖区（临空港经开区）长期缺乏大型体育运动场馆的问题。军运会主媒体中心在赛事之后会改造成为室内滑冰场，弥补了武汉市冰上运动体育场馆设施不足的短板。新建的蔡甸国防园射击射箭场馆建成后，将成为武汉第一个专业射箭场，填补武汉体育场馆的一个空白。

第二，秉承节俭办赛理念建馆。

35 个场馆大部分是利用大学、部队现有的场馆提升改造而成，其中 40% 的场馆位于武汉多所高校。武汉大学生体育活动中心、华中科技大学光谷体育馆、武汉体育学院体育馆、武汉软件工程职业学院体育馆、武汉商学院马术场/游泳馆/体育馆等场馆均属于老馆升级改造；空军武汉机场飞行项目场地、东湖帆船及公开水域场地、青山江滩沙滩排球中心、江夏八分山等定向越野场地、汉阳江滩沙滩排球中心等比赛场地，均采用赛前临时搭建观众席及赛事配套功能用房的形式满足赛事需要。按照"能借不租，能租不买"的原则，在确保赛事需求、不降低筹备水平的前提下，军运会主媒体中心、军运会执委会办公区、军运村新闻中心等办公场所的道具、设备等很多采用了租借的形式，极大地减少了预算开支。

第三，着眼长久利用原则布局。

在建设和改造军运会场馆时，就充分考虑了赛后体育场馆设施的利用问题。13 处新建场馆，大部分布局在群众健身需求旺盛、体育设施相对欠缺的区域，在满足军运会比赛要求的同时，兼顾赛后全民健身的功能。维修改造的 17 处场馆，多数位于高校内，赛后将用于教学、训练或举行体育赛事和大型活动。临时场馆也同样能在军运会后发挥作用，位于青山江滩的沙滩排球中心主体钢结构将在赛后变为不阻水的架空景观长廊，拼装式的看台在赛后也可拆卸循环利用。位于武汉市江夏区的军运会运动员村，是军运会历史上第一次集中新建的运动员村，建筑面积55.8 万平方米，分为四个区域——居住区、公共区、后勤区、运行区，军运村运动员公寓按照商住小区规划设计，赛后将作为居民小区对外出售。此外，运行区的村委会、志愿者服务中心等功能场所将分别作为黄家湖区域配套的小学、中学教学楼，升旗广场、室外文化广场则分别作为学校运动场；医疗中心将改为小区配套的幼儿园，将有力带动黄家湖片区的整体发展。①

（2）城市道路交通建设整治

完善的道路交通设施是举办大型国际赛事的基础性条件，武汉将军运会保障线路综合整治提升作为重要工作，针对运动员、裁判员等参赛人员和国内外来宾、观众等观赛人员，围绕各类比赛场馆、主要交通枢纽、相关接待酒店与宾馆等重要节点，对军运会保障线路进行道路路面整治工作。

第一，军运会保障线路建设、改造与提档升级。

对道路及附属设施、交通设施、功能照明和箱柜、公共服务设施、建设工地等予以整治提升。为确保整治效果，武汉市组织制定了道路路面整治提升技术导则、市政公用工程细部构造做法、新型围挡设置技术标准、检查井沉陷维修新工艺等系列技术标准。针对道路路面破损、井病害、桥台跳车、桥梁伸缩缝破损等问题，按照"一路一册"，明确每条线路的整治内容和整治标准。共完成221 条军运会保障线路道路破损等问题整治，整治道路总长 2837 千米，整治后的道路路面更加平整、美观、舒适、畅通，出行舒适度大幅提升。

第二，公共交通道路建设。

以军运会为契机，武汉市着力加快道路交通设施建设改造工作，以保障军运会的顺利召开，应对赛事期间急剧增长的公共交通出行需求，缓解道路交通压力。江北快速路、汉江大道商务区段、二七长江大桥临江大道匝道等一批工程畅通城市交通。建设完成42 条城市主干道，全市

---

① 韩玮、王亚欣、王兴华：《武汉坚持办赛事与建城市相结合，筹办军运会，城市在蝶变》，《长江日报》，http：//www. cjrbapp. cjn. cn/p/90691. html。

快速路通车总里程达到281千米。① 2017年年底，全市已通车轨道交通1号线、2号线、3号线、4号线、6号线、8号线（一期）、机场线（2号线北延）、阳逻线等8条地铁线；2018年开通7号线、纸坊线；2019年开通8号线三期。其中，纸坊线、8号线三期直接服务于军运会相关场馆和酒店。2019年10月8日，杨泗港长江大桥于军运会举办前夕正式通车，为军运会的顺利进行提供了重要交通保障。以军运会为契机，武汉大力修路架桥，为保障军运会的顺利召开打下坚实基础，更为改善出行环境，修补城市短板，畅通城市交通提供强劲动力。

（3）城市环境综合整治提升

按照办赛事与建城市相结合的理念，武汉坚持"全面提升、重点保障"的思路，根据"最优方案、最大力度、最小动静、最佳效果"的要求，对全市"场站边②、线路边、工地边、铁路边、江湖边"全面、全域实施环境综合整治提升工作，包括城市管理提升、建筑立面整治、园林绿化提升、水体提质及岸线环境整治等内容，实现"立面美化、景观亮化、水体净化、生态绿化"，推动城市华丽蝶变，展现最现代、最生态、最亮丽的大武汉。

第一，城市管理提升。

包括景观照明、城市家具、户外广告招牌整治提升，桥梁涂装和违法建设管控等内容。

制定《城市综合管理手册（2018版）》《25条重点保障线路"一路一册"规划方案》《2019城市精细化管理标准》《铁路沿线环境整治技术导则》《重点保障线路景观照明技术导则》《桥梁涂装美化导则》《军运会生活垃圾分类设施配置标准及作业规程》等文件，形成了一套高质量、高标准、高水平的城市精细化管理"武汉标准"。

---

① 熊峰：《"办赛事""建城市"，武汉整治221条军运会保障线路》，央广网（http://www.cnr.cn/hubei/yuanchuang/20191011/t20191011_524811202.shtml）。

② "场站边"包括：服务于军运会比赛和接待的比赛场馆、接待酒店周边，重要交通枢纽内部及其周边；线路边：军运会221条保障线路及城市主干道路、新城区主干公路沿线；工地边：全市范围内各类房屋建筑、轨道交通、市政基础设施工程施工现场；铁路边：全市范围内客运铁路沿线；江湖边：军运会保障区及建成区、旅游区范围内的江、河、湖、水库等水体及岸线。

全城全域开展大立柱广告、楼顶广告"清零"行动，全城全域整治户外广告门面招牌6万多块，实现三环线内（含）无立柱广告、楼顶广告，擦亮了城市天际线。

持续整治违法建设，积极推进拆后复绿，360度无死角提升城市颜值；会同铁路部门强力开展铁路沿线综合整治，域内10条客运沿线654千米初步达到了干净、整洁的目标；深入推进"厕所革命"，完成城镇公厕705座、农村户厕22.19万户、农村公厕1912座、旅游厕所270座，开放社会厕所563座。①

第二，建筑立面整治。

包括建筑立面重点整治、一般整治和维护整治，以及建筑拆除等内容。实施建筑立面改造升级工程，对标先进城市建筑立面整治标准，结合武汉市街道建筑立面现状，建立了一套"1+N"的城市建筑立面整治的技术标准体系。截至2019年9月，全市建筑立面整治工作圆满完成，进行立面整治和第五立面整治的建筑共计31617栋。②

第三，园林绿化升级。

包括全市范围内城市主干道路、新城区主干公路、武汉体育中心及其周边、运动员村绿化，四环线以内高架立柱攀爬植物栽种，三环线以内城市环射道路临街通透院墙立体绿化，控规绿地绿化，重要交通枢纽、比赛场馆和接待酒店周边绿化等内容。实现大树浓荫，累计植大树16万株，补栽大规格行道树7.4万株。打造了东湖路、解放大道、汉阳大道等示范道路，提升了车城北路、三阳路等一批特色林荫景观道，建成水果湖、武汉体育中心、军运村等一批亮点片区。在推进空地见绿上，对保障线路沿线、接待场所周边651公顷控规绿地加快实施建绿，新建了江汉区解放大道精武路、硚口区长丰村等一批街头游园和防护绿地。实现了1万余个高架立柱攀爬植物、39千米临街通透院墙立体绿化、91千米三环线开花植物全覆盖，新栽月季100万株，新增屋顶绿化10万平方米，在

---

① 熊峰：《"办赛事""建城市"，武汉整治221条军运会保障线路》，央广网（http://www.cnr.cn/hubei/yuanchuang/20191011/t20191011_524811202.shtml）。

② 徐金波：《军运会推动武汉城市面貌脱胎换骨，彰显现代化大都市风貌》，中国新闻网（https://baijiahao.baidu.com/s? id=1647083959156154543&wfr=spider&for=pc）。

重要节点和区域新增花境、时令花卉 12 万平方米。在铁路沿线分类提升上，对 10 条客运铁路线保护区内可绿化区域建绿 42.53 公顷、沿线拆违和垃圾清运后空地覆绿 129.54 公顷。如今，武汉市建成区绿地面积有 2 万多公顷，绿化覆盖率达 39.55%，人均公园绿地面积 9.61 平方米，实现了"500 米见绿、1000 米见园"。

第四，水体提质及岸线环境整治。

包括对军运会保障区及建成区、旅游区内的水质进行全面排查，监测水体水质现状，分析水体污染成因，因地制宜实施水体提质攻坚，并对全市江、河、湖、水库岸线环境进行综合整治提升。

水体提质。根据军运会水体提质工作方案，共列出 147 个重点保障水体清单，包含 4 个涉赛水体、15 个重点水体、41 个提质攻坚水体、87 个其他水体。全市建立起污水收集和处理基本框架，全市城镇污水处理能力逾 350 万吨/日。中心城区污水收集干网基本形成，污泥处理能力达到 1600 吨/日，污泥基本实现无害化处置和资源化利用。全力提升重点河湖水环境。以东湖、"三湖三河"（南湖、汤逊湖、北湖，巡司河、黄孝河、机场河）为重点，全面推进水环境治理和水生态修复，促进全市水环境持续改善。全力攻坚黑臭水体治理，截至 2019 年 8 月底，65 条黑臭水体整治主体工程全部完工。①

岸线环境整治。积极开展沿江和湖泊岸线整治，清理江、河、湖边建筑垃圾和拆除湖泊周边违法建筑，打造"水清、岸绿、景美"的形象。

第五，大气环境治理。

主要从压减煤炭消费总量、增强工业提标整治、有效开展挥发性有机物治理、机动车船治理再深化、加强面源污染治理、强化科技支撑、推进区域联防联控等 7 个方面开展工作。紧抓细颗粒物（PM2.5）、可吸入颗粒物（PM10）、氮氧化物和挥发性有机物污染控制，重点做好工业大气污染防治、扬尘污染控制、移动源排气监管，强化社会生活领域大

---

① 李璟：《累计整治道路 1002 公里，打造 20 个示范片区，武汉以最佳状态迎接军运会》，《长江商报》，https://ishare.ifeng.com/c/s/7qgfnAn9p0r。

气污染治理和污染天气应对。① 2019 年，武汉市环境空气质量优良天数为
245 天，空气中细颗粒物继续下降，为军运会顺利举办提供了有力的空气
质量保障。

第六，文化景观塑造。

在赛事筹办中，武汉多方面塑造城市文化景观，展示城市文化特色。
以景观照明工程为例。为展示江城独特夜景魅力和楚风汉韵风采，武汉
市大力建设景观照明工程，聘请国内一流设计团队，编制两江四岸、军
运会重点保障线路、东湖绿心、沌口体育中心等景观亮化设计方案，打
造出世界一流景观，充分展现了大江大湖大武汉璀璨亮丽的江城夜景。
提档升级后的长江灯光秀涵盖"两江四岸" 25 公里岸线上 1000 多栋楼
宇、7 座桥体、2 座山体以及趸船码头，运用流光溢彩的灯光集中展示武
汉特色城市文化；② 飞机场和火车站及周边区域与线路，以"开门迎宾"
的模式用灯光和动感画面，直观展示城市热情好客的风格和地域文化特
色；"描金东湖""水墨沙湖""古韵琴台""生态金银湖"等各具特色的
亮点片区闪亮登场，现代化大都市风貌日渐彰显。

此外，在赛事场馆、道路交通建设和城市交通体系改革、城市环境
治理过程中形成的管理制度、政策，也构成军运会城市建设的重要成果。
这些成果不仅表现为具体的政策、法规、技术标准、工作规范，而且表
现为一些经过实践探索取得成功且具有可推广、可复制性的工作经验。

2. 武汉军运城市建设遗产的主要内涵

参照国际奥委会发布的《奥运遗产》中将"奥运遗产"概念的界定
和类型的划分，及相关文献对城市建设的内涵的阐释，大型体育赛事城
市建设遗产应该包括但不限于基础设施和体育场馆、交通体系改革及路
网规划、自然景观和文化设施及文化软环境建设等方面。虽然当前的研
究文献关于城市建设遗产的界定并不明确，但对这一概念的内涵和外延

---

① 李勇等：《坚持共抓大保护，军运会助推武汉环境质量稳步提升》，长江日报融媒体
（https：//www. wuhanews. cn/a/3048. html）。

② 徐金波：《军运会推动武汉城市面貌脱胎换骨，彰显现代化大都市风貌》，中国新闻网
（https：//baijiahao. baidu. com/s？id＝1647083959156154543&wfr＝spider&for＝pc）。

加以阐释仍然非常必要。本研究基于文献梳理和实践考察，认为在一般意义上，作为大型体育赛事基本保障的城市建设，在赛后仍然存续和继续发挥作用的物质和精神成果，即是体育赛事的城市建设遗产。具体而言，大型体育赛事城市建设遗产可以从以下两个方面来进一步认知。

一是以赛事城建遗产的呈现形式来划分。按照这一依据，赛事城建遗产主要包括"有形遗产"和"无形遗产"。"有形遗产"即建筑实物建设遗产，通常包括新建、扩建或改造城市道路交通等基础性公共设施、文化体育场馆等社会性公共设施，城市环境综合治理，城市景观的再生和美化，城市交通体系和城市空间结构优化等；"无形遗产"即城市精神文明建设遗产，囊括了政策与制度建设，增加市民的获得感和幸福感即市民"感觉良好"的心理收获，提高市民文明素质所取得的成果，提升市民生活品质，塑造城市良好形象，增强城市吸引力等方面的成果，总体上是指因为城市硬环境和软环境的改善而产生的人们对城市形象的再认识。

二是以赛事城建遗产的具体内容来划分。按照这一依据，赛事城建遗产主要包括四大类，即赛事基建遗产、赛事场馆遗产、赛事景观遗产和赛事政策与制度遗产。其中，赛事基建遗产包括了城市道路、交通等基础性公共设施建设遗产，赛事景观遗产包括了生态景观遗产和文化景观遗产，赛事政策与制度遗产则贯穿于赛事基建遗产、赛事场馆遗产和赛事景观遗产之中。

综上所述，武汉军运城市建设遗产具体是指武汉在筹备和举办军运会期间，以城市规划为依据，以服务军运会为目的，通过建设工程对城市人居环境进行改造，对城市系统内各物质设施进行建设等活动，并在较长的持续时间内对城市发展呈现的积极影响，是城市建设活动为城市留下的物质和非物质的积极成果。主要体现在体育场馆建设、城市交通规划、公共设施的建设与完善、城市环境的治理与完善、文化景观的塑造与提升等方面，其直接目的是为军运会的举办提供条件，最终目的是服务于城市运行。体育场馆、城市交通、公共设施、城市环境等在规划、建设后投入运行并发挥功能对城市发展所产生的价值，包括为军运会提供服务，为市民创造良好的人居环境，保障市民正常生活，服务城市经济社会发展等方面。它是一种有形资产和无形资产的融合，是城市的基础性和关键性的资源，具有基础性、价值性、可持续利用性等特点。

3. 后军运时代军运城市建设遗产的基本价值

武汉以军运会为契机，采取加速城市建设规划的系列举措，改善城市环境、集中开展城市生态环境整治与美化、优化城市交通体系与组织管理，加快城市基础设施建设，完善城市功能、加快各项配套设施建设，在短期内实现对城市老旧设施的改造、城市生态环境的改善、轨道交通建设、大型体育场馆建设、军运村建设等，军运建设和城市建设有效结合，武汉城市建设的进程显著加速，城市品质显著提升，并持续为城市建设发挥作用。同时，城建活动还提高了市民文化体育生活水平及文明素养，塑造了武汉良好的城市形象，擦亮了武汉城市名片。军运会闭幕后，这些赛事城市建设成果成为对城市环境提升颇具价值的赛事遗产，其基本价值主要体现在改善城市基础设施，优化城市生态环境，优化城市交通，完善城市功能，丰富城市精神内涵，塑造良好的城市形象，提升武汉市民的整体素质，带动武汉及周边地区经济社会发展等方面。

（1）影响城市基础设施

武汉筹备军运会期间加大了城市基础设施投资，在城市功能保障方面，推进汉江大道快速路、黄家湖大道等44个基础设施配套项目建设。这些建设成果将在赛后继续为武汉城市建设和社会发展提供较好的物质基础，为武汉城市高质量发展进一步蓄积能量。

第一，提高城市体育硬件设施水平。

一是提升了武汉高校的体育硬件设施建设水平。武汉作为世界上在校大学生数量最多的城市，大学生人数超百万。武汉军运会所有比赛项目场地和运动员村、媒体中心布局在"长江主轴"两侧的后湖、光谷、沌口、黄家湖4个区域板块，武汉市充分利用辖区地方高校和军事院校众多的优势，将绝大部分比赛项目安排在高校体育场馆，这样既节约了建设场馆开支，又利用承办国际大型体育赛事的机会提升了高校的体育硬件设施建设水平。军运会比赛结束后，这些场馆可以很顺利地转化为高校体育教学设施，更容易被高校充分利用。

二是优化了体育设施布局，为市民健身提供便利。武汉各区的体育场馆分布不太均衡，尤其蔡甸、黄陂这些新城区，设施偏少，许多市民无法就近健身。得益于筹办军运会，基本上每个区都有了或者即将拥有现代化体育场馆，为武汉军运会准备的 13 处新建场馆，大多布局在群众健身需求旺盛，而体育设施相对欠缺的区域，在满足军运会比赛要求的同时，兼顾赛后全民健身的功能，马术、射击、游泳这些时尚运动，也离市民越来越近。例如，居住约 60 万人的东西湖区，军运会前现代化体育场馆设施处于空白状态，分布在几所学校内的露天体育场，远远不能满足举行大型活动、体育赛事和文艺演出的需求，军运会后完善了体育健身设施。赛后，这些设施有助于更好满足新城区市民的健身需求，也可以用于大型活动、体育赛事和文艺演出。

三是提高了体育场馆的综合利用能力。军运会共筹划实施场馆设施建设项目 35 处，其中 13 处为新建场馆，17 处为原有设施进行维修改造，5 处为临时设施场馆，临时设施场馆赛后均可拆卸再利用。赛后，这些新建场馆和改造场馆将继续发挥诸多城市和社会功能，比如，用于申办和承办高水平国际体育比赛，用于专业训练、教学培训、国防教育和群众性多功能综合性文体活动，在突发性公共事件中作为应急管理的场所，等等。以五环体育中心体育场为例，赛后这里已成为中超球队武汉卓尔的主场，每逢比赛日，这里就成为球迷欢聚的海洋。而且，一批新建、扩建的赛事体育场馆弥补了武汉地区体育场馆存量不足、分布不均的现状，有利于武汉申办更多的大型体育赛事，助力武汉打造国际交往中心。

第二，优化城市交通设施功能。

城市交通作为城市的"血管"，对城市的可持续发展至关重要。武汉在办赛过程中加快交通等城市基础设施建设，一大批城市快速路网、桥隧地铁等交通基础设施投入使用，同时积极优化交通体系，加强交通秩序组织调整，不仅为军运会的成功举办提供了保障，也将在赛后进一步完善城市功能。

一是加快了城市轨道交通规划建设进程。以军运会为契机，武汉全面规划和建设轨道交通，进一步完善了城市轨道交通的规划与管理，高效、快速的轨道交通体系更加健全，也实现了很多重点技术的研究突破。武汉申办军运会之前，武汉地铁只有 1 号线、2 号线两条线路，地铁总里程还不到 50 千米。现在武汉地铁线路已增加到 10 条，轨道交通总通车里程跃居中国城市前列，且车辆设备设施先进，如车门上方均采用动态

LCD 液晶屏线路图，并均采用直流 750V 接触轨下部受电方式，每列车首、尾两节为带驾驶室的拖车，其余为动力车，列车均可实现自动驾驶和无人驾驶等。地铁成网的提速，在赛后对提高武汉城市交通通达能力具有重要作用。

二是整治道路破损等问题，大幅提升了市民出行舒适度。整治城市快速路通车总里程达 281 千米，221 条军运会保障线路道路破损等问题，整治后的道路路面更加平整、美观、舒适、畅通。赛后，这些道路作为改善民生的具体举措，将继续发挥作用。

三是加速了"五环十八射"的高快速路网体系建设。以举办军运会为契机，武汉加速建设总长度超过 802 千米的高快速路网，基本实现了"环射成网、循环连通"的目标。赛后，日渐完善的高快速路网体系将为武汉加快建设"五个中心"发挥交通大动脉的骨干支撑作用。

第三，进一步优化城市空间结构。

新建、扩建或改造一批体育场馆，使武汉城市体育场馆的资源规模和软、硬件设施跃上了新的台阶，推动着城市新功能空间的形成与发展。赛后，这些改扩建设施将进一步发挥补短强弱作用，对城市空间结构的优化和更新起到积极促进作用。

一是体育场馆的布局与城市规划战略性的空间布局，与区域发展策略，与交通发展配合的需求相吻合。军运会场馆建设主要是沿长江主轴线，根据均衡原则分布在南北两侧，重点布局于沌口、后湖、光谷、黄家湖等体育场馆存量相对较少的区域。赛后，这些体育场馆既可以作为高校的教学设施继续发挥作用，也可以低价向市民开放，为市民提供体育休闲锻炼场所，还可以进行市场化开发发展体育消费产业。布局在高校、部队院校中的体育场馆设施建设项目，进一步强化了高校和部队的体育设施密度和水平。这些体育场馆在赛后将继续发挥作用，为培养高校体育人才、便利大学生健身和部队军人训练等活动提供更高水平的条件。

二是赛事场馆布局提高了相对落后的行政区和功能区的公共设施特别是专业体育设施的配套水平，匹配了城市协调发展的需要。如蔡甸国防园射击射箭场馆作为武汉第一个专业射箭场，将在赛后助推武汉地区射箭运动和相关体育消费发展。江夏区在"室内游泳池"和"体育公园"

建设方面的补白，将极大地促进当地体育基础设施建设，带动江夏体育人口增长，服务当地体育休闲消费产业发展。当然，这些设施能否在赛后真正发挥出应有作用，是否能在赛后更好得到利用，努力避免赛事遗产的闲置和浪费，仍然考验城市管理者的智慧和能力。

（2）影响城市生态与环境

"绿色军运"是武汉军运会办赛理念之一。筹备军运会中，武汉扎实做好生态修复大文章，大力实施安澜长江、清洁长江、绿色长江、美丽长江、文明长江"五大行动"，推进防洪水、排涝水、治污水、保供水"四水共治"，积极创建国家生态园林城市，打造长江绿道、人文绿道和滨水公共空间，经济"含金量""含绿量"不断提升，全市绿化覆盖率达39.5%，武汉城市生态环境大变样。赛后，这些生态建设遗产仍将持续释放效应，造福城市居民。

第一，全面改善城市生态环境。

一是城市环境整治与改造成效使武汉市容市貌焕然一新。城市绿化、生态环境治理、建筑物立面整治、城市环境卫生整治等诸多城市环境综合整治措施，既使赛时的武汉发生华丽蝶变，也为赛后的城市生态建设留下宝贵财富。城市主干道路、比赛场馆及其周边、运动员村等区域绿化效果显著，中心城区污水收集干网基本形成，水体生态环境得以修复，3万多栋建筑不仅进行了立面整治，而且按照城市风貌进行色彩分区。此外，还开展了全城全域户外广告门面招牌整治和立面整治行动，积极推进违法建设拆后复绿，开展铁路、交通干道沿线综合整治，推进"厕所革命"，城市生态水平和外在形象显著提升。赛后，这些绿色财富和制度性的成果仍会持续发挥积极作用。

二是军运会筹办加速国家生态园林城市创建速度。武汉将军运建设与城市建设进行统筹谋划，借筹办军运会契机，全面启动创建国家生态园林城市，制订并印发《武汉市创建国家生态园林城市实施方案》，从拓展城市绿色空间、大规模推进国土绿化、推进节能减排、强化园林绿化建设、推进社会绿化五个方面入手，为创建工作提供行动指南。这将推动武汉从国家园林城市到国家生态园林城市转变，提高绿化覆盖率、绿地率和人均公园绿地面积，实现"300米见绿，500米见园"的建设目标，缓解因城市建设速度加快导致的公共绿地被占用的压力。以军运会筹办为契机的国家生态园林城市创建活动，将进一步提升武汉城市生态环境水平，提高市民人居环境。

第二，推动形成城市环保长效机制。

在办赛过程中，武汉市采取了一系列治污减排举措，如：完成高污染燃料禁燃区燃煤炉窑的拆除或者清洁能源改造；完成20万千瓦以下燃煤机组超低排放改造；完成年销量8000吨以上的加油站安装油气回收在线监测设备，重点原油、成品油码头完成改造；对露天喷涂等行为开展全面综合清理整治；研究划定高排放非道路移动机械禁用区域；加快沿江港口岸供电设施建设；加强环境隐患排查管控，对重点排污企业、危化品企业和各类危险废物的产生、经营单位等风险源逐一排查，对存在的风险隐患及时整改，从源头减少环境风险问题发生；组建国家级的专家技术团队，为军运会赛时的空气质量保障加强指导。同时，注重从政策和制度层面探索建立改善生态环境的长效机制。如，提高天气预报精准预报能力，使预报时间由"未来3天"提升到"未来7天"；制定出台老旧车淘汰补贴政策，加快淘汰老旧车；在新城区建立高清视频监控系统，完善秸秆露天焚烧的发现、督办机制；大力推进"互联网＋"全民义务植树，建立绿色积分信用体系，打造武汉新花城；建立完善生态"数字一张图"，推行"林长制""绿长制"等制度，建立全覆盖的生态资源监测体系，开展生态价值评估，实行生态绩效考核；等等。这些探索将在赛后推动建立环境持续改善的长效机制，对武汉进一步提升城市环境质量，尽早建成生态化国际大都市产生积极影响。①

（3）影响城市管理和服务

第一，提升城市精细化管理水平。

一是着眼于各领域、全过程，实现精细化管理的全覆盖。军运城市建设涵盖了综合业务管理、综合执法及安全生产、体制机制及数字化城管，业务管理涉及市政设施、交通运输、公安交管、城市水务、照明灯饰、市容环境、户外广告、园林绿化等城市管理问题，基本实现了从外环高速路进入中心城区全范围覆盖的精细化管理。为给城市精细化管理提供标尺和依据，武汉制定出台一套高质量、高标准、高水平的城市精

---

① 汤炜玮：《武汉借军运会提升环境质量造福市民》，《湖北日报》2018年8月23日。

细化管理的"武汉标准"，进一步健全了城市管理标准体系。这些标准提高了城市管理科学化水平，在赛后将继续起到进一步规范城市管理、提升城市治理水平的作用。在赛事中基于应急需要而制定、修订的管理办法和规范，也将在赛后推动武汉城市管理形成全周期、全闭环的管理链条。

二是更多地运用信息技术手段，推进城市管理智能化。赛事中使用的智能化保障平台对参赛人员、行程、车辆、医疗、应急等进行综合管理，有效提高了赛事管理效率。该平台基于大数据智能分析，调度指挥人员、车辆等内部资源，沟通协调医疗、交通、消防、治安、食品等外部公共资源，并通过移动 App 端、管理中心可视化展示端、pc 平台管理端三屏联动，使其服务管理形成全辐射效应。为提高赛事气象服务水平，新建 30 个场馆自动气象站和 11 个专项气象观测站，构建了短时临近预警系统和高分辨率快速更新循环预报系统，这些系统建设经验在赛后可继续发挥作用。[1]另外，在军运会期间运用的全省"数据警务、智慧公安"建设成果，所形成的高效通信强指挥，智能查控护安全，智慧交通保路畅等智能安保管理举措，赛后也渐渐应用于普遍的城市管理中，极大提高了城市管理智能化水平。

三是围绕城市管理中的突出问题，推进专项治理。全市共开展了水体提质、大气治理、交通秩序整治三大专项工作，各区尤其是承担军运会项目的城区均聚焦存在的突出问题开展了专项治理活动，如江夏区为强化军运村周边食品、特种设备安全保障展开了相关专项整治行动；武昌区深入推进以"渣子""车子""牌子""摊子""棚子"为主要整治内容的"五子"专项行动，强力推进环境综合整治，努力打造环境综合整治提升标杆区。各专项治理涉及环境、交通、安全等和市民生活息息相关的多个方面，规范了交通秩序，改善了城市环境，不仅服务军运赛事，而且使市民获得实实在在的利益。在专项治理中形成的丰富经验，对赛后城市管理仍有借鉴意义。

第二，提高城市公共服务水平。

---

[1]　田豆豆、程远州、范昊天：《我国首次承办综合性国家军事赛事：武汉，办出一届最赞的军运会》，《人民日报》2019 年 10 月 18 日第 17 版。

一是显著提高志愿者服务能力和水平。以举办军运会为契机，志愿精神的社会知晓度大幅提升，武汉的注册志愿者超过 155 万人，并从中产生了 20 位军运会志愿者形象大使、5 万名赛事志愿者、20 多万名城市志愿者。[①] 数量逐渐增加的志愿者队伍是武汉社会建设的重要力量，将在赛后助力城市社会现代化建设。

二是全面提升全市公共交通服务质量。武汉聚焦"环境出形象、营运保质量、服务添光彩"目标，切实推动交通重点区域功能品质全面提档升级，全市交通运输行业服务品质明显提升。以"三站一场"整治为重点，开展全市出租汽车市场秩序大整治，基本完成营运车辆更新，塑造了出租车运营行业的新形象。开展"三站一场"、公交站亭、站牌、广告等重要交通枢纽内部交通综合环境整治，强力推进 35 条军运保障线路综合环境整治提升。深化"公交都市"建设，建成 10 个公交场站，加强公交线路与地铁站点无缝衔接，努力实现"地铁送到站、公交送到家"，打造安全保障优、线网布局优、环境设施优、运营秩序优、公交服务优的"五优品质公交"。推进综合运输服务示范城市创建，持续做亮"空铁快线""空铁通""空巴通"等便捷出行服务品牌及"三大火车站直通公交""大学生春运直通车""夜行公交"等民生出行服务品牌。一系列提升公交服务质量的改革举措和强力措施，提升了武汉公交行业服务质量，擦亮了武汉公交品牌，为赛后武汉公交品质继续提升奠定了良好基础。

三是提升文明服务水平。武汉开展"迎军运"窗口文明服务提升行动，在全区窗口单位和服务行业进行"微笑服务"星级评定、双语服务推广活动，组织行业系统内自测排名，并发布排行榜，带动提升了文明服务水平。这些精神文明建设的成果，将在赛后形成示范效应，继续推动武汉各公共服务行业提升服务水平。

（4）影响城市社会生活

第一，提高市民素质，提升文明程度。

在筹办军运会的过程中，武汉市大力推动全市全域环境整治提升工作，组织"清洁家园迎军运"活动，开展"迎军运、讲文明、树新风"

---

① 李林宝、许晴、刘书文：《承办军运会　武汉展新貌》，《人民日报》2019 年 10 月 25 日。

主题活动，持续引导全体市民牢固树立"绿色生态"的生活理念，养成文明健康的生活方式。"迎军运"文明礼仪宣传行动，以文明礼仪培育为重点，举办文明行为专题讲座、知识竞赛、礼仪风采展示等多种文明礼仪宣传活动，开展文明礼仪知识进机关、进企业、进社区、进校园、进军营活动，通过这些工作的开展和活动的组织，大大提升了全市城市文明程度和全体市民的文明素养。"迎军运"文明交通行动，严格出租车、公交车、私家车和共享单车规范管理，精准细化交通共享，合理调控使用强度。通过交通法规和安全常识宣传，加大对行人和各类非机动车驾驶人违章行为惩戒力度，全面推行文明排队、礼让斑马线活动，打造优美交通秩序。"迎军运"窗口文明服务提升行动，在全市窗口单位和服务行业开展"微笑服务"星级评定、双语服务推广活动，组织行业系统内自测排名，并发布排行榜，带动提升了文明服务水平。"迎军运"文明旅游行动，深入推进文明旅游校园行、文明旅游社区行等公益活动，落实旅游不文明行为记录管理暂行办法，在各类景区景点设立文明旅游监督岗，制定军运会期间旅游秩序环境管理预案，及时整改发现的不文明问题。经过城市大事件中大力宣传和强制规范后的市民文明行为习惯，逐渐成为日常行为自觉，在赛后一般自然表现为文明素质提升。

第二，提高市民的生活品质。

一是提高了市民的生活便利性。武汉为筹办军运会加大了城市建设投入，城市面貌焕然一新，道路、地铁建设提速，各类体育设施更加完善，这些设施在后军运时代将继续服务于广大市民，极大地便利了市民生活。特别是新城区的交通等基础设施补短板大幅推进，交通出行条件得到较大改善。比如江夏区，借军运会东风，加强城建攻坚工程，特别是军运村所在的江夏大桥区域，修通了八车道的黄家湖景观大道直通二环、三环和四环，构筑了军运村半小时到达各比赛场馆的路网，军运村的必经之路文化大道、星光大道也改造提升修成了标杆大道。光谷大道高架的通车，极大地缓解沿线交通压力，便利周边市民出行，并为新学期周边学校开学提供交通保障。城市交通出行环境的这些可喜变化，直接便利和服务广大市民，提高了市民的获得感，并为赛后城市宜居环境建设奠定良好基础。

二是增强了市民的生活宜居性。建筑的外立面作为城市的"封面"，其品质很大程度上决定了人们对一座城市的印象。军运会筹办期间，武汉将老旧房屋的外立面整治作为新一轮城市环境综合整治提升工程的重点，除了改造已有建筑外立面外，还对新建住房项目施工进行了严格的监管，保证全市各建筑工地绿色施工，减少对居民生活环境的污染。如，武昌区在对黄鹤楼景区附近的低矮旧房屋进行全面修缮时，为争取市民理解，减少工作阻力，组织300余名社区工作人员收集居民意见，在部分区域实行"一栋一设计"，把改善环境与改善民生紧密结合起来，实现了环境提升与居民获得感、幸福感提高的统一。武汉还积极推广使用先进的房屋建设新工艺，在房屋建设中应用附着式爬架、全现浇混凝土外墙、楼层截水系统等核心工艺，顺利解决传统建造工艺中渗漏、空鼓、开裂等问题，减少了施工中大气污染物的排放，保障了附近居民区的空气质量。湖泊、河道污水治理，环湖绿道、环山绿道、湿地公园建设等生态惠民举措，还湖于民，还绿于民，极大提升了市民的人居环境和生活品质。这些建设成果将在赛后持续发挥作用，产生长远效益。

（5）促进武汉经济发展

武汉军运城市建设提升了城市综合服务功能，推动了大量的经济活动，促进了大量的劳动力需求、增加了大批就业岗位，巨大的城市基础设施投资所产生的几何效应、辐射效应和示范效应，拉动了武汉及周边区域的经济快速增长。这种效应在赛后仍将持续较长时间。

第一，刺激城市经济发展。

自2015年，武汉开始筹办2019年第七届世界军人运动会，军运村建设、大规模基础设施的改造和兴建、生态绿化市容市貌等城市环境提升、交通通信等配套设施建设、体育设施供给、宣传策划等大量筹备工作，拉动了武汉及周边区域的经济快速增长。军运会筹办中会产生一些新的产业类别和消费业态，体育赛事则激发市民体育休闲消费热情，培养体育消费习惯，扩大体育消费人口，这些都将改变赛后的产业结构，对经济社会发展有一定促进作用。

第二，增加就业机会。

军运会兴建的大量基础设施，如体育场馆、交通线路、电信网络、公共服务等设施，不仅直接刺激了建筑、通信和服务等诸多行业的发展，使得各行业需要大量的劳动力，从而提供了大量的就业机会。而且在赛后，这些体育场馆、交通线路、电信网络、公共服务等设施仍有很大一部分将继续运营，甚至产生文化、旅游、体育休闲等衍生产业和新的业态，其对就业的拉动效应仍将持续。

第三，吸引人才与投资者。

军运会举办在短时间内吸引了全世界的关注目光，客观上成为一次非常成功的城市营销活动。因筹办军运会，武汉吸引了大量的人才、资金和技术，大量的军运会投资又对武汉的城市面貌和区域板块进行了一次重塑，从而进一步提升了武汉对人才、投资的吸引力。如光谷区域加快建设配套设施，多条地铁的规划、道路的整修、环线交通的通达，使光谷区域面貌焕然一新，东湖高新管委会东迁、千亿级产业大道成型，光谷国际化的形象吸引了小米、华为、天马等名企纷纷入驻。背靠光谷东的红莲湖不仅是湖景风光秀美的旅游度假区，更是光谷东的宜居胜地，吸引了大型游乐园童世界等都市配套资源加入。这些城市建设中的增量资源在赛后如能正确引导和利用，将继续发挥吸引人才、拉动投资、刺激消费的作用。

第四，促进城市区域发展平衡。

军运会筹办带来的地铁、道路等基础设施的投入，缩小武汉各区域的时空距离，特别是促进了新城区与中心城区的链接，这一效应将在赛后逐步释放，有利于促进城市各区域间的发展平衡。如，在江夏区建设军运村，带动了周边农村征迁后的空地后期开发，增加周边土地的价值，对城市经济形成快速拉动。武汉经开区作为军运会竞赛项目最全、场馆设施最多、关注程度最高的区域，积极打造"军运会极致片区"，交通和文化体育设施升级力度很大，在赛后这些城建遗产将逐渐变成经开区快速发展的红利，成为助推经开区实现产城融合的泛文化驱动力。

（6）影响城市文化软实力

在军运会周期，武汉城市建设大幅提速，城市外在形象更加亮丽。军运会的筹办和举办，则吸引了国内外媒体的广泛关注，特别是在比赛期间的短时间内聚焦了世界目光和注意力资源，向全世界展现了武汉文化魅力和城市气派。赛后，这一文化体育资产仍将缓缓释放溢出效应，促进武汉大踏步地迈向国际化大都市。

第一，展示武汉地域文化。

　　武汉军运会既是军事体育盛会，也是一场文化的盛会。通过景观照明工程、长江灯光秀、地方特色剧种、非遗等展示活动，武汉不失时机地宣传了城市文化形象。比如，在道路和桥梁整治过程中，拆除保障线路违法户外广告、违法建筑及绿化亮化，以及步砖的铺设和修整、花坛行道树花箱的设置等既给市民生活带来了便利，给经济建设带来基础性保障，同时成为城市文化的聚焦及城市形象的窗口。① 又如，在开、闭幕式演出中，融合汉剧、楚剧、木偶剧等武汉地方特色剧种，突出了中华文化、荆楚文化的特色。军运会期间，将武汉非遗展及文创产品展办进军运村，向各国军运代表展示了汉绣、漆器、剪纸等特色产品，为军运会增添了文化底蕴。赛后，这些与城市建设相关的文化景观遗产，将继续在彰显武汉文化特色中发挥重要作用。

　　第二，提高城市知名度。

　　军运会作为一个城市大事件，吸引了大量的注意力资源。办赛期间，武汉的建筑、人文、风景名胜被搬上荧屏、报纸、杂志，通过媒体宣传使人们对武汉的市容、市貌、社会经济、风土人情等有了一个较为全面的了解。作为赛事重要支撑的大型体育设施，其建设进度、功能引起人们普遍关注。赛事期间市民的文化素质得到充分展示，武汉军运会期间招募的二十多万名志愿者所体现的志愿者精神和武汉精神给全世界留下深刻印象。② 军运城市建设遗产中不论是体育场馆、道路设施，还是文化景观、政策制度，很多都带有浓厚的军运会印记，即使在赛后也将成为武汉的一张重要名片，军运会将成为武汉提高城市知名度不可缺少的文化大 IP。例如，江夏大花山户外运动中心形似北京"鸟巢"体育馆，外饰面由双曲面的钢结构组成，每一片钢结构都独一无二，成为武汉南部地区新地标。类似这样的改扩建体育设施进一步点亮武汉城市形象，赋予新时代武汉以动感、活力的印象，有助于提高城市知名度和美誉度。

　　综上所述，武汉军运会城市建设遗产的基本价值既体现在对城市基础设施、生态环境、城市管理和服务的影响，也体现在对城市经济发展

---

① 杰欣园艺：《武汉军运会桥梁景观绿化》，（http：//jxjiexin. com/info. asp? id =730. ）。

② 郭晓莹、胡传林：《海外华媒赞军运会助推武汉软硬实力同步提升》，https：//baijiahao. baidu. com/s? id =1647463335695443961&wfr = spider&for = pc。

环境、城市社会生活和城市文化软实力的影响。这些影响在赛事筹办期间表现得更为明显，也可能在赛后继续维持其溢出和衍生效应，从而产生对武汉城市环境的塑造和提升作用。当然，也应该清醒认识到，军运会城建遗产的基本价值的真正释放，在很大程度上取决于城市管理者对遗产价值的正确认识和利用技巧。

（三）国内外体育赛事城市建设遗产
保护传承利用的经验与教训

大型体育赛事是提升城市综合形象的催化剂，举办大型体育赛事已经成为城市展示自身综合实力的主要窗口之一。为保障赛事顺利、高质量进行，备赛期间，主办城市除了要迅速建设满足竞赛需求的体育场馆及配套设施外，还要进一步优化城市交通、通信等基础设施，改善市容市貌。这些城市建设措施及与赛事有关的活动场景共同构成具有城市特色的环境氛围，优化城市空间，更新城市形象，并往往能在赛后由赛事遗产转变为城市名片，持续影响城市环境，彰显城市魅力。近年来，国内外大型体育赛事的承办城市逐渐提高了对城建遗产重要性的认识，聚焦城建遗产的后续利用开展积极探索，积累了较为丰富的实践经验，同时也遭遇了一些现实困境和难题。

1. 成功经验

大型体育赛事的城建遗产，通常包括了城市空间改造优化等基础性公共设施建设、文化体育场馆等社会性公共设施建设、道路交通治理、城市景观环境综合治理，以及政策与制度建设等诸多方面。赛后时期，办赛城市为进一步发挥赛事品牌效应、服务城市发展，往往需要因地制宜，分类施策，多样化开发利用这些物质和非物质的城市建设成果。

（1）赛事基建遗产保护传承利用的经验

第一，投资基础设施，优化城市空间。

由于国际大型体育赛事对承办城市资质一贯秉持的高要求和承办城市宣传自身的需要，赛前城市规划，交通疏导，生态改善，通信系统升级及体育场馆新建改建等一系列城市建设工程会纷纷启动，从而改善城市环境，保证赛事顺利进行，也能在赛后进一步吸引人才、资金、信息进入城市。在大型赛事结束后，不少城市选择继续加大基础设施投资力度，巩固和提升赛事基建成果，进一步增强城市吸引力。如 2008 年北京奥运会结束后，其基础设施建设力度丝毫没有减弱。"北京市政府于 2008 年第 4 季度在原有基础上追加 60 亿元政府投资以扩大内需，促进经济平稳较快增长。而追加的 60 亿元中，三分之一用于轨道交通建设"。① 此外，积极推进资源能源保障重点项目建设，加快建设华能等 4 大城市热电中心、陕京三线等输气项目和南水北调配套工程。同时，积极推进一批重大公共卫生、文化设施和社会福利设施项目建设。

第二，改造老旧城区，更新城市形象。

1992 年巴塞罗那奥运会，因其借奥运进行的城市形象改造，效果明显、成绩突出，留下了宝贵的城市形象遗产，被誉为"巴塞罗那效应"。筹办此届奥运会时，巴塞罗那正处于从 20 世纪 80 年代全国范围的经济危机中复苏的时期，而此前近 40 年的佛朗哥独裁统治，也使其面临工业衰退、失业增多、环境恶化等一系列城市问题。因此 1986 年获得奥运会主办权极大地促进了巴塞罗那的城市建设。奥运会期间，巴塞罗那为促进城市环境综合提升，积极改造旧区、建设新区。并在奥运期间改造了港口，修建了两条环形公路、两条隧道，改建了飞机场、城市的排水系统，建成了提供水、电、气和电话服务的网络。对 2772 座建筑进行了翻新，建设了 450 个市政公园，仅从 1989 年到 1992 年，巴塞罗那的人工湖和喷泉就增加了 268%。② 城市的建设和改造极大改变了巴塞罗那的城市形象。这届奥运会后，巴塞罗那知名度迅速提升，成为国际著名旅游城市，汹涌而来的国际游客迅速占领了街头巷尾，同时也带动了电子、通信、饮食等行业的发展，巴塞罗那在奥运之后，抓住机遇，巩固城市改造成果，大力发展旅游业，保持了至今未衰的"巴塞罗那热"。

第三，提升通达能力，优化交通环境。

发达有序的交通网络和规范有效的交通秩序管控水平，不仅能够保

---

① 李鹏、邹玉玲：《体育赛事型塑城市特色》，《首都体育学院学报》2009 年第 2 期。

② 孙锦、郑向鹏：《巴塞罗那：借奥运改造城市的典范》，《深圳特区报》2012 年 7 月 17 日第 7 版。

障大型体育赛事举办期间游客的便利出行，也利于在赛后持续吸引人才、资本流入，促进地区经济的长足发展。在筹备 2012 年奥运会期间，伦敦交通局在整个城市交通基础设施投资 65 亿英镑，用 10 条铁路线和 30 座桥梁连接了整个伦敦。同时，斥巨资改造和升级了部分自行车和步行交通系统。这次的交通改造不仅能为此次奥运会创造便利的出行环境，而且在赛事结束后仍能起到长久"低碳出行"引导作用。伦敦交通官员本－普洛登表示，"自行车和步行交通网络的升级，将有效支持和鼓励观众以最绿色的方式前往奥运场馆观看比赛，赛事结束后，它们也会促进市民日常出行方式的转变，成为值得传承的绿色遗产"。为了巩固赛事治理成效，许多城市都在赛后继续沿用赛事期间的交通控制经验，进行交通秩序长效管控。北京奥运会和残奥会期间（2008 年 7 月至 9 月 20 日），为管控交通秩序，保障通行环境，北京实施对市内机动车和外地来京车辆实行单双号限行政策。赛事结束后，北京尾号限行纳入常规交通管理。借 2010 亚运会契机，广州先后在全国提前实施机动车国Ⅱ、国Ⅲ和国Ⅳ标准，并在全国率先建立机动车排气污染地凝气检查和强制维护制度。①

（2）赛事场馆遗产保护传承利用的经验

第一，鼓励民营资本参与场馆运营，提升场馆利用率。

2009 年，伦敦成立伦敦奥运遗产发展公司（London Legacy Development Company），旨在奥运会结束后，积极进行商业化和市场化运作，通过积极推动奥运村及周边住宅建设和廉租房改造，以及对奥运比赛场馆的商业化运营，共同实现商业—公益相结合的奥运遗产应用。在奥运村改建方面，伦敦奥运区域的赛后重建由英国最大的房地产 Talor Wimpey 以及社会住房提供者 London & Quadrant 承接。两家公司计划在赛后 20 年内持续投入 3 亿英镑在奥运村及周边建设廉租房以及学校、医院、运动场等配套设施。而伦敦奥运期间运动员们居住的运动村，将在赛后直接改造为新的住宅小区。运动村已在 2011 年出售给卡塔尔房产公司 Qatari Diar 和英国开发商 Delancey。在奥运场馆运营方面，伦敦奥运遗产公司宣布，赛事结束后，将由土木工程公司（BAM Nuttall）将协助把伦敦奥林匹克运动场改建成一座公共场，并命名为伊丽莎白女王奥运场，内有全

---

① 李莹：《聚焦盛会之后的城市环境质量》，《今日国土》2012 年第 1 期。

英体育馆、住宅区、学校、医疗中心等混合社区等设施。并表示，截至2012年5月，除伦敦碗与媒体中心外的其他各大永久性场馆已以竞标的形式分包给不同的公司和团体，奥运结束后将进行由政府监管和指导下进行商业运营。[①] 2008北京奥运会期间建成的体育景观如"鸟巢""水立方"、国家体育馆等，分别利用自身的特色优势开展大型演唱会、喷泉音乐会、艺术展览等各类文化活动的场地租赁，成为北京旅游新胜地，吸引大批的游客前往。

第二，因地制宜改造赛事配套设施，推动区域发展。

伦敦2012奥运会贯彻实施"可持续发展"理念，提出要将奥运重心由赛期转为赛后更加长远的旧城更新改造和社区营建工作，奥运会后新建的河畔住宅、商店、餐馆和咖啡馆，既充实了当地的公共服务设施，也精致化了附近社区环境。深圳在筹备2011年大运会期间，依托大运中心积极开拓国际大学城以及高新技术产业园区，规划大运新城。随着香港中文大学（深圳）、深圳市信息职业技术学校、北理莫斯科大学、吉大昆士兰大学等高等院校的落户与进驻，以及龙岗天安数码城、大运软件小镇、龙岗城投大厦、启迪协信科技园、益田硅谷等高新技术产业园区的渐次崛起，连接市区及惠州的轨道交通线网的进一步优化与推进，高快速路网的系统与完善，为大运新城注入了新的发展要素与优势。后大运时代，随着大运新城持续完善周边基础设施建设和公共服务水平，并与龙岗中心城一起构成深圳城市东部次中心，使得深圳城市空间得以进一步整合、拓展。

（3）赛事景观遗产保护传承利用的经验

第一，开展生态整治，建设美丽城市。

"绿色"奥运遗产是2000年悉尼奥运会最为突出的遗产之一。悉尼奥运会以"绿色奥运"为标志，围绕环保展开了各种创新的理念，如：水节约、将废物降至最低等。悉尼奥运会依照可持续发展的理论专门设计，同时制定适合可持续发展的政策，在场馆建设过程中，要求材料尽可能环保，可回收和再利用。此外。澳大利亚在奥运会筹备期间共出台了100个环境保护和土地维护方面的法令。奥运会结束后，澳大利亚对绿

---

① 张涵：《伦敦奥运遗产资本化启幕》，《21世纪经济报道》2012年8月14日第T04版。

色遗产进行了有效的开发和保护，并把环境保护的经验、技术等进行出售，为其他国家和城市提供了经验借鉴。深圳在 2011 年大运会期间集中整治水环境，开展"流域治污"工作，旨在为大运会成功举办提供优良的生态环境。其中，大运会主赛场龙岗境内龙岗河的治理成效可圈可点，依据龙岗河一期河段不同段位特点，分别以"生态涵养"和"生活延伸"为主题，在上游进行绿化种植净化水源，在中下游进行河道治理，美化城市公共空间。总体而言，为实现从"黑水河"到"流动的城市绿道"的水环境优化，在大运会之前，主要对龙岗河干流采取防洪、水质提升和生态景观培育"三管齐下"的治理思路。而大运会后，延续前期整治经验，于次年开工建设龙岗河干流二期河段整治，全面改善和提升了龙岗河干流全河段水环境和交接断面的水质。

第二，加强景观建设，塑造城市特色。

奥林匹克公园作为服务赛事而进行的城市建设项目，本身是城市生态系统、城市景观的重要组成部分，赛后也往往会成为满足城市居民游览、锻炼、交往等各类需要的公共休闲场所。服务于 2008 北京奥运会的北京奥林匹克公园集中体现了"科技、绿色、人文"三大理念，内有高规模的森林绿地、中华民族博物馆以及国际展览体育中心，是集体育赛事、会展中心、科教文化、休闲购物等多种功能于一体的综合性市民公共活动中心。在赛后，成功创建"国家 5A 级旅游景区"，成为全市乃至全国最高品位的文化、休闲、健身区域。同样进行城市公园建设的城市还有英国伦敦，2012 年伦敦奥运会后景观公园变身成为面积达 102 公顷的"伊丽莎白女王奥林匹克公园"，作为英国 21 世纪以来最大的新建城市公园，其内部南北两分园功能更有侧重，各具特色，北园着重于生态环境和栖息地的保护，南园则注重服务于各类事件和活动。两公园将提供包括河道、公共绿地、林地、运动场等各类休闲活动场所，由当地社区自由使用。同时，整个公园北面将于哈尼克尼沼泽（Hackney Marshes）贯通，西面衔接维多利亚公园，而南面则与绿道串联，形成一个大型的绿色网络，为野生动物提供栖息地，对提升生物多样性提供帮助。

（4）赛事政策与制度遗产保护传承利用的经验

第一，完善制度体系，优化城市治理效能。

空气质量改善是 2010 年广州亚运会最为突出的特色。为保障亚运空气质量，从 2004 年起，广州市亚运空气环境质量保障工作，系统制订并实施空气环境综合整治行动计划，分 8 个阶段全面推进。其间，出台实施了"空气整治 50 条"及"新 31 条"，从工业污染防治、市区产业"退二进三"、机动车污染防治、工地扬尘控制、饮食业油烟整治、油气回收治理、区域联防联治 7 个方面共采取 81 条措施，开展了广州有史以来最大规模的空气污染综合整治工作。① 亚运会后，为进一步巩固和持续提升前 7 个阶段治理成效，广州市"趁热打铁"展开了第 8 阶段的空气质量保障工作。同时，为保证整治工作实现制度化、常规化，建立健全了更加有效的空气污染综合防治机制，持续惠及"后亚运"时代。

第二，鼓励公众参与，构建多元共治格局。

筹办大型体育赛事不仅仅是国家行为，更需要公众的广泛参与与支持。公众不仅是赛事筹办的重要参与力量，也是赛事物质遗产的直接继承者。在妥善处理人与奥运关系，完善公众参与机制方面，北京奥运会的经验值得借鉴。"人文奥运"北京奥运会的三大理念之一，"以人为本"是这届奥运会自始至终秉承的核心信念与宝贵精神遗产，在整个赛事期间，从奥运吉祥物的选定与明明，到各项奥运相关政策的制定与完善，再到志愿者的选拔与招募等各项事务都向公众广泛开放了参与平台与机制，使得"公众主动参与型社会动员体系"得以逐步形成与发展，全社会基于"开放、参与、平等和服务"的理念，构建起"政府主导—公众参与—上下结合"的实践机制。奥运会后，北京市借机深入推进服务型政府转型，进一步拓宽公众参与社会管理的渠道，着力构建社会管理人人参与，和谐社会人人共享的局面。

2. 现实困境

大型体育赛事因其时效性和规模性，为区域环境治理提供了加速效应和示范效应，是城市环境治理的时间催化剂。城市环境治理的是一个长期可持续的操作过程，环境污染的复杂性决定了蓝天绿水不可能一蹴而就，因而也不能期望单靠大型体育赛事来一劳永逸地改善区域环境污染问题。后赛事时代，人们希望使相关城市建设遗产尽快摆脱"低谷效

---

① 李莹：《聚焦盛会之后的城市环境质量》，《今日国土》2012 年第 1 期。

应"，在城市环境改善和提升中持续发挥积极作用，而在实践中，则往往面临一系列现实困境。

（1）环境治理成效赛后维持困难

第一，城市环境污染赛后存在反弹。

通常在后赛事时期，环境污染反弹现象中表现最为突出的问题是空气质量问题。以北京为例，后奥运时代北京空气质量的现实状况就曾引起广泛讨论。由于市政府在赛前开展了大量环境治理工作，例如加大环保经费投入，调整能源产业结构，进行公共交通秩序管控等，使得北京的环境质量和生态状况在赛事期间得到明显改善。然而，北京在奥运会后的空气质量，并没有如愿延续奥运时期的蓝天白云。奥运期间许多强制性行政手段只在特定的时间和条件下具备有效性，例如对机动车实施单双号限行，这种行政措施很难作为一种常态办法并形成长效机制。而且，中国正处于快速发展阶段，一些环境污染新老问题反复叠加、交织，如大气污染问题呈现压缩型、复合型、结构型的特点，治理难度持续升级。

第二，城市形象设施赛后管理失当。

主办城市对于城市形象设施的赛后管理也有很多不到位。南京青奥会前夕，南京市政府为了整顿和美化市容市貌，在河西滨江风光带各景观马路两侧都安装了广告标语，在充分发挥宣传功能的同时又可以对沿路破旧拆迁土地进行视线遮挡。但青奥会刚一结束，道路旁乱涂乱画、景区垃圾随意堆放现象又"死灰复燃"趋势，一些道路旁的广告标语也遭到涂鸦爱好者的"恶搞"，一些青奥吉祥物雕塑也遭到破坏，无人管理，影响恶劣。① 无独有偶，北京奥运会赛后，朝阳公园沙滩排球场、小轮车赛场等一些临时场馆在赛后没有及时管理维护，给了外媒借机抹黑北京城市形象的可乘之机。

（2）城市建设资源赛后多样化开发不到位

第一，大型体育设施赛后闲置浪费。

大型体育竞赛场馆的赛后利用问题一直是世界性的难题，国内外大型体育赛事后，都不同程度出现过体育场馆的闲置和荒废问题，很多场

---

① 《涂鸦又上墙，垃圾"躲"进围墙内》，《现代快报》2014年9月10日第B8版。

馆只能经历短暂的辉煌，赛事结束后，这些场馆因为种种原因被遗弃、变废墟，造成巨大的资源浪费和城市环境负面效应。被诟病最多的是2004年雅典奥运会。据悉，花费71.3亿英镑建成的场馆利用率很低，大部分场馆已经面目全非，老化而不堪使用，有些被废弃的场馆已经人迹罕至，野草丛生，堆满尘土和垃圾。① 而2008年北京奥运会后，各大体育场馆使用也有"热"有"冷"。如，6个建在高校中的场馆都保持了较高的使用率，五棵松篮球馆通过进行商业冠名获取了不错的经济效益，"水立方"逐渐摸索出各具特色的赛后运用模式。但是，"鸟巢"和大型体育赛事与城市特色结合不紧密，赛后富有特色的新兴休闲型体育旅游项目整合开发不力。而位于北京东北郊区的顺义奥林匹克水上公园，作为奥运会赛艇、皮划艇等水上项目的比赛地，在奥运会后对游客有偿开放，但因其不够便利的交通和较高的竞技门槛导致消费者寥寥，从2008年比赛结束后经历了较长一段时间的半荒废状态，场馆设施年久未修，后期通过龙舟竞赛才慢慢积累起了人气。

第二，城市体育旅游资源整合开发不力。

大型体育赛事与城市特色结合不紧密，赛后富有特色的新兴休闲型体育旅游项目整合开发不力。体育场馆及配套基础设施的赛后旅游开发是一个涉及政府机构、企业、高校、普通民众等不同利益相关者的复杂项目工程，需要一套整体性的开发体制和运行机制进行宏观指导。否则，将会因为缺乏协调配合而徒增内耗。例如，2008年北京奥运会后，各大奥运场馆起初就缺乏系统的、全盘的赛后利用规划，条块分割、相互封闭的现象比较严重。

（3）城市环境治理制度体系赛后构建乏力

第一，环境治理制度体系运行不畅。

筹办奥运期间，北京采取了一系列措施来提升当地环境质量，构建了《北京可持续发展规划（1998—2007年）》等一系列环境政策和管理体制，实施了调整经济结构、增加优质清洁能源、严格污染物排放标准、强化生态保护与建设等一系列环保措施。但由于赛事筹备的时效性，很

---

① 人民网日本频道：《前车之鉴还是他山之石？各地奥运场馆赛后怎么用》（http://japan. people. com. cn/n1/2016/0729/c35467 - 28595270. htm）。

多措施重在应急，谋远不够，无法长期有效地根治地区环境污染。例如，常用的搬迁关停重污染工业企业的治理方式，往往就只能起到转移污染源的效果。如为了改善空气质量，下令将许多重污染企业迁移、关停，首钢因此迁入河北境内。但随之而来的问题是，空气污染是流动的，钢铁年产量位居全国第一的河北省最终还是成为北京空气污染的一大来源。2014 年南京青奥会也面临同样的困境，如何克服监督疲软、落实不到位等问题始终是赛后环境治理的无法彻底解决的难题。青奥会结束后，南京近 2000 家工地复工，极大增加了环境治理难度。

第二，环境保护法律体系建设滞后。

环境法制最突出的问题，就是违法成本低的问题长期没有得到解决。这既有行政执法、司法不到位的问题，也有立法不足、不完善的问题。作为首都，北京对于环境治理和保护的重视程度在国内城市中一直处于领先态势。以 2008 年北京奥运会为例，北京按照国际奥组委的要求严格加强环境治理，力求与国际接轨。大型体育赛事的环境专项治理，本应是加强环境保护立法，完善。但筹办奥运期间，北京奥组委根据国际奥委会倡导的大型体育运动中的环境保护原则制定的环境管理体系，仅仅针对奥运期间的环境保护工作，而没有转化为普适的环保法律标准和规范，北京市体育局和环境保护机构颁布的文件也没有确认奥运环境管理体系在北京市体育运动环境保护工作中的法律地位。[①] 因此，北京奥运期间的环境保护规则仅作为奥运期间环境措施规范，在赛后并不具备强制约束力和法律效能。

"十四五"时期，武汉将加快建设"五个中心"和推进城市现代化，举办承办大型体育赛事的规模和频次将进一步增加，与之相匹配的城市建设力度也将持续加大。从当前武汉所面临的城市环境治理与提升的持续性和艰巨性来看，应当认识到，军运会的城市建设遗产在改善和提升城市环境方面有着巨大的潜力。但同时，后赛事时代城市建设遗产在保护利用的过程中仍然面临许多体制机制障碍，需要整体统筹考虑，不能寄希望于仅仅依靠赛事城建遗产来根治环境问题。因此，如何适当、合

① 郭振、乔凤杰：《北京绿色奥运遗产及其困境与继承》，《武汉体育学院学报》2016 年第 8 期。

理地保护和利用军运城市建设遗产提升城市环境，需要统筹规划和审慎实施。

（四）持续利用军运城市建设遗产进一步
提升武汉城市环境的政策建议

筹备和举办军运会，对于完善基础设施、优化城市交通、改善城市环境、提升城市治理水平和文化品位影响巨大。武汉军运城市建设中形成的"有形遗产"和"无形遗产"，在赛后较长时期内仍然具有重要意义和实践价值。应持续用好、盘活、释放、巩固军运城市基础设施建设、体育场馆建设、城市景观建设、政策与制度建设遗产，进一步提升武汉城市发展硬环境，改善群众体育环境，优化文化和生态环境，巩固城市治理环境，努力建设"卓越之城""活力之城""品质之城"和"智慧之城"。

1. 用好军运城市基础设施建设遗产，进一步提升武汉城市发展硬环境，建设"卓越之城"

（1）加快城市基础设施建设，优化城市空间结构

第一，改造提升中心城区功能，构建宜居生活空间。

军运会城市建设使中心城区道路交通提质、文化体育设施增量、环境面貌焕然一新，城市环境质量大大提升。后军运时代，仍应继续发挥这些城建遗产的应有作用，以城市硬环境提升为基础，不断优化城市生态环境、文化环境和生活环境。应进一步优化中心城区空间布局，降低中心城区开发强度、建筑尺度和人口密度，完善城市功能，提高产业层次和承载能力，提升文化品位，建设宜居宜业、宜商宜游的城市核心区。加强精致武汉建设，强化基础设施和公共服务设施精细化管理。进一步加强城市文化体育基础设施建设与改造，着力构建以大型体育场馆为核心，社区图书室、健身苑点、健身步道、市民球场等社区公共文化体育设施为主体，各类学校等企事业单位文化体育设施为重要补充的文化体育设施体系，实现全民文化健身场地设施全覆盖。

第二，推动城市有机更新，改善城市人居环境。

推动城市中心区老旧城区改造和地区再生，科学规划旧城改造区域

的功能和产业布局，合理配建文化体育设施，保护好历史性、标志性建筑，促进文化重建，提高城市宜居性和舒适度。全面推进老旧小区改造工作，加快推进"武汉市老旧小区改造三年行动计划（2019—2021年)"，改造水、电、气等基础类基础设施和停车场配建及优化、加装电梯等提升类基础设施，在有条件的小区同步配套文体活动等公共服务设施，着力解决老旧小区市政基础设施配套不全、共用设施设备破损老化、环境脏乱差、物业管理机制不健全等问题，进一步改善城市人居环境，促进城市更新。

第三，加快新城新区建设，优化和拓展城市空间格局。

依托军运会新建道路交通设施，加快新城新区建设，优化和拓展武汉城市空间布局，促进城市可持续发展。建设新城新区生态屏障，疏解和分担中心城区功能，减轻中心城区环境压力。结合长江新城、汉口北、四新、黄家湖等新城新区的区位、资源、产业基础，优化生产力发展布局。在军运会均衡布局体育场馆的基础上，进一步完善新城新区道路交通、文体设施等配套设施建设，促进体育公共服务设施分布合理化，实现体育公共服务均衡化、均等化，优化城市文化体育空间布局，提升生态、文化和生活环境，吸引更多的人来新城新区工作和居住。

（2）加快城市综合交通枢纽建设，提升城市通达能力

第一，完善枢纽型道路交通体系，优化城市发展环境。

依托军运会城市建设遗产，加快武汉国家综合交通枢纽示范城市建设，进一步巩固武汉综合交通枢纽地位，优化发展环境。加快城市轨道交通规划建设。完善城市综合交通体系，缓解城市交通拥堵，全面实施轨道交通第四期建设规划，开通地铁8号线二期，续建5号线等项目。加强城市轨道交通与综合交通系统的衔接，逐步完善枢纽一体化衔接体系，统筹做好城市轨道交通与高速铁路、城际铁路和市域（郊）铁路的规划布局，提升城际铁路公交化服务水平，构建多层次、一体化都市圈轨道交通网络。优化交通枢纽换乘设计，做好车站周边的城市道路交通衔接，提升旅客出行的安全性、便捷性。加强城市轨道交通枢纽综合立体开发，发挥土地增值效益，促进城市轨道交通可持续发展。构建高快速路网体系。着力构建"六环二十四射多联"的高快速路骨架路网系统布局，建成四环线全线、青山长江大桥，开工建设白沙洲公铁长江大桥。规划新

外环线，增设快速联络线，加密快速路网密度，提高环设路网转换效率。

第二，优化微循环道路交通环境，提高市民生活体验。

持续推进道路修复提升，从房屋立面整治、市政设施提升、园林绿化提升、违建拆除、建筑拆迁、城市家具整治、人行道共享单车停放整治、广告招牌整治和景观亮化等方面持续整治提升城市重点干道。开展道路反复开挖综合治理，整治道路附属设施。继续推进微循环道路交通环境综合整治，重点解决微循环道路破损、断头、错位、贯通性不足、占道经营、占道停车、通行有效空间不足、无障碍设施、交通安全与管理设施配套不完善等突出问题，科学规划设计，加大资金投入，扩大公众参与，综合统筹交通、交往、景观、生态等功能，推进微循环道路交通精细管理创新，不断提高市内微循环交通的社区服务深度和通达性，提升市民交通出行品质和体验。

2. 盘活军运城市体育场馆建设遗产，进一步改善武汉城市群众体育环境，建设"活力之城"

（1）提升体育场馆综合利用能力，营造全民健身氛围

第一，持续推进城市体育场馆设施扩容提质，努力打造"市民 12 分钟健身圈"。

扩容提质体育健身设施，统筹利用现有设施、存量建设用地和未利用土地等，以及城市高架桥底、人防工程等空间建设足球场地和体育场地设施等，有效盘活存量用地，解决场地设施建设用地不足问题。

以赛促建，进一步布局均衡发展的体育场馆设施体系。加快推进"4 + 3 + 1 + N"[①] 体育设施空间体系建设，高标准规划建设武汉体育中

①　出自《武汉市体育设施空间布局规划（2016—2030）》。"4"为中心战略功能片、车都战略功能片、光谷战略功能片、盘龙战略功能片 4 个战略功能片。按照"三镇三城"的发展理念，以主城为中心，在城市主要发展轴线上，布局未来承办全国乃至洲际综合性运动会的主要场地。"3"为沿长江、汉江、三环线形成的 3 条全民健身带。以其为纽带，建设具有滨水、环城特色的全民休闲健身带，串接主要体育功能分区，作为公共体育设施的重要补充。"1"为 1 个郊野体育休闲环。以郊野公园建设为契机，注入运动元素，在六个新城范围内形成徒步、自行车、攀岩、赛车、高尔夫等专业化体育休闲服务场地。"N"为若干体育健身圈。以街道为实施主体，结合控规编制单元，形成若干体育健身圈，完善全民健身设施布局网络，改善市民健身锻炼的场地和设施条件。

心、省体育中心等重点区域场馆集群。围绕东湖绿道建设、社区发展治理，推进大众体育运动设施建设，攻坚建设社区级综合运动场和健身馆，推动公共体育设施向社会开放，加快体育融入市民生活的进程，营造健康运动场景、提升全民身体素养、推广健康休闲方式。进一步完善市、区、街道（乡镇）、社区（村）四级公共体育设施服务体系，持续打造"12分钟体育健身圈"和"10分钟健身苑"，满足城市发展和市民体育生活的多层次需求。

加强健身配套设施建设和改造，进行普通公园体育化，在公园内铺设健身步道、自行车道，增建篮球和足球场，建成一批体育健身公园，成为周边市民出门健身的重要场所。在城市社区建设"12分钟健身圈"，有条件的老城区配齐城市社区体育设施，新建社区体育设施达到全覆盖。

加快推进体育强市和健康武汉战略，推动军运会场馆面向市民开放，满足市民体育锻炼需求，推动全民体育健身。持续推进中小学体育场馆向社会有条件、分时段开放，盘活学校体育场地资源，在保证校园安全的前提下公办学校要积极创造条件向社会开放体育场馆，鼓励民办学校向社会开放体育场馆。

第二，充分挖掘体育设施功能延伸，为多元化生活方式提供功能载体。

通过政府购买公共服务等方式，引入专业团体管理公共体育场地，提供优质体育服务。依托现有体育场馆，拓展体育健身、赛事活动、体育培训、专业训练、健身宣传等服务功能，完善配套服务设施。以体育设施为载体，大型体育场馆可适度引入商业、餐饮、休闲、办公等多元业态，打造城市体育服务综合体，推动体育与住宅、休闲、商业综合开发。

利用军运会形成的体育热潮，加强体育文化宣传，营造浓厚体育健身氛围，将体育文化作为城市文化建设的一个重要组成部分，加大全民健身宣传力度，普及健身知识，宣传健身效果，积极引导广大人民群众培养终身运动习惯，培育体育消费观念，养成体育消费习惯。

（2）依托赛会遗产优化体育消费环境，努力建设现代化"体育之都"

第一，吸引体育企业进驻，打造"体育＋"全产业链。

依托军运会赛会遗产，优化体育产业发展环境，大力吸引体育企业进驻并予以扶持。实施"体育+"行动，推动体育与旅游休闲、养老服务、文化创意和设计服务、教育培训等融合，促进体育旅游、体育传媒、体育会展、体育广告、体育影视等相关业态的发展。支持促进武汉体育产业协会建设发展，整合场馆、市场、赛事资源，助力武汉打造知名"体育之都""赛事之都"，推动体育产业高质量发展。

第二，培育国际知名创新型体育企业，引导体育产业集聚发展。

充分发挥武汉经济技术开发区（汉南区）"国家体育产业示范基地"引领、示范和带动作用，大力支持以体育产业为代表的现代服务业发展，积极培育国际知名创新型体育企业，引导体育产业聚集发展。

3. 释放军运城市景观建设遗产，进一步优化武汉城市文化和生态环境，建设"品质之城"

（1）持续开展生态环境综合治理，全面提升城市宜居水平

第一，重拳治理市容乱象，营造良好环境秩序。

巩固军运城市市容环境治理成果，落实门前"四包"责任，加大对城市"牛皮癣"治理力度，开展立面建筑整治，杜绝乱搭乱建行为，拆除大型违章建筑。完善制度机制，统一标准。完善修订《武汉市市容环境卫生管理条例》，统一城管执法标准；加强市容市貌治理工作立法高阶，将治理市容市貌而发布政策文件等修订提高到法律地位；健全多部门协调机制，做到由工商、税务、警察、环保规划等部门联合执法，由区政府、街道办事处对涉及本部门的市容市貌管理问题进行配合，形成并健全部门协调机制。多元参与，共治市容。鼓励民众参与市容市貌治理工作，让市民在市容市貌治理中更多地扮演管理者、决策者；完善武汉市容管理志愿者系统，打通并拓宽社会参与渠道，在全社会形成爱护城市的良好氛围。

第二，持续开展环境污染防治，提升居住环境质量。

严查大气污染、水污染、噪声污染、城市固体废弃物污染等问题，结合技术改造进行治理，建立健全长效机制坚持源头削减和末端治理并重。深入推进"四水共治"。巩固"两江干堤、中小河流、水库山洪、湖泊民垸"四条防线，全面完善防洪保障体系，保障水安全。加强物联网建设，提高信息化排涝能力，改善水环境。建立预防机制和综合治理机

制，把控水污染的源头；采用先进的污水处理设备，提升城市污水治理效率；加强污水处理生产经营的监管和污水处理承包企业的监督；合理布置排放污水的管道，及时全面收集处理城市污水；提高黑臭水体治理能力和力度，修复水生态。保护饮用水源地，改造老旧供水设施，提升水功能。常态化治理大气污染。建立环保网格化监管系统，以街道为单位，建立日常巡查与通报制度，严格控制污染物的排放；从技术上改进与升级传统能源，尽可能减少有害物质的排放。按照国家的相关制度和标准，根据武汉城市建设中的实际环境污染问题，结合武汉实际制定并严格落实环境管理制度、环境评价制度和标准，定期开展环境评价，倒逼环境管理能力提升。加快城市垃圾集中处理建设，探求固废处理和再利用的新方式。畅通环境信访渠道鼓励公民监督，建立有效的环境污染问题排查化解机制。规范环境监管，约束企业环境违法和城市污染行为。

第三，建设环保示范区，推动环保成果推广普及。

建设一批"发展模式绿色高效、生态环境优美宜居、生活方式低碳节约、环保制度完善健全、环保文化鲜明繁荣"的环保示范区。总结一套环保示范区建设成功的可推广、可复制的经验。充分利用广播、电视、报刊和网络等媒体，多渠道、多层次、多形式地开展环保经验推广普及和舆论宣传。

（2）充分开发亮点景观，提升城市吸引力和知名度

第一，创新谋划长江主轴"城市阳台"系统，提升滨江开放空间品质。

根据长江主轴景观轴建设整体布局，创新谋划长江主轴"城市阳台"系统，制定远期建设和维护目标，持续开展岸线整治、码头改造。充分认识长江水文的复杂性和防洪安全的严峻性，将"城市阳台"系统后期建设和宣传长江文化、防洪相结合。开发建设长江主轴"城市阳台"等景观带的配套设施和服务系统，带动旅游业发展。做好长江主轴"城市阳台"系统等景观的宣传工作，增强景观吸引力和知名度。

第二，精心统筹东湖绿道建设，打造世界级城市"生态绿心"。

增强东湖绿心及周边城市功能区的融合发展，全面带动东湖城市生态绿心建设。持续开展"景中村"改造工作，开展东湖景区生态环境整治；合理利用空间资源，更好地发挥旅游、生态等核心功能；提高绿道

建筑质量，做到整体风貌与自然环境相协调；制定合理的产业规划，发展高品质旅游配套服务业；充分体现绿道特色，打造世界级城市"生态绿心"。

第三，适度规划景观亮化工程，点亮"两江四岸"新画卷。

后军运时代应持续更新优化亮化工程，加快应用光影科技、元宇宙等，依托武汉城市地理空间塑造城市空间形象；坚持节能环保，适度规划、建立健全管理机制，以求"两江四岸"亮化工程历久弥新，与时俱进，不断适应武汉城市发展的进程。

（3）擦亮军运文化景观建设遗产，提升城市文化魅力

第一，促进城市文化与体育景观融合，丰富城市文化环境内涵。

利用赛事场馆景观，提升城市文化品位。以赛促建，进一步布局均衡发展的体育场馆设施体系。加快推进"4＋3＋1＋N"[①] 体育设施空间体系建设，高标准规划建设武汉体育中心、湖北省体育中心等重点区域场馆集群。围绕东湖绿道建设、社区发展治理，推进大众体育运动设施建设，攻坚建设社区级综合运动场和健身馆，推动公共体育设施向社会开放，加快体育融入市民生活的进程，营造健康运动场景、提升全民身体素养、推广健康休闲方式。借助军运会赛后影响力，对城市街道标识标牌、相关景区进行重新规范和优化设计，打造国际化赛事形象景观。

发展景观体育活动，推广城市人文价值。将武汉的景观、生态以及城市文明建设有机结合起来，组织具有地方特色的多种形式的体育活动。把武汉打造成为景观体育赛事的著名举办地，打造具有武汉特色的体育赛事品牌，以体育为纽带传播文化理念，传递楚风汉韵、包容友善的开放城市形象，推动多元文明的融合碰撞。借助赛事，实现推介城市效果

---

① 出自《武汉市体育设施空间布局规划（2016—2030）》。"4"为中心战略功能片、车都战略功能片、光谷战略功能片、盘龙战略功能片4个战略功能片。按照"三镇三城"的发展理念，以主城为中心，在城市主要发展轴线上，布局未来承办全国乃至洲际综合性运动会的主要场地。"3"为沿长江、汉江、三环线形成的3条全民健身带。以其为纽带，建设具有滨水、环城特色的全民休闲健身带，串接主要体育功能分区，作为公共体育设施的重要补充。"1"为1个郊野体育休闲环。以郊野公园建设为契机，注入运动元素，在六个新城范围内形成徒步、自行车、攀岩、赛车、高尔夫等专业化体育休闲服务场地。"N"为若干体育健身圈。以街道为实施主体，结合控规编制单元，形成若干体育健身圈，完善全民健身设施布局网络，改善市民健身锻炼的场地和设施条件。

的最大化，提升城市在国内外的影响力、竞争力、知名度。同时，实现城市景观赛事品牌文化与组织过程资产的长期积淀和持续增值，进一步塑造和推广城市人文价值。

第二，促进军运文化与体育消费融合，提升城市文化产业能级。

发展现代体育文化产业集群。结合军运会给武汉带来的巨大影响，发挥武汉的综合优势，大力发展体育运动、医疗卫生、生物制药、营养保健、健身休闲、文化娱乐、节能环保等新兴朝阳产业，带动武汉产业升级换代。后军运会时代武汉要打造一个包括体育运动、医疗健身、旅游度假等产业在内的健康产业集群。挖掘武汉五环体育中心、青山沙滩排球中心、军运会主媒体中心、蔡甸国防园射击射箭场等场馆资源，形成以竞赛表演业为龙头的体育产业发展格局，助力城市文化品位升级。

推进文商旅体融合发展的业态布局。依托赛事城建遗产进一步发掘旅游资源，顺应旅游业发展的新特点新趋势，推动文商旅体融合创新发展。推进文化创意融入体育赛事，利用国际赛事的窗口推广传播武汉城市形象和城市文化；将体育赛事融入美丽宜居公园城市建设，带动户外休闲度假消费新场景和绿道旅游新模式；利用多元建设空间打造体育健身消费新场景，以多样化体育设施为平台，以体育赛事为支撑，推进体育赛事和健身活动产品化开发、市场化运作、可持续运营。依托市内旅游景点丰富的生态资源，合力打造体育旅游城市，推出体育旅游精品线路，充分挖掘体育、旅游资源，以培育新兴消费热点为落脚点，深入推进"体育＋旅游"产业融合发展。借助网络、融媒体优势，打造"网红"场馆、赛事、娱乐项目、文旅体验馆等工程，促进武汉赛后绿色体育产业发展。

4. 巩固军运城市建设政策与制度遗产，进一步增强武汉城市治理能力，建设"智慧之城"

（1）坚持建管并重，提升城市精细化管理水平

第一，进一步建立健全城市管理标准体系，形成城市治理长效机制。

军运会备赛期间，武汉制定了《2019 城市精细化管理标准》等一系列文件，形成了一套高质量、高标准、高水平的城市精细化管理"武汉标准"，武汉市城区环境面貌有了明显改善。下一步，应接续放大军运会

的带动和溢出效应，总结军运会城市管理和交通保障工作经验，及时巩固城市综合治理、道路交通"三乱"行为和拥堵无序问题整治等方面的工作成果，以提高城市精细化管理水平、促进市容环境面貌全面升级、巩固提升交通通达能力为目标，按照标本兼治、综合施策、齐抓共管、久久为功的要求，建立以市区政府为主导，街道、社区、物业公司、商户和市民共同参与，职能部门密切配合的城市治理长效机制，走出治理—回潮—再治理—再回潮的怪圈。着力推进城市治理法治化、城市管理服务标准化、城市管理过程社会化，推动城市管理向城市治理转变、突击整治向长效管理转变，促进城市治理高效有序。

第二，运用信息技术手段，推进城市管理智慧化。

总结利用军运保障期间"智慧城管"执法监督工作经验，继续推动城市管理数字化、精细化、智能化。借助新一代信息技术，建立完善综合性城市管理数据库和覆盖市、区两级的数字化城市管理平台，实行网格化管理，拓展智慧城管平台功能，提高城市管理的效率和精准，探索构建城市动态数据管理及社区神经元等智能系统。继续加大基础数据建设，利用数据挖掘、AI 等手段，联动环保、工商、公安相关数据，通过部门间数据共享、社区网格化管理推进等方式，搭建感知、分析、服务、指挥、监察"五位一体"的扁平化城市管理体制机制。

（2）坚持防处并举，优化超大城市安全环境

第一，加强政社良性互动，依法依规化解社会矛盾。

健康有序的政社互动是城市管理者把把握社情、引导舆情、化解风险的重要基础。军运会前后，武汉市建构起涵盖武汉市政务网、市长专线、城市留言板、数字城管等市域平台和"江汉管家""洪山军团"等群众性平台为依托的群众诉求收集、汇总、响应、反馈机制，保障了军运会赛时的平安稳定。这些好的做法和制度作为城市安全建设的宝贵经验，在赛后仍将在城市建设与管理工作中发挥积极作用。为防止群众诉求变成社会风险因素，进一步优化城市安全环境，应依托互联网、大数据，进一步将各类市域平台建设成为民情数据系统集成、智能应用的信息资源池和实时对接职能部门的诉求反馈端，继续探索搭建多种多样的交流平台，畅通和规范市民诉求表达、利益协调、权益保障渠道；持续发挥军运期间"大学生帮帮团"和"江汉管家"等沟通平台的积极作用，发

挥社会多元治理主体功能，依法依规做好各项工作，引导市民有序表达诉求和积极参与社会治理，形成覆盖广泛的参与型、常态化城市安全建设体系。

第二，强化制度技术保障，提高城市安全风险应急处置能力。

建立健全重大活动社会治安防控体系与机制，固化军运会成功经验。军运会期间，武汉市制定了《关于"迎大庆、保军运"期间依法从严管理社会秩序的若干意见》《军运会赛事交通运输保障全要素演练工作方案》等安全保障制度，探索推出一系列行之有效的重大赛事安保工作新机制、新模式、新方法，推进武汉市智慧安保平台建设和场馆安保基础设施建设计划，实现安全生产零事故、公共事件零发生，有效维护了赛事、交通、食品、生产、意识形态等领域安全，积累了丰富的城市安全建设经验。通过制度设计提升政府的管理水平，将社会治安防控体系建设纳入地方发展规划，规范和引导相关联动主体参与社会治安防控，逐步形成党委领导、政府主导、综治协调、各部门齐抓共管、社会各方面积极参与的立体化社会治安防控体系。健全社会治安防控运行机制，织密织牢社会治安防控网，强化科技赋能城市安全网络建设，全面提升社会治安防控体系建设法治化、社会化、信息化水平，增强社会治安整体防控能力，科学防范处置影响群众安全感的多发性案件和公共安全事故。

第三，加强市民安全教育，提高社会安全意识。

军运会期间，武汉通过张贴宣传海报、提示标语，创作安全宣传文艺作品，开展安全事件防范与应急措施知识培训，积极提高市民安全意识，确保了赛时安全稳定。军运会城市建设遗产中，既包括市域智慧安保平台建设和场馆安保基础设施建设等安保硬件设施成果，也包括工作人员和社会公众从赛事组织、各行业、各部门、各单位组织的安全知识培训中获得安全知识和安全意识。关于安全的知识习得，不仅在赛时保障了赛事安全，而且在赛后有利于城市安全环境的提升。织牢织密城市安全防护网，离不开市民的广泛参与。应立足打造全天候、立体化、多主体防控体系，特别是加强全社会安全知识培训，扩大安全知识传播，进一步帮助市民强化总体安全观理念和群防群治观念，形成"人人都是平安守望者"的社会环境，全员参与、全域安全的常态化城市安全环境。

六　国内外主要城市赛会遗产可持续利用经验借鉴与启示

近年来筹办重要赛会的投入越来越多，同时可持续发展理念日益深入人心，赛会后续"遗产"的可持续利用和发展，成为赛会举办国关注的重要议题。一场重大赛会对政治、经济、文化乃至人的发展都有重大影响。主办城市希望对赛会的大量投资能带来经济、基础设施、环境和社会状况等方面的持久改善，这就基于对赛会遗产的可持续利用。2019年在武汉举办的第七届世界军人运动会，为武汉城市发展留下了丰厚遗产。充分借鉴国内外主要城市赛会遗产可持续利用的做法与经验，有效利用军运会遗产助力武汉城市发展，形成长期的、正面的可持续影响，是当前需要思考和研究的重要问题。

（一）"赛会遗产"研究背景与研究重点

1. 目前"赛会遗产"研究呈现特征

目前关于赛会遗产的研究，比较多的集中在奥运遗产（Olympic Legacy）研究。随着包括奥运会在内的各种赛会，在经济、政治和社会等方面的综合影响不断提升，赛会遗产的研究不断深入，其内涵正在不断延伸。现阶段，国际上对赛会遗产的研究已形成多学科交互、逐步完善的研究体系，创新与突破更加多样。

（1）关于奥运遗产的研究最为丰富、体系最完整

目前，关于赛会遗产的研究，奥运遗产研究著述最多、脉络最为清晰、体系最为规范完整。作为世界上举办历史最悠久、比赛项目种类最广泛、影响力最大的国际赛会，奥运遗产研究占据了赛会遗产研究的

主流。

　　赛会"遗产"由奥林匹克组织首先正式提出。学界普遍认为，赛会"遗产"（Legacy）这一称谓，最早在奥林匹克组织文件中正式出现。1951 年，澳大利亚墨尔本申请奥运会主办权时提交的报告中，首次出现"遗产"一词。1987 年，韩国首尔举办了以"奥运遗产"为议题的国际研讨会，"奥运遗产"成为奥林匹克运动研究领域的一个重要议题。2003年，国际奥委会正式将奥运遗产写入《奥林匹克宪章》，列为"国际奥委会的使命和职能"中的一部分——促进奥运会为主办城市和主办国家留下有益的遗产，并正式启动了名为"奥运会全球影响研究"（后改名为"奥运会影响报告"）的遗产研究体系。

　　有研究团队对近年来赛会遗产的论文进行搜索，发现 2012—2018 年，发表的奥运遗产方面的论文 192 篇，占所有赛会遗产文献数量的比例为 89.3%。[①]

　　（2）"遗产"是长期的、正面的影响，并伴随赛会全生命周期

　　国际奥委会启用"遗产"，来反映奥运会推动的长期的、正面的影响。对于这种"长期的、正面的影响"的内容，从物质遗产、到精神文化遗产，学者的认识是不断丰富的。而且，"赛会遗产"利用伴随着赛会的全生命周期，赛前、赛程中及赛后都要对赛会遗产进行可持续利用。

　　1991 年，亚特兰大奥运会组委会将"留下积极的物质与精神遗产"作为其使命之一。1997 年，雅典在申请 2004 年奥运会主办权时专门制定了《奥运遗产手册》。1999 年，国际奥委会（International Olympic Committee，IOC）发布了一份奥运倡议书，"可持续发展"和"遗产"被写入其中。倡议书提到教育、文化、人文知识及专业技能提升等内容，意在倡导通过举办奥运会促进社会发展。2002 年，国际奥委会在瑞士举办了以"奥林匹克运动遗产：1984—2000"为主题的国际研讨会，会议将"遗产"归纳为文化、经济、环境、形象、信息与教育、纪念、奥林匹克运动、政策、心理、社会、体育、可持续发展、市政及其他 14 大类别。2003 年，国际奥委会发布《奥林匹克宪章》，重申"奥运遗产"的重要

---

① 史国生、范好婧、吕季东：《奥运遗产研究前沿与热点分析》，《成都体育学院学报》2018 年第 6 期。

性，希望推动举办城市在场馆建设、基础设施建设、居民运动技能及经验积累等方面获益，并提倡通过记录等方式保护奥运遗产。① 2013 年，国际奥委会编写的《奥林匹克遗产手册》将"奥运遗产"界定为"可为社区建设与基础设施带来可观改变的持续性效益"，并将所属机构"体育与环境委员会"改为"可持续与遗产委员会"。2014 年年底通过的《奥林匹克 2020 议程》第 1、2、4 条都提到"奥运遗产"的重要性，并要求将"申办程序""可持续性"和"遗产规划"视为确定候选城市的重要要素。2015 年，国际奥委会发布的《奥运遗产指南》将"奥运遗产"界定为"奥运会能够带给举办城市和地区的、有形和无形的、具有长期效益而非短期影响的后奥运效应"。2017 年 12 月，国际奥委会发布《遗产战略计划》，认为"奥运遗产是一种愿景的产物。它涵盖了通过举办奥运会所产生的那些对人、城市和奥林匹克运动具有长期效益的有形遗产和无形遗产"，将"奥运遗产"的范围界定为 7 个方面：有组织的体育运动的发展，通过体育运动促进社会建设，人的技能、网络与创新，文化产品与创意产品开发，城市发展，环境改善，经济发展，并提出"奥运遗产"伴随着举办奥运会的全生命周期。

（3）多学科研究相互渗透，研究体系逐步完善

随着学界对赛会遗产关注度的升高，使得其内涵和概念不断延伸，该领域的研究必然涉及多学科的交叉。通过对 2010 年以来赛会遗产文献的梳理，发现赛会遗产研究涉及的领域越来越广，不仅涉及体育学科，而且融入了教育学、社会学、旅游学、经济学、管理学、工程学、统计学、医学、历史学、地理学、艺术学和环境学等其他学科。大型国际赛会为人与体育、人与国家之间的相互交流提供了现代化、多方位的平台，必然伴随着社会行为的相互影响、相互借鉴。奥运遗产的创造、发展和完善，也是人与人之间社会交互、心理认知和思维创造的过程。多学科的相互渗透，也为赛会研究体系奠定了扎实基础，拥有更多的创新空间。

（4）目前研究也存在不足

现有关于奥运遗产、赛会场馆开发利用、赛会可持续性管理等方面

---

① 徐拥军、闫静：《"奥运遗产"的内涵演变、理性认知与现实意义》，《首都体育学院学报》2019 年第 3 期。

的研究，对本研究进行国内外主要城市赛会遗产可持续利用研究具有重要的参考意义。然而，已有研究在赛会类型上更多聚焦于奥运会的研究，对其他赛会研究较少；在遗产内涵上更多是对赛会有形遗产，主要是对赛事场馆的开发利用研究，对文化、社会发展等方面无形遗产的研究较少；同时，对赛会从筹备之初到赛后利用全过程的可持续性管理还缺乏足够关注。本研究拟对赛会"遗产"内涵进行全面把握与精准分类，并关注不同赛会之遗产的不同侧重。同时关注对赛会全过程的可持续性管理，在此基础上总结国内外主要城市赛会遗产可持续利用的经验与启示。

2. 赛会遗产研究促进赛会及城市可持续发展

重要赛会的筹备、举办及赛会遗产利用，将从经济、社会、文化、环境等各方面给举办城市及国家带来深远影响。城市基础设施的改善和大型运动场馆的建设，是赛会给举办城市带来的显而易见的变化，同时也会拉动相关产业的发展。赛会遗产更深层次和更久远的影响，还在于城市环境质量的提升，服务标准的国际化和规范化，城市管理的精细化以及人们生活方式的转变，等等。探讨赛会遗产可持续利用的路径与经验，对城市可持续发展具有重要意义。

（1）赛会遗产对赛会可持续发展意义重大

重大赛会的举办离不开"可持续"。以奥运会为例，举办奥运会需要大量财务支出，对主办城市和国家而言是一笔沉重的经济负担；奥运场馆和基础设施建设涉及环境保护和资源解决，带来巨大的环境压力；公众因无法享受到奥运会带来的益处，而不支持甚至抵制所在城市或国家举办奥运会。重大赛会要得到广泛支持，并产生长远的积极效应，必须综合考虑其对经济、社会、环境等方面的综合影响，这也是赛会"可持续性管理"的意义所在。2014 年年底，国际奥委会发布的《奥林匹克2020 议程》，将"可持续"作为奥林匹克运动的核心概念之一。2012 年伦敦奥运会是第一个全程开展可持续性管理体系的奥运会，伦敦应用的可持续性管理体系转化为国际标准《ISO 20121 大型活动可持续管理体系要求及使用指南》，成为国际奥委会对各举办城市奥组委的规定性要求。2016 年里约奥运会通过了该标准认证。ISO 20121 发布后，中国在 2015年将该标准转化为国家标准《GB/T 31598 大型活动可持续性管理体系要求及使用指南》，并于 2016 年 1 月 1 日起施行。① 其中指出，大型活动管理的可持续发展治理原则至少应包括包容性、操守、管理责任、透明性等。② 随着国际标准 ISO 20121 以及中国标准 GB/T 31598 – 2015 的发布与应用，活动的可持续管理成为全球大型活动管理新趋势。

正如国际奥委会《奥运会可持续性指南》指出："有良好的管理体系，虽然不一定能够避免可持续性风险，但能够使奥组委在最大程度上有效地应对和争取主动。"大型活动及早建立完善的可持续性管理体系，能够将活动中各业务涉及的可持续性要素进行提前识别和统筹管理，可持续性负面问题在一定程度上也能够提前得到有效控制。③ 赛会可持续性管理的意义同样如此。

（2）赛会遗产对武汉建设"新一线城市"意义重大

2019 年以来，"加快建设新一线城市"正越来越高频地出现在武汉市官方会议和文件中。2019 年 9 月 23 日，武汉市委召开十三届八次全体（扩大）会议，审议通过的《中共武汉市委关于落实促进中部地区崛起战略 推动高质量发展的实施意见》提出，武汉市要加快建设新一线城市和国家中心城市，努力在中部地区崛起中发挥引擎作用。如何加快建设新一线城市和国家中心城市？武汉市提出了明确的目标：力争到 2021 年"四个中心"（经济中心、高水平科技创新中心、商贸物流中心、国际交往中心）建设取得明显进展，新一线城市基础进一步夯实。2020 年武汉"两会"期间，"新一线城市"写入武汉市政府工作报告，成为关注的焦点。政府工作报告指出：第七届世界军人运动会成功举办，"极大提升了城市知名度和国际影响力，城市认同、城市自信空前高涨"。报告要求"提升城市能级和核心竞争力，加快建设现代化、国际化、生态化大武汉，加速迈进国家中心城市和新一线城市"。抓住举办军运会的契机，巩固和发展赛会成果与经验，充分利用军运会留下的各类有形和无形遗产，对助力武汉"新一线城市"建设具有重要的现实意义。

---

① 于志宏：《可持续性管理体系：从奥运会出发》，《WTO 经济导刊》2017 年第 8 期。

② 《大型活动可持续性管理体系要求及使用指南》，http://www.doc88.com/p - 2972802493630.html。

③ 于翔海：《东京奥运会："2020 年，让我们改变世界"》，《WTO 经济导刊》2017 年第 11 期。

3. 赛会遗产内涵及分类

（1）赛会遗产的分类

赛会遗产指赛会在经济、社会、文化、环境等各方面产生的有形和无形的遗产。按照不同的分类标准，赛会遗产可以分为不同的类型。

有形遗产（tangible legacies）和无形遗产（in-tangible legacies）。有形遗产如新建体育场馆、设施、城市交通轨道、通信设施和其他配套的市政设施等；无形遗产如民族自豪感、国民体育参与率的提升、健康生活方式、环境保护理念的宣传以及奥林匹克教育方式的推广等。

地区遗产（territorial legacies）和个人遗产（personal legacies）。地区遗产主要指承办地区在奥运会结束后留下的场馆遗产和在经济、国际声誉等方面的获益与影响；个人遗产主要指参与者在个人能力与竞争力方面的提升。

"与体育直接相关的遗产"（directly related to sport legacies）和"与体育无关的遗产"（indirectly related to sport legacies）。前者如专门为赛事所建的体育场馆，后者如为改善城市交通而建设的高速公路。

（2）本研究的主要内容

通过对现有文献中赛会遗产进行归纳和梳理，结合课题组关注的重点内容，我们对赛会遗产的主要内容整理为 7 个方面的内容，见表 6 - 1。

表 6 - 1　　　　　　　　　　　赛会遗产内容

遗产内容	列举性描述
经济遗产	商务旅游产业、体育产业发展 新兴项目建设，增加工作机会等 加强经验与知识的交流学习，促进相关领域创新发展等 促进新兴发展区域产生 赛会组织财政支持等
文化遗产	促进文化项目发展、宣传当地文化的机会等 强化国际意识、提升举办地及所在国家的国际形象等 宣扬赛会宗旨、促进世界各国竞争合作、和谐发展 提升个体与社区的国家荣誉感、自豪感和归属感等 增强与赛事有关的个人体验和记忆等

续表

遗产内容	列举性描述
社会遗产	促进公众积极参与社会事务、培养志愿者队伍
生态环境遗产	绿色建筑和工程、相关环保政策和教育措施等 宣扬可持续发展理念、促进环境保护、节俭
政策遗产	新政策工具的开发与旧政策的改进等
体育遗产	体育运动发展、体育设施、体育参与、健康促进等
市政建设遗产	交通改善、体育设施修复与维护、娱乐空间、市政服务等

（二）国内外主要城市赛会遗产
可持续利用案例经验

大型赛会的举办给所在城市、区域及国家带来经济、社会、文化、环境等多方面的深远影响。在赛会遗产可持续利用方面，国内外一些城市探索出有效做法，积攒了成功经验，值得梳理以供参考。

1. 秉持"创造遗产"理念，提前制定遗产利用规划

（1）突破传统认识，提出"创造遗产"理念

温哥华冬奥会在申办阶段首次提出了"创造"遗产的思路，突破了对利用奥运遗产的传统认识。"创造遗产"不仅可以是比赛场馆、城市基础设施以及其他物质层面的创造，也可以是奥林匹克精神传播形式、群众体育意识、社区文化等意识层面的创造。在温哥华冬奥会遗产管理工作中，成立遗产机构具有重要的历史性意义。为合理利用奥运遗产，温哥华奥组委在奥运筹备期就成立了遗产管理组织"2010 遗产现在时"（2010 Legacies Now）。该组织在奥运会后与 2000 多家当地机构密切配合，为青年人创办了大量娱乐性和专业性体育项目，使奥运场馆在赛后持续发挥作用。其他基础设施也被充分利用，如惠斯勒奥运村遗留下来的临时公寓，在赛后被分派给不列颠哥伦比亚的 6 个社区，可为当地老年人、

无家可归者和低收入群体提供 156 套临时廉租房。① 成立遗产管理组织对遗产利用具有重要意义，不仅保证奥运遗产工作的顺利开展，也为扩大奥林匹克运动在举办地的持续性影响提供了组织保障。根据不同时间阶段的特点，遗产工作的重点也不同。在申办和筹办阶段侧重于遗产的"创造"；在举办期间，重点则转移到遗产经验的"交流"，汲取其他国家在奥运遗产工作方面的经验；在冬奥会结束后，之前的遗产工作使得赛后遗产的"利用"更加有效。② 这种连续性的遗产工作，细化分解各时段重点任务和明确方向并形成体系，为实现遗产工作整体目标而积极努力，确保了奥运遗产持续发挥作用。

（2）制订遗产战略计划，全生命周期规划管理遗产

2019 年 2 月 19 日，《北京 2022 年冬奥会和冬残奥会遗产战略计划》发布，分为四个部分，并附四个附件，内容包括指导思想和目标、重点任务、实施步骤和保障措施，及重点任务分工、亮点遗产计划、通用指导意见和组织机构方案。该计划提出要科学规划、创造、管理和运用北京冬奥会筹办成果，努力创造体育、经济、社会、文化、环境、城市发展和区域发展 7 个方面的丰厚遗产，为主办城市和区域长远发展留下宝贵财富，惠及广大人民群众，实现奥林匹克运动与城市发展的双赢。③ 该计划将 7 个方面的遗产目标分为 35 个领域的重点任务（见表 6 - 2），并提出遗产工作需贯穿筹备工作全过程，实施步骤分为计划阶段（2017—2018 年）、实施阶段（2019—2022 年）和总结阶段（2022—2023 年）。此外，将组建"北京 2022 冬奥会和冬残奥会遗产协调工作委员会"，并从组织、机制、宣传、监督等方面保障遗产战略计划的执行落实。作为《奥林匹克 2020 议程》颁布后第一届从筹办初期就开始全面规划管理奥运遗产的奥运会，北京冬奥会正在努力树立奥林匹克运动与城市和区域发展良性互动、共赢发展的新典范。

---

① 刘昕、巩文群：《一场大型活动的可持续遗产——2010 年温哥华冬奥会的可持续性管理》，《WTO 经济导刊》2017 年第 9 期。

② 孙葆丽、宋晨翔、杜颖、张畅：《温哥华冬奥会遗产工作研究及启示》，《北京体育大学学报》2017 年第 10 期。

③ 《北京 2022 年冬奥会和冬残奥会遗产战略计划》，http：//www. esnow. com. cn/news/515. html。

表 6 - 2　　　　《北京 2022 年冬奥会和冬残奥会遗产战略计划》
遗产目标及重点任务

遗产目标	35 个领域的重点任务
创造体育遗产	冰雪运动普及与发展、残疾人冰雪运动普及与发展、体育场馆、办赛人才、赛会运行组织、赛会服务保障、筹办知识转移
创造经济遗产	冰雪产业发展、科技冬奥、市场开发、财务管理、物流管理
创造社会遗产	社会文明、志愿服务、国际交流、包容性社会、权益保护与法律事务、廉洁办奥
创造文化遗产	文化活动、宣传推广、媒体与转播、档案管理
创造环境遗产	生态环境、低碳奥运、可持续性管理
创造城市发展遗产	城市基础设施、城市管理、城市服务保障、城市无障碍环境
创造区域发展遗产	京张地区交通基础设施、京张地区生态环境、京张地区冰雪产业、京张地区公共服务、京张体育文化旅游带建设、京张地区促进就业

（3）成立专门开发利用主体，贯彻落实遗产规划

成功进行了赛会遗产利用的城市，不仅有一个有创意的、结合城市发展具体实践的遗产利用规划，还设立了专门的遗产开发利用主体，确保遗产规划贯彻实施。

以北京奥运会为例，为进一步弘扬奥运精神，巩固和扩展奥运成果，推进"人文北京、科技北京、绿色北京"建设，北京奥运城市发展促进会于 2009 年 8 月成立。北京奥促会是在北京市民政局登记注册的公益性社团法人组织。其重点工作包括积极推动奥林匹克体育文化、积极开展奥林匹克教育和志愿者工作、积极搭建平台促进发展。十多年来，奥促会秉承"传承奥运遗产，促进城市发展"的宗旨，在服务大众体育文化需求、促进首都城市发展、推进国际体育交往、推进奥林匹克运动可持续发展等方面，做了大量富有成效的工作。奥促会充分依托奥运遗产集成优势，先后举办第 3 届世界奥林匹克城市联盟峰会、第 8 届国际奥委会运动员职业项目论坛等国际会议。通过国际体育组织平台，开展奥运城市间的交流，促进北京"国际交往中心"建设。奥促会积极创新活动载体，繁荣大众体育。通过举办北京奥运城市体育文化节等活动，吸引市

民积极参与体育锻炼，倡导健康生活方式。奥促会联合北京市教委、北京市体育局，在全市中小学开展"我运动、我快乐、我健康"奥林匹克教育系列活动。举办国际青少年冰球邀请赛，传播冰雪运动知识和文化，扩大青少年体育文化交流，有力推动了青少年体育运动发展。

英国伦敦先后成立了奥林匹克交付管理局、伦敦遗产开发公司（London Legacy Development Corporation）等组织，保障场馆和基础设施按期完成，对奥运场馆遗产进行负责，加强奥运会后遗产的保护与开发。奥林匹克交付管理局成立于 2006 年，主要负责把由国家彩票基金、英国文化、传媒和体育部、伦敦委员会以及伦敦发展事务部募集到的资金用于奥林匹克公园场馆和基础设施的建设以及奥运会后遗产的保护，避免2004 年雅典奥运会场馆废弃造成的损失，成立了伦敦遗产开发公司，推出了将奥林匹克场馆改造为奥林匹克公园的计划。

2. 创新场馆运营模式，探索商业化专业化运营

国外城市在赛会场馆建设时，尽量利用、改造现有场馆，同时建设临时可拆卸设施，以减轻成本并减少赛后维护和开发利用的压力。在赛后场馆利用方面，重视商业化运营模式。

（1）场馆设计兼具实用性与灵活性，满足比赛和赛后多种功能

伦敦奥运会主场馆将可持续发展作为首要考虑，体育场馆的设计遵循易于拆解的理念，"只留下需要的场馆"。以主体育场"伦敦碗"为例，"伦敦碗"在奥运期间可容纳 8 万名观众，但只有位于碗底下的2.5 万个座位是固定座位，碗外围架设了一个可拆卸的轻质铁架做看台，附加了5.5 万个临时座椅。奥运会结束后，由轻质铁架组成的上层环状结构和临时座椅被拆除，大大降低了维护费用。[①] 体育场设计的灵活性和可拆卸性，使之可以适应多种需求，保证其在赛后功能定位的多元化。奥林匹克体育场在赛后将继续用于举办体育与田径比赛，以及文化与社区活动，体育场及周边地区将发展成为集旅游、娱乐、酒店、学校、购物中心于一体的世界级体育和文化中心。西汉姆联俱乐部对于奥林匹克体育场的

---

① 《北京冬奥场馆赛后可持续利用　看国外如何对待"奥运遗产"》，https：//oversea. huanqiu. com/article/9CaKrnJZye9。

赛后改造提出了保留田径赛道、兼用足球场的多功能方案。为了提高体育场赛后利用率，鼓励居民参与体育活动，伦敦遗产开发公司出台了相应的社会经济、体育与健康生活、社区参与等方面的引导与支持政策。[①]

（2）赛前科学定位和职业体育发展相结合

亚特兰大奥运会本着"量力而行、利用充分"的原则，尽量利用现有场馆和临时场馆。拆除主会场 1/3 的座位，移交给当地棒球队作为主赛场，为职业体育发展提供平台；网球场移交给私人团体运营，用来举办网球比赛、集会、展览等活动；水上中心捐赠给乔治亚理工科技大学，服务于学生和社区居民的水上比赛和游憩活动；自行车比赛中心经拆除及环保处理后成为野生动物保护区。得益于赛前科学定位和职业体育发展相结合的策略，亚特兰大奥运场馆赛后运营比较成功。[②]

（3）积极拓展会展、商贸、文化娱乐功能，提高场馆利用率

悉尼奥运场馆赛后利用面临诸多困境，如多数场馆位于市郊、可承办的体育赛事和大型活动数量不足、水上运动中心亏损严重。直到 2003 年政府将其重新定位为"会展和娱乐中心"，制订新的开发方案，困境才得以扭转。政府将协调局转化为公园管理局，专门负责场馆赛后开发利用工作。将公园打造成以体为主，融合文化、商贸、教育、金融、旅游等多种业态的创意产业园区，每年吸引超过 550 万名游客。公园在 2003 年至 2008 年共举办世界杯橄榄球赛等 38 项体育赛事，观众总人数突破 400 万。网球中心和高尔夫球训练场服务于全民健身，每周接待数以千计的市民。奥运村房子升级改造，成为高品质社区对外出售。[③] 悉尼通过转变经营思路，积极拓展会展、商贸、文化娱乐功能，大大提高了场馆利用率，被认为是奥运场馆赛后利用成功"扭亏为盈"的典范。

（4）吸引更多国际赛事，加强利用功能较单一的专业场馆

相较于夏季奥运会而言，冬奥会比赛场馆的赛后运营还有其特别之

---

① 徐海明：《伦敦奥运主体育场赛后运营的模式及其启示》，《体育文化导刊》2014 年第 11 期。

② 叶小瑜、鲍明晓、刘兵：《国外奥运会场馆赛后的运营及其启示》，《体育文化导刊》2013 年第 11 期。

③ 叶小瑜、鲍明晓、刘兵：《国外奥运会场馆赛后的运营及其启示》，《体育文化导刊》2013 年第 11 期。

处。比如受运动项目开展的季节限制，雪场在非雪季的经营成为一大难题；雪场大多在远离市中心的山区，前往消费的交通成本较高；许多场地设施为赛时专用，赛后开发难度较大。对此，温哥华冬奥会赛后综合考虑场馆各方面的条件，选择不同方式继续使用场馆，主要体现在就地转化为社区体育中心为当地居民服务，以及保持现有标准吸引国际赛事这两个方面。如哥伦比亚大学雷鸟竞技场（UBC Thunderbird Arena）在赛后依然为当地市民和哥伦比亚大学的学生服务，且随时可以转化为冰球和冰橇训练比赛场地。惠斯勒滑行中心（The Whistler Sliding Centre）在赛后交付惠斯勒 2010 体育遗产组织（Whistler 2010 Sport Legacies）管理。该中心的高水平配套设施吸引了加拿大雪橇、雪车、钢架雪车协会和其他国家的队伍前来训练和比赛，还吸引了国际有舵雪橇联合会世界杯、国际无舵雪橇联合会世界杯、雪橇洲际杯等世界级大赛，这些赛事的举办同时吸引了大批游客前来观赛和消费。① 加拿大卡尔加里和盐湖城在冬奥会后将赛场建设为奥林匹克公园，开发了冬奥会体验观光路线、冬奥博物馆等。卡尔加里冬奥场馆运营方还将雪车雪橇的赛道改为水泥质的速降滑行场地，配备专人驾驶，吸引游客前往体验。探索雪场的多样化经营道路，结合自身场地情况开设四季皆宜的休闲娱乐项目，如夏季滑草、户外运动、奥运观光旅游。同时将专业比赛场地加以改造，使之更适宜普通消费者参与。② 通过这些创新举措，解决冬奥会场馆闲置的难题，带动了旅游发展，创造了客观收入，促进了冬奥会场馆的赛后可持续利用。

（5）管理创新、建设模式创新，加强对场馆遗产可持续利用

比较典型的是广州天河体育中心、深圳盐田体育中心、安徽奥体公园③等。

——广州天河体育中心。1987 年建成的广州天河体育中心承办过多

---

① 孙葆丽、宋晨翔、杜颖、张畅：《温哥华冬奥会遗产工作研究及启示》，《北京体育大学学报》2017 年第 10 期。

② 徐宇华、林显鹏：《冬季奥运会可持续发展管理研究：国际经验及对我国筹备 2022 年冬奥会的启示》，《北京体育大学学报》2016 年第 1 期。

③ 秦梅、梁家栋、骆秉全主编：《北京市大型体育场馆综合利用发展研究报告》，人民出版社 2019 年版，第 245—247 页。

次大型体育赛事，是六运会与九运会的主赛场。2003 年，该中心在广州市体育局领导下开始新一轮改革，将中心的六个场馆单位从原来分散式管理改为统一经营管理，以本体产业为主，坚持多元化经营的发展模式，优化了原有资源配置，减少了以往场馆之间重复建设、资源浪费、各自为战、管理低下的问题，形成规模经营与效益，逐渐步入稳步发展的轨道。

——深圳盐田体育中心。采用 ROT 模式，即"改造—运营—移交"模式，政府将场馆交给企业进行改造升级，并给予企业一定的使用年限，到期后场馆再移交回当地政府。首先进行场馆建筑功能、系统功能及场地和竞赛智能化的一系列改造，同时将场馆改造及后期运用结合，给予场馆运营较大的自主权，成为场馆改造的双赢模式。通过改造提升场馆水平，推进场馆市场化运营，一定程度上缓解了场馆高昂的维护费用和给地方政府造成的财政压力。

——安徽奥体公园。2002 年，安徽芜湖为十运会建设了含有 4.5 万个座位的体育场、5500 个座位的综合体育馆等一系列大型体育场馆的奥体公园。为解决赛后经营难题，芜湖政府决定将奥体中心整体资产移交芜湖市体育局，授权其行使管理权和经营权。2010 年，成立芜湖市奥园体育发展有限公司；2012 年，成立安徽奥园体育产业集团公司，为国有独资企业，自收自支、自主经营、自负盈亏。在场馆运营中，明确政府的主导作用，在整体上确保场馆的公益属性，放手具体经营活动。重视人才作用，面向全国招聘运营管理团队。充分利用媒体平台进行广泛宣传，举办各类竞赛、全民健身活动和体育文艺活动，营造良好氛围，集聚人气促进商业活动开展。采用"平赛结合"的手段，科学利用场馆平时闲置的附属用房，即平时租赁营业，重大赛事退出营业确保体育赛事功能。

3. 遗产利用纳入城市建设规划，提升城市环境与形象

（1）赛会遗产利用与城市更新理念融合

自申办奥运会开始，伦敦就将"带动伦敦东区的城市更新"作为核心理念之一，在获得奥运会主办权后，伦敦泰晤士河发展公司联合大伦敦市政府等公共部门，将奥运会规划纳入伦敦东区城市更新计划。伦敦

市发展机构和伦敦交付局联合发布《城市可持续性更新承诺》，既满足举办奥运会的需求，也着眼于城市长远发展。通过改善自然环境、创造新型绿色空间，扩大交通网络、提升地区接待能力，场馆规划着眼赛后利用、推动产业发展，从城市环境、交通设施、产业发展等多方面推动城市更新。① 伦敦奥运会的筹办、举办工作不仅由组委会负责，而是由不同性质、不同职责的机构在不同阶段相互协调配合完成。这些机构各司其职，承担策划指导、监督监控、基础设施建设、赛事组织筹办、遗产经营、资金支持的职能，既为奥运会顺利举办提供保障，也使城市更新项目得以从赛前延续到赛后。

2012 年成立伦敦遗产开发公司，专门负责奥林匹克公共空间的开发和管理。公司采用董事会制，吸纳社会各界、政府相关人员及场馆运营者为董事，全权负责赛后运营。公司的主要职责是促进奥林匹克公园及周边地区的物质、社会、经济和环境的重建，特别是促进奥运会和残奥会遗产的增值。② 伦敦遗产开发公司确立了三个主要工作目标：一是成功运营奥林匹克公园，开展体育、文化和社区活动项目，提高社区参与度，吸引游客。除承接国际国内体育赛事外，伦敦遗产开发公司与其合作伙伴开展"骑行伦敦"（Ride London）、自行车节、残疾人体育节、"开放东社区节"（Open East community festival）等体育文化项目。二是将伦敦东区打造为伦敦最具活力的城区之一，吸引投资和居民定居，成为创造财富和创业精神的支点。将奥运村改造成 2800 套住宅出售，并将其中700 套作为廉租房出租给低收入群体，吸引居民入驻，增强地区活力。增强教育、医疗等公共服务水平。吸引商业机构入驻，带动区域经济增长，提供就业岗位。三是创造当地发展机会和变革，促进东伦敦的更新和融合。刺激商业投资，创造就业岗位。Westfield Stratford 开发公司在伦敦东部提供 1 万多个永久工作岗位。奥林匹克公园的改造工作创造了众多临时建筑工作岗位，随着城市更新项目的持续扩展，之后还将创造更多工

① 岳阳春、于志宏、管竹笋：《从伦敦东区看北京新首钢地区　让奥运会成为城市发展的助推器》，《WTO 经济导刊》2018 年第 10 期。

② Olympic Park Legacy Corporation-Proposals by the Mayor of London for public consultation，ht-tp：//www. london. gov. uk/. 转引自徐海明《伦敦奥运主体育场赛后运营的模式及其启示》，《体育文化导刊》2014 年第 11 期。

作岗位。伦敦遗产开发公司还与合作伙伴面向当地人开展职业培训项目和学徒项目，将黑人、亚裔、女性和残疾人等弱势群体纳入项目，提升其就业技能，促进劳动力多元化和社区融合。[①]

（2）以举办重大赛会为契机提升城市品牌形象

重大赛会吸引大批商业赞助商、媒体记者、外国游客集聚举办城市，通过赛事活动观赏及媒体报道，城市形象得以展示，城市品牌价值提升。典型例子如 1992 年巴塞罗那奥运会，通过基础设施改建，城市景点改造和打造海滨新区，巴塞罗那向全球展现了全新的城市形象和现代西班牙文明，一跃成为全球著名的旅游城市。[②] 巴塞罗那政府将选址分散的奥运场馆建设开发融入城市更新的机理，大量清除废旧的工业痕迹，并在规划建设时就充分考虑到市民健身活动需求，场馆赛后利用率较高。政府筹建成立巴塞罗那珀摩西奥公司负责场馆赛后运营，该公司预算方式灵活，采取承租、限期买断使用、俱乐部会员制等多种运营方式。从 1989 年到 2003 年，举办超过 4100 场活动，包括橄榄球世界杯、世界田径锦标赛等高水平赛事，累计观众 2300 万人次。将奥运村定位为"世界论坛文化活动区"，通过轮流举办体育、音乐、文化、建筑等大型主题活动吸引人们关注世界文化论坛，带动城市旅游、经贸的发展，引领体育旅游的潮流。[③]

（3）办"绿色赛会"推动生态城市建设

悉尼申办奥运会时提出"绿色奥运"设想，成为申办成功的重要砝码。悉尼政府以可持续发展理念为指导，专门设计了详尽可操作的环境保护准则，并将其贯穿奥运筹备与运行的全过程。并成立由新南威尔士州政府和联邦政府共同资助的非政府环境保护机构——绿色奥运监察联盟，通过实施环境审查和环境监控，确保环保准则在奥运会设施的规划、开发和运行的各环节得到遵守。重视环保意识推广普及，组委会推出环

---

① 岳阳春、于志宏、管竹笋：《从伦敦东区看北京新首钢地区　让奥运会成为城市发展的助推器》，《WTO 经济导刊》2018 年第 10 期。

② 田栋：《奥运经济效应及我国发展冰雪经济的国际经验比较与借鉴》，《全球化》2018 年第 9 期。

③ 叶小瑜、鲍明晓、刘兵：《国外奥运会场馆赛后的运营及其启示》，《体育文化导刊》2013 年第 11 期。

保教育计划，培训 12 万名工作人员使其负起环保指导与监督的责任，同时向社会普及"洁净悉尼，人人有责""回收利用第二资源"的观念。在奥运场馆建设中也处处以环保准则为指导。如场馆选址与城市环境建设统筹考虑，将举办"绿色奥运"视为消除城市环保方面长期遗留的问题、加快城市形象更新的契机。奥运会主要场馆选择的是一处污染较为严重的地域，悉尼获得奥运会主办权后，投入 1.37 亿澳元对该地域进行治理，采用环境还原领域的最新技术清理垃圾堆放地。建材选用严格以环保准则为依据，遵循"3R"环保标准，即减少材料（Reduce）、重复使用（Re-use）、再循环利用（Re-cycle），强调与环境的协调与共融。奥运建筑采用"被动设计"，即依靠建筑物本身对外界环境的被动适应力自然调节室内环境的设计方法，如采用遮阳、自然通风、自然采光、自然供热制冷等方法来创造舒适的室内环境，其运行不需要耗能。强调场馆与建材可持续利用，尽量利用原有建筑，并利用废物回收再利用木材建造临时性看台、房屋，租用可循环使用的体育设施。普及利用太阳能，在奥运村中建立了当时世界上最大的太阳能收集和供电系统。综合利用水资源，科学处理垃圾废弃物，等等。赛后，为巩固和发展"绿色奥运"成果，新南威尔士州着手完善环保措施法律法规，颁布了关于住宅建设、太阳能使用、水资源循环利用、废弃物管理和回收、城市交通的一系列新标准，用以规范和指导未来生态城市的规划与建设①。通过采取一系列有力措施，践行"绿色奥运"理念，改善城市环境。

4. 赛会遗产融入经济发展，促进区域经济跨越、振兴

重大赛会的举办形成短时期内大量的资本、人口、信息、数据等资源集聚，其经济效应辐射交通运输、信息通信、旅游餐饮、建筑、体育产业等多个产业领域。

（1）助力发展中国家向新兴工业国家跨越

韩国汉城（首尔）奥运会筹备期间扩建了金浦国际机场，修建了光州到大邱的高速公路，拓宽了汉城（首尔）市内道路，增建了地铁，改善城市环境、下水道设施，扩充并改善了电话通信、电子交换以及电视

---

① 王枫云：《悉尼奥运的环境保护及对广州亚运的启示》，《城市观察》2010 年第 2 期。

转播网等通信设施，为实现高度产业化建设打下了坚实的基础。韩国通过奥运营销活动，在国际市场上提高了商品的信赖度，最大限度地让国内产业参与了相关经济活动，为进一步扩大贸易出口业务打下了基础。并通过一系列文化活动及广告、公关等沟通形式，改善了韩国的国际形象，为旅游业和对外经济合作创造了条件。通过举办这届奥运会，韩国完成了从发展中国家向新兴工业国家的转变，1985—1990 年，人均国内生产总值从 2300 美元增加到 6300 美元，进入了中等发达国家行列。

（2）促进新兴支柱产业形成

1992 年巴塞罗那奥运会前，巴塞罗那企业规模小，没有明显的支柱产业，行业结构缺乏自己的特色，通过举办奥运会，在体育产业发展的同时，旅游、电子、通信、港口等行业都获得了长足进步。通过长达 7 年的城市开发和各类设施建设，特别是对沿海地区实施的道路改造、铁路改造、工厂搬迁、海滩改造等措施，将数千米长的海滩向市民开放，成为旅游休闲胜地，为未来的经济发展奠定了坚实基础。巴塞罗那将奥运场馆建设开发融入城市更新的机理，引领体育旅游的潮流，使巴塞罗那一洗往日铅华，成为享誉世界的时尚之都和旅游胜地。通过举办奥运会，巴塞罗那从一个普通的中等城市，发展成为欧洲第七大城市，是地中海地区重要的旅游、商务和交通中心。更重要的是，给城市的持续发展注入了动力和活力，新兴产业和支柱产业得到了发展，提高了城市的吸引力和知名度，城市功能进一步增强。

（3）带动相对衰落区域经济振兴

伦敦东区一直是"大伦敦"经济相对落后的区域。伦敦申办 2012 年奥运会，就把 2012 年夏季奥运会的主场馆放在东区，给东区创造了发展、投资和重生的机会。著名的伦敦碗就坐落在东区的奥林匹克公园南部。根据分析估算，对奥林匹克公园的投入中，至少 75% 在赛会继续发挥效用。四年后，伦敦奥运遗产已初见成效，场馆周边房价也有所提升，高于周边地区 29%，显现出可观的奥运收益。通过对赛会遗产的合理开发，伦敦东区的科技创新能力也得到极大发展。伦敦科技城吸引了谷歌、Facebook、英特尔、思科、Twitter、高通亚马逊等科技企业入驻。这个曾经被遗弃的重工业贫民区，已经成为美国硅谷之外的又一个国际科技创业中心。东伦敦科技城已成为当之无愧的欧洲成长最快的科技枢纽，成为世界瞩目的"创新城区"。

（4）推动新兴科技服务产业发展

伦敦奥运会在奥运场馆与基础设施规划之初，伦敦奥组委和伦敦交付局就根据城市更新规划，对当地社区的未来基础设施需求进行评估，将赛后利用需求融入场馆与基础设施规划之中，推动产业发展。在体育产业方面，部分竞赛场馆在赛后交由伦敦遗产开发公司运营管理，继续承接世界级体育赛事，带动地区创收；在数字科技产业方面，伦敦奥运会新闻广播中心在赛后被改建成9.1万平方米的创业空间，吸引了数字科技产业企业、大学、科研机构入驻；在教育文化产业方面，奥林匹克公园内部规划了"文教园区"（Cultural and Education District），赛后吸引了教育培新机构、画廊等文化企业和伦敦时装学院入驻。[①]

科技应用于赛会筹备和举办的全过程、多领域，不仅为赛会的顺利举办提供了有力支撑，也显著带动了体育、电子信息、建筑、新能源和环保等产业发展，成为经济发展的重要推力。以赛会筹办举办中的科技投入和成果产出为基础，赛后市场主体充分抓住契机，大力发展科技产业。具体而言：一是促进体育用品业等产业科技水平的提升。现在很多运动员的训练活动都有各自独特而先进的科学技术和设备作为后盾，体育用品制造商每年投入大量研发费用开发新产品，为奥运选手提供高技术含量的运动装备。比如，阿迪达斯公司为2000年悉尼奥运会28类奥运项目中的26类特别开发并生产了专业运动装备，带动产业科技创新。二是加快互联网等一批新兴行业领域的发展。在信息产业领域，用于奥运会的宽带数据接入服务、智能卡技术、高清晰度数字电视系统等新技术、新产品，成为高新技术产业的亮点。如1996年亚特兰大奥运会首次引入互联网服务，并带动了大量IT、通信等领域高科技企业展示尖端技术和产品的积极性，亚特兰大由此发展为美国第二大通信发达城市，吸引大批科技企业入驻。在建筑业领域，在"鸟巢"施工过程中，攻克了多项关键技术，其中"Q460E－Z35厚板焊接技术""矩形钢管永久模板混凝土斜妞柱施工技术"等5项核心技术中，有2项达到国际领先水平，3项

① 岳阳春、于志宏、管竹笋：《从伦敦东区看北京新首钢地区　让奥运会成为城市发展的助推器》，《WTO经济导刊》2018年第10期。

达到国际先进水平。建立了绿色建筑标准，填补了我国"绿色建筑"评估标准和方法的空白。^① 在新能源交通领域，用于奥运会交通的新型电池和清洁燃料车，推动清洁燃料汽车产业的发展。如日本为缓解 1964 年东京奥运会给东海道线路带来的客运量压力，采用自动列车控制装置 ATC 和列车集中控制装置 CTC，建立了新干线铁路，由此改变了日本交通面貌，带动了沿线城市经济发展和日本经济高增长。^② 三是推动一批科技实力较强的企业走向国际舞台。1988 年韩国"三星"企业首次参与汉城（首尔）奥运会，当年实现收入增长 27%。1998 年"三星"与国际奥委会签订了 TOP 赞助协定，并以此搭建起全球性营销平台，实现品牌跃升，成为借奥运平台树立企业形象并走向世界的典型例子。^③

5. 弘扬志愿服务和社会包容精神，持续促进社会发展

大型赛会给举办城市留下的社会遗产同样丰厚，举办城市对社会遗产的利用也有不少创新举措。

（1）通过丰富的实践活动将意识化的社会遗产落实到具体层面

温哥华冬奥会留下奥林匹克价值观的弘扬、社会包容度的提高、对弱势群体的关注、志愿服务精神的传播、加拿大土著文化的传播等社会遗产。温哥华对这些社会遗产的利用不仅停留在思想和精神层面的传播，而且通过丰富的实践活动将意识化的社会遗产落实到具体层面。冬奥会调动了当地人参与志愿服务的积极性，赛后，利用志愿者中心和志愿者网站将志愿者、赛事、志愿服务工作需求整合起来，为志愿服务提供便捷的平台。冬奥会融入了许多土著元素，赛后，土著团体在惠斯勒建设永久性的斯阔米什—里沃尔土著文化中心（Squamish Lil'wat Cultural Cen-tre），向世界传播土著文化。^④ 在把握奥运契机创造就业机会方面，温哥华奥组委采取了很多创新性举措。在奥组委协助下一家木工商店于 2007

---

① 赵弘：《科技奥运影响及管理机制创新》，中国经济出版社 2010 年版，第 159—160 页。

② 黄鲁成、吴菲菲：《由"科技奥运"到"奥运科技"产业化的思考》，《中国软科学》2007 年第 10 期。

③ 赵弘著：《科技奥运影响及管理机制创新》，中国经济出版社 2010 年版，第 61—62 页。

④ 孙葆丽、宋晨翔、杜颖、张畅：《温哥华冬奥会遗产工作研究及启示》，《北京体育大学学报》2017 年第 10 期。

年开业，旨在为贫困青年、当地原住民、单身母亲和移民提供木工培训及服务奥运的机会。受训者参与制作了超过11300个奥运相关木工产品。其中51名参与者完成了全部培训，37名达到一级红印木工资格。2009年温哥华市中心社区服务社网络（NICCSS）与温哥华奥组委签署了经营2010年冬奥会、残奥会失物招领中心的合同，这是奥运史上奥组委首次将失物招领工作外派给社区的非营利机构。2010年NICCSS雇用、培训工作人员系统掌握库存控制、数据录入、电话服务和零售等职业技能，为其在赛后的再就业奠定了坚实基础。①

（2）培育形成长期的、独特的人文遗产

志愿服务遗产是社会遗产中的重要部分。现代志愿服务更注重组织性、制度化和专业化。通过奥运会的志愿者实践，志愿者工作的理念、组织制度、人员队伍和活动项目等成为一笔独特的人文遗产。以北京奥运会、残奥会为例，首先，"尊重、发展、保护、激励"并举的志愿服务理念为北京志愿服务的持续发展注入了持久动力。其次，北京奥运会、残奥会志愿者工作的成果转化为北京志愿服务的进一步发展提供了良好基础。比如奥运期间的城市志愿者项目将转化为长期志愿服务项目，500个城市志愿服务站将予以保留，开展长期或定期志愿服务，实现从奥运志愿服务到日常志愿服务的转型。最后，奥运会使全社会对志愿者和志愿服务形成了空前认同，对志愿服务的价值给予了高度认可。②

（3）创造志愿服务知识遗产建设的新形式

广州亚运会的志愿服务遗产丰富，以组织遗产和知识遗产为重点。组织遗产包括"官方"志愿组织的成功转型、"半官方"志愿组织的自主发展、民间志愿组织争相活跃、国际志愿组织的融合互动、志愿组织联盟的功能凸显。③通过吸引高等院校、科研机构、新闻媒体、网络媒体的介入，建设知识传播媒体，出版知识承载书籍，举办知识交流论坛，建

① 刘昕、巩文群：《一场大型活动的可持续遗产——2010年温哥华冬奥会的可持续性管理》，《WTO经济导刊》2017年第9期。

② 朱立群、林民旺等著：《奥运会与北京国际化——规范社会化的视角》，世界知识出版社2010年版，第294—297页。

③ 朱莉玲、林锐斌：《广州亚运会志愿服务文化遗产类型分析》，《广东青年干部学院学报》2011年第1期。

立知识创新研究中心，形成了一套完整的体系，创造了亚运会志愿服务知识遗产建设的新形式。一是志愿全媒体。成立亚运志愿者通讯社，兴办《亚运先锋》和《志愿者》专刊。组建"亚运志愿小记者团"，发挥孩子们的创造力。同时向公众提供参与志愿服务传播工作的多种渠道。二是志愿者学院。广州亚组委志愿者部、共青团广州市委争取广州市委、市政府的支持，成立全国第一个由政府兴办的志愿者学院，为志愿者的培训教育提供基地，为志愿服务的研究、传播提供机制。三是志愿交流论坛。高等院校、科研机构、志愿社团、社区机构组织丰富多彩的论坛活动，交流志愿服务经验，集聚志愿服务智慧。"亚运志愿时·生活新时尚""亚运魅力·志愿广州""京粤时尚·志愿生活""志愿中国·和谐亚洲"等论坛，产生广泛影响。广州启智服务总队开设每月论坛"花地论剑·志愿广州"系列，分享各分队围绕亚运会设计和创新志愿服务项目的经验，分享各群体探索"届长"管理提升志愿者服务水平的经验，引起广泛关注。四是志愿者培训营。开发《广州亚运会志愿服务培训精品课程》，举办亚运志愿者骨干系列培训。通过理论培训、技能培训及分享交流，学习先进服务经验和特色服务技巧，经过融合创新形成独特的志愿服务模式。五是志愿者网络。广州亚组委志愿者部鼓励各机构、各团队利用网络资源丰富志愿服务的形式和内容。广州启智服务总队创立"志愿营地"网站，聚集23000名志愿者协调服务活动，面向千百万志愿者提供交流沟通计划，产生良好效果。六是志愿者智库。广州亚组委志愿者部探索创新形式，委托广东青年干部学院组建"广州亚运会志愿服务研究中心"，招聘专家学者组成研究团队，打造了"亚志智库""志智论坛"等品牌。亚组委志愿者部组织研究和撰写"广州亚运会志愿服务丛书"。其中理论著作如《广州亚运会志愿服务遗产导论》《亚运会与志愿服务的"亚洲经验"》《亚运会与志愿服务的"珠江模式"》；纪实著作如《亚洲志愿者·创造新生活》《亚运志愿信使》。[①] 这些志愿服务文化遗产的因素，在亚运会结束后转化为社会志愿服务的要素，促进社会发展进步。

---

① 朱莉玲、林锐斌：《广州亚运会志愿服务文化遗产类型分析》，《广东青年干部学院学报》2011 年第 1 期。

（4）"影响未来"——对青少年成长产生影响的社会遗产

青奥会在青少年文化教育、价值观形成、体育锻炼与交流等方面的遗产利用值得特别关注。从落实遗产项目的角度，南京青奥会的遗产分为场馆设施遗产、文化教育遗产、人才知识遗产和城市环境遗产四大类。具体项目有南京青奥体育公园、南京奥林匹克博物馆、南京青年奥林匹克示范学校、南京青奥会的知识管理、南京青奥会人才队伍、南京青奥会志愿者、南京青奥会环境管理体系以及城市影响力的研究，等等。① 在对青少年成长产生影响的社会遗产方面，青奥会后，全市106所青奥示范学校在9万多名学生中有计划开展奥林匹克教育，"卓越、友谊、尊重"的价值观在青少年学生中得到持续传播。青奥人才和志愿者继续发挥积极作用。青奥会还助推了国家青少年体育发展战略改革，新一轮教育改革中增加了体育课时。青奥会不设金牌榜、注重体育文化交流、可持续发展等办赛理念和模式也被青年运动会等赛会参考借鉴。②

6. 建立数字化档案，对知识遗产进行数字化管理

伦敦奥运会在这方面的做法值得关注。2007年12月，英国国家档案馆和英国博物馆，图书馆与档案馆委员会联合文化、媒体与体育部制定了一个共同声明，规划了收集伦敦2012年奥运会档案的共同策略，即"The Record"项目，将保留档案记录作为奥运会遗产的一部分。"The Record"网站中的"2012年活动"部分重点展示2012年伦敦奥运会之前、期间和之后在全国范围内开展的体育和文化活动，记录了从主要体育机构在场馆举行的大型庆祝活动到当地学校和社区组织的基层项目所输出的所有内容，用以组成2012伦敦奥运会的数字遗产。2012年活动按8个主题安排，包括体育、文化、历史、学习、社区、媒体、遗产及商业等选项卡。其中遗产主题下包括伦敦奥运会以及残奥会遗产的相关存档和网站，分别为发展与再生、幸福与安全、环境与可持续、运输部分与

---

① 《遗产工作贯穿青奥会申办筹办举办全过程》，http：//news. china. com. cn/2014 – 05/08/content_ 32324432. htm。

② 《南京青奥遗产利用获好评》，http：//www. olympic. cn/e – magzine/1509/2015 – 11 – 11/2355330. html。

旅游部分。① 通过建立数字化遗产档案，将赛会的珍贵文献和记忆长期存储，并向公众公开，形成全社会开发利用文献遗产的良好氛围。

（三）国内外主要城市赛会遗产可持续利用启示

综上，为充分并可持续利用赛会遗产，举办城市采取了不少创新举措，形成了卓有成效的做法和经验，其中启示值得我们总结借鉴。

1. 提前制订遗产战略计划，以可持续理念统筹遗产利用工作

赛会从申办、筹办、举办到后续的遗产管理，应将可持续理念贯彻到全过程、各环节，通过组织和机制保障融入到准备、运行和可持续遗产这三个重要阶段。应提前制订遗产战略计划，明确遗产目标、重点任务、亮点遗产计划、实施阶段、保障措施等内容，为赛会遗产可持续利用提供指导。对所有影响可持续目标实现的利益相关方要提供最大限度支持。主办方需要为内部项目团队、供应商、赞助商等合作伙伴提供大量的管理指导类和工具类文件。对所有工作人员和志愿者进行全面和充分的培训。要围绕可持续性目标进行项目设计。主办方要考虑打造具有自身特色的可持续相关项目，可以是产品和服务创新，或是相关品牌项目的开展。要尽早对可持续遗产，特别是知识遗产进行管理。可持续相关知识、经验只有通过不断积累才能为后续办会组织带来帮助。要积极对公众进行可持续性教育和理念传播。让公众了解每个人在实现可持续目标中发挥的作用，不仅有助于可持续目标的实现，可持续性意识的提升本身也将成为赛会重要的遗产。②

2. 结合赛事与城市发展目标，"搞活一座城"

让赛会发挥助推城市发展的作用，需要找准城市发展过程中面临的

---

① 林玲、郑宇萌：《奥运会遗产的数字化收集整理与利用——以伦敦奥运会数字化档案为例》，《湖北体育科技》2019 年第 8 期。

② 张沁莹：《伦敦 2012 年奥运会：全面开启可持续性管理》，《WTO 经济导刊》2017 年第 8 期。

问题，使筹办赛会的需求与城市发展的需求精准对接，将赛会相关规划融入城市发展规划之中，使遗产得到有效利用，也使主办城市在资金、技术、平台等方面获得更多优势资源。利用赛会带来的积极影响推动城市复兴是一项时间长、涉及面广的复杂工程，需要建立高效、长效的可持续组织机制。赛前统筹规划，将城市复兴与奥运会相融；赛后持续运营，让奥运遗产持续推动城市复兴。[①] 要注重发挥赛会的长期功效，推动城市发展。体育作为深化改革的重要突破口之一，在现代化进程中发挥着重要作用。在筹办赛会时需要对接国家体育的转型发展，注重赛会遗产在建设健康中国、增强民族凝聚力和提升文化竞争力等方面的作用。要发挥赛会遗产的长期价值，需在政策支持、城市建设、文化和经济等重点领域深化改革、谋求创新，实施创新场馆运营、打造城市体育服务综合体等措施。[②]

3. 将赛会短期需求融入区域长期发展需求，充分发挥遗产长期的、正面的影响力

将赛会短期的需求与举办城市甚至国家长期发展的需求结合起来，制订更具前瞻性、能够统筹兼顾短期利益和长期发展的可持续性方案。比如，在赛会场馆建设方面，随着现代科技发展，许多大型国际体育赛事的场馆建设都采用现代建筑工艺、建筑材料和建筑技术来建设临时场馆和设施，有些主办城市在场馆建设过程中使用气膜体育建筑，赛后即予以拆除。要推行场馆设计、建设、运营管理一体化模式，将赛事功能需要与赛后综合利用有机结合。尽量利用原有场馆，新建场馆以可持续、可拆卸、可重组使用的理念进行设计和建设，减少维护费用，增强实用性。同时，新建场馆时提前考虑后续长期利用问题，规划赛后场馆及周边地区的长期发展。结合实际情况，对新建大型赛会场馆及周边地区，可考虑在建设阶段即将其定位为集体育、休闲娱乐、文化、商贸、科教

---

① 岳阳春、于志宏、管竹笋：《从伦敦东区看北京新首钢地区 让奥运会成为城市发展的助推器》，《WTO 经济导刊》2018 年第 10 期。

② 吕季东、史国生、缪律：《奥运遗产传承与保护经验与启示》，《体育文化导刊》2019 年第 4 期。

于一体的多功能中心和区域。在体育产业发展方面，要加强科学规划，促进竞技体育与群众体育的融合协调发展。加快推动群众体育发展，广泛开展丰富多样的健身活动，以赛会为契机提高公众参与的热情，营造良好的体育文化氛围。

4. "创造遗产"，重视精神文化遗产的利用及传承

要充分重视赛会遗产传承与保护。拓展赛会遗产规划的内涵，提升文化、形象、社会、心理和可持续发展等价值，并充分挖掘奥运遗产的正面效应。现在，人们越来越多关注基于奥运会实现的无形的思想创新、文化特色、健康理念、志愿服务、全球声誉、举办经验、民族自豪感、世界融入感和奥运全周期中的集体记忆等，而这些往往都可以通过各类文献如档案、图书、报刊等记载和传播。奥运文献遗产开发利用是一项庞大复杂的系统工程，可从以下方面突破：

一是树立共享、开放理念。档案馆、图书馆、博物馆等各类文献收藏机构树立共享、开放理念，让公众有途径、有条件参与奥运文献的保护与传承，能免费、便捷共享利用奥运文献，才能使奥运文献遗产真正惠及人民、泽及后代。鼓励高校、企事业单位和社会公众参与奥运文献遗产形成、收集、利用乃至编研全过程，形成全社会开发利用奥运文献遗产的良好氛围。

二是拓展开发利用途径。以筹办知识转移和档案管理为基本途径，此外，更广范围层面的社会化传播是奥运文献遗产人文价值实现的关键举措。如实施"奥运记忆"工程，构建专题性奥运数字资源库；加强奥运档案编研工作，围绕奥运人物、事件、比赛等推出更多奥运主题的文献汇编和专题研究成果；基于奥运文献遗产，开发内含奥运人文价值元素的文学作品、影视作品；寻访奥运工程建设者的奋斗历程、挖掘奥运参赛者的拼搏故事，形成励志教育作品；基于各类奥运文献，深度挖掘奥运文化，开发各类奥运文创产品。[①]

三是利用先进信息技术建立数字化档案。数字化档案的收集、存储

---

① 徐拥军、卢林涛、宋扬：《奥运文献遗产的人文价值及实现》，《兰台世界》2020 年第 1 期。

和提取、利用等环节都可以通过数字网络实现。这种特性也赋予了奥运遗产在传播方面更大程度的自由和便利，使档案的浏览与使用不局限于固定的地点和时间。同时省去了档案用纸和磁带等资源的消耗，体现绿色办会理念；数字化档案还可实现网络平台信息集中收集与展示，体现共享和开放的理念。①

5. 完善商业化营运的体制机制，充分发挥遗产的经济效益

一是加强政企合作，实现经济效益与社会效益的双赢。加强政企合作，政府在宏观层面把控，把关与城市持续发展相契合的远景规划、城市环境建设；提炼与赛事相符合的区域文化核心理念，举办文化旅游节、体育节等活动，加大宣传，营造氛围。企业主体参与经营维护场馆，提供体育及相关产业的服务和产品。政府可以采用委托托管、PPP 等模式，将部分投资项目交予经营良好、信誉良好、有社会责任的企业来经营。②在场馆建设上，政府可以进行法人招标，由中标公司负责场馆的设计、施工、融资和运营。政府可提供积极政策支持，同时对市场主体的经营加强监管，营造良好的发展环境。政府应大力支持赛事和相关产业的提质增效，丰富赛事遗产产品和服务的优质供给，达到激活市场、刺激消费的效果。针对赛事遗产的消费进一步细化财政政策，给予一定的财政政策倾斜。

二是以职业体育为依托带动多维效应。将职业体育融入整体经营战略，并推动体育服务多元化。在体育场馆公共服务收费中可探索差别化定价。职业体育是附加值较高的服务性产业，是丰富大众体育文化生活的重要内容，具有稳定、辐射、带动多维效应的特征。赛后将体育场馆以较低廉租金租赁给合适的职业联赛俱乐部运营的模式，也是欧美国家对大型体育场馆利用的普遍做法。③ 完善职业体育俱乐部的法人治理结

---

① 林玲、郑宇萌：《奥运会遗产的数字化收集整理与利用——以伦敦奥运会数字化档案为例》，《湖北体育科技》2019 年第 8 期。

② 王兴一：《我国大型体育赛事遗产"活化"策略研究》，《技术经济与管理研究》2019年第 12 期。

③ 徐海明：《伦敦奥运主体育场赛后运营的模式及其启示》，《体育文化导刊》2014 年第 11 期。

构，改进职业联赛决策机制。完善服务信息系统，推进场馆智能化。加强人才培养，建设专业化运营管理团队。鼓励场馆运营管理实体通过品牌输出、管理输出、资本输出等形式实现规模化、专业化运营。增强大型体育场馆复合经营能力，实现最佳运营效益。

三是积极推进业态融合，拓展多元化经营。全面优化体育服务业发展环境，促进体育服务业与相关服务业融合发展，《国务院关于加快发展体育产业促进体育消费的若干意见》（国发〔2014〕46 号）、《国务院办公厅关于促进全民健身和体育消费推动体育产业高质量发展的意见》（国办发〔2019〕43 号）等文件提出体旅融合发展、体教融合发展、体医融合发展，推动体育与养老服务、文化创意和设计服务、教育培训等融合，促进体育旅游、体育传媒、体育会展、体育广告、体育影视等相关业态的发展。跨界整合、融合发展已成为体育产业供给侧改革的新路径，多业融合、全域联动成为主要趋势。要进一步加强体育与其他业态的合作，引入专业的第三方机构，培育有品牌竞争力的实体，在机构改革和监督管理方法找突破口，为业态融合扫清壁垒，实现多业态的联动效应。①

四是注重创新驱动。建议政府发挥导向作用，用制度激励新业态、新赛事和新主体的出现。赛事口号、吉祥物等文化符号需要赛事与举办地文化特征的创新性结合，政府要在赛事核心理念的凝练上发挥积极作用，突出特色。政府要鼓励赛事品牌价值的营造，保护赛事 IP，通过法律制度完善知识产权保护，打击侵权行为，注重创新的孵化与转化，推动赛事 IP 的衍生创新。②

五是加强品牌建设。支持企业创建和培育自主品牌，提升健身休闲器材装备的附加值和软实力。鼓励具有自主品牌、创新能力和竞争实力的健身休闲骨干企业做大做强，通过管理输出、连锁经营等方式，进一步提升核心竞争力，延伸产业链和利润链，支持具备条件的企业"走出去"，培育一批具有国际竞争力和影响力的领军企业集团。以武汉军运会

① 王兴一：《我国大型体育赛事遗产"活化"策略研究》，《技术经济与管理研究》2019年第 12 期。

② 王兴一：《我国大型体育赛事遗产"活化"策略研究》，《技术经济与管理研究》2019年第 12 期。

赛后遗产利用为例,支持当代明诚体育集团等体育产业集团在汉发展,推动建设集运动、培训、休闲、娱乐、亲子、购物等功能于一体,以职业竞技、全民健身等体育内容为核心,集聚文娱产业孵化、配套商业等各类文体产业集群,打造武汉城市体育文化产业中心。扶持一批具有市场潜力的中小企业。扶持体育培训、策划、咨询、经纪、营销等企业发展。支持企业实现垂直、细分、专业发展,鼓励各类中小微健身休闲企业、运动俱乐部向"专精特新"方向发展,强化特色经营、特色产品和特色服务。研究建立体育产业资源交易平台,创新市场运行机制,推进赛事举办权、赛事转播权、运动员转会权、无形资产开发等具备交易条件的资源公平、公正、公开流转。支持华体集团华中区域总部建设顶级赛事资源和IP项目的汇聚和交易中心。加强体育产业基地建设与管理。推动形成一批运转良好、带动能力强的国家体育产业示范基地、示范单位和示范项目,支持培育建设东湖帆船比赛基地、国家击剑培训基地等。

6. 改革创新,鼓励社会资本和专业机构参与遗产利用

一是推进体制机制改革和理念创新。积极推进体育场馆所有权与经营权分离的市场化改革,采取参股、合作、委托等方式,引入多种主体参与运营。开展混合所有制改革试点,探索进入资本市场融资,鼓励各类金融机构开放适合大型体育场馆特点和需求的金融产品与服务,鼓励民间资本参与场馆建设与运营管理。一些场馆可采用出售冠名权的运营模式,场馆可用冠名来运营,赛事也可用冠名来运作。不仅使企业得到发展,也更有效开发场馆的无形资产。设立大型体育场馆运用投资基金,是深化体育场馆服务业市场化改革的必经之路,是完善政府对体育投资机制的有效途径,也是构建多层次体育产业融资体系的内在要求。①

二是充分发挥社会组织和专业化机构作用。推广和运用政府和社会资本合作等多种模式,吸引社会资本参与体育产业发展。政府可以尝试向社会组织购买服务,丰富赛事遗产产品和服务的优质供给,为中低收入群体提供赛事欣赏、文化旅游等遗产消费类服务,惠及大众。放宽对

---

① 秦梅、梁家栋、骆秉全主编:《北京市大型体育场馆综合利用发展研究报告》,人民出版社2019年版,第108—110页。

专业的体育竞赛管理机构或经纪公司的管制，让其积极参与竞赛活动的策划与开展，发展高水平的体育赛事，提升产品竞争力。加快体育产业行业协会建设，充分发挥行业协会作用，引导体育用品、体育服务、场馆建筑等行业发展。聘请专业机构，在赛事规划融入城市更新、赛后遗产利用等方面提供咨询建议。

三是拓宽国际传播渠道，纳入更专业的商业化传媒技术和手段。日本在筹办东京奥运会过程中，已经着手将 5G 技术、8K 高清技术、人工智能解说、多语种及时翻译等技术融入新媒体中，大大提高了传播效率，也解决了传统媒体对报道对象局限性问题，更有利于高效地进行国际传播。2022 年北京冬奥会将新媒体与传统媒体结合，在活用新媒体的基础上搭载先进的传媒技术和即时翻译等，为国际观众提供更多便利和更好体验，有利于提高北京冬奥会的知名度与关注度。此外，日本奥运宣传与诸多国际组织、展会以及里约奥运会、平昌冬奥会等都展开了联携合作宣传。

七　武汉军运会办赛模式研究

（一）导言

1. 办赛模式的内涵与分析

（1）相关文献综述

大型体育赛事"办赛模式"受到政治体制、社会环境、经济发展的综合影响[1]。目前，国内外相关研究对"办赛模式"的概念或内涵还没有形成明确或统一的界定。

"办赛模式"的概念源于管理学对管理模式的论述，即管理模式是在管理理念指导下构建起来，由管理方法、管理模型、管理制度、管理工具、管理程序组成的管理行为体系结构。在我国大型体育赛事的组织管理实践中，最早借鉴系统工程管理的科学方法的案例，是成功举办了1990年北京亚运会[2]。

受到我国社会制度变迁和经济发展等因素的影响，我国体育赛事"办赛模式"经历了三次重要的转变[3]。分别是：新中国成立初期，"举国（体育）体制"背景下行政办赛组织管理模式[4]；改革开放后，采用

---

[1]　董杰：《中国举办大型体育赛事存在的主要问题、原因与对策》，《体育与科学》2012年第3期，第42—51页。

[2]　伍绍祖等：《回顾1990年北京亚运会》，《百年潮》2009年第10期，第29—35页。

[3]　史悦红等：《我国大型体育赛事组织管理模式的研究——基于政府与市场关系视角》，《管理现代化》2018年第6期，第42—46页。

[4]　胡鞍钢：《从经济指令计划到发展战略规划：中国五年计划转型之路（1953—2009）》，《中国软科学》2010年第8期，第19—29页。

计划经济与行政指令相结合的办赛模式①；北京奥运会的举办标志着我国体育赛事"办赛模式"已成功实现市场化与行政化相结合。

随着大型体育赛事数量在我国的"井喷式"增加，我国学者也逐渐关注赛事模式的重要性。在相关研究中，乔霞（2013）、陈彬（2018）通过对全国运动会的历史演进过程的梳理，提出对全运会办赛模式改革的看法②、③；张现成（2015）认为在各地举办大型赛事的过程中，存在一些社会问题，需加快完善办赛模式④。有部分学者借鉴了新加坡青奥会的办赛模式，梳理了新加坡青奥会对南京青奥会的办赛启示⑤。近年来，我国的学者基于公共服务⑥、多元治理⑦、节俭办赛⑧等视角提出了不同关于"办赛模式"的见解和看法。

国外关于"办赛模式"的研究大多属于管理学领域。例如，Gursoy（2006）认为，大型体育赛事应该确立高效的办赛体系，协调各级各类资源服务赛事⑨。Bale（1993）认为，体育赛事、城市空间与城市治理之间有着密切联系，体育赛事是城市发展与治理的重要途径⑩。Chappe-let（2013）指出，大型赛事的筹办需要不断完善组织结构，运用科学

---

① 韩琪：《中国政府主导型市场经济的分析》，《管理现代化》2013 年第 1 期，第 7—9 页。

② 乔霞：《全国运动会的历史演进及改革研究》，博士学位论文，北京体育大学，2013 年。

③ 陈彬等：《全国运动会发展历史沿革与办赛理念的演变》，《福建体育科技》2018 年第 3 期，第 13—15 页。

④ 张现成等：《大型体育赛事举办中的社会问题、成因及对策》，《首都体育学院学报》2015 年第 4 期，第 81—83 页。

⑤ 魏文思：《解析新加坡首届青奥会节俭办赛模式及其对南京青奥会的启示》，《哈尔滨体育学院学报》2011 年第 5 期，第 29—31 页。柳鸣毅等：《大型体育赛事运行理念嬗变——基于新加坡青奥会的亲身体验》，《体育与科学》2011 年第 2 期，第 41—44 页。

⑥ 何强：《对我国全运会赛事的多维审视——兼与〈取消全运会：基于体育公共服务的视角〉作者商榷》，《体育学刊》2011 年第 6 期，第 7—11 页。

⑦ 王凯等：《我国体育赛事的引致需求、现实问题与供给侧优化》，《北京体育大学学报》2018 年第 9 期，第 43—48 页。

⑧ 方志：《节俭与创新：全运会办赛模式的转型之路》，《体育文化导刊》2013 年第 9 期，第 5—9 页。

⑨ Gursoy, D.; Kendall, K. W. Hosting mega events. Ann. Tour. Res. 2006, Vol. 33, pp. 603 - 623.

⑩ Bale, John, Sport, Space, and the City. London：Routledge, 1993.

的任务管理工具推进赛事进度①。另外，随着近年来大型体育赛事举办规模和成本的不断提高，还有一部分学者提出了可持续发展的办赛模式②。

从对国内外现有研究成果的梳理分析可知，现有研究成果多针对于大型体育赛事组织运营的讨论，少有对"办赛模式"的深入分析。但是，能够从知网等渠道检索到关于企业或任务的管理模式的论述。例如，从管理学的角度，管理模式是在管理理念指导下建构起来，由管理方法、管理模型、管理制度、管理工具、管理程序组成的管理行为体系结构。

（2）概念界定和研究边界

在前期研究和实践积累的基础上，借鉴管理学经验，本研究认为，所谓体育赛事办赛模式可以理解为是在办赛理念指导下构建起来的，由赛事管理方法、赛事管理制度、赛事管理工具、办赛流程等组成的组织行为体系和治理结构体系。

办赛模式涵盖的内容比较广泛，其中办赛理念包括愿景、目标、口号、主题、吉祥物、会徽等，赛事管理方法包括市场化（公司）运作、政府运作、政府和市场共同运作等，赛事管理制度包括领导体制、决策制度、内部管理制度、组织架构、赛事规程等，赛事管理工具包括为办赛而使用的信息系统、竞赛日程软件、赛事管理软件等，办赛流程包括决策流程、工作流程、购票流程、报名流程、参赛流程、接待流程、颁奖流程、市场开发流程等。

结合体育赛事办赛模式的概念、内容和对赛事遗产的贡献，本研究将重点研究武汉军运会办赛模式涵盖的范围中能够产生遗产的内容，进而探讨武汉军运会办赛模式对遗产的贡献。

---

① Chappelet, J. - L. Managing the size of the Olympic Games. Sport Soc, Vol. 17, 2013, pp. 581 - 592. Pinson, J. Heritage sporting events: Theoretical development and cofigurations. J. Sport Tour, Vol. 21, 2017, pp. 133 - 152.

② Preuss, H.; Andreff, W.; Weitzmann, M. Cost and Revenue overruns of the Olympic Games 2000 - 2018; Springer Gabler: Wiesbaden, Germany, 2018.

1. 武汉军运会概述

（1）武汉军运会概况

2019 年 10 月 18 日至 27 日，在中国武汉举行第七届世界军人运动会（7th CISM Military World Games），简称"武汉军运会"，是中国第一次承办的综合性国际军事体育赛事，是世界军人运动会历史上规模最大、参赛人员最多、影响力最广的一次运动会。武汉军运会的成功举办向世界展示了新时代中国的伟大成就，展示了中国的自信、友善和包容，是中国向世界展现和平崛起，勇于在国际舞台上承担大国责任形象的重要舞台。

相比往届世界军人运动会，武汉军运会主要有以下特色：一是第一次在一个城市举办所有比赛项目。武汉作为特大城市，集中新建和改造了 27 个竞赛项目所需的全部比赛场地场馆，这是历届世界军人运动会都不曾有过的。二是第一次集中新建运动员村。位于江夏区黄家湖畔的军运村占地面积为 321.5 亩，总建筑面积 55.8 万平方米，紧邻 2700 米生态湖岸线，自然环境优越，可入住 1 万余名参赛运动员和官员。三是竞赛项目设置在历届中最多。往届世界军人运动会竞赛项目设置最多为 24 项，而武汉军运会设置竞赛项目为 27 个大项、329 个小项，有来自 109 个国家的 9300 多名军人参加。

（2）会徽和吉祥物

第七届世界军人运动会会徽名为"和平友谊纽带"，由"五角星""和平鸽""彩带""7"等元素共同构成。"五角星"突出军队和军人特征，七颗"五角星"寓意世界各国军人在中国"坚持和平发展，构建人类命运共同体"的倡议下，齐聚江城武汉，共庆和平盛会；上方第一颗星的一角呈现"和平鸽"造型，寓意中国将通过本次军运盛会，向国际社会传递和平发展的理念。会徽的"彩带"造型，既象征中国新时代"一带一路"国际合作愿景又形似武汉市长江、汉江两江交汇的自然地貌，凸显中国和平发展理念和地域文化特色；彩带呈"7"字形，象征武汉市即将举办第七届世界军人运动会。会徽设计简洁大气、色彩艳丽、构思巧妙、寓意丰富，与国际军体"体育传友谊"的宗旨和本次武汉军运会"共享友谊、同筑和平"的赛会主题十分契合。

吉祥物名为"兵兵"，设计灵感来源于中国一级重点保护野生动物、长江流域的洄游鱼种——中华鲟。中华鲟棱角分明的外形和逆流而上、洄游迁徙的习性与军人坚韧硬朗的气质高度契合；中华鲟作为水中生灵，象征中国以柔克刚、游刃有余的文化思想；中华鲟含"中华"二字，且主要生活在长江流域，表明东道主身份；中华鲟物种稀有罕见、历史悠久，需要加大保护和宣传力度，充分体现军运会人文关怀和生态保护理念；吉祥物取名"兵兵"（bingbing），有军人的意思，发音简单，朗朗上口，易于推广；吉祥物造型活泼可爱，易于让世界各国人民接纳和喜爱，其阳光、自信的笑容和张开双臂、迈步向前的造型象征着新时代的中国愿以更加开放包容、热情好客的姿态与各国友人一道共享友谊、同筑和平。

（3）口号和形象大使

武汉军运会口号"创军人荣耀　筑世界和平"，充分体现了国际军体"体育传友谊"的办赛宗旨，表达了东道主中国和世界各国军人运动员"共享友谊、同筑和平"的共同心声。创军人荣耀，展现了军人运动员勇攀高峰、追逐梦想的精神风貌；筑世界和平，突出了军人的和平使命和美好愿景。2018 年 9 月 21 日，第七届世界军人运动会执委会在武汉召开专题新闻发布会，并揭晓了 20 名军运会志愿者形象大使（军队、地方各10 名）人选。

3. 研究武汉军运会办赛模式的意义

深入研究大型体育赛事办赛模式及其遗产，是我国体育赛事可持续发展的需要，对于弘扬赛事精神、提升办赛城市开放和管理水平、促进国际交流与民族文化传播等具有非常重要的理论价值和现实意义。具体来讲，开展武汉军运会办赛模式遗产研究，有利于提升武汉市大型体育赛事的组织管理水平，有利于促进武汉体育事业和体育产业发展，有利于更好地发挥武汉军运会对地区经济、社会、文化和生态环境等方面的积极拉动作用。

武汉军运会呈现出的较高的组织水平，受到了国内外的运动员、专家以及媒体的一致好评。因此，系统梳理本届军运会的"办赛模式"，诸如办赛理念、赛事管理制度以及"国家支持、军地协同、军方主导、地方承办、各方支持、社会参与"等内容，为此后类似项目提供经验和借鉴，并为相关部门打造高水平大型体育赛事提供参考与决策依据，是本研究的实践意义。此外，武汉军运会作为武汉承办的最大规模的大型体育赛事，在筹办过程中，武汉市所收获的办赛经验、赛事组织人才、国际形象的提升等都是宝贵的无形赛事遗产，亟待科研人员进行汇总提炼，结合武汉精神，助力于武汉市中长期社会经济发展。

本研究在阅读学习大量国内外文献的基础上展开，广泛对比了国内外大型体育赛事办赛模式，重点分析了武汉军运会办赛理念与模式，并进一步提炼总结武汉军运会办赛模式遗产；基于管理学的视角，研究提出对"办赛模式"的理解。在一定程度上拓宽了当前大型体育赛事办赛模式的研究视角，丰富了对于城市体育赛事遗产的理解。

（二）国内外大型体育赛事办赛模式借鉴

1. 国内大型体育赛事办赛模式

（1）北京奥运会

北京奥运会提出"绿色奥运、科技奥运、人文奥运"三大办赛理念，实现了中华优秀传统文化与现代奥林匹克思想的完美结合[1]。北京奥运会办赛理念进一步丰富和发展了奥林匹克文化思想，也为中国今后如何举办类似的大型体育赛事指明了方向。北京奥运会的遗产是多层面的，而绿色遗产是它的最丰厚核心价值所在[2]，这主要体现在场馆的可持续运营、绿色体育发展和绿色环境意识保护等方面。例如，原北京奥组委执行副主席蒋效愚认为，北京奥运会"绿色奥运"理念的提出和实践，极大地推动了北京城市环境的改善，奥运会虽然只是一次短暂的体育盛会，但北京奥运会"绿色奥运"的科学理念，亿万群众为改善生态环境所付出的艰辛努力和取得的巨大成果必定发挥持久的效力，成为首都生态文

---

① 孙葆丽：《"人文奥运"将给我们留下什么遗产》，《人民论坛》2007 年第 8 期，第37—39 页。

② 布特：《北京奥运会的绿色遗产研究》，《成都体育学院学报》2008 年第 12 期，第15—18 页。

明建设上的新起点，成为惠及人民群众的永久享受①。

"科技奥运"旨在奥运会各环节、各领域广泛引进和使用国内外最先进的科技成果，以科技促奥运，同时也以北京奥运会推动我国高新技术产业的快速发展。实施"科技奥运"，不仅提升了奥运会的科技含量，也使科技意识、科技精神和科技创新的思想深入到人们的思想意识之中。这种意识不仅保证了把 2008 年北京奥运会办成一届有史以来奥运科技含量最高的运动会，实现北京对世界的承诺，也将极大提高北京乃至中国人民的科学素养，提高中国科学技术的创新能力和科学技术服务于经济、社会发展的水平，推动中国高科技跨越式发展②。在后奥运时代，体育科技创新将成为我国体育工作的重点③。

2005 年 2 月，北京市联合北京奥组委共同发布《"人文奥运"行动计划实施意见》④。该《实施意见》在对"人文奥运"内涵进行了明确界定的同时，提出了人文奥运的总体目标，坚持以人为本，使北京奥运成为提高人的素质、促进人的全面发展的重要载体；坚持培育和弘扬民族精神，使北京奥运成为展示中华民族悠久历史和灿烂文化的广阔舞台；坚持相互学习、共同发展，使北京奥运成为东西方文化相互交融的纽带桥梁；坚持现代奥林匹克理念和奥林匹克精神，使北京奥运成为创新、推广世界奥林匹克运动的新的标志。"人文奥运"不仅是一种思想理念，而且是一种发展战略、行动规划，因此必将产生一系列的有形遗产和无形遗产。"人文奥运"的思想突破了奥林匹克运动人文理念的适用范围，在人文内涵上有所丰富的创造和发展。其既涉及体育伦理的思想理念，也涉及经济全球化中的文化问题。这对于奥林匹克精神的弘扬、东西方文化的交流与结合和建设奥林匹克运动跨文化、跨民族、跨国度的世界

---

① 蒋效愚:《巩固奥运成果　为建设"人文北京、科技北京、绿色北京"服务》，《前线》2009 年，第 18—21 页。

② 袁慰栓:《绿色奥运、科技奥运、人文奥运——三大理念是奥运非物质遗产》，《北京社会科学》2008 年第 3 期，第 14—17 页。

③ 卢国君:《后奥运时代我国体育科技工作改革的探讨》，《河北工业大学学报》（社会科学版）2010 年第 3 期，第 82—85 页。

④ 中共北京市委北京市人民政府关于印发《人文奥运行动计划实施意见》的通知，2005 年 2 月，http://www.china.com.cn/chinese/PI-c/794719.htm。

性文化体系，都具有重要历史意义①。

(2) 南京青奥会

南京青年奥林匹克运动会，又称"南京青奥会"，于 2014 年 8 月 16 日 20 时在南京市开幕。南京青奥会以"狂欢"为主题，以"教育、引导"为核心，努力办成一届"平民化、可持续"的运动盛会。南京青奥会是继北京奥运会后中国的又一个重大奥运赛事，其办赛理念是基于奥林匹克运动发展趋势，结合当今国际奥委会对改革的主要走向，以及青奥会的若干基本理念制定的。2011 年，南京青奥组委在"活力青奥、人文青奥、绿色青奥"的基础上进一步明确了"青春活力、参与共享，文化融合、智慧创意，绿色低碳、平安勤廉"这一更鲜明、更具时代特征的办会理念。这些理念分别体现在筹办的各个工作环节之中，也在青奥会各项活动中得到彰显。

"青春活力"的办赛理念主要是指彰显青少年的活力和个性，突出和强调"尊重、卓越、友谊"的奥林匹克价值观。青年是这个社会的未来，南京青奥会的口号是"与青奥共成长"，青奥会的主体是青年，而它的主办者和承办者都是以参与的身份来为青年服务，青年是青奥会的核心主题，国际奥委会在青年中宣传、推广、接受奥林匹克运动及其核心价值——卓越、友谊、尊重，并希望青少年积极参加奥林匹克运动。

"参与共享"主要是指南京青奥会积极为世界青年体育、教育、文化等领域搭建新的平台和途径，青年并不是被动地接受和观摩，而是主动地参与和创造，提高青少年在青奥会活动的主人翁意识，积极主动地投入相关文教活动，甚至进行开发和创意，成效要比单纯接受和被动参与要显著地多，因此，激励更多的青少年参与社会活动、共享发展成果，成为时代旋律与青奥理念。

"文化融合"是指青奥会将体育运动、国际交流、文化旅游、教育活动相结合，尊重种族及文化差异，发展各国家各民族的独特文化，强调全球化背景下的文化特异性与多样性相统一。南京青奥会在体育发展中注重竞赛举办的内涵和文化效益，融合中提升城市气质，让六朝古都在

---

① 李连生：《"人文奥运"思想的历史追溯及影响》，《体育与科学》2005 年第 1 期，第 40 页。

竞赛的激情碰撞中迸发青春活力，为世界青少年搭建平等和谐的文化交流平台。

"智慧创意"是指在南京青奥会筹办的过程中，以青年为主体的创意、创新、创造成为南京青奥会最重要的主体之一，也成为青年人分享青春、展示智慧的舞台。南京青奥会的智慧创意主要表现在体育赛制创新、火炬传递创意、文教活动创意以及城市智能创新四个方面。

"绿色低碳"是指推动奥林匹克运动以可持续的方式发展，向年轻人传播奥林匹克精神，秉持"绿色节俭可持续"的办赛理念，把筹办南京青奥会与建设绿色、低碳、智慧城市的行动有机融合的成功实践。南京青奥组委坚持"能改不建、能修不换、能租不买、能借不租"的原则，把维修改造和临建场馆作为场馆建设的一个基本原则，实现赛事场馆的高效利用。"绿色青奥"让南京离"国际化人文绿都"的目标更近了一步。例如，截至2013年年初，南京的森林覆盖率超过35%，南京的城区绿地率、人均公园绿地面积等均居全国前列。

"平安勤廉"体现在青奥会在筹办之初就制订了勤廉的工作计划和措施。除青奥村外，只新建一座竞赛场馆。青奥村未来将成为国际人才公寓社区，新建的一座竞赛场馆将结合江北地区发展，成为江北新城区的文化体育配套设施。同时，南京市专门成立了青奥会监督委员会，加强财务控制和纪律监察工作，并严格遵守国际奥委会批准的预算，接受国际奥委会和相关组织对财务状况的监督，助力平安勤廉办青奥。

正如《南京青奥会筹办工作总结报告》（宁委〔2014〕264号）中指出的：南京青奥会在办赛理念、运作机制、内容模式和火炬传递等方面进行了大胆探索，将一个"年轻赛事"办成全球瞩目的体育盛会，为奥林匹克运动留下了精彩难忘的篇章，为奥林匹克事业可持续发展贡献了经验；南京青奥会给江苏、南京留下了宝贵的物质财富和精神财富。通过举办青奥会，弘扬了奥林匹克精神，完善了城市功能，改善了人居环境品质；更重要的是提升了市民的文明素养，并在城市运行、社会治理、环境保护等多个方面探索形成了科学有效的管理机制，助推后青奥时期的南京迈入更加国际化、更可持续的发展轨道。

（3）北京冬奥会

2022年北京冬季奥运会（XXIV Olympic Winter Games，北京冬奥会

或第 24 届冬季奥林匹克运动会）于 2022 年 2 月 4 日至 20 日在北京市和河北省张家口市联合举行。北京冬奥运会设 7 个大项，15 个分项，109 个小项。根据规划，北京赛区承担冬奥会所有冰上项目的比赛，共使用 12 个竞赛和非竞赛场馆，11 个为 2008 年奥运遗产，其中 9 个是直接使用。比赛场馆有 5 个，其中 4 个分别是水立方、国家体育馆、五棵松体育馆和首都体育馆，分别举办冰壶、冰球、短道速滑和花样滑冰的比赛。新建的比赛场馆即为国家速滑馆，也称为"冰丝带"，利用 2008 年奥运会曲棍球和射箭的临时场地进行建设。比赛之后，这里将成为我国运动员冬奥会冰上项目永久性训练场地，并成为北京四季不间断运营的冰上中心。

北京冬奥会的愿景是："纯洁的冰雪，激情的约会。秉持绿色、共享、开放、廉洁理念，创造北京冬奥会和冬残奥会的精彩、非凡、卓越。——让奥林匹克点亮青年梦想，让冬季运动融入亿万民众，让奥运盛会惠及发展进步，让世界更加相知相融。"北京冬奥会会徽"冬梦"将中国传统文化和奥林匹克元素巧妙结合。会徽以汉字"冬"为灵感来源，图形上半部分展现滑冰运动员的造型，下半部分表现滑雪运动员的英姿。中间舞动的线条流畅且充满韵律，代表举办地起伏的山峦、赛场、冰雪滑道和节日飘舞的丝带，增添了节日欢庆的视觉感受，也象征着北京冬奥会将在中国春节期间举行。北京冬奥会的吉祥物"冰墩墩"意喻敦厚、健康、活泼、可爱，象征着冬奥会运动员强壮的身体、坚忍的意志和鼓舞人心的奥林匹克精神。冬残奥会吉祥物"雪容融"形象来源于中国的灯笼，是欢乐喜庆节日气氛和"瑞雪兆丰年"美好寓意的结合，表达了共同参与、共同努力、共同享有的办赛理念。

从领导体制上看，国家层面设置了"第 24 届冬奥会工作领导小组"，由国务院副总理担任组长，全面负责北京冬奥会和冬残奥会筹办的相关工作。负责具体筹办工作的是北京 2022 年冬奥会和冬残奥会组织委员会（简称北京冬奥组委）。北京冬奥组委领导机构由主席、执行主席、执行副主席、副主席、专职副主席、秘书长、副秘书长构成，分别由国家体育总局、中国残联、北京市、河北省等单位的领导担任，委员会成员包括国家和北京市、河北省等相关单位的领导。截至 2021 年年底，北京冬奥组委下设 23 个部、5 个中心，分别是：秘书行政部、总体策划部、对外联络部、体育部、新闻宣传部、规划建设部、市场开发部、人力资源部、监察审计部、财务部、技术部、法律事务部、运动会服务部、文化活动部、物流部、残奥会部、媒体运行部、场馆管理部、安保部、交通部、开闭幕式工作部、奥运村部、志愿者部、注册中心、票务中心、抵离中心、延庆运行中心、张家口运行中心。

自筹办开始，北京冬奥组委紧紧围绕举办一届精彩、非凡、卓越奥运盛会的目标，全面落实绿色办奥、共享办奥、开放办奥、廉洁办奥理念，紧张有序地推进各项筹办工作。在赛事策划组织方面，深入研究国际规则和筹办规律，制订了筹办工作总体计划及任务分工方案，细化分解为 10 个方面一百余项重点任务，确定了筹办工作的时间表和路线图。制订北京冬残奥会与冬奥会筹办工作整体推进方案，使两个奥运同步规划、同步实施。同时，按照国际奥委会和国际残奥委会要求，将赛事筹办工作具体分解为 3100 多项里程碑任务。为统筹推进筹办工作，北京市、河北省分别成立场馆和基础设施建设指挥协调机构，制订了冬奥会场馆及基础设施建设计划，统筹考虑赛事需求、赛后利用和环境保护，抓紧推进各场馆规划设计和建设等工作，确保冬奥会和冬残奥会如期圆满举办。

2019 年 1 月，在北京冬奥组委公布的《北京 2022 年冬奥会和冬残奥会遗产战略计划》中提出，遗产战略目标是"通过筹办北京冬奥会，努力创造体育、经济、社会、文化、环境、城市发展和区域发展 7 方面的丰厚遗产，为主办城市和区域长远发展留下宝贵财富，惠及广大人民群众，实现奥林匹克运动与城市发展的双赢"。根据国际奥委会、国际残奥委会要求和筹办工作实际，北京冬奥会将 7 个方面的遗产目标分解为 35 个领域的重点任务。为保障遗产计划落实，组建成立了"北京 2022 冬奥会和冬残奥会遗产协调工作委员会"，由北京冬奥组委、中央和国家有关部门、北京市和河北省有关单位各一名司局级领导担任委员，统筹推动主办城市和地区遗产相关工作。设立遗产协调工作委员会办公室，组织协调各方面遗产工作的实施。由北京冬奥组委各部门牵头，中央和地方有关部门为支持与配合部门，组建遗产专项工作组，具体落实遗产重点任务，组建由专家库和协作机构组成的外部支持团队，提供专家咨询和遗产项目评估与总结。

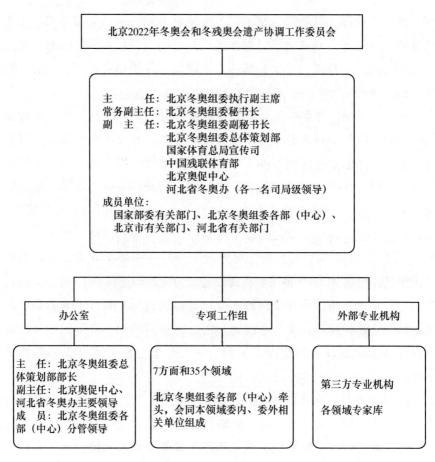

图 7-1　北京 2022 年冬奥会和冬残奥会遗产协调工作委员会组织架构

2. 国外大型体育赛事办赛模式

（1）悉尼奥运会

2000 年 9 月 15 日，在悉尼举行了第 27 届奥运会的开幕仪式。共有来自国际奥委会 199 个会员协会的 10651 名运动员（其中女运动员 4069 名，男运动员 6582 名）参加了这届奥运会总共 28 个大项 300 个小项的比赛。比赛项目之多为历届奥运会之最。参与报道本届赛会的新闻记者共有 16033 名，其中文字记者 5298 名，广播记者 10735 名。共招募到 46967 名志愿服务者。

澳大利亚在申办第 27 届奥运会时，就提出了"绿色奥运会"的口号，并且用他们的实际行动实践了这一诺言，把本届奥运会成功举办成了奥运会历史上第一届绿色奥运会，从而开创了一种运作大型项目的新模式，这是悉尼奥运会的重要遗产之一。悉尼奥运会结束后，澳大利亚对这一宝贵遗产进行了有效开发，包括积极向后来举办奥运会的国家出售环境保护方面的经验、技术和产品等。悉尼奥运会所开发出的在筹备大型国际项目同时保护环境不受破坏之模式，为其他国家和城市提供了非常宝贵的经验，也为奥林匹克运动的可持续发展注入了新的活力，同时也为本国企业走向国际化提供了更好的舞台。

悉尼奥运会由于其出色的组织和有效的市场开发，被人们公认为是现代奥运会历史上最赚钱的一届奥运会。悉尼奥运会组委会把眼光放在了更为长远的经济利益上，对奥运会的商业运作采取了更为含蓄的方式，使得他们既获得了最大的经济收益，同时又得到了人们的普遍赞扬。悉尼奥运会之后，悉尼把自己定位在一个经验丰富的奥运会组织者和经验提供者上，在北京申办第 29 届奥运会之初就派出自己的代表团针对 2008 年将要举办奥运会的北京市制订、推出了一系列计划，并且派出了曾经参与悉尼奥运会组织的人员和政府官员来到北京，此举给悉尼众多企业带回了大批订单。伦敦申办 2012 年奥运会成功之后，悉尼又积极跟伦敦接洽，有力地促成了与伦敦奥运会的合作，从而开始了新的"投资英国伦敦"计划。而且他们已经开始与奥运会举办城市进行持续的合作，建立起一个长期的产业信息网络，这些城市将共享有关的信息，使这项计划当中的产业界、研究机构等都可以进行各方面更好的合作。

（2）新加坡青奥会

根据国际奥委会（IOC）要求，青奥会的理念是举办一场以奥林匹克主义为中心、着眼于青年的奥运会，实践"卓越、友谊、尊重；承诺、协作、正直"的价值观。为参与青奥会的运动员及更宽广范围内的青奥赛场外的青少年提供一个良好的平台，帮助青少年了解奥林匹克的价值和体育的益处，同时与来自世界各地的青年分享各自的经历，这是青奥会必须贯穿的理念和价值观。为了贯穿这些理念，国际奥委会构建了让所有青年人都能参与、学习和分享奥运精神的文教活动，这些活动以青年为导向，强调文化教育的哲学思想、理念及原则。围绕"奥运精神，发展技能，培养健康的生活方式，社会责任以及传达理念"这五大理念进行文教活动的设计，来引导青少年回归奥林匹克怀抱，找回健康、向上的生活方式。

第 1 届夏季青年奥林匹克运动会于 2010 年 8 月 14—26 日在新加坡举行（简称"新加坡青奥会"）。针对参赛运动员们年轻的特点，新加坡青奥会组委在国际青奥会组委的帮助下设计了多种文化教育活动，这些活动富有趣味性，互动性强，十分符合青少年的口味，对青年运动员的自我提高和学习都很有帮助。在比赛过程中，穿插结合各式各样的文教活动：每个项目的比赛正式开始前都有乐队演奏助兴，比赛间隙则安排了舞蹈表演、青奥会会歌演唱、观众互动等一系列节目以渲染欢快、热烈的比赛氛围。

在比赛结束后，新加坡青奥会的文化教育部门还为运动员们设计了七种形式约 50 项的活动。其中"与冠军对话、自我发掘、世界文化村、社区项目、艺术与文化"这五种形式的文教活动安排在青奥村内的广场举行，"探索之旅和岛屿探险拓展营"两种是在青奥村外进行。以"与冠军对话"活动为例：在青奥期间，每场比赛都会安排一位著名运动员典范给青少年运动员提供指导，分享自己的经验与教训，对青年运动员发展自身技能有不小的帮助。第 1 届青奥会的成功举办与组织经验，对于在南京举办的第 2 届青奥会具有积极的借鉴价值。

（3）索契冬奥会

索契第 22 届冬季奥林匹克运动会（2014 The winter Olympics in Sochi）简称"索契冬奥会"，于 2014 年 2 月 7—23 日在俄罗斯联邦索契市举行，是俄罗斯历史上第一次举办冬季奥运会。索契冬奥会主题口号是"激情冰火属于你"（Hot. Cool. Yours）！赛会共设 15 个大项，98 小项。索契冬奥会火炬接力历时 131 天（境内 123 天），线路长度 6.5 万千米，跨越俄罗斯全境 83 个邦、2900 多个城镇和居民点，火炬手约 1.4 万名。索契冬奥会火炬接力实现了历史上首次太空展示和湖底传递。2013 年 11 月 7 日，"联盟"号飞船将奥运圣火首次带上国际空间站，两名俄罗斯宇航员出舱展示了索契冬奥会火炬。11 月 23 日，燃烧着的封闭式火炬在贝加尔湖湖底进行传递，传递仪式持续约 5 分钟。

索契冬奥会组委会管理系统兼具有效性和灵活性，从上到下分为 3 个层级：

上层——战略决策。俄罗斯联邦体育文化与运动发展总统委员会是索契冬奥会的最高决策机构。该委员会由积极投身群众体育和精英体育事业发展人士以及冬奥会和冬残奥会筹备工作人员组成。该委员会的最高权力机构是主席团，由在组委会监督委员会以及 Olympstroy 国有公司监督委员会任关键职务的高层管理人员组成；主要工作人员参与到各级沟通工作之中，使得决策层的决定能够得到立即执行。

距 2014 年赛会开始还剩一年多的时候，俄罗斯成立了索契冬奥会筹备和举办工作国家委员会。这个委员会由俄罗斯副总理德米特里·科扎克（Dmitry Kozak）领导，成员包括有关部委和政府机关的首长。

中层——2014 年索契冬奥组委会。索契冬奥组委属于自主非商业性组织，负责冬奥会和冬残奥会的具体准备和举办工作。该委员会设有监察室，另有九个分委员会分别负责不同领域的活动。每个分委员会又包括相关的职能部门，总共有 55 个职能部门。组委会的最高管理机构是 2014 年索契冬奥会监督委员会，组委会的内部控制机构为审计委员会。组委会的负责人（主席兼首席执行官）由监督委员会任命。自 2007 年组委会组建以来，德米特里·切尔内申科（Dmitry Chernyshenko）担任主席兼首席执行官，直至该职位被取消。

2014 年索契冬奥组委会负责赛会的规划、组织和举办、奥运和残奥标记的保护、冬奥/冬残奥场馆和赛事的资金以及合作伙伴公司的招募和分工。组委会有权从各个机构（包括政府当局）接收必要信息，并且可以参与法规草案的编制工作、落实赛会的志愿者计划等。

下层——Olympstroy 国有公司。该公司根据俄罗斯联邦的一部特殊法律而组建，负责落实和协调体育场馆的施工工作，并且参与索契基础设施的建设和现代化建设，把索契打造成一个高山度假中心。

（三）武汉军运会办赛模式分析

1. 武汉军运会办赛理念

武汉军运会提出"绿色、共享、开放、廉洁、节俭"的办赛理念。其中，绿色是湖北军运会首要的办赛方针，也是坚持生态优先、绿色发展，是长江经济带发展的一个根本要求。湖北省坚持绿色办赛，绿色已成为本届军运会的绚丽底色。国际军事体育理事会主席赫尔维·皮奇里洛曾评价："绿色军运"办赛理念的提出，表明中方把生态环境保护放在更加突出位置，我们对此高度赞赏。所以，绿色可持续发展的观念贯穿赛事、融入武汉发展中，是本届军运会将为武汉及世界的发展留下的物质与精神上的宝贵遗产。

"共享友谊，同筑和平"是共享办赛的初衷。世界军人运动会通过体育运动团结各国军人，推动世界和平进程，加强各国文化交流，增进世界各国人民联结。此外，市民通过军运会有机会以各种身份投身于提升武汉市全面发展，有利于武汉市民共建共享城市发展的成果，造福民生，增强市民获得感。

"开放办赛"是指面向社会动员力量，广集资源。军运会的顺利开展离不开社会力量的参与和支持，有序的进行赛事商业化开发使体育赛事更具生命力。以开放的心态，把军地力量、地方政府、社会资源、市民参与有效整合，传播军体文化、带动全民健身热潮，使本届军人运动会办出了新高度。

"廉洁办赛"旨在建立健全各项规章制度，从体制、机制上预防各类腐败现象的发生，加强监督，预防违纪违规问题的发生，及时纠正、查处各类违规违纪现象和违法案件，促进军运会筹办工作人员廉洁、高效地履行职责，实现"廉洁军运"的目标。针对筹办工作的特殊性，武汉军运会坚持把监督与服务、规范与效率结合起来，坚持"关口前移，重在预防"，坚持把纪律和规矩挺在前面，坚持运用现代科技手段，让各项筹办工作在阳光下运行，提升了监督质效。

"节俭办赛"就是理性办会、创新简约。围绕武汉军运会而举行的一系列大型活动，如开闭幕式、火炬接力、宣传考察、纪念庆典等适当缩小规模，要求始终把握简朴、热烈、适度的原则，防止贪大求洋、闲置浪费，杜绝重复建设、过度保障，努力办出一届简约而又精彩的盛会。特别是在场馆利用的过程中，力争做到节地、节水、节能、节材，控制能源和资源消耗，最大限度地减少对环境、经济和生态系统的消耗，实现场地（馆）的可持续利用。

2. 武汉军运会办赛机制

（1）机制的概念与内涵

机制是指一个工作系统的组织或部门之间相互作用、相互联系的过程和方式。如赛会运行机制是指大型比赛涉及的各相关组织之间、各组织的部门之间形成的协调、配合、约束等工作制度和运行方式。体制是国家机关，企事业单位的机构设置，隶属关系和权力划分等方面的组织体系和组织制度的总称。如经济体制是指具体的组织，管理和调节国民经济运行的制度、方式、方法的总称。简言之，"机制"由有机体喻指一般事物，重在事物内部各部分的机理即相互关系。"体制"指的是有关组织形式的制度，限于上下之间有层级关系的国家机关、企事业单位。

结合前文分析过的办赛模式概念以及对体制、机制内涵的分析，本研究认为一些媒体报道中将"国家支持、军地协同、军方主导、地方承办、各方支持、社会参与"作为武汉军运会办赛模式的说法不够准确，不能表达办赛模式的全部内涵。从该表述阐释的内容上看，表达了国家、军队和地方政府、社会参与者之间形成的协调、配合、约束等工作制度和运行方式，是一种机制。所以，本研究将媒体报道中的有关"办赛模式"24字表述，界定为"狭义的办赛模式"。同时，出于适应公众习惯的考虑，文中一般不对该表述是"办赛模式"还是"办赛机制"做严格区分。

（2）武汉军运会办赛机制

在"绿色、共享、开放、廉洁、节俭"办赛理念的指导下，武汉军运会采用"国家支持、军地协同、军方主导、地方承办、各方支持、社会参与"的办赛机制（模式），在组委会的领导下，形成中央和国家机关、军委机关、湖北省和武汉市分工负责、整体联动的"一盘棋"工作格局。着眼于不同阶段、不同领域筹办任务，建立执委会、城市行动、赛时运行指挥体系，组织了2场全要素、全流程综合演练，实现赛事运行与城市运行、赛前运行与赛时运行的无缝衔接、有机融合。96项重大里程碑项目、1882项筹办重点工作、4000余项计划方案，以及128个关门日程问题的整改工作如期完成。

研究发现，"政府主导、市场化运作"的办赛机制为我国多次成功举办大型综合类赛事起到了关键作用[1]。而武汉军运会是由军方与地方联合

---

① 黄江玲：《我国大型综合体育赛事的市场化运作研究》，硕士学位论文，南京大学，2012年。

举办，充分发挥双方优势创造性地完成了各项工作，对标奥运，以世界一流水平完成35处场馆建设改造，创造了大型赛会场馆建设的"武汉速度"。在实际工作中，实现了军地联动，集成指挥，建立权责明确、分工协作、高效务实的赛事保障工作机制，建立整体联动、运行高效的赛事运行指挥体系，坚持扁平运行、模块管理，协同推进赛事现场运行组织和城市运行保障。

本届比赛由军方主导，武汉市承办，取得了各方的广泛支持与配合、20万名城市志愿者踊跃参与赛事服务。军地紧密对接，部省联合调度，聚焦开闭幕式等重点，严格落实圈层管理，精心设计人车流线，做实场馆、交通、枪弹管控，开展"大防控、大清查、大整治"行动；坚持"办赛事"与"建城市"相结合，建立三级协调机制，实行巡查督导制度，对城市综合环境进行全域整治提升；充分开发军运会资源，VIK赞助和捐赠收入超额完成目标任务；成功发行纪念币和纪念邮票。军运会门票实施"亲民价"，平均票价50元，充分体现了惠民原则。

在武汉军人运动会的筹办过程中，始终坚持武汉军运会既定办赛机制，充分发挥中国特色社会主义集中力量办大事的体制优势，军地双方在各个层次、各个领域、各个方面协同配合、同频共振。始终坚持问题导向，树牢问题意识，敢于正视问题，善于分析问题，最终解决问题，让决策部署落地落位，使工作措施落实落细，将目标愿景如期兑现，最终夺取筹办工作的全面胜利。

2019年11月，习近平总书记对第七届世界军人运动会成功举办作出重要指示强调，第七届世界军人运动会成功举办，体现了中国气派、军人特色，实现了"办赛水平一流、参赛成绩一流"目标。在新中国成立70周年之际，这次国际军事体育盛会的成功举办，向世界展示了新时代的中国形象，宣示了中国和平发展主张。这是在党中央和中央军委领导下，组委会、军地各有关方面共同努力的结果。

3. 武汉军运会筹备工作组织结构

（1）武汉军运会执委会职能

职能是指政府及相关组织，依据有关规定对某项国家和社会事务进行管理所应发挥的作用和具有的功能。职责，是指任职者为履行一定的组织职能或完成工作使命，所负责的范围和承担的一系列工作任务，以及完成这些工作任务所需承担的相应责任。

2017 年 1 月 5 日，第七届世界军人运动会组织委员会在北京成立，组委会主席由中央军委和国务院有关领导同志担任。组委会下设执委会，主要负责第七届武汉世界军人运动会的筹办组织工作；安排部署各阶段赛事筹备事宜，确保各项任务有序推进；协调与赞助商、新闻媒体、市场开放等方关系；定期将工作进度和成效对上级部门汇报等。

（2）武汉军运会执委会组织结构

武汉军运会由军方和地方统筹设置第七届世界军人运动会执行委员会（简称"执委会"），包括：综合部、人力资源部、竞赛部、场馆部、财务部、市场开发部、新闻宣传部、大型活动部、综合保障部、信息技术部、安保部、志愿者部、反兴奋剂中心等部门。军方设有综合处、竞赛处、保障处独立管辖，地方设有省直工作部指导武汉军运会相关工作。确立以竞委会为主体的场馆运行模式，组建 38 个竞委会，健全内设机构，配强 3000 多名竞赛筹办人员、2740 名技术官员，组织开展 38 场测试赛，实现所有大项全覆盖。科学制定竞赛规程、规则及技术官员指南，强化残障运动员参赛保障，圆满完成奖杯奖牌、体育器材、注册制证、颁奖礼宾等工作。军运会 3065 场比赛总体运行顺利，获得各方面高度评价。

4. 武汉军运会管理制度体系

（1）三层督办工作机制

为做好军运会各项筹备工作，武汉军运会组委会着力建立健全三层督办工作机制。

第一层次：执委会各部门开展三个方面的督查，一是对执委会业务工作、专项工作进行督查和通报，其中场馆部重点督办军运会场馆设施项目建设任务清单，竞赛部重点督办军运会竞赛组织任务清单，综合保障部（军运村部）重点督办军运会保障线路及场馆酒店周边环境综合整治提升任务清单落实情况。同时，军运村运行管理、新闻宣传、大型活动、接待、安保、志愿者、市场开发等各项工作都要加强督查督办。二是对组委会领导及执委会领导批示件办理情况进行督查和回告。三是对武汉军运会城市行动指挥部主要领导交办事项办理情况进行督查和回告。执委会各部门负责人为其分管工作督办落实的第一责任人。

第二层次：执委会综合部开展三个方面的督查，一是对《武汉军运会筹办工作计划》落实情况进行督查和通报。二是对组委会、执委会重要会议上领导指示要求、议定事项的落实情况进行督查和回告。三是对执委会领导交办的重点工作进行督查和回告。

第三层次：收集执委会各部门督办无果的重点、难点问题，反馈综合部汇总后，呈报执委会副主任同意后，移交给市委督查室、市政府督查室，开展督查督办。

（2）相关工作配套制度

第一，督办通报制度。对执委会重大决策、重要工作部署及领导批示交办事项、重点筹办工作的落实情况，在适当范围内进行通报。对抓落实工作成效明显的单位，总结经验，交流推广；对工作进展缓慢、落实不力、敷衍塞责、推诿扯皮的单位，要通报批评，督促整改。

第二，信息互通制度。由综合部负责直接督办的事项，办理情况要及时抄送执委会相关部门；由执委会其他部门负责办理的督办事项，办理情况要及时抄送综合部，避免重复督办、交叉督办。

第三，保守秘密制度。执委会各部门督办工作人员要严格遵守《中华人民共和国保守国家秘密法》的有关规定，对涉及党和国家秘密的督办事项，严格保守秘密。

5. 武汉军运会的任务（项目）管理

为构建顺畅高效的武汉军运会筹办工作计划管理工作机制，推进第七届世界军人运动会武汉方面筹办工作计划顺利完成，第七届世界军人运动会执行委员制定了《筹办工作计划监控管理办法》。

该办法分为六个部分，共十七条：

第一部分为总则，强调重点任务牵头部门具体负责主责任务、项目的落实。综合部负责经手办工作计划执行情况的监控管理和统筹协调，承担与执委会各部门的协调工作，每月第一周向执委会领导报告筹办工作计划进展情况，分析潜在风险，提示工作重点。

第二部分为筹办工作计划的实施和结项，强调各部门应加强沟通与合作，及时协调推进筹办工作计划的实施。部门计划主管负责督促本部门项目主责人通过武汉军运会项目管理系统及时更新项目进度，原则上每月 10 日和 25 日之前两次填报筹办工作计划中项目进度、存在问题等信息，重大进展情况须随时更新，由本部门部长审核同意后如实填报。武汉军运会项目管理系统支持各部门开展筹办工作计划的实施和结项。各部门可通过项目管理平台开展内部项目计划管理。

第三部分为筹办工作计划的协调和调度，强调各部门应协同解决筹办工作计划实施过程中的各类问题。对于部门之间不能解决的重大问题，将通过筹办工作计划协调、调度机制加以解决。综合部定期召开筹办工作计划调度会，通报筹办工作计划的进展情况，协调推进重点任务、项目，审议重大风险的防控措施。筹办工作计划调度会不能达成一致意见的或影响重大的事项，由综合部负责报请执委会部长联席会协调决定。

第四部分为筹办工作计划的变更，强调筹办工作计划不得随意变更，确有工作需要，原则上以季度为周期进行计划变更。筹办工作计划变更结果由综合部向执委会各部门统一反馈。变更审核通过后，业务领域主责部门、重点任务牵头部门按照变更后的筹办工作计划执行。

第五部分为筹办工作计划的考核和问责，强调筹办工作计划完成情况将纳入执委会工作人员考核范畴，对目标责任落实不力、影响工作进度、造成严重后果的，将按照有关规定和程序实施问责追责。

第六部分为附则。

在具体筹办工作中，武汉军运会筹委会各部门能够落实项目管理制度，严格执行《筹办工作计划监控管理办法》，推进各项筹备工作，并取得了较好成效。可以说，该办法为实现军运会筹办各项工作稳步推进提供了坚实的制度保障。

6. 武汉军运会技术创新

（1）5G 应用

武汉市已建成并开通 3700 多个 5G 基站，实现了军运会 35 处场馆设施和重点区域全覆盖。5G 网络提供的千兆接入速率及毫秒级的网络时延，带来全新的参赛、观赛体验。体育场馆的高清摄像头通过 5G 网络，将现场画面实时回传，同时应用 VR 技术，给观众献上最具现场感的视听享受。借助 4K + 5G 技术直播制作覆盖开闭幕式和田径赛场、海军五项的多片赛场；游泳项目进行 8K 演示性拍摄；远程直播技术用于军事五项和羽毛球的转播制作；语音识别和人脸识别的人工智能检索技术，用于更高速有效地查找素材；海军五项竞赛使用 5G + VR 技术，制作实时超高清360 度画面。此外，在军运村 5G 营业厅，军运村 AR 沙盘、5G 360 度全景直播、5G VR 互动游戏等 5G 黑科技吸引了不少国内外运动员前来体验。

（2）智慧场馆

智慧场馆的设计使得观众获得更好的观赛体验，运动员发挥出更好的竞技水平。在现代五项游泳馆中运用 2400 多块空间平板吸声体，与池岸墙面干挂陶铝板材料共同组成吸声系统，实现呐喊无回声，将游泳比赛产生的混响时间控制在 2.5 秒以内。在武汉军运会马术赛场上，马术纤维砂场地结合武汉的气温、气候等条件，将进口织物与纤维按比例混合专业石英砂后进行铺设，马蹄入砂深度确保在 10 毫米至 40 毫米，马匹奔跑几乎没有扬尘。湖北省奥林匹克体育中心综合性体育馆承担男子体操比赛项目，采用了国内先进的静压箱送风技术，即把钢筋混凝土结构做保温隔音处理后，充当中央空调的管道，并将送风口隐藏在座椅后面，确保每个座位都能够均匀稳定送风。场馆外的主要道路及绿化采用海绵城市理念，达到渗水、抗压、耐磨、防滑的作用，缓解了场馆周围的排水压力，使路面保持干燥，延长了场馆使用寿命，也有效缓解了热岛效应。引入"黑科技"的卓尔体育馆是军运会羽毛球比赛场馆，场馆选用智能天窗系统，兼顾公共建筑自然采光、通风的使用需求，更具有智能化、模块化、节能化的特点，不仅能确保空气流通，还能感应风和雨，实现采光、通风、防水、遮阳与开启一体化，是一座屋顶"会呼吸"、照明"会切换"、风速"会调节"的智慧体育馆。

（3）综合运行管理中心（MOC 系统）

第七届世界军人运动会综合运行管理中心（MOC 系统）担当起军运会赛时指挥调度"最强大脑"。120 多平方米的折角大屏时时关注赛会信息，实现军运会各场馆、人员、视频监控，以及城市的交通、气象、地理等数据可视化。同时可对城市主干道、事故多发地段、场馆地段等进行实时监控，便于工作人员掌握交通状况，安保状况、观众流量等信息。

面对突发事件，指挥席位工作人员可通过大屏幕，根据实时信息及专家建议，第一时间提供最直观、最全面的解决方案，保证赛事各项工作的点到点指挥。

7. 武汉军运会赛事文化遗产保护与开发总体计划

（1）制定执行《第七届武汉军人运动会遗产战略计划》

根据武汉市政府、武汉军运会执委会相关要求，制订执行《第七届武汉军人运动会遗产战略计划》，对赛事文化遗产愿景和目标进行定性和定量描述，规划遗产类别和遗产项目，明确计划实施主体的组织构架、管理体系、运营模式与分工职责，控制时间安排，完成成果知识交付、转移工作。

（2）建立武汉军运会赛事文化遗产工作机构

建立武汉军运会赛事文化遗产工作机构，该机构由三个层次构成：武汉军人运动会遗产协调委员会、遗产协调委员会办公室、第三方遗产研究与评估机构。武汉军人运动会遗产协调委员会由综合部牵头，主要为军运会文化遗产工作提供咨询和指导，统筹协调内外相关工作，根据各部门分工，推进落实本部门、本领域遗产工作，实施遗产计划。遗产协调委员会办公室由执委会各部门联络员组成，是军运遗产工作的执行团队，负责统筹、协调、落实、推进总体计划和各部门单位遗产计划的实施。武汉军运执委会聘请外部第三方遗产研究与评估机构，负责配合委员会所有成员单位实施遗产计划，进行所有遗产项目的全程跟踪、数据采集、分析研究、论证评估和成果总结。

通过上述赛事文化遗产工作机构，建立和完善工作机制，整合各方资源，制订遗产战略计划，统筹、推进、监控、评估遗产项目的实施，大力宣传遗产成果，实现武汉军运会赛事文化遗产愿景和目标。

（3）完善赛事文化遗产协调工作机制

遗产协调委员会是武汉军运遗产工作的议事机构，整合所有军运遗产项目责任单位资源，协同联动，通过会议制度和议事规则，审议遗产工作重要计划、方案和政策，提供决策建议与咨询。遗产协调委员会办公室是委员会的办事机构，通过联络员联席会议机制，落实遗产工作计划，制定遗产工作政策和制度，发布重要信息和通知，监控各遗产项目进度。

（4）加快推动武汉军运文化遗产宣传工作

围绕"绿色、共享、开放、廉洁"的办赛理念，在武汉军运会筹办的各个阶段，通过媒体、网络、文化活动、宣讲培训、影像计划、信息发布等途径，宣传军运可持续性和遗产工作，普及军运会遗产通用知识，强调军运会对城市发展的推动作用，讲好军运故事，吸引公众广泛参与武汉军运会遗产行动，营造和谐的社会氛围，让大众共享军运成果。

（5）定期提交阶段性成果，如期完成遗产总报告

按照《第七届世界军人运动会武汉方面重要里程碑项目清单》时间要求，各遗产项目主责部门需按照年度提交遗产项目进展情况报告和阶段性交付成果。赛后，汇总武汉军运遗产工作所有遗产项目总结报告和交付成果，汇编完成武汉军运遗产总报告，提交执委会和相关政府部门。

8. 小结

本章分析了武汉军运会办赛模式涵盖范围中能够产生遗产的重点内容，主要包括军运会的办赛理念、办赛机制、组织结构、管理制度、任务项目、技术创新、遗产计划等，进而探讨武汉军运会办赛模式对遗产的贡献。

武汉军运会提出"绿色、共享、开放、廉洁、节俭"的办赛理念。表明中方把绿色可持续发展的观念贯穿赛事、融入武汉发展中；表明武汉市民共建共享城市发展成果、造福民生的城市发展理念；表明武汉军运会组织方以开放的心态，面向社会动员力量，广集资源，使体育赛事更具生命力的态度；表明武汉军运会筹办工作人员廉洁、高效、理性地履行职责，始终把握简朴、热烈、适度原则，最大限度地减少对环境、经济和生态系统的消耗，实现场地（馆）的可持续利用的精神。

武汉军运会采用"国家支持、军地协同、军方主导、地方承办、各方支持、社会参与"的办赛机制，进一步展示了中国特色社会主义集中力量办大事的体制优势，组委会组织结构和职能设置科学合理，确保了各项任务有序推进，为今后举办类似大型赛事积累了经验。

武汉军运会组委会建立健全管理制度体系，建立了三个层次的督办工作机制，完善了工作配套制度，并开展项目管理，制定了《筹办工作

计划监控管理办法》，有效保障各项筹办任务落地落实，对于今后开展城市管理、项目管理工作具有很好的借鉴意义和参考价值。

武汉军运会实现了场馆设施和重点区域5G网络全覆盖，应用VR技术、AR技术、4K＋5G技术、远程直播技术等，极大提升了观众的视听体验，综合运行管理中心（MOC系统）实时关注各场馆、人员、比赛并综合处理城市的交通、气象、地理等数据，极大丰富了办赛技术手段形式，大幅提升了城市综合管理和应急处置能力。

武汉军运会组委会制订了《第七届武汉军人运动会遗产战略计划》，加强对赛事文化遗产的管理、保护和利用，是"绿色、共享、开放、廉洁、节俭"办赛理念的具体体现，使军运会办赛模式及各种遗产得以关注、保留和传承，营造了各届广泛参与，共同关注军运会遗产成果的良好社会氛围。

（四）武汉军运会办赛模式遗产分析

1. 武汉军运会办赛模式经验分析

（1）统筹协调全面加强

武汉军运会执委会从市（区）机关、企事业单位抽调、接收挂职及公开招聘人员参加筹办工作，从全国精选20名国际体育赛事运行管理专家，为筹办工作提供智力支持。科学拟定了605项重点工作任务、96项重大里程碑任务，编制完成29个领域的运行指南、规章制度、方案预案并组织实施。完成第二轮风险评估。积极推进中央和国家机关、军委机关指导支持军运会筹备任务清单42项工作落地，推动全省支持军运会筹办工作任务清单99项任务落实。制定场馆设施、竞赛组织、环境提升"三个清单"并跟踪督办落实。实行综合环境整治提升常态化督导拉练工作机制，编制完成10个城市行动分指挥部任务清单，确定1027项工作，指导推动相关领域专项行动。制定执委会预算管理办法和竞赛组织补助资金管理办法，落实筹办资金来源，规范物资采购管理，强化监察审计监督，实现机构有序运行。

（2）宣传活动快速升温

成功策划倒计时500天、一周年系列活动，在人民日报、中央电视台等主流媒体高频率宣传、推介武汉军运会，组织"军营传军运"全国媒体大型宣讲采访活动。配合国防部在北京召开专题新闻发布会，发布筹办工作情况、首批 8 首主题推广曲和倒计时一周年系列宣传片。邀请 26 家海外华文媒体探访军运会场馆建设情况，推动军运声音在脸书（Facebook）、推特（Twitter）等国际主流社交平台传播。成立开闭幕式工作领导小组、专家咨询指导小组，建立落地保障工作机制。导演团队创意方案通过开闭幕式领导小组第一次会议审查。确定火炬及配套设备外观设计方案并完成采购。完成第一批志愿者 1.27 万人招募及通用培训，借助武汉国际马拉松、武汉网球公开赛及中国国际友好城市大会等活动，开展志愿者实训。倒计时一周年晚会、20 名志愿者服务形象大使评选、志愿者工作宣讲进市州、龙舟挑战赛、城市定向挑战赛、军体操比赛等活动，影响广泛、深受好评。

（3）安保基础逐步筑牢

印发安全保卫工作总体方案和总体推进计划，组织编制 3 类 151 个安保系列方案、预案和 14 类安保通用政策。建立"市、区、场馆"三级军运安保责任体系，不断完善安保指挥运行机制。率先创立军运场馆安防基础设施建设规范，全面启动智慧安保体系等重点项目建设，制证中心装修改造完成。圆满完成组委会第二次全体会议、军运会倒计时一周年等系列安保任务。制订并实施安保培训计划，培训量达 2 万人次，组织开展"军运安保、周年冲刺"誓师演练活动。推动 255 处高危路段综合治理和 100 处重大火灾隐患整改摘牌，建成"智慧平安小区" 116 个，努力营造平安、稳定办赛环境。

（4）服务保障不断强化

印发食品安全、医疗卫生、交通组织、环境质量提升、气象服务保障总体方案，构建医疗卫生保障指挥运行体系，制定食品安全相关标准、要求、流程，测算交通车辆需求，开展空气质量保障和人工影响天气演练。印发接待工作总体方案和城市行动指挥部接待工作实施方案，制定各类宾客接待通用政策，遴选 107 家接待酒店，提供床位数 3 万张，保障 12 类服务对象需求，成功多批次接待国际军体来宾。有序推进军运会网络安全保障、竞赛信息化、通信保障和竞赛信息基础设施建设，组建注册中心，搭建完成云计算中心，开发完成赛事管理信息服务系统并启动测试。引入专业化运作团队开发军运会无形资产，与建设银行、工商银行等 11 家知名企业签订赞助协议，吸引社会资金和公众力量参与筹办。规范使用赞助产品，建立军运会知识产权保护体系。首批特许商品顺利面世，纪念邮票、纪念币已纳入国家发行计划。制订票务总体方案、票务通用政策，票务服务工作有序推进。

（5）场馆建设强力推进

坚持"周通报、月总结、季分析、年考核"督查机制，加强场馆建设重难点问题协调服务。组织编制完成比赛场馆运行设计，全面启动场馆内部水电气保障工作，制定实施场馆项目竣工验收和体育工艺专项验收办法。武汉军运会根据比赛项目的需要，分为 5 种项目类别（详见表7－1）：现有可利用场馆（3 个）、需新建场馆项目（9 个）、需在现有场馆基础上维修改造项目（14 个）、临时搭建项目（6 个）、临时搭建观众席和配套功能用房项目（4 个），共计 36 个场地场馆①。比赛结束后，将运用于：①社会开放，商业运营；②全民健身活动中心；③高校教学与训练；④国防教育与部队训练；⑤体育运动基地等。另外，临时设施搭建项目将拆除，军运村将向社会出售。这种做法，能够结合场馆实际情况，最大限度实现武汉军运会场地建筑可持续向社会公众提供服务，实现场馆的经济性与公益性的统一。

表7－1 　　　　　　　武汉军运会场地建筑的保护与开发模式

类别 （数量）	建筑名称	赛时承担项目	赛后利用与开发
现有场馆 （3）	驿山高尔夫球场	女子高尔夫项目	面向社会开放，商业运营
	武汉体育中心	开闭幕式以及女子排球、游泳、跳水等	
	天外天高尔夫球场	男子高尔夫项目	
新建项目 （9）	武汉五环体育中心	田径、乒乓球、游泳（水上救生）项目	社会开放，用于开展全民健身活动
	湖北省奥林匹克体育中心体育馆	男子体操项目	

① 武汉军运会官方统计场馆建筑为 35 个，本研究将蔡甸国防园射击射箭馆分为新建项目，射箭场分为临时搭建项目，故在统计数值上多计算 1 个，为 36 个。

续表

类别 （数量）	建筑名称	赛时承担项目	赛后利用与开发
新建项目 （9）	军运会主媒体中心	新闻发布及直播转播功能	改造为冰上项目运动场馆，面向社会开放
	武汉大学大学生体育活动中心	羽毛球项目比赛	赛后将用于体育教学和训练，同时面向社会开放
	武汉商学院马术场	马术及现代五项中马术、跑射联项等项目	
	武汉商学院游泳馆	现代五项中游泳项目比赛	
	军运会运动员村	参赛代表团食宿等服务功能	赛后运动员公寓向社会公开出售
	海军工程大学木兰湖校区体育场馆及设施	海军五项	赛后将用于部队教学训练
	蔡甸国防园射击射箭馆	主要承担 25/50 米手/步枪射击、飞碟射击比赛	赛后将用于国防教育，并面向社会开放
维修改造项目 （14）	光谷国际网球中心	网球项目比赛	社会开放，全民健身场地场馆
	汉口文体中心	足球项目比赛	
	洪山体育馆	男子篮球项目比赛	
	武汉体育馆	跆拳道项目比赛	
	陆军工程大学军械士官学校体育场馆	军事五项中越野跑、障碍游泳项目比赛	部队教学训练
	空军预警学院体育场馆	空军五项中运动项目	
	武汉全民健身中心足球场	足球项目比赛	服务于青少年足球，继续面向社会开放
	武汉软件工程职业学院体育馆	摔跤项目比赛	赛后继续用于教学，并面向社会开放
	江汉大学体育馆	男子排球项目比赛	
	武汉理工大学体育馆	柔道项目比赛	
	武汉体育学院体育馆	拳击项目比赛	
	华中科技大学光谷体育馆	现代五项中击剑项目比赛	
	武汉城市职业学院体育馆	击剑项目比赛	

续表

类别 （数量）	建筑名称	赛时承担项目	赛后利用与开发
临时搭建 项目 （6）	东湖新技术开发区军事五项场地	军事五项中的射击、投弹、障碍跑和射击大项中300米射击等	临时搭设建筑，赛后拆卸
	汉阳江滩沙滩排球中心	女子沙滩排球项目比赛	
	东湖帆船及公开水域场地	帆船和游泳项目	
	蔡甸国防园射击射箭场	射箭项目比赛	
	青山江滩沙滩排球中心	男子沙滩排球项目比赛	
临时设施 项目 （4）	汉南通用航空机场跳伞场地	跳伞项目比赛	低空航空商业运营，及航空运动项目基地
	东湖绿道马拉松及公路自行车场地	东湖绿道马拉松及公路自行车比赛	作为公共体育服务，用于市民休闲体育活动
	江夏梁子湖铁人三项场地	铁人三项项目比赛	
	江夏八分山等定向越野场地	定向越野和空军五项中定向越野项目	

2. 武汉军运会办赛模式遗产分析

"武汉军运会办赛模式遗产"是指武汉市在筹备和举办军运会系列过程中所创造并遗留下来的财富总和。

（1）办赛组织运作遗产

武汉军运会的办赛模式为"国家支持、军地联合、军方主导、地方承办、社会参加"。中央和湖北省发挥社会主义制度的优越性，集中人力、物力和财力，支持武汉军运会举办。在筹办过程中，组委会充分发挥市场机制作用，最大限度地调动各方面的积极性，筹集社会资金，减轻政府负担，确保武汉军运会顺利举办。军地双方通过合作筹办，密切了军政、军地、军民关系，推动形成全要素、多领域、高效益的军民融合深度发展的格局，进一步促进经济建设和国防建设协调发展。武汉军运会是展现新时代中国军人面貌的国际赛会活动，军运会组委会全面推行"以竞赛为中心、以场馆为基础、以属地为保障"的竞赛组织运行模式，建设国际一流的赛事管理服务系统，推进赛会组织运行模式创新，创造赛会运行组织新范例，为大型赛事创造宝贵经验。

在具体的组织运作层面，武汉军运会组建了 39 个竞赛委员会，明确 2500 余名竞赛筹办工作人员，并组织专家开展培训。与国际军体就竞赛场馆、器材技术标准及竞赛组织等签订 33 个备忘录。印发武汉军运会竞赛规程、测试赛工作方案，全面启动测试赛各项准备工作。确定奖牌奖杯设计方案，拟订反兴奋剂工作方案。向国际军体全部 138 个成员国发出邀请信，顺利完成第一次报名，收到 93 个国际军体成员国 10049 人正式报名信息，参赛代表团人员总数达到 11200 人，远超上届韩国闻庆军运会。组织第二次参赛报名。启动《代表团手册》编制工作。组建军运村运营管理团队，完善专项赛时运行计划，基本完成餐饮、住宿等服务商及主要食材基地遴选工作。武汉军运会推动提高了武汉城市管理能力与各部门协调配合能力，极大地提升了武汉市现代化管理水平。此外，武汉军运会创新赛会服务保障、工作规范和标准，以各国运动员、教练员、技术官员和代表团官员满意为最高标准，打造具有国际一流服务保障水平的军运村，让军运村成为本届军运会最深刻的记忆。广泛运用信息化、大数据等现代科学技术提高赛会运行保障和组织服务，提升赛会服务保障能力和水平，为未来大型赛事提供服务保障宝贵遗产。

（2）赛事经济遗产

武汉军运会经济遗产指的是在申办、筹备和举办武汉军运会期间，以及在运动会结束之后的很长一段时期内，利用武汉军运会创造的商机，发展地方经济，涵盖武汉乃至全国社会主义现代化建设而进行的各种经济实践所产生的积极影响以及相关经验等。将赛事经济遗产划分为内部遗产和外部遗产。其中内部遗产主要包括专业知识技能和新的经济与贸易关系，而外部遗产部分则主要包括为举办武汉军运会而修建的体育设施、旅游设施、酒店住房以及交通和通信设施等。大力发展后军运时代体育经济，招商引资，提升武汉体育产业环境，融合不同行业业态，构建不同领域的体育经济生态圈，实现武汉军运会赛事经济遗产的最大利益化。

坚持"谋赛"与"兴业"相结合，围绕"全城军运"建设打造城市新标识，大力发展武汉体育产业事业，全面实施品牌赛事引进培育工程、职业体育繁荣振兴工程、休闲运动产业发展工程和体育人才培养工程，推动全民健身和全民健康；全方面整合社会资源和社会力量广泛参与军运会，促进体育与文化、旅游、美食、音乐、会展等产业融合，延展创新赛事经济，促进城市消费，构建可持续发展的体育产业生态圈，实现军运赛事和经济建设同进步同发展。

进一步落实"科技军运"行动计划，积极利用信息化、大数据等现代科技提高赛会运行保障和服务效率，重点推动基础设施、转播技术、绿色环保、智慧服务、人工智能等新技术应用于武汉市建设，形成丰富的科技军运成果。

深入运用军运市场开发遗产。积极运用军运会市场开发工作机制，广泛吸引社会资金和社会力量参与武汉各类赛事工作，积极开展赞助招商、特许经营、运营票务和市场运营等计划，深入挖掘军运会品牌价值，提升中国企业国际竞争力，推动中小型企业成长，努力实现经济效益和社会效益的双丰收。

完善军运财务管理遗产。健全规章制度、严格经费管理，提高资金使用效益和资源配置效率。坚持厉行节约、加强预算管理，形成科学合理、完整规范的军运会预算方案。创新财务管理规范和标准，探索构建筹集渠道畅通、资金管理规范、引导作用显著的赛事资金保障机制。

（3）赛事思想遗产

在武汉军运会的筹办过程中，首次实现军地携手承办大型国际赛会、建设运营运动员村、实现一城举办所有赛事，花费最短时间建设场馆提升环境等，在具体的行动和实践中，培育形成武汉军运会拼搏奋进、追求卓越、更高更强、万无一失的军运精神，这种精神必将在今后的岁月中弘扬拓展，凝聚成经济建设和城市发展的澎湃动力和不竭源泉。

武汉军运会赛事以节俭办赛的理念，打造了一场"绿色、共享、开放、廉洁"的精彩赛事。其中蕴含的"武汉标准"、军运精神、爱国主义价值、公平竞赛原则、世界和平愿景，是武汉军运会赛事精神遗产的重点内容。在筹办过程中，军运会组委会制定了廉洁办会制度，加强法纪监督，力戒奢华浪费，严密防范和坚决惩治腐败行为，形成了"廉洁办会"的筹办遗产。

武汉军运会通过体育赛事弘扬中华文明，发展荆楚文化，讲好武汉故事，着力推动建成独具人文魅力的世界文化名城；促进了中国优秀文化与开放多元的世界文化的交流融合，增进了各国人民友谊，让世界更加相知相融。

（4）赛事文化遗产

武汉军运会的文化标识主要有会徽、奖牌、雕塑、吉祥物、火炬设计图案、形象大使等。标识形象凝结着军队文化、武汉荆楚特色文化、中国传统文化、体育元素以及"共享友谊、同筑和平"的赛会主题和愿景，是武汉军人运动会文化遗产的结晶。在保护与开发的过程中，专家及学者应充分重视对其设计内涵与文化价值的解读与研究。另外，结合当前的市场环境，打造一系列军运化遗产的纪念产品与文化用品，让军运文化"落地"，最大限度提升其传播价值与影响力。

此外，武汉军运会从申办到闭幕累积了大量的文字音像材料，包括：口号、工作方案、官方图册、军运会形象宣传片、推广曲、会刊、动画短片等。文字材料应统一收集、整理、扫描各（门）类材料进行"文档一体化"工作，汇总后由武汉档案局保管；音像材料应进行转储和加工后，建立起的云空间音像资料数字管理系统，可以科学无损地永久保存这些珍贵的影像资料，为世界军人运动员留下宝贵的学习遗产。通过进一步加强国际体育组织的沟通协调，借鉴军运成功办赛经验，高水平举办全球高校校长论坛、国际军运联研讨会、军运村文化艺术节等国际交流活动，以国际体育交流拓展国际人文交流、经济交流，以人心相通促进开放包容、互利合作。

（5）赛事人力资源遗产

赛会组织方深入落实体育人才培养工程，做好军运人才行动计划，加快竞赛组织、赛会运行和服务保障等各类办赛人才的培养，持续打造业务能力过硬、专业化水平高、具有国际水准的办赛人才队伍，形成了一定规模的国际化、专业化、可传承的办赛人才队伍遗产。武汉军人运动会赛事人力资源遗产分为三类：

一是与军运会运营相关的人力资源。如与政府部门、城市运行、国际组织、项目管理、提供决策咨询服务和风险管理的人员，负责新闻发布、记者服务和宣传服务工作以及提供信息、通信的人员等。

二是与军运会市场开发和经济运行相关的人力资源。如负责筹集资金、实施赞助计划和特许经营计划的人员，负责编制、管理预算和会计核算，实施财务风险管理、物流管理和物资采购的人员，进行火炬接力、开闭幕式的计划和运行实施仪式庆典、宣传与媒体、形象与景观、市场开发与品牌保护的人员，票务运行、销售、配送服务人员等。这些人力资源及其提供的服务，对保障奥运会顺利进行、奥运经济效应得以实现起到关键性的作用。

三是军运会志愿服务相关的人力资源。武汉军运会有 20 位来自军地双方的志愿者形象大使、53 名骨干志愿者、1.27 万名在校大学生志愿者、5 万名赛事志愿者、20 万城市志愿者，提高了我国志愿者的社会认知度和参与度，扩大了我国志愿者的社会基础，进一步提高了我国志愿者的组织化程度，使我国的志愿服务事业进一步与国际接轨。

（6）环境遗产

赛会组织方强化生态优先、资源节约、环境友好、可持续发展的绿色发展理念，加强城市净化美化亮化建设，促进人与自然和谐共处、自然景观和人文景观交相辉映，加快建设美丽宜居公园城市，大幅提升城市人居环境质量。在第七届军人运动会筹备期间，武汉从提升水体、改善空气环境质量和建立长效机制等方面推动城市蝶变。紧扣"五边五化"要求，围绕 4 大交通枢纽、35 处比赛场馆、107 家接待酒店，聚焦点、线、面、专项四方面，以细致、精致、极致、卓越为标准，全面开展 221 条保障线路综合环境整治，各示范片区整治全面铺开，重点线路广告基本拆除，路面城市家具整治全部完成，道路路面整治提升项目开工数及房屋建筑、市政基础设施工地、铁路沿线整治任务完成均过半，41 个提质攻坚水体综合整治工程全面动工，黄孝河、机场河、巡司河等穿城水体环境明显改善，三环线以内城市环射道路临街通透院墙完成绿化，全域提升了城市环境。良好的生态环境是军运会成功举办的必要条件，是提升武汉国际形象的关键因素，更是最普惠的民生福祉。伴随武汉城市环境提质攻坚行动的深入推进，武汉市民拥有越来越多生态休闲集聚地、赛事场地、滨河步道、亲水观景平台、绿色骑行路线、景观照明等景观亮点融进城市生活，成为重要的环境遗产。

注重生态环境遗产保护。打好环境治理攻坚战，全面提升生态环境，落实新建及改造场馆节能环保标准，做好垃圾分类收集、固体废弃物处置和生物多样性保护，形成生态环境保护的军运遗存。

加快应用绿色低碳遗产。推进可再生能源应用，实施场馆绿色建筑标准，建立碳排放补偿机制，形成低碳军运遗产成果。

创新可持续性管理遗产。构建军运可持续性管理体系，落实可持续性发展相关政策，制定可持续性发展相关制度，实现大型活动、环境和社会责任三标合一的可持续性管理体系创新。

（7）场馆遗产

场馆是"后军运时代"最重要的赛事遗产之一。赛会组织方按照"坚持国际一流、彰显地标特色、注重后续利用"要求和节约、可持续发展原则，规划建设和改造提升军运开闭幕式主场馆和各类比赛场馆，将一批体育场馆建设改造成具有城市地标性质的优秀建筑，并实现场馆的持续使用，长久利用。

第七届世界军人运动会25个比赛项目、2个表演项目布局在长江两侧的后湖（7处）、沌口（10处）、光谷（14处）、黄家湖（4处）四大区域板块，共35处新建和维修改造场馆。军运会场馆设施建设本着赛事需求和赛后利用相结合的原则，赛后场馆设施既可承办大型国际体育赛事，也可用于专业训练、教学科研和国防教育，并面向社会开放，用于全民健身。

（五）武汉军运会办赛模式问卷调查情况

1. 问卷调查的设计和过程

（1）问卷调查目的和问卷设计

第七届武汉世界军人运动会呈现的较高的组织水平，受到了国内外的运动员、专家以及媒体的一致好评。为深入研究武汉军运会的办赛模式，拓宽当前大型体育赛事办赛模式的研究视角，丰富对城市体育赛事遗产的理解，提升武汉市大型体育赛事的组织管理水平，更好地发挥武汉军运会等大型体育赛事对地区经济、社会、文化和生态环境等方面的积极拉动作用，武汉军运会办赛模式研究课题组于2020年年底依托有关机构，进行了问卷调查。

2020年5月，课题组根据课题研究报告主要内容研究制定了调查问卷初稿，经讨论修改后，于2020年10月将问卷录入并发布在问卷网

（www. wenjuan. com）。发布在问卷网的调查问卷共设计了 20 个题目，其中：被调查者信息题目 4 个，涉及被调查者的年龄、性别、职业、职称等信息；武汉军运会办赛模式知识题目 13 个，涉及武汉军运会办赛模式概念理解、影响因素、理念认同、遗产类型等；另有开放式问答题 3 个，涉及武汉军运会办赛特色、对今后赛事的影响、对城市发展的影响等方面。

（2）发放和收集调查问卷

为减少人员面对面接触和聚集，武汉军运会办赛模式研究调查问卷在问卷网发布。被调查者可以扫描二维码或选择推送的方式进入问卷界面进行填写，课题组研究人员可在问卷网客户端后台对调查问卷结果进行跟踪、整理等工作。

图 7-2 研究调查问卷答题二维码

图 7-3 研究调查问卷后台管理界面

为了做好调查工作，研究人员利用自身优势资源，重点向体育经济领域有关专家、曾参与过武汉军运会筹办的专业人士、政府工作人员、体育院校科研工作者及其学生、部分大学体育经济（管理）专业研究生及其同学发送了问卷二维码（或推送问卷填写页面）。

问卷调查期间（2020 年 11 月 1—16 日），共收集调查问卷 167 份（相关原始数据已以电子邮件方式发课题组）。

2. 调查数据分析和结论

（1）数据甄别、筛选和分析

课题组研究人员对收集到的数据进行甄别发现：一些受访者在开放式问题的回答中过于随意。例如，有少数受访者填写"呜呜呜呜呜呜呜呜呜呜呜崛起""个么……""一路涉足、一路留恋、一路回望。依旧前行"等。显然，这些受访者对问卷所要调查的内容不够清楚，回答不够准确，提出的建议不够合理。而类似问卷有个共同的特征，就是答卷时间普遍比较短（原始数据中给出了受访者答题时间），普遍小于 2 分钟。考虑到所有问卷的平均答卷时间是 4 分 44 秒，我们拟选择那些答卷时间超过 2 分钟的数据作为有效数据。

经筛选，在所有 167 份回收的问卷中，答题时间不少于 2 分钟的问卷共 145 份，占 86.8%。数据详细情况见附件《武汉军运会办赛模式调查问卷数据汇总》。

（2）问卷调查的主要结论

经过对 145 份筛选出的问卷梳理和研究，得出以下结论：

①受访者认同研究报告提出的关于"体育赛事办赛模式"的理解和定义。其中，49.7% 的受访者认为该理解（概念界定）完全正确，50.3% 的受访者认为该理解（概念界定）基本合适，没有受访者持反对态度。

②研究报告提出的"目前我国大型体育赛事办赛模式的影响因素"比较全面。受访者中，只有 3 人认为还有其他因素，仅占总人数的 2.1%。

③80% 的受访者认为武汉军运会提出"国家支持、军地协同、军方主导、地方承办、各方支持、社会参与"的办赛模式（机制）具有科学性、合理性与可行性。

④96.5% 的受访者认同武汉军运会"绿色、共享、开放、廉洁"的办赛理念。

⑤93.1% 的受访者认为有必要对武汉军运会办赛模式遗产进行保护

或总结。

⑥超过99%的受访者认为研究报告提出的"武汉军运会办赛遗产主要包括以下内容：办赛组织运作遗产、赛事经济遗产、赛事思想遗产、赛事文化遗产、赛事人力资源遗产、生态环境遗产、场馆遗产"。仅有1人（约占0.7%）认为还包括其他内容。

⑦受访者全部同意"从以下方面进行武汉军运会办赛遗产的保护与开发：对赛事遗产进行文化产品开发、对军运精神进行大力宣传、应用不同形式的数字化技术传承军运赛事遗产、打造国际军运会赛事文化博物馆、体育场馆的可持续利用"。没有受访者提出其他方式。

⑧受访者普遍认为：举办武汉军运会意义深远，有助于弘扬武汉市"军爱民、民拥军"的光荣传统；是军民融合的一次契机，巩固了国家军政、军民关系；使关心国防、热爱国防、建设国防成为全社会的思想共识和行动自觉。

⑨受访者普遍认同研究报告提出的武汉军运会办赛模式经验内容，如赛事管理与统筹、媒体宣传等。

⑩部分受访者认为，相比往届世界军人运动会，武汉军运会特色有如下：

——武汉军运会在城市宣传上很好，而且武汉这个城市很美。

——这次盛会的举办，会场涵盖了整个城市，惠及整个大武汉，远至阳逻，近如汉口，都可以看到军运会的身影，"办好一次会，搞活一座城"，对于武汉来说，举办大型体育赛事是体育发展的需要，也是城市发展的需要。

——武汉军运会最全观赛指南，世界军人运动会设置了一批具有浓郁军事特色的比赛项目，最具代表性的当属军事五项、海军五项、空军五项、定向越野和跳伞，简称"三五一定一跳"。

——这次武汉军运会宣传力度很大，以前我并不知道还有世界军运会。

——更加突出中国军人的坚韧不拔。

——武汉军运会是第一次在一个城市举办了所有的比赛项目的军人运动会。

⑪部分受访者认为武汉军运会的办赛模式对后期的赛事有如下借鉴

或者影响：

——因地制宜利用现有场馆值得借鉴。

——提供了可借鉴的模式，为今后简办赛事，以及回归体育本身提供了探索。

——场馆的建设规划以及赛事统筹协调，整个赛事的筹办经验，为后期赛事的筹备培养出了一批经验丰富的赛事人。

——军民协作，离不开政府的大力统筹组织和宣传，相关配套也因此得以检验和完善起来，虽然花了大量财力物力，对于城市整体和居民整体有十分积极和长远的影响。

——如何完善交通（举办地位于武汉郊区），而武汉有三大火车站外加一个机场，武昌地区的观众如何能够节省路上的时间，需要未来再研究。

——使关心国防、热爱国防、建设国防成为全社会的思想共识和行动自觉。

——减少新建体育场馆的资源浪费。

⑫部分受访者认为武汉军运会的成功举办对武汉的长远发展有如下意义：

——使世界各国重新认识武汉了解武汉，提升了武汉城市管理水平和建设水平。

——对城市规划、城市基础设施建设、城市有机更新及区域发展有重大的、积极的影响。

——军运会精神、赛会场馆的可持续利用、志愿服务的广泛开展、基础设施的兴建对武汉城市物质文明和精神文明的发展有重要的促进作用。

——长江流域四个副省级城市先后举办大型综合性体育赛事（杭州亚运会、南京青奥会、武汉军运会、成都大运会），就组织工作来说：比杭州差、比成都好、和南京差不多。

——可以带动武汉体育产业链的发展，还有激励下一代的人，对运动的热爱等。

——强化了武汉的国际化和科技化的理念，也形成了文明形象的树立习惯，武汉精神更深入人心。

——东西湖体育中心作为本次比赛的主要赛场，作为一个年龄不大的新的体育中心，通过完善的基础设施建设让世界认识了他，虽地处偏远，但是仍然吸引了众多观众前往当地观赛，相信未来它将会成为武汉又一张新的名片。

——极大提升了城市形象和内涵，城市管理水平不断提高，对地方经济发展特别是体育产业整体发展产生巨大推动作用。

——改善环境，让城市更加美好。赛后，这些场馆设施既可承办大型国际体育赛事，也可用于专业训练、教学科研和国防教育，面向社会开放，用于全民健身。

——促进了武汉城市的体育发展，证明了武汉是一个可以承接全国性比赛的城市，对于武汉的发展有着很大的影响。

——使更多人对武汉之旅有所向往，在国际上对武汉市起到了宣传作用。

（六）结论和对策建议

1. 主要结论

（1）武汉军运会办赛模式及其内涵

办赛模式是在办赛理念指导下建构起来的，由赛事管理方法、赛事管理制度、赛事管理工具、办赛流程等组成的组织行为体系和治理结构体系。办赛模式涵盖的内容比较广泛，其中办赛理念包括愿景、目标、口号、主题、吉祥物、会徽等，赛事管理方法包括市场化（公司）运作、政府运作、政府和市场共同运作等，赛事管理制度包括领导体制、决策制度、内部管理制度、组织架构、赛事规程等，赛事管理工具包括为办赛而使用的信息系统、竞赛日程软件、赛事管理软件等，办赛流程包括决策流程、工作流程、购票流程、报名流程、参赛流程、接待流程、颁奖流程、市场开发流程等。

武汉军运会是中国第一次承办的综合性国际军事体育赛事，是世界军人运动会历史上规模最大、参赛人员最多、影响力最广的一次运动会。开展武汉军运会办赛模式遗产研究，有利于提升武汉市大型体育赛事的组织管理水平，有利于促进武汉体育事业和体育产业发展，有利于更好地发挥武汉军运会对地区经济、社会、文化和生态环境等方面的积极拉动作用。

本章重点研究了武汉军运会办赛模式涵盖的内容中能够产生遗产的内容，并探讨了武汉军运会办赛模式对遗产的贡献。

（2）武汉军运会办赛模式遗产丰富

通过对北京奥运会、南京青奥会、北京冬奥会等国内知名体育赛事和悉尼奥运会、新加坡青奥会、索契冬奥会等国外举办的奥运会模式经验探讨，结合武汉军运会的办赛模式分析，本研究认为武汉军运会办赛模式具有非常宝贵的经验和遗产。"武汉军运会办赛模式遗产"是指武汉市在筹备和举办军运会系列过程中所创造并遗留下来的财富总和，主要包括：

①办赛组织运作遗产：全面推行"以竞赛为中心、以场馆为基础、以属地为保障"的竞赛组织运行模式，建设国际一流的赛事管理服务系统，推进赛会组织运行模式创新，创造赛会运行组织新范例，为大型赛事创造宝贵经验。

②赛事经济遗产：在申办、筹备和举办武汉军运会期间，以及在运动会结束之后的很长一段时期内，利用武汉军运会创造的商机，发展地方经济。应大力发展后军运体育经济，招商引资，提升武汉体育产业环境，融合不同行业业态，构建不同邻域的体育经济生态圈，实现武汉军运会赛事经济遗产的最大利益化。

③赛事思想遗产：武汉军运会赛事以节俭办赛的理念，打造了一场"绿色、共享、开放、廉洁"的精彩赛事，其中蕴含的"武汉标准"、军运精神、爱国主义价值、公平竞赛原则、世界和平愿景等是武汉军运会赛事精神遗产的重点内容。武汉军运会通过体育赛事弘扬了中华文明，在发展荆楚文化、讲好武汉故事方面发挥了重要作用，有力推动了武汉独具人文魅力的世界文化名城建设。

④赛事文化遗产：武汉军人运动会的文化标识主要有会徽、奖牌、雕塑、吉祥物、火炬设计图案、形象大使等。标识形象凝结着军队文化、武汉荆楚特色文化、中国传统文化、体育元素以及"共享友谊、同筑和平"的赛会主题和愿景，是武汉军人运动会文化遗产的结晶。

⑤赛事人力资源遗产：武汉市通过深入落实体育人才培养工程，做

好军运人才行动计划等措施，加强竞赛组织、赛会运行和服务保障等各类办赛人才的培养，打造了一大批业务能力过硬、专业化水平高、具有国际水准的办赛人才队伍，形成了具有一定规模的国际化、专业化、可传承的办赛人才队伍遗产。

⑥环境遗产：良好的生态环境是军运会成功举办的必要条件，是提升武汉国际形象的关键因素，更是最普惠的民生福祉。军运会筹备期间，武汉从提升水体、改善空气环境质量和建立长效机制等方面推动城市蝶变。伴随军运会筹办，武汉市民拥有越来越多生态休闲集聚地，赛事场地、滨河步道、亲水观景平台、绿色骑行路线、景观照明等景观亮点融进城市生活，成为重要的环境遗产。

⑦场馆遗产：场馆是"后军运时代"最重要的赛事遗产之一。武汉军运会比赛（表演）项目在四大区域板块，共35处新建和维修改造场馆进行。所有场馆设施建设本着赛事需求和赛后利用相结合的原则，赛后场馆设施既可承办大型国际体育赛事，也可用于专业训练、教学科研和国防教育，并面向社会开放，用于全民健身。

（3）武汉军运会办赛模式遗产关注度高

通过文献研究和社会调查，本研究认为：武汉军运会提出"国家支持、军地协同、军方主导、地方承办、各方支持、社会参与"的办赛模式（机制）具有较强的科学性、合理性与可行性；武汉军运会意义深远，武汉军运会"绿色、共享、开放、廉洁"的办赛理念得到了包括专家学者、青年学生、在职干部等在内的广大群众的认可；广大群众普遍认为有必要对武汉军运会办赛模式遗产进行保护或总结，特别是应重点关注对赛事遗产进行文化产品开发、对军运精神进行大力宣传、应用不同形式的数字化技术传承军运赛事遗产、打造国际军运会赛事文化博物馆、体育场馆的可持续利用等方面内容。

2. 武汉军运会办赛模式遗产保护措施的建议

（1）加强可持续发展意识，形成群众参与长效机制

武汉市在军运会筹备举办过程中优先考虑城市可持续发展问题。随着城市"后军运会时期"的到来，应继续深入贯彻落实习近平总书记提出的"绿水青山就是金山银山"理念，将办一届高质量高水平的比赛与

城市的绿色可持续发展有机的结合起来，协调好人口资源环境与城市发展的关系，叠加军运会的发展机遇，推动区域经济社会也将进入新的发展阶段。

武汉军运会作为国际性体育赛事将体育与军事的有机融合，将极大促进我国从体育大国向体育强国迈进，推动实现体育强国梦。武汉市应充分利用军运会后的宝贵遗产，发挥"军民一体"优良传统，将各项军运遗产与群众体育发展相结合，形成群众参与体育、服务军队、融合发展的长效机制，服务于体育强国的建设。

（2）推动湖北省各地区重视"赛事驱动"，共享办赛成果

湖北省政府申办军运会并且选址在武汉举办，看重的不仅是武汉得天独厚的交通和经济优势，更是充分考虑当前我国体育快速发展的趋势。通过"赛事驱动"打下良好的舆论基础、思想基础和观念基础，调动社会公众更广泛的理解、参与和支持，使赛事筹办工作更顺利，筹办效果更有保障。在实际工作中，湖北省和武汉市各地区应继续抓住武汉军运会"这趟快车"，通过办赛促进当地经济社会的发展，实现各地区切实共享办赛成果，有力助推湖北省体育事业更好更快地发展。

（3）进一步提高开放国际形象

我国作为负责任的大国，始终积极、切实维护着世界的和平与稳定。武汉军运会的成功举办是加速中国军队与世界军旅接轨的契机，通过举办军运会，世界进一步认识新时代下的中国人民解放军，加强了我国军队在提升国家形象宣传中的主导性和主动性，加强了对中国的价值观、文化和治国理念等"软实力"的推介，提高了我们在国际舆论体系中的话语权和影响力。归根结底是体现一个越来越自信的国家和民族，印证了一个快速迈向现代化的社会主义大国的发展水平和雄厚实力，表达了一个以促进世界和平与发展为己任的东方大国的真切诉求和高尚情怀。

（4）以武汉军运会为契机，拓展"后军运"精神文明

武汉军运会是一个多级主体参加的国际性赛事，中国因申办、筹办和举办军运会而彰显的为国争光的爱国精神、艰苦奋斗的奉献精神、精益求精的敬业精神、勇攀高峰的创新精神、团结协作的团队精神，已经成为中华民族宝贵的精神财富。这种精神会因武汉军运会而铸就和升华，

也因军运会所催生的巨大力量而向各个领域和行业迁延与传播。

武汉军运会精神既是一种精神文化，也是一种行为文化，更是一种实践文化，对人们的观念、行为以及社会生活和人际关系有教化、聚合、凝结、调节、引导的作用。当前我国群众性、基础性体育发展水平不高，我们应当把促进人民健康和全面发展与提高人民生活水平有机结合起来，以武汉军运会为契机，充分挖掘开发"后军运"精神遗产，为群众性体育活动创造条件，推动全民健身活动的开展，倡导更加文明的生活方式的形成。可以借助武汉博物馆的平台，专门设置展厅进行武汉军运会文化遗产的展示与教育，传承武汉军运会赛事精神遗产。

（5）促进军运物质遗产与精神遗产"落地"

物质遗产与精神遗产都是赛事文化遗产的瑰宝。在武汉军运会赛事文化遗产保护与开发的过程中，要求不能脱离物质谈精神，不能空谈精神荒废物质。物质遗产与精神遗产相结合，两者相辅相成，保障武汉军运会赛事文化遗产完整性。

在武汉军运会赛事文化遗产保护与开发实践过程中，军运知识产权的传承与创新工作将物质遗产与精神遗产深入结合。大型体育赛事特许经营是以知识产权为核心的特殊经营方式[①]，受到国家现行的特殊标志、商标、专利、著作权等方面相关法律法保护。然而，大型体育赛事的流动性与短期性特征造成知识产权与特许商品保护、运用与管理复杂化[②]。武汉世界军人运动会作为国际性赛事，颁布实施《湖北省第七届世界军人运动会知识产权保护规定》，对军运会知识产权的使用主题与范围进行了明确的规定。其会徽、奖牌、雕塑、吉祥物、火炬设计图案、特许商品等凝结成特殊的文化符号，代表着军队文化、武汉荆楚特色文化、中国传统文化、体育元素以及"共享友谊、同筑和平"的赛会主题和愿景，结合当前的市场环境，打造一系列军运化遗产的纪念产品与文化用品，让军运物质遗产与精神遗产"落地"，最大程度提升其

---

① 林小爱等：《奥林匹克运动会特许商品知识产权的特殊性》，《北京理工大学学报》（社会科学版）2012 年第 5 期，第 103—108 页。

② 林小爱：《大型体育赛事特许商品知识产权的管理》，《武汉体育学院学报》2012 年第 7 期，第 43—49 页。

传播价值与影响力。

(6) 加快推动军运会赛事文化遗产资源充分市场化与可持续化

经济性与可持续性的辩证统一是武汉军运会赛事文化遗产保护与开发的长期愿景。既要将武汉军运会赛事文化遗产资源充分市场化，取得最大的经济效益，也要树立长远的视野，符合当前和长远的人民共同利益，将武汉军运会赛事文化遗产资源充分可持续利用。在实际武汉军运会赛事文化遗产保护与开发过程中，将赛事场地建筑分为5种项目类别：现有可利用场馆（3个）、需新建场馆项目（9个）、需在现有场馆基础上维修改造项目（14个）、临时搭建项目（6个）、临时搭建观众席和配套功能用房项目（4个），共计36个场地场馆。比赛结束后，将运用于社会开放和商业运营、全民健身活动中心、高校教学与训练、国防教育与部队训练、体育运动基地等；临时设施搭建项目将拆除，军运村有关建筑和设施将向社会公开出售。结合场馆实际情况，最大限度实现武汉军运会场地建筑可持续向社会公众提供服务，实现场馆的经济性与可持续性统一的局面。

(7) 坚持军运会赛事文化遗产开发科学性与可行性

兼顾科学性与可行性是武汉军运会赛事文化遗产开发工作的基础。其中：科学性要求在文化遗产资源保护与开发过程中采用科学方法、统一标准、规范调研，统筹方案，使遗产保护工作科学化、具体化。可行性明确要求立足实际，在具体的保护过程中，从数据收集到基层调研应尽量简单可行，开发工作要有实际意义，使得各利益相关者能清楚分析、判断、决策。例如，《求是》于2020年1月5日刊发《创军人荣耀 筑世界和平——第七届世界军人运动会启示录》文章，对武汉军运会各方面工作给予了积极的肯定和称赞。因此，在武汉军运会赛事文化遗产保护与开发过程中，相关政府部门和研究机构应尊重客观规律、实事求是，充分尊重专家学者的意见建议，重视对武汉军运会赛事文化遗产的调研、论证，本着科学态度，构建遗产与城市的良性互动[1]，加强市民对城市认

---

① 杨琳等：《基于场域理论的国际马拉松赛与城市形象传播策略研究》，《湖南大学学报》（社会科学版）2019年第4期，第147—152页。

同感与情感纽带①，大力挖掘军运会的文化遗产学、传播学方面的重要价值，以书籍、教材、论文等可操作性较强的形式开发赛会遗产的文化教育属性，加强对赛事的文化记忆遗产，为我国赛事工作及世界军运会工作提供借鉴与参考。

---

① 刘颖：《全民全运与城市形象——基于情感与认同的多重中介》，《天津体育学院学报》2020 年第 1 期，第 23—28 页。

八 武汉军运区域发展遗产研究

军运会是世界上最高级别的军人运动会，被称为"军人的奥运会"，自 1995 年开始每 4 年举行一次。国际军事体育理事会第 70 届代表大会 2015 年 5 月 21 日在科威特城决定，将 2019 年第七届世界军人运动会承办权授予中国，承办城市为湖北省武汉市。第七届世界军人运动会于 2019 年 10 月 18 日至 27 日在中国武汉举行，来自 109 个国家的 9308 名军人报名参加，是世界军人运动会历史上规模最大、参赛人员最多、影响力最广的一次运动会。所有比赛项目全部安排在武汉的 4 大板块区域：沌口板块、光谷板块、后湖板块、黄家湖板块，集中新建和改造了 27 个竞赛项目所需的比赛场地场馆，在江夏区黄家湖畔集中新建了规模宏大的军运村。作为近年来湖北省和武汉市承办的最大规模的国际性大型体育赛事和体育活动，武汉军运会的精心筹办和成功举办，不仅促进了武汉和周边区域乃至湖北省经济的发展，而且带动了武汉市内重点功能板块区域的发展，直接和间接的影响十分显著。利用好武汉军运区域发展遗产，对于军运遗产的可持续利用，对于持续扩大军运遗产对促进武汉及周边区域发展的带动作用，意义十分重大。

（一）理论与文献综述

在经济全球化背景下，通过举办大型体育赛事活动来提升区域竞争力，带动区域经济发展，是区域发展的措施之一。大型体育赛事在一地的举办，能够为该地汇集超乎寻常的物流、人流和信息流，在赛后对该地的政治、经济、文化、环境等诸多方面产生深远的影响。从大量国际大型赛事举办的经验来看，大型体育赛事和区域发展具有相互依存、相互促进的关系，制定有效的赛后跟进措施，能够把大型体育赛事带来的优势转化为带动区域经济发展的动力。合理规划和利用体育赛事遗产，对区域经济发展能产生联动效应。军运会赛后如何让军运会遗产对武汉及周边区域经济与社会发展产生更长久、更高效的价值，促进区域经济与军运遗产联动发展，形成积极的影响和正面的带动，是一个值得认真研究和认真实践的问题。

1. 概念与研究综述

（1）体育赛事与体育赛事遗产

体育赛事一般指比较有规模、有级别的正规比赛。"中国旅游大辞典"对体育赛事有一个专门的定义，即指一种提供体育竞赛产品和相关服务产品的特殊事件。在中国知网搜主题包括"体育赛事"的文章，可搜到6902条（截至2020年5月3日，下同），搜"体育赛事"和"城市"有477条，搜"体育赛事与城市发展"有153条，搜"体育赛事"和"区域"有43条，搜"体育赛事遗产"仅8条。可见对于体育赛事遗产的研究非常少，而对于体育赛事遗产与区域发展的精准研究更是凤毛麟角。

实际上，对于区域（或城市）发展有影响力的体育赛事，主要是如奥运会、亚运会、冬运会、国际马拉松、世界杯、军运会等大型体育赛事活动。这些大型体育赛事活动，大多是几年举办一次，而且是在不同的区域，有的区域举办过一次后，就很少有机会再次举办。那么研究体育赛事与区域（或城市）的持续互动发展，实质是研究体育赛事遗产与区域（或城市）的持续互动发展的关系。这就必须提到体育赛事遗产这一概念。

体育赛事遗产是指因为体育比赛活动而产生的物质和非物质文化遗产。包括物质层面的有形之物，如体育场馆、体育艺术作品等；也包括精神层面的无形资产，如品牌、形象、精神、理念等。体育赛事遗产在合理的保护和传承下，具有长效的有益价值。无论是在研究领域还是现实发展中，最具代表性的大型体育赛事遗产应为奥运遗产。

（2）奥运遗产（Olympic Legacy）

奥运遗产是指通过举办奥运会给举办城市或地区、人民以及奥林匹克运动带来的所有有形和无形的长期效应。奥运遗产包括有形的物质遗产和无形的文化遗产两部分。物质遗产主要包括与奥运会有关的场馆设施、城市建设、奥运会会徽、奥运会吉祥物、奥运会金牌等。无形文化遗产主要包括奥林匹克精神、奥林匹克理念、奥林匹克格言、奥运会的各种仪式以及举办奥运会的模式经验等。

在一定程度上，奥运遗产的发展是关乎奥林匹克运动可持续发展的关键。墨尔本奥运会、卡尔加里奥运会的申办资料里提到将体育设施作为遗产来维护、使用。亚特兰大奥运会和雅典奥运会组委会对"奥林匹克主义遗产"进行了笼统的描述，分别体现了物质遗产和精神遗产，加入了无形的遗产。IOC2000 委员会强化奥运会的文化和教育功能，突出奥运遗产的价值。2012 年以来国际奥委会越来越强调"奥运遗产"的总结和传承，先后通过了"奥林匹克 2020 议程"（2014 年）、"遗产战略方针"（2018 年）、"新规范"等文件，并且要求主办城市在体育遗产、社会遗产、经济遗产、环境遗产、文化遗产、城市发展遗产和区域发展遗产七个方面开展专题研究，明确奥运会的重点遗产项目和案例，形成奥运遗产专题报告。

奥组委和举办地均重视奥运遗产的开发和管理，主要目的是奥运会与举办地之间形成一种互利共赢的可持续发展态势。在举办奥运会后，用"奥运遗产"的形式给举办地留下有形的、无形的，有积极影响、兼容并包的多元遗产，对举办地的经济社会发展产生一种积极的影响。同时，对以后奥运会的举办产生更多有益的经验，这也是奥运遗产内容之一。

（3）武汉军运区域发展遗产

关于武汉军运会遗产的课题研究是一个全新的领域和巨大的挑战。"军运遗产"来源于"奥运遗产"，迄今为止关于大型赛事遗产的研究大部分仍然集中在奥运遗产方面，直接针对军运遗产的研究几乎为零。武汉军运会对标奥运会，军运会遗产对标奥运遗产，可指通过举办军运会给武汉市民、武汉市或武汉周边区域以及世界军体运动带来的所有无形和有形的长期效应。对标奥运遗产的七个专题遗产中的区域发展遗产，本研究中的"武汉军运区域发展遗产"是指，通过举办军运会给武汉及周边区域发展带来的所有有形和无形的长期效应。

2. 体育赛事遗产与区域发展研究综述

国外体育赛事研究主要为参与主体与产品本身的优化，而国内关于体育赛事研究偏向于体育赛事外延的附加功能与带来的经济效益。如前所述，关于体育赛事遗产与区域发展的直接研究极少。本研究依据与主题的相关性，从以下三个方面对与该主题密切相关的国内外研究综述进行梳理。

（1）体育赛事与区域发展研究综述

对与"体育赛事与区域（包括城市）发展"主题相关的近200条搜索进行梳理，总结出主要观点包括以下三个方面。

一是体育赛事与区域（包括城市）发展有积极的正效应。如王莹、颜淑萍等认为奥运会、亚运会、冬运会、国际马拉松、世界杯等大型体育赛事活动对区域经济发展的影响主要有带动区域体育产业发展、树立城市形象与提升政府能力、优化区域经济结构、营造城市文化氛围、促进城市环境建设、提供就业机会;[①] 谢洪伟认为亚运会与广州城市发展之间存在着很高相关性，具有耦合互动的作用，体育赛事与城市发展耦合关系体现在相互作用、相互协调的过程，体育赛事对城市发展的影响主要体现在促进城市经济增长;[②] 余守文认为体育赛事产业影响城市竞争力的机制包括经济增长效应、产业结构效应和城市品牌效应;[③] 龚莹认为武汉军运会拉动了城市消费，完善城市基础设施建设，为城市的相关行业创造发展机遇，缩小了地区发展差异;[④] 侯伟民认为承办重大体育赛事可以加快城市化进程，重大体育赛事促进城市经济发展，重大体育赛事的承办给城市留下宝贵的赛事遗产，重大体育赛事的承办增强了城市的应急预防能力;[⑤] 杨扬从大型体育赛事对城市形象提升的角度提出：武汉军

---

① 王莹：《大型体育赛事活动对区域经济发展的研究》，《现代经济信息》2016年第24期，第467页；颜淑萍：《城市体育赛事对区域经济发展的作用》，《合作经济与科技》2017年第8期，第48—49页。

② 谢洪伟：《大型体育赛事与城市发展耦合研究》，北京体育大学，2013年。

③ 余守文：《体育赛事产业对城市竞争力的影响》，复旦大学，2007年。

④ 龚莹：《第七届世界军运会对武汉城市发展影响分析》，《现代商贸工业》2020年第2期，第28—29页。

⑤ 侯伟民：《重大体育赛事对城市发展进程的影响》，《中州体育》2014年第12期，第17—20页。

运会有利于武汉城市形象的建立与完善，有利于推动武汉地区体育产业视觉设计水平的提升，有利于武汉城市体育文化软实力的提升；① 易保锐和张宏远认为"体育＋旅游"的融合发展已成为推动区域经济发展的重要力量；② 施怡娜以上海国际网球赛为例分析了国际网球赛事举办对区域旅游空间发展的推动作用；③ 黄倩和周君华从建设体育特色小镇的视角提出了针对沙滩运动的体育特色小镇产业定位；④ 徐梦琪和郇昌店以广州市奥体新城为例提出了"场馆—区域"联动发展模式。⑤

二是体育赛事与区域（包括城市）发展关系不大。很多主办国没有巧妙地抓住其长期效益，导致很多大型赛事为主办方带来的实质效益是非常有限的。主办国往往把大型活动作为面子工程，组委会和当地政府很少将他们的利益价值提升到更为广泛的国家或区域战略考虑。一些学者通过对不太成功的大型体育赛事的举办及城市后续发展的总结认为：体育赛事与区域（包括城市）发展关系不大。

三是体育赛事对区域（包括城市）发展存在坏的影响。赵艺雯（2019）认为大型体育赛事对主办地的消极影响包括环境问题（生态恶化、废弃物处置不当）和场馆遗产后续利用不足；吴迪、刘志民（2014）注意到大型体育赛事申办遇冷的消极因素包括：高昂的办赛投入和巨大投资风险，赛后场馆利用率低、维护成本高，发展中国家缺乏办赛经验和技术支持，对赛事直观经济效益盲目追求等。

（2）奥运遗产与区域发展研究综述

奥运遗产是最具代表性的大型体育赛事遗产。国内外关于奥运遗产与区域发展的研究，主要表现在以下四个方面。

① 杨阳：《浅谈大型体育赛事的视觉形象——以武汉军运会为例》，《戏曲之家》2019 年第22 期，第 130—131 页。

② 易保锐、张宏远：《体育旅游对区域经济发展重要性分析》，《度假旅游》2019 年第 4 期，第 50—51 页。

③ 施怡娜：《国际网球赛事举办对区域旅游空间发展的推动作用研究——以上海国际网球赛为例》，上海体育学院，2016 年。

④ 黄倩、周君华：《体育特色小镇核心竞争力评估模型构建》，《四川体育科学》2020 年第4 期，第 91—96 页。

⑤ 徐梦琪、郇昌店：《后赛事时代"场馆—区域"联动发展模式研究——以广州市奥体新城为例》，《2012 年全国体育管理科学大会论文集》2012 年，第 668—671 页。

一是重视奥运会与主办地区可持续发展共赢发展，为奥运遗产和可持续发展出台系列文件、方针。2003年，国际奥委会正式将奥运遗产写入《奥林匹克宪章》，把促进奥运会为主办城市和主办国家留下有益的遗产列为国际奥委会的使命和职能中的一部分。2014年通过的《奥林匹克2020议程》，要求东道主在规划上将"可持续发展"理念与奥运遗产相结合。2018年2月，国际奥委会发布了新的奥运遗产框架《遗产战略方针》，与《奥运会可持续发展报告》一起成为奥运会主办城市确定、汇报、分析和评估奥运遗产的主要框架。这一系列文件、方针出台的目的是强调奥运会与主办城市要实现共同可持续发展的"双赢"发展模式。

二是我国注重国际大型体育赛事的举办。2008年北京奥运会成功举办后，我国开始重视国际大型体育赛事的举办。接着举办了2010年广州亚运会、2014年南京青奥会、2019年武汉军运会、2022年北京冬奥会。

三是国内学术界开始注重对奥运遗产与区域发展研究。胡孝乾、陈姝姝等（2019）提出了国际奥委会《遗产战略方针》框架下的奥运遗产愿景与治理；吕季东、史国生等（2019）对奥运遗产的保护和传承提出一些经验和启示，认为拓展奥运遗产规划的内涵，提升文化、形象、社会、心理和可持续发展等多元价值，挖掘奥运遗产的正面效应，注重发挥奥运的长期功效；孙葆丽、沈鹤军等（2020）解析了奥林匹克运动可持续发展深化改革的内涵、保障、特点。

（3）体育赛事遗产与区域发展研究综述

近年来国内学者开始重视体育赛事遗产与区域发展的研究。韦拥军（2010）认为成功的主办方会在社会、体育与环境三个方面建立和经营赛事遗产，应该将赛事"遗产计划"作为组委会的优先考虑事项，从资金管理、促进社会和经济发展、发挥资源的杠杆作用、社区动员、品牌及赞助五个方面来制订并实施该计划，这样才能将赛事遗产实现终身化，使它所带来的积极社会效益得以持续。王兴一（2019）认为大型体育赛事的遗产通过合理开发与活化能带来良好的经济和社会效益，从主体的活化、产业生态的活化、消费升级的活化、创新驱动的活化四个方面提出体育赛事遗产活化的策略。

3. 武汉军运区域发展遗产的研究重点

从上述奥运遗产、亚运遗产以及其他重大体育赛事遗产对区域发展的理论与实践研究来看，重大赛事遗产对区域发展的正面促进作用巨大，把大型赛事遗产创新、规划和管理纳入城市规划、区域规划，制订专门的详尽的计划并付诸行动，已经成为一项促进城市和区域发展的重要手段。大型体育赛事与举办城市的规模和能级有一定的相互关系，城市和区域的发展让赛事选择了举办城市和区域，大型体育赛事遗产的良性利用促进了举办地及周边区域经济和社会快速发展，大型体育赛事给城市和区域留下了丰富的体育遗产、经济遗产、文化遗产，对举办城市和周边区域带来长期的有形和无形的影响。

从武汉军运会区域发展遗产与武汉区域发展之间的关系来看，军运区域发展遗产的研究重点至少包括以下内容：一是从宏观上研究军运会对区域经济的影响效应，重点分析 2016—2019 年军运会对湖北省、武汉城市圈、武汉市等不同层面的区域经济的影响效应；二是从微观上研究军运会对区域发展的影响效应，需要对武汉军运会涉及的重点区域或板块进行实地调查分析，尤其是黄家湖、汉口北、沌口等重点区域，分析举办军运会对缩小城区发展差距、实现地区经济平衡发展和区域经济持续发展的具体影响；三是从已有案例和经验启示方面来研究，举办奥运会、世博会、世界杯以及大运会、青奥会、园博会等大城市在利用赛事遗产促进区域发展方面的典型案例，为如何更好利用区域发展遗产提供经验和借鉴；四是可以进一步研究军运遗产中的其他方面遗产对于区域发展的影响，例如，基础设施遗产促进了武汉及区域的一体化发展，生态环境遗产促进了武汉及区域生态文明和环境提升，文化遗产提升增强了武汉区域形象和文化竞争力，经济遗产促进了武汉周边区域体育、文化、旅游、会展等相关产业和相关业态的发展，社会遗产促进了武汉和周边区域志愿者精神提升、军民融合互动和国防意识增加。

（二）大型赛会促进区域发展的典型案例及启示

国内外一些大城市通过举办奥运会、世博会、世界杯等重大赛事或活动促进区域快速发展，留下了宝贵的区域发展遗产。国外的英国伦敦奥运会、西班牙塞尔维亚世博会、韩国世界杯，以及国内的北京奥运会、上海世博会、济南园博会，是其中具有代表性的典型案例。

1. 国外案例

（1）英国伦敦：奥运与可持续发展理念的融合

2012 年伦敦奥运会在可持续发展与奥林匹克运动结合方面进行了有益的探索，将可持续发展理念贯穿始终，不仅为世界呈现了一场奥林匹克盛会，也展现了英国综合国力，增强了英国民众的民族自豪感，留下了宝贵的奥运遗产，尤其是在区域发展遗产方面成效显著。

奥运会开幕前期，2008 年国际金融危机和欧债危机爆发，英国经济形势严峻。同时，伦敦东区发展相对落后，充斥大量低收入人群与外来移民，且疏于管理，犯罪案件频发，被看作伦敦的贫民窟，亟待改善。伦敦正经历着低迷的经济与滞后的东区发展双重考验，其寄希望于把握奥运会所带来的一系列机遇，通过制定有利于伦敦发展的战略规划，消除伦敦面临的经济困境，并促进伦敦东部地区发展。因此，伦敦奥运会制定了以人为本的奥运愿景（激励一代人）、服务全球的奥运计划（人人参与），立足于伦敦长期利益的可持续发展理念，旨在鼓励人们积极参与体育活动，举办一次让每一个人都能参与其中的奥运会，并借此推动英国未来的发展。伦敦奥运会主会场定在伦敦东区，通过城市新兴建设来改造伦敦东部地区，借此给东区带来了巨大的社会效益和经济效益，大量投资涌入东区，带来了十分可观的就业机会，进而明显地改善了当地居民的生活质量。

伦敦奥运会为实现可持续发展，设立了奥林匹克董事会、伦敦 2012 年可持续发展小组、伦敦 2012 年可持续发展委员会及其他相关机构。伦敦 2012 年可持续发展小组由大伦敦管理局等 6 个部门构成，主要对落实伦敦 2012 年奥运会可持续发展具体事宜负责。其中，大伦敦管理局在赛时负责确保伦敦做好奥运会的准备工作，在赛后侧重点整体转向推进伦敦奥运遗产发展方面。伦敦 2012 年可持续发展委员会是为监督、保障可持续性战略实施而专门设置的独立机构。其他相关机构包括伦敦遗产开发公司、英国遗产信托基金、各场馆运营机构等。

2012 年伦敦奥运会的亮点在于将可持续发展理念与奥林匹克运动深度融合。在奥运会之前，伦敦首次颁布了《奥运会遗产行动计划》和《残奥会遗产计划》，目标是让奥运遗产融入整座城市，为伦敦留下可持续利用的丰富奥运遗产。除了体育遗产、经济遗产、环境遗产和社会遗产外，在区域和城市发展遗产方面的特色主要是再造了伦敦东区，开发了奥林匹克公园。奥运会的成功举办，改变了伦敦东区长久以来的落后面貌，市容更新美化，交通设施密集，居住环境改善，生活质量提升。赛后东区的公共交通优势凸显，10 条铁路线和 30 座新桥梁继续连接各个社区，地铁网络覆盖奥运场馆，以往独立运作的各种运输组织得以整合协调。奥林匹克公园建设成为英国规模宏大的城市复兴项目，赛后运动场地陆续向当地社区及优秀运动员开放使用。

（2）西班牙塞维利亚：世博促进区域开发的典范

1992 年西班牙塞维利亚世博会的举办地，当时只是一个拥有 70 万人口的中等规模城市。为了举办世博会，塞维利亚投入巨资对陆路与水路交通设施进行改造，结果世博会为塞维利亚城市建设带来巨大的变化：新建的从马德里到塞维利亚的长达 470 千米的高速铁路，彻底改变了西班牙南部地区交通不便的面貌；新的地铁和站点的建设方便了城市交通；三条环路的建设构建了新的城市交通道路主动脉；拓展了卡图哈岛——世博会举办地周围的河道；新的桥梁建设带动了河岸地区的复苏。通过大规模的公共投资，世博会提升了塞维利亚的基础设施水平，使该地区的经济高速增长。世博会后，旨在推进世博会会场——卡图哈岛未来发展的"93 卡图哈计划"拉开了序幕，充分利用世博会提供的基础设施，开发卡图哈岛，并推进塞尔维亚城市的建设。"93 卡图哈"计划包含两个内容：一是卡图哈公园，将园区内的本国展区转变为主题娱乐公园；二是研究发展中心（科技园区之类），将园区内的国际展区转变为科技产业园区，吸引全国和世界各国的高科技企业入驻。该届世博会被视为会后对城市和区域开发的成功案例之一，也是区域发展遗产的经典。

（3）韩国世界杯：再创提升活力和国运的奇迹

韩国通过 1988 年汉城奥运会改变了第三世界国家的形象，对经济、社会等各方面的发展都能起到巨大的推动作用，创造了"汉江奇迹"。2002 年世界杯则为 1997 年亚洲金融危机后的韩国再创奇迹创造了契机。

1997 年金融危机后"如何重振韩国经济"一直成为韩国政府所面临的最大课题。前韩国总统金大中曾说，"如果把汉城奥运会作为韩国走向世界的契机的话，那本届世界杯将是韩国提高国运的绝好机会"。① 世界杯的成功举办且韩国队进入四强，使韩国的国家形象大幅提升，展现了韩国人的潜力，也真正让世界杯成为韩国实现飞跃的契机。

在促进区域发展方面，韩国世界杯带给我们两大经验。一个是采取有力措施紧紧抓住世界杯的商机。韩国政府通过制定相关政策，以共同开发世界杯市场的方式，与国外企业集团加强合作。一方面，在国内积极营造出一个有利于外资大规模进入的氛围；另一方面，以招动韩国传统产业及核心战略产业的发展和扩大外贸出口为目的，有选择地与国外大型跨国企业集团进行富有成效的合作。为带动沿海旅游业的发展，韩国特地选出汉城、仁川、水原、大田、个州、光州、大邱、蔚山、釜山和西归浦（济州岛）共计 10 座美丽的城市作为承办城市。特别是韩国最南端的济州岛，赛后迅速成为世界著名旅游胜地。另一个是借机推动开发西海岸进程，促进新科技园区发展。汉城奥运会推动了汉城圈和以釜山（承办帆船、帆板比赛）为核心的东南圈的经济迅速发展。本次世界杯，韩国借机大力实施开发西海岸计划，解决区域经济均衡发展问题。十座承办城市中 6 座都靠近西海岸，特别是全州和光州是韩国最不发达地区之一。大量投资和基础设施建设促进了西海岸地区加速发展，而且在西海岸地区新建或在建的工业区中，不仅有传统意义上的重要产业，而且更多的是韩国自身的核心战略产业，属于典型的科技园区。以微电子、机电一体化、生物工程、精细化工、新材料、航空、光（激光应用等）产业等为代表的七大核心战略产业在西海岸加速发展，直接推动韩国进入世界科技发达国家行列。

2. 国内案例

（1）北京奥运会：带动京津冀加快融合

北京奥运会和冬奥会形成或正在创造的区域发展遗产目标均指向加

---

① 周晓舟：《不说具体期望，总统金大中"愿为韩国队守门"》，http: // sports. sina. com. cn/g/2002 - 01 -23/23229607. shtml, 2002 - 01 -23/ 2022 - 06 -30。

快带动京津冀地区加快融合与协同发展。重点体现在三个方面。

一是北京奥运会场馆采用集中与分散相结合的分布模式，北京冬奥会场馆更是分布在京张两地，从侧重市内重点区域的开发建设转向跨市域的融合发展。北京奥运场馆分布为一个中心区（奥林匹克公园）和三个分区（大学区、西部社区和北部风景旅游区）。奥林匹克公园赛后成为北京最大的综合社区，集体育、商贸、办公、博览、休闲等功能于一体，与邻近的中关村科技园互助互补，形成城市新区。国家体育场与国家游泳中心成为城市新地标和中央活动区，奥运村赛后成为高档居住区。大学区的场馆赛后恢复教学、训练、比赛、文艺活动等原有功能，并作为地区性和全市性体育设施的补充。西部社区的五棵松体育文化中心赛后成为周边居民体育健身和休闲娱乐的场所，其他场馆成为专业队伍的训练场地。北部风景旅游区的赛马场、水上公园等设施，与周围的会议中心、度假村等设施互相呼应，形成具有体育休闲特色的风景旅游区，发展郊区旅游业。2022北京冬奥会场馆十分注重赛后利用，除了已有场馆的改扩建外，在北京赛区新建的单板大跳台场地，选址于首钢园区遗址内，在非冬季可改为滑草等户外运动场地，赛后将改造为风景园区对游客开放；延庆赛区新建的高山滑雪场地及奥运村在赛后计划转型为山地旅游滑雪景区，奥运村将作为景区酒店对游客提供餐饮住宿服务；张家口赛区将结合在赛区内新发现的太子城遗址，在赛后转型为冰雪小镇，开发建设四季越野等项目基地。

二是将"鸟巢""水立方"、国家会议中心等打造成为奥运场馆赛后利用的典范，扩大其国内外影响力。国家体育场"鸟巢"在赛后从旅游参观、大型活动、商业开发以及社会公益四个方面进行了探索，走出了一条中国特色的市场化、多元化场馆运营之路，成为首个荣获全国企业管理创新成果一等奖的体育场馆。国家游泳中心"水立方赛"后形成旅游参观、大型活动、市场开发、游泳健身、公益事业多业融合的发展格局，在探索"互联网＋大型场馆"模式上走在前列。北京冬奥会的到来，水立方经过改造后，叠加"冰立方"功能，成为世界首个"冰水交融"的奥运场馆。国家会议中心是奥运工程最大的单体建筑，赛后改造成为全亚洲最大的会议中心。从2009年开业到2019年6月，国家会议中心累计接待会议、展览、活动共计9000余个，接待总人数超过3500万，成为

"北京服务""中国服务"的代表，实力领跑国内会展场馆。

三是在北京 2022 年冬奥会和冬残奥会遗产战略计划中积极规划、创造区域发展遗产。2008 年北京奥运会扩大了中国的影响力，有力地带动了区域经济社会发展，尤其是对以北京为中心的京津冀地区发展起到了明显的带动效应。2022 年冬奥会的申办和筹办对京津冀地区的区域经济发展同样具有巨大的促进作用。通过联合申奥，打通了京张对接的一系列障碍，京张进入同城化发展和全方位融合发展的崭新时期，使京张融合发展成为环首都经济圈新的经济增长点，又使得张家口在承接北京产业辐射项目方面变得更加顺畅。根据"北京 2022 年冬奥会和冬残奥会遗产战略计划"，未来将形成六大区域发展遗产。①京张地区交通基础设施：促进京张地区交通基础设施互联互通，建设形成"一条高铁、多条干线"的交通网络，大幅提升京张两地通行能力，既满足办赛需求，又在赛后服务协同发展。②京张地区生态环境：促进京津冀地区生态环境联防联建。以治气、治沙、治水为重点，加强北京市与河北省的工作联动和综合治理，加快改善京津冀地区生态环境，满足北京冬奥会办赛需要，为广大群众造福。③京张地区冰雪产业：强化规划引领作用，加强规划控制，促进京张地区冰雪产业合理布局、健康发展。加快产业转型升级，打造立足区域、服务全国、辐射全球的冰雪产业集聚区。④京张地区公共服务：全面提升京张地区两地住宿、餐饮、医疗等公共服务水平，发挥北京资源优势，加大在医疗、教育等领域对张家口地区的帮扶力度，助力张家口公共服务能力的提升。⑤京张体育文化旅游带建设：依托北京冬奥会场馆设施，充分发挥地方特色文化旅游资源优势，发展壮大体育文化、旅游休闲、会议展览等业态，促进体育、文化、旅游深度融合发展，促进京张体育文化旅游带建设。⑥京张地区促进就业：加大推进张家口特色产业、发展奥运劳务经济、绿色扶贫、易地扶贫搬迁、京张对口帮扶等方面力度，制订对口帮扶工作方案，积极引导当地农民发展休闲旅游等富民产业，拓展就业渠道，带动低收入群体就业。

（2）上海世博会：世博园区成为城市功能转型的载体

2010 年上海世博会是第一次在发展中国家举办的全球最高级别的展览会。上海世博会后，公布了《世博会地区结构规划》，标志着世博园区后续利用建设将全面展开。上海市成立了世博园区后续发展领导小组，作为世

博园区后续开发的决策和协调结构，成立了市属国企——上海世博发展
（集团）有限公司，具体负责实施世博园区的开发建设和管理。目前，上海
世博园区已经成为促进上海城市功能转型和中心城区功能深化提升的重要
功能载体，成为大型企业的全球或地区性总部集聚地、文化创意基地、国
际文化交流中心和国际性旅游会展目的地以及国际机构的汇聚地。5.28 平
方千米的世博园区初步形成了"五区一带"的功能结构，即依托原浦西企
业馆区的文化博览区、整体保留的城市最佳实践区、依托世博村地块的国
际社区、知名企业总部聚集的会展商务区、预留战略空间的后滩拓展区，
以及依托滨江绿地和休闲公共服务设施形成的滨江生态休闲景观带，融文
化博览创意、总部商务、高端会展、旅游休闲和生态人居为一体的标志性
公共活动中心，富有活力和吸引力的世界级新地标的功能定位不断清晰。

　　具体来看，上海世博会永久保留场馆（包括一轴四馆"世博轴、中
国馆、主题馆、世博文化中心及世博中心"）以及城市最佳实践区（UB-
PA）的后续可持续利用效应已经显现。世博轴被改造成了综合性商业中
心——世博源购物中心。中国馆被改建为中华艺术宫，成为上海美术馆永
久性展示场地和综合性艺术博物馆。主题馆被改建成了上海世博展览馆，
承接不同规模的各类专业展会。世博文化中心冠名为上海梅赛德斯－奔驰
演艺中心，既可以举办冰球赛、滑冰比赛、篮球赛、演出等，又汇集了购
物、娱乐、餐饮、休闲等功能，成为上海世博会场馆后续利用的样板。世
博中心成为上海国际性会议和活动中心，每年的上海市两会都已在此举办。
城市最佳实践区（UBPA）是上海世博会的亮点项目，汇集了几十个最具代
表性的可持续发展城市建设案例，会后成立了公司专门负责开发和运营。
目前，UBPA 已经成为上海文化时尚、设计展示的中心，吸引了很多企业和
机构入驻。其中，由旧发电厂改造成的上海当代艺术博览馆成为中国最具
国际影响力的当代艺术双年展——上海双年展的主场馆，高达 156 米的世
界最大的烟囱温度计成为上海的新地标。此外，2012 年以来"世博旅游"
成为上海地区旅游新热点，整个世博园区成为上海旅游目的地。

　　（3）济南园博会：园博园和城市发展水乳交融

　　2003 年济南市确定新的城市总体框架规划，实施"东拓、西进、南
控、北跨、中疏"的城市空间发展战略。随后，以 2005 年山东省获得第
十一届全运会承办权为契机，济南向东拓展建设了奥体中心、全运村、

省博物馆等地标，东部新城逐渐与传统市中心融为一体。然而，"西进"迟迟未能突破，直到 2008 年年初第七届园博会落户济南长清，西部新城建设骤然加速。园博园和城市发展水乳交融，以及其后京沪高铁西客站建设，2013 第十届中国艺术节的举办，共同奏响了西城开发的交响乐。如今，济南"北跨"劲头十足，正从"大明湖时代"大步迈向"黄河时代"，山城河一体发展。可以说，园博会不仅为济南留下一个园博园，更为其西部新城建设留下了宝贵的区域发展遗产。

首先，园博会推动济南长清区形成了以园博园为核心的休闲旅游集聚区。济南园博园于 2008 年 10 月 19 日开工建设，2009 年 9 月 22 日建成开放。园区位于济南市长清区大学科技园内，距济南市区约 25 千米，周围景色优美，山水兼备，与长清历史文化古城区相连，毗邻经济技术开发区、农业高新技术开发区、五峰山旅游度假区。园博园占地面积 5176 亩，是国内最大的陆地园博园，总体布局为"一条中央主轴、两条景观观赏轴、八个功能分区和三大主题建筑"。一是从成为国家 4A 级景区门票 60 元，到重建世博山东馆，到门票价格降低一半，再到景区免费开放，园博园已经成为济南及周边市民休闲度假的主题公园首选地。园博会拉动作用明显，长清旅游业实现突破发展，2010 年接待游客 450 万人次，实现旅游业总收入 24.2 亿元，分别是 2005 年的 4.2 倍、3.6 倍。二是园博园与周边景区资源日益整合，形成了以园博园为中心，以济西湿地公园、滨河公园、大学科技园、崮云湖、国际高尔夫球场、五峰山旅游度假区为特色景点的"组团式"观光休闲旅游区。三是"长清旅游"品牌知名度和影响力明显扩大，长清逐步成为济南西部旅游核心区和近郊游、乡村游、休闲游目的地，创建"国家全域旅游示范区"的态势强劲。

其次，园博会推动济南长清区实现了园博园与城市发展的水乳交融。一方面，济南园博园充分注重生态、环保、节能理念，里面所有的设施都承载着今后城市发展的功能。另一方面，园博园所有临时的展园、展馆和主题建筑设施都与永久的城市发展相结合，其规划建设与大学科技园发展规划相吻合，是文化传承、社会共融的有机结合。它四面群山环抱 1 平方千米的长清湖景观水面，在济南西部再现了老济南"一成山色半城湖"的景象，不但打造了一道亮丽的城市风景线，而且成为拉动区域发展和新区建设的引擎。

最后，园博会推动济南长清区形成了大学科技园（含园博园）、经济开发区和主城区三区协调，城市发展空间不断拓展，城市品位形象明显提升的现代化西部新城和城市新区。园博园成为长清区对外宣传的标志和名片，为长清的繁荣发展带来源源不断的动力支持。依托长清区大学科技园的文化资源优势，园博园成为重要的载体，大文化产业加速聚集，长清区的商业、文化、旅游三大产业圈应运而生。此外，长清围绕京沪高铁济南西客站片区，加快6平方千米核心区、26平方千米中心区建设，带动120平方千米西部新城快速发展。园博会在助力长清区成为"齐鲁新门户、泉城新商埠、城市新中心"的魅力新城方面功不可没，使得济南一城两区战略布局（中部老城、东部新城区、西部新城区）变为现实。

3. 启示

不管是奥运会、世界杯等大型体育赛事，还是世博、园博会等重大展会活动，上述代表性的典型案例告诉我们，评价大型体育赛事活动成功与否，不仅要看筹办举办期间带来的经济社会收益如何，更要看成功举办之后对城市和区域发展的持续推动作用如何，不仅要看对城市和区域发展短期的直接经济效应，更要看会后长期的间接经济效应。概括而言就是要为城市留下宝贵的区域发展遗产，并能持续发挥效应。具体而言：

一是举办大型赛事活动，举办方的总体利益和长远利益重于局部的、直接的、短期的经济收益。例如，提升城市与区域地位、提高城市与区域形象、振奋城市精神、增强凝聚力等方面所取得的成功是难以用某些量化的指标来衡量的，其影响效果也不会立刻显现出来，而是在很长的时间内慢慢显现出来。历史将对它的功绩作出正确的评价。

二是举办盛会要着眼于推进城市经济发展，尤其是通过选址带动落后地区开发建设。大部分城市举办盛会的驱动力是发展城市经济，即利用举办契机，对城市的落后地区进行开发建设。这一点可以从上述案例选址多位于城市落后区域或偏远市郊上清楚地反映出来。在盛会开幕前，大规模基础设施的改造与建设，大大改善了城市落后区域的基础条件，为盛会举办之用。盛会以后，对该区域继续进行后期建设，就可以使之成为城市经济发展中的一个新的亮点区域，跟上整个城市发展的步伐。

三是要注重对园区和场馆的"二次开发"，整体谋划园区的再利用。

大量案例表明，会后园区的功能转换及场馆的再利用经历了从完全不考虑后续效应的拆除恢复原状阶段，到无意识利用或有意识地保留一处或几处展馆阶段，再到对整个园区场地的再利用阶段。现代大型体育赛事或活动在规划时都会将会后场地利用和园区开发问题一并考虑。虽然不同盛会的主题与内容不同，但园区场地功能的转换基本上有三类：城市公园绿地、城市公共设施用地或复合功能用地。

四是结合城市和区域功能定位，将园区打造成为特色经济中心。大型体育赛事或活动后园区的后续发展项目现在越来越趋向于发展服务业，或开发成会展中心、商务中心；或建成科技园区、文化产业中心；或建成主题公园、生态公园等，形成国际国内经济新的增长点，促进科技、文化、会展、旅游等产业发展。

五是对于区域发展遗产的场馆或园区的经营，越来越倾向于通过由单纯体育场馆或会展场所向特色园区和城市特色功能区转变，由纯公益目标向经济社会复合目标转变，从而实现可持续发展。由封闭式管理向开放式经营转变，由门票收费模式向开放免费模式转变，由政府主导向社会共同参与转变，通过企业市场化运作，融合生态、旅游、文化、体育、休闲、地产、商业、餐饮等多重功能，实现多元化发展，进而实现总体价值最大化，提升园区自身价值和区域价值。

六是举办赛事或会展的最终目的是促进区域发展。举办大型赛事或会展，除了对举办地带来的国际影响，大量的基础设施、文化设施、体育设施建设投资，大量新技术新产品的示范应用，大量人流物流旅游热，以及对园区、场馆、标志性建筑的再开发再利用等，都成为带动整个城市功能提升的强力抓手，弥补城市发展的短板，完善城市空间的布局，带动周边区域的发展。以世博会为例，大阪、塞维利亚、里斯本、汉诺威等城市成功举办世博会后，各自形成了著名的经济、科技、商务、会展中心（园区），后续效应十分明显。

（三）武汉军运会促进区域发展的影响效应分析

武汉军运会对区域发展的影响可以追溯到 2015 年，从宏观上研究军运会对区域发展的影响效应可选的分析时段限定为 2016 年、2017 年、2018 年、

2019 年四年，分析对象为湖北省、武汉城市圈、武汉市三个层面的区域经济。

军运会的顺利举办为武汉市及其周边城市，乃至湖北省的经济发展起到了积极的作用。武汉军运会对相关区域经济发展的促进主要可以分为直接经济收益和间接经济收益。其中直接经济收益主要指军运会举办期间，直接产生的经济类收益，可直观、详细地统计出来，如门票收入、赞助商的赞助、转播权的出售以及广告的收入等。直接经济收益分为两方面：一是赞助商的收益。在军运会期间打出各类广告，使消费者对他们的产品更加认可，从而提高产品的销售。二是军运会主办方的收益，指赛事举办期间由电视转播权的出售，门票销售，以及纪念品销售带来的收入。间接经济收益建立在直接经济收益的基础上，在军运会举办前和举办中的各种消费和投资会通过乘数效应使得相关区域的经济发展更好；而在军运会举办后，通过继续利用军运会的影响，促进相关区域的产业升级，经济结构转变，进而持续不断地促进经济的发展。另外，前期为军运会建设所进行的投资也可促进关联产业的发展，进而促进 GDP 的增长，主要包括承担各项体育比赛设施、设备以及场馆的翻修或者新建建筑行业；为比赛项目提供器材的制造企业；为赛事提供后勤服务的餐饮、酒店以及技能培训服务的行业等，这些行业的发展也促进了经济的发展。同时，由于武汉军运会的举办促进了相关区域经济的发展，提高了人们的收入，这会进一步促进了居民的消费，从而促进经济的发展。这种影响被研究者称为引致经济效益。相对而言，直接经济效益易于观察、比较直观，而间接经济效益则存在时滞，比较难以衡量，并且将持续数年。如果利用的好，间接经济效益将远远大于直接经济效益。基于以上分析，我们可以将武汉军运会对武汉市及其周边城市乃至湖北省经济发展的影响大致总结成如下框架，并在下文中对各个经济影响进行更详细的阐述。

1. 军运会促进区域发展的直接效应

（1）促进 GDP 增长

军运会的举行对武汉市乃至湖北省的宏观经济发展起到了一个触发器的作用。在筹备武汉市军运会的过程中，武汉市进行了较大规模的超前规划与建设，从而引发了武汉市自身巨大的投资与需求，同时也吸引了大规模的外部投资与需求，刺激相关产业的发展，从而使投资的影响

图 8 - 1　军运会的经济影响

扩展到多个行业和生产领域，各行业的利润增多，人们的收入和消费也随着增多，这样就又带动了一系列的投资和消费，导致国民收入成倍增长，形成经济增长的乘数效应。这种影响通过武汉的经济发展辐射到其周边城市，进而带动整个湖北省的经济发展。考虑到武汉军运会的间接经济效益会持续很长一段时间，在现在军运会刚刚结束几个月的时间内几乎不可能完全估算军运会对相关区域 GDP 的贡献到底有多大。①　我们可以以其他类似大型体育赛事作为参考。以北京奥运会为例，有研究表明，由于北京奥运会的筹办，使整个北京地区投资和消费需求水平显著增加，2002—2007 年，北京 GDP 以平均每年 17% 的比例增长，极大地提高了举办地北京的经济发展水平以及居民的收入。即使在北京奥运会结束后，其影响依然延续了多年，持续带动了北京 GDP 总量每年 1% 的增长。而同样是在武汉举办的规模小得多的武汉马拉松，仅 2016 年就为武汉市带来间接经济效益 2.19 亿元，产生经济价值达 11.3 亿元，并创造了大约 3700 个就业岗位。

　　经初步核算，2019 年，武汉全市实现地区生产总值（GDP）16223.21 亿元，按可比价格计算，比上年增长 7.4%。其中，第一产业增加值 378.99 亿元，增长 3.0%；第二产业增加值 5988.88 亿元，增长 6.5%；第三产业增加值 9855.34 亿元，增长 8.2%。三次产业结构调整为 2.3∶36.9∶60.8。我们将武汉市 2015—2019 年 GDP 总结成图 8 - 2。

---

　　①　此外受新冠肺炎疫情的影响，对这一时间段内的经济发展有负面的效果，使得准确衡量军运会对 GDP 的影响更加困难。

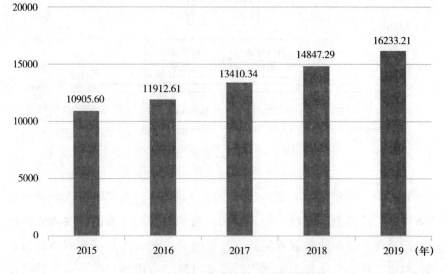

图 8 – 2   2015—2019 年武汉市 GDP

湖北省 2015—2019 年生产总值如图 8 – 3 所示：

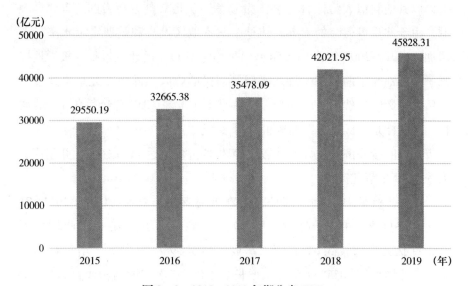

图 8 – 3   2015—2019 年湖北省 GDP

军运会对武汉周边城市的经济也起到了带动作用。我们将武汉周边三市 2015—2019 年国民生产总值总结如图 8 – 4 所示：

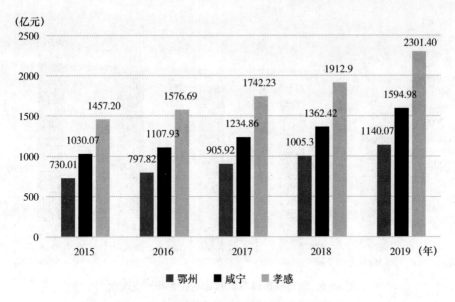

图 8-4　武汉周边三市 2015—2019 年 GDP

　　经济的高速发展提高了武汉市居民的人均可支配收入。据统计，2019全年全市居民人均可支配收入 46010 元，比上年 42133 元增长 9.2%。按常住地分，城镇居民人均可支配收入 51706 元，比上年 47359 元增长9.2%；农村居民人均可支配收入 24776 元，比上年 22652 元增长 9.4%。全年全市居民人均消费支出 30863 元，比上年 28307 元增长 9.0%。按常住地分，城镇居民人均消费支出 34005 元，比上年 31201 元增长 9.0%；农村居民人均消费支出 19150 元，比上年 17520 元增长 9.3%。我们将2015 年至 2019 年居民人均可支配收入总结成图 8-5。

　　（2）提高就业水平

　　武汉军运会属于体育产业，而体育产业是消费服务业，是文化产业的有机组成部分，是与多种消费服务结合的配套产业，比如：餐饮、零售、旅游、酒店等生活服务业。武汉军运会从理论和实践操作上都为社会提供了大量的就业机会和岗位。特别是武汉军运会的举办，需要很多的工作人员，这就给武汉市及其周边城市创造了大量的就业机会；提高了当地的就业水平。这种就业水平的影响分为长期影响和短期影响。单从军运会本身来看，其提供的就业机会以及工作岗位大多是临时性、兼职性的，长期岗位较少；但从全局来看，军运会的场馆建设，军运会比赛以及为比赛提供

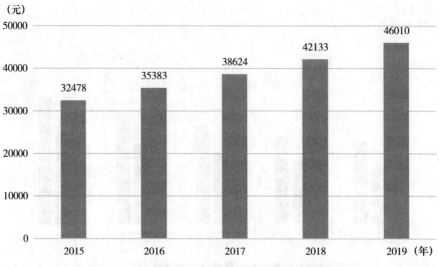

图 8 - 5　2015—2019 年武汉市居民人均可支配收入

产品或者服务的上下游企业的发展可大力推动相关产业的快速发展,进而增加各产业之间的关联性。这些关联性企业或者产业可直接或者间接地为当地提供长期工作岗位,进而增加就业机会。此外,受益于军运会的宣传效应,武汉市及湖北省的知名度和影响力大大提高,在很大程度上刺激旅游业的发展,这也将持续创造大量第三产业就业机会。

湖北省 2015—2019 年新增城镇就业数如图 8 - 6 所示:

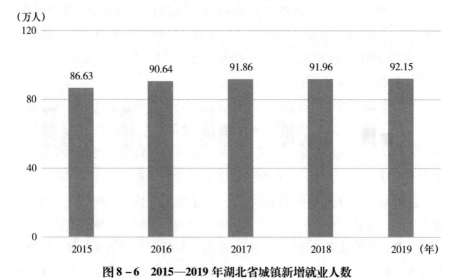

图 8 - 6　2015—2019 年湖北省城镇新增就业人数

武汉市 2015—2019 年新增城镇就业数如图 8 - 7 所示：

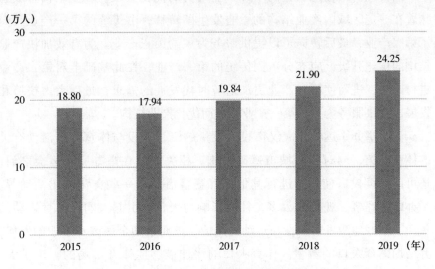

图 8 - 7　2015—2019 年武汉市城镇新增就业人数

武汉周边三市 2015—2019 年新增城镇就业数如图 8 - 8 所示：

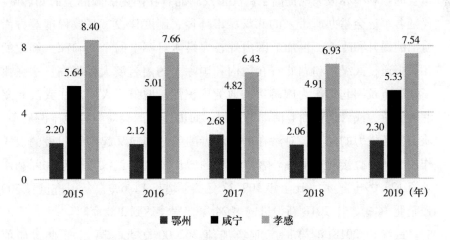

图 8 - 8　武汉周边三市 2015—2019 年新增城镇就业数

（3）优化经济结构

国民经济结构的调整离不开产业结构的优化升级，产业结构升级意味着在一定区域内产业结构的重心发生了转移，由传统的第一产业转向了第二产业，最后转向了以提供服务为主的第三产业。为有效加快产业结构的优化升级，应充分巩固传统的第一产业，在此基础上对第二产业进行改造，进而使第二产业更加适应时代发展的需求，最后大力扶持和发展以提供服务为主的第三产业，进而优化产业结构。

为了举办军运会，武汉市投入大量的资金建设与体育赛事活动有关的体育场馆，同时完善城市基础设施。相关设施在举办完军运会之后，还可以继续投入使用，进行其他体育赛事活动和一些文化演出活动等。举办体育赛事，观众人数多，社会影响力大，会引起人们对体育运动的关注，很好地激发群众参与运动的热情，进而带动全民健身事业的发展，并增加体育人口的数量。体育人口的增加能够使体育市场的需求扩大，从而促进体育竞赛表演市场、体育用品、休闲产业等的发展。同时，军运会的规模大、覆盖面广，相关产业众多，军运会的举办能带动一系列的产业如商业、饮食、娱乐、旅游等。

此外，军运会的顺利举办将极大地促进武汉市及周边城市，乃至整个湖北省的旅游业的发展。而旅游业属于第三产业的重要组成部分。军运会的顺利举办极大地提高了武汉市及湖北省在国内、国际上的知名度。伴随着军运会举办所带来的武汉城市环境、制度建设、开放程度等方面全面的提升和改善，再加上国内外各大媒体对赛事的全面和深入细致的相关报道，武汉市和湖北省在国内和国际上的美名度大幅提高。这强化了武汉市及湖北省作为旅游目的地的标识性，增强了人们前往武汉和湖北省旅游，或者进行商业活动的意识。而由于军运会对主办地旅游形象、旅游服务能力的提升，对潜在的旅游者的爱好趋向又起到了积极的引导作用，从而直接促进了海外客源市场的增长。2019 武汉市全年实际利用外资 123.09 亿美元，比上年 109.27 亿美元增长 12.6%。新引进世界 500 强企业 34 家，比 2018 新引进的多 24 家，累计达到 300 家。

武汉市 2018 年第一产业增加值 362.00 亿元；第二产业增加值 6377.75 亿元；第三产业增加值 8107.54 亿元。三次产业构成为 2.4∶43.0∶54.6。与此对比，2019 年第一产业增加值 378.99 亿元，增长

3.0%；第二产业增加值 5988.88 亿元，增长 6.5%；第三产业增加值 9855.34 亿元，增长 8.2%。三次产业结构调整为 2.3：36.9：60.8。由此可见，军运会的成功举办，促进了武汉市第二、三产业的更快的发展。

2015—2019 年武汉市生产总值构成如图 8−9 所示：

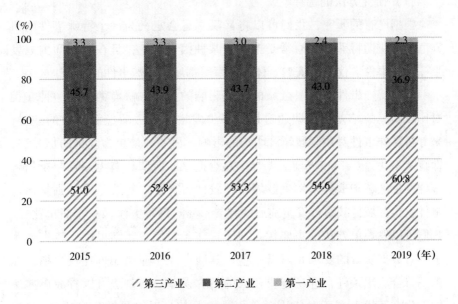

图 8−9　武汉市 2015—2019 年生产总值构成

（4）推动城市建设

武汉军运会的顺利举行，离不开武汉市基础设施的支撑。在武汉军运会的筹备过程中，武汉市政府对基础设施进行了大量投资来完善其各项功能，全面改善了武汉的环境、道路交通、生态绿化等，提升城市的整体服务功能，更好地为军运会服务，向全世界展示了良好的精神面貌和优美的城市环境。可以说，军运会是武汉城市建设的助推剂，为武汉进行具有超前性的城市建设提供了机会。在军运会筹备期间，来自政府、民间和海外与军运会有直接关系的总投资就达到 1400 多亿元。武汉市整治道路总长 2837 千米，建设完成 42 条城市主干道，全市快速路通车总里程达到 281 千米，轨道交通总通车里程达到 338.8 千米，为城市长远发展和方便市民生活做出了诸多贡献。同时，武汉军运会为迎接 109 个国家的近万名来宾，建造军运村，新建和翻新 35 座军运场馆。

下文我们将运用倍差法对武汉军运会的经济影响进行更进一步的定量分析。

2. 军运会对区域发展影响效应的定量分析

（1）研究方法的选择

根据已有的研究，我们可以将武汉军运会定义为一个特殊事件的研究范畴。所谓特殊事件通常是指基于某种因素产生，且在短时间内只发生一次的事件。仪式、庆典、体育赛事等都属于特殊事件的范畴。

研究特殊事件对一定区域的经济影响的主流方法有两种。一种是相对比较简单的单差法，即通过比较事件发生前后区域经济增长的差异，来分析特殊事件对该区域经济增长的影响。另一种是更为复杂的倍差法，即将"有无差异"和"前后差异"结合起来。所谓"有无差异"是指将事件发生区域和事件未发生区域做比较，而所谓"前后差异"则是指对事件发生区域比较事件发生前后的差异。对这两种方法做一个简单比较，我们可以发现单差法的主要优点在于操作相对简单，结果也比较直观明了，对数据质量的要求相对低一些。其缺点在于应用条件比较严格，如果不符合应用条件，容易造成较大的估算误差。倍差法可以看成单差法的强化，其优点在于对应用条件不那么严格，对结果的估算更加准确。其缺点在于操作更加复杂，对数据质量的要求也更高。

通过前期初步调研和数据模拟，我们发现使用单差法来估算军运会对湖北省、武汉市及其周边地区经济发展的影响可能是不准确的。大致原因我们阐述如下。在武汉军运会举办前后，还会有其他很多因素影响到湖北省、武汉市及其周边地区的经济发展。比如，同一时期中央政府、湖北省政府出台的一些经济政策可能会对湖北省、武汉市及其周边地区的经济发展有影响。而这些政策的作用时期与军运会的举办时期重叠，那么比较军运会前后湖北省、武汉市及其周边地区的经济发展状况，我们就无法分辨出哪些结果是由于军运会所导致的，而哪些结果是由于同时期的经济政策所导致的。因此结合武汉军运会的具体特征，我们认为倍差法更适合用来估算军运会对湖北省、武汉市及其周边地区经济发展的影响。

倍差法又称双重差分法（differences in differences）。作为政策效应评估、特殊事件影响研究，倍差法被越来越多的研究者所青睐和采用，已经成为经济学实证研究中一种标准的方法。在研究军运会对湖北省、武汉市及周边地区经济发展的影响上，倍差法具有以下几点优势。第一，使用倍差法可以很大程度上避免内生性问题的困扰。军运会的举行对于武汉市而言是外生的，因而不存在逆向因果的问题。此外，在倍差法中的固定效应估计还能缓解遗漏变量的偏误问题。因为在军运会举行时期，影响湖北省、武汉市及其周边地区经济发展的因素有很多，在我们做计量分析的时候，不可避免地由于考虑不周全或者数据不完备，会遇到遗漏变量的问题。而倍差法中的固定效应则可以将这些未被包含在计量模型中的遗漏变量的影响用区域、城市、时间的虚拟变量（dummy variables）来体现。第二，使用倍差法需要用面板数据。在这一方面，和我们所研究的问题——武汉军运会对湖北省、武汉市及周边地区经济发展的影响——是吻合的。在纵向时间维度上，我们可以选取军运会确定由武汉举办之前几年到军运会举办完成的 2019 年。在横截面上，如果我们研究的具体问题是军运会对湖北省的经济影响，我们可以选取全国其他省份与湖北省在这些年经济发展相关数据；如果我们研究的具体问题是军运会对武汉市的影响，我们可以选取湖北省其他城市（如襄阳、黄石等）以及全国其他和武汉同类型城市（如郑州、长沙、南昌、杭州等）这些年经济发展相关数据；如果我们研究的是军运会对武汉周边城市的影响，那么我们可以选取湖北省其他与武汉不接壤城市（如襄阳、十堰、荆州等）以及全国其他与武汉周边类似的三四线城市这些年经济发展相关数据。第三，虽然相对于单差法，倍差法更复杂，但是先对于其他更复杂的计量模型，倍差法的核心思想是比较容易理解的，在具体的计量软件中（如 STATA、R）也有已经完善的命令或者程序包可以直接调用，而不会像空间计量等方法一样让人很难理解、望而生畏。第四，在计量理论上倍差法已经是一个很成熟的计量方法了。已有的研究对其优缺点掌握得比较全面，这样在应用过程中我们能够较好的使用它，突出它的优点，回避它的缺点。而在实践中，倍差法是研究事件影响的最主流的方法，已经被众多顶尖的经济学家应用在各种各样的经济学问题中，得到了经济学界的一致认同。因此，通过倍差法得到的结果，也更容易被大家接受。

基于以上所述，我们在运用计量经济学分析军运会对湖北省、武汉市及周边地区经济发展的影响时将采取倍差法。下文我们将倍差法的基本原理做简要阐述。

（2）倍差法简介

在已有研究中，早期的倍差法基本模型设置如下：

$$Y_{it} = \alpha_0 + \alpha_1 event + \alpha_2 after + \alpha_3 event \cdot after + BX + \varepsilon_{it}$$

其中，event 为分组虚拟变量，如果属于受事件影响的地区则取值为1，否则取值为0。after 为事件发生虚拟变量，事件发生之前取值为0，事件发生后取值为1。event · after 为分组虚拟变量与事件发生虚拟变量的交互项。其系数 α_3 是模型考察的关键变量，其反映了政策实施的净效应。X 为一系列会影响所考察因变量的其他因素。ε_{it} 为随机扰动项。

下面我们基于这一模型对倍差法的工作原理做简要阐述。为了阐述简便，我们假设所考察的经济发展变量 Y_{it} 为 GDP 增速。同时选取两个城市武汉和长沙，其中武汉市举行了军运会，为处理组，而长沙市没有，为对照组。那么在军运会确定由武汉市举办前，对于武汉市而言，event 变量取值为1，after 变量取值为0，event · after 取值为0。武汉市的 GDP 增速受到常数项 α_0、分组虚拟变量 event 和其他因素 BX 的影响。而对于长沙市而言，event 变量取值为0，after 变量取值为0，event · after 取值为0。其 GDP 增速受到常数项 α_0 和其他因素 BX 的影响。对比影响武汉和长沙 GPD 增速的因素，我们可以发现差别在于 event 这一变量。而在军运会举办后，对于武汉市而言 event 变量取值为1，after 变量取值为1，event · after 取值为1。武汉市的 GDP 增速受到常数项 α_0、分组虚拟变量 event、事件发生虚拟变量 after、交互项 event · after 以及其他因素 BX 的影响。而对长沙市而言，event 变量取值为0，after 变量取值为1，event · after 取值为0。其 GDP 增速受到常数项 α_0、事件发生虚拟变量 after 和其他因素 BX 的影响。我们将武汉市和长沙市做比较（求差），得到两个城市影响 GDP 增速的变量在于武汉市多了分组虚拟变量 event 和交互项 event · after。以上完成了倍差法中的一重差分的分析。然后，将武汉市与长沙市在军运会发生前的差别和发生后的差别做比较，就会发现两者之差在于交互项 event · after。这就是第二重差分。而通过二重差分得出的这个交互项 event · after 也就是要考察的关键变量。如果其统计显著且值为正，则说明相对于没有举办军运会的长沙市而言，军运会的举办促进了武汉市 GDP 的增长，使得其增速较未举办军运会而言更快。可以将二重差分的分析总结如表 8 - 1 所示。

表 8 - 1　　　　　　　　　　　双重差分说明表

	军运会举办前	军运会举办后	军运会前后一重差分
武汉市	$\alpha_0 + \alpha_1$	$\alpha_0 + \alpha_1 + \alpha_2 + \alpha_3 + BX$	$\alpha_2 + \alpha_3$
长沙市	$\alpha_0 + BX$	$\alpha_0 + \alpha_2 + BX$	α_2
军运会发生地一重差分	α_1	$\alpha_1 + \alpha_3$	α_3

（3）改进的倍差法

在后期的研究中，研究者们对倍差法做了一些改进，使用得更多的是如下计量模型：

$$Y_{it} = \alpha_0 + \alpha_1 event \cdot after + \gamma_i + \tau_t + BX + \varepsilon_{it}$$

将两种模型进行对比，不难发现模型所考察的关键变量 $event \cdot after$ 没有变化。而在新模型中，γ_i 代替了 $event$，τ_t 代替了 $after$。其中 γ_i 为区域固定效应，其不但能够包括该区域是否发生所考察事件，还包括其他一些不易观察到的区域间差异信息，因而是比 $event$ 更加完备的衡量。τ_t 是时间固定效应，其不但能够包括时间是否发生的信息，还包括一些其他受到时间影响且没被模型考虑到的因素，因而是比 $after$ 更准确的变量衡量。

（4）使用倍差法估计武汉军运会的经济影响

在使用倍差法估计军运会对湖北省、武汉市及其周边区域的经济发展的影响过程中，主要参考 Hotchkiss，Moore 和 Zobay[1] 的方法，他们主要分析了 1996 年亚特兰大奥运会对相关郡县雇佣率和工资的影响。其所研究的问题和我们类似，采用的方法也相近。

在具体分析中，我们考虑构建如下计量模型：

---

[1]　Hotchkiss Julie L. Moore Robert E. & Zobay Stephanie M. ，"Impact of the 1996 Summer Olympic Games on Employment and Wages in Georgia"，*Southern Economic Journal*，Vol. 69，No. 3，2003，pp. 691 - 704.

$$Y_{it} = \alpha_0 + \alpha_1 event \cdot after + \gamma_i + \tau_t + BX + \varepsilon_{it}$$

其中 Y_{it} 是要考察的经济发展指标，i 表示所考察省份、城市或区域，t 表示时间。考虑主要考察三个经济发展指标，第一个是 GDP 增速，第二个是第三产业占比，第三个是城镇新增就业数。在考察军运会对湖北省的经济发展影响时，使用湖北省以及全国其他省和直辖市的 GDP 增速、第三产业占比和城镇新增就业数。在考察军运会对武汉市的经济发展影响时，使用武汉市以及全国其他省份直辖市和五个计划单列市的 GDP 增速、第三产业占比和城镇新增就业数。在考察军运会对武汉周边城市的经济发展影响时，使用与武汉接壤的鄂州、咸宁和孝感作为处理组，而湖北省其他未接壤城市再加上周边河南、湖南、江西三省相似城市作为对照组。使用这些城市的 GDP 增速、第三产业占比和城镇新增就业数作为因变量。

$event \cdot after$ 为考察的军运会影响的关键变量。只有在军运会举办后，受军运会影响到省、市，该变量值取 1，在军运会举办前，或未受军运会影响的省、市该变量值取 0。其系数 α_1 反映了军运会对相关经济发展衡量指标的影响。α_1 值为正说明军运会的举办对相关经济发展指标有促进作用，为负则说明有反作用。α_1 值越大说明军运会举办的效果越显著，对经济发展的促进作用也越大。我们预期，在所考察的三个衡量经济发展的指标中，α_1 的值都显著为正。也就是说，军运会能够加快湖北省、武汉市及其周边城市的 GDP 增速，提高第三产业占比，促进城镇人口就业。

γ_i 为省份、城市固定区域效应虚拟变量，主要用来控制此模型中没有包括的省份间、城市间差异。τ_t 为固定时间效应虚拟变量，主要用来控制模型中没有体现的时间、年份上的影响。

BX 为其他会影响需要考察的三个经济发展指标的控制变量。在衡量军运会对 GDP 增速的分析中，主要参考朱乘亮等[1]的方法，将第三产业占比、第二产业占比、年 FDI 额度、年固定资产投资额度、城乡居民储蓄余额、人力资本（以所在省份每万人口在校大学生人数衡量）列为控制变量。在衡量军运会对第三产业占比的分析中，将人均收入、城乡居

---

① 朱承亮、岳宏志、李婷：《中国经济增长效率及其影响因素的实证研究：1985～2007年》，《数量经济技术经济研究》2009 年第 9 期，第 52—63 页。

民储蓄余额、人力资本（以所在省份每万人口在校大学生人数衡量）列为控制变量。在衡量军运会对城镇新增就业数的影响时，将第三产业占比、第二产业占比、年 FDI 额度、年固定资产投资额度、城乡居民储蓄余额、人力资本（以所在省份每万人口在校大学生人数衡量）列为控制变量。

基于以上阐述，将在省、市层面构建一下三个计量模型。在考察军运会对 GDP 增速的影响时，使用如下模型：

$$GDP_{it} = \alpha_0 + \alpha_1 event \cdot after + \gamma_i + \tau_t + \beta_1 Third + \beta_2 Second +$$
$$\beta_3 FDI + \beta_4 K + \beta_5 Saving + \beta_6 Edu + \varepsilon_{it}$$

在考察军运会对第三产业占比的影响的分析中，将采用如下模型：

$$Third_{it} = \alpha_0 + \alpha_1 event \cdot after + \gamma_i + \tau_t + \beta_1 Income +$$
$$\beta_2 Saving + \beta_3 Edu + \varepsilon_{it}$$

在考察军运会对城镇新增就业数的影响的分析中，将采用如下模型：

$$Emp_{it} = \alpha_0 + \alpha_1 event \cdot after + \gamma_i + \tau_t + \beta_1 Third + \beta_2 Second +$$
$$\beta_3 FDI + \beta_4 K + \beta_5 Saving + \beta_6 Edu + \varepsilon_{it}$$

模型中所涉及变量定义如表 8 - 2 所示。

表 8 - 2　　　　　　　　　　　　变量定义表

GDP	Third	Second	FDI	K	Saving	Edu	Income	Emp
GDP 增速	第三产业占比	第二产业占比	外商直接投资额	固定投资额	城乡居民储蓄余额	人力资本（每万人口中大学生数）	人均收入	城镇新增就业数

（5）分析结果

①军运会对武汉市 GDP 增速的影响

首先分析军运会对武汉市 GDP 增速的影响。表 8 - 3 展示了军运会对武汉市产业结构的影响，为了衡量军运会对武汉市 GDP 增速的影响，本研究选择了与武汉市地理位置、经济发展水平相似的五个城市合肥、南昌、济南、郑州、长沙作为对照组。时间跨度为 2007—2018 年，表 8 - 4 的第 1 列、第 2 列、第 3 列、第 4 列、第 5 列、第 6 列依次加入城乡居民储蓄余额、每万人口中大学生数、外商直接投资额、固定投资额、第二产业占比、第三产业占比作为控制变量的回归结果，可以看到，无论是否加入控制变量，相比于其他对照组，举办军运会都显著地改变了武汉市的 GDP 增速，具体表现为在 2015 年明确举办军运会之后，武汉市的 GDP 增速明显上升（大约提高 0.2 个百分点）。这主要得益于武汉市为办好军运会而进行的前期投入，极大提振了武汉的经济发展。

由于本研究进行时，大部分 2019 年的统计数据还未公布，所以我们的测算截止到 2018 年。考虑到军运会举办对武汉市经济建设及发展的巨大促进作用，预计其对武汉市 2019 年及以后的经济增速提振作用明显。而这种提振与 2019 年之前是不同的，2015—2018 年军运会筹备阶段对武汉经济的促进作用主要来源于基础设施建设，这提高了第二产业在武汉市总产值中的占比（下面会具体分析军运会举办对武汉市产业结构的影响）。而 2019 年军运会举办之后，相信对武汉市经济的主要促进作用来源于受军运会举办所带来的旅游业、服务业等第三产业的提振。待后续数据陆续公布后，将有一个更加准确的分析。

表 8−3　　　　　　　　军运会对武汉市 GDP 增速的影响

	（1）	（2）	（3）	（4）	（5）	（6）
	GDP	GDP	GDP	GDP	GDP	GDP
Event ∗ after	0.002 **	0.003 **	0.0017 **	0.0020 **	0.0020 **	0.0021 **
	（0.009）	（0.008）	（0.007）	（0.009）	（0.009）	（0.009）
saving	−0.036	0.022	0.030	0.037	0.019	0.016
	（0.032）	（0.069）	（0.063）	（0.065）	（0.062）	（0.061）
edu		−0.062	−0.092	−0.129	−0.116	−0.115
		（0.064）	（0.060）	（0.083）	（0.074）	（0.075）
fdi			0.035 ***	0.031 ***	0.029 ***	0.030 ***
			（0.011）	（0.011）	（0.010）	（0.011）
k				0.019	0.022	0.022
				（0.025）	（0.023）	（0.024）
second					−0.051 **	−0.004
					（0.019）	（0.113）

续表

	（1）	（2）	（3）	（4）	（5）	（6）
	GDP	GDP	GDP	GDP	GDP	GDP
third						0. 042
						（0. 094）
_ cons	0. 435	0. 285	0. 083	0. 114	0. 217	0. 190
	（0. 293）	（0. 354）	（0. 319）	（0. 307）	（0. 307）	（0. 338）
Obs.	60	60	55	50	50	50
R-squared	0. 825	0. 832	0. 900	0. 916	0. 926	0. 926

注：Standard errors are in parenthesis.

*** $p < 0.01$，** $p < 0.05$，* $p < 0.1$.

②军运会对武汉市产业结构的影响

表 8 - 4 和表 8 - 5 展示了军运会对武汉市产业结构的影响，为了衡量军运会对武汉市第二产业、第三产业占比的影响，本研究选择了与武汉市地理位置、经济发展水平相似的五个城市合肥、南昌、济南、郑州、长沙作为对照组，时间跨度为 2007—2018 年。表 8 - 4 和表 8 - 5 的第 1 列展示了未加入控制变量的回归结果，第 2 列、第 3 列、第 4 列依次加入城乡居民储蓄余额、人均收入、每万人口中大学生数作为控制变量，可以看到，无论是否加入控制变量，相比于其他对照组，举办军运会都显著地改变了武汉市的产业结构，具体表现为军运会筹备阶段，武汉市的第二产业占比显著增加，第三产业占比显著减少。

这是因为在军运会筹备阶段，武汉市进行了大量场馆建设和基础设施建设。这极大地提振了这一段时间武汉市第二产业的发展。同时，由于挤出效应的作用，这对武汉市第三产业的发展造成了一定负面影响。但是我们相信，在军运会举办及举办后的几年，受到军运会对武汉市的正面宣传作用，以旅游业、服务业为代表的第三产业将得到迅速发展，其占比也将持续上升。待相关后续数据出来，我们可以验证我们的推测。

表8-4   军运会对武汉市第三产业占比的影响

	(1)	(2)	(3)	(4)
	第三产业	第三产业	第三产业	第三产业
Event * after	-0.031***	-0.038***	-0.038***	-0.033***
	(0.009)	(0.011)	(0.011)	(0.011)
saving		-0.078*	-0.078*	-0.065
		(0.042)	(0.042)	(0.044)
income			0.003	-0.049
			(0.090)	(0.090)
edu				0.064**
				(0.029)
_cons	0.466***	1.084***	1.048	1.069
	(0.002)	(0.330)	(1.071)	(0.968)
Obs.	72	72	72	72
R-squared	0.916	0.921	0.921	0.928

注：Standard errors are in parenthesis.

*** $p < 0.01$, ** $p < 0.05$, * $p < 0.1$.

表8-5   军运会对武汉第二产业的影响

	(1)	(2)	(3)	(4)
	第二产业	第二产业	第二产业	第二产业
Event * after	0.025**	0.031**	0.030**	0.026**
	(0.011)	(0.013)	(0.013)	(0.012)
saving		0.071	0.068	0.057
		(0.044)	(0.045)	(0.047)
income			-0.062	-0.016
			(0.097)	(0.100)
edu				-0.057*
				(0.030)
_cons	0.492***	-0.069	0.623	0.604
	(0.003)	(0.349)	(1.125)	(1.046)
Obs.	72	72	72	72

续表

	（1）	（2）	（3）	（4）
	第二产业	第二产业	第二产业	第二产业
R-squared	0.898	0.902	0.903	0.908

注：Standard errors are in parenthesis.

*** $p < 0.01$, ** $p < 0.05$, * $p < 0.1$.

③军运会对武汉市就业的影响

表 8-6 展示了军运会对武汉市城镇新增就业人数的影响，与衡量军运会对武汉市 GDP、产业结构影响类似，我们选择了与武汉市地理位置、经济发展水平相似的五个城市合肥、南昌、济南、郑州、长沙作为对照组，时间跨度为 2007—2018 年。表 8-6 的第 1 列、第 2 列、第 3 列、第 4 列、第 5 列、第 6 列依次加入城乡居民储蓄余额、每万人口中大学生数、外商直接投资额、固定投资额、第二产业占比、第三产业占比作为控制变量的回归结果，可以看到，无论是否加入控制变量，相比于其他对照组，举办军运会都显著地影响了武汉市城镇新增就业人数。受军运会举办的影响，武汉市的新增就业人数增加了 7 万人左右。

可以看到，军运会的举办对武汉市就业的促进作用非常明显。同时，由于数据截至 2018 年，在军运会举办的 2019 年及其以后年份的数据暂时无法获得。但是预计在 2019 及其后年份武汉市就业将持续受到军运会举办的正面刺激作用。结合前述产业结构分析，我们认为在军运会筹备阶段，军运会对武汉市就业的影响主要来源于第二产业快速发展所带来的就业需求。而在军运会举办及其后年份，军运会对武汉市就业的影响将主要来源于军运会对武汉市第三产业发展所带来的刺激作用。

表 8-6　　　　　　　　　军运会对武汉城镇新增就业的影响

	（1）	（2）	（3）	（4）	（5）	（6）
	employment	employment	employment	employment	employment	employment
Event * after	7.695 **	10.132 **	3.821 **	7.337 **	11.314 **	14.444 **
	(8.628)	(9.498)	(10.287)	(12.196)	(13.339)	(14.209)

续表

	（1）	（2）	（3）	（4）	（5）	（6）
	employment	employment	employment	employment	employment	employment
lnsaving	128. 381 ***	136. 910 ***	140. 517 ***	113. 799 ***	120. 715 ***	128. 844 ***
	（23. 199）	（29. 131）	（30. 441）	（27. 926）	（30. 431）	（30. 927）
lnedu		20. 619	33. 968	17. 526	9. 304	5. 256
		（33. 389）	（30. 897）	（27. 459）	（27. 960）	（28. 952）
lnfdi			29. 273 *	28. 012 *	25. 111 *	24. 073
			（17. 278）	（14. 273）	（14. 114）	（15. 187）
lnk				75. 487 ***	87. 964 ***	87. 107 ***
				（20. 148）	（25. 462）	（26. 117）
second					– 107. 799	220. 332
					（100. 054）	（377. 768）
third						370. 735
						（398. 078）
_ cons	– 874. 339 ***	– 1081. 278 **	– 1425. 695 ***	– 1701. 291 ***	– 1723. 341 ***	– 2077. 570 ***
	（181. 453）	（412. 032）	（446. 468）	（360. 190）	（348. 996）	（504. 012）
Obs.	60	60	60	60	60	60
R-squared	0. 926	0. 926	0. 931	0. 942	0. 943	0. 945

注：Standard errors are in parenthesis.

*** $p < 0.01$，** $p < 0.05$，* $p < 0.1$.

总的来说军运会的举办对武汉市经济发展影响明显。这主要体现在筹备阶段对第二产业刺激，所带来的就业人数的增加及 GDP 增速的加快。下面就军运会举办对湖北省经济发展的影响做简要分析。

④军运会对湖北省 GDP 增速的影响

表 8 – 7 展示了军运会对湖北省 GDP 增速的影响，为了衡量军运会对湖北省 GDP 增速的影响，本研究选择了除湖北省及除港澳台以外的 30 个省、直辖市作为对照组，表 8 – 7 的第 2 列、第 3 列、第 4 列是依次加入人均收入、每万人口中大学生数、第二产业占比、第三产业占比作为控制变量的回归结果。可以看到，军运会对整个湖北省 GDP 增速的影响并不显著。这是因为在军运会筹备阶段，其对经济的促进作用主要来源于

场馆建设和基础设施的完善。这一部分的投资相对集中在武汉市，对湖北省的辐射有限。同时，基础建设对于经济发展的影响是相对滞后的，因此在衡量范围内（2015—2018 年），军运会的筹备对湖北省 GDP 增速没有明显影响。军运会的辐射效应需要通过其举办时和举办后对第三产业的带动来体现。

表 8 - 7　　　　　　　　军运会对湖北省 GDP 增速的影响

	(1)	(2)	(3)	(4)	(5)
	GDP	GDP	GDP	GDP	GDP
Event * after	- 0.001	0.003	0.003	- 0.003	- 0.003
	(0.003)	(0.004)	(0.004)	(0.003)	(0.003)
lnincome		0.048 ***	0.047 ***	0.033 **	0.033 **
		(0.018)	(0.018)	(0.016)	(0.016)
lnedu			0.003	- 0.003	- 0.003
			(0.009)	(0.009)	(0.009)
second				0.129 ***	0.148 **
				(0.031)	(0.059)
third					0.024
					(0.066)
_ cons	0.103 ***	- 0.409 **	- 0.417 **	- 0.293 *	- 0.308 *
	(0.001)	(0.196)	(0.199)	(0.177)	(0.178)
Obs.	372	372	372	372	372
R-squared	0.794	0.799	0.800	0.811	0.811

注：Standard errors are in parenthesis.

*** $p < 0.01$, ** $p < 0.05$, * $p < 0.1$.

⑤军运会对湖北省产业结构的影响

表 8 - 8 展示了军运会对湖北省产业结构的影响。为了衡量军运会对湖北省第二产业、第三产业占比的影响，本研究选择了除湖北省及除港澳台以外的 30 个省、直辖市作为对照组，表 8 - 8 的第 1—3 列展示了军运会对湖北省第二产业占比的影响，第 4—6 列展示了军运会对湖北省第三产业的影响，第 1 列和第 4 列展示了未加入控制变量的回归结果，第 2

列和第 4 列展示了加入城人均收入作为控制变量的回归结果，第 3 列和第 6 列展示了加入每万人口中大学生数作为控制变量的回归结果。可以看到，无论是否加入控制变量，相比于其他对照组，举办军运会都显著地改变了湖北省的产业结构，具体表现为在军运会筹备过程中，湖北省的第二产业占比显著增加，第三产业占比显著减少。由此可见，在军运会筹备阶段，湖北省、武汉市为军运会的顺利举行进行了大量的基础设施建设和场馆建设，从而刺激了第二产业的发展，改变了这一时期湖北省、武汉市的产业结构。

表 8 - 8 军运会对湖北省产业结构的影响（省级层面）

	(1)	(2)	(3)	(4)	(5)	(6)
		second			third	
did	0.036 ***	0.046 ***	0.042 ***	- 0.015 **	- 0.022 **	- 0.019 **
	(0.008)	(0.010)	(0.010)	(0.007)	(0.009)	(0.009)
lnincome		0.120 ***	0.107 **		- 0.077 **	- 0.069 *
		(0.040)	(0.042)		(0.035)	(0.036)
lnedu			0.049 **			- 0.032
			(0.022)			(0.021)
_ cons	0.452 ***	- 0.837 *	- 0.953 **	0.443 ***	1.277 ***	1.352 ***
	(0.002)	(0.430)	(0.409)	(0.001)	(0.377)	(0.368)
Obs.	372	372	372	372	372	372
R-squared	0.897	0.902	0.904	0.939	0.941	0.942

注：Standard errors are in parenthesis.

*** $p < 0.01$, ** $p < 0.05$, * $p < 0.1$.

对武汉周边城市的影响，由于缺乏相关数据，我们暂时无法获得准确衡量。但是根据已完成对武汉市的分析，我们推测军运会的举办提高了武汉周边城市的 GDP 增速，但是会要小于其对武汉市的影响。同时，军运会的筹备阶段对武汉周边城市第二产业会有一定带动作用，但其效果不如武汉市明显。此外，军运会的举办将在一定程度上周边城市的城镇新增就业人口数，但其受益程度要小于武汉市。总体来讲，军运会的举办对环武汉城市带动经济发展有促进作用，在筹备阶段会提高这些城市的第二产业占比，有可能会挤压第三产业，对这些城市的就业也有正面的促进作用，但是军运会对这些城市的影响要小于对武汉市的影响。

（四）武汉军运区域发展遗产的现状与问题

举办军运会不仅对于湖北加快形成"一芯驱动、两带支撑、三区协同"的高质量发展区域和产业战略布局具有巨大影响，对于推动武汉城市圈交通、环境、产业和公共服务等协同发展，促进武汉城市圈同城化、一体化发展具有巨大影响，而且对于复兴大武汉、建设国家中心城市、实现城市高质量发展具有巨大影响。然而从微观方面来看，武汉军运会涉及的市内重点区域或板块集中体现在武汉开发区、临空港经开区、光谷、东湖和江夏片区，通过对这些片区与军运会相关区域的实地调查和资料分析，可以相对直观地感受目前武汉军运区域发展遗产的主要状况。

1. 军运遗产促进了以武汉为中心的区域发展

与军运会相关的基础设施、生态环境、经济、文化、社会等军运遗产促进了以武汉为中心的区域发展加速。

一是基础设施遗产促进了武汉及周边区域的一体化发展。为了筹办军运会，武汉加速完善了地铁、长江大桥、过江隧道、城际铁路等基础设施建设，市内及周边区域交通提速的同时，也促进了武汉及周边区域的一体化发展。2018 年武汉开通了 7 号线南延线（纸坊线）、2 号线南延线和 4 号线蔡甸线；2019 年武汉完成了 16 号线一期工程，2019 年 4 月，二七路至铁机路过长江通道建成。这些大型基建的成功建设，对促进武汉及周边区域的一体化发展意义重大。

二是生态环境遗产促进了武汉及周边区域文明和环境提升。武汉军运会召开前，武汉沌口片区、东西湖片区、青山江滩片区、东湖绿心等区域的生态环境发展加快，城市看上去很整洁、很干净。武汉军运会生态环境遗产的建设促进了武汉及周边区域更重视生态文明和可持续发展理念，为武汉及周边区域将来举办大型赛会树立了可持续发展的标杆。

三是经济遗产促进了武汉周边区域相关产业和相关业态的发展。物流、人流、资金、信息流等要素集聚，武汉地区的体育、文化、旅游、会展等产业和相关业态大发展。在体育产业方面，武汉军运会筹备期间，相关部门多次对武汉市体育场馆、体育产业、体育运动和体育教育等多方资源要素进行了一次大的整合和加强，对武汉及周边区域的竞技体育与群众体育的同步、协调发展有很大促进作用，武汉及周边区域的体育产业发展和体育人才培育得到了提升。在旅游产业方面，世界军运会把武汉市的发展成就、城市形象和文化底蕴、旅游景点等推向世界，提升了武汉及周边区域的国内外知名度，这对武汉及周边区域的文旅产业发展起到了很好的推介、推动作用。

四是文化遗产提升增强了武汉区域形象和文化竞争力。军运会向世界展示了武汉及周边区域的发展成就、城市形象和文化底蕴，提高城市知名度和影响力，让武汉区域更好地走向世界，也让世界更好地了解武汉及周边区域。军运会是为纪念和平而创立的，本届赛会的主题就是"共享友谊，同筑和平"。通过这次和平盛会，多渠道、立体化地推介中国和平发展的理念，拓展国际合作空间，为构建人类命运共同体贡献武汉的力量。

五是社会遗产带来的军运会志愿者精神使武汉区域更团结奋进。武汉军运会提升全民的国防意识和团结意识。武汉军运会的一个鲜明特点就是军地合作、军地共办。军地共同办赛，有力地弘扬了武汉市军爱民、民拥军的光荣传统，巩固和发展了坚如磐石的军政、军民关系，加强了全民的国防教育，使关心国防、热爱国防、建设国防成为全社会的思想共识和行动自觉。武汉军运会的志愿者精神，激励了大批高校学生志愿者和市民。据统计，本次赛会志愿者、城市志愿者总共 23.6 万名，而活跃在街道社区的志愿者则有上百万人之多，"小水杉"红马甲是武汉这座城市带给各国来宾的深刻印象，充分体现了"奉献、友爱、互助、进步"的志愿精神。

2. 军运区域发展遗产集中体现在五大片区

（1）武汉开发区

武汉开发区是开闭幕式举办地、主媒体中心和排球、游泳、跳水、跳伞、马术等 8 项重要赛事所在地，竞赛设施最多、项目最全、关注度最高，是"主场中的主场"。通过一场精彩的军运会，武汉开发区站在世界的舞台中央、全球的聚光灯下。

首先，城市面貌焕然一新，城市品质产生质的飞跃。2897栋建筑立面得到整治，48条路面得到提升，9万多棵树木被栽下，73条背街小巷得到整治，81座公厕被新改建……东风大道沿线，既是开发区的核心区，也是军运会主场馆所在地，成为"武汉10条最美林荫道"，点亮了"车都之夜"。开发区干净整洁的城市形象给外国友人留下了深刻的印象。

其次，体育产业优势得以巩固，距离国家级"体育之都""赛事之都"更进一步。2019年4月，武汉开发区被国家体育总局批准为"国家体育产业示范基地"，成为中国中部体育高地，赛会经济、体育产业跻身"国家队"。会后主媒体中心改造成冰上项目、射箭等全民健身中心，向社会开放。武汉商学院体育馆、江汉大学体育馆等继续发挥作用，成为市民共享的乐园。随着军运会的成功举办，足球、篮球、羽毛球、游泳、跳水、赛车、骑马、飞行等顶级赛事活动接踵而至。依托这些赛事，武汉开发区还加大产业转型升级。如以通航赛事为突破口，发展通航制造与服务产业。

最后，军运精神成为开发区人精神新坐标。军运会给武汉开发区留下了能打硬仗的精神，军运标准成为开发区干事创业的新标准。经过军运盛会的洗礼，武汉开发区站到了更高的发展坐标上，"中国车都"跻身世界舞台，为再创新辉煌建设"世界级车都"创造了良好条件。开发区正在放大军运效应，把筹办军运会凝聚的精气神，转化为高质量发展的强大动力，全力推动传统汽车产业向"下一代汽车"产业更新迭代，争取将军运会上展示的国家智能网联汽车（武汉）测试示范区和"5G+北斗"自动驾驶"中国方案"推向全球。

（2）临空港经开区

临空港经开区坚持办赛会与建城市相结合，在军运会中承担比赛项目数量第一，接待运动员人数第一，服务观众规模第一，全面展示了开发区的城市形象。通过精心筹办军运会，开发区两条主轴、三大亮点片区、四座大型湖泊公园精彩出列，城市面貌焕然一新，城市品质蜕茧成蝶。

一是一流的场馆铸就城市地标。武汉五环体育中心是全市规模最大、功能最全、竣工最早的新建比赛场馆，临空港建设者用智慧和汗水浇筑起城市地标。高水平的设施助力各国运动员精彩发挥，中国军团在这里斩获25枚金牌。

二是一流的环境彰显工匠精神。精心完成113个环境综合整治提升项目。高速、铁路、轻轨沿线风景怡人，建筑立面、第五立面、广告招牌面面亮丽，河边、湖边、渠边边边清爽，交通线、天际线、水岸线一派新姿。270栋楼宇亮化一新，新增提升绿地景观1200万平方米。62条示范路（街）完成创建，368个社区和单位"清洁家园迎军运"活动蓬勃开展。

三是一流的组织成就最佳赛区。3场测试赛、4次全过程演练实战实训、锻炼队伍。田径、乒乓球、水上救生三大项目146场比赛井然有序、切换自如。93次颁奖分秒不差，新闻发布及时权威，场内场外无缝衔接。国际军事体育联合会发来贺信给予高度赞誉，田径项目被授予最佳组织奖。

（3）光谷片区

光谷片区的军运遗产主要有：光谷广场示范片区、军事五项场馆、驿山高尔夫球馆、湖北省奥林匹克体育中心5000座综合性体育馆、光谷国际网球中心等。

光谷广场示范片区面积约1.3平方千米，主体是光谷广场综合体，由地上"璀璨星河"雕塑和亚洲最大的地下综合体共同构成。光谷新地标——星河雕塑直径90米，最高点达40米，创目前国内单体钢结构公共艺术品体量之最，成为军运会一道亮丽的风景线。

军事五项比赛场馆新建了1座300米射击场、1片500米障碍跑场地、12片投弹赛场地、两条4千米越野跑道。驿山高尔夫球馆是军运会女子高尔夫比赛场馆，更新改造了场馆设施、信息安防和综合保障工程。湖北省奥林匹克体育中心5000座综合性体育馆成为军运会体操比赛场馆。光谷国际网球中心场馆标识导视系统升级、场地地面翻新改造、场馆周边绿化提升，能够保障更高级别的国际顶级网球赛事。

（4）东湖片区

东湖风景区坚持"办赛事"与"建绿心"相结合，全力推动东湖实现"三个转变"，加快形成世界级东湖和城市生态绿心。

从"最大城中湖"向"最美城中湖"转变。多措并举打好水质提升攻坚战，东湖总体水质持续稳定在Ⅲ类左右，创近40年来最好水平，获评水利部"长江经济带最美湖泊"，成为推行长江经济带"共抓大保护、不搞大开发"的实践典范，成为引领生态治水的国家级"示范样本"。东湖绿道建设成为向全国推广的新时代生态文明建设的生动实践。

从"武汉东湖"向"世界东湖"转变。绿道三期工程再提"东湖颜值"，东湖成为中外贵宾"打卡"次数最多的城市绿心，成为名副其实的"国际会客厅"。樱花、梅花、牡丹、杜鹃、玫瑰、荷花、桃花等"七朵金花"汇集的壮美长卷，助力东湖成为"世界级赏花胜地"。作为军运会主赛场之一，精心策划组织军运会火炬传递重大活动，成功举办公路自行车、公开水域游泳、马拉松、帆船四大赛事，来自60多个国家的运动员在东湖"闻着花香争牌，赏着美景夺金"，在天地间驰骋、在山水间竞技，全方位、零距离感受"世界级最美山水赛场"的独特魅力。圆满完成习近平总书记在东湖接待军运会贵宾、德国总理默克尔到访东湖绿道等重大外事综合保障任务。

从"绿水青山"向"金山银山"转变。东湖绿心的生态环境成为武汉绿色发展的支撑点和市民美好生活的增长点。2019年接待游客2359万人次，同比增长15.12%；实现旅游收入65.34亿元，同比增长13.56%，均创历史新高。东湖绿道一线串珠，湖北省博、湖北省美术馆、武汉欢乐谷、东湖海洋世界、中科院植物园等众多景点成为游客"打卡"的网红景点，东湖绿道成为名副其实的"生态之道、人文之道、幸福之道、友谊之道、发展之道"。文旅融合魅力十足，漫步绿道、徜徉花海、泛舟湖面等亲近自然的生态游，诗歌节、雕塑节、摄影节等抒发诗意的文化游，"汉马""水马"、帆船赛等燃烧激情的体育游，东湖灯会、听涛画卷、夜游东湖等点亮东湖的夜色游，充分展示了东湖多元旅游的魅力。

（5）江夏片区

以筹办军运会为契机，江夏区以会促建、以会促变，全面推进城市环境蝶变、城市品质提升，加快建设南部生态新城。江夏区有4个与军运会有关的场馆：军运会运动员村、铁人三项场地、公路自行车场地、定向越野场地。军运村位于黄家湖东岸，是世界上首个军运会运动员村，主要承担赛时军运会运动员、教练员及保障团队的居住餐饮等。铁人三项场地位于江夏区梁子湖，江夏梁子湖大道公路自行车场地位于江夏区梁子湖大道，定向越野场地位于八分山、青龙山、石人山、花山风景区。

军运村是军运会各项场馆建设中最大的一个亮点。它是世界军运会历史上首个集中新建的运动员村，共有精装房 1958 套，还设有医疗卫生服务中心、志愿者之家、健身中心、商业服务街等，为入住运动员提供接待、住宿、餐饮、通信、交通、医疗、购物等全方位服务。军运村采用绿色环保的海绵城市设计施工理念，军运会后军运村住宅被抢购一空。以军运村为中心，江夏区精心打造黄家湖示范片区亮点工程，一座崭新的地铁小镇冉冉升起。

大花山户外运动中心是江夏区军运会场馆建设中的一个亮点。它是军运会定向越野项目委员会临时办公地点，赛后将改造成乒乓球馆、羽毛球馆和游泳馆，成为江夏区一个地标性运动场馆。

3. 军运区域发展遗产面临的主要问题

从上述现状可以看出，武汉军运会对于缩小城区发展差距、实现地区经济平衡发展和区域经济持续发展等方面具有明显正面效应，而且在重点区域留下了丰富的区域发展遗产，然而也存在着一些问题。

一是军运会的影响力、号召力与奥运会、世博会等相比，差距仍然较大。往届军运会举办城市规模较小、十分偏远，直到武汉军运会才将其规模、标准和档次提升到堪比奥运的程度。但是，与专业体育赛事相比，军运会的很多比赛项目与大众的距离较远，观赏性和参与性大打折扣，从而对城市经济和区域发展的带动力带来不利影响。

二是军运场馆较为分散，缺乏集中展现体验武汉军运遗产的标志性区域。军运会场馆设施和比赛项目布局在长江两侧的后湖、沌口、光谷、黄家湖四大区域板块，军校、高校场馆资源也被充分利用，新建体育场馆更向蔡甸、东西湖、江夏等新城区倾斜，虽然更益于赛后利用和各区补短板强功能，但是资源分散也必然降低了遗产的价值。军运场馆设施较为分散，欠缺相对集中、区位优越、能够展示武汉形象的地标型高端体育场馆群，不利于人气集中。军运场馆主要满足军运会"赛时"需要，以及大型运动会的功能和用途，而没有充分考虑"闲时"全民健身、休闲娱乐等多功能转换要求，难以实现"一馆顶几馆用"，或影响场馆赛后多样化经营和利用率。

三是体育产业弱小、体育人才不足、体育氛围不浓。大部分体育场馆运营收入的来源较为单一、经营困难，真正意义上的体育赛事、体育活动和体育培训的收入所占收入比例明显偏低，来源于其他非体育项目尤其是物业租赁的收入比例过高。体育场馆经营管理人才缺口很大，现有中大型体育场馆运营机制僵化，很难吸引并留住优秀的经营管理人才。目前，我们更多停留在通过举办大型赛会增加全球曝光率提升国际知名度的低层次阶段，距离通过集聚场馆资源、赛事资源、文旅资源、休闲娱乐资源向更高层次的体育城市、"赛会之都"迈进，还有很大距离。

（五）保护利用军运区域发展遗产的政策建议

为了让军运会区域发展遗产更好地发挥辐射带动作用，让更大范围的区域能够分享军运遗产的后续影响效应，吸引更广泛的游客来汉现场体验军运遗产，建议如下。

1. 加强对军运区域发展遗产的统筹规划

加强对军运区域发展遗产的统筹规划，将军运区域发展遗产的功能定位及可持续利用设计，纳入城市和区域整体规划与功能布局之中。在武汉城市圈"两型社会"综合配套改革总体方案及实施方案的顶层设计下，结合军运遗产的体育特征，细分与其相衔接的各项具体规划。抓住武汉建设超大型城市的过程中疏解部分城市功能的契机，发挥军运遗产对区域经济的带动作用，统筹利用武汉的政策、产业和市场优势以及周边城市的自然资源和生态环境优势；要加大对城市圈内跨区域产业转移、产业支撑和产业培育的政策支持力度，建立多层次、多领域、高标准的协作关系；推进城市圈一体化发展，构建互联互通的一小时经济圈；建设跨区域全域旅游示范区，打造体育产业先行先试区，打造体育用品研发制造产业集群。

2. 坚持对军运区域发展遗产的可持续利用

武汉及其周边城市要加快完善生态补偿机制，坚持绿色可持续发展。加强生态环保合作，建设生态文明示范区，做好区域退耕还林、水土流失综合治理、水源保护和节能减排等方面的专项工作。提升医疗、教育等公共服务水平，实现公共服务均衡。合理利用和处置军运场馆、设施、场所和其他资源，充分发挥区域生态、文化、产业、交通等优势，以重点区域和特色体育产业为引领，带动发展大体育、大文化、大旅游等产业融合发展。坚持维护军运品牌、标准和质量，积极推广军事体育运动项目和表演项目。

3. 坚持对军运区域发展遗产的多元化利用

坚持对军运区域发展遗产的多元化开发利用，实现"体育＋"和"＋体育"，做到体育产业和非体育产业互融互促。通过划归、托管等方式不断整合核心场馆设施资源，推进场馆运营升级，实现体育文化娱乐等内容与旅游、消费、场馆等实体产业融合发展。以组织大型活动为核心，走多元化经营的道路，围绕场馆资源、赛事资源和人力资源等来大力开发军运场馆的表演、展会、文化、娱乐、旅游、休闲等附属功能。鼓励各类共享体育平台参与体育场馆设施的建设、改造和运营，拓宽场馆资源、体育服务的供给途径。积极打造类似上海"翔立方"的体育综合体。通过老旧体育场馆升级改造运营、盘活闲置厂房改造体育综合体、新建体育场馆规划、设计、运营项目，以及体育小镇项目等，依托专业的体育服务机构（例如国家队资源、专业培训机构、运动健康管理机构、体育场馆建设服务商、体育运动器械服务商等）打造综合服务平台，以"体育＋文化＋教育＋商业＋旅游"为核心，进行商业化运营、专业化管理、标准化操作，盘活体育场馆资源、体育生态资源和人文特色资源，努力探索出一条适合中国体育产业发展的市场化道路。

4. 打造传承军运精神的都市体育新地标

（1）围绕武汉体育中心打造大型体育主题公园和地标。围绕武汉体育中心和军运会媒体中心打造多功能现代化大型体育主题公园，成为武汉开发区乃至大汉阳地区的新地标。主体育场改造成为具有大型体育赛事、文艺演出、国际会务会展等多功能的综合性场馆，将军运会媒体中心改造成真冰溜冰场、射箭馆、击剑馆等经营性场馆，将体育馆、游泳馆改造成促进全民健身的惠民场馆。

（2）围绕五环体育中心打造临空港经开区体育文化高地。五环体育中心是军运会新建的最大比赛场馆，已经成为中超联赛武汉卓尔队的新主场。其定位是与国家级开发区相匹配，能承担省级、国家级以及部分世界级体育赛事，建成整个大汉口片区最先进便利的体育文化新高地。围绕五环体育中心与东西湖文化中心，构建集体育比赛、全民健身、文化会展、休闲娱乐于一体的城市体育综合体和全民健身活动中心，带动东西湖区产城融合。

（3）围绕汉口文体中心打造西北湖体育文化娱乐新地标。汉口文体中心是武汉二环线内唯一一个大型综合性体育场馆，而且处于十分繁华的西北湖地区，地理位置十分优越。改造后的汉口文体中心通过布局"一场三馆""一圈四中心"（集体育场和文化馆、图书馆、博物馆于一体，包括中国汉绣圈、非遗保护中心、艺术培训中心、全民阅读中心和全民健身中心等功能），建立了多元复合功能，全面实现文化惠民、体育惠民。围绕汉口文体中心带动整个西北湖片区成为引领中心城区的体育文化娱乐新地标，满足周边市民文体休闲需求。

（4）围绕光谷国际网球中心和湖北省奥林匹克体育中心，打造大光谷片区都市体育新地标。目前，主要形成竞、训、研服务一条龙的有机整体，打造品牌国际赛事。未来，随着大光谷片区的发展核心东移，应当预留足够空间，建设体育场馆群，共同打造大光谷片区以体育休闲为主要特色的都市体育新地标。

5. 发挥特色军运场馆"体育＋旅游"的新优势

（1）在长江主轴两江四岸亮点区块增加更多军运和体育元素。参照青山、汉阳沙滩排球中心的模式，将更多军运和体育元素引入长江主轴亮点区块，依托国际国内体育赛事，完美展现世界级滨江公共空间和城市文明滨水景观带，将军运旅游和体育旅游打造成为继长江主轴旅游后的新热点。

（2）构建东湖风景区"体育休闲＋旅游"的独特优势。放大军运会溢出效应，进一步提升汉马、水马、帆船等赛事知名度美誉度，精心打造大马、樱花跑、龙舟赛、同城双星赛事品牌，增强"体育休闲＋旅游"的独特优势，打造世界级体育赛事名湖。尤其是东湖帆船基地，与东湖自然风景和谐统一，赛后可以成为推广全民帆船运动的中心，开展各项水上主题活动，承办帆船赛事，打造城市观光、体育休闲水上名片。办好节会活动，申报保护一批具有东湖特色的花节类、文化类、赛事类注册商标，将东湖绿道、东湖樱花节、东湖灯会、东湖国际诗歌节等品牌打造成为国内外知名的文旅 IP。拓展研学、美食等特色旅游产品，加快智慧景区建设，丰富 5G 和区块链技术应用场景，增强游客体验感。

（3）推进射击射箭场馆与九真山风景区融合发展。赛后加快推进蔡甸国防园射击射箭场馆与九真山风景区融合发展，共同建设 5A 级风景区，打造九真山两平方千米亮点区块，带动区域旅游发展和周边乡村振兴。

（4）以户外特色场馆带动江夏区旅游休闲产业发展。围绕江夏梁子湖铁人三项场地带动梁子湖风景区的旅游开发。江夏八分山等定向越野场地在赛后形成大花山户外运动中心，并改造成乒乓球馆、羽毛球馆和游泳馆，除了承接体育赛事外，还能够与江夏 33 千米环山绿道及 5 大公园一起带动江夏的旅游休闲产业发展。

九　武汉军运科创智慧遗产研究

（一）相关概念界定及文献综述

目前在相关研究领域，主要是奥运遗产以及一部分大型赛事遗产的研究，关于军运遗产的研究尚未见到，其主要原因是军运会起步较晚，涉及的国家相对较少，影响力和影响面都与奥运不可相提并论。但在赛事遗产的层面，军运遗产与奥运遗产包含大致相同的内容，因而可以借鉴奥运遗产的相关研究。

1. 赛事遗产概念、内容及其影响研究

"遗产"一词最早出现在 1956 年墨尔本奥运会申办文件中。1981 年卡尔加里申办报告中也提到体育设施作为遗产。1987 年，在韩国首尔举办了首次关于遗产的国际座谈会。1991 年，亚特兰大奥组委将"保留正面的物质和精神遗产"写入其使命陈述。1997 年，雅典 2004 年奥运会申办材料中包含一份展示其"奥林匹克主义遗产"项目的手册。1999 年 12 月，IOC（国际奥委会）2000 委员会提议在同一个城市举办残奥会，作为推动包容性的手段，也在教育、文化、人道主义行动和传承知识与经验方面提出建议，来强化奥林匹克运动在支持社会和人类发展方面的潜力和作用。2002 年，IOC 举办关于遗产的国际研讨会，邀请多个国际体育组织参加。2003 年 7 月，IOC 奥运研究委员会发布报告，阐明奥运遗产的重要性，并提到需要确保奥运可以给主办城市和其居民在场馆、基础建设、经验和专业知识方面留下重要遗产。2003 年 7 月版的《奥林匹克宪章》第二条也突出强调奥运遗产的重要性。2014 年的《奥林匹克

2020 议程》（未来奥林匹克运动的战略路线图）提出的主要建议中，有三条均涉及奥运遗产。

"遗产"一词存在多个并行的定义，IOC 牵头将众多视角进行整合，提出如下工具化定义（非理论定义）："奥运遗产是某个愿景的结果。它包含因主办奥运会/体育赛事而给居民、城市/地区和奥林匹克运动带来（新产生或在以往基础上加速）的长期收益。"①

从本意上来讲，遗产主要是指自然或人类遗存给后人的有价值的产品。赛事遗产，则是指举办赛事留下的有价值的物品。由于奥运会商业化程度和市场运作水平最高，在所有赛事中具有引领性和典型性，因而赛事遗产相关研究主要是以奥运遗产来展开的，相关研究成果非常丰富。从奥运遗产的价值存在形式视角看，目前国内外相关研究有较为一致的认识，认为赛事遗产是有物质和精神两种存在形式的，或者另一种说法是，有形遗产和无形遗产两类。虽然在界定说法上存在一定的区别，但普遍强调了遗产的有形价值和无形价值。董进霞（2006）认为奥运遗产是奥林匹克运动在其历史发展过程中所遗留下来的有形和无形遗产的总和，强调奥林匹克运动的历史根源性和连续性，并将基础设施和经济遗产作为有形遗产，将意识塑造、促进体育发展、仪式遗产、艺术遗产、政治遗产和制度遗产作为无形遗产。② 这种内容的分类方法，将奥运遗产的价值存在形式明显区别开来，对研究遗产的价值实现有重要意义。孔繁敏等（2005）认为"奥运文化遗产是指在奥林匹克运动实践发展过程中，逐步形成的具有普遍价值的物质与精神遗产"。③ 李云开、叶波（2008）认为："有形遗产主要包括奥运会徽、吉祥物、纪念品、奖牌、奖杯、奥运建筑景观、体育设施以及各种奥运的视觉艺术创造，如雕塑、绘画等；无形遗产则主要包括奥林匹克精神、奥林匹克主义、宗旨、格

---

① 《国际奥委会遗产战略方针（理念篇）》，https：//www. sohu. com/a/298436269_505632。

② 董进霞：《北京奥运会遗产展望：不同洲际奥运会举办国家的比较研究》，《体育科学》2006 年第 7 期。

③ 孔繁敏、李岩：《北京奥运文化遗产的内涵及实施方式》，《体育与科学》2005 年第 4 期。

言、会歌以及各种数字文件等。"①

关于奥运遗产的主要涵盖范围或影响领域，2002 年国际奥组委在瑞士洛桑"奥运会遗产"研讨会上把奥运遗产归纳为以下几类：城市及环境遗产、运动遗产、经济及旅游遗产、政策遗产、文化及社会交往遗产、教育和档案遗产。杨烨（2006）"重点强调了政治遗产：发展中国家举办奥运会，在国际社会产生了巨大影响；中国特色的社会主义优越性得到最大的体现；搭建中国与国际社会良性互动、民族团结的政治平台"。②

从权威角度而言，国际奥委会（IOC）在 2017 年 12 月版的《遗产战略方针：勇往直前》（*Legacy Strategic Approach：Moving Forward*）中，对奥运遗产的范畴界定大致分为七个维度：1. 有组织的体育（运动）发展；2. 通过体育助力社会发展；3. 技能、人际网络和创新；4. 文化和创造性的发展；5. 城市发展；6. 环境改善；7. 经济和品牌价值。

通过数据分析，有研究认为《方针》中的奥运遗产内容话语主要建构了奥运遗产以下的 3 个主要特征与属性：①重视本地奥运遗产愿景，以及由此带来的奥运遗产内容规划的灵活性；②重视多重影响方式和领域，以及由此带来的奥运遗产内容规划的广泛性；③重视奥运遗产可持续发展，以及由此带来的奥运遗产内容规划的持久性。③

此外，东京市政府 2015 年发布《迈向 2020：打造奥运遗产》计划，并于 2018 年再次更新。新版计划充分考虑了东京 2017—2020 年发展规划，从八个维度描述了东京政府将如何致力于打造奥运遗产。具体包括：有形遗产、体育遗产、精神遗产、文化遗产、社会遗产、环境遗产、经济遗产、关联纽带遗产（向世界表达对日本灾后重建支持的感激）。④

---

① 李开云、叶波：《北京奥运会遗产保护与开发研究》，《体育科技文献通报》2008 年第 2 期。

② 杨烨：《2008 年北京奥运会对提升中国国际地位和声望的研究》，《体育科技文献通报》2006 年第 9 期。

③ 胡孝乾、陈姝姝、JamieKenyon、邓雪梅：《国际奥委会〈遗产战略方针〉框架下的奥运遗产愿景与治理》，《上海体育学院学报》2019 年 1 月第 1 期。

④《国际奥委会遗产战略方针（理念篇）》，https：//www.sohu.com/a/298436269_505632。

2. 赛事遗产开发利用相关研究

国外学者关于赛事遗产的研究成果颇丰，在理论方面多是针对奥运遗产的研究。尤其是举办过奥运会的国家，相关研究更为具体和深入。第 23 届到 28 届期间国外的主要研究成果有《奥林匹克遗产 1984—2000》，《博物馆的文件》（国际奥委会，2003）、《巴塞罗那奥运会文化遗产与城市发展》（巴塞罗那奥运世界文化论坛技术部主任 Andreu Manich Bou）、《从雅典到北京两个城市的对话传承人文奥运精神》（罗伊·巴娜吉奥多普罗，2005）等。2003 年国际奥委会正式将奥运遗产写入《奥林匹克宪章》，列为国际奥委会的使命和职能的一部分——促进奥运会为主办城市和主办国家留下有益的遗产，并正式启动了名为《奥运会全球影响研究》（后改名为《奥运会影响报告》）的遗产研究体系。

国内学者针对北京奥运遗产利用的相关研究较为丰富。王润斌、李慧林等认为，奥运物质遗产的可持续发展要贯彻"赛前统筹规划、赛时合理使用、赛后保护开发、加强监督管理"的方针。要不断完善奥运会遗产的法规体系，加大遗产发展的科技创新力度，从而最终实现北京奥运会遗产可持续发展的方略目标。① 杜文、杨爱华、黄军认为要通过对北京奥运会遗产的价值界定，明确其价值内涵，进而开展价值利用的策略研究。②

具体到赛事遗产的开发利用模式，学者主要对场馆的开发和利用进行了研究。毕耜安以上海网球大师杯赛为例，研究了大型赛事遗产的开发利用，用案例分析了具体的实施举措、成效和存在的不足。③ 在针对体育场馆的经营模式上，宋均认为要避免条块分割、相互封闭、各项目独立经营的局面，使场馆与项目场馆与基础设施、配套设施密切结合，各种功能综合配套。在场馆的管理上，王兵等提出可以由政府的体育行政

---

① 王润斌、李慧林：《北京奥运会遗产体系与发展方略研究》，《第八届全国体育科学大会论文摘要汇编》2007 年。

② 杜文、杨爱华、黄军：《正确诠释北京奥运会遗产的价值及开发、利用策略》，《吉林体育学院学报》2009 年第 4 期。

③ 毕耜安：《上海市政府对大型赛事遗产开发利用研究》，硕士学位论文，上海体育学院，2011 年。

部门代行投资人权益，组成专业的体育设施建设和标准化管理公司，专门负责整个场馆的前期论证、规划、设计、招标、施工，乃至竣工后的经营管理。[①]

综上所述，国内外学者对奥运遗产研究已经较为丰富，研究领域也从基本的概念内容界定延伸到深层次价值实现和具体措施。相关理论研究和实践经验总结比较系统和全面，能够对武汉军运科创智慧遗产的综合利用提供指导和借鉴。但由于主要针对的是奥运遗产研究，对其他赛事的研究较少，尤其是针对军运遗产及科创智慧遗产的研究尚未见到，而军运智慧遗产具有其自身的显著特征和差异性，因此需要进一步结合武汉军运实际情况进行研究。

3. 科创智慧遗产的界定与内容

赛事科创智慧遗产属于赛事遗产的一部分，是赛事举办过程中所遗留下来的涉及科创智慧层面的有形和无形遗产的总和。本研究认为，通过赛事的举办，能够对科技创新发展和智慧城市建设形成的积极贡献，不论是有形的还是无形的，直接的还是间接的，短期的还是长远的，均属于科创智慧遗产的范畴。

（二）大型赛事科创智慧遗产案例分析：样本、战略与模式

1. 大型赛事与科创智慧的互动关系

科技是人类进步的源泉，同样也是体育运动发展的动力。借助科技成果，科技智慧对赛事的成功举办发挥着重要作用，体育运动在获得巨大进步的同时，也对科技产生了巨大的反作用力，充分发挥赛事对科技创新的积极反作用。科创智慧遗产，充分体现在这相互作用的两个方面。

一方面，科创智慧对大型赛事举办做出了积极贡献，包括利用现代

---

① 杨思瞳：《大型竞赛体育场馆赛后经营与利用的研究》，硕士学位论文，武汉体育学院，2006 年。

科技建造的现代化场馆，借助现代 IT 技术、网络技术、人工智能技术和综合管理系统所构建的便捷、高效交通体系，借助现代摄影、三维动画、声光电和创意设计等打造的令人震撼的开幕式和文艺表演，依托人脸识别、大数据和现代通信技术等打造的赛事通信、安保和赛事组织体系，依托体育运动科技、传感技术、VAR 技术等带来的体育竞技水平的提高和比赛公正公平度的增强，依托无人机、多角度摄像、高精度显示、现代通信技术等带来的观赛体验的提升，以及依托现代气象科技所带来的精准气象服务，等等。

另一方面，大型赛事对科创智慧发展具有极强的促进作用。通过在大型赛事中展示宣传科创智慧成果，尤其是具有直接观感和体验的科技成果，能够显著提升科创成果在社会的认知和认可度，对于相关产品的进一步应用推广具有积极的市场开拓作用；通过举办大型赛事，能够在满负荷下对交通、安全、卫生、通信等体系进行检验，使产品性能受到极限压力，而通过检验的产品无疑在今后的市场竞争中具有独特优势；借助大型赛事，不仅能推动市场开拓与实际应用，还能有效提升社会对相关领域科技研发的关注，激发青少年对科技创新的兴趣，带动社会创新创业热情，推动高技术产业的发展。

2. 国内外大型赛事科创智慧遗产典型样本

自近代以来，奥运与科技的紧密关联一刻也没有分开。早到 1912 年第 5 届斯德哥尔摩奥运会，电子计时器被首次采用，计时精确到十分之一秒。第二次世界大战后，世界科技蓬勃发展，科技在奥运中大放光彩。1964 年东京奥运会，日本采用"辛科姆"号通信卫星，全程转播奥运会的比赛实况。8 年后的慕尼黑奥运会，广泛使用了自动控制、电子计时和激光测距等技术，结束了跑表、皮尺时代。此后，随着信息技术、网络科技和现代科技的蓬勃发展，高清晰度电视、计算机组织管理系统、卫星通信、无线数据通信、智能语音系统等信息技术广泛运用，新能源、人工智能、高端制造、生物技术等竞相登场，奥运已经不仅仅是一项体育比赛活动，更是成为国际科技成果展示的大舞台。科技与体育的融合使得每一届体育盛会备受期待，精彩纷呈，科技让体育运动变得更高更快更强。

（1）北京奥运

北京奥运的口号就包括了科技奥运，北京奥运遗产涉及信息化、交通、环境、安全、场馆设施和体育科研等多个领域。北京奥运与其他奥运不同的是，其发展战略更多地体现为国家战略，而不仅仅是一个地区发展战略。因而，北京奥运虽然处处体现了地区发展功能目标，但同时更体现了对外文化交往、科技创新和经济社会文化综合发展目标。在这种目标导向下，北京奥运的科创智慧遗产在科技奥运理念下体现得尤为充分。

一是极具创新设计理念的场馆和园区。北京奥运会场馆建设，充分体现了科学、人文与艺术的结合。"鸟巢"的设计新颖奇特，具有浓郁的中国特色。而"鸟巢"独特的设计思想，则是以新技术新工艺的创新作为支撑，我国自主研制的 Q460E 高强度钢满足了"鸟巢"设计和施工的特殊需要。与此同时，"鸟巢"的成功实践为大规模钢结构建筑的应用开辟了一个广阔的空间。"水立方"的设计灵感来源于"泡沫理论"，将水在泡沫状态下的微观分子结构放大到建筑结构的尺度，这样的结构使得形体上的极端简洁与表现上的极端丰富相得益彰。"水立方"采用了世界上建筑面积最大、功能要求最复杂的 ETFE 膜结构，充分显示了建筑美学对水的形态表达。

二是现代化高效交通体系。通过建立北京奥运交通综合指挥中心，应用指挥调度、交通监控、交通信号控制系统、交通诱导系统、交通警用车辆卫星系统，122 交通事故报警系统、交通违章自动监测系统等 12 个智能系统，可对 22 项交通秩序安全管理实施时监控。在交通应急指挥方面，整合了交通相关部门 3000 多路的视频资源，实现了交通应急通信保障功能和移动指挥的功能。通过发展和完善智能化交通管理系统，实现市区道路路网群体交通诱导覆盖率达到 80% 以上，奥林匹克交通优先路线平均时速不低于 60 千米，以及对 5000 辆奥运车辆的监控服务，形成四通八达的现代化立体式交通网络系统。北京奥运向世人展示了当时世界行驶最快的高速列车，其交通系统充分体现了路、轨、车相结合的特点，在高速、平稳、舒适、经济方面具有很大的优势。通过智能交通技术建立的快捷、高效、安全的城市交通体系，也大幅度提高了交通运行管理的现代化水平。

三是资源循环利用和节能减排。北京奥运大力开发应用燃料电池汽车、电动汽车、清洁能源技术、清洁生产技术、水污染治理技术、固体废弃物无害化和资源化控制技术等。广泛应用电动汽车，在奥林匹克中心区域的交通实现"零排放"，在中心区域的周边地区和奥林匹克交通优先路线上，实现"低排放"；大幅提升新能源和清洁能源应用比重，太阳能、风能和地热等绿色能源在奥运场馆的采暖、制冷等方面的供应达到26%以上，在奥运主要场馆及设施大面积使用半导体照明和地（水）源热泵等高效能源利用技术，实现节能60%—70%。加强水资源综合利用，雨洪利用系统将体育场馆用地范围内的降雨变成可用的水资源，使奥运场馆多年平均雨水综合利用率超过80%。场馆内中水回用、污水处理再生利用率达到100%。北京官厅水库风力并网发电系统一期工程安装了33台风力发电机组，总装机容量5万千瓦，每年可提供1亿千瓦时的绿色电力，可满足10万户家庭生活用电的需求。太阳能光伏并网发电系统已在国家体育馆等7个奥运场馆中得到了应用，总装机容量600多千瓦，年发电量58万千瓦时，相当于节约标煤170吨，减少二氧化碳排放570吨。

四是信息科技系统。按照国家发展的需要，提前启动了高端芯片和基础软件的设计项目，为导航产业、信息产业和通信产业发展打下了基础。以奥运为契机，高清晰电视第一次正式播出；在10个城市铺设了基于TD-SCDMA标准的3G试运行网络；基于IPv6技术的下一代互联网开发的监控设备，保证了通信设施的安全。基本实现4个"Any"的奥运信息服务目标（任何人，任何时间，在任何奥运相关场所，使用任何终端设备），满足奥运会期间各方面的个性化信息服务需求。[1]

五是体育运动技能。北京奥运在竞技体育科技技能方面创新成果显著，"奥运会射击比赛用运动枪、弹研制""数字化三维人体运动的计算机仿真与分析技术"等取得显著成果。其中，"数字化三维人体运动的计算机仿真与分析技术"以数字化三维人体的计算机仿真技术、人体运动生物力学数据与真实人体运动数据为基础，以三维方式逼真模拟、设计、分析技术动作，具有很强的指导意义。这一系统为雅典奥运会上我国跳水、蹦床等项目取得优异成绩做出了突出贡献。

---

[1]　万钢：《创新，国家强盛和民族振兴的源泉——从科技奥运看创新驱动》，《科学》2008年11月第6期。

六是气象保障服务。为保障北京奥运的顺利举行，北京加强了气象科技的研发，一批新型气象科技成果应用。针对北京 8 月高温闷热、强对流天气多发的情况，研发了适合北京的多系统集成的城市精细预报业务平台和快速更新循环同化预报系统，为北京奥运气象保障提供了技术支撑。为保障奥运圣火在珠穆朗玛峰上传递，采用了单测风仪、可见光全天空成像仪等高端气象设备，还安装了自动气象站、气象综合观测车、GPS 探空设备等，实现了复杂气象条件下的综合气象保障。①

（2）伦敦奥运会

2012 年 7 月 28 日到 8 月 12 日，第 30 届夏季奥运会在伦敦举行。伦敦奥运会由奥运交付管理局（ODA）负责，设计和建设体育公园和其他永久性场馆及基础设施。赛事则由伦敦奥组委（LOCOG）负责。东伦敦的城市规划建设以伦敦奥运为主体，赛事遗产成为东伦敦复兴的资产。伦敦奥运遗产的亮点就是通过长远规划，而让东伦敦重新焕发活力。

伦敦奥运科创智慧主要体现在以下几个方面：

一是促进体育运动公平。伦敦奥运采用了"波浪停止"技术，促进了体育选手成绩的公平。游泳比赛中运动员在前进时激起的水浪，会形成反作用的阻力，靠近泳池壁两侧的边道，影响尤为明显。因此，运动员一般都不愿被分在边道比赛。伦敦奥运会游泳池采用了一项名为"波浪停止"的技术，能够确保选手不管位于泳池两边还是中间泳道，所感受到的波浪冲击影响基本相同，从而有效减少波浪对运动员的影响，实现了体育竞技选手成绩的公平。

二是增强了观赛体验。在大型场馆中，灯光的照明会在局部区域留下阴影，影响观众的视野。而伦敦奥运会场馆首次采用智能化无影照明系统，利用电脑对场馆的灯光进行科学计算，然后合理布置光源的位置和类型，并大量采用无眩光的 LED 灯具，令观众无论坐在哪个席位都能获得一样的照明效果。而且，伦敦奥运比赛中采用解说员信息系统（CIS）。这个系统可以让解说员在现场观众欢呼声响起来之前就获得比赛结果，并向电视观众发布，也增强了电视观众的观赛体验。

三是促进了科创成果的实践应用。在伦敦奥林匹克体育中心的一些

---

① 周强：《科技奥运创新在北京奥运会中的展现》，《体育与科学》2008 年 7 月第 4 期。

人行道上，铺设了一种可发电的"能量瓷砖"。这款瓷砖主要利用了一种地板踩踏发电技术，一旦有行人踩踏瓷砖就能产生能量并存储。这些能量可以广泛应用到体育中心的路灯照明、音箱、人行道的警报器、标志以及广告灯箱等设备。伦敦市街头和奥林匹克体育中心还安装了智能垃圾桶，这款垃圾桶配置了 LCD 显示屏，滚动播出与奥运会相关的各种资讯，它还是一个无线网络基站，可以为附近的手机用户提供无线网络信号。它还可以在垃圾满了之后向卫生清理部门发送信息，以便通知清洁人员及时处理。

（3）广州亚运会

广州是继北京后我国第二个举办亚运会的城市。广州亚运虽然比不上奥运会，但其在科技创新方面带给我们的惊喜一点也不少。

一是建筑设计创新。提起广州亚运，就不得不提那个在亚运会开幕式上被焰火环绕的"小蛮腰"——广州塔。耸立在珠江南岸的"小蛮腰"于 2009 年 9 月建成，包括发射天线在内，整个塔高达 600 米。"小蛮腰"因其风姿绰约的扭曲腰身而得名。广州塔属于单一体型，主塔体为高耸结构，外观各面基本等高，平面呈椭圆形。其造型简洁、统一，轮廓分明，整个塔身盘旋而上。塔体整体上小下大，建筑腰部较为密集的区段则可提供相对私密的体验，顶部更开放的结构产生了透明的效果可供瞭望。广州塔上下两个椭圆扭转在腰部收缩变细，中部最细处的面积与底面和顶部的对比差异突出。整个塔身从不同的方向看都不会出现相同的造型。"小蛮腰"与举办亚运会开闭幕式的海心沙岛和珠江新城隔江相望，风姿绰约、风情万种的"小蛮腰"提升了广州的文化品质，成为广州的新地标。

二是体育场馆设计创新。广州亚运馆是广州亚运村的标志性建筑。亚运馆在设计过程中均使用了二维模拟控制技术，使亚运馆形成连续飘逸的动感曲面。广东奥林匹克体育中心游泳跳水馆主体造型采用双色螺旋流动造型，主体建筑白色和蓝色相间，既巧妙地隐喻了广州"云山珠水"的城市地理特征，又是对主体育场"飘带"曲线的延续。盖顶由 33 块蓝白铝合金板切体组合，造就了美妙的流线变化，形成渐变的 DNA 结构，也提示着运动与人的关系。同时通过相互穿插流动造型，结合建筑朝向，很好地满足了建筑内部空间高度、采光通风、建筑节能以及合理布置设备管道的需求。该馆在结构选型方面，为了与复杂的建筑造型相协调，游泳馆屋盖钢结构采用 33 榀方型空间钢管桁架结构作为竖向承重结构，使得屋面钢结构具有较好的刚度，整体性相对较好，用钢量相对较少。在水处理系统方面，游泳馆采用了分流量全程臭氧消毒、长效氯制剂辅助消毒的方式。游泳馆水处理项目的投资仅相当于北京奥运会游泳馆项目的三分之一，但游泳池水质仍能达到国际泳联标准。

三是信息技术创新应用。广州亚运会整合广州信息化领先资源，快速建成了赛会指挥部信息平台（MOC），可接入赛事运行、交通管理、社会治安、环保气象等 20 多类信息资源，视频监控和视频会议联通 75 个场所，建立可视化综合信息平台，成为广州亚运信息技术特色亮点。广州亚运集中展现一批国内领先、世界一流的信息科技成果，为广州留下一笔宝贵"遗产"：AVS3D 电视试播示范项目开创多个第一，20 多种移动通信准 4G 服务吹响新一代通信产业发展的冲锋号，无线城市体验、覆盖整个"大广州"的 800 兆数字集群共网，是全球第二大城市数字集群共网……这些都将成为广州未来发展的宝贵数字遗产。

四是交通智能化管理。在亚运会展开的 50 千米范围内，以广州大道、二元里大道等为主干道的所有通道上分别安装了近 40 只"飓风"电子眼。"飓风"电子眼曾经在上海世博会的主场区亮相过，它能准确无误地预报各个路段的堵车情况或交通事故，并能在 3 秒钟内迅速识别高速行驶车辆是否违反了单双号限行规定，由此相应作出扣分记录，它的识别能力是普通电子眼的 6 倍。"飓风"千里眼除了能识别车辆单双号外，它还能将识别的车辆号牌和数据库里的"黑名单"相核实，一旦发现偷盗抢劫、司机酗酒、假牌车辆，它会自动报警，迅速通知交警。广州亚运会还应用了一种会让路口红绿灯自动"跳舞"的 SCATS 协调系统，SCATS 系统具有自动调节灯光，在区域里有协调控制的优点，现代化的交通智能指挥中心室有专人远程控制所有路段的红绿灯，这样让你造成一种"一路绿灯"的具有戏剧特色的效果。

五是节能环保系统。低碳节能亚运馆顶棚采用弧形设计，馆顶内部装有管道便于将雨水收集起来，这些积水将为城内的植物进行灌溉，让自然资源变废为宝。亚运场馆内到处都有垃圾投入口，在这个投入口的下面隐藏着真空垃圾桶，垃圾通过风力再集中到某个固定的地点，清洁工就可以轻松地把垃圾运走了。因此，亚运场馆内没有一辆运送垃圾的车辆，也看不到一只垃圾桶，甚至连任何显著的扔垃圾的标识都没有。

六是运动科技创新。随着运动员的剧烈运动，脚的强烈的振荡将迅速传到脚踝、膝部、髋部以至脊柱和大脑。尽管人脚跟的脂肪垫能有效抵御着这种伤害，可是也会遇到意想不到的冲击，体育运动员的鞋子必须通过最大速度的变形来吸收冲击力，而这次中国队员的运动鞋在此基础上减轻了脚踝部位高度，稍稍加厚鞋子底部和脚踝部位，但是在以前的基础上并没有加重鞋子的重量，这样对运动员脚的支护和吸收冲击力大大加强，使运动员穿着得心应"脚"。[①]

此外，还有一系列科技成果在信息化、交通、安全、气象、医疗卫生、食品药品、地震应急、亚运场馆等领域充分体现：自主研发的 AUS 三维电视播放系统、亚运会重大活动场所多媒体视听系统、亚运智能交通管理系统、广州及周边地区空气质量监控、环境污染监测预警系统、为亚运会服务的新能源汽车、亚运食品安全追溯系统、亚运食品安全监测系统、亚运气象预报服务系统，等等[②]。

3. IOC 奥运遗产治理战略

能否为主办城市留下积极的奥运遗产，已经成为衡量一届奥运会是否成功的重要指标之一，国际奥委会（IOC）在 2017 年 12 月版的《遗产战略方针：勇往直前》（以下简称《方针》）中，对奥运遗产的重要性、概念、范畴，以及如何实现方针中所设定的四大战略目标等做了详细介绍。《方针》与《奥运会可持续发展报告》一起成为奥运会主办城市确定、汇报、分析和评估奥运遗产的主要框架。《方针》涵盖了 IOC 意图在未来携手各个利益相关方来进一步鼓励、支持、监督和推广遗产项目各方面内容，前瞻性提出 IOC 未来如何支持和推广遗产计划。IOC 推出的《方针》有四个目标：（1）将遗产的理念嵌入奥运全生命周期；（2）记录、分析并传播奥运遗产；（3）鼓励和支持遗产庆祝活动；（4）广泛建立战略合作关系（如奥运城市联盟）。《方针》主要围绕奥运遗产，但同

---

① 颜士州：《科技展示亚运魅力》，《生命与灾害》2010 年第 6 期。

② 谭峰：《科技亚运·创新广州》，《广东科技》2010 年 7 月刊。

样可以为其他大型体育赛事提供参考。①

确定大型体育赛事的运作模式，首先必须要有一个"强大的愿景和清晰的目标"，才能实现遗产运作的整体效益和长期效益最大化，才能实现长期持续发展。为此，国际奥委会制定了《遗产战略方针》，国际奥委会、举办国的国家奥委会不仅制定相关文件，还成立有关组织，如温哥华冬奥会建立了专门的遗产管理机构。

IOC 的《方针》提出了奥运遗产治理概念。而关于如何实现奥运遗产治理，IOC 提出了以下几个方面的战略意见：

第一，认为奥组委（以及后奥运时期奥运遗产治理组织）需要统筹与协调多方面的资源和利益以更好地开发和继承奥运遗产，因此，他们必须与其他利益相关集团以此为目标和契机进行合作。奥运遗产的规划、开发与继承工作由于其自身广泛性与延续性的特点而天然地具有多主体性的特性。

第二，在具体操作思路上，国际奥委会针对奥运遗产治理提出建议，其中主要的一点就是，为保证整个遗产项目的可管理性，遗产项目治理实际操作中涉及的利益集团数量必须有所控制。同时，为避免出现与非政府组织的利益分歧，建议以合作或其他的某种方式将其纳入。

第三，应当充分体现奥运遗产治理的本地特性。由于奥运遗产的主要作用对象是奥运主办城市和东道国，因此，在奥运遗产治理系统中，许多在奥林匹克体系中居于非主要地位或权力边缘的本地、国家级利益集团将承担更加重要的任务，对奥运遗产的规划和继承将具有更强的影响力。国际奥委会在奥运遗产定义中明确提出：奥运主办城市在奥运遗产愿景建构、设计、开发与继承工作中居主体地位。

而本地利益相关者集团在奥林匹克话语框架内根据自身特征与利益诉求灵活地规划奥运遗产内容，不仅提高了奥运遗产在本地领域充分实现的可能性，也增进了奥运遗产与本地利益相关者集团自身利益诉求的一致性，更增强了本地利益相关者集团在奥运遗产开发过程中的话语权。

第四，将奥运遗产策划贯穿于奥运申办、举办和赛后的全过程。《方

---

① 《国际奥委会遗产战略方针（理念篇）》，https：//www.sohu.com/a/298436269_505632。

针》中，国际奥委会明确指出："尽早建立遗产机构，并使其与国际奥委会、奥组委、国家或地区奥委会以及相关政府机构协同工作，将促进（奥运遗产工作的）整合并强化遗产开发（工作）。"《方针》中明确建议各奥运城市在申奥提名阶段便成立奥运遗产机构，尽早地将奥运遗产纳入申奥、办奥的整体规划中，使奥运遗产机构可以在奥运周期开始阶段便与奥组委、国际奥委会和国际体育组织在决策过程中互动，有利于奥运遗产工作与整体奥运申办和筹办工作的整合，以及奥运遗产工作在后奥运时期仍可以获得较为有力的保障。例如，温哥华冬奥会在奥运申办伊始就成立的奥运遗产组织"LegacyNow"，提出"创造遗产"的理念并开展了大量的主动创造奥运遗产的活动。这一组织为温哥华冬奥会遗产的规划与开发作出了巨大贡献，使温哥华冬奥会成为奥运遗产成功开发的经典案例之一。①

显然，国际奥委会关注于奥运遗产治理系统的顶层建构，而对于具体的运作体制则并没有详细涉及，这可能主要是因为在明确各方职责、权利的基础上，依靠市场机制和法制规则，能够实现遗产治理的优化。

4. 大型赛事遗产运作经验借鉴

2010 年温哥华冬奥会以其卓有成效的奥运遗产管理工作，成为推动奥林匹克运动可持续发展的典范。温哥华冬奥会也成为国际广泛认可和国际奥委会大为推崇的遗产管理典范案例。温哥华冬奥会在遗产管理方面的独到之处，主要体现在以下四个方面：

一是提出了"创造遗产"的理念并付诸实施。温哥华的创造遗产理念充分体现了其遗产管理的主动性，即遗产不是自然而然产生的，而是要通过创造而产生，进而再管理。温哥华创造遗产的行动贯穿于申办和举办冬奥会期间，并且广泛动员国家、城市、学校、社区、社会组织等各方参与，谋划并创造具有特色、生命力的遗产。创造遗产不仅包括有形遗产的"创造"，如奥运场馆、配套设施、城市基础设施等，还特别注重无形遗产的"创造"，如通过各种活动传播奥林匹克精神、营造社区体

---

① 胡孝乾、陈姝姝、JamieKenyon、邓雪梅：《国际奥委会〈遗产战略方针〉框架下的奥运遗产愿景与治理》，《上海体育学院学报》2019 年第 1 期。

育气氛，建立运动员培养体系，帮助青少年树立体育意识等。2010LN 与当地省政府、各级体育组织、土著团体、市民运动委员会等组织合作，鼓励当地社区居民积极地发现并创造具有本地特色的奥运遗产，丰富了温哥华冬奥会遗产的种类。

二是特别关注各方主体利益诉求。温哥华冬奥遗产特别关注地方政府的利益诉求，并在温哥华奥组委设置"政府服务部门"，确保遗产工作得到地方政府的配合支持。各级政府通过在温哥华奥组委中设立的政府合作伙伴服务部门，使温哥华冬奥会的遗产工作落实的十分顺畅。由于2010LN 所提遗产理念与各方参与者的关联度高，因而不仅得到温哥华本地企业、市政府、省政府的资助，更得到了联邦政府、商业巨头、四大东道主原著民族、高水平运动协会等多方的大力支持，形成了遗产创造工作的强大合力。由于遗产参与各方的组织协调和市场拓展，遗产因而真正的成为遗产。

三是建立了专门的遗产管理机构，并保障了管理机构的高效运转。温哥华设立了专门的遗产管理机构——2010LegaciesNow（2010LN），具体负责冬奥会遗产创造、发展和落实等工作。在奥运遗产管理过程中，2010LN 在筹资、发展、活动等方面发挥了重要作用，被国际奥委会誉为"奥运历史中首个起到催化剂、合作者、串联者作用的遗产机构"。与奥组委中的政府合作伙伴服务部门不同，2010LN 更多地将工作重心放在公众方面，利用他们在公众，尤其是在青少年社区和商业赞助中的强大影响力，将奥运遗产工作细化普及。然而，2010LN 主要负责"创造"遗产，而在冬奥会结束、遗产创造出来后，2010LN 并不全权负责遗产的经营管理工作，而是由奥运遗产项目组织，如 Sport Fit、BC Sport Participation Program、Local Sport Council Program 等组织，接替 2010LN 的部分工作，继续管理温哥华冬奥会遗产。

5. 赛事遗产运作模式

从体育赛事遗产的属性来看，尤其是有形遗产所依托的场馆设施、设备，投资主体主要来自政府，功能属性则主要体现为公益或准公益性质，产权主要属于政府，因此在赛事遗产的利用方面，主要应发挥政府的公共治理作用，由政府牵头实施遗产规划利用。

从赛事遗产开发利用的实践层面来看，尽管政府是公共设施投资主体，但企业在赛事运作、科技创新、产品开发利用、市场推广等方面发挥着主体功能，特别是在后期的各项遗产运作中，以企业为主体可以显著提高运作效率，避免赛后政府运作的低效率和财政负担。具体实践中，可以采用合作方式，构建市场化的运作主体。

在大型体育赛事的运作中，政府主导与企业主体的融合发展模式，成为各国普遍采用的方式。

（三）武汉军运科创智慧遗产的价值 体现与综合利用思路

能否充分发挥大型赛会遗产价值，是衡量赛会举办成功与否的一项重要内容。本章以武汉军运会为例，针对武汉军运会形成的科创智慧遗产，分析其价值体现与基本特征，提出武汉军运会科创智慧遗产利用思路，并就具体利用机制进行设计。

1. 武汉军运科创智慧遗产的价值体现与基本特征

武汉军运科创智慧遗产，涉及场馆，能源环保，文化创意，信息服务，安全保障，交通运输，卫生健康等诸多方面。

（1）有形遗产及其价值体现

①智慧科技打造一流比赛场馆

武汉商学院的现代五项游泳馆，场馆顶部铺有 2400 多块空间平板吸声体，与池岸墙面干挂陶铝板材料共同组成吸声系统，能够实现呐喊无回声。在军运会马术赛场，马术纤维砂场地结合武汉的气温、气候等条件，将进口织物与纤维按比例混合专业石英砂后进行铺设，马蹄入砂深度确保在 10 毫米至 40 毫米，马匹奔跑几乎没有扬尘。省奥林匹克体育中心综合性体育馆采用国内先进的静压箱送风技术，确保每个座位都能够均匀稳定送风。场馆外主要道路及绿化采用海绵城市理念，具有渗水、抗压、耐磨、防滑的作用，能够有效缓解场馆周围的排水压力。武汉大学卓尔体育馆选用智能天窗系统，实现采光、通风、防水、遮阳与开启一体化，是一座屋顶"会呼吸"、照明"会切换"、风速"会调节"的智慧体育馆。

②人工智能科技产品

军运会除真人主持人外，虚拟主播也为军运会服务，智能播报赛事热点。人工智能领头企业科大讯飞，通过采用多模态语音合成技术，采集真实存在的主持人的人像、音频素材，在对真人语音、视频数据的采集基础上，通过深度学习、多模态合成训练，运用语音合成、图像处理以及机器翻译等多项人工智能技术，快速生成具备精确口型、丰富面部表情的 AI 虚拟主播播报视频。易瓦特研发生产的多架无人机及 360 度摄像头为电视直播带来全新体验。无人机携带 6 只摄像头的球状无人机，可以 360 度拍摄现场画面，还会将体育场及西北湖周边俯瞰画面通过 5G 通信网络，实时回传到现场大屏幕。军运会期间，东风公司研发的代表国内最先进自动驾驶水平的 Sharing-VAN 无人驾驶汽车进行示范运营，这意味着无人驾驶、智能网联汽车距离我们的日常生活已经不远。

③文化创意产品

此次武汉军运会的开幕式，给人以极为震撼的感觉，可以说颠覆了一直以来对大型赛事开幕式的认知，受到广泛高度评价。开幕式采用了国内首创，也是世界上最大的全三维立体式舞台。整个舞台首次大面积使用投影技术，并与灯光效果、LED 显示技术实现完美结合，用简约大气逼真的舞台效果，将东方文明的底蕴和当代中国的勃勃生机，通过绚烂的灯光色彩、中国美学的写意手法和当代艺术表现形式淋漓尽致地展现出来，创作出一幕幕恢宏的壮丽诗篇，给观众以沉浸式体验。这次开幕式，是一次文化与科技的深度融合，也是科技与大型舞台展示的一次完美融合。① 智能 AI 参与实时动画创作，新媒体产品"画说军运"刷爆朋友圈。精致的手绘动漫，向大家介绍了军运会的独特魅力和"中国军团"的风采，并通过新华社全媒体平台，向全世界展示魅力武汉。

④科创智慧服务系统

智慧用电系统。军运会智慧用电系统指挥中心对电能进行精细化管理，所有住宅全部实现了用电的实时、精准感知。在军运村，当用电负

---

① 《军运会开幕式将在世界最大全三维立体式舞台拉开序幕》，中国军网，2019 年 10 月 15 日。

荷较大超过预警值时，系统会主动发出预警提醒合理用电；一旦电网发生故障，系统能及时准确判断故障区域，并提供参考信息协助检修人员快速恢复供电。

安全保障系统。军运会安全保障系统围绕军运村日常安全与运行管理、安全有序的赛事服务以及突发事件处置需要等核心需求，以新一代信息科技为支撑，充分运用大数据、物联网、云计算和一张图等前沿技术，围绕大型赛事复杂风险，实现全面感知、深度分析、早期预警、科学处置，全面提高军运会安全保障、应急响应和赛事服务的水平。

消防安全系统。在公安消防全员战备值班保障安全的情况下，此次军运会还进一步提升了消防安全的科技含量，在武汉大学军运会赛场试用了智能灭火器。该灭火器装有自动温度感知芯片，对周围一定距离范围内的温度非常敏感，一旦超过设定值就会自动报警，从而能够争取更多的消防时间。

医疗服务系统。除了大型赛事必备的标准的医疗服务系统外，军运村安装了高德红外研发的 IR236 智能型红外人体体温监测系统，该系统能够实时监控过往人群的体温状况，快速发现有发热症状的人员，一旦发生疫情，可有效预警，避免疫情扩散。

（2）无形遗产及其价值体现

①科创智慧理念的认可和接收

军运会作为一个各方智慧产品汇聚的大舞台，通过赛场观摩、电视转播、媒体宣传等形式，主动或被动的将科创产品、科创理念植入人们心中，让人们对科技创新有了更为深刻的了解和认识。本次军运会的举办，对于武汉营造创新创业氛围，推动文化创意和高科技产业发展，必将起到很大的助推作用。

②科创智慧产品市场的拓展

借助军运的宣传和推广，人们对 5G 产品、人工智能产品、自动驾驶产品、三维动画制作、3D 舞台设计等产品有了直观的体验和认识，市场受众大幅拓展。对于相关的高科技企业来说，是一次额外的免费宣传和体验活动，对于打开应用市场具有重要作用。

③科创发展环境的提升

从目前来看，由于受到新冠肺炎疫情的影响，武汉在本次军运会所产生的国际知名度的提升的积极作用，受到了一定的负面影响。如能彻底消灭疫情，或者武汉在全球重要城市中的安全度领先，那么武汉对科技人才和科技创新资源的吸引力仍然乐观，吸引国际国内科创智慧资源潜力巨大。

（3）武汉军运科创智慧遗产的特色特征

科创智慧元素的前沿性、高端化。相比其他遗产，科创智慧遗产首先展现出的特征就应当是高端化。5G产品、人工智能产品、自动驾驶产品、三维动画制作、3D舞台设计，很多产品均属首创或者第一次投入应用体验，前沿性、高端化特征显著。

科创智慧遗产影响的广泛性、深刻性。科创智慧遗产所产生的影响，不仅仅是本次军运会，也不仅仅是湖北、武汉，其带来的广泛深刻影响，还体现在：对其他领域的渗透、影响；对地区科创智慧环境的影响；对居民思维方式、消费观念的影响；对社会投资、产业导向的影响等。

科创智慧遗产市场转化的空间广阔性。科创智慧遗产在军运会中的展示，不仅体现了其在运动赛事领域的应用，也展现了其在相关细分领域的应用前景，如通信领域、智慧交通领域、显示设备等领域应用空间。

科创智慧遗产与国家战略结合的紧密性。科技创新是我国的国家发展战略，是构建发展新动能的主要依托，是实现高质量发展的基本路径。随着世界各国科技竞争进一步加剧，我国特色社会主义事业发展进入新时代，我国面临关键技术受制于人、产业结构急需转型升级的严峻形势。为此，我国努力推动形成以科技创新为核心、产业创新为重点、体制机制创新为保障的全面创新战略体系，实现"从优到精"的转变。军运科创智慧遗产也是国家创新战略实施中的有效载体和抓手。

2. 武汉军运会科创智慧遗产综合利用的总体思路

以习近平新时代中国特色社会主义思想为指导，遵循高质量发展理念，通过对武汉军运会后留下的科创智慧遗产进行系统梳理、明晰分类，分析武汉军运科创智慧遗产的主要内容和价值体现，明确武汉军运科创智慧遗产的覆盖领域和影响范围，借鉴国内外大型赛事遗产综合利用模式和经验，科学制定武汉军运经济遗产的综合利用思路和具体推进措施，全面构建军运科创智慧遗产的良性运作机制，提升武汉军运科创智慧遗产的综合利用效率，最大化武汉军运科创智慧遗产价值。

政府引导与市场主导相结合。科创智慧遗产涉及产品的开发、设计、市场推广和应用，应加强政府公共资源与市场资源的整合配置，由企业、市场来进行开发，促进效益最大化。

整体谋划与分类实施相结合。在整体谋划、统一制订遗产利用方案、全面推进实施的基础上，针对不同类型、不同责任和产权主体的遗产，体现不同类型遗产的经济效益和社会特征，分别实施具体的方案和措施。

经济效益与社会效益相结合。既要注重科创智慧遗产的研发设计、推广使用和市场开拓，促进高端产业发展，发挥科创智慧遗产的经济价值，也要注重科创智慧遗产在公共服务领域的应用，发挥科创智慧遗产在教育、宣传、展览等公益领域的社会价值。

有形遗产与无形遗产相结合。在对有形遗产进行分类造册、促进高效利用的同时，也要高度关注军运会带来的科创智慧无形遗产价值，特别是科创智慧环境、科创成果宣传等领域的价值延伸，实现军运遗产价值的最大化。

3. 武汉军运科创智慧遗产综合利用机制设计

（1）加强军运遗产（科创智慧遗产）工作组织领导

由武汉市政府主导，市文化体育、经信科技、发展改革等部门参与，成立武汉市军运遗产管理运营办公室（简称"遗产办"），统筹管理武汉市军运遗产相关工作。办公室下设科创智慧遗产部门，负责科创智慧遗产管理运营工作。

（2）着力推广宣传军运相关科创智慧成果，增强居民的感知度和认可度

加大投入力度，加强中小学科普和科技创新教育基地建设。采取实物或者影像等模式，将军运科创智慧遗产引入科普和科创教育基地，使居民特别是中小学生更加深刻的感知军运科创智慧成果。采取微博、公众号、媒体广告等多种模式宣传推广科创智慧成果。举办科创体验节，在短视频平台举行科创成果展示和带货活动，拉近科创成果与居民的距离。

（3）做好军运智慧遗产统计分类，构建军运遗产的精细化运作体系

为明晰科创智慧成果的产权，做好科创智慧遗产工作的目标考核，提升遗产价值，应重点做好科创智慧遗产的权属统计分类、科创智慧遗产的行业分类、科创智慧遗产的公益与非公益属性分类、科创智慧遗产的保护与开发属性分类等工作，确保遗产的充分挖掘和高效利用。

（4）健全军运遗产（科创智慧遗产）市场运营机制

发挥政府引导作用。政府重点在遗产的清理分类和产权明晰上，做好遗产管理基础工作。征求社会意见构建与军运赛事和武汉城市文化相符合的核心理念，加大宣传力度，成为武汉城市精神的一部分；搭建平台，组织开展各类科技创新活动，推广科技产品，开拓产品市场；完善政策，加大对科创智慧遗产运营管理的扶持；做好服务，营造良好的科技创新环境，支持高技术产业做大做强。在政府主持下，采用多部门协调、政企合作、带动全社会参与的方式，形成多元主体协同发展的积极局面。

发挥企业主体作用。军运科创智慧遗产的运营管理，除部分公益性的遗产外，主要还应依托企业来实现。赛事前期的策划、选址、建设，赛事进程中的管理需要依靠企业，赛事后期的遗产管理同样需要企业。企业是最为活跃的市场主体。在当前地方政府债务问题仍较严重的情况下，必须充分依托企业主体，推动军运科创智慧遗产的运营管理。可以采取委托经营、特许经营、混合所有制等形式，将部分有形无形资产委托有能力、有责任的企业运营。其中大型赛事场馆等主要委托大企业运营，而比较分散和无形的赛事遗产，如产品的宣传推广、科技成果的应用、文化创意活动以及基于市场企业自身的赛事科技创新产品等，委托中小企业进行运营。

全力推进招商引资。坚持招大商、招好商的思路，围绕科创智慧遗产发展思路和重点，结合遗产资源和发展方向，重点引进一批高新技术企业、数字经济、文化创意、文旅融合、人工智能、5G 场景应用等项目。实施产业链补链、强链招商，围绕优势产业，重点引进一批高端智能装备、电子信息、智能网联汽车、新能源汽车及关键零部件等强链、补链项目。实施功能平台招商。基于互联网、云计算等现代信息技术，以满足企业多元化需求为核心，搭建并引进社会化、专业化、国际化的功能平台企业，通过平台发挥招商引资功能，配合、协助甚至发挥地区招商主导职能。实施以商招商。进一步优化对企业的服务，通过良好的软环境，吸引一批现有入驻企业的上下游关联企业落户。实施亮点区块招商。结合高端产业和产城融合发展战略，以国家级开发区、国际性产业园区等亮点区块建设为契机，着力对亮点区块进行整体包装和链条式、集群式招商。通过亮点区块整体打包，强化招商推介，深入对接各类咨询机构，拓宽项目信息来源渠道，积极组织策划欧洲、日本和上海、深圳专场招商推介活动，严格执行项目准入标准，紧盯世界500强、国内100强等大型企业，确保引进项目质量。

（四）打造智慧宜居城市，促进超大城市治理现代化

军运会等大型运动盛会对通信信息、城市安全、气象服务等具有很高要求。这次武汉军运会的成功举办，是通信、安全治理等领域科技实践应用的一次全方位的考验，对于武汉打造智慧宜居城市、提升城市治理能力具有积极作用。武汉应充分利用军运遗产，发挥科技创新成果在城市治理中的重要作用，全面推进超大城市治理现代化。

1. 提升城市信息化水平，推进智慧城市建设

（1）打造数字化武汉城市管理系统

建设武汉数字智慧中枢管理系统。以提高城市智能化管理水平为基础，推进城市治理模式和手段创新，提高城市科学化、精细化和智能化水平。依托武汉市大数据中心、政务云平台和智慧城市运营中心，构建全方位、全系统、全覆盖的网络系统，建设与现实城市相一致的数字城市，通过大数据、云计算，实施数字治理，优化配置城市要素资源，挖掘城市数据资源价值，构建城市智能运行的数字基础。

（2）构建信息技术服务平台

一是在线服务。加强网络、信息、通信等技术的创新应用和发展，通过三维虚拟技术实现立体互动，积极推广实时网络交流和电子交易。二是个性化定制服务。建立功能多元化、使用简单化、服务互动化的个性化服务产品定制平台，实现在电子商务环境下与客户进行实时数字化、

互动式交流和信息管理，通过大型数据库、数据挖掘和数据仓库技术对海量客户数据和商业数据进行管理和智能化分析。三是互动服务。实现虚拟与现实的实时沟通交流，积极拓展数字电视、移动电视、手机媒体、互动式广告等多领域的互动服务。四是集成服务。通过信息、网络、通信技术集成服务资源，实现线上、线下资源全面整合、综合配置、菜单式定制、一站式解决。五是平台服务。重点发展国际贸易和海外营销促进平台、国际财经信息国际信息港平台等，及各类产业专业型服务平台、展示交易型服务平台、生活服务型服务平台。

（3）推进数字武汉信息基础设施建设

提升城市基础测绘保障和服务能力，进一步充实和更新基础地理信息数据库，完善数字武汉地理空间框架。深化推进5G基础设施布局建设工作，推进通信网、互联网、数字电视网等信息网络全覆盖，提升服务功能，促进融合应用，实现资源共享、互联互通。加快网络基础设施建设和智能化更新，聚焦大数据、区块链、人工智能、5G等新一代信息技术集成应用，围绕武汉市科技创新产业发展基础优势，加大力度引进数字经济基础设施建设、集成创新、应用示范、软件设计等领域的高技术企业，共同推进武汉市数字基础设施建设和数字产业发展，抢占未来发展的制高点。

加快数字内容资源平台和数字内容产业创新中心建设，培育引进数字内容生产企业，打造若干各具特色、各有侧重的数字内容产业园区。积极探索利用区块链等数字技术对数字内容确权、定价和交易跟踪，加大知识产权保护力度，激发数字内容创新活力。

（4）着力打造5G智慧新城

充分运用5G、大数据、物联网、云计算等新一代信息技术及其应用，实现信息化、工业化与城镇化深度融合，提高城镇化质量。加强智慧城市基础设施建设，提升5G网络覆盖面，构建智能视觉物联网，将城市工作、生活各方面可采集的数据可视化和规范化，实现精细化和动态管理，提升城市管理成效和改善市民生活质量。建设智慧公共服务和城市管理系统，加强就业、医疗、文化、安居等专业性应用系统建设，通过提升城市建设和管理的规范化、精准化和智能化水平，有效促进城市公共资源共享，实现城市人流、物流、信息流、资金流的协调高效运行。开展智慧社区安居试点，发展社区政务、智慧家居系统、智慧楼宇管理、智慧社区服务、社区远程监控、安全管理、智慧商务办公等智慧应用系统，使居民生活"智能化发展"。在信息技术基础上，以人为本，科学化管理，以更加精细和动态的方式来提升政府的行政服务效能和社会治理水平。

2. 加强城市安全保障体系建设，完善城市综合管理和应急机制

安全保障系统。借鉴军运会安保系统建设，围绕城市日常安全与运行管理和突发事件处置需要，以新一代信息科技为支撑，充分运用公共安全、大数据、物联网、云计算和一张图等前沿技术，从综合提升城市公共安全基本能力角度出发，围绕城市可能出现的各类安全风险，构建城市安全保障系统，实现全面感知、早期预警、科学决策，为全面建设智慧安全武汉提供保障。

消防安全系统。依托现代科技，特别是军运会中经历过实践检验的智能灭火器等装置，通过大数据分析，结合武汉城市一张图系统，建设更加精准的火灾预警系统，在试点运营的基础上，将系统在重点消防领域推广，并逐步推广到重点单位、社区。

疫情服务系统。针对此次新冠疫情的严重性和长期性，结合新冠疫情在体温等方面的典型特征，借助此次在军运会中所展示的智能红外人体体温监测系统，研发成本更低、精度更高、识别速度更快的人体体温检测系统，实时监控过往人群的体温状况，快速发现有发热症状的人员，一旦发生疫情，可有效预警，避免疫情扩散。

3. 完善气象服务系统，提升气象服务能力

大力发展智慧气象。应用云计算、大数据、移动互联、物联网等信息技术，基于标准、高效、统一的数据环境，建立天气预报、气候预测、综合观测、公共气象服务以及行政管理的集约化气象云平台，提升气象信息化技术水平。按照"多杆合一、共享高效"的原则，依托城市信息化基础设施建设，将气象监测作为城市的基本要素和基础配置，推动建设基于高密度城市的中小尺度融合监测网，实现气象智能感知。充分利用智能杆显示屏、广播、出行 App 等载体，扩大气象信息发布和服务范

围，提升市民获取气象信息的便捷性。积极建立气象多要素协同观测等数据融合算法，打造智能化服务引擎并与城市"超级大脑"互通，为高效获取气象数据信息开展指挥决策提供支撑。探索户外气象与室内环境的智能互动，通过城市单元体微气候的观测，实现多种生活空间下气象环境的精准感知和智能控制。

提升气象科学预测水平。完善以数值预报为基础的现代天气预报业务技术路线，建立格点化、概率化、数字化、精细化的现代天气预报业务技术和产品体系，建立市级集约化预报业务流程，建立完善集短时临近、短期、中期、延伸期预报于一体的精准化天气预报业务系统。开展气象要素精细化预报、多灾种高分辨率灾害性天气客观预报、预报预警质量评估检验等业务，不断提高天气预报的准确率和精细化程度。加强环境气象业务，为政府科学应对雾、霾等严重影响人民群众生活质量的大气环境问题提供科学依据。加强人工影响天气作业能力建设，提高对干旱、冰雹、大雾、森林火灾、污染物扩散、环境污染等灾害的人工影响天气作业水平。加强物联网、"互联网＋"业务应用，推进气象观测与气象服务的智能化发展，促进气象网与互联网的深度融合。

提升气象服务经济社会水平。建立气象与政府部门、科研机构、企业、社会间数据互助共享协作体制机制，实现气象数据的深度共享、集中可用。加强城市气象服务，将气象服务纳入城乡"网格化"管理平台，重点围绕城市"生命线"系统，提高城市安全运行气象服务保障水平。适应现代农业发展方式转变，创新气象为农服务机制，融入农业社会化服务体系，大力开展面向新型农业经营主体的"直通式"气象服务，为保障粮食安全和新农村建设提供优质服务。加强专业气象服务实用技术研发，构建"互联网＋"的气象服务新业态，提升公共气象服务供给能力。加强对数值预报应用技术、强对流天气预警技术、农业气象和卫星遥感技术、雷电灾害预警与防护技术、城市气象技术、气象灾害影响评估等气象预测预报关键技术的应用与研究，促进气象科技成果的转化与推广。

（五）建设武汉智慧交通大脑，
打造智慧交通城市

第七届世界军人运动会首次由一城举办所有赛事，比赛共涉及 35 个场馆、50 多处住宿地，基本分散于武汉所有行政辖区。万余涉赛运动员、工作人员每天需往返于场馆、住宿区域，通行保障线路辐射大部分城市快速路及主次干道，最远里程达 62 千米，通行时长约 80 分钟。为兼顾确保赛事车辆通行和市民正常出行，武汉市政府经过分析、研判，确定了相关临时交通管理措施，明确不实施车辆单双号限行。为了达到此目标，武汉市公安交管部门全警动员，以智慧交通管理作为工作出发点。他们认真梳理每场赛事的时间、地点、参加人数，推出系列精细化交通组织方案。

1. 智慧交通确保军运会期间交通畅通

充分运用科技信息化手段，按照智能化、可视化、扁平化的思路，搭建了"统一指挥、上下联动、一体运作、精准高效"的指挥调度体系，进行实时监测预警。交通态势平台每 2 分钟就会扫描一次全市道路交通状况，实时感知在途交通流量、进出城交通流量、交通拥堵态势，对可能发生突变的交通趋势进行监测预警。"智慧"引导让避堵更及时，交警利用全市 3000 多处数字监控和 78 处高点监控开展视频巡查，及时主动发现拥堵、事故、坏车、闯禁行等情况，通过精准定位实时掌握路面警力分布、警员信息和位置信息，对汉警快骑、警保联动、应急救援等快反力量进行扁平指挥，做到警力"看得见、呼得通、调得动"。

与互联网企业深度合作，构建智能交通出行诱导系统。市民可以通过导航手机应用软件，实时查看路况，选择最快、最通畅的出行线路。行驶在路上的驾驶员通过 398 块一级交通诱导屏，不仅可实时查看周边 3 到 5 条道路路况，部分诱导屏还可精准提醒至火车站、飞机场的通行时间。和车道诱导屏相配套，交警还上线了智能快速路管理系统，建立行车、停车双诱导系统。

设计智慧路口控制系统，让道路更通畅。武汉市交警部门结合实际工作打破传统壁垒，用创新推动机制变革，建设了一套具备智慧感知、智慧控制、智慧诱导的智慧路口控制系统。该系统的建立将智能交通体系和传统交通组织优化有机融合，实现了路口路段通行效率"分钟级"优化、实时引导分流，避免拥堵。清晰、醒目、完整的发光标志标牌，不仅让驾驶员能够清楚知道前方路口实时通行状况；还能通过智慧路口控制系统，将之前驾驶员的自由选择，改变成交管部门的主动管控，实时调整区域分流方式，改变车道方向设置，让道路变通畅。

2. 军运会对武汉交通建设的积极作用

武汉是湖北的省会，长江和汉水交汇，把武汉分成了武昌、汉口、汉阳三个镇，现在已经有十五条过江通道，过江通道连起来以后，武汉整个交通也形成了环形，现在已经发展到五环。武汉因为有两江三镇，属于大发展时期，建设工地比较多，道路通达性不好，为交通组织和管理带来难度。"每天不一样"的大武汉，借着迎接军运会的东风，交通建设开始了华丽蝶变，城市交通秩序"颜值"正在持续刷新。

（1）军运会后武汉智慧交通应用成效

具体来说就是：用智慧政务，探索"治难"新路径；用智慧出行，构建"治堵"新模式；用智慧应急，建立"治乱"新机制；用智慧监管，打造"治危"新体系；用智慧警营，形成"治庸"新常态。

智慧政务，就是市民办，车驾办，交通相关业务要马上办，网上办，一次办。实现"三减"，减环节，减窗口，减警力。然后依托"三端"，手机端、PC端和自助终端，提高"三率"，上线率，线上率和满意率。交警部门跟腾讯公司共同打造了智慧服务平台，实现"民有所想，云有所应"，即现在武汉所有车管业务90%以上的可以不用到车管所办理，直接在手机端和网上进行办理；另外专门开发了易行江城App，可以信息查询、业务办理，包括违法处理、快赔、学习减分，驾照学习等都可以在手机端进行。还有警民互动的"随手拍"举报违法行为，以及一些事故的上报。

智慧出行方面，主要开展了以下功能：一是加强了行车诱导，利用视频热线来进行诱导，诱导到信息屏、网站，还有媒体实时直播的电视屏幕，以及把民众个人的手机屏幕来进行诱导，而且所有的数据都是打通使用的。通过系统推出，随着民众的使用增加，数据准确率由原来的80%提升到95%，另外覆盖率也全面提高，由原来的2号线覆盖提升到全市3号线主干路全部的信息覆盖。更新的频率由原来的五分钟提升到两分钟，这样为缓解交通拥堵起到了促进作用。二是实时分析各个拥堵路段的情况，根据这些拥堵点，一方面要实行紧急调度，如果有事故的，实行快速事故处理，如果没有事故，那么有一些警力快速的支援进行疏解，这样可以保证快速通行。

关于智慧应急，宗旨是快速的响应一体化调度。第一，看的见。首先能够在第一时间发现交通异常状况。第二，调的动。在局里面建立了两级指挥中心，第一时间可以调动警力到现场进行处置，后面民警也可以通过手机实时了解责任路段的路段情况，及时发现拥堵原因。第三，分析的准。我们后台还有决策分析系统，能够快速提出相应环节的方案。最后，处置快。在基础上通过科学合理的方法来进行拥堵点的处置，同时对于有大面积的拥堵或者事故实行指挥调度的一键化。有专门的车载智能警务的平台，只要按一个键，所有的后台自动计算调度系统都会发出。武汉专门有一支应急保障的队伍"汉警快骑"，就是摩托车，因为他可以快速到现场。另外专门有应急救援车辆和警保联动的车，我们尝试的是警保联动的可以快速处理这样一些事故，同时还有抢险车、消防车、救护车、清障车和救援车都可以统一一键进行调度，实现快知，快到、快救、快分、快看、快撤、快赔来处理事故应急问题。

智慧监管这方面是搭建了一个智慧监管平台，并且建立了交通安全的分控中心，同时完成了风险预知处理的机制。在智慧监管里面，对重点的驾驶人，比如有精神病史的人、有酒驾历史的人、有毒驾历史的人，还有一些危险的犯罪分子等都有实时监控；监管的主要的内容，是对重点车辆实时监控，同时根据往年事故的统计，对一些黑点道路实现重点监控，还有对重点企业进行监管，另外还对整个环境进行监测。同时建立分控中心，从理论和风险的预测监管源头管理，以及事故的深度调查来进行系统化研究。交管局专门开发了车控网，称为"神眼搜车"，可以按车牌、车型、区域快速检测到相应的车辆，快速查出特定车辆的行驶轨迹。因为武汉市区所有的卡口基本上是全覆盖，所以它的轨迹可以全部检测出来。利用这样一个平台，可以查询假套牌车，查获毒驾，还协助其他警种公安机关查询各种违法犯罪。

智慧警营，就是交警部门所有的交易都有一个 PDA，再加上智能执法终端，所有交警在什么样的位置，执法的过程都可以实时记录。这样一方面可以治庸，将警察综合管理，另一方面规范执法，将交警所有的执法过程进行实时记录。

（2）军运会促进武汉智能交通更快发展

为了确保军会的顺利举行，2018 年，武汉市交管局成立了安全运维监管中心，将所有的交通设施进行统一运维、统一监管，通过打造集约化、标准化的外场运维，以保障智能交通建设效果为导向，构建一体化运维模式，提高运维管理效率。安全运维监管中心改变了传统仅仅以外场设施维护为主的分散式管理模式，按照"互联网＋运维"的管理思路，在全国交管系统首创式的将前端点位、通信网络、中心、机房、软件平台四大业务模块统一管理、统一运维。运维监管一体化平台，是整个运维管理的顶层管理平台，有效地对接了外场前端设施、通信网络、中心机房和在用各平台软件的运行数据，出现故障实现实时报警，及时处理。其中集成了武汉市交管局 9 个职能处队的 27 个子系统和 7 类设施设备，包括标志、标牌、标线、护栏、电台、PDA、酒精测试仪等。运维中心统一管理框架包括信控统一、数据统一和视频统一。

第一，信控统一。包括信号集中控制平台，武汉全市交通信号灯共计 3527 处，中心城区 1573 处，联网率 90.15%；新远城区 1954 处，联网率 42.94%。信号机以海信与西门子为主，以长江、汉江相隔分布，无锡所华通及单点信号机等并存。为了实现信号灯统一控制，武汉交管局建设了智能信号灯管控系统，整合了各类信号控制系统，实现全市信号灯实时灯态、配时方案，路口流量实时调用，实现了对全市信号灯跨系统的统一调控，由基础管理、运维管理、灯态管理、互联网＋信号灯四部分组成。首先是信号监控，通过平台解决了不同厂商设备的兼容问题，完成了对西门子信号控制系统操作界面的汉化处理，同时通过平台可以实现对路口的信号监视和控制功能。其次是路口设备管理，通过平台可以清晰地看到所有路口的基础信息，主要包含路口的地理位置、设备的数量及规格、建设单位、建设时间和维护单位等信息，路口的数据都有专人进行实时更新。再次是舆情管理，平台将 122 警情、网络舆情、微信公众号等关于信号灯的投诉情况进行整合管理，实现了多渠道投诉集中管理，第一时间解决的工作模式，舆情发生时间、处理时间，以及解决方案一目了然，提高了处理效率，方便了民警管理。最后是关于互联网＋的研究，从失衡指数、进口速度对路口进行评估。智慧决策系统基本融合了武汉市信号灯、电子警察、卡口等数据，形成武汉市的决策系统，然后充分发挥所有交通流检测数据的价值。智慧决策系统有两大系统模块，一是未来短时间交通预测系统，二是城市交叉口评估系统，通过这两个子系统，再通过停车次数、车道入口、平均延误车速等指标进行综合分析、评估优化效果。

第二，数据统一。武汉市 6000 多个各品牌、各集成商建设的电警、卡口设备均由"电子设施统一接入平台"接入、管理，实现了数据统一。电子设施统一接入平台展示全市电警、卡口、违停抓拍球、RFID 点位的建设情况。根据点位备案录入的档案信息，按项目建设阶段、点位类型、点位所属大队实时、准确地展示出来。全市交通电子设施建设情况一目了然，并且支持热力图切换展示。还展示展示全市实时活动车辆统计信息，支持多维度查询和展示。在日常流量统计分析、军运会期间车流量统计分析、疫情防控期间流量统计分析等重要流量统计工作发挥着重要作用。

第三，视频统一。武汉市 5600 多个各品牌、各集成商建设的电视监控设备均由"视频管理平台"接入管理，平安城市、高速、桥隧、交委等其他单位视频也是通过这个平台接入，同时对省厅、部局、市局视频推送也是通过这个平台。交管局自建监控以及直属 15 个下属单位视频资源 6000 多路。平台已整合接入全市 4.6 万余路各类交通视频监控视频资源，可实现任意视频资源实况查看、历史录像回放、云台控制等。其中，城市视频接入 37000 是数量最多的。

总体来说，运维中心负责管理全市交通设施，其中交通传感器每天产生 8950 万条数据（疫情防控期间 880 万条），视频数据存储达 4.5PB。军运会期间保障了传感器设备 24 小时全天候运行，为军运会的交通指挥、科学研判提供了数据支撑。

（3）依托军运会智慧交通，武汉交通通畅继续各项措施优化细化

以百瑞景小区为例，入住居民超过 1.1 万人，仅有瑞景路和宝通寺路

两条窄路出入，周边密布多条快速路和主干道，小区居民进出交通压力巨大。武汉市交警部门先治违停，将宝通寺路、石牌岭西路、瑞景路设为严管路，加装 7 套监控，再对宝通寺路瑞景路口实施"手术"：禁止车辆调头，迁移调头点，迁移公交车站，将人行横道前移 5 米，在 3 所学校附近挖掘潜力腾出停车位，完善停车诱导系统，结合使用智能信号灯，增设流量检测设备，设置路口防溢出系统。经过持续调研和改进，进出百瑞景的路终于顺畅了。武汉交管部门介绍，为提高市民出行质量，经过深入调研，选择交通问题较突出的后湖、杨汉湖、天顺园、四新、首义、百瑞景、南湖、常青 8 大片区，通过路口精细化组织、路段违停管理、慢行交通防护、单行线等方法，缓解居民区出行难、停车难等问题。目前已经完成设计，正在组织招标实施。

（4）交通安全设施不仅变"亮"了，而且变清爽了

全球首创智慧交通标志牌惊艳亮相，细心的市民发现军运会期间徐东大街汪家墩路段的两块指路牌在夜晚降临时"闪闪发亮"，甚至有几分科幻的感觉，原来，它是最新上岗的智慧交通标志牌，采用物联网技术，是全球首创物联网交通设施。它是全彩动态嵌入式 LED 发光标牌，可显示全彩的各种字样、图案。传统的交通标志是孤立的、静止的，缺乏数据采集和输出功能。武汉大道沿线新装 260 套多种类型的主动发光交通标志牌，应用基于 NB-Iot 技术（即基于蜂窝的窄带物联网），标志牌从此有了"智慧大脑"，道路交通安全设施实现了可视、可感、可控。它是全球首次在交通安全设施领域应用窄带物联网技术，实现信息双向流动，能为地图导航和交通指挥的精准性提供更完备的数据支撑，对于推进智能汽车、无人驾驶、智慧交通发展具有重要意义。

有市民发现军运会期间武昌百瑞景路口的红绿灯变了样，以前灯杆上密密麻麻的电缆线不见了，只留下一根简洁的灯柱。武汉市交管部门介绍，这是武汉交警自主研发并获得国家专利的"总线控制信号灯"，目前已在百瑞景路口、解放大道循礼门、青年路淮海路路口安装使用。这种信号灯采用 40 伏低压直流供电，消除了触电隐患，施工便捷，易维护，更智能。同时它也采用互联网大数据、物联网、CAN 总线等技术，可自动校验触发倒计时，实现故障自动检测预警、数据二次分析等功能，通过"总线控制"，原来需要 10 多组线缆的信号灯路口，现在只需 1 根

电线，颜值大为提升。它还能使用太阳能供电，可节约70%左右的用电成本。据悉，军运会后武汉市将在中心城区105个路口全面改造升级使用这种信号灯。

经过武昌水果湖地区的市民发现，洪山路、东湖南路上的交通隔离护栏变"亮"了：莲花纹路、莲花柱帽、中间是篆体"汉"字，轻盈、灵动与周边的山水环境完美融合，夜晚还能发光。武汉市公安交管部门介绍，第七届世界军人运动会中在武昌水果湖地区打造的交通设施"亮化"示范街，今后将逐步在全市推广。

（5）从礼让斑马线到护校保畅"警校家"

武汉交通秩序颜值的持续刷新，既在科技投入、交通组织等硬件方面发力，也在秩序管理方式方法等软件方面狠下功夫。军运会后武汉交管部门继续整治电动自行车交通违法集中行动，扭转了非机动车随意乱窜的势头，骑车闯桥隧基本禁绝。而始于去年6月的机动车礼让斑马线行动，如今蔚然成风。通过路口监控视频可以发现，现在在各个路口、路段的人行横道线上，70%以上的私家车驾驶员都会减速、停车避让行人、非机动车。据统计，公交车及出租车的避让率达80%以上。

另一个显著变化出现在小学校园门前。小学门前早高峰拥堵，长期困扰着学校、家长和交警。去年12月15日，位于中南路的武汉小学率先试点"警校家"护安保畅模式，征集家长志愿者"警校家"护校保畅队，得到家长们的热烈响应，纷纷报名参加值日。武昌区交通大队、教育局等部门组成联合工作组，交警主导，学校和家委会共同组织，家长为主体。邀请交警到学校为家长志愿者系统授课。这一模式迅速在全市各区复制，并得到省公安交管局充分肯定。从前车辆、家长、孩子"乱作一团"的情景不见了。武汉育才二小的家长介绍，现在孩子的上学时间，比以前平均减少约10分钟，而且也不担心孩子的安全。军运会后全市已全面推广"警校家"工作模式。

武汉交管部门有关负责人介绍，街面交通秩序是城市的一张"脸"。军运会，当好东道主，是武汉交警加快提升交通秩序颜值的强大动力，是交通管理提档升级的催化剂和动员令。军运会结束后，武汉交警将继续在省公安交管局指导下，强科技，抓管理，补短板，让大武汉交通秩序的颜值"每天不一样"。

3. 打造智慧交通城市

当前，全球城市正面临前所未有的大变革，尤其是交通出行领域，共享交通、无人驾驶、车路协同、智慧感知、在线仿真、活动模型等新一代技术浪潮席卷而来，传统交通出行和建设发展模式面临颠覆式创新和挑战。

以军运会为契机，建设"武汉智慧交通大脑"，以智慧创建武汉交通未来，引领交通全方位创新升级，是武汉市建设国家中心城市的重要支撑。交通智能大脑信息化项目、建设内容包括1个前端采集工程、3个应用管理系统以及1个交通基础决策支持平台。

交通基础决策支持平台的定位是以技术创新、应用创新为导向，打造国内首个市级面向政府决策、规划管理的智囊型平台，并以此为依托，建设"武汉智慧交通大脑"。这个平台通过"数据中台、出行透镜、决策推演"三大部分项目建设，总体目标致力于实现四个转变：以"互联网＋智慧交通"为理念，通过与市级交通大数据中心的互联对接，实现从传统数据分析到"互联网＋"数据融合分析的转变；通过构建城市交通数据资源库，实现从传统服务器计算到"云计算"的转变；通过搭建市级交通决策支持平台，实现从单路径交通研究向多方位交通决策支持的转变；通过示范项目落地，实现未来交通场景由概念、畅想向软硬件协同、产业化推进和出行品质提升转变。

（1）建设武汉市智慧交通"数据中台"，解决交通数据"存""通""用"难题

"数据中台"致力于"打破数据壁垒，增强数据间的融合"，解决武汉市交通数据"存""通""用"的难题，让一切交通业务数据化，一切交通数据业务化。通过全域交通数据采集与引入，将城市交通数据指标结构化、规范化，实现指标口径统一，打造以交通规划、建设、管理和决策核心业务对象为中心的连接和体系，形成武汉交通融合共享的核心能力。

"数据中台"的具体建设内容包括交通云计算平台、交通信息资源库和武汉交通一张图。

其中交通云计算平台通过构建云计算平台，所有资源整合后在逻辑

上以单一整体的形式呈现，资源将根据需要进行动态扩展和配置，系统业务按需使用资源。通过虚拟化技术，增强数据中心的可管理性，提高应用的兼容性和可用性，加速应用的部署，提升硬件资源的利用率，降低能源消耗。

交通信息资源库定位为交通决策综合数据资源中心，是武汉全市交通规划与决策工作的信息化基础平台，以大数据时代下的信息化辅助决策支持手段，为交通宏观决策、交通规划评价等提供统一的数据基础，更智能、更精准地为全市交通规划、基础设施决策、需求管理等各项工作提供支撑。

武汉交通一张图是基于强大的云计算引擎和 GIS 技术，实现城市交通数据统一汇聚，以"一张图"的形式实时、动态展现武汉市交通基础设施规划、建设和运行状况，建成面向政府决策、行业管理、规划编研的基础用图、权威用图。

（2）建设武汉市智慧交通的"出行透镜"

"出行透镜"是致力于交通出行的全景展示与深刻洞察，以全域、动态、连续的交通大数据为依托，洞察武汉市交通发展路径、运行特征，把握城市交通的内在规律，从而构建多层次交通评价系统。

"出行透镜"建设内容包括 14 个专题信息系统和 2 个亮点应用板块。14 个专题信息系统分别为：城市职住分析子系统、交通调查分析子系统、车流分析评价子系统、路况分析和评价子系统、公共交通专项分析子系统、轨道交通专项分析子系统、静态交通专项分析子系统、过江交通专项分析子系统、慢行系统专项分析子系统、排放分析子系统、社会小汽车行为分析子系统、对外交通分析子系统、综合交通运行监测与分析评价子系统、综合交通报表生成与推送系统。

亮点应用板块包括"决策指标在手"和"规划作业平台"。"决策指标在手"是基于互联网技术手段，面向交通规划建设的顶层决策，实现核心交通指标的集中汇总和动态更新，通过电子化方式，利用手机或PAD 等移动终端进行实时调阅，为高端决策层提供定制化可视化的动态信息服务。"规划作业平台"是依托交通大数据中心和交通信息资源库，打造面向规划编制、规划管理、规划研究的信息化大平台。

（3）建设武汉市智慧交通"决策推演"项目，提供武汉市交通同步、

超时空急速推演平台

"决策推演"项目致力于复杂场景下城市交通运行多目标、多路径、多用户"虚拟决策",为城市交通规划、建设、管理决策和市民需求管理、出行诱导以及政策研判提供同步和超时空急速推演平台,动态模拟、量化评估决策实施效果,研判规律,探索城市交通管理从传统方式走向智慧治理的途径。

"决策推演"项目包括基于国际最新理念建立武汉市大都市区范围宏中微观一体化交通预测模型、主城全域动态交通仿真模型、重点片区微观仿真与实时在线交通仿真模型等,建设新时期武汉交通模型体系,通过对城市规划、交通需求、城市资源布局和利用、环境污染防治等措施实施的近中期效果以及远景发展情况进行仿真模拟展示,打造3个亮点应用板块,形成武汉交通决策推演平台,为政府决策提供可靠依据。

其中"三规互动"板块是针对多规融合打造从宏观到中观的融合互动分析平台,不同规划人员可以在平台上进行方案交互与共同分析。"沙盘仿真"板块是基于三维动态仿真技术和交通预测模型技术,实现对重大交通基础设施项目规划、实施、运行全过程的动态、直观、立体呈现,是面向城市级的交通仿真平台,实现2D与3D的无缝衔接,将极大提升建设项目的科学决策效率。"公众展示"板块则借助网络平台和市民之家展馆,让市民深入了解交通、认识交通、参与交通,是面向市民的交通规划互动平台和重要交通科研成果的展示平台。

(六) 对接军运科创智慧产品,促进数字经济和高端产业发展

军运会中应用、展现的各种科技创新成果,不仅使得本次军运会成为史上科技含量最高的军运会,提供了前所未有的体验,促进了军运会的高水平举办,也成为科技创新成果的一场公开展示会,高频率高强度的产品推介会。军运现场、体育直播、媒介宣传带来的高曝光率,不仅让我们知晓了科技产品,也让我们有了进一步使用新产品的欲望,让厂商有了进一步开发应用产品和技术的动力。

1. 推广 5G 信息技术，加强数字经济、5G 产业链培育发展

鼓励技术创新。加大对 5G 技术研究的支持力度，支持软件企业围绕云 VR/AR、车联网、智能制造、智慧能源、无线医疗、无线家庭娱乐、联网无人机、社交网络、个人 AI 辅助、智慧城市等场景应用，开发 5G 应用软件、控制系统、服务平台软件等。鼓励软件企业聚焦 5G 需求，面向 5G 不同垂直行业的应用场景，研发适应该领域的软硬一体终端产品。支持 5G 重大创新产品应用，对符合规定的首购产品、订购产品，支持需求单位通过政府采购方式进行采购。

支持服务平台创建。支持相关企业与高校、科研院所合作，建设 5G 创新中心、产业研究院、开放实验室和通信实验外场等基地。支持有条件的企业搭建 5G 核心器件技术开发平台、中试验证平台、产品分析测试平台；鼓励有条件的基地和园区联合优势企业、科研院所、基础电信企业等，瞄准国内一流水平建设 5G 产品认证、应用测试、网络性能监测、产业监测分析等公共技术服务平台。整合社会各方资源，组建各类 5G 应用联盟等，搭建 5G 产业交流合作平台，在标准制定、技术研发、试点应用等方面开展合作。

加快产业生态构建。加强引资引智，重点引进建设 5G 产业链。支持企业发展核心设备器件、芯片、模组及终端以及 5G 应用产品及解决方案，壮大 5G 基础材料及元器件企业发展，支持半导体企业布局砷化镓、氮化镓、碳化硅等 5G 基础应用化合物半导体材料及器件生产线。推动省级（含）以上产业园区加快实现 5G 信号高质量覆盖。鼓励有条件的产业园区、行业龙头企业建设 5G 产业园。鼓励有条件的产业园区或龙头企业建设 5G 类孵化培育平台。

推进产业升级。建设 5G 应用示范园区，支持"5G＋工业互联网""5G＋智能制造""5G＋车联网""5G＋能源互联网"等重点产业应用，培植 5G 应用重点支撑产业链。大力发展超高清视频产业，加快提升超高清视频技术研发及产业化。推动企业积极应用 5G 技术发展新型生产模式，培育新产品、新模式、新业态。

加速"5G＋"步伐，做大做强 5G 需求侧。积极推广 5G 在智慧医疗、智慧教育、智慧养老、智慧旅游、数字园区、智慧机场、智慧安防、智慧电网、智慧社区、智慧农业等典型场景的示范应用，并逐步向经济社会各领域延伸。争取国家授权支持，在低空空域开放、自动驾驶道路测试、物联设备频率使用等研发、应用环节先行先试，研究制定"5G＋"应用相关管理规定，对新技术、新产品、新模式实行审慎包容监管，打造有利于技术创新和产品应用的外部环境。

2. 借助桥梁之都口碑，推进创意设计产业全面提档升级

培育数字创意引爆点。紧紧围绕"培育文化创意国家队"的奋斗目标，以"互联网＋"提升文化创意产业发展加速度。大力发展以创意为核心、数字技术引领的战数字创意产业，重点在网络文学、动漫、影视、游戏、创意设计、VR、在线教育等领域加大引导扶持力度。引进数字创意园区顶级运营商，建设数字创意产业园，整合版权交易、播出平台、投资人，为本地音频、视频、文学等原创内容生产者提供成长能量，同时为本土品牌客户整合全国一流的数字营销、数字创意、数字媒体等供应商服务链，为本土产业赋能。加大数字创意产业政策扶持和公共服务支持力度，为数字创意型企业量身定做优惠政策，组建数字创意产业发展引导基金，助力区域数字创意产业新发展。

做优桥梁设计之都品牌。依托中铁大桥局、湖北省交通规划设计院、中交二院、中铁大桥勘察设计院、湖北省交通规划设计院、城投总部、交投总部等国内外知名路桥工程设计和建设企业集聚效应，积极引进更多国际化工程规划设计企业。加大对工程设计企业在科技投入、成果转化、创新能力等方面的扶持力度，鼓励采取重组、上市等方式做大做强，培育一批综合甲级、行业甲级的工程设计龙头企业。大力发展工程设计、工程咨询、勘测、监理服务等业务，促进配套企业扎堆发展。加大创新激励机制建设，合理划分设计收益分配，不断提升设计企业的创新动力和活力。健全完善科技创新体系，充实企业技术创新人才，加强路桥工程设计企业知识产权工作，促进产、学、研、设一体化，提升设计行业整体科技创新水平。

3. 加速新型无人驾驶汽车、系统的应用，发展智慧城市交通相关产业

打造新能源汽车与智能网联汽车产业创新中心。依托东风公司等龙头企业和武汉理工大学等科研力量，建设东风车联网试验场和行业领先的大数据中心，提升东风乘用车公司技术中心、康明斯东亚研发中心、武汉新能源汽车工研院、众宇动力系统科技有限公司、中国汽车技术研究中心汉阳专用汽车研究所等科研机构的功能和发展水平。支持东风商用车技术中心、神龙汽车公司技术中心成为国家认定技术中心，推动建设金发科技华中新材料研发中心、成立东风公司先行技术研发中心。筹建新能源汽车与智能网联汽车及轻量材料共性技术研发基地。加快建设服务华中地区的武汉超算中心，率先实现5G商用。加快建设基于宽带移动互联的智能汽车与智慧交通创新应用示范区。

建立车联网技术与产业研发平台。结合武汉汽车产业特色，形成以汽车零配件RFID在生产、流通、使用、维护等全环节的标准化、产业化方面的研发团队，以云存储技术和信息服务平台构建行业应用的物联网运营支撑系统和业务应用系统的研发平台。建立车联网智能终端产品的研发平台和产业化的研发平台，将无线通信技术、物联网技术应用于车载终端，形成行驶记录、分析报警、在线导航和智能互动等功能的车载智能终端产品；建立车联网智能终端的服务平台的软件平台研发平台；实现在云中心的支持下达成车联网服务平台与车联网智能终端的智能互动。采用北斗卫星导航技术替代GPS技术更新车载终端的导航定位系统，增加车联网通信服务平台在无网络覆盖以及其他特定情况下车辆之间的短信息和重要信息广播的能力，建立多定位模式的融合处理技术平台和车辆应急信息广播应用的研发平台。

推进新能源汽车和智能网联汽车标准化。发挥武汉"中国车都"优势，力争率先在全国建立新能源汽车及智能网联汽车综合标准化体系，联合高校和科研院所，参与编制《新能源汽车产业标准综合体指导目录》和《智能网联汽车产业标准综合体指导目录》，在全国树立标准化示范。

推进新能源汽车和智能网联汽车产业化与市场化运营示范。落实《关于支持国家专利产业化（东风电动汽车产业园）试点基地建设发展的意见》，加快国家专利产业化试点基地建设，新建武汉新能源汽车中试基地和新能源汽车试乘试驾中心，积极搭建国际交流平台，加快新能源汽车产业化和市场化运营步伐。积极探索采用融资租赁方式进行整车销售，推动新能源汽车商业模式创新。实施智能网联汽车测试评价应用、智能网联条件下的新能源汽车应用、智能网联汽车自动驾驶、智慧交通应用、物联网智慧小镇服务等示范工程。建设武汉智能网联汽车中试基地，积极搭建国际交流平台，推进武汉开发区智慧城智能汽车与智慧交通应用示范项目建设，建成 2 平方千米的智能网联汽车的封闭试验场，推动形成 5G 通信、智能汽车与智能交通融合发展的产业生态。

推进新能源公交系统建设和产业发展。开拓市场，大力发展环卫、邮政、旅游、社区交通等领域的专用电动车辆，树立品牌，做大做强。依托武汉市黄陂区、汉南区在特定用途电动车辆产业的基础和环境优势，在武汉黄陂、汉南建立特定用途的新能源汽车产业园，依托产业园推动新能源汽车产业集群化发展。加快研发燃料电池汽车。以武汉理工新能源有限公司龙头，加快研发燃料电池汽车。加大燃料电池研发生产的支持力度，进一步扩大燃料电池核心组件——膜电极（MEA）的产能，增强产品出口能力，加大在通信设施及其他领域的推广应用，提升国际竞争力，使武汉理工新能源有限公司成为国内最强、国际知名的膜电极供应商。

4. 拓展数字经济应用先行先试，打造数字金融中心

区块链的技术发展，给予了武汉建设金融中心的历史机遇，给武汉实现跨越式提升、达成目标提供了难得条件。经济发展导致金融集聚所形成的金融中心不能体现金融的优势。以金融中心促进经济中心应是武汉金融中心建设应有的思路。金融创新是构建金融中心的根本之路，武汉应努力形成以金融技术创新为特色的武汉金融中心体系建设模式。依托区块链技术，抢抓机遇，趁早卡位，掌握先发优势，是能否把握当前难得的区块链发展机遇，实现弯道超车的关键所在。

军运会为武汉推进全方位国际化发展提供了重要的展示窗口，越来越多的外国朋友体验了中国支付的魅力。武汉应借此次大型赛事举办的契机，争取国家支持，在武汉推动一系列依托区块链的数字金融试点，并努力将全国性功能平台、中心留在武汉，构建武汉打造数字金融中心的基础。

（1）建设金融风险检测防控中心

建设武汉金融风险监测防控中心。防控中心利用人工智能、区块链、

云计算、大数据、互联网等金融监管科技，实现"主动发现风险—提示风险—处置风险—持续监测"闭环管理，努力构建金融风险监测防控的"武汉模式"。防控中心是开展金融风险监测、辅助金融监管、促进金融稳定发展的重要金融基础设施，利用人工智能、互联网、大数据、云计算、区块链等监管科技手段，开展金融风险监测预警、第三方电子合同存证、交易资金监控等相关工作，实现金融风险"预警＋监测＋分析＋处置"有效联动，是地方金融风险防控工作的重要抓手。防控中心开展监管科技领域的研究和应用，优化服务，支持防控中心发挥技术优势与相关部门合作建设金融广告监测、非法传销活动监测等平台，实现基础设施综合利用。

（2）建设区域支付清算系统（对账平台）

在支付领域，金融机构特别是跨境金融机构间的对账、清算、结算的成本较高，涉及很多手工流程，不仅导致用户端和金融机构后台业务端等产生高昂的费用，也使得小额支付业务难以开展。区块链技术的应用有助于降低金融机构间的对账成本及争议解决的成本，显著提高支付业务的处理效率。传统"批量文件对账"模式长久以来未能解决的成本高问题，正是区块链技术的用武之地。为解决金融机构间对账成本高的问题，建议由人民银行武汉分行牵头，组织各大型银行金融机构联合建立机构间对账平台，并积极引导省内外银行接入机构间对账平台，通过区块链技术，优化机构间对账流程，实现准实时对账、提高运营效率、降低运营成本等目标。在建立机构间对账平台的基础上，通过一定时间的试点运营和管理，进一步扩大对账平台的功能，将业务领域扩展到清算、结算层面。

（3）建立区块链股权存管试点

在资产管理领域，股权、债券、存托凭证、票据、仓单等资产有不同的中介机构托管，提高了这类资产的管理成本，也带来了凭证被伪造的风险。可以在武汉光谷股权交易中心试点开展基于区块链的股权存管，将武汉地区的股权凭证纳入区块链存管系统。

（4）建立区块链数字票据交易平台

2017年1月，央行推动的基于区块链的数字票据交易平台测试成功。引入数字货币进行结算，可以实现数字票据交易的资金流和信息流同步转移，从而实现 DVP 票款对付结算。同时，区块链数字身份方案解决了不同金融机构间对用户重复 KYC 认证的问题等。既解决了数字票据交易金额对交易无关方的信息保密，又保证了票交所等监管方在必要时拥有看穿机制。武汉要建设区域金融中心，可以由人民银行武汉分行来推动建立基于区块链的区域数字票据交易平台，实现数字货币结算和票据清算的便利化。

（5）建立区块链反洗钱平台

区块链技术应用下的比特币等数字货币给反洗钱增添了新的难度。比特币的不记名特点难以获取持有人信息，使得比特币成为国际犯罪和洗钱的有效工具。但是区块链不仅制造了反洗钱的痛点——比特币，同时也提供了反洗钱的有效新工具。在实体领域，2016 年 10 月，丰田汽车加入 R3 联盟，通过区块链技术，将每个零件的生产加工使用情况都存储到区块链中，这样，在汽车零件出现问题后，就可以方便快捷地查询到零件的出处。在金融领域，同样可以将每笔交易支付的信息纳入区块链范畴，当某个环节交易出现问题时，可以追索到每笔交易信息，而这个信息是不能被个别主体所修改的，因而可以保证每笔交易信息的真实性。

（6）发展区块链金融衍生产业

借鉴发达国家和地区的先进做法，充分发挥武汉产业、学科和研发优势，结合我国区块链技术和应用发展情况，及时出台区块链技术和产业发展扶持政策，重点支持关键技术攻关、重大示范工程、"双创"平台建设、系统解决方案研发和公共服务平台建设等。同时，重点企业、科研、高校和用户单位加强联合，加快共识机制、可编程合约、分布式存储、数字签名等核心关键技术攻关。加大区块链技术应用的相关硬件设备制造产业研发与生产，发展金融信息技术高端制造业，出台政策引入相关生产龙头企业，抢占产业制高点。

（七）借力军运数字文旅设施提升，构建智能化旅游服务体系

当前 5G 引发的变革给各个产业发展带来了新的发展机遇。在 5G 带

来的数字经济和产业融合发展态势下，包括移动电子商务、旅游大数据系统分析、人工智能技术等在旅游业应用更加广泛，云博物馆、云旅游等新型文旅产品不断涌现，数字文旅产品丰富了文旅市场供给，开拓了文旅市场新空间，有助于加大智慧文旅等文旅市场开发，构建系统化的智慧文旅网络。借助此次军运会带来的文旅基础设施、信息系统、服务系统和文旅国际影响的全面提升，抢抓 5G 和数字经济发展机遇，通过推动文化旅游与数字经济深度融合，促进文旅产业数字化、网络化、智能化发展，将文旅融入数字经济发展大格局，共享 5G 盛宴。

1. 加大文旅供给侧结构性改革，大力开发数字文旅产品

文化旅游与科技创新的结合，催生文化旅游新业态，拓展消费新空间。随着信息技术发展和科技创新带来的产业变革，各类文旅新业态不断涌现，尤其是优质数字文旅产品的供给加大，能够加快释放文旅消费潜力，发展沉浸式体验型文旅消费，引导和培育网络消费、体验消费、智能消费等消费新热点新模式，进而拓展消费新空间。为此，我们要以内容为核心，加快应用数字技术进行创作、生产、传播、服务和管理。加速以网络游戏为代表的数字内容产品和服务供给，促进优秀文化资源的数字化，引导产业集聚发展。鼓励网络文学、网络视频和网络音乐等数字内容的创作。开发混合显示娱乐、智能家庭娱乐等新兴数字内容消费品。依托馆藏文化资源开发数字文化产品，促进优质文化资源数字化转化和开发。加快博物馆、图书馆、美术馆和文化馆等文化场馆的数字化、智能化升级。

2. 拓展互联网 + 旅游服务管理模式

（1）推进互联网 + 旅游服务

积极推动在线旅游平台企业发展壮大，整合上下游及平行企业的资源、要素和技术，推动"互联网 + 旅游"跨产业融合。支持有条件的旅游企业进行互联网金融探索，打造在线旅游企业第三方支付平台，拓宽移动支付在旅游业的普及应用。加快发展基于互联网和移动互联网的旅游信息服务，建立或完善景区无线网络和终端服务系统，实现旅游信息的快速发布和推送，引导游客优化行程安排，不断提升旅游品质。

（2）推进互联网 + 旅游管理

鼓励有条件的景区搭建运营管理智慧平台，完善景区管理的信息系统、视频监控系统、感知系统，及时全面掌握景区内车流、人流的时空分布情况，结合旅游公共产品和设施、旅游投诉和旅游救援等信息数据，形成旅游预测预警机制，提高应急管理能力，保障旅游安全。鼓励在线度假租赁、旅游网络购物、在线旅游租车平台等新业态发展。

（3）推进互联网 + 旅游营销

鼓励大型旅游企业打造旅游目的地智慧营销平台，吸引景区、酒店、农家乐、旅行社、旅游商品供应商等各类主体加盟。引导旅游企业加强与各类媒体、门户网站等战略合作，充分利用各类社交平台，改变传统营销模式，实现旅游营销全球化、精准化。

3. 推进文旅融合发展，拓展文旅发展空间

针对疫情防控的特殊需要，积极开拓"互联网 + 文旅"融合发展，发展"网络经济"，拓展共享生活新空间，鼓励文化旅游产品智能化升级和商业模式创新，发展生活消费新方式，培育线上高端品牌。推动文旅行业的新科技技术运用，为旅游景区装上"智慧芯"。鼓励旅游景区开展以直播和短视频为代表的"云旅游"，借助网络直播将景区的风光、历史和文化等以立体多元方式呈现给消费者。推动文旅产业发展以 5G 和人工智能为基础的创新创业场景，借助"直播带货"模式鼓励文旅产业集聚流量，激发消费者对文旅产品的购买欲望。鼓励文博场馆推出云逛展、云阅读，支持直属院团开展京剧、汉剧、楚剧、木偶、杂技等经典剧目云展演，推动旅游景区建设数字化体验产品，丰富游客体验内容。

4. 壮大数字文旅市场主体

加快文旅市场管理信息平台建设，推动智慧文旅发展，为文旅企业、从业人员、游客等提供一站式解决方案。推进武汉建设全国旅游标准化示范城市，加快 5A 级景区、国家级旅游度假区、国家级研学旅游基地的数字化升级改造。鼓励国内外数字旅游龙头企业来武汉发展，推动本地骨干旅游企业数字化转型和做大做强，培育具有核心竞争力的大型数字旅游企业。

（八）推广军运智能用电和新能源应用成果，打造智能电网和能源互联网

军运期间的智能用电和新能源系统，为现代城市未来能源系统的发展提供了可视预期和应用示范。智能用电系统绝不是仅仅家居用电的智能化，在当前信息网络、能源网络高度互联互通的时代，顺应智能电网、能源互联网发展趋势，打造智能电网和能源互联网正当其时。能源互联网把一个集中式的、单向的电网，转变成和更多的消费者互动的电网，受到国内外政府广泛关注。各国纷纷意识到，传统能源的供应形式存在着技术缺陷，必须加快信息时代的新型能源体系的建立。武汉应顺应当前能源发展和应用趋势，借助军运会能源科技创新应用实践经验，着力推动打造智能电网和能源互联网。

1. 积极构建高度智能化的能源互联网

建立健全网源协调发展和运营机制，全面提升电源侧智能化水平。加强传统能源和新能源发电的厂站级智能化建设，开展常规电源的参数实测，提升电源侧的可观性和可控性，实现电源与电网信息的高效互通，进一步提升各类电源的调控能力和网源协调发展水平。优化电源结构，引导电源主动参与调峰调频等辅助服务，建立相应运营补偿机制。

优化能源接入管理，加强能源互联。增强服务和技术支撑，积极接纳新能源。推广新能源发电功率预测及调度运行控制技术；推广分布式能源、储能系统与电网协调优化运行技术，平抑新能源波动性；开展柔性直流输电技术试点，创新可再生能源电力送出方式；推广具有即插即用、友好并网特点的并网设备，满足新能源、分布式电源广泛接入要求。加强新能源优化调度与评价管理，提高新能源电站试验检测与安全运行能力；鼓励在光伏电站配置一定比例储能系统，鼓励因地制宜开展基于灵活电价的商业模式示范；健全广域分布式电源运营管理体系，完善分布式电源调度运行管理模式。促进多种能源优化互补，推进光伏、储能优化协调运行；在部分集中供热地区开展清洁能源与可控负荷协调运行、能源互联网示范工程；加快源—网—荷感知及协调控制、能源与信息基

础设施一体化设备、分布式能源管理等关键技术研发。完善煤、电、油、气领域信息资源共享机制，支持水、气、电集采集抄，建设跨行业能源运行动态数据集成平台，鼓励能源与信息基础设施共享复用。

构建安全高效的信息通信支撑平台。充分利用信息通信技术，构建一体化信息通信系统和适用于海量数据的计算分析和决策平台，整合智能电网数据资源，挖掘信息和数据资源价值，全面提升电力系统信息处理和智能决策能力，为各类能源接入、调度运行、用户服务和经营管理提供支撑。在统一的技术架构、标准规范和安全防护的基础上，建设覆盖规划、建设、运行、检修、服务等各领域信息应用系统。建立面向智慧城市的智慧能源综合体系，建设智能电网综合能量信息管理平台。

提高电网智能化水平，确保电网安全、可靠、经济运行。探索新型材料在输变电设备中的应用，推广建设智能变电站，合理部署灵活交流、柔性直流输电等设施，提高动态输电能力和系统运行灵活性；推广应用输变电设备状态诊断、智能巡检技术；建立电网对冰灾、山火、雷电、台风等自然灾害的自动识别、应急、防御和恢复系统；建立适应交直流混联电网、高比例清洁能源、源—网—荷协调互动的智能调度及安全防御系统。根据配电网发展需求，部署配电自动化系统，鼓励发展配网柔性化、智能测控等主动配电网技术，满足分布式能源的大规模接入需求。鼓励云计算、大数据、物联网、移动互联网、骨干光纤传送网、能源路由器等信息通信技术在电力系统的应用支撑，建立开放、泛在、智能、互动、可信的电力信息通信网络。鼓励交直流混合配用电技术研究与试点应用，探索配电网发展新模式。

强化电力需求侧管理，引导和服务用户互动。推广智能计量技术应用，完善多元化计量模式和互动功能；推广区域性自动需求响应系统、智能小区、智能园区以及虚拟电厂定制化工程方案；加快电力需求侧管理平台建设，支持需求侧管理预测分析决策、信息发布、双向调度技术研究应用；探索灵活多样的市场化交易模式，建立健全需求响应工作机制和交易规则，鼓励用户参与需求响应，实现与电网协调互动。建立智能小区和智慧能源综合体系。建设低碳、环保、便捷的以用电信息采集、需求响应、分布式电源、储能、电动汽车有序充电、智能家居为特征的智能小区、智能楼宇、智能园区。

推动能源互联网商业模式创新。探索互联网与能源领域结合的模式和路径，鼓励将用户主导、线上线下结合、平台化思维、大数据等互联网理念与智能电网增值服务结合。依托示范工程开展电动汽车智能充电服务、可再生能源发电与储能协调运行、智能用电一站式服务、虚拟电厂等重点领域的商业模式创新。

2. 大力发展能源互联网高技术产业

建设新能源产业基地。通过政策支持和资本运作，培育、壮大一批具有较大规模和较强国际国内竞争力的龙头企业，吸引国内外顶尖新能源领域顶尖企业来开发区设立研发中心或总部，进一步壮大东湖新技术开发区新能源产业园的规模和实力。在现有新能源产业园的基础上，通过科学规划和大力招商，实现产业集中、企业集聚、开发集约，将东湖高新区打造为实力雄厚、特色显著、辐射全国的新能源产业集聚区，成为引领中部、辐射全国的新能源技术研发服务中心和我国重要的新能源产业装备制造、工程建设基地。

打造新能源装备制造产业群。充分发挥武汉装备制造业的产业集群优势，利用装备制造业与新能源产业发展的紧密联系，把握装备制造业与新能源产业的交叉切入点，推动装备制造企业在重要装备和零部件制造上与新能源企业形成配套，鼓励支持装备制造企业在风电、生物质能、核电等新能源领域发展装备制造，通过大型装备制造企业与新能源产业的融合发展，进一步提升武汉新能源产业的竞争点和整体竞争力，打造武汉新能源装备制造产业基地。

——在智能电网领域，重点发展新能源接入与控制、智能变电站等智能电网领域关键核心技术，同时加快风电机组中发电机、主控制器及系统等关键部件自主化。策划建设智能电网配套产业园，通过智能电网示范项目的实施，打造完整的智能电网装备产业链。

——新能源装备产业。重点关注新能源接入装备与技术的研发、集成和产业化发展，尤其是风电和光伏领域，加强光伏逆变器、直驱型风电变流器、风光互补发电站、励磁调节器、中压变频器、大容量储能系统等系列产品的研发和集成，加快产业链形成和发展壮大。

——燃料电池产业。依托武汉汽车制造业的雄厚基础和燃料电池的研发优势，积极推动燃料电池汽车的产业化。加强对武汉理工新能源有限公司、银泰科技电源股份有限公司等相关企业的支持。大力推广燃料电池在通信基站、家用分布式供电系统等领域的应用，并积极推动氢供给基础设施建设。

——新材料。重点开展纳米、超导、智能等共性基础材料的研究。

加强能源互联网技术支持。充分利用区域科研优势，大力支持能源互联网产业的科技研发，推动一批行业共性技术和关键技术的突破，加快关键技术装备研发应用，促进上下游产业健康发展。配合"互联网＋"智慧能源行动计划，加强移动互联网、云计算、大数据和物联网等技术在智能电网中的融合应用；加快灵活交流输电、柔性直流输电等核心设备的国产化；加紧研制和开发高比例可再生能源电网运行控制技术、主动配电网技术、能源综合利用系统、储能管理控制系统和智能电网大数据应用技术等，实现智能电网关键技术突破，促进智能电网上下游产业链健康快速发展。完善标准体系，加快智能电网标准国际化。加快建立系统、完善、开放的智能电网技术标准体系，加强国内标准推广应用力度；加强智能电网标准国际合作，支持和鼓励企业、科研院所积极参与国际行业组织的标准化制定工作，加快推动国家智能电网标准国际化。

3. 建设与能源互联网对接的信息网

构建信息技术服务平台。一是在线服务。加强网络、信息、通信等技术的创新应用和发展，通过三维虚拟技术实现立体互动，积极推广实时网络交流和电子交易。二是个性化定制服务。建立功能多元化、使用简单化、服务互动化的个性化服务产品定制平台，实现在电子商务环境下与客户进行实时数字化、互动式交流和信息管理，通过大型数据库、数据挖掘和数据仓库技术对海量客户数据和商业数据进行管理和智能化分析。三是互动服务。实现虚拟与现实的实时沟通交流，积极拓展数字电视、移动电视、手机媒体、互动式广告等多领域的互动服务。四是集成服务。通过信息、网络、通信技术集成服务资源，实现线上、线下资源全面整合、综合配置、菜单式定制、一站式解决。五是平台服务。重点发展国际贸易和海外营销促进平台、国际财经信息国际信息港平台等，及各类产业专业型服务平台、展示交易型服务平台、生活服务型服务平台。五是构建数字地理信息库。提升城市基础测绘保障和服务能力，进一步充实和更新基础地理信息数据库，完善数字武汉地理空间框架。

推进物联网建设。引进和运用物联网、云计算等信息技术，实施智能交通、智能电网、智能安防设施、智能环境监测、数字化医疗等物联网示范工程。实现车联网全覆盖。拓展"武汉通"应用功能，基本覆盖居民衣食住行的小额消费，促进与身份信息管理互联。

4. 激发能源互联网用户接入需求

积极推动多领域电能替代。推广低压变频、绿色照明、企业配电网管理等成熟电能替代和节能技术；推广电动汽车有序充电、V2G（Vehicle-to-Grid）及充放储一体化运营技术。加快建设电动汽车智能充电服务网络；建设车网融合模式下电动汽车充放电智能互动综合示范工程；鼓励动力电池梯次利用示范应用。

积极推广太阳能的发展和应用。实施光伏并网发电示范工程建设，重点推进建筑屋顶和地面大型光伏并网电站试点示范工程。大力推广城市建筑物和公共设施建设太阳能光电建筑一体化工程（BIPV）。推广使用光伏发电照明系统，推进"十城万盏"示范工程建设，在道路、公园、车站等公共设施推广使用光伏电源路灯照明，建设一批新能源照明示范项目。提高光伏发电利用率，积极拓展光伏产业发展市场空间。积极推进太阳能热水系统的应用，在强制性要求新建12层及以下住宅、医院病房楼、学校宿舍楼、宾馆饭店、健身中心、游泳馆（池）等热水需求较大的建筑以及政府机构的建筑和政府投资建设的民用建筑、新农村建设中的农民居住用房等建筑工程，全面应用太阳能热水系统的基础上，重点发展超过12层的住宅建筑和其他公共建筑运用太阳能热水系统和其他太阳能利用系统。

积极发展集中供热（制冷），提高能源综合利用效率。以"热电联产"项目为主体，发展集中供热制冷。改造、完善原有的燃机供热工程，充分利用原有热源资源，逐步实施"煤改气"工程，提升供热制冷能力，并有效改善环境质量。依托武昌热电厂改造天然气电厂、关山热电厂、拟建汉口燃机供热工程以及青山热电厂和武钢余热等集中供热（制冷）热源点向外供热，远期将青山、武昌、关山地区供热（供冷）管网联为一体。在大型商务区和新区试点天然气"冷、热、电"三联供。对集中供热大型机组（热电厂）所不能覆盖的区域，根据具体条件，建立以天然气燃料为主的区域性"冷热电"三联供热源点，积极发展区域性燃气冷热电三联供系统。推广应用地源热泵技术。在武汉市地下水资源丰富的长江、汉江一级阶地之上及地源热富集地区，因地制宜，利用热泵技术适度发展地下水和地源热泵采暖制冷工程。

5. 发展能源互联网关联产业

第三次产业革命自身作为科技进步催化下新能源、新产业、新生产方式相互作用的产物，既涵盖了产业结构的巨大变迁，也包含了生产方式、产业组织、消费方式、市场结构的重大变革，将对产业及经济社会发展产生全面深远的冲击影响。新能源、新材料、智能制造、健康产业以及下一代信息技术的广泛应用，将使社会生活、经济运行和企业经营管理模式发生革命性变化。这种变动与混乱的局面，给企业带来了前所未有的创新与跨越发展的机遇。因此，我们要在客户认知、市场深化、制度建设、技术跨越和传统文化挖掘方面持续努力与追寻，形成以破坏性创新为主的创新模式。在自主创新的基础上，加强成果的应用转化和产业化，生成现代产业体系中的新产业，通过产业创新构筑自主创新和经济发展的新增长点。

3D 打印产业。根据有关行业估算，传统产业即使只有 10% 的产品用 3D 打印的方式制造，在国内也将形成一个万亿规模的产业。可以依托华中科技大学研发团队 3D 打印核心技术突破升级，支持以滨湖机电为龙头的 3D 打印企业做大做强，鼓励龙头企业上市融资，促进企业长远健康发展，多方支持 3D 打印设备制造产业化、市场应用产业化，打造国家级 3D 打印产业示范基地。

智能制造产业。智能制造是我国未来 10 年高速增长的产业之一。武汉依托研发和装备制造基础优势，有望在该领域走在全国前列，产业规模突破千亿元。依托国家级研发平台和华中数控、华工科技、中冶南方等重点企业，形成包括智能装备制造、智能产品应用等在内的完整产业链和产业集群，形成国家级智能制造产业示范基地。重点研发机器人、精密仪器、高端机床等。

新一代信息产业。重点提升集成电路设计水平和市场化能力；加快新一代移动通信技术的研发和产业化；加快物联网技术产业化，突破传感器、控制芯片等核心技术，实施环境监测、智能安防等一批应用示范工程，促进形成物联网产业链。

下一代光通信产业。武汉已经形成较为完整的光通信产业链及产业集群，应依托武汉光电国家实验室和相关科研机构、龙头企业，大力推进大容量分组交换技术、光层交换技术以及超大容量传送技术的突破，实现高端光器件的国产化，占据下一轮全球光通信产业竞争优势，打造我国最大的下一代光通信研发生产集聚区。

数字服务产业，包括数据的收集、处理、传播、存储、流通、服务以及相关软、硬件研发制造业，主要由数据内容业、数据服务业和数据软硬件研发制造等产业领域构成。未来关键是继续争取国家有关部门的大力扶持，在符合条件的领域和园区，率先自主开展信息服务业、云计算等试点示范；支持新模式、新业态、新服务的发展和应用。

新能源汽车产业。重点培育新能源汽车整车和关键零部件产业化龙头企业，建成以主导企业为核心的新能源汽车产业联盟，推动配套企业发展。以混合动力和纯电动客车、轿车为代表的新能源汽车整体技术及关键零部件技术达到国内一流、国际先进水平，部分关键技术在国际新能源汽车领域达到领先水平。建立武汉新能源汽车应用示范样板区，构建绿色交通体系。在全市中心城区分批建立适应不同动力需求的新能源汽车能源供应站，做好天然气加气站、充电电力（充电电池组）等能源供应和基础设施建设，满足城市公用交通、公务和家用新能源汽车能源需求。

（九）利用军运国际交流合作纽带，打造国家科创中心

军运会不仅是一场军事体育层面的国际交流盛会，更是一场包含了科技、文化、旅游等各领域的全方位交流合作盛会。军运会所带来的国际交流合作机会和形成的国际交流合作新机制，也是军运会所带来的科技创新发展遗产。充分利用好军运会构建的武汉与国际之间的科技交流

合作和资源共享纽带，对于武汉加强国家科创中心建设具有重要意义。

1. 对标国际化服务标准，不断优化创新环境

扩大人力资源服务业对外开放，引进培育一批国际化、专业化的人才中介服务机构，为外籍高层次人才在汉停居留提供便利。在居住、就医、子女上学等方面对产业领军人才量身定制安居政策。对来汉工作的国内高层次人才及随行家属实行落户免审直批制度。按照不同层次，采取货币化补贴或实物配租方式，多渠道为创业创新人才提供住房支持。放宽落户限制，设立"社区公共户"，建立统一落户管理平台，为大学毕业生落户提供便利。建设"城市合伙人"服务中心和门户网站，实行"一张绿卡全程服务"，建立"一窗口受理、一站式联办、一网式运行"的服务机制，为不同阶段、不同类别的"城市合伙人"提供全过程、全要素、全方位的深度服务。

加大研发资金投入，建立专项资金，引导和鼓励国内外风险投资机构投资研发产业，支持国内外研发机构在汉转化科技成果，对于符合条件的重大科技成果转化项目，给予一定资金支持。着力培育和引进一批研究开发、技术转移、检验检测认证、知识产权、金融服务等公共服务平台，大力发展高技术服务业，支持新的商业模式、服务业态的发展。加强与全球知名技术转移网络和基金的合作，加快构建一批专业化、市场化、国际化的技术交易平台，大力发展技术经纪人队伍，建设立足武汉、服务全国的技术转移中心。

2. 提升科技创新和产业创新能力

（1）消除卡脖子环节，建设综合性科学中心

综合性国家科学中心是国家科技领域竞争的重要平台，是国家创新体系建设的基础平台。建设综合性国家科学中心，有助于汇聚世界一流科学家，突破一批重大科学难题和前沿科技瓶颈，显著提升中国基础研究水平，强化原始创新能力。武汉应当依托在汉高校、科研院所、国家重点实验室和大型企业研发平台，在光电子、遥感测绘信息等国家重点学科领域，加快打造国家科学中心，逐步逼近科技创新链条高端、顶端。支持重大科技基础设施、重大创新平台在汉布局建设。不断完善脉冲强

磁场、P4 实验室功能；加快推进精密重力测量、生物医学成像、人类遗传资源样本库等重大科技基础设施建设；全力支持磁阱型聚变中子源、作物表型组学、第四代同步辐射光源等重大科技基础设施预研，争取农业微生物、超算中心开工建设，积极谋划一批涉医领域大科学装置。按照国家实验室标准，加快建设东湖实验室。依托武汉大学、华中科技大学等单位优势学科领域，创建一批国家重点实验室和省部共建国家重点实验室。

（2）培育高端产业体系，建设产业创新中心

发挥东湖高新区产业基础优势、科技创新优势、政策叠加优势、要素聚集优势和品牌影响力，依托国家级开发区、国际性产业园区、省级重点开发区等现代产业聚集地，加速锻造高端产业体系，提升产业创新动能，不断增强城市产业创新策源能力，努力创建具有国际影响力的综合性国家产业创新中心。持续提升国家信息光电子创新中心、国家先进存储产业创新中心和国家数字化设计与制造创新中心，积极创建国家数字建造与安全技术创新中心，形成国家技术创新中心、国家产业创新中心、国家制造业创新中心等"三位一体"的产业创新体系布局。

（3）锻造行业领军企业，主导高科技产业链

领军企业对于产业价值链、产品供应链至关重要。在当前我国在产品生产、消费市场拓展方面均遇到瓶颈时，通过培育产业领军企业，在产品生产和消费市场中提升话语权，对于畅通内外循环具有重要意义。依托领军企业可以对世界范围内的技术、人才、信息、资本等资源进行优化配置和重组，在获取各类资源的同时取得更多价值。我们应当围绕当前我们重点打造的十大高端产业集群，在光电子、人工智能、数字、电磁能、氢能、高端装备、大健康、量子技术、新材料、超级计算等领域，通过引进、整合重组、培育壮大等各种形式，培育国内、国际领军的行业领军企业。通过领军企业整合产业链、畅通供应链、主导价值链，集聚中小企业，培育产业集群。行业领军企业自身拥有很强的市场竞争力，也能有效提升国家参与全球治理的谈判筹码。

3. 引入国际知名研发机构和企业集团研发总部，加强企业技术交流与合作

加快引进以跨国公司为主体的国际研发资源，鼓励跨国公司、国际高校院所、国际科技组织、国内高校院所及企业在汉设立研发中心、分支机构，组建跨境跨地区的产学研联盟，鼓励现有在汉研发中心升级成为参与母公司核心技术研发的区域研发总部和开放式创新平台。鼓励外资研发机构参与本地研发公共服务平台建设，承接本地政府科研项目，与本地单位共建实验室和人才培养基地，联合开展产业链核心技术攻关。打造一批工程技术（研究）中心、产业技术创新联盟等共性技术研发机构，鼓励和支持其积极参与国际研发合作，参与或主导建设国际研发联盟。对满足一定条件的外资研发机构、行业龙头企业来汉设立的研发中心，给予财税等相关政策扶持。

支持企业建设国际孵化器。探索成立国际科技交流与合作基金，完善国际孵化器项目建设、国际技术转移引进、优质创新资源海外并购等全方位服务功能，引导国际创新资源在武汉聚集。瞄准全球科技创新前沿，大力建设国际众创空间等新型孵化器，打造具有武汉特色的国际孵化服务平台。推进中国—比利时高科技孵化园区建设，积极构建国际技术转移平台，开展国际技术转移服务，将科技园区打造成为与国外科技合作的窗口和实现技术转移、吸引海外人才的高地。

4. 扩大科技领域对外开放交流，积极融入国际科技组织和创新网络

加强国际科技创新联络。大力开展国际科技创新交流活动，宣传武汉良好的投资发展环境，广开合作之门、广交天下朋友、广聚各方资源，丰富国际联络内容，扩大国际联络范围，提高国际联络层次，巩固和拓展国际联络成果。

推动参与国际科学组织、国际战略技术联盟、国际标准认定和跨国专利合作，鼓励参加国际科技展览，鼓励支持企业、高校、研究机构建立广泛的国际合作研究网络和国际协同创新联盟，促进国际科技合作与交流。借力东湖高新区在美国硅谷圣荷西市设立的光谷创新中心，推进武汉更多科技创新机构、企业到硅谷发展，获得更多与美国技术团队、

国际资本的合作机会,全方位与国际创新平台对接,构建武汉科技创新走向全球的支点。

积极推动与国际创新体制对接。依托"三区叠加"优势和平台,借力东湖全面创新改革试验在全市的全域推进,借鉴国际高端创新政策与体制,学习引进国际通行的政策措施、体制机制、管理经验,包括鼓励创新创业的普惠税制、激励机制、金融市场机制、政府服务体制等,与我国实际相结合,积极构建能够激发创新活力、推动基础创新研究、吸引创新人才、资金和企业的创新体系,实现与国际创新体系的深度融合。努力做好配套中介服务体系建设,积极引入与国际法律、会计、金融等接轨的中介机构,与我国政策法律法规相融合,尝试相关标准与服务的兼容,助力创新体系建设。

加强国际城市间创新合作。对标国际科技创新先进城市,广泛开展武汉与东京、伦敦、波士顿等世界级创新城市的研发交流与合作,探索建立国际科技合作联盟、国际科技合作基地、国际科技产业合作园区,有效对接全球高端创新资源。积极推进中法武汉生态示范城建设,打造国际化、高水平的对外开放创新合作平台。强化武汉·中国光谷与美国硅谷、武汉与芝加哥"双谷双城"合作,探索共建研发中心和合作园、互设分基地、成立联合创投基金等多种方式,加强地方政府间科技创新合作。

5. 发挥市场配置创新资源决定性作用,建立健全创新治理体系

(1)实行城市合伙人制度,激发创新动力和活力

完善城市合伙人激励机制。建立专项资金,鼓励企业引进高管团队和技术精英,运用"无偿资助+股权投资"等方式,支持产业领军人才项目在汉落地转化。推行人才股权激励和股权奖励延迟纳税政策。设立股权激励代持专项资金。健全创新人才流动机制,离岗在汉转化科技成果、创办科技型企业的科研人员,保留编制、身份、人事关系等。

建设国际人才自由港。建立多层次的离岸服务支持体系,建设海外人才离岸创新创业基地,将东湖国家自主创新示范区建设成为人才自由港。深化教育改革,利用国际国内资源,探索面向创新创业市场的国际化人才培养模式。试行人才绿卡制度,为持卡城市合伙人提供医保、住

房、出入境等即来即办服务。建立完善永久居留证推荐制度。

建立容错机制。对由于不可预测的风险和其他不确定性因素导致的创新创业失败的，原则上免于追究相关责任。设立专项基金和管理平台，建立后备资助计划，扶持再创新、再创业。倡导敢为人先、追求卓越的城市精神，形成尊重人才、宽容失败的创新环境。

（2）推进科研部门（单位）所有制改革，健全创新要素市场化机制

深化科研部门（单位）所有制改革，促进科研院所向研发产业组织转型。全面推进科研院所分类改革。重点推进技术开发类科研机构企业化改制；支持经营性科研院所"混改"。实行分类管理、分类考核制度，形成创新要素市场化倒逼机制。

建立完善创新组织市场化经营机制，强化企业创新主体地位。发挥企业主体作用，技术创新类主体和研发类企业的研发方向、技术路线、要素组合和成果转化由企业自主决策。培育和发展以企业为主导、产学研用结合的产业技术创新战略联盟。采取"财、税、银"组合政策支持等方式，引导研发类企业自主经营、自主创新，参与重大产业关键共性技术、装备和标准等的研发攻关。

（3）建立"猎创"等创新中介组织，发展创业服务业集成商模式

发展科技成果"猎创"组织和创业服务业集成商模式，形成创新成果转化无缝对接机制。发展一批以科技成果市场转化为主业的"猎创"型公司，促进创新与创业相结合、线上与线下相结合、孵化与投资相结合，形成创新成果供需无缝对接机制。发展创业服务业集成商模式，为不同成长阶段、不同规模的创新创业企业提供全方位的集成服务。

发展创新创业服务业，完善市场服务体系。完善人才服务专员制度，建设中国武汉人力资源服务产业园，引进和培育一批人力资源服务品牌和企业。组织创业导师和科技投融资顾问，为科技创新企业提供创业辅导和"定点服务"。推进创业孵化、知识产权服务、第三方检验检测认证等机构的专业化、市场化改革，构建开放共享互动的创新网络。

十 武汉军运军民融合遗产研究

党的十八大以来，习近平总书记提出了一系列关于军民融合发展的重要论述。党的十九大报告明确提出，形成军民融合深度发展格局，构建一体化的国家战略体系和能力。党的十九届四中全会通过的《中共中央关于坚持和完善中国特色社会主义制度推进国家治理体系和治理能力现代化若干重大问题的决定》，进一步提出，建立健全军民融合的军事力量建设政策制度体系。当前和今后一个时期，就要紧紧围绕上述目标，坚持总体国家安全观，贯彻习近平强军思想，坚持党的领导，强化国家主导，注重融合共享，发挥市场作用，深化改革创新，推动军民融合由初步融合向深度融合过渡，进而实现跨越发展，形成全要素、多领域、高效益的军民融合深度发展格局。在全国各地推动军民融合的热潮中，武汉市于 2019 年 10 月 18 日至 27 日成功举办了第七届世界军人运动会，在我国军民融合发展事业中写下了浓墨重彩的一笔。习近平总书记指出，军运会的成功举办体现了中国气派、军人特色，是在党中央和中央军委领导下，组委会、军地各有关方面共同努力的结果。① 有鉴于此，本着总结经验、归纳启示、查找问题、发扬成绩、展望未来的指导思想，对武汉军运军民融合遗产展开深入研究，进而为推动"后军运时代"军民融合深度发展提供建议和参考。

---

① 《习近平对第七届世界军人运动会成功举办作出重要指示》，2019 年 11 月 7 日，中国政府网（http://www.gov.cn/xinwen/2019 – 11/07/content_ 5449866. htm）。

（一）问题的提出：军运军民
融合遗产的概念内涵

1. 军民融合

（1）军民融合的概念内涵

军民融合就是把国防和军队现代化建设深深融入经济社会发展体系之中，全面推进经济、科技、教育、人才等各个领域的军民融合，在更广范围、更高层次、更深程度上把国防和军队现代化建设与经济社会发展结合起来，为实现国防和军队现代化提供丰厚的资源和可持续发展的后劲。

军民融合的本质是推动国家经济建设和国防建设的协调发展、平衡发展、兼容发展，增强国家安全和发展的整体统筹协调，构建军民一体化的国家战略体系和能力。① 改革开放四十多年，中国军民融合从孕育探索到蓬勃发展的深度融合之路，同步于中国砥砺奋进实现国富民强的发展之路。改革开放初期，伴随着以经济建设为中心的转变，我国也将长期奉行高度紧张的临战状态相应地进行调整，转变到和平时期的建设上。此时，国防建设服从于国家经济建设，国防科技工业从单一军工生产逐步向军工产品结合上转型；随着社会主义市场经济体制的确立，国防科技工业作为"科教兴国"战略的重要支撑，"军民融合、寓军于民"强有力地支持着经济发展和强大国防的需要；进入21世纪，随着军民融合体制机制的建立健全，形成了富国与强军相统一，国防建设与经济建设相互融合、协调发展，军民高新技术的共享与转移的良好格局。进入新时代，构建起了党的统一领导、军民深度融合、顺畅协调发展的体制机制，战略规划引领的力量越来越强，整体推进发展的势头越来越好，重点领域改革不断深化，全要素、多领域、高效益的军民融合发展格局加快形成，军民融合发生了巨大的历史性变革，取得了巨大的历史性成就。

（2）习近平总书记关于军民融合发展的重要论述

2015年，习近平总书记首次提出：把军民融合发展上升为国家战略。

---

① 游光荣：《中国军民融合发展40年》，《科学学研究》2018年第12期。

2017 年，习近平总书记在党的十九大报告中指出，坚持富国和强军相统一，强化统一领导、顶层设计、改革创新和重大项目落实，深化国防科技工业改革，形成军民融合深度发展格局，构建一体化的国家战略体系和能力。2018 年，习近平总书记主持召开中央军民融合发展委员会第一次全体会议时指出，推进军民融合深度发展，必须强化贯彻落实和改革创新，坚持法治思维。2019 年 3 月 14 日，《2019 年中国军民融合白皮书》正式发布。

首先，经济建设和国防建设的统筹推进，必须借力军民融合。在传统格局下，军地各种单项力量看似很强大，但通常因缺乏有效融合，很难提升综合对抗能力。只有推动军民深度融合，实现军民两大体系需求统合、资源聚合、能力融合，才能将各种相互关联的军民力量和资源集成为军民一体、活力倍增的国家总体对抗博弈能力。在此背景下，统筹推进现代化经济体系和国防体系建设，成为构建一体化国家战略体系和能力的内在要求。推动军民深度融合，将助力两大建设规划统筹、发展同步、资源配置均衡、要素有效互动、政策制度兼容、组织实施统一。

其次，军民科技的协同创新，必须借重军民融合。创新是引领发展的第一动力，是建设现代化经济体系和国防体系的战略支撑。纵观世界创新型国家发展，从国家战略层面建立军民一体的国家创新体系和能力是普遍做法。目前，我国科技创新处于从量的积累向质的飞跃、点的突破向系统能力提升的关键阶段。大幅提升国家创新力，必须打破军民分割，实现军民深度融合，充分挖掘和激活军民协同创新的巨大潜力。从这个意义上讲，构建一体化的国家战略体系和能力，是一场国家科技创新能力再生的革命。要赢得这场革命，必须深入实施军民融合发展战略。

最后，国家发展实力向国家博弈对抗能力的转化，必须借助军民融合。信息化时代战争的对抗形态，不只是军事体系之间的对抗，而集中表现为以国家整体实力为基础的体系对抗。从军事体系对抗到以国家整体实力为基础的体系对抗，深刻反映了由机械化战争到信息化战争对抗形态的变化，也对国防体系建设发展方式提出了全新要求。实施军民融合发展战略，既是适应这种对抗形态变化的必然选择，又是实现国家发展实力向国家博弈对抗能力转化的必由之路。

实施军民融合发展战略，是构建一体化国家战略体系和能力的必然选择，也是实现党在新时代的强军目标的必然选择，要加强战略引领，加强改革创新，加强军地协同，加强任务落实，努力开创新时代军民融合深度发展新局面，为实现中国梦强军梦提供强大动力和战略支撑。这一重要论述，深刻揭示了军民融合深度发展的独特战略意蕴，充分反映了以习近平同志为核心的党中央对当今世界发展大势的深刻洞悉，对建设现代化强国、实现中华民族伟大复兴中国梦的超前谋划。

（3）军民融合对治理现代化的重要意义

一是国家治理现代化的必然要求。漫长的大国兴衰历程提供了一条线索，即强大的国家治理能力是国家崛起的必然要素，也是国家间竞争优势此消彼长的关键砝码，富国与强军共赢方能成就大国崛起。当前，世界各国纷纷谋划军民融合发展，以军民协同创新抢占制高点，因此，推进国家治理体系和治理能力现代化，必须从国家治理层面构建完备制度体系，实现富国统筹发展与强军维护安全的有机统一。

二是贯彻落实"总体国家安全观"的重要路径。国家安全始终是一个历久弥新的话题，随着时代的发展而不断发展。新中国成立七十多年来，历经西方国家的全面威胁、中苏友好关系的破裂、国民党"反攻大陆"的阴谋、苏联解体、社会主义阵营分裂、霸权主义冷战思维、国际不稳定因素突出，国内经济发展进入新常态等，"总体国家安全观"的提出既是传统国家安全理念的发展升级，也是中国特色国家安全道路的正确选择。伴随中国经济实力日益增强，国防和军队建设面临新的挑战和考验，如何做到"安而不忘危、存而不忘亡，治而不忘乱"？如何打破军民界限、破除军民阻隔？在当今社会，一手抓军民融合发展战略，一手抓创新驱动战略，既关乎国家经济发展，也关乎国家安全保障。因此，要实现科技革命与新军事改革的紧密结合，创新驱动战略与军民融合发展战略必须同步发展，共同支撑起我国国家战略体系。

三是推进市域社会治理现代化的积极探索。党的十九届四中全会强调，"加快推进市域社会治理现代化"。相较于传统社会治理体系中的"县域治理"而言，"市域治理"更加符合我国城镇化进程迅速推动的社会背景和现实要求，在国家治理中有承上启下的作用，是国家顶层设计和基层贯彻落实的综合。因此，作为驻军大市的武汉，推动军民融合，既是对国家战略层面的严格执行，又是探求地方层面如何更好整合军地资源，构建起跨军地、跨部门、跨领域的治理模式，达到"一子落而满盘活"的效果。

2. 军运遗产

（1）军运遗产的概念内涵

在中央、省委的坚强领导下，武汉市以高度的政治责任感、高质量的规划和建设、高水平保障以及武汉人民的默默奉献和积极配合，贡献了历届军运会中最为成功、影响最大的一次盛会，也留下了丰厚的军运遗产。军运遗产是指在成功申办、承办和举办世界军人运动会后留下来的成果，而产生的政治遗产、经济遗产、场馆及设施遗产、文化遗产、社会遗产、文献资料遗产、制度遗产、运动遗产等，如何有效实现军运遗产的有效传承、整合，以期发挥更大效能，能够促进军民在更高层次实现融合。尽管军运会的影响、规模次于奥运会，但同样是具有国际性、体现国家综合实力的运动盛会，同样会在人类文明发展史上有着特殊意义。军运会是世界和平的象征，是军人筑牢世界和平，构建人类命运共同体的鲜明注释，但对主办城市来说，军运会的成功举办并非一时荣耀，"后军运时代"军运遗产的持续发展，实现社会利益最大化是我们必须深思熟虑、面向未来的问题。

（2）对军运遗产进行保护、开发、利用的重要意义

一是满足人民日益增长的美好生活需要的必然选择。新中国成立七十多年来，中华民族从站起来、富起来和强起来的历程也是中国人民物质精神双丰富的历程。随着武汉市经济发展的稳步提升，人民生活水平进一步提高，从解决基本温饱到小康社会建设，整体消费水平也水涨船高地予以升级，武汉军运会更是激发了潜在的消费需求，武汉市体育服务行业日趋多元化，以满足市民的多重需求。从民众熟悉的乒乓球、羽毛球等全民健身运动，到军运会的马术、击剑、摔跤、水上救生等多个"冷"项目开始被民众接受和参与，选择越来越多样化，也越来越富有个性化，代表着民众期待挑战极限、奋发向上、突破自我的更高层次的精神文化需求。

二是建设社会主义现代化强国的必然选择。中国共产党引领着中国人民不断接续奋斗，就是要建设社会主义现代化强国，实现中华民族伟大复兴。中国是大国，幅员辽阔、地大物博、人口众多，但是大国必须

迈向强国，而强国不仅仅体现为经济持续发展，还体现在政治、社会、生态、法治、军事、体育、文化等各个方面。军运遗产的开发与保护体现在体育强国建设和文化强国建设上。习近平总书记在党的十九大报告中指出，"推动人的全面发展和社会的全面进步"。① 而现代化的本质是人的现代化，军运遗产与体育运动蕴含的强身健体精神与促进人的全面发展契合，从而推动社会全面进步。

三是建设创新型国家的必然选择。创新作为第一动力体现着国家的综合实力和国际竞争力，既是我国高质量发展的源头供给，也是国与国之间较量与竞争的关键因素。国家发展需要国家安全作为可靠保障，必须统筹协调好经济建设与国防建设之间的关系，军民融合是处理经济和国防重大关系的基本方略，军运遗产的有效利用则是军队与地方进行体制机制创新，共同推动创新型国家建设。

四是实现国家治理体系和治理能力现代化的必然选择。坚持和完善中国特色社会主义制度、推进国家治理体系和治理能力现代化，是全党的一项重大战略任务。② 国家治理体系是否完善和治理能力是否提升，表现在政党治理是否具有强大的政治领导力、思想引领力、社会号召力以及群众组织力，表现在政府治理是否优化行政职依法行政，表现在社会治理是否能够依法系统源头施策建立良好社会秩序。军运遗产涉及军队与地方在军运场馆、军运村、军运档案、军运文化等各方面的共商共建共享共治，如何有效产保护与开发既是对如何协调军队与地方之间关系的考量，也是对城市治理体系和治理能力的综合考量。

3. 对武汉军运军民融合遗产进行研究的重要意义

（1）理论意义

军民融合战略是习近平新时代中国特色社会主义思想的重要组成部分。2017 年 6 月 20 日习近平总书记在中央军民融合发展委员会第一次全

---

① 习近平：《在中国共产党第十九次全国代表大会上的报告》，《光明日报》2017 年 10 月 28 日第 1 版。

② 夏锦文：《国家治理体系和治理能力现代化的中国探索》，载《光明日报》2019 年 11 月 19 日。

体会议指出，"当前和今后一个时期是军民融合的战略机遇期，也是军民融合由初步融合向深度融合过渡、进而实现跨越发展的关键期"。① 军民融合的核心是"融"，这就意味着不是把国防建设与经济建设进行简单的叠加和捆绑，而是要求优化重置国家安全和经济发展之间的内在体系机构，旨在能够实现科技创新引领、经济转型升级、新兴领域竞争、公共危机互助、应急管理联动、全民安全意识增强、军事战略威慑以及国际竞争实力的一体化发展，打破军队与地方的体制机制障碍和技术隔阂，把实力强大但又各自发展的二者予以整合，达到"1 + 1 > 2"的效果，从而真正使国防建设与经济建设互联互动，实现统筹谋划、促进整体推进、达到一体运用。

在传统治理语境中，军与民的关系是"军"优先于"民"的策略，② 但在军民融合上升为国家战略时，显然无法适应现行发展要求。党的十八届四中全会把军民融合发展改革纳入全面深化改革总体布局加以推进，军民融合发展体制改革基本到位。③ 提升国家治理体系和治理能力现代化，为了构建起"全要素、多领域、高效益军民融合深度发展格局"，适应建立统一协调的军民融合发展管理体制的要求，就要求多领域、全方位地推动改革举措到位。军运军民融合遗产涉及政治遗产、经济遗产、场馆及设施遗产、文化遗产、社会遗产、文献资料遗产、制度遗产、运动遗产等多方面内容，要求加快"军转民""民参军"的步伐，对军民融合良好的制度设计和创新，促进军运军民融合遗产保护和开发利用，从而凝聚各方合力，合理利用资源，推动军运成果转化，推进社会服务军民共享，提高军民融合效果。

（2）实践意义

①进一步推动军政军民团结，促进军地融合

武汉战略地位独特、区位优势明显，作为驻军大市，截至 2017 年，

---

① 《习近平主持召开中央军民融合发展委员会第一次全体会议强调　加强集中统一领导加快形成全要素多领域高效益的军民融合发展格局》，《光明日报》2017 年 6 月 21 日第 1 版。

② 参见《中华人民共和国国防法》第 30 条：国防科技工业实行军民结合、平战结合、军品优先、以民养军的方针。国家统筹规划国防科技工业建设，保持规模适度、专业配套、布局合理的国防科研生产能力。

③ 钟新：《深入实施军民融合发展战略》，《光明日报》2017 年 11 月 16 日。

武汉现驻有9个军级、22个独立师（旅）级单位。一直以来，武汉都有着军政军民团结的优良传统和氛围，具备创建国家军民融合创新示范区的基础条件和优势。军运会的召开，使得武汉军民融合示范区管理机构和运行机制在统筹规划、具体落实上更加趋于健全和完善，有利于强化军民团结，形成全要素、多领域、高效益的军民融合的深度发展格局。

②进一步实现超大城市市域治理现代化

超大城市市域治理是个全新的话题。对武汉这种处于快速发展的超大型城市而言，市域治理的现代化、精细化和法治化决不能仅仅依靠党和政府的力量，否则既难以应对城市转型升级发展的需求和风险社会高密度人口流动隐藏的巨大风险。因此，军队与地方如何参与市域治理，如何实现有效融合，需要军队与人民群众的广泛参与。

③进一步形成可复制可推广的成功经验

武汉军运会的成功举办传达了"以体育传递友谊"和"创军人荣耀、筑世界和平"的先进理念；创新了军地协作共同办赛的思路和举措；提供了新的办赛标准；新建、改建和临时搭建35处场馆设施；建设军运村为近万名各国军人提供住宿及配套服务设施；国家不论大小，一律按照法文字母顺序排序的公平和规则意识；打造优美的城市环境、完善的城市基础条件、优越的场馆设施和周到的服务等，使武汉军运会在世界军运会史上刻画着浓重的一笔，也为其他城市提供了很多可复制可推广的经验。

（二）国内外军民融合及重大赛事遗产的经验及启示

1. 国内城市军民融合及重大赛事遗产的经验

（1）北京市。2008年北京奥运会具有里程碑意义。作为成功举办当今最高级别的大型体育赛事的北京奥运会，不仅弘扬和发展了奥运精神，推动中国体育事业的蓬勃发展，加强了对外交流合作，也为中国申办或者承办大型体育赛事积累了丰富的经验。同时，奥运会遗留下来的有形和无形的丰富奥运遗产，为城市发展注入了新的生机和活力，重塑着城市的整体风貌。例如鸟巢、水立方等体育场馆，既成为城市地标，又通过专业改造实现了冬奥会场馆的再利用，还在全民健身的热潮中发挥着不可替代的作用；再如人们越来越认识到强身健体的重要性，大众体育健身运动日益成为健康的生活方式，体育产业、文化事业迅速发展，体育文化产品更加丰富。

（2）上海市。中国共产党诞生于上海，无论是战争年代还是社会主义建设、改革开放时期，军队与上海地方建设和发展始终紧密相连。上海军民融合产业发展基础实、起步早，统筹协调好，合力推进强，体系健全，成效显著，为国家和部队提供了先进可靠的国防技术和武器装备。① 与其他城市相比，上海尤为注重军民融合的成果转化。如联合航天八院、上海交大、中船 711 所、中航 615 所、中科院硅酸盐所、临港集团、闵行高新中心、上海电科所、炬通实业等单位成立上海市军民融合产业促进中心，探索市场化机制，推进军工技术成果转化和产业化，为军民融合企业发展提供专业服务。并依托闵行区、上海联合产权交易所等单位，成立上海市军民融合技术成果交易中心，探索军民融合技术成果交易的业务模式和运作机制，促进军民两用技术成果相互转化和产业化。

（3）江苏省南京市。继北京成功举办奥运会后，2014 年南京成功举办了青奥会。南京青奥会良好的基础设施和大型赛事积累的丰富经验，奠定了 2016 年世界速滑锦标赛、2018 年羽毛球世锦赛和 2019 年男子篮球世界杯分区赛成功举办的基础。青奥会遗留的丰厚遗产正在使南京发生积极变化：在城市建设方面，青奥体育公园承担曲棍球、橄榄球、沙滩排球、小轮车的比赛，同时被用来作为国家级体育人才教育和培训基地；南京奥林匹克博物馆全面运营，接待了逾 15 万人次的国内外观众，宣传具有南京文化特色的青奥会；中国体育非物质文化遗产研究中心在南京体育学院成立，南京市政府力争利用青奥会的契机，提高公众参与体育运动和体育活动的积极性，群众健身活动如火如荼地开展，青少年享受并积极参与运动，公众健康水平不断提升。其中，青奥会的轮滑项目特别受到南京市民的普遍欢迎，国际轮滑联合会授予南京了"世界轮

---

① 《上海推出十大举措推进军民融合产业深度发展》，2017 年 9 月 30 日，上海市人民政府网站（http://www.sh.gov.cn/nw2/nw2314/nw2315/nw18454/u21aw1260651.html）。

滑之都"的称号。南京现已成为全国最具运动力的城市之一，青奥会办赛模式也成功推广为全国其他赛事的典范。

（4）四川省绵阳市。作为中国唯一的科技城和国防科工重镇，绵阳市在军民融合上有着得天独厚的优势：国防科研院所和科研人员集聚，国防科技智力密集度高；国防科研总部与下属研究院（所）并存，科研机构种类齐全完整；军民融合产业链条完整，技术先进且规模效应明显。因此绵阳市被四川省寄予厚望，通过专项支持、重大项目布局、人才激励政策、基础设施建设等方面，全方位推动其超常发展，成为"创新驱动发展的试验田、军民融合创新的排头兵和西部地区发展的增长极"①。

（5）湖南省。按照"政府主导、需求导向、市场运作、资源共享"的原则，通过"政务外网＋公共服务"和"政务内网＋涉密服务"的模式，建成军民融合公共服务平台，并与国家军民融合公共服务平台互联互通，通过聚集全省军民融合企业、高校、科研院所、服务机构等省内优势服务资源和信息资源，提供信息管理与发布、科技创新与成果转化、运行监测与产业发展、产融对接、设备设施资源共享、政策咨询"智库"等公共服务。

（6）陕西省。陕西省是军工大省，地处国家军民融合战略要津，位于"一带一路"的关键发展位置，国防科技工业实力极为雄厚，核、航天、航空、兵器、船舶、军工电子等行业和学科门类齐全，厂、所、院、校配套的国防科研、实验、生产体系，具有很强的总体设计、系统集成、专业化协作和社会化配套能力，成为我国国防科技工业和创新驱动发展战略的重要基地。进入新时代，陕西省更加高度重视军民融合，并将其作为赶超发展的重要举措。陕西省不断探索改革，出台多项政策及配套组建总规模100亿元的陕西军民融合产业投资基金，完善军民协同创新体系建设。诸多优惠政策的出台实施，促进了陕西军民融合态势的稳中向前，众多创新成果不断涌现，军民融合产业集群正在形成，一批拥有核心技术的民参军企业势头强劲。截止到2018年3月，陕西全省共创建军民融合众创空间10余家，组建军民融合产业联盟9个，军民共享平台开

---

① 李晖、陈丽娜：《成德绵军民融合一体化之绵阳路径研究》，《成都工业学院学报》2019年第3期。

放共享大型科学仪器设备 1 万多台套；累计培育军转民企业 300 多家、民参军单位 600 多家，2017 年全省实现军民融合产业总收入 2780 亿元，军民融合产业规模已居全国第二位。

综上所述，在军运会举办之前，大型赛事遗产开发与军民融合分属两个不同层面的话题，各成体系、独立发展，成果斐然，但是军运会的成功举办使二者之间产生了交集，是一个全新的话题。军运会从承办到成功举办，从规划部署到贯彻落实，从科技办会到其间军队与地方的互相支持、密切合作产生了巨大效能。军运遗产客观存在，但不合理规划和认真保护，既是对巨额投资的极大浪费，也是对历史的不负责任。再者，军运会结束后的"后军运时代"，公众被点燃的体育热情、拼搏奋进的军运文化、日益提升的市民素质，要做到持久地对公众产生影响，就应当以亲民的姿态、喜闻乐见的形式和前沿科技的手段，延续不同凡响的军运。

2. 国外军民融合及军运遗产的经验

（1）国外军民融合发展经验

美国"军民一体化"模式。冷战期间，由于制衡苏联的需要，美国侧重于军用技术的开发导致民用技术发展成为弱项。因此冷战后，美国开启了"军民一体化"模式，以此推动国防建设和社会经济建设实现共赢，互联网就是迄今为止美国最佳军民融合的典型案例，也是美国对全球产生最具战略影响力军民融合的创新成果。在政府主导上，美国国会、总统、国家科学技术委员会、国防部、国防高级技术研究计划局、国家航空航天局、科技政策局等诸多机构制定军民融合的相关法律法规，不断与时俱进，为军民融合提供宏观政策指导，并通过建立决策协调机制、准入退出机制、公平竞争机制、双向传导机制、促进激励机制、保密监管机制、评价评估机制等，破除阻碍军民融合的鸿沟壁垒，保证这一融合有效进行。[1] 在市场主体培育上，随着"二战"后大量退役军人经商就业，市场上涌现诸多小企业，因此美国除了注重发展规模巨大、实力雄厚的军工集团外，还注重培育培育公平竞争的市场环境，通过军工订单、

---

① 金一南：《美国军民融合发展及启示》，《当代贵州》2018 年第 13 期。

政府采购、产业链培育、强制性预留市场份额、创业融资、贷款资金支持等多项举措支持引导中小企业军民进入军民融合领域，从而保证创新活力。2011 年承接美国国防部采购订单的承包商已达到 11 万家，其中90% 以上都是小企业，且大部分是民营。[①] 在军民融合的公共政策上，有推动实现军民技术双向互动战略、建立完善军民一体化工业体系的国防科技政策，有完善的"技术再投资计划""两用技术应用计划"和"高技术计划"等促进军民融合的产业技术政策；[②] 有国防部、政府、科研机构、高等学校、科技企业等承担不同职责，实行有效政企分离的市场调节政策；有通过增加国防预算促进武器装备技术升级换代，增加财政补贴和资助以推动研发创新，从而实现"民为军用、以军带民"国防建设与经济建设并进的财政政策等。在网络及信息化建设上，美国顺应时代发展需要，通过产业扶持、技术转让、优化采购程序、保护本国网络空间产品、限制国外对掌握核心和敏感技术企业并购等方式深化军民融合发展。例如，美国以国家安全为主导，将网络空间安全提升为国家安全战略，通过资源组织协调配置，打破军用民用之间界限，利用掌握的核心关键技术以及先进的科研实验室、国防实验室，推动国防部与政府相关部门及私营企业的合作，使得云计算、大数据技术发展、百万兆级超级计算机的研发等迅速发展，从而构建起了完备的网络空间安全。在人才建设上，即使美国拥有世界第一流的军民融合人才，还是在不断强化中，如国土安全部加强与企业合作、完善军地人才交流机制，从国防转轨、国家安全、国防科学技术战略、网络安全和信息化、航天军民融合等诸多方面强化人才培养。

俄罗斯"先军后民"模式。由于深刻的历史背景和原因，苏联在军事上投入巨大，但国防工业与民用工业的绝对分离，造成了民用工业发展的缓慢和滞后。为解决这个问题，苏联曾经两次开启政府自上而下的主导"军转民"运动，借以打破国防工业与民用工业之间的障碍：一次

---

① 赵亮、王作功、汪延明：《美国军民融合型小企业发展现状及促进政策概览》，《经济研究导刊》2016 年第 14 期。

② 黄瑞新：《美国军民融合的公共政策与启示》，载《中国财政学会 2017 年年会暨第 21 次全国财政理论研讨会论文集》。

是"二战"后在统一的计划经济体制下，政府推动军用产品转向民用产品的生产，且取得显著成效；另一次是前苏联解体前的缩减军事生产、国防工业专柜以及国防企业民品生产发展。但是由于过于强调单方面"军转民"而忽略军民互动融合，加上缺乏科学理论指导，导致前苏联"军转民"模式存在国有资产、科研技术人员流失的重重隐患。前苏联解体后，俄罗斯继承苏联大约70%的国防工业企业、80%的科研生产能力、85%的军工生产设备以及90%的科技潜力，[1] 这既为俄罗斯奠定了国防工业作为支柱产业的基础，同时也成为制约俄罗斯经济转型的壁垒。因此，俄罗斯开始采取一系列举措用以推动包括国防工业改革在内的全面经济改革：如90年代早期叶利钦政府的大规模快速私有化；90年代中后期的保留重点军工企业仍为国有性质（480家），其余企业实现私有化或者股份制改造，组建国防工业综合体；2000年后普京强势推行的包括改革频繁变动、管理混乱、效率低下的国防工业管理体制，组建军民融合协调机构，改组改制航空、航天、核等重点国防军工企业，构建多种所有制并存的产权体系，力图使俄罗斯真正走上军民融合的良性发展之路。

以色列"以军带民"模式。以色列国土狭小，资源贫乏，不仅有比较恶劣的地理条件，更有相对紧张的地缘政治环境，因此以色列实行了以国防为立国之本，优先选择发展国防高科技，用先进的国防工业带动国民经济的发展路径。以色列的军民融合实际是以军带民的过程，军民融合也是以色列的生存之道。在建国之初，以美国为首的西方世界的鼎力支持减少了以色列发展的政治威胁，犹太商人的有力支援保障了以色列发展的巨额资金，高素质移民提供了以色列发展的先进技术，通过对政治优势、资金优势和人才优势的充分利用，以色列逐步建立起比较完整的国防工业体系。20世纪80年代后，以色列国防工业生产能力的70%—80%除了用于满足本国军队的需要外，也开始寻找和拓展国际市场，逐步走上了以出口武器为主的发展道路。进入20世纪90年代，以色列开始对军工企业进行公司化改造，使其建立现代企业制度，拥有自主经营权，适应市场竞争的需要。21世纪开始，以色列开始持续进行国有军工企业的私营化改革，并通过并购、重组等多种方式增强企业竞争力。

---

① 杜颖、章凯业：《俄罗斯国防工业军转民介评及启示》，《科技与法律》2015年第5期。

以色列在国防工业发展过程中高度重视自主创新能力建设，通过法律规定、政府引导、鼓励投资研发、共建风险投资基金、培养自主科技人才、广纳世界科技人才等方式，增强本国自主开发能力，保障本国高新技术武器装备领域处于世界领先地位。因此，以色列也被誉为"初创国度"，各种科技创新层出不穷，尤其在网络安全、人工智能等领域更是具有世界级竞争力。① 可见，以色列居安思危、不容懈怠的地缘环境孕育了军民融合的发展环境，不仅"以军带民"发展模式成效显著，而且良好的军民融合机制成为社会发展良好的生态系统，同时又产生了巨大的溢出效应，为社会经济持续健康发展提供了源源不绝的巨大推动力。

日本"以军掩民"模式。作为第二次世界大战的战败国，日本发展国防工业必然受到严格限制和国际社会的干预制约。长期在发展实践中形成的坚实雄厚的工业基础如何不因战败而遭到破坏，日本在压力中找到缝隙，"寓军于民""军民互换"发展模式，成为日本规避国际舆论和法律约束、发展国防工业的产物。② 1945 年至 1956 年，日本开始将大量资金投入大学、科研院所等，既着力夯实了本国基础教育，提升了国民素质，也奠定了日本扎实的国家科技研究基础。此后，日本成立科学技术厅，制定《科学技术政策》，确定了以发展军民两用技术带动国防工业发展的总原则。③ 已经成为经济大国的日本，不断加大国防科研投入，在技术与产业布局上注重军民通用性，大力发展民间军事工业，通过政策和资金支持发展军民两用技术与产品，例如为保护可生产军品的重点民营企业和主要军品生产线，日本政府对三菱、三井、住友等大型公司，从经费、政策等多方面给予倾斜；对小型参军民营企业也出台了财政补贴等优惠政策，激发民营企业承担军品研发的热情，这不仅有效保证民营企业在国家削减装备费时仍能保持研发与生产，降低了政府投资风险和武器装备研发成本，还大为促进了军民两用技术和产业的发展。

综上，基于国家发展战略、国防工业基础、科学生产技术等诸多因

---

① 陈文仙、杜震：《以色列：军民融合推动科技创新》，《解放军报》2018 年 5 月 26 日。

② 金一南：《日本和以色列军民融合的不同道路》，《当代贵州》2018 年第 29 期。

③ 朱启超、王姝：《军民融合的日本范式——日本军民两用技术发展策略、经验与启示》，《日本学刊》2020 年 7 月 8 日。

素的差异，各国选择了不同的军民融合模式，其中，政府主导、培育市场、重视人才成为各国共同选择。

（2）历届军运会遗产概述

作为武装力量，军事和军人总是同与战争、战场、硝烟这样的词汇联系起来。军人的最大荣耀是维护世界和平，止戈为武、消除战争、捍卫和平既显英雄本色，也是武装力量存在的意义。军运会的产生源自和平时期的展示形象实力、友好交流互动。中国自古以来提倡的"和合"的精神，就契合着军运理念。当今世界局势动荡多变、霸权主义依然存在，各国相互依存、休戚与共，倡导人类命运与共则赋予了和平更丰富的内涵。在这样一个时代背景下，世界各国军人怎样去消除隔阂、分歧，怎样去增进交流、理解，让各国军人们以体育的名义相聚，更显出独特的价值。在军运会上，军人们不再是战场上相见的浴血奋战者，而是赛场上相会的奋力拼搏者，体育、军人与和平紧密关系依托军运会这个载体达到了最优表现。迄今为止，军运会已经举办了七届，包括第一届世界军人运动会（意大利首都罗马），第二届世界军人运动会（克罗地亚首都萨格勒布），第三届世界军人运动会（意大利西西里岛的卡塔尼亚），第四届世界军人运动会（印度城市海德拉巴），第五届世界军人运动会（巴西海滨城市里约热内卢），第六届世界军人运动会（韩国闻庆市），以及第七届世界军人运动会（中国湖北省武汉市），历届军运会承办地也借由军运会这个重要平台而扩大国际影响力。

从各界军运会的举办来看，从战场到赛场的军民融合被赋予了更深刻、更丰富的意义。而军运遗产评估和检验的重要性不亚于成功举办一次军运会，其本身也越来越被看作衡量军运会成功与否的关键标准，其衍生的深远意义也正指示着世界大型赛事运动发展的方向和坐标。一方面，以办好大型体育赛事为目标而进行的基础设施建设、交通及居住环境改善等措施，往往会助推城市经济发展，进而达到城市建设目标、功能定位的实现。另一方面，重大体育赛事最直观的遗产往往首先是社会人文效应，以用一个目标把不同的人群聚合起来，充分发扬志愿精神，加强市民之间的情感纽带，点燃全民参与体育的热情，推动健康城市的发展。可见，当体育竞赛成为军队军事训练、激发军人意志品质和荣誉感的重要手段时，当各国军人们在竞技中展示力量、比拼意志、争取荣誉时，也更让民众更加认识到军民融合以及军运遗产的有效利用，可以成为创造奇迹的催化剂。

（三）武汉军运军民融合遗产的现状考察及基本经验

1. 武汉军民融合发展的基本情况

（1）建立统一协调的军民融合发展体制

根据武汉市委市政府机构改革的统一部署，2019 年 1 月 29 日新组建中共武汉市委军民融合发展委员会办公室，其为市委议事协调机构，办公室设在市经济和信息化局。新挂牌的市委军民融合发展委员会办公室以新时代工业强市、信息化强市、军民融合强市为历史使命，负责全市军民融合发展的综合协调、督导落实和创新示范工作。该新机构的设立将以项目为抓手，创新推进军民融合在基础建设、智能制造等领域纵深发展，力争在更高层次、更广范围、更深领域推动军民融合落地见效，为武汉市的军民融合产业发展、重点领域深度融合、军民融合改革创新及构建全要素、多领域、高效益的军民融合深度发展格局开启了新篇章。

（2）制定出台军民融合发展政策文件

一直以来，湖北省和武汉市就高度重视军民融合战略，先后出台多项文件贯彻实施和推动发展。如 2008 年湖北省出台《湖北省支持军民结合产业发展专项资金管理暂行办法》《湖北省民用爆炸物品销售许可实施细则》；2011 年武汉市出台《关于推进军民融合式发展的意见》；2017 年出台《湖北省军民融合产业示范基地创建管理办法》；2018 年武汉市印发《中共武汉市委武汉市人民政府武汉警备区关于统筹推进军民深度融合发展的意见》等。2018 年 11 月 1 日，时任湖北省委副书记、武汉市委书记马国强主持召开市委常委会会议，要求充分发挥武汉市军工实力雄厚、军事单位集中优势，狠抓国家军民融合创新示范区统筹创建工作，狠抓国家重大工程、重大计划、重大项目落地见效，狠抓体制机制创新，做实做好军民融合发展文章。要积极推进"军转民"工作，在继续鼓励支持军工企业技术向民用领域转移转化的同时，更加主动关注军队院校、科研机构的科技创新和成果转化落地；要支持做好"民参军"工作，发挥好党委政府桥梁纽带作用，强化对接服务，做好统筹协调，力求在重点领域取得突破。

2019年3月7日，时任省委副书记、市委书记、市委军民融合发展委员会主任马国强主持市委军民融合发展委员会第一次全体会议，强调打造武汉军民融合发展品牌，开创武汉市军民融合深度发展新局面。此次会议强调，要提高政治站位，准确把握习近平总书记关于军民融合发展重要论述的精髓要义，发挥武汉军工实力突出、军事单位集中等优势，最大限度促进军民资源互通互用、军地资源兼容共享，打造武汉军民融合发展品牌，开创武汉市军民融合深度发展新局面，争当全国排头兵。会议要求，要突出重点，积极争创国家军民融合创新示范区，创建一批国家级、省级军民融合产业示范基地，高水平规划建设长江新城军民融合创新发展区；要深化"两库一清单"管理模式，聚焦重点领域、重点产业、重点项目，加大军地资源统筹整合力度，深入拓展军民融合领域和范围，推进"军转民""民参军"技术成果互相转化、产业化；要创新工作机制，探索建立市场化、社会化服务平台，营造法治公平军民融合发展环境。会议还提出了对各级党委的要求，强调要始终坚持把抓军民融合发展任务落实作为重大政治责任，强化组织领导、政策引领和督查落实，以更高标准、更严举措、更实作风，确保各项工作有序推进、落地见效。①

（3）发挥军民融合科研实力，优化调整产业结构

武汉是我国国防科技工业重要基地，军事院校7所。军工特别是军工舰船工业体系完备，科技实力雄厚，人才优势明显，现有军工企业众多，涉及船舶、航天、航空、兵器装备、军工电子、核工业等领域。军工企业及研究所包括武重集团、长江光电、中国核动力运行研究所等。拥有航天激光、重工装备、清洁能源等自主知识产权，并重点推进船舶与海洋工程装备、航空航天、光电子信息、智能装备等产业领域军民融合，跟踪谋划人工智能、量子通信、生物医药、新材料、新能源等新兴领域军民融合发展。武汉的国防科技工业基础好、实力强，有一批在全

---

① 《马国强主持市委军民融合发展委员会第一次全体会议强调：打造武汉军民融合发展品牌　开创军民融合深度发展新局面》，《长江日报》2019年3月14日。

国乃至世界居于领先的核心技术，并形成了全产业链发展能力和强大的继承辐射能力。例如，为推进协同创新，成立雷达技术军民融合武汉大学协同创新中心、高分辨率对地观测系统湖北数据与应用中心。武汉船舶与海洋工程装备产业示范基地成为我国第五个、内陆第一个国家船舶与海洋工程装备新型工业化示范基地。[①] 可见，武汉市军事单位相对比较集中，军工企业实力也很雄厚，这种优势非常有利于抓好国家军民融合创新示范区的统筹创建，应当狠抓体制机制创新，尽快将国家重大工程、重大计划、重大项目落地见效，从而做实做好军民融合发展文章。

表 10 – 1　　　　　　　　　在汉部分军工企业及研究所[②]

机构名称	隶属军工集团	主营方向
武重集团	兵器工业集团	武重重大关键设备的数控化率达90%，是国内加工设备最先进、规模最大、制造能力最强的数控重型、超重型机床研发制造基地，中部地区一流的国际化加工协作基地
长江光电有限公司	兵器装备集团	集军民两用精密光机电仪器、光学元器件、光通信元器件的科研、生产、经营于一体的现代广电企业
武汉滨湖电子有限责任公司	兵器装备集团	以"地球空间信息产业"为突破口，专注于智能道路检测系统及轨道交通检测系统的研发、生产、销售和服务
中国航天三江集团公司（控股三江航天火箭公司）	航天科工集团	集团第九研究所（原中国三江航天集团）整合重组应运而生的具有国际先进水平的航天系类型号研究员，国内一流、国际知名的高端装备制造业和服务企业
武汉锐科光纤维光技术股份有限公司	航天科工集团	主营大功率光纤激光器的研发与规模化生产及销售；研制出我国首台万瓦级光纤激光器等

续表

① 周先旺：《军民融合深度发展的湖北实践》，《人民论坛》2017年第18期。

② 顾晓焱：《武汉军民融合发展研究》，载《长江中游城市群发展报告》（2018），社会科学文献出版社2018年版。

机构名称	隶属军工集团	主营方向
长江动力集团有限公司	中国航天科技集团有限公司	中国先进的中小型汽轮机、水轮机和发电机的专业制造商
航天电工集团	中国航天科技集团有限公司	生产钢芯铝绞线、铝合金导线等航天材料
中国核动力运行研究所	中国核工业集团	中国目前唯一专门从事核动力运行技术研究的科研单位。现已建成保障国家核电运行安全的技术支持和后援体系，技术能力处于国内领先水平
武汉中原电子集团有限公司（国营 710 厂）	电子信息产业集团公司	在军用短波、超短波战术通信、抗干扰通信、数字移动通信等领域市场占有率达 60%，主营面向能源互联网
武汉达梦数据库有限公司	电子信息产业集团公司	专业从事自主可控高安全数据库管理系统研发与产业化，其前身是华中科技大学数据库与多媒体研究所，是国内最早从事数据库管理系统研发的科研机构

表 10-2　　　　　　　在汉部分军工企业及研究所①

机构名称	隶属军工集团	主营方向
武汉船舶工业公司	中国船舶重工集团公司	生产船舶及配套机电设备，经营舰艇修理和拆船业务；对航天、冶金、石化、轻工、税点、起重机械、建材项目的成套机电设备和土建的设计、制造、安装工程总承包
武昌造船厂集团有限公司	中国船舶重工集团公司	主要承担水面及水下舰艇及军贸总装和相应配套的全部军品生产任务及民品业务。作为国家重点军工企业，武船集团承担了我国多项军用战斗及辅助舰艇及其他相关国防装备的生产任务，并承接了近海巡逻舰、轻型护卫舰等军贸产品的生产及出口业务

---

① 顾晓焱：《武汉军民融合发展研究》，载《长江中游城市群发展报告》（2018），社会科学文献出版社 2018 年版。

续表

机构名称	隶属军工集团	主营方向
武汉船用机械有限责任公司	中国船舶重工集团公司	目前国内规模最大、实力最强的船用特辅机专业生产厂家
武汉重工铸锻有限责任公司（471厂）	中国船舶重工集团公司	大型船用螺旋桨、船舶尾轴管、大型轴系锻件等
湖北华舟重工应急装备	中国船舶重工集团公司	应急装备，专用设备，专用车辆的设计、制造、安装服务（不含汽车及特种设备）
中国舰船研究设计中心（701所）	中国船舶重工集团公司	原武汉船舶设计研究所，主要承担舰船总体研究、设计、开发的任务，唯一同时承担水面、水下舰船总体研究设计任务的核心科研单位
武汉数字工程研究所	中国船舶重工集团公司	我国以计算机技术为基础，以开发应用为目标的国家重点单位。研发无人机探测、监管与反制一体化系统，可以成功破解无人机管控难题，形成低空通航产品线
武汉船用电力推进装置研究所（712所）	中国船舶重工集团公司	我国唯一从事船用电力推进装置专业研究所，专业范围涉及自动控制、计算机开发应用、电力电子、点击、开关电器、多种化学电源、绝缘、化工材料等。还研制出我国第一台兆瓦级高温超导电机
华中光电技术研究所（717所）	中国船舶重工集团公司	是以舰船总体研究、设计为主，兼顾民用开发的多学科、多专业的大型总体研究所
武汉船舶通信研究所（722所）	中国船舶重工集团公司	国家认定的重点军工科研院所，专门从事通信系统和通信设备研究、制造及通信电子工程开发和设计，集科研、生产、经营于一体军民结合的高科技工程技术研究所，是国内唯一从事舰船综合通信系统和配套设备研制的研究所

（4）"民参军"形式日益丰富多样

我国经济社会高度发展，科技不断进步，为深入实施军民融合发展战略，加快建立军民融合创新体系，开展推动军民科技基础要素融合，厚植了军民融合、军民协同创新的深厚土壤。国防科技和武器装备领域是军民融合发展的重点，也是衡量军民融合发展水平的重要标志。随着军民融合成为国家战略，民营企业占军工企业的比例越来越重，"民参军"的队伍越来越壮大。截至 2017 年，我国"民企参军"取得重要进展，军民结合产业以每年超过 20% 的增速发展，至少已有 1000 多家民营企业获得了武器装备科研生产许可证。在军民融合的"热潮"和"冲刺"进程中，武汉市正积蓄力量、顺势而为、乘势而上，积极推进"军转民"工作：一方面关注军队院校、科研机构的科技创新，大力鼓励和支持支持军工企业技术向民用领域转移转化；另一方面强化党委政府桥梁纽带作用，强化对接服务，做好统筹协调，坚持做好"民参军"工作，力求在重点领域取得突破。武汉军代局监管范围内，从 3 年前的不足 10 家"民参军"企业发展到 2017 年的 50 多家……不少优质民营企业通过进行自主研发或者以参股形式进行合作的方式，如武汉高德红外公司、武汉海创电子股份有限公司、武汉能钠智能装备技术股份有限公司已经初步形成研制信息化武器装备的人才、技术优势，特别是在光电系统、新材料技术等方面，且技术水平遥遥领先。

（5）彰显武汉特色的军民融合集聚区加速形成

军民融合产业集聚区是指紧紧围绕军民融合产业链，以打造国内一流的军民融合体系示范平台为目标，实现军事资源优势与武汉现有的高新资源、航空资源、智能制造等地方产业优势及科教资源优势更好地融合，加速集聚军民融合高端要素加速，在长江新城、东湖开发区、武汉经开区、临空港开发区、新洲区等创建军民融合产业基地并推动产业链延伸和产业生态集聚，打造各具特色的军民融合专业园区。立足武汉、服务中部、辐射全国、连通国际，通过信息资源的全面汇聚、整合与利用，进一步加强资源共享，打通技术与产业间的壁垒，着力打造"1＋4＋N"发展格局，建设国内一流的军民融合研发、检测、金融和交易中心，形成军民融合产业集群，提供良好的公共服务和专业服务生态环境，实现与地方产业优势更好地融合，推军民融合深度发展。

（6）营造军政、军民团结一心的良好社会氛围

作为驻军大市，武汉有着军政军民团结一心的良好社会氛围，已连续六次荣膺"全国双拥模范城"称号。武汉市各级党委、政府和军地领导高度重视双拥创建工作，坚持把双拥创建工作视为品牌工程，思路明

确，措施得力，有效地全力推动了全市双拥创建工作的顺利开展。在武汉市街头，全市各个区均设置了大型的双拥宣传牌，形成了全市军民同心共创双拥模范城的良好氛围和有利环境。武汉市在落实拥军、优抚、安置等各种政策上坚决破除打折扣搞变通的不良做法，保障了双拥工作的力度、广度和精度。各驻军也积极践行全心全意为人民服务的宗旨，以支持地方经济社会发展建设为己任，在抢险救灾等急难险重任务上勇于承担、迎难而上，始终做到了"把驻地当故乡，视人民为亲人"，为武汉安全的坚不可摧的重要屏障。在军政军民团结一心的浓厚氛围下，军地集中涌现了具有鲜明特色、时代精神、影响广泛的双拥先进典型，为双拥创建工作注入源源不断的双拥"正能量"，形成了军地协调发展、军民团结一心的良好双拥格局，全市双拥工作成果丰硕，亮点突出，军政军民关系更加团结紧密、巩固融洽。近年来，在习近平新时代中国特色社会主义思想指导下，以军运会的成功举办为契机，武汉市正在全市动员、全力冲刺、全面迎检，建立健全双拥共建常态长效机制，着力营造军爱民、民拥军的良好社会氛围，努力争创全国双拥模范城"七连冠"，不断巩固发展军政军民团结，为武汉建设新一线城市和国家中心城市汇聚新的强大力量。

2. 武汉军运军民融合的现状

（1）举办第七届世界军人运动会赢得世界盛赞

在本届军运会中，湖北省及武汉市高标准规划、高质量建设、高水平保障，全城动员，全民参与，展现了城市新形象，"共享友谊、同筑和平"的主题被生动诠释，奋斗拼搏的和平盛典被世界盛赞。习近平总书记对第七届世界军人运动会成功举办作出重要指示时指出，"第七届世界军人运动会成功举办，体现了中国气派、军人特色，实现了'办赛水平一流、参赛成绩一流'目标"，"湖北省及武汉市以高度的政治责任感精心组织、精益求精，广大市民以主人翁姿态热情参与、积极奉献，为军运会圆满成功作出了重要贡献"。[①] 国际军事体育理事会主席赫尔维·皮

---

① 《习近平主持第七届世界军人运动会成功举办作出重要指示时强调　认真做好总结和表彰工作　发扬成绩凝神聚力》，《光明日报》2019 年 11 月 8 日第 1 版。

奇里洛称赞："本届军运会可以媲美世界任何一项大型赛事。"①

（2）军运会第一次走出军营，第一次军地共办

往届军运会以军方为主、相对封闭，本届军运会采取军地联合承办的模式，充分发挥军民融合优势，整合军地力量资源，成立组委会、执委会两级日常办赛机构，组建"1办11部1委"的赛时运行指挥体系，形成了"国家支持、军地联合、军方主导、地方承办、社会参与"的办赛格局。军运会执委会办公室（军队）和武汉执委会（地方）设军地双主任，通过每季度的主任办公会，不定期的全体会议和专题会议等机制，通过及时处理各类筹办事项，遇到重大问题，还互派人员驻点办公，有效实现军民融合的最大凝聚力和战斗力。国防工业企业协会、航天科工等多个涉军组织、军企、涉军企业，充分发挥了各自在搭建军企和地方沟通桥梁、大型场馆建设、大型装备的生产设计以及提供转播设备、信息传输等各项服务上的优势，成功助力军运会。

（3）带动城市现代化建设面貌焕然一新

每一次大规模的体育盛会必然带动着城市风貌的改变。以南京青奥会为例，南京以青奥会作为推进器，加快现有基础设施项目的建设，如建造新的地铁线路、改善公共交通。例如，自青奥会以来，南京公共交通使用量增加了5%，62.7%的公交车现在使用清洁能源和新能源。此外，在城市拥堵方面，南京已经从中国的第六位降至第二十七位。公共自行车从2010年开始推出，自青奥会开始从800辆增长至70000辆。

举办第七届世界军人运动会，是习近平总书记和中央军委作出的重大战略决策，是党中央、国务院和中央军委交给湖北武汉的重大政治任务。军运会的召开给全世界展示了一个磅礴大气的武汉，而这城市面貌的持续改变背后是4年时间办赛事与建城市统一的指导思想，务实作风抓好环境综合整治的持续努力。在军运会筹办之初，环境整治的提升就是筹办工作的重中之重，洁化、绿化、净化、亮化、美化的五个工程，实现了城市环境脱胎换骨、蜕茧成蝶的根本性变化。场站边、线路边、工地边、铁路边、江湖边和道路的清洁以及全面开展"清洁家园迎军运"

---

① 慈鑫：《中国选择了军运会　军运会选择了中国》，《中国青年报》2019年10月21日第3版。

活动，城市越发干净整洁。军运会筹办期间，实施的"迎军运"园林绿化大提升行动，武汉市累计种下树木 36 万株，实施园林绿化提升项目 282 个，新增绿化面积 348 公顷，实现了"500 米见绿、1000 米见园"。楼顶违建、硕大广告牌的拆除、年久失修的房屋立面的刷新，小区排水管网难题的解决，车辆乱停顽疾的整治……得益于全城全域开展大立柱广告、楼顶广告"清零"行动，道路路面、建筑立面改造升级工程等一系列"大动作"以及惠民工程同步开展的"微改造"，既使得城市的天际线被擦亮，又使得众多老旧院落换新颜，城市建设标准和品质与人民需求同步不断提高。经过军运会，武汉完成了自身的跨越，整治道路总长 2837 千米，建设完成 42 条城市主干道，全市快速路通车总里程达到 281 千米，轨道交通总通车里程达到 338.8 千米。汉江大道的全线通车，武汉市形成 281 千米"三环十二射"城市快速路网；杨泗港长江大桥的正式通车，形成市域内的 13 个长江过江通道、9 个汉江过江通道。同时，路面破损、井病害、桥台跳车、桥梁伸缩缝破损等长期存在的问题被一一整治，城市路网的通畅给市民出行带来了顺畅。通过亮化工程，长江两岸的高层建筑、龟山蛇山及名胜、楼宇被华彩绚丽的灯光秀点亮，和武汉标志性的桥梁、游船一起入镜，形成一幅壮丽的长江画卷，带给了人们视觉震撼，更进一步提升了恢宏成熟的城市形象。

（4）为城市留下丰厚的精神遗产

通过一次世界级顶级重大赛事的历练，武汉市留下了丰厚的物质遗产和精神财富。从城市面貌的提质升级到城市文明的飞跃提升，军运会带来了武汉精神气由内而外的改变和熔铸。

首先，"奉献、友爱、互助、进步"志愿者精神被传承和发扬。作为一届国际体育赛事，志愿者数量是衡量一座城市文明程度的重要指标，武汉军运会 2019 年 3 月启动招募城市志愿者，当天就有超过 1 万人报名，至开幕前，武汉共招募 3 万名赛会志愿者。城市的发展离不开人的奉献互助和倾力合作，提升了武汉市城市文明程度和全体市民的文明素养。

其次，现代化、国际化、生态化大武汉城市形象的展示。军运会作为国际重大赛事，近万名世界各国军人会集武汉，世界媒体聚焦武汉，城市风貌、发展成就、文化底蕴等内容将全方位、立体化地呈现在世人面前，世界也能够更加深入了解武汉。

最后，点燃勠力奋斗、实现飞跃的热情和信心。武汉在中部地区崛起和长江经济带发展中肩负着重要使命，发展的过程中必然面临着艰难险阻，需要闯关破险，而军运会的成功举办正是攻坚克难的集中体现，它所激发出的豪迈激情和斗志，也必将影响深远，成为战胜各种风险挑战、建设国家中心城市的强大动能。

3. 武汉军运军民融合的基本经验

作为进入新时代我国首次举办的世界军人运动会，武汉军运会的规模、规格、影响都是史无前例的，在世界军运史上写下了辉煌篇章，向国际社会作出的庄严承诺已圆满完成，也受到党中央、国务院、中央军委高度肯定。成功来之不易，需要珍惜；经验源于实践，需要提炼。

（1）坚持党的领导，强化全面统筹

军运会的巨大成功，根本在于以习近平同志为核心的党中央的坚强领导，在于习近平新时代中国特色社会主义思想的科学指导。[①] 在中华人民共和国成立 70 周年之时举办军运会，既是彰显国家威望、发展成就的盛大献礼，也是武汉作为一座有着悠久革命传统又历来拥军尚武，承载中央重托、国家使命的勇担责任和顺势而为。一场重要的全球性的综合体育盛事，需要在党委的领导下，军地有关部门坚决贯彻党中央、国务院、中央军委的决策部署，全系统、全方位地进行资源整合和统筹协调。

从军运会筹办伊始，武汉市就以习近平新时代中国特色社会主义思想为指导，深刻领悟和体会党中央和习近平总书记举办军运会的决策意图和战略考量，深刻把握筹办工作在党和国家大局中的战略地位，深刻认识武汉举办军运会是代表国家办会、代表中华民族办会，只有不断提高思想站位和工作站位才能始终牢牢把握住举办军运会的正确方向。在湖北省委省政府的坚强领导下，武汉市按照省委"四个一流"工作要求，践行"绿色、共享、开放、廉洁"办赛理念，全力以赴推进涉及军地协作、赛事组织、军运场馆、道路交通、居住场所、科技支撑、信息技术、宣传报道、志愿服务、安全保障等军运会的各项筹办工作，按照"国家

---

① 《第七届军运会组委会第四次全体会议暨总结大会举行》，《人民日报》2019 年 11 月 20 日第 4 版。

支持、军地联合、军方主导、地方承办、社会参与"办赛模式，在组委会领导下，形成中央和国家机关、军委机关、湖北省和武汉市分工负责、整体联动的"一盘棋"工作格局。并着眼于不同阶段、不同领域筹办任务，建立执委会、城市行动、赛时运行指挥体系，组织2场全要素、全流程综合演练，实现了赛事运行与城市运行、赛前运行与赛时运行的无缝衔接、有机融合。96项重大里程碑项目、1882项筹办重点工作、4000余项计划方案，以及128个关门日问题的整改工作如期完成。也使武汉军运会实现了军运会史上的"三最"，即赛事规模最大，参赛人员首次突破9000人；竞技水平最高，共打破7项世界纪录、85项国际军体纪录，远超历届水平；项目设置最多，共27个大项、329个小项，与奥运会相当；以及军运会史上的"三个首次"，即首次集中兴建运动员村，建设标准、运行水平不亚于任何一个奥运村；首次在一个城市举办所有赛事，在同类大型国际赛事中绝无仅有；首次走出军营实行军民联合办赛，为历届军运会首创。

（2）发挥制度优势，加强军地联动、军地共建

党的集中统一领导、人民当家作主、全国一盘棋、强大的执行力等中国特色社会主义制度优势贯穿整个武汉军运会，并得到淋漓尽致地彰显。相对于以军方为主、相对封闭办赛的往届军运会，武汉承办主体从军队变成军地共同承办，不仅是对武汉城市功能作用如何更好发挥的重大检验，也是检验军运会如何成为军民融合盛会的重大考验。武汉市委市政府充分发扬"敢为人先、追求卓越"的城市精神，坚持敢字当先，卓越为本，不断强化军地联动，在体制机制上实现"军民共通"，在统筹规划上实现"军民共谋"，在市场资源上实现"军民共享"，在监督管理上实现"军民共管"，以体制机制打通阻碍军民融合的"玻璃门""弹簧门"，从而充分地调动各方面的积极性创造性，形成了军地联合这一独具特色的办赛格局。通过军地联动，集成指挥，统筹抓好军民融合重大示范项目，对标奥运，以世界一流水平完成35处场馆建设改造，赛时场馆软硬件设施运转有序高效，创造了大型赛会场馆建设的"武汉速度"，一批龙头工程、精品工程的打造为军运会的圆满成功奠定了坚实基础；通过军地联动，集成指挥，构建体联动、运行高效"和平荣光"火炬传递和仪式权责明确、分工协作、高效务实的开闭幕式仪式演出的精彩圆满；

通过军地联动，集成指挥，实现了军地紧密对接，部省联合调度，严格落实圈层管理，实现安保、食品安全、重大突发事件、兴奋剂检查的零失误、零差错、零事故；通过军地联动，集成指挥，推动军民融合发展由条块分散设计向军地一体筹划转变、由注重增量统筹向增量存量并重转变、由要素松散结合向全要素集成融合转变、由行政手段为主向强化市场运作转变。

（3）营造良好环境，凝聚最大向心力

一是在军运会的组织保障上，实现"赛事举办"与"城市建设"共发展。武汉市以竞赛为中心，确定27个比赛大项，并逐一与国际军体各运动项目委员会签订备忘录，形成了场馆场地、竞赛组织等各方共同认可的"武汉标准"。确立以竞委会为主体的运行模式，组建38个竞委会，健全内设机构，配备3000多名竞赛筹办人员、2740名技术官员，组织开展38场测试赛，实现所有大项全覆盖。科学制定竞赛规程、规则及技术官员指南，强化残障运动员参赛保障，圆满完成奖杯奖牌、体育器材、注册制证、颁奖礼宾等工作。军运会3065场比赛总体运行顺利，获得各方面高度评价。安全稳定的城市环境是军运会成功举办的前提，武汉市聚焦221条保障线路、20个示范片区、146处重要点位，以"五边五化"为抓手，以细致、精致、极致、卓越为标准，建立三级协调机制，实行巡查督导制度，对城市综合环境进行全域整治提升，完成道路、城管、立面、绿化等方面综合环境提升任务6万多项，实现了城市形象面貌的脱胎换骨。军运会期间，武汉市完成1个一级警卫、5个二级警卫和20个外宾二级、三级警卫任务，确保了绝对安全。部署5312名警力保障交通线路，累计投入警力13万余人次严格落实场馆、接待酒店安保，实现了零警情、零事故，全市刑事发案数下降50%，交通事故死亡人数下降47.4%，亡人火灾零发生，社会治安状况达到历史最好水平。同时，武汉作为道德高地，办赛过程中全体市民万众一心、凝心聚力，城市建设者夜以继日，武警官兵、公安干警日夜守护，2.6万名赛会志愿者、21万名城市志愿者不辞辛苦，武汉市民人人争先为军运作贡献、为城市添光彩，深刻诠释着"武汉温度""武汉风度"。通过深入开展的迎军运、讲文明、树新风活动，推动"千万市民讲礼仪、百万志愿者展风采、百万家庭洁家园、百万职工作贡献"活动进机关、进社区、进学校、进企业，更进一步提升市民综合文明素养，集中展示了"文明、和谐、智慧、整洁"武汉新形象。

二是在军运会的赛会服务上，实现高效有序与勇于创新共携手。通过高效开展接待服务，建立对外联络、异地通关协作等工作机制，规范对外联络、礼宾、通关等工作，统一98家遴选接待酒店的服务标准和流程，圆满完成109个参赛国代表团抵离接待服务，赢得中外宾客广泛赞誉。通过有序运营军运村，出色完成代表团住宿、餐饮、礼宾等各项服务，按照"功能齐全、运行安全、管理智慧、居住舒适"原则规划设计军运村建设运行，优化餐饮、住宿等服务政策和人、车、物运行流线，组织开展7轮推演、演练，实现如期开村、高效运行、圆满闭村，获得各国代表团称赞。通过精心组织志愿服务，建设功能完备的志愿者之家和规范统一的志愿者保障体系，公开招募并培训2.6万名赛会志愿者，在国内首次实现赛时志愿者服务远程实时管理调控，圆满完成语言服务、礼宾接待、交通引导、观众服务、竞赛组织、场馆运行等全方位志愿服务，展现了新时代中国青年自信、友好、开放、智慧和创新的良好形象。通过全力落实交通保障，全面实现"安全、准点、可靠、便利"的交通保障目标。按照"人车一体"的租赁模式，征集保障车辆约3000台，为军运会13类人群提供抵离、开闭幕式和赛事交通运输服务；重拳整治出租车运营秩序，设置204千米赛时军运会专用车道，延长赛时地铁服务时间并实行票价优惠，多措并举优化公共交通服务，通过全面打造智慧军运，在国内首次构建智慧赛事信息化总体框架体系，并充分利用云计算、大数据、人工智能、5G等最新一代信息技术建立赛时指挥系统，从竞赛、场馆等8个维度监测运行数据，实现对赛时所有机构和场馆的视频监控，实时开展指挥调度。通过严格管理资金物资，保障军运会的廉洁和惠民。制定完善30余项财务制度，从严从紧控制执行预算，财务管理规范有序；成功争取财政部等国家部委出台专项税收优惠政策，申请军方和省财政补助经费全部到位，全面保障军运会各条战线资金和采购需求。充分开发军运会资源，VIK赞助和捐赠收入超额完成目标任务。成功发行纪念币和纪念邮票。军运会平均票价50元，充分体现了惠民原则。

三是在军运会的舆情引导上，实现氛围浓厚和正向激励共互动。军运会期间，4300余名境内外媒体记者驻汉报道军运会。中央广播电视总台按照奥运转播标准在 10 多个频道直播军运会盛况，全球超过 6.3 亿观众观看，创历史纪录。人民日报、新华社、解放军报等国内主流媒体赛事期间播发军运会相关信息 120 多万条；境外媒体 10 个语种的报道覆盖 6 大洲 70 余个国家和地区，总报道量约 1.9 万篇。"军运会"相关话题网上阅读量超过 60 亿，中英法官网浏览近 800 万次。中国继国庆阅兵之后，再次因武汉军运会成为全球瞩目的焦点。树立"国家任务、国家媒体、国际标准、国际影响"的宣传理念，促成中宣部印发《关于第七届世界军人运动会宣传工作方案的通知》，将武汉军运会宣传工作纳入中华人民共和国成立 70 周年总体宣传计划和中央新闻单位重大主题宣传重点内容，积极对接中央电视台、人民日报、新华社等央媒，开展深度合作，拍摄 5 集电视宣传片《和平荣耀》并在央视播放；吉祥物"兵兵"亮相庆祝中华人民共和国成立 70 周年群众游行活动湖北彩车，规范实施场馆场地及相关设施形象景观设计，精心做好媒体记者报名、邀请及服务工作，建立舆情收集和分析研判机制，强化敏感问题和突发事件舆情防控，实现"宣传高点赞、工作零差错、舆情零炒作、服务零投诉"目标。

（4）加强作风建设，营造良好政治生态

与其他国际大型综合性赛会相比，武汉军运会筹办时间短，缺乏相应标准可参照，无规可循，只有始终坚持问题导向，树牢问题意识，敢于直面问题，善于分析问题，最终解决问题，才能让决策部署落地落位，才能使工作措施落实落细，才能将目标愿景如期兑现，最终夺取筹办工作的全面胜利，要求不断强化责任感、成就感和荣誉感。在军地携手、开拓创新、攻坚克难全力以赴推进各项筹办工作的过程中，军人们历经磨砺，锤炼出的"特别能吃苦、特别能攻坚、特别听指挥、特别能适应"作风也迅速被武汉所传承和弘扬、接受和发展，凝聚成为"奋勇拼搏、更高更强、迎难而上、追求卓越"的军运精神。武汉市以加强作风纪律建设为抓手，通过巡、督、查等工作方式，坚持教育、制度、监督并重，围绕城市运行、舆情管控、安保保卫、服务保障、环境整治和水体治理等任务，加强监察、监督、巡查、服务，推动各项筹办工作落细落实落地，确保赛事运行和城市运行平稳有序。为严格控制资金使用，落实"节俭办赛、简约办会"要求，进行全程跟踪审计，确保军运会筹备资金规范、合理、有效使用；为进一步推动城市综合环境改善和城市文明的提升，开展重点聚焦楼宇环境立面整治、私搭乱建取缔、街道秩序维护、黑臭水体治理、市容环境升级等工作的作风巡查，通过严明纪律要求、严格办事时限、严抓工作质效、强化考核激励、强化正风肃纪、强化责任倒查等措施，不断强化"不忘初心"的坚守精神、"舍我其谁"的担当精神、"奋楫争先"的超越精神，始终保持永不懈怠的精神状态、一往无前的奋斗姿态，才能无战不胜、无往不利，克服一切困难和挑战。

（5）弘扬拥军文化，增进军民互信

历史和现实已经证明，坚如磐石、稳如泰山的军民团结，始终是我们艰苦奋斗走向胜利的重要法宝，是我们攻坚克难战胜敌人的政治优势。进入新时代，党、国家、军队建设事业站在了新的历史起点上，面临复杂多变的世界形势，面临国泰民安的现实需求，面临经济提质升级的发展动能，更进一步推动军民融合，弘扬拥军文化，促进军地同心、军民互信，军民融合既是对优良传统的传承，也是对更好服务党和国家工作大局、国防和军队建设全局的贯彻。

武汉作为驻军大市，历来有着爱国拥军、爱民奉献优良传统。近年来，通过大力全力支持国防和军队建设改革，优先保证军事用地，优先修建国防道路，协助完善战备、医疗等配套设施和公共服务，引导优势企业参与军品科研生产，统筹了经济发展和巩固国防；通过积极协调军地资源，全力保障各级党政机关、国有企事业接收退役军人安置，支持退役军人参与大众创业、万众创新，完善抚恤优待政策体系，不断提高抚恤待遇水平，做好军属随调随迁、安置就业、创业扶持等工作，解决好部队官兵面临的现实困难。同时，军队也不断充分发挥优势，围绕国家重大战略，积极参与交通、通信等重大项目建设和国防科技协同创新，培育壮大新动能，在抢险救灾、扶贫帮困、维护稳定等方面发挥重要作用，为武汉经济社会建设提供大力支持。军运会的圆满成功更加证明了加强军政军民团结的重要意义，只有军与地团结奋进，军与民同心同德，以实际行动为军队谋发展、为市民谋福祉，军队忠实履行党和人民赋予的使命任务，武汉市民人人争先为军运作贡献、为城市添光彩，大力弘扬军民鱼水情的拥军文化，就能够以武汉军运会为新的起点，凝神聚力，再攀新高，在推动湖北高质量发展、加快建设世界级城市群、落实促进中部地区崛起战略的伟大实践中发挥更大作用，履行更大担当。

（四）武汉军运军民融合遗产保护和
开发利用存在的问题

1. 场馆使用效率低，土地及房地产增值不足

　　每逢大型体育赛事，场馆建设都十分引人瞩目。武汉有山丘有平地有湖泊，得天独厚的优势使武汉能够成为承办军运会的所有项目，这也是历史上首次将所有比赛场馆设施安排在同一个城市，这就为场馆以及军运村等建设提出了更高要求。本次军运会，武汉共准备了35座场馆（其中，新建13个场馆，提升改造现有17个场馆，还有5个为位于高校、部队院校内的临时设施），并均衡分布在长江两侧的后湖、沌口、光谷、黄家湖四大区域板块，覆盖到了武汉三镇的四个片区，也切实满足了运动员更好发挥竞技水平的客观需求。但是，进入"后军运时代"，体量巨大的体育场馆如何有效提升利用效能，武汉市如何解决这一公认的世界难题既是对军运遗产的有效再利用，同样也是治理能力的提升和飞跃。武汉部分体育场馆在赛后担起了教学培训的职责，例如武汉体育中心足球公园成了少儿足球训练的营地。而承担了人才培养重任的高校体育场馆，除满足高校莘莘学子的运动需求外，还承担了更多的社会职能，所以利用率相对社会场馆更高。如武汉商学院新建的马术场和游泳馆，在军运会之后，又于11月承办了2019年现代五项亚洲锦标赛暨2020年冬季奥运会的资格赛；武汉城市职业学院南校区体育馆的击剑场馆，后期又相继举行了武汉市青少年击剑比赛、湖北省击剑锦标赛。后续规划中的还包括，主要承担新闻发布及赛事转播功能的军运会媒体中心，将被改造为冰上项目运动馆，向市民开放，并填补武汉市冰上项目运动场馆空白；承担了军运会25/50米手步枪射击、飞碟射击、射箭等比赛的蔡甸国防园射击射箭场，将被改造成青少年射击训练基地，用于国防教育和气（步）枪、飞碟射击等百姓体验式的运动。

　　但是从实际情况来看，目前被开发利用的军运场馆仅为部分场馆，还有部分未能有效开发再利用，即使是已经被开发利用的场馆的利用率也并不高。考量其原因，可能在于如下因素：其一，部分军运场馆为综合性场馆，配置比较高，导致功能开发难度大、功能较为单一，产生分

散的、小型的、群众性居民健身用不上，日常办赛用不起，文艺演出不配套等困境；其二，军运会有别于其他大型体育赛事，某些过于专业和冷门的竞赛项目很难在市民中普及性，承担相关运动项目的场馆自然无法吸引市民热情；其三，绝大部分大型体育场馆隶属行政或者事业体制，工作人员及体育场馆享受政府财政拨款。对内，经营业绩与职工收入不挂钩，导致没有经营压力，内生动力严重不足；对外，管理者因事业单位人员的身份直接面对市场运营商等经营主体时，可能会面临经营风险从而触碰红线。加之有的场馆体量庞大，赛事举办成本和维护成本过高，都可能导致有意愿开发利用的市场主体望而却步。

武汉正行驶在加速建设长江经济带和新一线城市的轨道上，军运会的举办无疑成为重要引擎，土地及房地产增值承担着更多期待。从整体来看，武汉市处于经济传统发展与转型发展的博弈之中，较为粗放式的土地要素仍然或多或少制约土地及房地产增值；从个体看，军运村和部分军运场馆周边交通、配套虽已建成但并不完善，同样制约土地及房地产增值。以军运村为例，其在建筑质量、建筑特色、园区规划等产品硬件方面得到了高度肯定，但是黄家湖附近教育资源仍然比较稀缺，幼儿园、中小学等优质教育设置尚不明确，医疗配套也未能跟上，加上军运会规模较大，地铁优势不能完全凸显。因此，交通成本、教育成本、生活成本等多因素叠加，加上房价高企，对年轻人来说性价比并不高。

2. "新会展经济"发展较为滞后

会展经济的出现是商品经济高度发展，经济交流贸易往来日益繁盛的集中体现。根据测算，国际上会展业对相关产业（如餐饮、交通、旅游、酒店等）的带动系数为1∶9，这意味着会展经济的"蝴蝶效应"将会掀起城市经济增长"新浪潮"。从世界范围来看，每一次大规模、高层次的会展活动所带来的经济聚集"内生"效应，在带动相关产业发展、提高城市服务功能、拉动就业等多个方面都具有强大的引领、辐射、集散功能。数据显示，截至2017年年底，我国会展经济直接产值近6000亿元，直接拉动经济产出达5万亿元，在国内生产总值中占比达6%。[①]与

[①]　参见《中国展览经济发展报告2017》。

此同时，中国经济的持续稳健发展，广阔的市场空间，"一带一路"建设释放的巨大红利，都使得国际市场和中国市场双向互动需求加强，进一步推动了世界展览业"东移"进程的加速。

在这种大背景下，2020 年武汉市政府工作报告中也特别关注到举办国际赛会，提出要办好第二届世界大健康博览会，举办全球供应商大会、国际性学术论坛等 100 场以上重点赛会节展活动，完善武汉国博中心功能配套，建设武汉空港国际商务会展新城等举措。事实上，武汉会展行业的发展曾经领先于全国，如早年展厅面积雄踞北京、上海、广州之上的武汉展览馆的繁荣即是印证，但领先发展却未能实现先发制人的优势，从武汉国际会展中心到武汉国际博览中心，规划设计的短板逐步暴露，严重制约武汉会展经济发展。根据商务部网站显示，2018 年武汉市举办各类展会 765 场，规模以上展会 61 场，[①] 其中包括机博会、光博会、食博会、农机展、高教展、药机展、国际车展、中国国际友城大会等。可是，武汉会展业面临着"南北夹击、腹背受敌"的困境：其一，从会展知名度来看，海南的小渔村成名于"博鳌论坛"，"成都财富论坛"会聚了世界富豪，"上海进博会"吸引着全球目光，"中国进出口商品交易会"（广州交易会）展示中国耀眼成就时，武汉的会展业显得黯然失色，仍然缺乏"武汉会展"名片，国际国内影响力较弱，"政府领导为主，协会组织协调，公司直接经营"[②] 的模式尚未形成。其二，从发展格局来看，现有诸多会展场馆未能结合自身功能特色实际，形成细分定位、良性竞争的发展格局。同时，会展场馆建设的对外交通枢纽、城市轨道交通、快速路网络、会议型酒店集群及服务配套设施城等也未能实现产城融合、合理布局的要求。迄今为止，武汉市会展经济产值及在全国会展业中的占比仍无明确数据。再看军运场馆，是否适合作为会展场馆？一般来说，专业展会要用专业场馆，其层高、门高、负重、标准展位或者特装站台的搭建都有严格要求，并要有专业的运营公司来运营，而军运会的场馆

---

① 《湖北武汉 2018 年做强会展经济　取得显著成效》，2019 年 2 月 1 日，中华人民共和国商务部网站（http://santodomingo. mofcom. gov. cn/article/resume/n/201902/20190202832701. shtml）。

② 熊继红：《武汉与德国汉诺威会展经济对比分析研究》，《经济研究导刊》2019 年第30 期。

却受制于体育比赛功能，如果只是摆摆展牌，做做宣传，却又是对资源的极大浪费。

3. 体育产业培育发展后劲不足

党的十九大报告提出"加快推进体育强国建设"，习近平总书记明确要求要"精心谋划，狠抓落实，不断开创我国体育事业发展新局面，加快把我国建设成为体育强国"。[①] 尽管体育产业是一个慢产业，适合渐进式的发展，容不得半点急功近利，[②] 但体育产业同样是朝阳产业，据统计，2018 年总规模达到 26579 亿元，其中产业增加值达到 10078 亿元，较 2017 年增长 29.0%，产业增加值占当年 GDP 比重达到 1.1%，显示出强劲的增长潜力和巨大的市场空间。[③] 可见，作为现代服务业的重要组成部分，积极发展体育产业既是武汉市经济增长新的亮点，也是促进武汉市产业顺利转型和提质升级的重要途径。因此，2019 年 9 月，国务院办公厅发布《关于促进全民健身和体育消费　推动体育产业高质量发展的意见》（国办发〔2019〕43 号），提出"推动体育产业成为国民经济支柱性产业"。

近年来，武汉市持续深化体育改革，不断提升体育公共服务水平，尤其是借着军运会举办的良好契机，全民健身蓬勃发展，体育产业日益壮大，产业结构逐步优化。以武汉开发区（汉南区）为例，其产城融合的战略目标与大力支持发展体育产业的有力举措激发出强大的经济活力，一批"现象级"赛事 IP，正促进汽车、通用航空等产业不断转型升级，[④] 并被国家命名为武汉经开区国家体育产业示范基地。但是，必须客观理性地看到，作为新经济增长极，武汉市体育产业发展仍然存在不平衡不充分的状况，体育产业既不"大"更不"强"，表现为体育产业工作力量比较薄弱，产业贡献相对较低，骨干企业较为缺乏，全球体育城市影响

---

① 《习近平：开创我国体育事业发展新局面　加快把我国建设成为体育强国》，《人民日报》2017 年 8 月 28 日第 1 版。

② 珂珂：《体育产业须下高质量发展的慢功夫》，《光明日报》2019 年 10 月 8 日。

③ 王辉：《增加值破万亿元我国体育产业迈上新台阶》，《中国体育报》2020 年 1 月 21 日。

④ 邓志鹏、康鹏、张敏：《全年大型赛事不断　武汉跻身体育产业"国家队"》，《长江日报》2019 年 12 月 3 日第 14 版。

力较弱。

首先，从体育产业总产出来看。2018 年上海体育产业总产出 1496.11 亿元，增加值为 556.90 亿元，占当年全市 GDP 的比重为 1.7%，[①] 处于全国龙头水平。北京 2014 年体育产业总规模即已突破千亿元，且年均增幅为 15.35%，可以预见，冬奥会的举办将使北京体育产业迈上新的台阶。2017 年广州市体育产业实现增加值 425.76 亿元，占全市 GDP 比重为 1.98%。[②] 而对比武汉市，2016 年体育产业总产出（总规模）263.66 亿元，比上年增长了 26.14%。[③]

其次，从体育产业影响来看。目前虽然在国家体育产业示范基地、国家体育产业示范单位、国家体育产业示范项目评选中，武汉有 4 家体育产业上榜，既是湖北唯一入选体育产业"国家队"的城市，也是中部入选体育产业"国家队"项目最多的城市。尽管女足世界杯、汉马、汉网、全国城市运动会、跳水世界杯、世界飞行者大会、中国汽摩大会等国内外大型体育赛事活动已经取得了一定的影响，但是缺乏市级体育产业集团，无法有效提升产业集团专业化运营水平，导致区域体育特色不明显，赛事知名度、国际影响力、传播的力度与广度都远远与国际化大武汉建设目标不相匹配。

最后，从体育产业结构来看。仍然存在结构不合理、资源配置不均衡的问题。2016 年武汉体育服务业总产出为 191.31 亿元，实现增加值 120.75 亿元，占当年武汉市体育产业总增加值的 86.58%。[④] 实际上，武汉市的体育产业虽然发展较快，但主要集中于政府主导的体育赛事及相关产业，顶级赛事的举办模式大多为政府主导与企业承办，可持续发展动力不足；武汉本地体育用品生产企业大多为民营企业，规模小，企业与品牌知名度均不高，产品及服务科技含量低，仅停留于满足民众基本

---

① 参见《2018 年度上海市体育产业统计公告》，沪体规〔2019〕329 号。

② 孙嘉晖：《广州市体育产业统计公布　产业规模保持高速增长》，《广州日报》2018 年 12 月 27 日。

③ 邓志鹏、康鹏、张敏：《全年大型赛事不断　武汉跻身体育产业"国家队"》，《长江日报》2019 年 12 月 3 日第 14 版。

④ 邓志鹏、康鹏、张敏：《全年大型赛事不断　武汉跻身体育产业"国家队"》，《长江日报》2019 年 12 月 3 日第 14 版。

需求，尚无法满足民众专业化、高端化、多样化需求。① 由于不是高新技术行业，很难受到重视和政策扶持，制约着发展；体育健身行业市场广阔、发展迅速、潜力巨大，但行业监管仍缺失，群众基础不牢固，产生的溢出效益也并不明显。

4. 城市体育文化氛围不浓

文化是一个城市中最深沉、最厚重的力量。中华民族传统体育文化内涵丰富，既有"礼、乐、射、御、书、数"的君子风范，又有"天行健、君子自强不息"的奋发进取精神，更有"天下兴亡、匹夫有责"的爱国主义精神。全民健身计划上升为国家战略更是赋予了体育文化更多意蕴。对武汉而言，体育文化的发展有着内在的不协调：一方面，武汉本身拥有较为深厚的体育文化底蕴，诸多市民体育热情似火，产生了韩爱萍、乔红、伏明霞、肖海亮、胡佳、李娜等多位奥运冠军和世界冠军，一次史上最成功的军运会更是提升了市民的运动激情；另一方面，城乡差别、职业限制、年龄层次、人体素质影响了体育文化的发展，加上全民健身公共服务体系不健全，体育社会组织发展不规范，体育文化产品不丰富，体育服务供给不充足，尤其是在高层次专业化体育人才培养方面，适应体育行业特点的人事制度、薪酬制度、人才评价机制还有待进一步建立健全，体育引智工作还不够完善，种种因素叠加，导致体育文化无法在整座城市形成浓厚氛围，不能有效满足人民群众多元化、多层次的体育需求。

5. 城市亮化工程的后期维护成本过高

城市亮化工程属于国家公共项目，符合国家的产业政策。城市的亮化工程，既是城市公共基础设施建设的重要组成部分，又是开发旅游资源提升城市形象的重要途径。通过以 LED 户外亮化灯具为主体的楼体亮化，改变了建筑物在夜晚的形象，以气势磅礴或精美别致的姿态展现在人们面前，为城市带来了极大的审美可塑性，赋予了建筑"二次生命"，

---

① 牟发兵、傅才武：《大力推动湖北体育产业高质量发展》，《湖北日报》2019 年 12 月 22 日第 6 版。

丰富了城市夜景，甚至成就了不少地标性建筑。长江灯光秀延绵 25 千米，并涉及两江四岸近千栋建筑、长江大桥及长江二桥、龟山与蛇山山体以及汉口江滩、码头等，层次丰富、体量巨大，成为国内灯光秀之最。军运会期间，武汉市两江四岸的璀璨灯光秀与军运会场馆内的酣畅激烈赛事相互辉映，使得"军运大片"更加气势恢宏。

中国景观亮化市场规模超过 700 亿元，成为全球规模最大的市场。伴随着城市亮化工程的兴起和发展，我国城市照明耗电量也大幅攀升，还可能产生严重的光污染使人类工作环境和生活环境陷入困境。另外，城市的景观亮化建设好以后，随着年限的长久，景观亮化出现故障的概率将会逐年增高，后期还要进行精心的维护保养。在景观亮化工程中，核心是灯光的应用，当前使用寿命最长久的灯具是 LED 灯具，但是 LED 灯具在风、雨、雾、污染等外界环境的影响下，使用寿命也会受到影响而降低，所以需要时常检查和维修，避免灯具的损坏，所以对灯具的后期维修是必不可少的。同时，LED 灯具管线及电缆线路、控制箱等必须及时维护，控制系统必须及时保护和升级，才能保证各种绚丽场景给人们带来视觉的盛宴和享受。加上城市亮化工程多为高楼、桥梁，维护起来非常困难，都会带来城市亮化工程后期维护成本过高的问题。

6. 军事院校与地方合作有待进一步深化

武汉市科教资源丰富，被称为中国大学生数量最多、最为密集的一座城市。武汉坐拥的 82 所高校中还包括 7 所军事院校：中国人民解放军海军工程大学、中国人民解放军空军预警学院、中国人民解放军军事经济学院、中国人民解放军国防信息学院、武警指挥学院武汉分院、中国人民解放军火箭军指挥学院以及中国人民解放军武汉军械士官学院。

表 10 – 4　　　　　　　　武汉地区军事院校概况

名称	所属部门	人才培养
海军工程大学	海军	全军重点建设的五个重点大学之一，具有鲜明海军特色，被誉为"海军军官的摇篮"

名称	所属部门	人才培养
空军预警学院	空军	我军预警监视领域唯一一所专门院校。培养空（海）军雷达兵和电子对抗部队培养军事指挥和工程技术军官、士官及专业技术兵
军事经济学院	总后勤部	培养全军战勤、财务、军需、物资采购、军事物流、装备经济、审计等领域本科、硕士、博士学历教育，还承担外国军事留学生、国家国民经济动员业务骨干、珠心算学员等培训任务
中国人民解放军国防信息学院	军委联合参谋部	军内唯一的一所中级通信指挥军事高等院校，培养通信指挥、指挥自动化人才，同时承担作战部队信息作战干部、通信系统干部轮训任务
武警指挥学院武汉分院	武警	培养初级指挥干部、船艇指挥干部、船艇士官，以及承担招收的地方大学应届毕业生干部的集训
中国人民解放军火箭军指挥学院	中国人民解放军战略导弹部队	为火箭军培养战役指挥军官、中级指挥军官、军事学博士和硕士研究生、部分初级指挥军官，同时承担地方高校毕业生培训
中国人民解放军武汉军械士官学院	装备发展部	培养全军军械士官和部分技术兵

近年来，各军队院校积极探索与地方院校合作，通过制订武汉军地高校战略合作计划，设立地区军队院校协作，推进湖北驻军与湖北省、武汉市政府战略合作等方式，探索充分利用军队和地方优质教育资源，培养高素质人才工作的新路径。但是，从武汉市拥有如此优质的军队院校与地方院校资源来看，二者并未能实现资源的合作共赢，强强联手还更多停留在部署动员和表面实施。一是在教育资源共享上，通过主动与武汉大学、华中科技大学、华中农业大学、中南财经政法大学等重点高校加强合作，共同培育新的学科专业增长，拓展国防、军事学科的深度与广度有待加强；通过选送优秀年轻教员赴地方院校攻读学位，改善学科人才的学历结构和学缘结构存在的短板；通过举办"将军讲堂""名师讲堂"，疏通军地联教联训衔接不畅。二是科研合作攻关上，军地科技交流合作和产学研对接，关键技术联合攻关，建立军地区域协作机制，组

织作战重点和难点问题联合攻关还存在梗阻现象。各类企业和科研院所研发居民通用技术,推动军地优势技术双向转化,实现军地双向受益的政策支持不够,力度单薄。三是军地人才共用上,优秀的地方青年和高校毕业生参军入伍热情不高、动力不强,不能有效满足军队多领域多学科多样化人才的需求;地方院校各类专业技术人才与军队院校融合度不高,组建的专家咨询队伍不能有效为部队建设提供人才和智力支持,军地培养急需的高层次专业技术人才提供保障力量不强,导致地方院校打基础军事院校学专业作战部队练能力的复合型人才培养新路子仍在探索之中。

7. 军体运动推广有待进一步普及

在新时代,军事体育拉近与普通民众的距离,有着更为深远的意义。一方面,习近平总书记指出,体育承载着国家强盛、民族振兴的梦想。"体育强则中国强,国运兴则体育兴",我国要实现建成体育强国的目标,体育运动必须走向大众,发挥强身健体的功效;另一方面,习近平总书记在党的十九大报告中指出,我们的军队是人民军队,我们的国防是全民国防。国防教育既是党的宣传思想工作和国民教育的重要组成部分,又是传承红色基因、弘扬爱国精神、强化危机意识、涵养拥军文化的重要载体。多样化形式的国防教育更容易被百姓接受,军运会既有竞技体育的热烈,又有国家军事实力的彰显,所以从筹备伊始到成功举办,一直吸引着世人的目光。与此同时,以前民众感觉陌生的军事体育项目也走进了大众视野,人们有了更全面、更深入的认识。其实,在新中国体育发展史上,军事体育一直有着独特的位置。[①] 作为国内水平最高、规模最大的综合性运动会,中国全运会中属于军事体育范畴的项目诸如跳伞、航空航海模型、无线电收发报、摩托车越野、定点跳伞和航空模型等为数不少,其实"国防体育"大众并不陌生。

迄今为止,军运会共举办了七届,且在中国是第一次,民众对军体运动认识也有逐步深化的过程。除民众熟悉的射击、游泳、田径、篮球等传统奥运项目外,武汉军运会还包括空军五项、军事五项、海军五项、

---

① 薛原:《让军体运动走近大众》,《人民日报》2019 年 10 月 22 日第 15 版。

定向越野和跳伞 5 个项目军事特色项目，这既是广大军事迷和体育迷关注焦点，也引起了民众的兴趣，却受制于部分体育项目特有的专业性过强、刺激性过高以及挑战性过大而并不具有普遍性。例如虽然因射击、障碍跑、障碍游泳、投弹、越野跑而极具有观赏性，却又是最为惊险艰苦最为考验体能耐力意志的军事五项，无法向一般民众进行普及；天上飞翔（低空三角导航）与地面越野（射击、游泳、击剑、篮球、障碍跑和定向越野）结合的空军五项、识图能力、坐标计算、气象判断能力、英语交流能力将几乎把大多数普通民众拒之门外；由障碍、救生、航海技术、实用游泳和两栖越野等 5 个军事体育竞赛项目组合而成的海军五项，设计初衷就是为了海军长时间在波浪起伏的海面上航行，考验着灵敏性、平衡感、反应速度、胆量和力量，必须要有过硬的身体素质和坚强的意志，普通民众同样只能望而却步；与前述运动相比，发轫于 19 世纪末北欧军营区的具有"丛林探险"趣味的定向越野更受到户外运动爱好者的欢迎，它不仅考验人的健康体魄，而且还能培养人独立思考、独立解决的能力。在武汉，定向越野受到越来越多的定向越野爱好者的欢迎，并成立了自己的俱乐部，这项运动影响逐步扩大；跳伞是勇敢者的运动，既有惊险性也有挑战性，更强调专业性，受众面就更小。而传统的大学、中学军训则受制于训练时间较短、学生身体素质等多种因素，往往流于形式。

（五）武汉军运军民融合遗产保护和 开发利用的对策路径

1. 健全完善制度设计，创新军运军民融合遗产保护和开发利用机制

（1）健全完善军运军民融合遗产的档案保护与开发利用制度

构建关于军运军民融合遗产的档案保护与开发利用制度，为文献档案保护提供保障机制，为遗产开发利用提供规划指导，确保军运军民融合遗产的档案保护和开发利用是长期、有序的。一方面，在正在筹建的军运会博物馆中，全面收藏陈列军运会相关资料，设置专门的军民融合遗产展厅。举办系列主题展览，重点展示军运军民融合的做法、特色、氛围和精彩瞬间，包含图片展示、文献资料展示、实物展示以及制作官方纪念册和纪录片等音像作品，增强遗产档案的完整性和真实性，生动呈现军运军民融合成效，体现军运精神和城市风采。在落实军运军民融合遗产的"收、管、存、用"各个环节之时应凸显城市特色，并把重点从对文献档案的收集管理上转向对军运遗产的有效保护和传承利用上。[①]另一方面，借助大数据、新媒体开展军运军民融合遗产的档案保护与开发利用。以信息技术和数字人文技术为基础，为军运军民融合遗产构建集合长久保存、深入开发、多维利用多种功能的一体化平台，增强遗产档案的可读性和共享性，并提供开放接口满足不同使用者的多样化需求，推动社会公众深度体验、合理利用并自觉传承军运军民融合遗产。

（2）建立完善军运军民融合遗产的组织联络制度

深度发掘军运军民融合的组织遗产，充分总结归纳军运会举办过程中的好经验好做法，如例会制度、互派联络员、军地协议等。将军运军民融合创新方式与武汉已有的军民融合组织机制予以整合，形成"纵向贯通""横向协同"的联络机制，构建更加顺畅高效的军民融合组织体系。例如，建立军地联席会议制度，通过召开定期联席会议、不定期专题会议，加强军地之间的联络与沟通，实现信息的有效交流与共享，商议军民融合发展的发展规划和重点项目，及时协调解决军民融合工作中遇到的障碍或困难。又如，建立军地联系人制度，分别明确军地双方的牵头单位和联络人，并按领域和要素将军民融合工作任务划分给具体的军地各职能部门，避免存在真空地带和职能冲突，方便及时处理协调各类军民融合筹办事项。对于重大事项，军地联系人应及时通报，特殊情形时还可以互派联系人驻点办公。[②] 此外，继续探索军地合作协议形式，创新合作机制，拓展合作范围，积极推进军地双方在项目建设、技术研发、物资采购、成果转化、人才培养等多个方面展开全方位合作。

（3）健全完善"听党指挥，能打胜仗"的军事作风常态化制度

积极推进"听党指挥，能打胜仗"的军事作风常态化制度建设，结合"不忘初心、牢记使命"主题教育，进一步转变干部思想作风、提高机关服务效能，推动全市作风建设，促进经济社会高质量发展。其一，

---

① 徐拥军、王馨艺：《奥运文献遗产研究进展》，《北京档案》2019 年第 8 期。
② 《军地联手精诚团结筹办武汉军运会》，《长江日报》2018 年 8 月 13 日。

将"听党指挥"作为根本要求和政治方向。坚持党对一切工作的领导，要求一切行动听指挥，对议定的事项、部署的任务坚决服从、有力配合，决不拖延推诿，敷衍塞责，以此建设一支纪律严明、团结一致、行动迅速、执行力高的公务员队伍。其二，将"能打胜仗"作为核心任务和基本指向。切实加强机关党的建设，积极推进城市治理能力现代化建设，全面提升拼搏赶超、能打胜仗的真本领，形成"若有战，召必回，战必胜"的强大信念。其三，将"作风优良"作为行为要求和重要保障。坚决贯彻落实全面从严治党要求，大力弘扬军人有血性、重荣誉、英勇顽强的精神，弘扬军人勇往直前、主动担当、甘于奉献的作风，宣扬风清气正的军队正能量，通过对军人精神和军事作风的提倡和推广，进一步助推全市精神文明建设。

（4）健全完善武汉地区军营开放日制度

"军营开放日"活动是武汉军地双方共同合作，自 2012 年开始在全国城市率先开展的活动，至今已成功举办了七届。以军运军民融合遗产的保护和开发利用为契机，在目前"军营开放日"活动的基础上，建立完善武汉地区军营开放日制度，不断丰富"为什么开放、怎样开放、开放什么"的活动内涵，继续保持全国领先。一方面，通过制度建设，明确武汉地区军营开放日的基本原则和主要要求。明确规定军营开放日的指导思想、组织机构、任务分工、经费来源、活动方案、流程要求等方面，为军营开放日的常态化、规范化建设奠定坚实基础。另一方面，通过制度建设，推进武汉地区军营开放日的机制创新和形式拓展。优化军营开放日的运行机制，激发相关组织采取更为生动有趣、寓教于乐的表现形式，如将静态装备展示与实兵动态演练相结合、将特色科目演示与军事互动体验相结合、将军事知识教育与官兵风貌展示相结合，以此提高军营开放日的趣味性和参与度，拉近市民与军营的距离，融洽军地军民关系。

（5）健全完善军体项目向民间拓展的制度

以军运会为契机，建立完善军体项目向民间拓展的制度，继续培养和发展市民对军体项目的兴趣，提高市民国防军事素质，提升军事兴趣，强化国防观念。深化《"与军运同行"系列文体活动总体工作方案》，会同军队、武警及地方各部门各组织持续推行军体系列活动。推动诸如

"悦动炫江城"军体健身操比赛、琴台音乐节"军歌嘹亮"合唱艺术展演、军民龙舟挑战赛、大学生军体拳（操）展示赛、高校军体韵动汇等活动成为固定赛事，倡导广大市民、学生积极参与，多维度体验军体运动特色。同时，将军体运动与武汉大型体育赛事相结合，如以武汉国际马拉松、武汉国际渡江节、世界飞行者大会、水上马拉松、城市定向挑战赛、武汉登山节等竞技类比赛为载体，适当调整赛事规则，吸引武汉驻军、军事院校等相关单位及广大市民广泛参与，通过军民同场竞技促进全民健身，实现军民同乐、军民互促。

2. 优化配置军运资源，实现国家一份投入多份产出

（1）对军运体育场馆的开发利用

秉持军运会对体育场馆开发利用的节约集约理念，推进军运场馆设施的赛后共建共享。即根据场馆环境和实际需要，将为军运会建设或改造的专业比赛场馆和体育设施合理开发，用于专业训练、教学科研、国防教育、全民健身、休闲娱乐以及商业运营。这其中既包括对军事院校体育设施的开发利用，也包括对其他大型体育场馆的开放开发。例如，海军工程大学木兰湖校区体育场馆及设施、空军预警学院体育场馆等，赛后用于部队教学训练；武汉大学生体育活动中心、华中科技大学光谷体育馆等，赛后用于教学，并向社会开放；军运会主媒体中心、武汉全民健身中心足球场等，赛后改造为冰上运动、足球运动等项目集训中心，并向社会开放；而汉南通用航空机场跳伞场地，赛后作为航空运动项目基地，同时用于低空航空商业运营；等等。这些体育场馆将作为武汉未来承接国内外大型体育赛事的场地储备，也将积极发挥促进全民健身的功能，成为满足市民健身休闲娱乐需求的公共空间。循此而言，对于那些场地更为宽裕、颇具环境特色的军运体育场馆，应主动因地制宜，充分利用其人文历史特征和自然生态优势，积极打造多功能体育休闲综合体，除用于会展经济之外，还可以开发为艺术活动基地、创意文化园区、特色旅游休闲度假区等，探索实现军运体育场馆的持续运营。

（2）对城市亮化工程、道路绿化景观等基础设施的开发利用

城市亮化工程、道路绿化景观等基础设施建设，是军运会城市环境综合整治提升的项目内容，体现出"办赛事"与"建城市"的有机结合。

对于这些基础设施的开发利用，要做好如下几个方面：一是，要注重彰显城市特色。继续按照"重点、连线、成片"的要求，打造具有市域特征的"山水风景线、人文风情线、城市风貌线"，充分展示城市的时代魅力，全面提升城市的功能品质，塑造美丽、时尚和充满活力的城市形象。二是，要兼顾美学功能和实际应用。例如，将城市亮化工程、道路绿化工程与老街坊修缮、重点文物修葺、建筑物外立面整治等相结合，改善城市居住环境；积极推进两江四岸游、景观绿道游等旅游观光线路的格局改造和功能提升，促进城市经济发展。三是，要始终坚持生态优先、绿色发展的开发理念。积极运用现代化控制技术实施景观美化、城市绿化工程，通过科学有效管理，确保做到节地、节水、节能、节材，向全社会推广普及绿色环保理念和绿色生活生产方式，提升市民对城市的责任感、幸福感和归属感。

（3）对军运信息系统的开发利用

顺应大数据发展需求，军运会构建了庞大的信息管理体系，包括赛事成绩系统、赛事管理系统、赛事指挥系统三大系统，其功能涵盖赛事计时计分、成绩统计发布、视频裁判、电子字幕、机房运行以及网络保障、通信保障、无线电保障、网络安全等各个环节。通过开发利用军运信息系统，有助于推进军民共用信息系统建设，实现军民融合信息化发展。建议吸收借鉴军运信息系统的建设经验，依照国家军民融合公共服务平台，搭建武汉军民信息共享和公共服务平台，为全市军民融合企业、高校、科研院所、服务机构等组织机构，提供设备设施资源共享、信息管理与发布、科技创新与成果转化、运行监测与产业发展、产融对接、政策咨询等公共服务。在信息平台合建共用方面，遵循军民双方各有侧重、相互协调促进的原则，在基础设施、信息传输、信息获取、计算存储及处理措施等领域推进军民融合建设，促进平台标准明确统一。在数据开放共享方面，推进建立军民共用数据库，建全信息双向发布机制，聚集优势信息资源和服务资源，解决军民融合过程中存在的信息不对称、资源不匹配等问题；健全供求信息交互机制，明确军民共用信息的交互标准和共享接口，确保相关数据规范使用，有效防范数据安全风险，维护国防安全和社会稳定。

3. 凝聚社会各方合力，提高军民融合效果

（1）继续保持与国际军体组织的对话交流

军运会是武汉向世界展示、与世界交流的重要窗口，其在赛事筹办、项目设置、参赛人员规模等方面，创下了国际军运史上的多个"第一"。武汉高起点、高标准、高效率的赛事筹办工作，给国际军体组织留下了深刻印象。同样地，国际军体组织在军运会期间给予的悉心指导和有益帮助，对于武汉顺利筹办军运会亦具有十分重要的作用。军运会后，武汉将继续保持与国际军体组织的密切沟通，保持双方联络的热度、紧密度和亲切感，共同探讨更多样的合作方式和互动机制，如再次承接国际军体单项比赛项目、参与国际军体组织的相关活动等，不断推进交流合作的深度和广度。通过长期、多次的信息沟通和交流合作，与国际军体组织构建稳定的合作伙伴关系，建立起上接天线、下接地气的联络机制，形成双方友好互动模式，真正实现"通过体育运动加强友谊"的目标。

（2）不断拓展军地教育资源

在军民融合发展过程中，要积极推进军地教育资源共建共享，通过将红色教育、国防教育与干部教育培训、青少年爱国主义教育、市民道德教育统筹结合，互动衔接，提升城市精神文明建设水平，维护社会稳定和长治久安。在教育对象上，要将普及教育与重点教育相结合。深入发掘武汉红色教育、国防教育资源，借助丰富多样的形式做好群众性普及教育，更为深入地开展国防知识普及和爱国主义教育。其中，应以机关干部、青少年为重点教育对象，分类指导，分层施策，做到既全面覆盖又重点突出。即通过结合党校教育培训、党委中心组理论学习、"三会一课"、专题讲座以及日常自学等形式，抓好机关干部尤其是领导干部的教育培训；通过结合课堂教学、学生军训、军事基地参观、军事夏令营、少年军校等形式，促进青少年的学习体验。此外，在教育形式上，要将经常教育与集中教育相结合；在教育方法上，将理论教育与行为教育相结合。通过开展全民国防教育，宣传我军光荣历史和军人成就，强化国防观念和军民一体意识，增强市民的使命感和责任感，使关心国防、支持国防、热爱国防、建设国防成为全体市民的思想共识和行动自觉。

（3）鼓励军工、民营企业和其他市场主体参与军民融合产业发展

以"一盘棋"的统筹发展新模式，鼓励军工企业、民营企业和其他市场主体参与军民融合产业发展，推动资本、科技、信息、人才等各个方面、各种资源在更高领域、更广范围、更深层次进行融合，[1]形成全市经济发展新动力。其一，加强顶层设计，明确武汉军民融合产业发展的总体思路、重点任务和主要内容。对接军民融合战略、"一带一路"倡议、长江经济带发展战略、创新驱动发展战略等国家重大战略，科学编制武汉军民融合产业发展规划，构建以政府为推手、以市场为主导、以需求为引领、以技术为支撑的军民融合产业体系，促进武汉军民融合产业的资源配置、科技技术、组织结构的转型升级。其二，突出重点领域，培育发展一批军民融合优势产业。立足武汉军民融合的产业基础和资源优势，着重在光电子信息、智能装备制造、船舶与海洋工程装备、航空航天等产业领域推进军民融合，同时跟踪谋划现代物流、生物医药、新材料、新能源、网络空间、人工智能等新兴领域的军民融合发展。其三，打造精品工程，加快军民融合产业集聚区建设。加强企业联合，汇聚产业优势，积极创建国家级的军民融合创新示范基地，推进形成上下游延伸的军民融合产业链和产业集群，助推武汉军民融合产业向"高、精、专"方向发展。

（4）加强军体运动普及推广及表演观赏

积极推广军事五项、空军五项、海军五项、定向越野、跳伞、军事速射、水上救生等"军味"十足的军事特色项目，在军事训练基地提供观赛平台，并增设群众体验入口，使军体运动逐渐走近大众，从而具有普及性、参与性、休闲性。为促进市民对军体运动的深度体验，对于专业性强、体能要求高、完成难度大的军体项目可以进行改良，通过调整竞赛规则，调节运动的强度和难度，增强项目趣味性，让广大市民更易于接受并逐渐喜欢上这些贴近部队实战、体现军人优良作风的军体运动。改建户外拓展训练中心，大力支持发展健身跑、健步走、山地自行车、登山攀岩、徒步穿越、滑草、滑车、极限运动等户外项目，与军体项目相互衔接。与此同时，优化学生军训内容设置，突出军事训练特

---

① 张于喆：《军民融合促进新动能培育的重大意义》，《中国经贸导刊》2019年第5期。

点；在地方院校体育课程中增设军体项目，聘请军事院校相关人员进行教授指导，以便充分发挥青少年的身体素质和学习能力优势，利用兴趣培养的最佳时机，对军体运动进行教学推广。此外，建议武汉在八一建军节开展诸如军体运动表演赛、军体运动体验等系列活动，并探索将其作为建军纪念日的固定庆祝活动，以军体运动的形式弘扬军队精神、展示军人风采，使其成为传承军运军民融合遗产的重要载体和集中表现方式。

4. 完善资金配套扶持，推动军运成果转化

（1）设立专项军运军民融合遗产扶持基金，出台政策及奖励措施

为支持军民融合特色产业发展，助推军民科技协同创新，建议在政府财政支持的基础上，设置军运军民融合遗产专项扶持基金，通过资金支持、项目扶持、政策优惠、鼓励措施等多种方式，加大扶持力度，有效解决军民融合产业发展中的融资难题。其一，借助专项扶持基金打通军民融合的产业链和资本链。对于军事院校、地方院校、科研院所开展的军民融合产业科研创新项目，给予一定比例的财政资金支持。探索引入创新基金、产业基金、风险投资基金等新投资手段，以及股权投资等市场化运作方式，构建风险共担机制，建立多种类多渠道融资方式。其二，加快制定推动军民融合产业发展的专项优惠政策。出台与普通地方企业所享有的扶持政策不同的优惠措施，可涉及资质取得、税收优惠、人才引进、项目落地等多个方面，激励有条件的地方企业向"民参军"企业转型。例如，制定土地用地指标优惠政策，优先保障军民融合特色企业、产业园区建设用地；制定军工产品税收优惠政策和地方补偿机制，对军转民、民参军、军民协同创新企业给予税收减免优惠；对于军民科技协同创新产品和服务，还可以制定首购、订购等非招标鼓励政策。

（2）搭建军民融合产业创新平台、科技成果转化孵化器

依托武汉地区的科教资源和军工科技两大优势，搭建军运军民融合创新平台、科技成果转化孵化器，推动科技创新要素在军民融合领域的共建共享，形成军民融合协同创新驱动，有力助推武汉军民融合产业发展。全面整合各方资源，通过推进军运军民融合创新平台、科技成果转

化孵化器建设，建立以军事院校、地方院校、科研机构牵头的军民企业协同创新模式，提升在基础研究与应用研究的原始创新能力和前沿技术研发水平，以此推进军民协同创新合作、集体攻坚、成果转化、应用推广，为武汉军民融合产业发展提供更为充分的知识积累和技术储备。协同武汉船舶与海洋工程装备国家新型工业化产业示范基地、海洋工程装备创新中心等国家级示范基地，加快开展武汉地区军民产学研用协同创新深度合作。① 例如，军事院校、科研机构在航空航天领域拥有最先进的技术储备，其相关技术应用于民用卫星导航、通用航空后，将为社会经济建设提供强大助力；② 而在人工智能领域，地方院校、科研机构在技术、资金、数据、人才等方面具有更大优势，可以帮助驻地部队、军事院校提升作战模拟、仿真训练、辅助指挥决策等方面的信息处理效率和智能分析能力。同时，加大对军民融合科技创新的项目部署和政策支持，如设立"先进技术投资计划""制造技术计划""独立研发计划"等，有效激励军运军民融合创新平台、科技成果转化孵化器建设。

（3）建立健全军民融合产业配套服务体系

积极推进军民融合产业配套服务体系建设，按照"政府主导、需求导向、市场运作、资源共享"的原则，扶持一批专业化、规范化的中介机构，从政策咨询、金融服务、业务培训、人才培养、信息支持等多个方面，为军民融合企业保驾护航，保障军民融合特色产业可持续发展。例如，探索成立专门服务于军民融合产业的科技金融机构，完善军民科技创新担保服务体系，鼓励其在准入门槛、业务流程办理、风险容忍度等方面先行先试。③ 又如，推进军民两用技术交易中心建设，对武汉地区军民技术研发中心、重点实验室、重大实验设施等科技资源予以统筹，实现资源共享及优化配置，在设施共享、科技研发、试验验证、成果转化、开发利用、知识产权服务等方面增强对军民融合产业的服务支撑，加强军用科技与民用科技的交互合作，促进军民两用技术的快速发展。

---

① 秦尊文：《加快推进湖北军民融合协同创新》，《政策》2018 年第 6 期。

② 张良：《军民融合上升到国家战略迎来新局面》，《商业观察》2019 年第 8 期。

③ 田庆锋、张添、张硕、苗朵朵：《军民科技协同创新要素融合机制研究》，《科技进步与对策》2020 年第 10 期。

5. 做好双拥优抚工作，推进社会服务军民共享

（1）做好双拥和优抚安置工作，深入推进军民融合

双拥和优抚安置工作是军民融合发展的重要基础，也是做好军运军民融合遗产保护和开发利用的基本前提。着力做好双拥和优抚安置服务工作，不断创新服务模式、优化服务态度、提升服务实效，继续发扬"军爱民，民拥军，军民鱼水一家亲"的优良传统，推动军民融合深度发展。积极探索双拥和优抚安置工作创新举措，制定和完善服务标准，始终坚持优待抚恤政策优先，以提升关怀厚度为重点，稳步推进帮扶力度。在有效拓宽军队转业干部、退役士兵在学习、培训、生产、生活、就业的基础上，依托政策倾斜手段，切实加强科学管理，从严落实接收管理服务、科学分类安置、经济补偿发放、就业创业培训"四个到位"，着力解决相关新老问题。以双拥和优抚安置对象需求为导向，开展多种形式的双拥共建活动，为其提供专业化、精细化、人性化、柔性化的定制服务，真正让优待抚恤政策落实一个不少、优抚对象群体受益一个不少，切实提高双拥和优抚安置工作的服务满意度。吸引动员更多社会力量参与双拥和优抚安置工作，积极推动主题创建活动进机关、进社区、进企业、进军营，扩展双拥和优抚安置工作的社会基础和市民参与，促使双拥和优抚安置工作在基层落实政策、在基层解决问题、在基层体现效果。

（2）推进公共安全军民统筹，提高应急应战一体化建设水平和能力

公共安全军民统筹是军民融合发展的重要方面。推进公共安全军民统筹，提高军地军民协同应急应战能力，有助于依法维护城市秩序、有效应对社会风险、强化城市公共安全。其一，统筹军地应急装备和基础设施建设，积极运用大数据、云计算等智能手段提高风险感知能力，强化公共安全风险预警机制，充分发挥国防动员力量的应急作用，加强社会风险源头治理。其二，建立健全突发事件军民应急联动响应机制、行动协调机制，制定社会风险等级标准，构建应急快速反应通道，确保准确判断、及时反应，增强全市公共安全应急保障能力。其三，开展军地协同应急演练，明确军地应急合作方式及其任务分工，实现统一指挥、统一标准，形成成熟稳定的军民协同应对格局，切实提升应急联动处置能力。其四，通过公共安全军民统筹，加大应急知识宣传、教育力度，

推动形成突发事件应急的社会动员机制，促使各类组织团体通过合作配合形成城市应急治理共同体，提升城市应急应战一体化建设水平。

6. 培养军民联合人才，实现人力资源军民共用

依托武汉地区丰富优质的军事院校与地方院校资源，构建军民联合人才培养体系，通过资源整合及优化配置，实现军民优势互补，更为系统、全面、深入地推进军民共用人力资源建设，培养实力型、复合型军民融合人才队伍。制定军地人才发展规划，盘活用好武汉地区军地教育培训资源，建立健全军民人才双向培养、使用、交流等方面的合作机制，并在人才培养模式、人才素质标准、教育管理机制等方面展开实践探索，为新时代强军事业提供人才保证和智力支持。[①] 例如，切实做好地方院校国防教育工作，落实国防军事课程要求和具体任务，并由教育主管部门会同军事院校组成国防教育联合考核组，对课程设置和教育效果进行严格检查；成立军事院校与地方院校的定向联络会，建立人才互派机制，定期举办学术交流、专题研讨活动，适时开展项目合作；等等。

借助军民联合人才培养体系，着力塑造军民融合人才，尤其是军民融合领域的领导管理人才、专业技术人才和高端特殊人才的共育共用。军民融合人才是国防人才与民用人才的有机融合，所涉人员既要精通自身专业业务，又要熟练掌握国防知识技能，属于复合型高端人才。具体培养模式上，可以由军事院校与地方院校合作办学，要求其按年份、依次在地方院校、军事院校完成相关课程的学习和训练。还可以建立共享型军民融合培训、实习基地，[②] 由驻地部队、军事院校与地方院校、地方企业共同签订军民融合人才联合培养合同，以此推进双方长期合作，为军民融合人才提供专业的教育培训。同时，开辟军民融合高端人才引进绿色通道，通过举办军民融合技术博览会和项目推广会、军民融合人才大型招聘会等活动，发掘军民融合复合型人才，通过采用各种激励手段和优惠政策，吸引优秀军民融合人才留汉回汉。

---

① 《全面深化我军院校改革创新》，《解放军报》2019 年 11 月 29 日。

② 贺玉琴：《理解和落实新时代我国军民融合发展战略》，《内蒙古农业大学学报》（社会科学版）2019 年第 4 期。

7. 弘扬军民团结文化，不断提升城市软实力

军民团结是我们的优良传统，军政军民团结的政治优势，是我们战胜一切艰难险阻、不断从胜利走向胜利的重要法宝。作为军民融合的核心要义和关键保障，军民团结文化在武汉军运会筹办过程中得以生动体现，这也是武汉军运会有别于其他大型国际赛事的重要特色，是珍贵的军运遗产。军运会借助军民团结优势，在最短的时间内动员最广泛的资源、凝聚最磅礴的力量，实现"办好一次会，搞活一座城"的目标效果。以军运会为契机，把握高涨的爱军尊军意识，大力宣传、弘扬军民团结文化，有助于推动军运军民融合遗产的保护、利用与开发，促使武汉军运军民融合经验成为军民融合的中国样本，突出军运后城市建设发展的新成就，提升城市的影响力、竞争力、感召力、凝聚力和吸纳力。

建议将军民团结文化纳入武汉精神文明建设的长远规划中，使其成为武汉的城市标志和文化优势。要充分运用好广播电视、报纸刊物、移动公交、地铁电视以及网站等大众媒体，特别是微信、微博、短视频、直播等新兴自媒体平台，通过文学、音乐、书画、影视等丰富多样的形式，或是采用开设专栏专刊、录制专题节目、开展文艺演出、举办知识竞赛、制造文创产品等更为灵活生动的方式，增强军民团结文化传播的知识性、趣味性和互动性，使市民在潜移默化中深刻领会军民团结文化。对于维护军民团结的先进个人和典型案例，要广泛宣传、大力推广，积极弘扬拥军爱国的正能量，形成鲜明的示范导向。还可以结合特定节日纪念日、文化体育活动，或是结合征兵、双拥优抚工作，集中开展主题鲜明的大型宣传教育活动，大力弘扬军人风采和军民一家亲理念，以活动渗透方式强化宣传教育效果，营造浓厚的军民团结氛围。通过这些方式宣传弘扬军民团结文化，增进市民国防意识，激发爱我中华、积极向上的精神，增强"共享友谊，同铸和平"的信念，推动军民融合成为武汉后军运时代的城市特色，实现传承军运遗产、彰显城市文化、推动城市发展、增进人民福祉的建设目标。

参考文献

董进霞：《北京奥运会遗产展望：不同洲际奥运会举办国家的比较》，《研究体育科学》2006 年第 5 期。

孔繁敏、李岩：《北京奥运文化遗产的内涵及实施方式》，《体育与科学》2005 年第 7 期。

胡孝乾、陈姝姝、Jamie Kenyon、邓雪梅：《国际奥委会〈遗产战略方针〉框架下的奥运遗产愿景与治理》，《上海体育学院学报》2019 年第 1 期。

王润斌、李慧林：《北京奥运会遗产体系与发展方略研究》，《第八届全国体育科学大会论文摘要汇编》2007 年。

杜文、杨爱华、黄军：《正确诊释北京奥运会遗产的价值及开发、利用策略》，《吉林体育学院学报》2009 年第 4 期。

毕耜安：《上海市政府对大型赛事遗产开发利用研究》，硕士学位论文，上海体育学院，2011 年。

杨思瞳：《大型竞赛体育场馆赛后经营与利用的研究》，硕士学位论文，武汉体育学院。

万钢：《创新，国家强盛和民族振兴的源泉——从科技奥运看创新驱动》，《科学》2008 年 11 月第 60 卷第 6 期。

周强：《科技奥运创新在北京奥运会中的展现》，《体育与科学》2008 年 7 月第 29 卷第 4 期（总第 173 期）。

颜士州：《科技展示亚运魅力》，《生命与灾害》2010 年第 12 期。

谭峰：《科技亚运·创新广州》，《广东科技》2010 年第 7 期。

胡孝乾、陈姝姝、Jamie Kenyon、邓雪梅：《国际奥委会〈遗产战略方针〉军运会开幕式将在世界最大全三维立体式舞台拉开序幕》，中国军网，

2019 年 10 月 15 日。

王高华、张新刚、王保平：《新型智慧城市建设模式与评价指标体系探索》，《数字技术与应用》2020 年第 2 期，第 223—224 页。

霍娟娟、李振轩：《智慧城市重点建设领域研究》，《信息技术与标准化》2017 年第 3 期，第 55—58 页。

张育雄、王思博：《国外智慧城市推进模式对我国的启示》，《通信管理与技术》2016 年第 6 期，第 21—24 页。

范炜：《日本智慧交通建设的借鉴》，《浙江经济》2012 年第 21 期，第 48—49 页。

刘睿健：《浅谈智慧交通中的互联网 + 形式》，《中国交通信息化》2015 年第 7 期，第 64—65 页。

张新、杨建国：《智慧交通发展趋势、目标及框架构建》，《中国行政管理》2015 年第 4 期，第 150—152 期。

《2016 武汉市交通发展年度报告》，武汉市交通发展战略研究院。

《武汉拥堵排名退步智能交通向智慧交通升级功不可没》，长江网，《长江日报》2016 年 10 月 11 日。

《军运会点亮大武汉》，新华网，2019 年 10 月 19 日。

《武汉实现全市智能交通设施统一管理》，赛文交通网，2020 年 5 月 12 日。

李进：《以"科技强警"保"安全奥运"》，《安全》2008 年第 2 期，第 4—7 页。

陈剑：《奥运经济：北京的创新与发展》，《北京社会科学》2008 年第 1 期，第 16—21 页。

曾少军、岑宁申：《"碳中和"与北京绿色奥运》，《北京社会科学》2008 年第 2 期，第 4—8 页。

谭蕾、刘小湘：《现代奥林匹克运动的科技化趋势》，《辽宁体育科技》2005 年第 3 期，第 24—36 页。